Armin Risi

„Ihr seid Lichtwesen“

Über dieses Buch

Die geistige Herkunft des Menschen: Die Menschheitsgeschichte muss in ihren Anfängen neu geschrieben werden. Denn Tiere wurden nie zu Menschen, wie die Evolutionstheorie behauptet. In der Frage nach der Herkunft des Menschen macht die heutige Wissenschaft einen sprichwörtlichen Fehler am Anfang der Rechnung, weil sie von einem materialistischen Weltbild ausgeht und die höheren Dimensionen des Kosmos ausblendet.
Doch die Zeit steht nicht still. Wir befinden uns in einer Wendezeit, und mit ihr erwacht wieder die Erinnerung an unsere Herkunft und Berufung als Menschen: *„Ihr seid Lichtwesen."* (Joh 10,34)
Die Menschen der früheren Zeitalter waren nicht primitiv. Sie kannten die Wissenschaft des Lebens, die wir heute ganzheitlich – im Zusammenhang des Materiellen mit dem Spirituellen – neu entdecken. Archäologische Rätsel, altes Schamanen- und Mysterienwissen, Quantenphysik und Mentalphysik: *Unsere Vergangenheit ist der Schlüssel zur Zukunft.*

Involution, die ganzheitliche Wissenschaft des Lebens: „Ihr seid Lichtwesen *(elohim)*", die berühmte Aussage von Jesus (meistens in der Übersetzung „Ihr seid Götter"), ist eine prägnante Zusammenfassung von dem, was in den spirituellen Traditionen der Hochkulturen und indigenen Völker seit Jahrtausenden gelehrt wurde: als innerstes Geheimnis, als lebendige Erinnerung, als Botschaft an die Menschen der Zukunft.
In einer Zeit, in der die Menschheit sich in religiöse und atheistische Einseitigkeiten verrannt hat, wird das Wissen um die geistige Herkunft des Menschen (Involution) zu einer revolutionären Offenbarung: Das Leben auf der Erde hat sich nicht aus Materie entwickelt, sondern aus den geistigen Urgründen des Kosmos heraus. Der Kosmos ist multidimensional, ebenso der Mensch. Die sichtbare materielle Welt ist eingebettet in höhere, „unsichtbare" Welten. Lichtwesen sind eine lebendige Realität, und auch der Mensch ist ein Lichtwesen, nicht nur symbolisch und mythologisch, auch biologisch und anthropologisch.
Was heute auf der Erde geschieht, hat eine lange Vorgeschichte, die in den höherdimensionalen Bereichen des Universums begann.

Das Erklärungsmodell der Involution verbindet ältestes Wissen und neuste Erkenntnisse und führt zu einer ganzheitlichen Wissenschaft des Lebens – jenseits von Darwinismus und Kreationismus.

Armin Risi

„Ihr seid Lichtwesen"

Ursprung und Geschichte des Menschen

Govinda-Verlag

Kontaktadresse des Verlages:
Govinda-Verlag, Postfach 152, 8032 Zürich, Schweiz

Webseite des Verlages: govinda.ch
Webseiten von Armin Risi: armin-risi.ch
science-of-involution.org

Neunte Auflage – Mai 2024

Bildnachweis: S. 381
Lektorat: Mantrarūpa Ćućuz, Helmut Kunkel, Silvia Siegenthaler
Layout: Mantrarūpa Ćućuz, Armin Risi
Umschlaggestaltung: Bernadette Baumgartner, Ronald Zürrer

Gesamtherstellung: Finidr
Printed in Czech Republic

ISBN 978-3-905831-27-6

Inhalt

Teil 2

Urgeschichte der Menschheit – Zyklische Zeitalter und das Vermächtnis der alten Hochkulturen

Anhang

„Unser Bewusstsein kann die Zustände auf dem Planeten auf sehr viel umfangreichere Weise verändern, als wir denken. Der Grund dafür ist, dass wir alle miteinander verbunden sind […]

Meiner Meinung nach ist die Antwort darauf [auf die Probleme der heutigen Zeit] jedoch einfacher, als es scheint, und sie ist eines der bestgehüteten Geheimnisse unserer Zeit: die Wichtigkeit der Selbst-Liebe. […] Selbstsucht entsteht aus einem Mangel an Selbst-Liebe.

[…] Während meiner Nahtoderfahrung hatte ich das Empfinden, dass alles Verurteilen, aller Hass und aller Neid, alle Eifersucht und Angst daher kommen, dass die Menschen nicht ihre wahre Größe erkennen."

— Anita Moorjani*

* aus ihrem Buch: *Heilung im Licht* (2012),[1] das ich auf S. 106-111 näher vorstelle (siehe auch S. 39). Anita Moorjani erlebte 2006 mit Krebs im Endstadium nach einem 30-stündigen Koma eine wundersame Heilung innerhalb von wenigen Tagen.

Einleitung

Involution: Die ganzheitliche Wissenschaft des Lebens

Die Erde hat sich im Lauf der zyklischen Zeitalter mehrfach grundlegend verändert – und die Menschheit mit ihr. Dennoch sind wir mit unserer Vergangenheit und mit unseren Anfängen verbunden: durch unsere Vorfahren, durch unsere Seelenerinnerung, durch unsere kollektive Geschichte und auch durch viele Prophezeiungen. Denn die Eingeweihten in aller Welt sahen bereits vor Jahrtausenden das gegenwärtige Zeitalter voraus, ebenso wie dessen Ende in der heutigen Zeit. Der Tiefpunkt werde der Wendepunkt sein. Dann, so sagten sie, würden die Menschen beginnen, sich wieder zu erinnern: an ihre geistige Herkunft, an ihre Geschichte im Zyklus der Zeiten und an ihre Berufung hier auf Erden.

In allen Erdteilen existieren Überlieferungen, die von untergegangenen Hochkulturen und von einer mythischen Vergangenheit berichten, immer auch verbunden mit Geschichten von unsichtbaren Welten und Wesen: von Göttern, Engeln, Dämonen usw. Ebenso finden wir überall mythologische und symbolische Bilder, die auf eine geistige Herkunft des Menschen hinweisen. Kein indigenes Volk, keine Hochkultur und keine Mysterientradition sagt, dass eine Linie von Tieren sich allmählich in Menschen verwandelt habe.

Kreationismus, Darwinismus – und was danach?

Die darwinistische Theorie einer Makroevolution (dieser Begriff wird auf S. 122 genauer erklärt werden) ist ein intellektuelles Konstrukt des 19. Jahrhunderts. Sie entstand als Gegenbewegung zur kirchlichen Position, die besagte, Gott habe das Universum und die Erde vor 7000 Jahren in 6 Tagen „aus dem Nichts" *(ex nihilo)* erschaffen, „und am siebten Tag ruhte er sich aus". Jede andere Lehre wurde von den christlichen Kirchen abgelehnt und vehement bekämpft – und das seit über eintausend Jahren. Mit der Renaissance und der Aufklärung waren jedoch zunehmend kritische Stimmen laut geworden. Freidenkende Menschen wollten die kirchlichen Absolutheits- und Monopolansprüche nicht mehr unterstützen. Der Humanismus, der damals entstand, bedeutete: undogmatische Religion, Respekt vor Andersgläubigen und anderen Kulturen sowie Vertrauen in die Fähigkeit des Menschen, durch eigenes Forschen und Denken höhere Erkenntnis zu finden. Wie es für die Welt der Dualität typisch ist, ging der Humanismus aber bald in das andere Extrem und wurde zu einer Wissenschaft, die sich materialistischen und reduktionistischen Weltbildern verschrieb.

Der Darwinismus war eine Reaktion auf den religiös-dogmatischen Kreationismus. Die umfassendste Kritik am Darwinismus kommt heute aus dem Lager des christlichen und islamischen Kreationismus, und die vorgebrachten Argumente sind wissenschaftlich fundiert. Aber diese Argumente werden von der Öffentlichkeit kaum beachtet, weil sie mit einer fundamentalistischen Religionslehre verbunden sind, angefangen mit einem wörtlichen Glauben an Adam und Eva. Den Darwinisten fällt es deshalb leicht, die Kreationisten lächerlich zu machen und deren Argumente gegen die Evolutionstheorie ins Leere laufen zu lassen. Sachliche Debatten kommen fast nie zustande. Die Positionen sind verhärtet. Aber ist der Kreationismus die einzige Alternative zum Darwinismus, und ist der Darwinismus die einzige Alternative zum Kreationismus?

Beide Seiten in dieser Konfrontation vertreten einseitige Weltbilder mit entsprechenden Denkmustern (Paradigmen). Beide sind nicht bereit, andere Sichtweisen in Betracht zu ziehen, und beide reagieren ähnlich aggressiv auf solche „anderen Sichtweisen". Dies wiederum zeigt, dass sie die zwei Seiten derselben Spaltung sind.

Welche Weltsicht eröffnet sich, wenn wir beide Einseitigkeiten überwinden? Was ist eine *ganzheitliche* Weltsicht? Wie können wir eine solche Weltsicht wieder – und in gereifter Form – erlangen?

Der theistische Paradigmenwechsel

Erforderlich ist ein radikales* Umdenken, sowohl in den Wissenschaften als auch in den Religionen. Eine ganzheitliche Weltsicht führt zu revolutionären neuen Erkenntnissen, nicht zuletzt auch in der Geschichtsforschung, wie ich bereits in meinen früheren Büchern dargelegt habe, vor allem im Buch *Der radikale Mittelweg – Überwindung von Atheismus und Monotheismus.* Wenn die Ganzheit gespalten wird, ent-

* Radikal: „wurzeltief" (von lat. *radix,* „Wurzel"), einer Sache auf den Grund gehend, bei den Ursachen ansetzend und nicht nur die Symptome bekämpfend.

stehen zwei Einseitigkeiten, zwei halbe Wahrheiten. Diese zwei Einseitigkeiten können mit den Begriffen „Atheismus“ und „Monotheismus“ überschrieben werden.

Atheismus bezieht sich auf das breite Spektrum von Weltbildern, die vom Materialismus bis zum Monismus reichen. Monotheismus bezieht sich auf alle Religionsgruppen, die einen Monopolanspruch auf Gott erheben. Das Weltbild des „radikalen Mittelwegs“ nenne ich einfach *Theismus,*[2] denn dieses ganzheitliche, natürliche Gottesverständnis ist das, was alle religiösen Offenbarungen, Mysterienschulen und indigenen Traditionen in ihrem Kern lehren. Auch die Religionen, die wir heute als monotheistisch bezeichnen, sind in ihrer Essenz nicht monotheistisch (in der hier gegebenen Definition), sondern theistisch.

Der theistische Mittelweg ermöglicht es uns, das Gemeinsame und Sich-Ergänzende aller Traditionen und Religionen zu ergründen. Dies erfordert sowohl Offenheit für Neues als auch Respekt vor dem „Fremden“. Haben wir eine solche Geisteshaltung, können wir auch das Eigene – die eigene Kultur, die eigenen Wurzeln, das eigene Leben – in einem neuen Licht sehen, und dieses Licht ist heute dringend notwendig. Dazu gehört, dass wir herkömmliche Ansichten, die im Namen von Wissenschaft oder Religion vertreten werden, „radikal“ hinterfragen und die großen Themen unseres Daseins aus einer neuen Perspektive betrachten, aus einer Perspektive jenseits von Darwinismus und Kreationismus. Mit anderen Worten, erforderlich ist eine *ganzheitliche Wissenschaft des Lebens,* d.h. eine Wissenschaft mit den entsprechenden Ergänzungen und Erweiterungen in allen Wissensgebieten:

- **Quantenphysik:** die Unendlichkeit der Materie (Energie) und die Ewigkeit des Bewusstseins (Leben), und darauf aufbauend die Frage nach dem Ursprung des Lebens im Kosmos und auf der Erde;
- **Biologie:** die „Lehre vom Leben“ auf der Grundlage der Erkenntnis, dass hinter jeder Form Information und Schöpferbewusstsein wirken („Involution“);
- **Geologie:** die Umwälzungen (Kataklysmen) entsprechend den zyklischen Zeitaltern, die erdgeschichtliche Erforschung dieser Zeitalter, das richtige Lesen der geologischen Spuren;
- **Parapsychologie und Paraphysik:** das Erkennen der Multidimensionalität des Kosmos und der Realität höherdimensionaler Welten (Nahtoderfahrungen, Reinkarnationsforschung, Astralreisen, Transkommunikation usw.) sowie die Erforschung neuer Energieformen und die Nutzung paranormaler Kräfte („Mentalphysik“);
- **Anthropologie und Ethnologie:** die Entstehung des Menschen aus den höheren Welten und seine Entwicklung in den verschiedenen Zeitaltern (Materialisation, Involution, Inkarnation), die Entstehung

der Völker und Kulturen, ihre kosmischen Bezüge, ihre Kulturbringer, ihre Mythen, ihr Urwissen;
- **Urgeschichtsforschung:** die „mythischen" (prähistorischen) Kulturen und ihre Verbindung mit den Megalithstätten, Pyramiden, alten Tempeln und unterirdischen Anlagen;
- **Vergleichende Religionswissenschaft:** Suche nach den gemeinsamen und den gruppenspezifischen Wahrheitsaspekten, gegenseitiges Lernen, überkonfessionelle Zusammenarbeit;
- **Philosophie und Selbsterkenntnis:** Analyse und Zuordnung der Weltbilder, Unterscheidung von objektiven und subjektiven Wahrheiten, Erkennen der persönlichen Berufung und Lebensaufgabe, Charakterschulung, Theorie und Praxis der Spiritualität.

Ist die Lehre der Involution pseudowissenschaftlich?

In der Auseinandersetzung zwischen Vertretern des Kreationismus und des Darwinismus sagen letztere, jede Welterklärung, die eine kosmische Intelligenz oder Gott mit einbeziehe, sei pseudowissenschaftlich, weil es sich dabei um Elemente des Glaubens handle; Wissenschaft müsse „naturalistisch" sein, denn es gebe nur „natürliche" und keine übernatürlichen Ursachen.

Mit dieser Argumentationslinie wird alles Übernatürliche aus der Natur und somit auch aus der Wissenschaft ausgeschlossen. Ist dies zwingend? Welche Ideologie verbirgt sich hinter einer derart voreingenommenen Haltung? Ist tatsächlich jede Welterklärung, die nicht naturalistisch ist, pseudowissenschaftlich?

Diejenigen, die so argumentieren, machen einen grundlegenden Fehler: Sie vermischen die Ebenen von Wissen und Glauben und tun so, wie wenn sie selbst nicht auch glauben würden. Aber auch sie *glauben.* Denn jedes Wissen ist von Glauben abhängig. Alles, was wir als Wissen bezeichnen, beruht auf einer Interpretation der Wirklichkeit, und jede Interpretation ist von Weltbildern abhängig. Welches Weltbild wir wählen, ist subjektiv und „irrational", denn die Wahl ist abhängig von unserer Kultur, von unserer Mentalität und insbesondere von der Ausrichtung unseres Bewusstseins. „Glauben" ist das *Annehmen bzw. Übernehmen eines Weltbildes.* Mit anderen Worten: Jeder Mensch glaubt! Die Theisten glauben an das Weltbild des Theismus, die Materialisten glauben an das Weltbild des Materialismus (Naturalismus), die Agnostiker glauben an das Weltbild des Agnostizismus, usw.

Ich bin mir also sehr wohl bewusst, dass die Erklärung, der Mensch sei über eine Involution entstanden (Herkunft des Menschen aus den höheren Dimensionen), auf einem Glauben beruht. Aber nochmals sei betont: *Jeder* glaubt „etwas“. Auch die Evolutionstheorie beruht auf einem Glauben: dass es nur Materie gibt, dass Materie sich selbst organisiert, dass Bewusstsein vom Gehirn erzeugt wird, dass es keine höheren Schöpferintelligenzen gibt, dass die ersten Lebewesen zufällig aus materiellen Bausteinen entstanden, usw.

Echte Wissenschaft unterscheidet zwischen Fakten und Interpretationen, und dazu gehört, dass man deklariert, auf welchem Weltbild die eigene Interpretation beruht. Wird diese Unterscheidung nicht klar vorgenommen, wird Wissenschaft zu Pseudowissenschaft und zu Ideologie. Das deutlichste Beispiel hierfür sind die sogenannten neuen Atheisten, die behaupten, die Evolutionstheorie sei „wissenschaftlich bewiesen“. Was die Evolutionstheoretiker über die Herkunft des Menschen sagen, ist jedoch in keiner Weise bewiesen, sondern ist ein Szenario, das vom Weltbild des Materialismus ausgeht. Die Evolutionstheorie ist eine wissenschaftliche Theorie, aber die Propaganda des Evolutionismus ist pseudowissenschaftlich! Der Materialismus ist nicht das einzig legitime Weltbild. Mehr noch: Unter allen möglichen Weltbildern ist es das beschränkteste.

Der Vorwurf, die Theorie der Involution sei pseudowissenschaftlich, wird meistens nur deshalb erhoben, um diese „andere Sichtweise“ zu diskreditieren. In Wirklichkeit ist die Theorie der Involution genauso wissenschaftlich wie die der Evolution, nur gehen beide von unterschiedlichen Weltbildern aus:

- „Evolution“ ist eine wissenschaftliche Theorie auf der Grundlage materialistisch geprägter Weltbilder.
- „Involution“ ist eine wissenschaftliche Theorie auf der Grundlage von Weltbildern, die über den Materialismus hinausgehen.

Wenn die Evolutionstheoretiker behaupten, ihre Sichtweise sei die einzige, die „wissenschaftlich“ zulässig sei, dann ist dies pseudowissenschaftlich und dogmatisch, wenn nicht sogar unehrlich. Die biblischen Kreationisten sind hier geradezu vorbildlich, denn sie erklären offen, mit welchem Glaubenssystem sie die wissenschaftlich erfassbaren Fakten der Biologie, Geologie, Anthropologie usw. interpretieren.[3]

Wissenschaftliche Erklärungen sind also immer von Weltbildern abhängig, und die Frage ist nur: von welchem? Auf der Grundlage der Weltsicht des Theismus erschließt sich uns eine ganzheitliche Wissenschaft des Lebens und damit auch eine neue Sicht auf unsere Herkunft: *Menschheitsgeschichte jenseits von Darwinismus und Kreationismus.*

Das Mythische und das Logische

Die Menschheitsgeschichte muss neu geschrieben werden, und zwar von allem Anfang an. Denn wenn wir am Anfang einer Rechnung einen Fehler machen, wird sich der Fehler vergrößern, selbst wenn wir danach richtig weiterrechnen. Und die Frage nach den Anfängen des Kosmos, der Erde und des Menschen ist die wichtigste überhaupt. Wenn wir ein einseitig religiöses (dogmatisches) oder einseitig wissenschaftliches (materialistisches) Weltbild haben, führt dies zu verzerrten Vorstellungen über unsere Herkunft und unsere Bestimmung, und wenn die Menschen ihre spirituelle Bestimmung nicht mehr kennen, nehmen Kämpfe, Krisen und Konflikte überhand – was die letzten fünftausend Jahre mehr als genug gezeigt haben. Aus mythischer Sicht leben wir seit rund 3000 v. Chr. in einem Zeitalter der Spaltung, in dem die Menschen dazu neigen, von der Ganzheit immer nur eine Seite zu betrachten und diese zu verabsolutieren.

Es geht hier nicht darum, dass wir die Vergangenheit idealisieren und in unseren Kulturen und Religionen nur das Schlechte sehen. Im Gegenteil, wir sind heute eingeladen, ja aufgefordert, eine neue Ganzheitlichkeit zu finden, die unsere Vorfahren noch nicht hatten. Ganzheitliche Erkenntnis beinhaltet Geist und Materie, Seele und Körper, Gott und Welt, und der Weg zu dieser Erkenntnis geht nicht nur über den Kopf und die Ratio (das Logische), sondern auch über das Herz und die Intuition: das Mystische und *Mythische,* wobei sich das griechische Wort *mýthos,* „(inspiriertes) Wort", ursprünglich auf Erkenntnisse, symbolische Geschichten und Eingaben bezog, die in Trance, in Träumen, in Meditation oder spontan aus göttlicher Quelle empfangen wurden. *Mýthos* und *Lógos* sind zwei sich ergänzende Seiten, vergleichbar mit Yin und Yang. Yang als der männliche Pol bezieht sich auf das Logische, Rationale und Forschende, Yin als der weibliche Pol auf das Intuitive, das Empfangende, das innere Wahrnehmen höherer Erkenntnisse und Bilder („Offenbarungen").

Mit dem Anbruch des Zeitalters der Spaltung fiel die Menschheit zuerst in ein einseitiges mythisches Denken, das zu Götterfurcht und Aberglauben führte, mit entsprechend geprägten „Mythen" und religiösen Vorstellungen. Als Gegenbewegung dazu setzte ein einseitig logisches Denken ein, das in den letzten dreihundert Jahren zu einem extremen Wissenschaftsglauben führte, bis hin zum staatlich institutionalisierten Materialismus („Kommunismus").

Die Wissenschaft des Lebens, die unsere Vorfahren der früheren Zeitalter archaisch-intuitiv kannten, können wir heute *ganzheitlich* – mythisch und logisch – neu entdecken. Die Themen der Involution und der geistigen Herkunft des Menschen wirken hierbei als Initialzündung.

Wenn wir „umdenken" und uns wieder erinnern, *wer wir sind* – im Geistigen wie im Irdischen –, ist der Fehler am Anfang der Rechnung behoben. Der Weckruf „Ihr seid Lichtwesen" begleitet uns bereits seit zweitausend Jahren, und ich wählte ihn als Titel, weil er auf den Sinn unserer früheren Inkarnationen und Initiationen hinweist. Auch das vorliegende Buch ist eine „Initiation", und zwar im wörtlichen Sinn: Initiationen *initiieren,* das heißt, sie lösen etwas aus, sie führen in neue Lern- und Lebensabschnitte hinein. Möge dieser Impuls viele weitere Forschungen und Entdeckungen nach sich ziehen.

Zum Aufbau des Buches: Das Thema *Die geistige Herkunft des Menschen* umfasst zwei grundlegende Aspekte, wie sie auch im Untertitel genannt werden, und dementsprechend hat das Buch zwei Teile.

Thema von Teil 1 ist der *Ursprung des Menschen.* Hier geht es um die Fragen „Wie ist der Mensch entstanden?" und „Was ist der Mensch?", denn unsere Antwort auf die Frage nach dem Ursprung ist abhängig davon, wie wir uns selbst wahrnehmen und definieren. Aus der spirituellen (theistischen) Weltsicht ist die Involution ein kosmisches Prinzip und kann die Entstehung des Menschen erklären, ohne dass wir dafür materialistische Glaubenssätze benötigen (Kap. 1). Kapitel 2 gibt einen Einblick in das hohe Wissen der frühen Menschen, konkret des „vorsintflutlichen" Enoch: Wissen über die Form und Größe der Erde und über die Schöpferebenen des Kosmos. Die alten Mysterienlinien, die dieses Wissen überlieferten, sagen, dass der Mensch ein multidimensionales Wesen ist, und viele Personen haben dies durch die Jahrhunderte hindurch unter Beweis gestellt. In Kapitel 3 präsentiere ich drei gut bezeugte Beispiele aus dem 20. Jahrhundert. Genauso wie der Mensch ist auch der Kosmos multidimensional, das heißt, die Welt, in der wir leben, ist nicht auf die physikalische Materie beschränkt, was jeder Mensch spätestens beim Tod erlebt, wenn die Seele den Körper verlässt. Nahtoderfahrungen und zahlreiche Phänomene bei sterbenden Menschen geben hiervon ein eindrückliches und wahrhaft lebendiges Zeugnis (Kap. 4). All diese Forschungen und Erkenntnisse zeigen, dass die Grundannahmen der materialistischen Kosmologie und Biologie praktisch widerlegt sind (Kap. 5). Die Vergangenheit war ganz anders, als die darwinistische Anthropologie sagt. In Kapitel 6 folgt eine mythologische Rekonstruktion der Menschheitsgeschichte entsprechend dem Zyklus der Zeitalter (Yugas): Warum wurden die Lichtwesen zu Menschen? Wie kamen die negativen Einflüsse auf die Erde? Was ist der Sinn der zyklischen Zeitalter?

Thema von Teil 2 ist die *Urgeschichte des Menschen.* Kapitel 7 zeigt, wie die Lichtwesen und ihr Erscheinen in unserer Welt in den Mythen aller Kulturen erwähnt werden. Die Lichtwesen waren Teil unserer Vergangenheit und wirken auch in unserer heutigen Zeit. Ein zentrales Element der alten Überlieferungen sind die großen Katastrophen und Umwälzungen bei den Übergängen der jeweiligen Zyklen und Unterzyklen, wobei die Sonne für die Erde der unmittelbare Faktor aller Zyklen und Großveränderungen darstellt (Kap. 8). Diese Umwälzungen ließen die Spuren der früheren Kulturen bis auf wenige Reste verschwinden, doch nur schon diese Reste stellen uns vor Rätsel (Kap. 9). Die nähere Betrachtung der früheren Zeitalter ist das Thema der Kapitel 10 bis 12. Was geschah bei der sogenannten neolithischen Revolution vor 12000 Jahren? Wer baute die Megalithanlagen und wozu? Zu diesen Fragen gehört auch eine kritische Beleuchtung der ufologischen und präastronautischen Theorien über die Götter der Vergangenheit. Denn die Mythen von Sumer, Ägypten, Indien usw. meinen nicht Außerirdische („Ufonauten"), wenn sie über Götter und die göttliche Abstammung des Menschen sprechen.

Was hat die geistige Herkunft des Menschen mit unserer heutigen Zeit zu tun? Und die wichtigste Frage: Was war und ist der Sinn von alledem? Gerade hier gehen die Meinungen – je nach Weltbild – zum Teil diametral auseinander. Dennoch, so glaube ich, sind klare, differenzierte Antworten möglich, weshalb ich im Anhang eine philosophische Abhandlung einfüge, die das Thema „Geschichte des Menschen" aus der Perspektive von Karma, Schicksal und freiem Willen nochmals vertieft und abrundet.

Selektives Lesen: Wie nur schon diese kurze Übersicht zeigt, umfasst das, was ich als „ganzheitliche Wissenschaft des Lebens" bezeichne, das gesamte Spektrum von Naturwissenschaft, Grenzwissenschaft, Geschichte, Philosophie und Spiritualität. All diese Themen habe ich zu einem großen Mosaik zusammengefügt, um die Schlüsselerkenntnis „Ihr seid Lichtwesen" zu einer plausiblen, möglichst verständlichen und auch erlebbaren Realität werden zu lassen. Mir ging es dabei immer um das Gesamtbild, und dieses lässt sich aus unterschiedlichsten Perspektiven beleuchten – obwohl das Gesamtbild nicht davon abhängig ist, dass wir es aus allen Perspektiven betrachten. Deshalb können Sie, liebe Leserin, lieber Leser, einfach wählen, welche meiner Ausführungen Sie bis ins Detail mitverfolgen wollen und welche Stellen Sie überblättern. Es ist wie bei einer Bilderausstellung, wo wir an allen Gemälden vorbeigehen und sie anschauen, aber nicht bei jedem stehen bleiben, und trotzdem haben wir am Schluss die ganze Ausstellung gesehen. Ebenso besteht das vorliegende Buch aus vielen einzelnen Bildern, die zusammen das Gesamtbild ergeben, während jedes einzelne Bild wie ein Fraktal auch das Gesamtbild in sich trägt.

Teil 1

Ursprung des Menschen – Erkenntnis unserer geistigen Herkunft

„Das Feld der Philosophie in dieser weltbürgerlichen Bedeutung läßt sich auf folgende Fragen bringen:
1) Was kann ich wissen? 2) Was soll ich tun? 3) Was darf ich hoffen? 4) Was ist der Mensch?
Die erste Frage beantwortet die Metaphysik, die zweite die Moral, die dritte die Religion, und die vierte die Anthropologie. Im Grunde könnte man aber alles dieses zur Anthropologie rechnen, weil sich die drei ersten Fragen auf die letzte beziehen.“

— Immanuel Kant (*Logik* IX,25)

Kapitel 1

Der Mensch entstand durch eine Materialisation von Lichtwesen

Aus der Sicht der spirituellen Traditionen lebt die Menschheit seit rund fünftausend Jahren in einem Zeitalter des Vergessens. „Vergessen" bedeutet, dass die Menschen ihr Bewusstsein fast ausschließlich nach außen projizieren und sich selbst nicht mehr als spirituelle Wesen wahrnehmen. Die altindischen Schriften nennen dieses Zeitalter *Kali-Yuga,* „Zeitalter der Spaltung". Das Sanskritwort *kali* beinhaltet das gesamte Spektrum von dem, was „Spaltung" bedeutet: Einseitigkeiten, Fronten, Konflikte, Halbwahrheiten, Abgleiten in das eine oder das andere Extrem.

Wenn die Menschen als Folge dieser Spaltung das Leben nicht mehr in seiner Ganzheit wahrnehmen, fallen sie in den Glauben, es gebe nur die Materie, es gebe kein Leben nach dem Tod und das menschliche Leben habe keinen höheren Sinn. Im Sanskrit existiert dafür sogar der Begriff *dvipāda paśu,* „zweibeiniges Tier" – was indirekt auch auf die Aussage der darwinistischen Evolutionstheorie hinweist. In dieser prophetischen Sicht ist die Evolutionstheorie jedoch nicht der Höhepunkt menschlicher Erkenntnis, sondern der Tiefpunkt. Tatsächlich wird heute im Namen von Wahrheit und Wissen („Wissenschaft") gelehrt, der Mensch sei ein Tier. So verkündet das *Manifest des evolutionären Humanismus* (2006):

> [...] dass sich der Mensch unter günstigen Umständen zu einem ungewöhnlich sanften, freundlichen und kreativen Tier entwickeln kann. [...] Voraussetzung dafür ist, dass wir die Scheu ablegen, den Menschen konsequent als *Naturwesen* zu begreifen, d. h. als ein *zufälliges Produkt der biologischen Evolution.* [...] Evolutionäre Humanisten geben freimütig zu, dass sich die stolzen Mitglieder der Spezies Homo sapiens in ihren Grundzielen nicht von der gemeinen Spitzmaus unterscheiden. Wie diese werden auch wir mit der tief verankerten Veranlagung geboren, *eigene Lust zu steigern und eigenes Leid zu minimieren.* [...] Homo sapiens erscheint dem kritischen, wissenschaftlich gebildeten Betrachter heute nicht mehr als gottgewollte Krönung einer gut gemeinten, gut gemach-

ten Schöpfung, sondern als *unbeabsichtigtes, kosmologisch unbedeutendes und vorübergehendes Randphänomen eines sinnleeren Universums.*[1]

Dies sind Auszüge aus einem modernen Glaubensbekenntnis des Materialismus: Der Mensch ist ein Tier, ein zufälliges Produkt der biologischen Evolution, ein unbedeutendes Randphänomen in einem Universum, das weder Sinn noch Zweck hat. Alles wird angezweifelt, alles außer das eigene Weltbild, das wie selbstverständlich als „wissenschaftlich" bezeichnet wird. Der Autor schreibt, ein „kritischer, wissenschaftlich gebildeter Betrachter" vertrete ein materialistisches und damit ein atheistisches Weltbild, und suggeriert dadurch, dass all diejenigen, die ein anderes Weltbild vertreten, nicht „kritisch" und nicht „wissenschaftlich gebildet" seien.

Mit solchen Behauptungen wird der materialistische Glaube zu einer pseudowissenschaftlichen Ideologie. Denn es ist eine Tatsache, dass zahlreiche Wissenschaftler der Vergangenheit und Gegenwart an Gott und an kosmische Intelligenzen glaubten bzw. glauben. Viele vernünftige (rationale) Gründe weisen auf diese höheren Realitäten hin, selbst wenn sie intellektuell nicht direkt zu beweisen sind.

Wissenschaft und religiöser Glaube schließen sich gegenseitig nicht aus. Dennoch ist die gegenseitige Kritik in vielen Punkten berechtigt. Die Religionen hatten über eine lange Zeit fast unumschränkte Möglichkeiten, die Welt nach ihren Vorstellungen zu formen und zu beeinflussen, aber sie haben der Menschheit weder zu Vernunft noch zu Heil verholfen. Die Alternative zu diesen Religionsformen ist jedoch nicht der Atheismus. Der Kampf zwischen beiden Fronten zeigt, dass sie die zwei Seiten derselben Spaltung sind.

„Parallelwelten" und feinstoffliche Welten

Die ganzheitliche Wissenschaft umfasst drei grundlegende Erkenntnisse, die zum Urwissen der Menschheit gehören und die auch von Pionieren der modernen Wissenschaft erahnt oder direkt ausgesprochen werden – Erkenntnisse, die grundlegend, für die heutige Zeit aber höchst revolutionär sind: *die geistige Herkunft des Menschen, die Realität des multidimensionalen Kosmos, der spirituelle Hintergrund der Materie.*

Wir können hier auf über einhundert Jahre der seriösen parapsychologischen Forschung zurückgreifen. Sie und auch alle religiösen, schamanischen und mystischen Traditionen der Welt, so unterschiedlich sie sein mögen, sagen in dieser Hinsicht das gleiche, nämlich dass unsere Existenz als Mensch, ebenso wie der Kosmos, prinzipiell zwei materielle Ebenen umfasst:

- **die physische Ebene:** der grobstoffliche Körper/die unendliche Anzahl von Planeten, Sonnen, Galaxien usw.
- **die metaphysische Ebene:** der feinstoffliche Körper*/die astralen und höherdimensionalen Welten.

Als Seelen sind wir ewig, als Menschen sind wir multidimensional. „Ewig" bedeutet: Wir sind Bewusstseinsmonaden = Individuen**, die nicht sterben, wenn der Körper stirbt. Tod bedeutet, dass wir den physischen Körper verlassen und in die feinstofflichen Dimensionen eingehen. Jeder Mensch, der diese Welt erlebt hat, sei es durch eine Nahtoderfahrung, durch eine Astralreise oder durch ein mystisches Erlebnis, bezeugt, dass sie viel intensiver und konkreter ist als die grobstoffliche Welt (siehe Kapitel 4).

Die Existenz von Parallelwelten ist nicht nur eine Idee der Science-Fiction, sondern wird heute als Hypothese auch von der modernen Wissenschaft in Betracht gezogen, allerdings nur dahingehend, dass diese Parallelwelten *physikalische* Universen sind, d.h. Welten wie die unsere, in denen jedoch das unendliche „Quantenpotential" andere Ereignislinien hervorgebracht habe:

> Unser Universum ist nur eines von vielen, und jeder Mensch hat Doppelgänger in anderen Universen. [...] Tatsächlich glauben heute immer mehr Physiker, dass es nicht nur ein All, sondern viele Universen gibt und dass all diese Universen eine unüberschaubare Vielfalt fremder Welten bilden, vergleichbar mit einem grenzenlosen Meer mit unzähligen bewohnten und unbewohnten Inseln. [...] Ein halbes Jahrtausend nach Kopernikus stehen die Zeichen wieder auf Revolution: Das Universum wird zum Multiversum. Es gibt nicht nur ein Universum, sondern unendlich viele. Eines davon bewohnen wir, eine Nische im plurifizierten Kosmos. Jede denkbare Welt existiert wirklich, jede mögliche Geschichte spielt sich irgendwo ab. Die kopernikanische Revolution ist zu Ende gedacht.[2]

So pionierhaft diese Vorstellungen sind, sie bewegen sich immer noch innerhalb des Denkrahmens des materialistischen Weltbildes. „Ihre Theorie ist verrückt, aber nicht verrückt genug, um wahr zu sein", sagte einst der Quantenphysiker Niels Bohr (1895–1962) zu einem jüngeren

---

* „Feinstofflicher Körper" ist ein Überbegriff für die verschiedenen höherdimensionalen Körper des Menschen. Je nach Tradition und Lehrsystem werden hier unterschiedliche Einteilungen und Begriffe verwendet: Astralkörper, Mentalkörper, Emotionalkörper, Kausalkörper usw.

** Individuum (im philosophisch-wörtlichen Sinn), von lat. *dividere*, „teilen", und *in-* als Verneinung: „unteilbares Sein und Bewusstsein" (als lebendige Einheit, „Monade"); das spirituelle Ich als ewiger Teil Gottes (= Teil des Ganzen).

Kollegen, der ihm eine neue Physiktheorie präsentiert hatte.[3] Welche Sichtweise des Kosmos ist „verrückt genug", um wahr zu sein?

Der konsequente Schritt in der Theorie der Parallelwelten führt zu dem, was der Menschheit seit Urbeginn bekannt ist, nämlich dass der Kosmos nicht auf die physikalische Ebene beschränkt ist. Jenseits der grobstofflichen Welt gibt es astrale und feinstoffliche Welten, in denen die Materie weniger verdichtet ist als in dem für uns sichtbaren Universum. Diese Parallelwelten sind nicht Millionen von Lichtjahren entfernt. Sie sind für unsere Begriffe praktisch allgegenwärtig, weil sie aufgrund ihrer höherdimensionalen Beschaffenheit die dreidimensionale Welt überlagern und durchdringen. Das heißt, im dreidimensionalen Raum der Erde sind parallel und gleichzeitig zahlreiche andere Welten gegenwärtig, ähnlich wie unser Lebensraum von zahlreichen Fernseh- und Rundfunkprogrammen durchdrungen wird. Sie schwingen allesamt im gleichen „Äther", jedoch in unterschiedlichen Frequenzbereichen, weshalb sie sich nicht vermischen. Obwohl wir uns mitten in diesem massenmedialen Bombardement befinden, sind wir nicht in der Lage, diese Sendungen direkt wahrzunehmen. Erst mit dem geeigneten Empfänger wird es möglich, sie zu hören und zu sehen, wobei jeder Sender eine in sich geschlossene Welt darstellt, mit eigenen Klängen, Informationen und Kreationen.

Diese Analogie veranschaulicht, wie im Universum gleichzeitig parallele Dimensionsebenen existieren. Sie sind für die meisten Menschen unsichtbar, das heißt, sie sind nicht sinnlich, aber sehr wohl *übersinnlich* wahrnehmbar. Um diese höheren Realitäten wahrzunehmen, ist es erforderlich, dass wir unseren „sechsten" und „siebten" Sinn aktivieren – was bei jedem Menschen zumindest sporadisch der Fall ist. Aber die moderne Bildung und Weltsicht ist bestrebt, den Menschen vom Kindesalter an derart zu programmieren, dass all diese Synchronizitäten, telepathischen Eingebungen und scheinbaren Zufälle immer sogleich intellektuell rationalisiert oder banalisiert werden.

Involution: wie der Mensch auf der Erde erschien

Feinstoffliches kann durch die Einwirkung von Bewusstsein in Grobstoffliches verdichtet werden. Diesen Vorgang kennen wir unter dem Begriff „Materialisation". Involution ist die Erweiterung des Konzepts der Materialisation und bedeutet: die hierarchische Verdichtung von Lichtwelten und Lichtwesen aus den jeweils nächsthöheren Dimensionswelten heraus. Wenn in diesen Schöpfungsschritten die Grenze vom Feinstofflichen zum Grobstofflichen überschritten wird, bewirkt die Involution eine Materialisation.

Involution* ist ein interdimensional-hierarchischer Schöpfungsablauf: die sukzessive Verdichtung der zweiten Dimensionswelt aus der ersten, der dritten aus der zweiten bis hin zur siebten, dem für uns sichtbaren Kosmos. (In den meisten Traditionen wird von sieben „Welten" bzw. Schöpfungsebenen gesprochen.)

Mit diesen Definitionen können wir die geistige Herkunft des Menschen mit einem einzigen Satz zusammenfassen: **Die ersten Menschen entstanden durch eine Materialisation von Lichtwesen.**

Dies ist offensichtlich eine ganz andere Erklärung als die des Darwinismus. Die Evolutionstheorie geht jedoch von einem Konzept aus, das im Begriff „Evolution" gar nicht enthalten ist. Die ursprüngliche Bedeutung des Wortes Evolution** im biologischen Zusammenhang bezieht sich auf eine organisch-lineare Entwicklung. Das typische Beispiel hierfür ist die Entwicklung eines Samenkorns zu einer Pflanze oder einer befruchteten Eizelle zu einem lebensfähigen Tier bzw. Menschen. Der Darwinismus nimmt das Wort „Evolution" und postuliert, dies sei ein Entwicklungsprinzip, durch das über zahllose zufällige Mutationen neue Arten, Gattungen usw. entstanden seien, insbesondere der Mensch aus einer Linie von Tieren.

Die scheinbar einfache Erkenntnis der Involution hat das Potential, unser Wissen zu revolutionieren und unsere spirituelle Erinnerung zu reaktivieren. Wir alle haben schon die Erfahrung gemacht: Wir begegnen einer Person, von der wir wissen, dass wir sie kennen, aber der Funke springt nicht. Der Name fällt uns nicht ein. Aber wir wissen, dass wir sie schon einmal getroffen haben. Dann bekommen wir das entscheidende Stichwort, und sofort ist alles klar. „Ach so! Ja natürlich!" Mit dem einen Stichwort kommt die gesamte Erinnerung wieder.

Auf ähnliche Weise haben wir die Erinnerung an unsere eigene Herkunft verloren. Das Stichwort, das uns die *Ja-natürlich*-Erinnerung zurückgeben kann, ist *Involution:* „Ihr seid Lichtwesen." Wir spüren, dass wir als Menschen kosmische Wurzeln haben – und der Kosmos ist multidimensional. Wie bereits erwähnt, existieren in der Gesamtheit des fein- und grobstofflichen Universums grundlegend sieben Dimensionswelten,[4] von denen wir nur die siebte zu sehen vermögen. Aber

* Involution: von lat. *involvere,* „einrollen; einwickeln; bedecken"; hier „Verdichtung; das sukzessive Einrollen, Hineingehen des Geistes in die Materie", was die damit verbundene, der jeweiligen Dimensionswelt entsprechende Verdichtung des Körpers miteinschließt. Auf der Stufe der höchsten Verdichtung führt dies zur Entstehung des physischen Körpers, wodurch *Inkarnation* (und Reinkarnation) möglich wird.

** Evolution: ein linearer Ablauf, eine allmählich fortschreitende Entwicklung; lat. *evolutio,* „das Aufrollen (einer Buchrolle)", von *evolvere,* „ausrollen; aufrollen; erklären".

nur schon diese siebte Dimensionswelt ist unbegrenzt, weil die Grenzen fließend sind, sowohl im Kleinsten als auch im Größten. Obwohl eine Steigerung der Wörter „unbegrenzt" und „unendlich" gegen die Regeln der Logik verstößt, können wir doch sagen, dass die höheren Dimensionswelten noch unbegrenzter und noch unendlicher sind – bis hin zur ursprünglichen Lichtwelt, die direkt aus der spirituellen (ewigen) Welt hervorging. Wenn wir von unserer Welt in die unsichtbaren Welten blicken, so ist die erste Welt „der siebte Himmel", was auch in der Redewendung „ich fühle mich wie im siebten Himmel" anklingt. Aus dieser höchsten bzw. ersten Lichtwelt gingen stufenweise die anderen Dimensionswelten hervor, und mit ihnen die entsprechenden Lichtwesen auf allen Stufen der Schöpfungshierarchie.[5]

„Am Schluss" kam es auch zu dem Schritt, dass Lichtwesen aus diesen höheren Welten durch eine Materialisation zu Menschen auf der Erde wurden. *Der Mensch ist ursprünglich ein materialisiertes Lichtwesen, ein physischer Engel.*

Die frühen Menschen: fossil nicht nachweisbar

Der Mensch erschien in einer paradiesischen Schöpfung. Lange Zeit hatten auf der Erde „nur" Tiere und Pflanzen gelebt, doch dann, im ersten Menschenzeitalter (im Sanskrit Satya-Yuga genannt), erfüllte sich der Sinn dieser Schöpfung durch das Erscheinen des Menschen. Die Verdichtung des Lichtkörpers bis zum organischen Körper des prähistorischen Menschen geschah nicht in einem „Ruck". Die Verdichtung verlief über verschiedene Zwischenstufen, angefangen mit einem ätherischen Körper, der aus der Sicht der Lichtwelten bereits grobstofflich ist. Aus unserer Sicht ist die ätherische Ebene (in den Kategorien Erde, Wasser, Feuer, Luft und Äther) die feinste Form der grobstofflichen Materie. Sie ist weitgehend unsichtbar, aber mit Bioresonanztechnologie messbar (siehe S. 131). Mit anderen Worten: Die Menschen des ersten Zeitalters waren – vielleicht bis auf einige Ausnahmen – noch keine Wesen mit einem organisch verdichteten Körper, weshalb sie auch keine Knochen hinterließen, im Gegensatz zu den Tieren (inkl. Primaten!), die damals schon eine grobstoffliche Form hatten.

Wer an die Evolutionstheorie glaubt, geht davon aus, dass die ersten Menschen affenähnlich gewesen seien – was dazu führt, dass versteinerte Knochen von ausgestorbenen Affenarten als Knochen von Menschenvorfahren interpretiert werden. Eine der ältesten Gruppen von angeblichen Menschenvorfahren wird sogar explizit als „Affe" (grch. *píthēkos*) bezeichnet: Australopithecus („Südaffe"). Wir wissen, dass es ausgestorbene Primatenlinien gibt, und es gibt auch *ausgestor-*

bene Menschenlinien! Die ausgestorbenen Primaten* sind die Vorfahren der heutigen Affen und nicht der heutigen Menschen. Diese Linien sollten nicht aufgrund evolutionistischer Projektionen vermischt werden. (Mehr dazu im Kapitel 5.)

„Gott schuf den Menschen nach seinem Abbild"

Das spirituelle Wissen wurde in den vergangenen Jahrtausenden zunehmend zu Geheimwissen: unterdrücktes Wissen, bekämpftes Wissen, verborgenes Wissen und auch schlichtweg verlorenes Wissen. Alte Mythen und Traditionen sind deshalb nicht automatisch Ausdruck höchster Wahrheit, denn sie alle entstanden im Verlauf der letzten fünftausend Jahre, d.h. innerhalb des Zeitalters des Vergessens. Was die geistige Herkunft des Menschen betrifft, so enthalten Mythen und heilige Schriften meistens nur noch rudimentäres Wissen in Form von vielfach veränderten Geschichten und Symbolismen. Und was vom Urwissen noch vorhanden war, wurde verschlüsselt niedergeschrieben. Ein Beispiel hierfür findet sich in der Bibel, im ersten Kapitel des Ersten Buches Mose (Genesis). Dort steht:

> Und Gott sprach: „Lasset uns Menschen machen in unserem Abbild, uns ähnlich, und sie sollen herrschen über die Fische im Meer, über die Vögel am Himmel, über das Vieh und alle Tiere des Feldes und über alles Kriechende, das sich auf der Erde regt." Und Gott schuf den Menschen nach seinem Bilde, nach dem Bilde Gottes schuf er ihn, als Mann und Frau schuf er sie. (Gen 1,26-27)

Diese Stelle des Alten Testaments hat unterschiedliche Interpretationen hervorgerufen. Die wildeste Spekulation lautet, es sei gar nicht Gott, der hier spreche, denn Gott würde nicht in der Mehrzahl von sich sprechen. „Lasset *uns* Menschen machen", dies seien die Worte von Außerirdischen, im Sumerischen (angeblich) *anunnaki* genannt; Außerirdische hätten den Menschen über eine Genmanipulation ge-

* So wie früher Riesenlibellen, Riesenechsen, Riesenvögel usw. existierten, waren auch zahlreiche Säugetiere größer als ihre heutigen Nachfahren: Riesenbiber (Castoroides), Riesenfaultier (Megatherium), Riesenschwein (Entelodon), Riesenhirsch (Megaloceros), Riesenwolf (Megistotherium), Riesennashorn (Elasmotherium), Riesenaffe (Gigantopithecus) usw. Werden Skelettfragmente von großen Vorfahren der heutigen Schimpansen gefunden, besteht die Gefahr, dass sie gemäß den Vorstellungen und Erwartungen der Evolutionstheorie interpretiert werden, mit dem Ergebnis, dass das rekonstruierte Wesen wie ein primitiver Tiermensch aussieht. Das markanteste Beispiel hierfür ist die berühmte „Lucy", die nur die Größe eines heutigen Schimpansen hatte.[6]

schaffen, indem sie den primitiven, noch halbtierischen Urmenschen zum Homo sapiens mutieren ließen. Was von dieser Theorie zu halten ist, wird ein Thema von Kapitel 12 sein (Unterkapitel: „Sitchin: Verfälschung der sumerischen Quellen").

Die Formulierung „Lasset uns Menschen machen in unserem Abbild, uns ähnlich" ist zweifellos auffällig. Wer spricht hier im ersten Kapitel der Bibel? Wer schuf Himmel und Erde, die Sonne, die Sterne und alle Lebewesen auf der Erde einschließlich des Menschen, bei dem betont wird, er sei „in unserem Abbild, uns ähnlich"? Es waren wohl kaum irgendwelche Außerirdische, die die Sonne und alle Sterne des Universums schufen. Aber warum sagt Gott dann „wir" und „uns"?

Im ersten Genesis-Kapitel lautet das hebräische Wort, das als „Gott" übersetzt wird, *elohim.* Elohim ist offensichtlich das Schlüsselwort zum tieferen Verständnis des biblischen Schöpfungsberichts.

Die Theorie, dass hier Außerirdische sprechen, ist nicht ganz abwegig, denn äußerlich betrachtet ist *elohim* ein Pluralbegriff wie die Cherubim und die Seraphim: „die Cheruben und Seraphen". Bedeutet *elohim* also „die Elohen"? Im biblischen Schöpfungsbericht ist das Wort *elohim* jedoch ein Sonderfall, weil dieser Begriff, obwohl er in der Mehrzahl steht, ein Prädikat in der Einzahl hat. Es heißt also nicht: „Die Elohim sprachen: Lasset uns", sondern „Elohim *sprach:* Lasset uns ..."

In der Bibel kommt das Wort *elohim* mehrfach vor, manchmal mit einem Singularprädikat, manchmal mit einem Pluralprädikat. Die Schreiber des Alten Testaments haben also sehr wohl unterschieden, wann *elohim* ein Pluralbegriff (im Sinn von „Götter") ist und wann ein Singularbegriff im Sinn von „Gott". Dennoch ist im ersten Kapitel des Buches Genesis auffällig, dass Elohim sagt: „Lasset *uns* Menschen machen nach *unserem* Abbild, *uns* ähnlich ..."

Diese paradoxe Formulierung signalisiert, dass hier ein tieferes Geheimnis verborgen ist. Wenn *elohim* als Singularbegriff Gott bedeutet, so steht dieser Begriff immer in Bezug zur Schöpfung: Gott als Schöpferwesen, als schöpfende Einheit und schöpfendes Kollektiv. Elohim ist die Einheit von Lichtwesen, die mit Gottes Willen eins sind. Gott wirkt durch sie, und sie wirken in Gottes Willen. Wie Jesus kann auch die Einheit der Elohim sagen: „Ich und der Vater sind eins" (Joh 10,29). Die Wörter „Einheit", „Gruppe", „Schar", „Kollektiv" sind wie das hebräische Originalwort *elohim* Mehrzahlbegriffe mit einem Singularprädikat: Die Einheit (Schar) der Lichtwesen *schuf,* und nicht *schufen.* Obwohl „schuf" steht, ist klar, dass diese Einheit nicht eine abstrakte Einheit ist (eine Einheit von „Energie"), sondern eine Einheit von bewussten Wesen: Elohim, Lichtwesen, göttliche Schöpferwesen. Diese Elohim schufen die Menschen nach ihrem Abbild. Und die Menschen sind ebenfalls *elohim* ...

Der Elohim-Code

Der durch Jesus berühmt gewordene Satz „Ihr seid Götter“ ist ein Zitat aus dem Alten Testament, aus Psalm 82. Jesus kam nach Jerusalem. Es sollte das zweitletzte Mal sein. Als er den Tempel betrat, traten die Pharisäer auf ihn zu und wollten ihn zu einer klaren Aussage drängen: „Was hältst du uns im Ungewissen? Bist du der Messias, so sage es uns frei heraus!“ Jesus antwortete mit kühnen Worten, sagte aber weder Ja noch Nein. Er nannte Gott seinen Vater und endete mit dem Satz: „Ich und der Vater sind eins.“ (Joh 10,29)

Die Pharisäer empfanden Jesu Antwort als Gotteslästerung und waren entrüstet. Sie hoben Steine auf, um ihn zu steinigen, weil das dritte Buch Mose (24,16) für Gotteslästerung die Todesstrafe fordert. Jesus antwortete ihnen furchtlos und auch etwas sarkastisch: „Im Auftrag meines Vaters habe ich viele gute Taten vor euch vollbracht. Für welche dieser Taten wollt ihr mich steinigen?“ Sie entgegneten ihm: „Wir steinigen dich nicht wegen deiner guten Taten, sondern wegen deiner Gotteslästerung!“ Da konterte Jesus: „Steht nicht in eurem Gesetz: ‚Ich [Gott] habe zu euch gesagt: Ihr seid Götter‘? Gott nennt also die, an die er sein Wort richtet, Götter, und ihr wollt doch nicht die Schrift anzweifeln? Mich aber hat der Vater bevollmächtigt und mit seiner Botschaft in die Welt gesandt. Wie könnt ihr da behaupten, es sei Gotteslästerung, wenn ich sage, dass ich Gottes Sohn bin?“ (Joh 10,34–36)

Die herkömmliche Übersetzung „Ihr seid Götter“ ist missverständlich, und Jesus distanziert sich von den Fundamentalisten, die ihn angreifen, indem er „euer Gesetz“ sagt, nicht „unser Gesetz“.

Das Wort *elohim* kommt in der hebräischen Bibel mehr als 2500 Mal vor und bezieht sich auf Gott, Götter, Engel und auch auf Menschen, die Gott vertreten, v.a. Richter. In Psalm 82 (siehe S. 292 im vorliegenden Buch) bezieht sich *elohim* gemäß den alten Mythen Kanaans und Mesopotamiens auf Götter: „Elohim erhebt sich in der Versammlung des El und spricht zu den *elohim* [...]: ‚Wohl habe ich gesagt: Ihr seid Götter und allesamt Söhne des Höchsten. Doch ihr werdet sterben wie die Menschen [...]‘.“

Die Formulierung „ihr werdet sterben wie die Menschen“ zeigt, dass die Adressaten in Psalm 82 nicht Menschen sind, sondern Götter. Jesus hingegen bezieht „Ihr seid Götter“ auf die Menschen, und er weiß, dass dies eine neue und für die Schriftgelehrten überraschende Interpretation ist, weshalb er gleich im folgenden Satz eine eigene Erklärung für das Wort *elohim* gibt, um zu rechtfertigen, dass er diesen Satz hier auf die Menschen bezieht: „Gott nennt also die, an die er sein Wort richtet, Götter.“ Und die ersten, an die Elohim (Gott) nach der Schöpfung sein Wort richtete, waren die Menschen (Gen 1,28–30). Damit bekommen wir einen Schlüssel zum ersten Kapitel des Buches Genesis. Dort steht, dass Elohim den Menschen „nach unserem Abbild, uns ähnlich" schuf, und Elohim sagt im Psalm 82: „Ihr seid *elohim.*" Und Jesus bezieht „Ihr seid *elohim*" auf die Menschen! Wenn das Elohim-Schöpferkollektiv den Menschen schuf und die Menschen *elohim* sind, dann bedeutet dies nichts anderes, als dass die *elohim* selber zu Menschen wurden! Ihr Lichtkörper wurde durch Materialisation zu einem physischen Menschenkörper. *Elohim* ist hier ein Überbegriff für die kosmischen Schöpferwesen, die Lichtwesen, d.h. Wesen aus den Lichtwelten. Die Lichtwelten sind „die Himmel", die am Anfang der Bibel und der Thora, in Gen 1,1, erwähnt werden: „Am Anfang schuf Elohim die Himmel und die Erde."

Doch auch im Johannes-Evangelium erscheint das Wissen um die Elohim-Natur des Menschen nur in verdeckter Form, weil Jesus es durch einen mythologischen Bezug auf das Alte Testament tarnt.[7] Dass das Alte Testament mehr als nur eine Bedeutungsebene hat, sagt das Alte Testament selbst, und zwar gleich ganz am Anfang.

Genesis 1,1 beginnt mit 2-2

Die Thora, die heilige Schrift des Judentums, besteht hauptsächlich aus den fünf Büchern Mose, die auch den Anfang der Bibel darstellen. Was an dieser Stelle – im ersten Satz und in den ersten Worten – steht, ist also für das Judentum wie für das Christentum von grundlegender Bedeutung. Ohne irgendwelche einleitenden Worte wird dort sogleich der Kern aller Offenbarung in einem einzigen Satz zusammengefasst: „Am Anfang schuf Gott die Himmel und die Erde." Im Hebräischen steht: *bereschit bara elohim et ha schamajim we et ha eretz.* „Beim Beginn *(bereschit)* schuf *(bara)* Gott *(elohim)* sowohl die Himmel *(et ha schamajim)** als auch die Erde *(we et ha eretz).*"

Im Hebräischen hat jeder Buchstabe auch einen Zahlenwert. A *(alef)* ist 1, B *(bet)* ist 2. Auffällig ist nun, dass am Anfang dieser heiligen Schrift ein B steht: eine 2! Wenn man eine Schriftrolle öffnet und ganz am Anfang zu lesen beginnt, würde man erwarten, dass dort eine 1 steht. Aber nein: Kapitel 1, Vers 1, Wort 1 beginnt mit B. Und nicht nur das erste Wort beginnt mit B, auch das zweite.

* Im hebräischen Originaltext ist das Wort *schamajim* Mehrzahl, also „*die* Himmel", wodurch wie selbstverständlich gesagt wird, dass es mehrere Himmel gibt, grundlegend sieben. Die heilige Zahl 7 spiegelt sich auch in der Anzahl der Schöpfungstage.

Gen 1,1: **b**ereschit **b**ara elohim et ha schamajim we et ha eretz.
| |
2 2

Wie sonderbar: Gen 1,1 beginnt mit den Initialen 2-2. Das Tor zur Genesis ist über die 2 codiert. 2-2 ist der Schlüssel zu diesem Tor. Was verbirgt sich hier? Welche Botschaften wurden in dieser Verschlüsselung direkt an den Anfang gestellt?

Das Erste, was hier signalisiert wird, ist, dass das Alte Testament grundlegend zwei Bedeutungsebenen hat: absolute Aussagen und relative Aussagen. Diese beiden Ebenen sollten nicht vermischt werden. Das heißt, nicht jede Aussage in den heiligen Schriften ist absolut. Nicht überall, wo „Gott" steht, spricht Gott. Die Gläubigen müssen lernen zu unterscheiden und für ihren Glauben Verantwortung zu übernehmen: Welche Stelle enthält eine absolute Wahrheit, welche eine relative? Gleich am Anfang, mit den ersten Buchstaben, entziehen die Bibel und die Thora jeglichem Fundamentalismus (= Verabsolutierung von heiligen Schriften) die Grundlage.

> Verachtet nie die Worte aus dem Geist Gottes: Prüfet alles, und das Gute behaltet! Und von jeder Art des Bösen [dazu gehört auch die Verabsolutierung relativer Aussagen der heiligen Schriften] haltet euch fern! (1 Thess 5,20-22)

Eine weitere Bedeutung des Genesis-Schlüssels bezieht sich auf den interessanten Umstand, dass das Buch Genesis zwei Schöpfungsberichte enthält: die Beschreibung der sieben Schöpfungstage und danach die Geschichte von Adam und Eva. 2-2 bedeutet, dass diese beiden Berichte nicht undifferenziert gleichgesetzt werden sollten (was biblische Kreationisten tun, weshalb sie zum Schluss kommen, das Universum und die Erde seien 7000 Jahre alt).

Die 2 am Anfang des Buches Genesis hat auch eine kosmologische Bedeutung. Sie signalisiert, dass hier „Akt 2" beginnt. Der biblische Schöpfungsbericht ist nicht falsch oder unwahr (es stimmt: Gott schuf Himmel und Erde), aber er beginnt nicht ganz „am Anfang", weil das Ewige *keinen Anfang* hat. Der Buchstabe B *(bet)* bedeutet als hebräisches Wort „Haus". Sein Erscheinen am Anfang der Thora wird deshalb so interpretiert, dass Gott der materiellen Schöpfung innewohnt, ohne mit ihr identisch zu sein, so wie auch wir nicht mit unserem Haus und nicht mit unserem Körper identisch sind. Wenn wir die Gesamtheit der Realität von der Materie her anschauen, müssen wir uns vergegenwärtigen, dass Materie nicht das Ein und Alles ist. Neben und hinter der Materie gibt es noch etwas „Zweites". Dadurch, dass die 2 am Platz der

Weitere Zahlenbotschaften im ersten Kapitel der Genesis

Die ersten zwei Wörter von Genesis 1,1 haben die Initialen B–B (2–2). Damit ist die Zahlensymbolik jedoch noch lange nicht erschöpft. Der numerische Gesamtwert aller hebräischen Wörter von Gen 1,1 *(bereschit bara elohim et ha schamajim we et ha eretz)* ist 2701. Diese Zahlenanalyse wird *Gematria* genannt. Die Zahl 2701 lässt sich vielfach deuten. Von großer Bedeutung ist die Aufteilung 676 + 2025. 676 ist 26 × 26 (= 26^2), und 2025 ist 45 × 45 (= 45^2). 26 ist die Gematria-Zahl von JHWH, 45 ist die Gematria-Zahl von „Adam". 26 ist also die Zahl Gottes, 45 die Zahl des Menschen. Beide Zahlen „hoch 2" (siehe 2–2 am Anfang von Gen 1,1) ergeben in ihrer Summe die Zahl des ersten Genesis-Satzes. „Am Anfang schuf Gott die Himmel und die Erde": Die Schöpfung beinhaltet von Anfang an den Menschen als Ziel dieser Schöpfung! Dass die Summe der Gotteszahl und der Menschenzahl in ihrer zweiten Potenz („hoch 2") die Zahl des Schöpfungssatzes ergibt, hat eine hohe mystische Bedeutung (Stichwörter: „weiblicher" und „männlicher" Aspekt Gottes und *unio mystica).* Dies wird weiter dadurch illustriert, dass JHWH (26) in 2 × 13 aufgeteilt werden kann. Im Hebräischen gibt es zwei zentrale Wörter mit dem Gematria-Wert 13: *echad,* „Einheit; der Eine", und *ahava,* „Liebe". Das Absolute ist also nicht nur eine abstrakte Einheit, sondern auch Liebe. Liebe ist das innerste Wesen von Bewusstsein, denn nur in Liebe sind wir als Individuen bewusst mit der Quelle verbunden („gleichzeitig" zwei und eins). Philosophisch gesprochen: Die Ganzheit umfasst Energie und Bewusstsein, d. h. Nondualität und Individualität (13 + 13). Erst durch die Erkenntnis dieser Ganzheit werden Einseitigkeiten und halbe Wahrheiten überwunden.

Die Gotteszahl 26 ist über die 19 mit der Adam-Zahl 45 verbunden. 19 ist die Gematria-Zahl von Eva! Über die Frau schafft Gott den Menschen als sein Abbild. Dies entzieht jeglicher patriarchalen Einseitigkeit die Grundlage, sowohl in religiösen als auch in säkularen Gesellschaften. Wenn der Mensch Gott (26) ohne die 19 sieht, erhebt er sich mit seiner 45 über Gott und fällt in destruktive Denk- und Lebensweisen.

Diese wenigen Beispiele geben einen Einblick, wie göttliche Inhalte sich in Zahlenwerten spiegeln können und wie solche Zahlenwerte Ausdruck eines entsprechenden Inhalts sind (z. B. die ursprünglichen Maßsysteme; siehe Kapitel 2). All dies ist nicht einfach Zufall oder das Ergebnis eines intellektuellen Konstrukts, sondern Ausdruck einer höheren Ordnung, die in der materiellen Schöpfung überall gegenwärtig ist, bis hinein in die Struktur von heiligen Schriften. Denn hinter der Materie wirkt göttliches Bewusstsein, und die Schwingung dieses Bewusstseins lässt jegliche Schöpfung (vom Kosmos bis zu den nuklearen Strukturen) entsprechend geprägte Formen annehmen. Die hier vorgestellten Zahlenbotschaften sind nur einige wenige Beispiele für die Allgegenwart der kosmischen Intelligenz und Inspiration, die in allen Formen der Schöpfung zu entdecken ist.

1 steht, symbolisiert sie die wahre Natur der göttlichen Realität: Es gibt Schöpfung und Schöpfer, Materie und Geist, Unendlichkeit und Ewigkeit. Beide sind „eins", aber nicht identisch.

Unendlichkeit und Ewigkeit

Das soeben Dargelegte ist entscheidend für das Verstehen der geistigen Herkunft des Menschen. Was ist Leben? Was ist Materie? Die theistischen Mysterienschulen geben hierzu folgende Erklärung: *Materie ist unendlich wandelbare Energie.*[8] Materie ist Energie und erzeugt sich ständig wandelnde Formen, die ins Große wie ins Kleine unendlich sind. Der Kosmos ist in sich unendlich, und auch die atomaren Welten erweisen sich als unendlich. Jede Schneeflocke, jede Blüte, jedes Blatt, jeder Grashalm – jede natürlich entstandene Form, ob organisch oder anorganisch – ist einzigartig. Nur schon in unserer Erfahrungswelt ist die Vielfalt der materiellen Formen unendlich. Die Unendlichkeit der Materie können wir über die Fraktalgeometrie veranschaulichen, aber wir können sie uns nicht wirklich vorstellen. Ein unendlicher Makrokosmos. Ein unendlicher Mikrokosmos. Unendlichkeit bedeutet: unendlicher Raum und unendliche Zeit. Aber die Unendlichkeit ist noch nicht alles! Die Realität umfasst nicht nur die Unendlichkeit von Raum und Zeit (Polarität), sondern auch das *Raumlose* und das *Zeitlose:* die Welt des Spirituellen, die Ewigkeit. Ewigkeit bedeutet nicht „unendlich lange Zeit", sondern Zeitlosigkeit, das zeitlose Sein jenseits aller Polarität von Raum und Zeit.

Die 2 am Platz der 1 weist also darauf hin, dass die Realität nicht nur Einheit, sondern GANZHEIT ist, und die Ganzheit umfasst sowohl die Unendlichkeit (Materie/Energie) als auch die Ewigkeit (Bewusstsein/das Spirituelle). Die Unendlichkeit der materiellen Welt ist „eingebettet" in die Ewigkeit der raum- und zeitlosen spirituellen Welt. Wenn wir meinen, es gebe nur die Materie und keinen spirituellen Urgrund, tun wir genau das, wovor die 2 auf Platz 1 uns warnt. Wer diesen Fehler macht, verkennt die Ganzheit der göttlichen Schöpfung und wird die Materie auf eine Weise verwenden, die nicht in Übereinstimmung mit der Ganzheit und damit auch nicht in Übereinstimmung mit der Ordnung der Schöpfung ist.

Das Zusammenspiel von Unendlichkeit und Ewigkeit lässt sich durch ein einfaches Beispiel veranschaulichen. Die Unendlichkeit zeigt sich auf allen Ebenen der Materie, so auch auf der zweidimensionalen. Aus der Geometrie wissen wir, dass eine Gerade eine Linie von unendlicher Länge ist. Eine Gerade verläuft in einer Fläche, die ebenfalls unendlich ist. Für unser Auge ist die Gerade eine Linie, die eine gewisse

Breite und somit zwei Seiten hat, was bildlich der Polarität von Raum und Zeit entspricht. Die Fläche, in der die Gerade verläuft, hat eine unendliche Ausbreitung. Die Gerade steht für die Materie (das Unendliche), die Fläche für das Raum- und Zeitlose (die Ewigkeit).

In diesem Beispiel ist es klar, dass es absurd wäre zu behaupten, die Gerade existiere unabhängig von der Fläche oder es gebe nur die Gerade und keine Fläche. Ebenso absurd ist es zu glauben, die Materie existiere getrennt vom Spirituellen oder es gebe nichts Spirituelles, sondern nur die Materie, die sich selber organisiere und „aus sich selbst heraus" Information und Form hervorbringe.

So wie die Fläche die Gerade trägt und ihr die Form gibt, so ist die Materie in das Spirituelle eingebettet und bekommt vom Spirituellen – von Gottes absolutem Bewusstsein und von unserem relativen Bewusstsein – ihre Form. Das Spirituelle ist ewig und allgegenwärtig, all-gegenwärtig im wörtlichen, „zeitlichen" Sinn, obwohl es im Ewigen keine Zeit gibt. Aus der Sicht der Ganzheit/Ewigkeit gibt es keine Vergangenheit und Zukunft, sondern alles ist ewige Gegenwart, immer gegenwärtige Ewigkeit! Dies ist auch der Schlüssel zur theistischen Interpretation der Quantenphysik.

Für den Verstand ist das Raum- und Zeitlose unvorstellbar, denn er ist auf die Parameter von Raum und Zeit „programmiert". Dennoch können wir mit Verstand und Logik verstehen, dass die Ganzheit sowohl das Unendliche als auch das Ewige umfasst, mit anderen Worten, sowohl das Relative als auch das Absolute. Und mit einem mystischen Bewusstsein können wir diese Ganzheit auch wahrnehmen und als konkrete Realität erleben.

Faszination Quantenphysik

Die wichtigste Aussage des letzten Unterkapitels war, dass die Unendlichkeit der Materie in die Ewigkeit des Spirituellen eingebettet ist. Beides zusammen ist die göttliche Ganzheit.

Gehen wir nun einen Schritt weiter. Der spirituelle Urgrund der Materie ist Bewusstsein („Gottes Geist"), und Bewusstsein ist immer mit Intelligenz und Intention verbunden, sowohl im Relativen als auch im Absoluten. (Wir als Teile des Ganzen haben Bewusstsein und Willen, weil das Ganze Bewusstsein und Willen hat.) In der Wirkung auf die Materie zeigt sich Intelligenz als *Information.* Form entsteht durch Information, und hinter jeder Information wirkt Bewusstsein. Die „Informatik", die das Universum entstehen ließ, weist also auf Intelligenz und Intention hin.

Wenn wir meinen, Materie sei das einzig Reale, müssen wir an eine

Selbstorganisation der Materie glauben. Ebenso müssen wir glauben, das Universum sei zufällig entstanden, ohne Grund, ohne Ziel und ohne Sinn,* und der Mensch sei nichts anderes als ein „unbeabsichtigtes, kosmologisch unbedeutendes und vorübergehendes Randphänomen eines sinnleeren Universums" (siehe Zitat auf S. 22). Dies ist jedoch nur ein theoretischer und intellektueller Glaube, denn alles – die Natur, der Kosmos, unser eigenes Leben – lässt erkennen, dass die Phänomene „Schöpfung" und „Leben" nicht bloß eine Funktion der Materie sind. *Das Ganze ist immer mehr als die Summe seiner Teile.* Linear-mechanische und quantenmechanische Ursachen sind nicht die Faktoren, die das Leben an sich ausmachen. Die Quantenphysik dringt heute in die unendlichen Tiefen der Materie vor und entdeckt immer mehr, welch ein Mysterium unsere Welt ist.

Wir spüren: Wissenschaft muss nicht materialistisch sein, und das Spirituelle muss – zumindest in seiner Wirkung – auch materiell wahrnehmbar und nachweisbar sein. Die Quantenphysik dringt hier tatsächlich bis an die Grenzen des wissenschaftlich Erkennbaren vor. Am Anfang des 20. Jahrhunderts entdeckten Pioniere der neuen Physik, wie Max Planck, Niels Bohr und Erwin Schrödinger, dass die Materie in ihrer atomaren Dimension, in ihrer innersten Struktur, nicht den mechanischen Gesetzen der Newtonschen Physik folgt. Die kleinsten „Teilchen" der Materie bewegen sich nicht linear wie materielle Objekte unserer Erfahrungswelt, sondern machen Quantensprünge, die wir nicht fix berechnen können. Wir können nur sagen, wie hoch die Wahrscheinlichkeit ist, dass ein Elektron „hier" oder „dort" ist.

Was ist die Ursache, die bestimmt, wie sich die innerste Struktur der Materie formt? Eine erste Antwort wurde bereits gegeben: Hinter jeder Form steht Information. Aber woher kommt die Information, die die Materie formt, angefangen mit der Bewegung der Elektronen und der noch kleineren Materie-Einheiten? Mutige Quantenphysiker sprechen heute offen aus, was die spirituellen Wissenschaftler aller Zeiten schon immer gewusst haben: *Materie wird von Bewusstsein beseelt und bewegt.* Bewusstsein ist die spirituelle Energie eines Schöpferwesens, und Schöpferwesen sind wir alle.

In den vergangenen Jahren wurden Bücher zu den Themen „Geist

---

* „In einem Universum mit blinden physikalischen Kräften und genetischer Verdoppelung werden manche Menschen verletzt, andere haben Glück, und man wird darin weder Sinn noch Verstand noch irgendeine Gerechtigkeit finden. Das Universum, das wir beobachten, hat genau die Eigenschaften, mit denen man rechnet, wenn dahinter kein Plan, keine Absicht, kein Gut oder Böse steht, nichts außer blinder, erbarmungsloser Gleichgültigkeit." (Richard Dawkins, führender Evolutionist der Gegenwart)[9]

prägt Materie", „Visualisierung/Intention", „Kraft der Gedanken" und „Wunscherfüllung" zu Millionen-Bestsellern. Diese Themen treffen den Nerv der Zeit. Die Menschen spüren, dass sie Schöpferwesen sind, und möchten wieder lernen, ihre eigene Realität zu erschaffen.

Als Beispiel möchte ich ein Buch von Dr. David Hamilton zitieren: *Achte auf Deine Gedanken – Warum der Geist die Materie beherrscht.* David Hamilton ist Biochemiker, arbeitete bis 1999 in der medizinischen Forschung, stieg dann aus dieser Berufslaufbahn aus und gehört heute zu den bekanntesten Motivationstrainern Englands. Er schreibt:

> Neueste wissenschaftliche Entdeckungen zeigen, dass jeder unserer Gedanken und jedes unserer Gefühle sich in unserem Körper ausdrückt. [...] Unsere Gedanken und Gefühle schalten sogar unsere Gene ein und aus. Wissenschaftliche Untersuchungen haben vor Kurzem gezeigt, dass sie zu Wachstum in bestimmten Bereichen unseres Gehirns führen können, was schließlich zu Veränderungen unseres Körpers führt. In einem sehr wörtlichen Sinn sind wir also, was wir denken! [...] Einige der hier wiedergegebenen wissenschaftlichen Thesen haben bisher noch keine allgemeine Zustimmung in der Gemeinschaft der Forscher gefunden, obwohl dies nicht bedeutet, dass sie falsch sind. Häufig dauert es einige Zeit, bis neue Ideen oder Entdeckungen sich durchsetzen und allgemein anerkannt werden. Ich bin davon überzeugt, dass viele der in diesem Buch erwähnten Studien auf ein reales Phänomen hindeuten. Ich glaube, dass wir, was unser Verständnis des Bewusstseins und Zusammenhangs von Geist und Materie betrifft, kurz vor einem wichtigen Durchbruch stehen.[10]

Im „Verständnis des Zusammenhangs von Geist und Materie" ist die Wiederentdeckung der Involution ein entscheidender Faktor. Dass physische Körper durch eine Verdichtung von höherdimensionaler Energie entstehen können, ist ein naheliegender Schluss aus den Erkenntnissen der holistischen Quantenphysik. Auch David Hamilton erwähnt dieses Phänomen und nennt es „Kondensation".

> Seit Jahrtausenden sagen mystische Lehren, dass sich Bewusstsein zur materiellen [grobstofflichen] Welt verdichtet, ähnlich wie Dampf kondensiert und zu Wasser und Eis wird. [...] Mystiker glauben, dass sämtliche Materie sich aus dem Feld der unendlichen Intelligenz kondensiert, und die Quantenphysik lehrt, dass alle Materie an Punkten erscheint, an denen das Quantenfeld am intensivsten ist. [...] Wir sind [...] Teile des einen Ganzen. Doch im Prozess der Kondensation verlieren wir irgendwie das Bewusstsein unserer wahren Natur. Es ist so, wie wenn ein Tropfen aus einem Ozean der bewussten Intelligenz kondensiert und, indem er erkennt, dass er ein Tropfen geworden ist, vergisst, dass er einst ein Teil des Ozeans war und es auch weiterhin bleibt. [...] Unsere Wünsche können eine große Macht haben – sie beeinflussen sogar die Entstehung von Materie.[11]

Wissenschaft und Selbsterkenntnis

Über die Quantenphysik erkennen wir die Unendlichkeit der Materie und können induktiv schlussfolgern, dass die Materie in ein absolutes „Quantenfeld" eingebettet ist. Auf das Quantenfeld selbst hat die Quantenphysik keinen Zugriff. Das bedeutet aber nicht, dass wir von dieser göttlichen Quelle getrennt sind und über sie nichts erfahren können. Die Quantenphysik und jede andere Wissenschaft umfasst nämlich nicht nur die Materie, d.h. das Wahrgenommene (die Objekte), sondern auch und *insbesondere* die betrachtenden und wahrnehmenden Personen, die Subjekte. Die Quantenphysik hat gezeigt, dass wir mit unserem Bewusstsein subatomare Prozesse beeinflussen. Und hier ist wichtig zu erkennen, dass das Bewusstsein im Spirituellen, im Ewigen gründet. Das Unendliche erkennen wir durch die Erforschung der Materie, das Ewige erkennen wir durch die Erforschung des Bewusstseins, d.h. *durch uns,* durch Selbsterkenntnis. Aus diesem Grund musste in den alten Kulturen jeder Student und Adept zuerst den Weg der Selbsterforschung und der Selbsterkenntnis gehen. Denn wer Schamanismus, Magie, Forschung und Wissenschaft betreibt, ohne in Selbsterkenntnis zu gründen, wird seinen Fortschritt früher oder später in eine destruktive Richtung lenken. Die Wissenschaftler waren gottesbewusst und naturverbunden, und nur solche Mystiker (im weitesten Sinn) sollten Wissenschaftler sein. Immer wenn diese Regel durchbrochen wird, beginnt der Niedergang der betreffenden Gesellschaft. Dies beschrieb auch Platon exemplarisch anhand seiner Geschichte über den legendären Inselstaat Atlantis und dessen Untergang.

Zwei Arten von Zweiheit: Polarität und die Entstehung von Dualität

Mit dem Thema „Missbrauch von Wissen" kommen wir zur Frage nach dem Wesen und dem Ursprung des Bösen. Wie kann auf der Grundlage der vollkommenen Harmonie, aus der die materielle Schöpfung hervorgeht, Spaltung und Böses entstehen? Wenn wir allesamt Lichtwesen sind, wie kommt es, dass gewisse Wesen Dunkelheit erzeugen?

Aus der Sicht der Involution lassen sich diese Fragen umfassend und differenziert beantworten, und wir entdecken hier eine weitere Bedeutung der Genesis-Initialen 2-2. Sie weisen darauf hin, dass es zwei Arten von Zweiheit gibt und dass diese nicht verwechselt oder gleichgesetzt werden sollten. Die erste 2 steht für die Polarität, die zweite für die Dualität.

Nicht Urknall, sondern Ur-Sprung: die Entstehung des Universums aus spiritueller Sicht

Aus dem ewigen Urgrund des absoluten Seins entstehen (in zyklischen Kreisläufen) Urmaterie und Kosmos durch den allumfassenden Ursprung, ohne dass der Urgrund dadurch aufgelöst oder umgewandelt würde, ähnlich wie Licht sich nicht wandelt oder verringert, wenn irgendwo Schatten entsteht. Am Anfang des Universums war kein Ur-Knall, sondern ein Ur-Sprung, nämlich ein Quantensprung von Energie durch das „Medium" des absoluten Bewusstseins (im Sanskrit Viṣṇu genannt). Durch diesen Ur-Sprung, dargestellt durch das Aus- und Einatmen Viṣṇus, wird es möglich, dass vor dem Hintergrund der raum- und zeitlosen, spirituellen Welt parallel und „gleichzeitig" eine materielle Welt von Raum und Zeit entsteht, bestehend aus zahllosen Universen, die anfänglich alle in einer feinstofflichen Form existieren.

Nun richten wir unseren Blick vom Bereich außerhalb der Universen hinein in das Universum, in dem wir leben. Das Uruniversum war anfänglich eine rein feinstoffliche Schöpfung. Dies war die erste Lichtwelt, entstanden als Spiegelbild der ewigen spirituellen Welt. Aus dieser ersten Lichtwelt ging die gesamte weitere kosmische Schöpfung hervor. Dies geschah durch eine interdimensionale Verdichtung (= Involution) von den höheren Welten bis hinunter in die Dimension der dichtesten Materie. Mit anderen Worten: Während das Ewige immer im „Hintergrund" (immanent und transzendent) gegenwärtig ist, entstehen durch eine göttliche Schöpfung Raum und Zeit, d. h. die Vielzahl der Universen, und in jedem Universum zuerst die höchste, am wenigsten verdichtete Dimensionswelt. Dieser höchste „Himmel" enthält potentiell alle anderen Parallelwelten, die im Lauf der Zeit – oder richtiger: im Lauf von Raum und Zeit – über Involution manifestiert werden. Die meisten Mysterientraditionen sprechen hier von sieben Dimensionsebenen.

Das Erklärungsmodell der Involution geht von der Realität der spirituellen (absoluten) Welt und von der Multidimensionalität des Kosmos aus, was bedeutet: Bewusstsein und Leben als Urprinzip sind ewige Realitäten; die verschiedenen Dimensionswelten und Lebewesen entstehen als „Abbild" nach den prägenden „Vorbildern" der nächsthöheren Dimension, letztlich nach dem Urbild des absoluten Bewusst-Seins. Das Spirituelle hat ein eigenes Sein und ist als Bewusst-Sein unabhängig von der Materie. Alle materiellen Formen entstehen direkt oder indirekt durch die Beseelung, die vom Spirituellen ausgeht. Obwohl das Spirituelle und das Materielle nicht dasselbe sind, bilden sie keine „absolute Zweiheit" (Dualismus), aber auch keine „abstrakte Einheit" (Monismus), sondern eine *lebendige Ganzheit* (beschrieben durch den Theismus).

- Polarität ist die sich *gegenseitig ergänzende* Zweiheit.
- Dualität ist die sich *gegenseitig ausschließende* Zweiheit.

Polarität ist die Grundlage jeglicher Schöpfung, denn sie ist das dynamische Gleichgewicht der gleichwertigen, nicht zu trennenden Pol-Paare. Die grundlegenden Pol-Paare auf den verschiedenen Schöpfungsebenen sind: Bewusstsein und Materie, Information und Form, Raum und Zeit, Himmel und Erde, männlich und weiblich, innen und außen, Tag und Nacht, usw. Die bekanntesten Symbole für die Polarität sind das Yin-Yang und das gleichschenklige Kreuz. Polarität ist das natürliche Gleichgewicht auf allen Ebenen der Schöpfung.

Innerhalb der Polarität geschieht es „irgendwann" zum ersten Mal und dann immer wieder, dass Dualität entsteht: die sich gegenseitig ausschließende Zweiheit. Dualität entsteht, wenn das Gleichgewicht der göttlichen Schöpfung durch ein spaltendes Bewusstsein gebrochen wird. Das, was vorher im Gleichgewicht war, kippt in die Einseitigkeiten des Zuviel und des Zuwenig, und es entsteht Dunkelheit (im symbolischen Sinn): die Trennung vom Licht, die Trennung von der Ganzheit – was Illusion (sanskr. *māyā*) ist, denn in Wirklichkeit sind wir nie vom Ganzen getrennt.*

Und das führt uns wieder zu dem, was am Anfang des Kapitels gesagt wurde: dass wir seit fünftausend Jahren in einem Zeitalter der Spaltung und des Vergessens leben. Auf der einen Seite der Spaltung glauben viele Menschen, ihr Gottesbild sei das einzig richtige und die gesamte Menschheit müsse ihrer Religion unterworfen werden. Auf der anderen Seite glauben viele Menschen, es gebe nur die Materie oder die „Einheit" und der Mensch stamme von den Tieren ab. Gleichzeitig glauben aber auch viele Menschen, dass eine Überwindung dieser Einseitigkeiten möglich ist und dass die Wahrheiten der Religionen und der Wissenschaften sich zu einer höheren Erkenntnis verbinden werden. Das Zeitalter des Vergessens bedeutet, „dass die Menschen nicht ihre wahre Größe erkennen" (siehe Zitat auf S. 10). Dies wiederum bedeutet: Wenn wir unsere wahre Größe erkennen – „Ihr seid Lichtwesen" –, wird daraus eine neue Form von Religion und eine neue Form von Wissenschaft entstehen, die keine Gegensätze mehr sind. Die Wissenschaft wird nicht mehr materialistisch oder monistisch sein (siehe Kastentext S. 38 unten), die Religionen werden nicht mehr dogmatisch und „dia-bolisch" (spaltend) sein. „Wissenschaft ohne Religion ist lahm, Religion ohne Wissenschaft ist blind."[12] So lautete Albert Einsteins treffende Diagnose. Die Religion, die der hier vertretenen ganzheitlichen

---

* Eine ausführliche Darlegung der Themen Einheit, Polarität und Dualität findet sich im Anhang (S. 319–329).

Wissenschaft des Lebens entspricht, bezeichne ich, wie bereits erwähnt, als „theistisch". Um eine weitere, praktische Definition zu geben: Theismus ist ein vernünftiger Gottglaube, d.h. die spirituelle Verbindung von Vernunft und Glauben.

> Theisten sind Menschen mit einem *vernünftigen Gottglauben,* die die Differenzierung des Relativen und des Absoluten konsequent zu Ende gedacht haben. Sie bleiben nicht bei materialistischen oder atheistisch-humanistischen Weltbildern stehen und sind – dank ihrer inneren Gotteserkenntnis – immun gegen die Fallen des Monotheismus [immun gegen religiöse Monopolansprüche]. [...] Theisten freuen sich, wenn sie sehen, wie Menschen in anderen Religionen ebenfalls Gottes Offenbarung und Inspiration erleben. Menschen, die wahrhaft gottesbewusst sind, erkennen sich überall, unabhängig davon, zu welchen Religionen und spirituellen Kreisen sie selbst und „die anderen" gehören.[13]

Kapitel 2

Geistige Information formt Materie

Wenn wir die Schöpfung betrachten, sehen wir überall Ordnung und Harmonie. Selbst wenn wir mit unserer beschränkten Sicht irgendwo „Chaos" und „Zufall" sehen, wird ein genaueres Hinschauen wiederum Ordnung und Harmonie offenbaren. Die theistische Wissenschaft postuliert, dass die Unendlichkeit der Materie in ein absolutes, ewiges Bewusstseinsfeld eingebettet ist und dass dieses Bewusstseinsfeld die Materie beseelt, mit In-Formation erfüllt und dadurch Form annehmen lässt. Die materialistische Wissenschaft hingegen postuliert, dass alles durch eine zufällige Selbstorganisation der Materie entstanden ist, dass es keine kosmische Intelligenz gibt und dass der physikalischen Welt keine göttliche Ordnung zu Grunde liegt.

Wenn die Aussagen der theistischen Wissenschaft der Realität entsprechen, müsste sich sowohl theoretisch als auch empirisch nachweisen lassen, dass die Materie von einem göttlichen Bewusstseinsfeld getragen wird und entsprechend perfekte Ordnungsmuster beinhaltet, die in jeder Form auf die dahinter wirkende kosmische Information und Intelligenz hinweisen. Tatsächlich lassen sich solche Ordnungsmuster überall in der Schöpfung finden. Im Folgenden möchte ich einige erstaunliche Beispiele anführen, ausgehend von der alten Wissenschaft der „heiligen Geometrie".

Geometrie im antiken Verständnis bezieht sich nicht nur auf die Strukturierung und Vermessung der äußeren Welt, sondern auch auf die Erkenntnis der inneren Struktur des Kosmos. In diesem Zusammenhang sagte der berühmte griechische Universalgelehrte Pythagoras: „Alles ist Zahl." Er meinte damit, dass die Schöpfung das Werk eines bewussten Schöpfergottes ist, dessen kosmische Intelligenz sich in allumfassender Ordnung und Harmonie ausdrückt, was sich auf der abstrakten Ebene in Form von Zahlen und Zahlenverhältnissen zeigt. Zahlen sind der Ausdruck des Zusammenhangs von Einheit (Ursprung) und Vielheit (Schöpfung).

Pythagoras (ca. 570–500 v. Chr.) war jedoch nicht der Erste, der sich mit heiliger Geometrie befasste. Wir wissen von seinem Leben nur noch wenig, aber es wird vermutet, dass er bereits als Jugendlicher seine Heimat verließ und nach Ägypten und Babylon reiste und dort als Adept ausgebildet wurde. Erst als er über 50 Jahre alt war, wurde er als Lehrer tätig.

Noahs Urgroßvater

Alte jüdische Überlieferungen sagen, der Begründer der Zahlenwissenschaft und der Architektur sei *Enoch* – und Enoch lebte vor der Sintflut! Im Buch Genesis (5,3 - 18) heißt es, dass Enoch (auch Henoch geschrieben) zur sechsten Menschengeneration nach Adam gehörte. Er war der Vater Methusalems, dessen Sohn Lamech war. Lamechs Sohn war der berühmte Noah. Von Enoch heißt es, dass er 365 Jahre alt wurde. Er lebte so viele Jahre, wie ein Jahr Tage hat. Nur schon dieser einfache biblische Hinweis zeigt, dass Enoch mit Zahlen und mit kosmologischen Zusammenhängen zu tun hatte. Hinzu kommt, dass das Alte Testament etwas über Enoch sagt, was es über keinen anderen Menschen sagt, nämlich dass er nicht starb, sondern durch eine physische Entrückung die Erde verließ: „Und weil er mit Gott wandelte, nahm ihn Gott hinweg, und er wurde nicht mehr gesehen“ (Gen 5,24). Eine andere Übersetzung *(Zürcher Bibel)* formuliert es so: „Henoch wandelte mit Gott, und auf einmal war er nicht mehr da; denn Gott hatte ihn hinweggenommen.“

Enoch wandelte *während seines Lebens* mit Gott. Was bedeutet das? Im Alten Testament wird Enoch nur kurz erwähnt, aber es existiert ein apokryphes Buch *Enoch*[1], aus dem hervorgeht, dass dieser Urwissenschaftler bereits während seines Lebens physische Entrückungen erlebte. Wer hier einwendet, dies seien nur Legenden und orientalische Geschichten, sollte in Betracht ziehen, dass Enoch aus den höheren Dimensionen wissenschaftliche Informationen mitbrachte. Was er als Wissen übermittelt bekam, verwenden wir zum Teil noch heute ...

Enoch und die Maßeinheiten der Erde

Enoch „wandelte mit Gott“, das heißt, er wurde in die höheren Welten entrückt, indem Lichtwesen seinen physischen Körper in eine höhere Schwingung versetzten. Aus irdischer Sicht bedeutete dies ein zeitweiliges Unsichtbarwerden, eine De- und Rematerialisation. Enoch erreichte bei seinen Entrückungen die Ebene der höchsten Schöpferwesen und bekam von ihnen wissenschaftliche Informationen, die konkret anwendbar waren. So wurde ihm zum Beispiel gesagt, dass die Erde ein Planet, also eine Kugel ist und mit einem göttlichen Planmaß geschaffen wurde. Der ursprüngliche Durchmesser der Erde vom Nord- zum Südpol konnte daher als Grundlage für Maßeinheiten verwendet werden, ebenso wie der Polumfang. Enoch bekam eine Maßeinheit, und ihm wurde gesagt: Fünfhundert Millionen fünfhunderttausend (500 500 000) solcher Maßeinheiten entsprechen der Länge des Poldurchmessers. Diese vom Poldurchmesser abgeleitete Maßeinheit wurde mit einer zweiten Maßeinheit in Bezug gesetzt, die über den Pol*umfang* definiert ist. Hier haben wir also eine Geometrie im wahren Sinn des Wortes.*

Mit den handlichen Maßeinheiten, die Enoch bekam, wurde es möglich, mit einer heiligen Geometrie Megalithstätten, Tempel und Pyramiden zu bauen. Es sei nochmals daran erinnert, dass wir hier von einer Zeit *vor der Sintflut* sprechen. Diese Maßeinheit wurde nach Henoch/Enoch benannt, geschrieben als *(h)n-ch,* weil in der hebräischen Schreibweise die Vokale weggelassen werden. Während Jahrtausenden war das Wissen um das Enoch-Maß nur in Kreisen von Eingeweihten bekannt und wurde nirgendwo schriftlich festgehalten, denn es galt als heiliges Wissen, das direkt von Gott kam, weshalb der Mann, der dieses Wissen empfing, den Ehrentitel Enoch bekam: „Gottes Schüler; der Eingeweihte", auch „der Gottergebene", modern ausgedrückt „derjenige, dessen Bewusstsein in Resonanz mit der göttlichen Quelle ist". Erst vor etwa tausend Jahren erfuhren auch profane Kreise von der Buchstabenfolge *n-ch* als Bezeichnung für eine Maßeinheit. Weil das Wissen um die ursprüngliche Bedeutung jedoch fehlte, wurde *n-ch* einfach der damaligen Aussprache angepasst. So entstand das Wort *inch,* das englische Wort für die Maßeinheit von 2,54 cm, die wir im Deutschen „Zoll" nennen.

Die Etymologie von *inch* ist in der Sprachforschung unklar. Allgemein wird angenommen, dieses Wort gehe auf das lateinische *uncia* zurück, „der zwölfte Teil [des römischen Gewichtes As = 1 Libra]", abgeleitet von *unus,* „eins, einer". Zweifellos geht das Wort „Unze" auf *uncia* zurück. Ein *inch* ist der zwölfte Teil eines *foot* („Fuß"). Aber wurde ein Längenmaß nach einer Gewichtseinheit benannt? Mitte des 12. Jahrhunderts finden wir in schriftlichen Aufzeichnungen die Schreibweise *ynche.* Damals suchte König David I. von Schottland eine Erklärung für die Länge dieser Maßeinheit und sagte, sie entspreche der durchschnittlichen Daumenbreite eines erwachsenen Mannes.[2] Die etymo-

* Geometrie, von grch. *gē,* „Erde, Land" (möglicherweise abgeleitet von *geb,* dem ägyptischen Wort für „Erde"; siehe auch: Gaia), und *metría,* zu: *metreīn,* „messen". Geo-metrie bezieht sich ursprünglich also auf die Maßsysteme, die vom Körper der Erde abgeleitet wurden.

logische Spurensuche zeigt, dass das alte Enoch-Geheimwissen im angelsächsischen Raum in die profane Welt durchgesickert ist, weshalb wir nur dort die Restspuren der alten Bezeichnung finden. Viele andere Sprachen übernahmen einfach die Interpretation mit der Daumenbreite (frz. *pouce,* ital. *pollice,* span. *pulgada,* immer mit der Bedeutung „Daumenbreite" für „Zoll"). Wir haben es hier also mit uraltem Geheimwissen zu tun, und wir sollten uns nicht von der Interpretation durch die „Uneingeweihten" beirren lassen. Der *inch* wurde nicht über die Daumenbreite, sondern über den Poldurchmesser definiert!

„Gaia-Metrie": die heilige Geometrie der Erde

Was wir heute als Zoll oder Inch bezeichnen, ist eine Maßeinheit, die auf Enoch zurückgeht. Weil die kirchlichen und weltlichen Gelehrten die Konsonanten *(h)nch* nicht mehr als die Signatur von Enochs Namen erkannten, sprachen sie dieses Wort fälschlicherweise als *ynche* und dann als *inch* aus, vor allem weil in dieser Version auch noch das lateinische Wort *uncia* anklang, obwohl dies ein Gewichtsmaß war.

Dies alles mag wie eine Legende klingen. Es ist jedoch eine Tatsache, dass 500 500 000 Zoll die Länge des Poldurchmessers ergeben! Ein Zoll beträgt 2,54 cm.* Dies ergibt für den Poldurchmesser 12 712,700 km. Die heutigen Angaben für den Poldurchmesser schwanken zwischen 12 712 km und 12 713,558 km. Zu beachten ist hierbei, dass die Erde keine perfekte geometrische Kugel ist. Wenn die Form der Erde geometrisch idealisiert wird, wird sie als „geodätisches Referenzellipsoid" bezeichnet. Die heute am häufigsten genannte Angabe für die Länge des Poldurchmessers, 12 713,504 km, bezieht sich auf diese geometrisch idealisierte Form.[3]

Ist es nur ein Zufall, dass 500 500 000 Zoll die Länge des Poldurchmessers ergeben? Falls nicht: Wie ist es möglich, dass die alte Enoch-Tradition die Länge des Poldurchmessers kannte? Wie soll jemand *vor der Sintflut* gewusst haben können, dass die Erde rund ist und im Nord-Süd-Durchmesser 12 712,700 km misst? Und wie kommt es, dass die Enoch-Maßeinheit auch in den großen Pyramiden von Ägypten zu finden ist? Alte arabische Quellen sagen, Enoch, der im Arabischen Idris genannt wird, sei der Erbauer der Pyramiden gewesen![4]

* Es ist ein Kuriosum, dass der Bibelvers, in dem Enochs Entrückung von der Erde erwähnt wird, die Kapitel- und Verszahl 5,24 hat. Das sind genau die Ziffern, die wir im Enoch-Maß 2,54 finden. Nur ein Zufall oder ein versteckter Hinweis, dass diejenigen, die später die Kapitel- und Verseinteilung vornahmen, immer noch das alte Enoch-Wissen hatten?

Dieses mathe-mystische Wissen birgt aber noch weitere Überraschungen. Axel Klitzke, der Wiederentdecker des Urzolls, weist darauf hin, dass im amerikanischen Kulturkreis der Inch anders definiert wird als im britischen, wo es einfach heißt, der Inch sei 2,54 cm. Die amerikanische Definition, die den alten Wissensquellen der Freimaurer entspringt, geht von der Maßeinheit „Fuß" aus.

$$1 \text{ Fuß} = 12 \text{ Inch} = \frac{1200}{3937} \text{ m}$$

Wenn wir den Inch in Zentimetern angeben, ergibt dies folgende Gleichung:

$$1 \text{ Inch} = \frac{1}{0{,}3937} \text{ cm}$$

An vielen Stellen im Internet, auch im englischen *Wikipedia,* wird erwähnt, dass 1 cm rund 0,3937 Inch entspricht. Das alte Wissen ist also noch vorhanden, wird aber nicht als solches erkannt. Ein erstaunliches Ergebnis bekommen wir, wenn wir diesen Bruch ausrechnen:

$$1 \text{ Inch} = \frac{1}{0{,}3937} \text{ cm} = 2{,}54000508001016002032004064008128\ldots \text{ cm}$$

Nach 2,54 folgen zuerst einmal drei Nullen. So ist es vollkommen zulässig, die nachfolgenden Kommastellen zu ignorieren und den Zoll einfach mit 2,54 cm anzugeben. 2,54 cm ist der *praktische Wert* des Zolls. Der *theoretische Wert,* der sich aus dem Bruch ergibt, besteht aus einer unendlichen Ziffernfolge nach dem Komma – was die Unendlichkeit der Materie symbolisiert. Aber diese Unendlichkeit, die wie ein Chaos aussieht, enthält in sich eine höhere Ordnung! Betrachten wir diese unendliche Zahl nochmals, der Optik zuliebe dieses Mal ohne Komma:

254 000 **508** 00**1 016** 00**2 032** 00**4 064** 00**8 128**...
1×254 2×254 4×254 8×254 16×254 32×254

Der theoretische Wert des Enoch-Maßes besteht aus einer Zahl, die sich über die Verdoppelung von 254 zusammensetzt, und diese Verdoppelung setzt sich *unendlich* fort! Der Urzoll widerspiegelt in seiner unendlichen Ziffernfolge die Ordnung und Harmonie der materiellen Schöpfung. Die Intelligenz hinter diesen Zahlen zeigt sich noch deutlicher, wenn wir mit der Urzoll-Formel den Poldurchmesser berechnen:

$$500\,500\,000 \text{ Inch} = 12\,712{,}7254254508509017018034032\ldots \text{ km}$$

Auch hier entsteht eine unendliche Zahl mit einer verborgenen Ordnung. Im Poldurchmesser zeigt sich diese verborgene Ordnung auf eine ganz besondere Weise: mit einer *doppelten* Verdoppelungsfolge!

```
127 127 254 254 508 508
                      1 016
                          1 016
                              2 032
                                  2 032...
____________________________________________
127 127 254 254 508 509 017 018 034 032...
```

Die Größe unseres Planeten wird also durch eine Zahl definiert, die sich aus der doppelten Verdoppelungsfolge von 127 zusammensetzt (jede Zahl erscheint zweimal!) – und dies bis ins Unendliche, *ad infinitum.*

Wenn wir den abgerundeten Wert des Zolls nehmen, ergibt dies folgende Längenangabe:

$$500\,500\,000 \times 2{,}54\,\text{cm} = 12\,712{,}700\ \text{km}$$

Sowohl in der Angabe in Zoll als auch in der Angabe in Metern bekommen wir ein Planmaß der Erde, das sich aus einer zweifachen Folge der gleichen Zahl zusammensetzt: 2-mal die Zahl 500 bei der Maßangabe in Zoll, 2-mal die Zahl 127 bei der Maßangabe in Metern. Hier erinnern wir uns wieder an die Initialen der ersten zwei Wörter des Buches Genesis, die 2-mal die 2 enthalten. Dort heißt es: „Am Anfang schuf Gott die Himmel und die Erde“, und die Erde wurde mit einem göttlichen Planmaß erschaffen.

Beim Erkennen dieser Zusammenhänge bekommen wir einen ersten Einblick in das geniale Wissen der theistischen Eingeweihten der Vergangenheit.

In sieben Schritten zur Zahl 127

Warum ist der Poldurchmesser über die Zahl 127 definiert? Hier zeigt sich eine weitere Dimension der kosmischen Intelligenz, die die Erde gerade über diese Zahl definierte.

In der Zahl 127 verbirgt sich die 7, und zwar nach demselben Prinzip, das auch im Urzoll zu finden ist: durch eine Verdoppelungsfolge. Die Grundzahl im Urzoll ist 254, die Grundzahl im Poldurchmesser 127, und die Zahl 127 beruht auf einer siebenfachen Verdoppelungsfolge der Zahl 1, womit wir bei der universellen Grundzahl angekommen sind. 1, 2, 4, 8, 16, 32, 64. Wenn wir diese sieben Zahlen zusammenzählen, ergibt dies 127. Über die siebenfache Verdoppelungsfolge der Zahl 1 kommen wir also zu den Grundzahlen der Enoch-Geometrie, die eine lebendige Geometrie ist, eine *Gaia-Metrie!*

7 ist eine Grundzahl des Kosmos: Der Kosmos besteht aus 7 Dimensionswelten (siehe S. 25f.). In Entsprechung dazu haben wir in unserem Körper 7 Chakras. (Die 7 finden wir auch in den sieben Spektralfarben des weißen Lichts, in den sieben Tonschritten vom Grundton bis zur Oktave, usw.) 127 kann als die Zahl der „inneren Einweihungen" bezeichnet werden, denn in unserem Leben geht es darum, die Eigenschaften der 7 Chakras ebenso wie die 7 kosmischen Gesetze zu verstehen und in unser Leben zu integrieren.* Diese Erkenntnisse und Schritte des Erwachens sind nicht linear, sondern erfolgen – symbolisch gesehen – exponentiell, was durch die 1 zum Ausdruck kommt, die nach einer sechsfachen Verdoppelung die Summe 127 ergibt.

Die „Gaia-Metrie" offenbart hier durch die Größe der Erde und die Harmonie der Maßzahlen die kosmische Intelligenz der Schöpferkräfte und dadurch die Vollkommenheit Gottes.

> Der Himmel verkündet: Gott ist groß! Seine Schöpfermacht bezeugen die Gestirne. Ein Tag sagt es dem anderen, jede Nacht ruft es der nächsten zu. (Psalm 19,2-3)

Wie die Rationalisten versuchten, die göttliche Schöpfungsordnung auszublenden

Wie bereits am Anfang dieser Ausführung erwähnt, steht das Enoch-Maß mit einer zweiten Maßeinheit in Verbindung, die über den Pol*umfang* definiert ist – mit dem Metersystem. Dies zeigt sich in der Enoch-Formel, die den Zoll über den Zentimeter definiert. Wie ist das möglich? Ist das Metersystem nicht ein relativ neues Maßsystem? Es ist bekannt, dass in Paris (1793) nach der Französischen Revolution ein Urmeter bestimmt und als verbindliches Längenmaß etabliert wurde. Wie kommt es, dass ein altes Maß wie die Enoch-Einheit Zoll *(inch)* über das Metersystem definiert wird? Die Antwort ist einfach: weil das Metersystem ebenfalls uralt ist! 1793 wurde das Metermaß nicht etwa

---

* Die Eigenschaften, die den 7 Chakras zugeordnet sind, werden je nach Tradition und Schule unterschiedlich definiert, ebenso die 7 kosmischen Gesetze. Die 7 Eigenschaften sind Ausdruck des gelebten Erkennens der 7 kosmischen Gesetze. Sie können mit folgenden Begriffen umschrieben werden: Liebe, Geduld, Freude, reine Intention, Resonanz mit der göttlichen Ordnung, Weisheit (Unterscheidungskraft), Einfühlungsvermögen (Mitgefühl).

Der Polumfang der Erde ist über das Metermaß definiert, der Poldurchmesser über den Inch (Zoll). Die Enoch-Formel zeigt, dass beide Maßeinheiten zusammenhängen und kompatibel sind, und zwar mit höchst symbolischen Zahlen, die Ausdruck einer göttlichen Mathematik sind. Das Metermaß ist genauso alt wie das Zollmaß. 1793 wurde der Meter scheinbar neu definiert, doch das Wissen, dass die Distanz vom Pol zum Äquator im Planmaß der Erde 10 Millionen Meter beträgt, ist uralt. Die neue „Errungenschaft" der rationalistischen Wissenschaft war nur, dass die metaphysische Verbindung von Meter und Zoll ausgeblendet, ja geleugnet wurde.

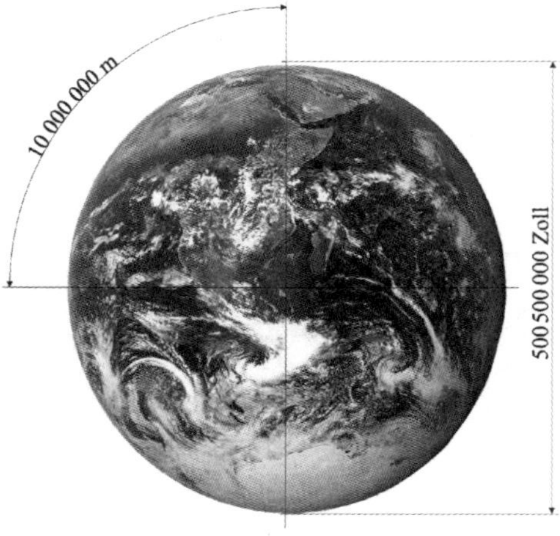

erfunden, sondern nur auf eine gänzlich rationale Erklärung reduziert, denn die politischen und ideologischen Systeme des Rationalismus und Materialismus wollten keine metaphysischen und esoterischen Erklärungen mehr dulden.

Dieses Bestreben hatte bereits ein Jahrhundert zuvor in England begonnen, was dazu führte, dass rationalistische Wissenschaftler unter König Charles II. um 1660 verkündeten, ein *inch* (2,54 cm) werde durch die Breite von 12 Weizenkörnern definiert. Die Wissenschaftler, die diese fast schon lächerliche Erklärung aufstellten, gründeten 1662 in London die „Royal Society".

Für die Rationalisten des 18. Jahrhunderts kam eine Definition des Meters über den Inch nicht mehr in Frage, weil die Vorstellung einer göttlichen Ordnung im Kosmos in ihren Augen „unwissenschaftlich" war.[5] Der Meter wurde definiert als der zehnmillionste Teil der Distanz vom Nordpol zum Äquator. Der Umfang der Erde beträgt am Äquator 40 000 km und 75 m und der Umfang über die Pole 40 000 km und 8 m. Diese runde Zahl von 40 Millionen Metern für den Erdumfang ist auffällig, aber scheinbar willkürlich – und genau das behaupteten die Rationalisten. Sie sagten: „Wir nehmen die Distanz vom Nordpol zum Äquator und teilen sie in 10 Millionen Teile. Diese praktische Einteilung ergibt eine Länge von 10 000 Kilometern und einen Polumfang von 40 000 Kilometern. Dass wir hier derart runde Zahlen bekommen, hat nichts mit einer göttlichen Ordnung zu tun, sondern mit unserer willkürlich getroffenen Einteilung."

Die hier vorgetragene rationalistische Erklärung klingt einleuchtend und wird heute an den Schulen und in den Lexika genau mit dieser Logik vermittelt. Wenn der Erdumfang von 40 000 000 Metern jedoch direkt in einem Bezug zum Poldurchmesser steht, der 500 500 000 Zoll lang ist, und wenn beide Maßeinheiten über eine gemeinsame Formel mitten in den Kern der heiligen Geometrie führen, dann fällt die banalisierende Behauptung, der Meter und der Zoll seien willkürliche, von Menschen geschaffene Maßsysteme, in sich zusammen. Umgekehrt zeigt die Enoch-Formel für den Fuß und den Zoll, dass der Planet Erde mit einem Planmaß erschaffen wurde und dass hinter allen irdischen Formen eine höhere In-Formation wirkt. Weil die Rationalisten genau diesen „Glauben" ausrotten wollten, waren sie bestrebt, den Meter vom Zoll zu trennen. Der Geist von Spaltung und Trennung ging also bis in die Geometrie hinein!

Die Planmaße der Planeten

Die überraschende Verbindung von Meter und Zoll bestätigt die Enoch-Aussage, dass die Erde nach einem Planmaß geschaffen wurde. Und dies führt zu einer noch kühneren Vermutung: Nicht nur die Erde, auch die anderen Planeten unseres Sonnensystems müssten ganz bestimmte harmonikale Zahlen in sich bergen. Axel Klitzke ist auch dieser Frage nachgegangen und widmet ihr in seinem Buch ein ganzes Kapitel: „Unser Sonnensystem – eine planmäßige Konstruktion?" Er konsultierte zahlreiche Astronomiebücher und stellte die Angaben für den Poldurchmesser der Planeten unseres Sonnensystems zusammen. Das war kein leichtes Unterfangen, denn wir haben gesehen, dass nur schon bei der Erde die Angaben für den Poldurchmesser auseinandergehen – umso mehr also bei den anderen Planeten. Dennoch müssten die astronomischen Angaben bei jedem Planeten um eine besonders auffällige Zahl im Enoch-Maß kreisen. Und tatsächlich lassen sich bei jedem Planeten erstaunliche Codierungszahlen finden! Es würde hier zu weit führen, auf alle Planetenmaße einzugehen, weil diese nicht nur den Zoll, sondern auch andere heilige Maße mit einbeziehen, insbesondere die sakrale Elle und den Hunab, den wir von den mittelamerikanischen Pyramiden her kennen. All diese Maßeinheiten sind miteinander kompatibel![6]

Hier soll eine Auswahl jener Planeten genügen, deren Poldurchmesser in der Maßeinheit des Zolls ähnlich perfekte Zahlen aufweisen wie die Erde.

Poldurchmesser in Zoll (inch)

Sonne	55 055 000 000
Merkur	192 192 000
Venus	475 475 000
Erde	500 500 000

Auffällig ist die Korrelation zwischen der Sonne und der Erde. Kein Planet des Sonnensystems ist der Sonne zahlenmäßig so ähnlich wie die Erde. Der Poldurchmesser der Sonne beträgt 55 Milliarden und 55 Millionen Zoll, der Poldurchmesser der Erde 500 Millionen 500 Tausend Zoll. Sowohl bei der Erde als auch bei der Sonne ist der Poldurchmesser durch die Zahl 5 definiert. Und auch der Mond hat einen Poldurchmesser, der über die 5 definiert ist, allerdings gemessen in sakralen Ellen: 5 500 000 sakrale Ellen (= 3 300 000 Hunab = 137 637 500 Zoll).

Auch im äußeren Bereich des Sonnensystems finden sich ähnlich erstaunliche Zahlen in Zoll. Der Poldurchmesser des Uranus beträgt 2 002 000 000 Zoll, der des Pluto 90 090 000 Zoll, was 3 600 000 sakralen Ellen bzw. 2 160 000 Hunab entspricht (36 = 6 × 6; 216 = 6 × 6 × 6).

Als Laien können wir über diese Zahlen nur staunen – und meditieren. Das gesamte Sonnensystem offenbart Harmonie, weil der multidimensionale Kosmos die Widerspiegelung der ewigen, spirituellen Welt ist.

Die symbolische Bedeutung des Poldurchmessers

Zahlen haben nicht nur eine quantitative, sondern auch eine qualitative Bedeutung. Wie keine andere Zahl in unserem Leben zeigt die 5, dass wir die Verantwortung des Wählens und Entscheidens haben. Die Dezimaleinheit 10 teilt sich auf in 2-mal 5, so wie wir 2-mal 5 Finger und 2-mal 5 Zehen haben. Und das Planmaß der Erde beinhaltet ebenfalls 2-mal die 5 (in Form der 500), was bedeutet, dass die Erde ein Ort des freien Willens ist. Es ist bezeichnend und auch genial, dass der Poldurchmesser der Erde sowohl in Zoll als auch in Zentimetern durch die *doppelte* Nennung der jeweils gleichen Zahl definiert wird! Die beiden Zahlen sind gleich, haben aber nicht denselben Stellenwert, was bedeutet, dass nicht alles eins und gleichwertig ist. Diese Erkenntnis ist entscheidend, denn die Erde ist ein Planet, auf dem sich die Welten des Lichts und die Welten der Dunkelheit berühren, weshalb auf der Erde beide Seiten ihren Einfluss haben. Gut und Böse stehen jedoch nicht auf derselben Ebene. Das Gute existiert aus sich selbst heraus, das Böse hingegen ist nur die Verneinung des Guten (siehe S. 326f.).

Welche Bedeutung haben die Poldurchmesser der anderen Planeten? Es ist klar, dass die Erde für uns Menschen eine besondere Bedeutung hat. Aber was ist mit den anderen Planeten? Die Antwort hierauf gibt uns die *Astrologie.* Diese metaphysische Wissenschaft erklärt, welche Bedeutung die Sonne, der Merkur, die Venus usw. für uns Menschen haben*, und diese Bedeutung kommt auch durch die Zahlen des Planmaßes ihres Poldurchmessers zum Ausdruck.

Das Universum „funktioniert“ nicht nur, es hat auch Sinn und Zweck

Nur schon die Größe der Sonne und der Erde lässt erkennen, dass unser Sonnensystem auf der Grundlage höherer Energiemuster entstanden ist. Die Zahlen der Poldurchmesser haben eine symbolische Bedeutung, denn alles hat Sinn und Zweck, so auch die Existenz des Universums und des Sonnensystems. Die Sonne, die Erde usw. entstanden in Resonanz mit dem Informationsfeld des spirituellen Urgrundes, weshalb sie im Materiellen eine bestimmte Größe haben, die sich in entsprechenden Zahlenwerten äußert. Der Urzoll wurde also nicht willkürlich über den Poldurchmesser bestimmt, sondern es ist umgekehrt: Der Poldurchmesser und damit die Größe der Erde entstanden dergestalt, dass sie der vorgegebenen Größe entsprachen. Weil die Erde für den geistigen Weg der sich inkarnierenden Seelen ein entscheidender Ort des freien Willens ist, hat sie eine Größe von 500 500 000 Zoll.

Die Sonne, Quelle von informationscodierter Energie

Das Leben auf der Erde ist nur durch das Zusammenwirken von Sonne und Mond möglich, und dieses Zusammenspiel zeigt sich auch im Gleichklang ihrer Planmaße, die alle über die 5 definiert sind.

Der Poldurchmesser der Sonne wird allgemein mit rund 1,4 Mio. km angegeben, was jedoch ein aufgerundeter Wert ist. Die eigentliche Länge liegt bei 1 398 000 km, und das Planmaß 55 055 000 000 Zoll ergibt 1 398 399,797... km. Diese unendliche Zahlenfolge enthält eine

* Die Himmelskörper sind wie die Zeiger auf einem Zifferblatt, die sichtbar machen, wie sich die energetischen Konstellationen im Lauf der Zeit verändern. Genausowenig wie die Zeiger einer Uhr die Zeit verursachen, sondern nur die aktuelle Zeit anzeigen, so verursachen auch die Himmelskörper keine Schicksale, sondern zeigen nur, welche lebensenergetischen Qualitäten und Tendenzen zu bestimmten Zeitpunkten vorherrschen.

sich überlappende Verdoppelungsfolge der Zahl 1397, und 1397 ist 11 × 127. Die Grundzahl der Erde ist also 1/11 der Grundzahl der Sonne.[7] Hier wäre numerologisch und astronomisch zu erforschen, in welcher Form die Verbindung von Sonne und Erde über die 11 definiert ist. Zum Beispiel dauert ein Zyklus der Sonnenflecken durchschnittlich 11 Erdenjahre. Aber damit ist die Bedeutung dieser Symbolik bestimmt noch lange nicht ausgeschöpft.

> Das heißt, dass die von der Sonne ausgestrahlte Energie gleichzeitig eine informationscodierte Energie ist, die für die geistige Entwicklung des gesamten Systems erforderlich ist. [...] Diese Ausführungen sollen zeigen, dass die „Planungsaufgabe" der Sonne darin besteht, im Auftrag des Schöpfers ein Bewusstseinstransformator und -beschleuniger besonders für den Menschen zu sein.[8]

So wie die Erde ein bewusstes Wesen ist, ist auch die Sonne Trägerin eines höheren Bewusstseins. Sie steht in Beziehung zum galaktischen Zentrum und ist über dieses mit der „Zentralsonne" des Universums verbunden. Aus diesen kosmischen Quellen strahlen Energie und Information ins Universum, und die Sonne transformiert diese Energie, um sie für das Sonnensystem, insbesondere die Erde, kompatibel zu machen. Die Sonne kann deshalb auf der Erde sowohl physikalische als auch geistige Transformationen auslösen. Dies geschah in der Vergangenheit und bahnt sich auch in der heutigen Zeit wieder an. Die informationscodierte Energie der Sonne verursacht auf der Erde in zyklischen Phasen nichtlineare Umwälzungen, sowohl durch Kataklysmen als auch durch energetische Regulierungen,* weshalb wir aus den heutigen Gegebenheiten auf der Erde keine linearen Rückschlüsse auf die Vergangenheit ziehen können.

---

* Mehr dazu in Kap. 8, insbesondere S. 201f. (Kosmische Strahlung und Plasmawellen / Zyklische Großeruptionen der Sonne).

Kapitel 3

Der Mensch, ein multidimensionales Wesen

„Selig sind die, die nicht sehen und doch glauben", sagte Jesus zum zweifelnden Apostel Thomas (Joh 20,29). Heute müssen wir sagen: „Selig sind die, die sehen und wenigstens dann glauben." Denn in den letzten zweitausend Jahren sind zahlreiche Menschen aufgetreten, die mit ihren Fähigkeiten zeigten, dass die Materie letztlich nicht mechanischen Gesetzen, sondern den Gesetzen des Geistes folgt.

Für die Menschen der früheren Zeitalter waren geistige Phänomene „normal". Heute gelten sie als „paranormal", was aber nicht bedeutet, dass sie weniger real wären als früher. Nur unsere Wahrnehmung hat sich verändert und sicher auch die Art der Phänomene, denn in den früheren Zeitaltern war anderes erforderlich als heute. Das Paranormale ist untrennbar mit dem menschlichen Dasein verbunden. Das Spektrum reicht von Animismus und Spiritismus über Magie und schamanische Praktiken bis hin zu reinsten Geistesgaben und göttlichen Offenbarungen. „Und Jesus tat noch viele andere Wunder und Zeichen vor seinen Jüngern, die nicht in diesem Buch aufgeschrieben sind", heißt es gleich im Anschluss an das eingangs zitierte Jesuswort „Selig sind die, die nicht sehen und doch glauben".

Die Weltgeschichte hat gezeigt, dass Menschen, die nicht ins vorherrschende Weltbild passen, meistens angefeindet und bekämpft werden, sei es von der religiösen oder von der weltlichen Obrigkeit. Bei den einen versuchte man, ihr Wirken zu banalisieren und zu rationalisieren oder, wenn dies nicht gelang, es zu unterdrücken. Funktionierte auch dies nicht, wurde die Person lächerlich gemacht, verleumdet und nicht selten auch inquisitorisch bzw. juristisch verfolgt.

Unbestreitbar gab und gibt es auch Bluffer, Schwätzer und Scharlatane, doch bei der Auseinandersetzung mit den wirklichen Phänomenen und Wundermenschen ging es den Kritikern und Gegnern nicht um eine gesunde Skepsis, sondern um Ideologie: um die Bekämpfung und Unterdrückung von Wahrheit, weil ein Weltbild und eine „Weltordnung“ verteidigt werden mussten. Weil „nicht sein kann, was nicht sein darf“.[1]

In den ersten zwei Kapiteln habe ich eine Art von Wissenschaft vorgestellt, die weit über die heutige „normale“ Wissenschaft hinausgeht. Wenn wir Phänomene wie Materialisation und Involution verstehen wollen, benötigen wir eine neue Physik: nicht nur eine quantenmechanische Physik, sondern eine *ganzheitliche* Physik im tiefen Sinn des Wortes. Denn unsere Lebensrealität beschränkt sich nicht einfach auf „Materie“, „Energie“ und „Einheit“. Hinter der sichtbaren Materie wirken höhere Informations- und Bewusstseinsfelder mit entsprechenden kosmischen Intelligenzen, und „hinter“ allem wirkt das ewige, allgegenwärtige Bewusstsein Gottes. Mit einem spirituell aktivierten Bewusstsein können wir diese höheren Realitäten überall wahrnehmen: in jeder Pflanze, in jedem Tier und erst recht in jedem Menschen und in unserem eigenen Leben. Eigentlich benötigen wir keine besonderen Wunder, denn die Schöpfung selbst ist das größte Wunder. Da jedoch das Paranormale in der „normalen“ Schöpfung für unser Auge verborgen oder zumindest nicht offensichtlich ist, verlangen die Menschen immer wieder nach neuen und besonderen Beweisen – die eigentlich schon längst erbracht sind, in jeder Kultur, in jeder Generation, wenn auch nicht immer auf die lichtvollste Weise. Das breite Spektrum wurde bereits erwähnt: Animismus, Spiritismus, Magie, schamanische Praktiken bis hin zu göttlichen Offenbarungen. So verschieden all diese Bereiche sind, sie alle zeigen auf unterschiedliche Art die Realität der unsichtbaren Welten und der geistigen Kräfte.

Im Folgenden möchte ich drei spirituelle Wegbereiter vorstellen, die für die Illustration der Themen „Involution“ und „Ihr seid Lichtwesen“ besonders relevant sind. Sie alle lebten im 20. Jahrhundert, ihre Biographie ist deshalb gut bezeugt. Das Wirken jedes einzelnen von ihnen hätte genügt, das Denken der Menschen zu transformieren und zu revolutionieren, wenn die Köpfe der Gesellschaft und die Massenmedien sie unterstützt hätten. Und sie waren bei weitem nicht die einzigen. Sie alle waren ihrer Zeit voraus, aber diese Chancen sind nicht verpasst. Die Samen sind gesetzt ...

Mirin Dajo: Widerlegung des materialistischen Weltbildes

„Wenn wir nicht das Schicksal der alten, versunkenen Kulturen teilen wollen, so müssen wir das Regiment dämonischer Kräfte brechen, indem wir an ihre Stelle höhere Einsichten setzen und ihnen durch wachsendes Vertrauen in Gott jede Nahrung entziehen. […] Darum erschrecke keiner an seinem Platze vor der Flut des Bösen, die über die Welt daherfegt. Dämonische Kräfte sind, weil Gott entgegenwirkend, zum voraus zum Untergang verurteilt. Wenn wir guten Gedanken gegenüber die gleiche Hingabe bekunden wie vorher den verkehrten, so ist der Ausgang gewiss. So sicher wie der strengste Winter dem Frühling weichen muss, so weichen auch diese Gespenster der geistigen Sonne, die über dem Horizont des Unwissens zu strahlen beginnt."

– Mirin Dajo (1947)[2]

Der Zweite Weltkrieg forderte in sechs Jahren rund 70 Millionen Todesopfer und endete 1945 mit den beiden Atombomben, die von US-Flugzeugen am 6. August auf Hiroshima (200 000 Todesopfer) und am 9. August auf Nagasaki (100 000 Todesopfer) abgeworfen wurden. Nach dem Zweiten Weltkrieg folgte der Kalte Krieg, der den Ost- und Westmächten die Rechtfertigung gab, die Aufrüstung weiter voranzutreiben. Währenddessen erhoben mutige Einzelkämpfer, wie Mahatma Gandhi, Albert Einstein und Albert Schweitzer, ihre Stimme gegen diese lebensgefährliche Form von Fortschritt.

Zweifellos einer der spektakulärsten Friedensaktivsten, die direkt nach dem Zweiten Weltkrieg auftraten, war der Holländer Arnold Henskes (1912–1948), der unter dem Künstlernamen *Mirin Dajo** bekannt wurde. Anfang Juni 1947 trat er während einer Woche jeden Abend in Zürich im bekannten Corso-Theater auf: Im ersten Teil seines Auftritts demonstrierte er seine körperliche Unverletzbarkeit, im zweiten Teil sprach er darüber, was seine paranormale Fähigkeit für unser Weltbild bedeutet und dass diese Erkenntnisse unerlässlich sind, wenn die Menschheit wahren Frieden finden will.

> „Was ich hier deutlich zu machen versuche, sind uralte, aber meist nur im Verborgenen verkündete Erkenntnisse. Ich spreche hier in aller Öffentlichkeit davon, weil ich den Augenblick dazu für gekommen erachte und ich die Wahrheit meiner Worte durch Taten beweisen kann."[3]

---

* „Mirin Dajo" enthält Elemente aus vielen Sprachen. Der Name ist vom Esperanto-Wort *mirindajxo* abgeleitet, „Wunder; das, was in Staunen versetzt" (von *miri*, „staunen; sich wundern"). In den slawischen Sprachen bedeutet *mir* „Friede", und Mirin Dajo klingt wie „derjenige, der Frieden gibt".

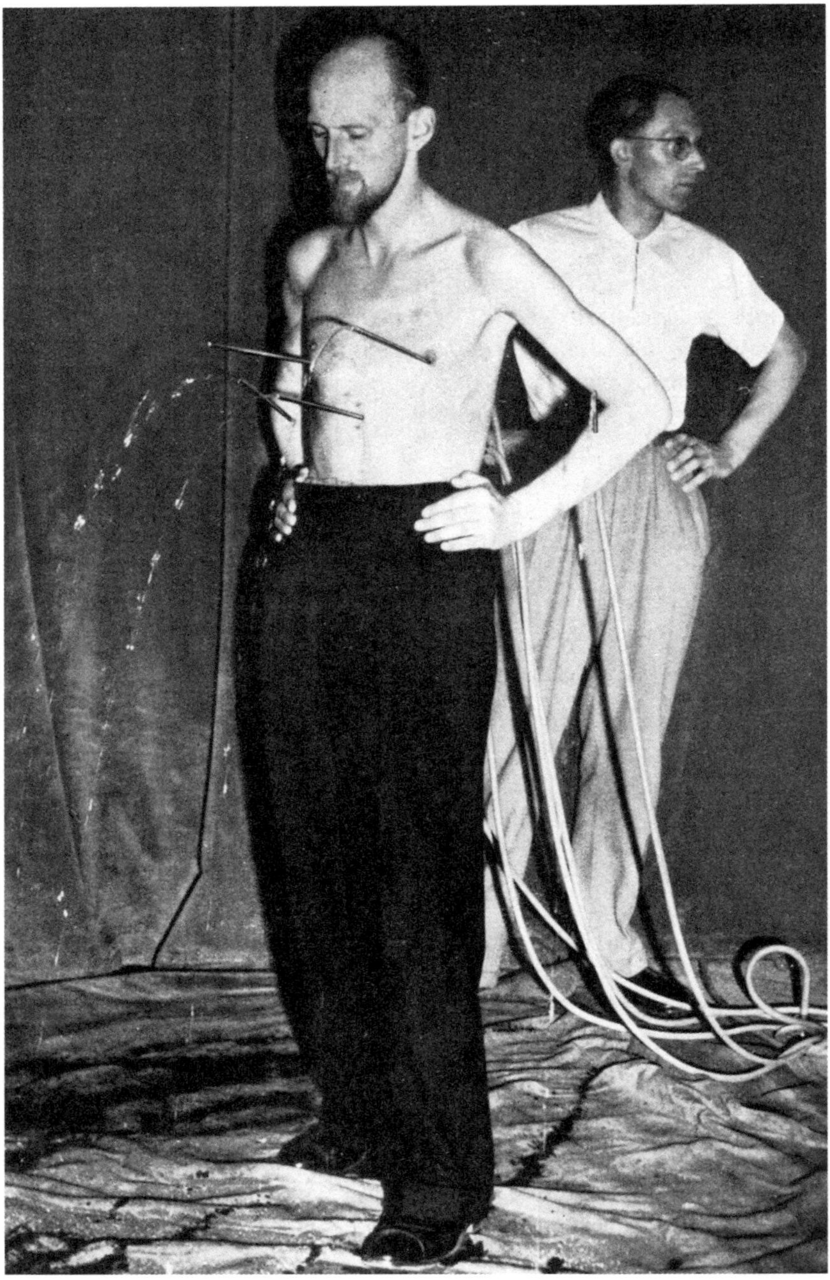

Mirin Dajo auf der Corso-Bühne in Zürich, Juni 1947: Die vierfache Durchstechung mit hohlen Florettklingen (drei durch den Oberkörper, eine durch den Unterarm) bei der Demonstration „Lebender Brunnen" war der atemberaubendste Moment seiner allabendlichen Auftritte.

Mirin Dajo ließ sich von seinem Assistenten mehrfach einen Degen oder ein Florett durch den nackten Oberkörper stoßen. Kein Tropfen Blut trat aus, und Mirin Dajo spürte keinen Schmerz. Der Höhepunkt der Corso-Abende in Zürich war eine gleichzeitige *dreifache* Durchstechung des Oberkörpers mit hohlen, 8 mm dicken Florettklingen. Die eine Klinge ging durch die Herzgegend, die zweite durch die rechte Lunge und die dritte durch den Bauch. Eine weitere Klinge ging durch den Unterarm. Dann schraubte der Assistent die Spitze und den Griff ab und schloss die hohlen Klingen hinten an Wasserschläuche an – und das Wasser floss vorne heraus. So wurde den anwesenden Menschen gezeigt, dass diese Klingen tatsächlich *durch* den Körper gingen.

Mirin Dajos Auftritte wurden zum Stadtgespräch. Die Zeitungen berichteten über ihn, und schon bald erschienen international Schlagzeilen. Was Mirin Dajo präsentierte, waren keine Bühnentricks und keine optischen Illusionen.

Vor seinen Auftritten im Corso-Theater hatte sich Mirin Dajo am Universitätsspital von Zürich vor Ärzten und Studenten durchstechen und danach röntgen lassen, was bereits für erste Schlagzeilen gesorgt hatte. Nach einer Woche wurden Mirin Dajos Demonstrationen auf der Corso-Bühne den Behörden zu unheimlich, weshalb der Zürcher Polizeidirektor weitere Auftritte verbot.

Arnold Henskes hatte seine Unverletzbarkeit erst 1945 entdeckt, obwohl sich bei ihm schon als Kind paranormale Fähigkeiten bemerkbar gemacht hatten. Schritt für Schritt zeigten ihm seine Experimente, welche Potentiale ihm innewohnten und welche Botschaft er der Welt zu überbringen hatte. 1946 trat er in Holland in Clubs und Varieté-Theatern auf und durchstach sich die Wangen, die Zunge und die Lippen, konnte Glasscherben und Rasierklingen verschlucken, auch kochendes Wasser konnte ihm nichts anhaben. Schließlich ließ er sich den Oberkörper durchstechen, wofür er bald einen eigenen Assistenten anstellte, den eineinhalb Jahre jüngeren Jan de Groot. Mit ihm traf er alle erforderlichen juristischen Übereinkünfte zur Zusicherung, dass er, Jan de Groot, im Falle eines Unfalls oder einer plötzlichen Verletzung Mirin Dajos ohne jede Schuld und Verantwortung ist. Deshalb führte in der Folge nur noch Jan de Groot mit Künstlernamen „Johnan" die Durchstechungen durch. (Skeptiker wandten später ein, dass es ein Anzeichen von einem Trick sein könnte, dass immer derselbe Assistent die Durchstechung durchführte.)

Mirin Dajos Auftritte erregten in Holland großes Aufsehen, was dann auch zur Einladung in die Schweiz führte. Am 24. Juni 1946 berichtete zum Beispiel die holländische Zeitung *Muziek* über diesen Wundermenschen und schrieb:

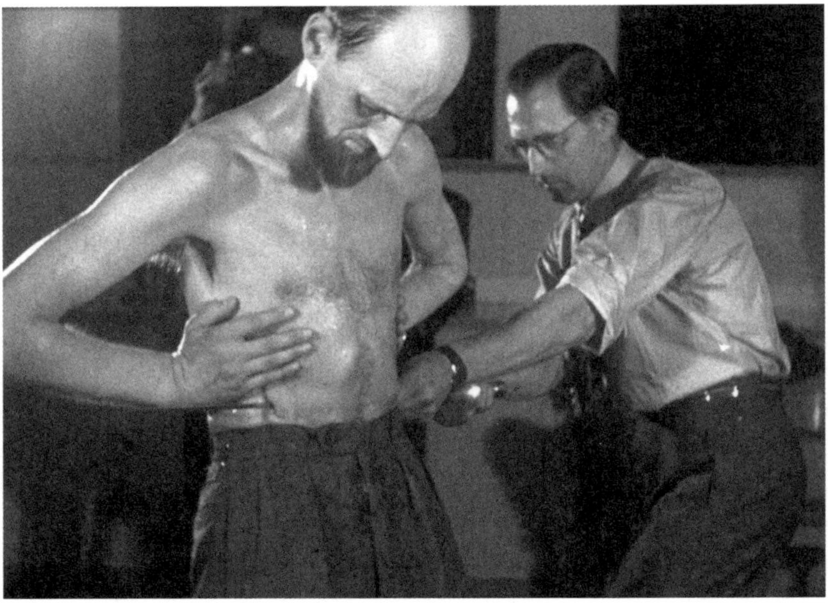

Mirin Dajo vor Ärzten und Journalisten im Basler Bürgerspital, September 1947.

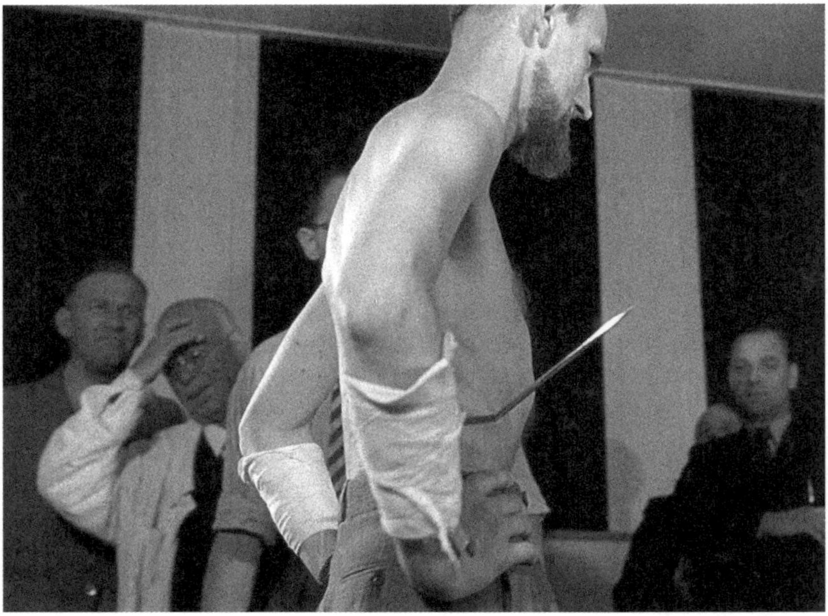

Professor Massini ist fassungslos.

> Es kann nicht angehen, dass ein Mann, der über derartige Fähigkeiten verfügt, sich selbst zu einer Sensationsnummer erniedrigt, umso mehr, als Henskes in einem offenen Gespräch mit einer Reihe von Journalisten erklärte, dass seine Experimente und Demonstrationen ein hohes Ziel haben, nämlich dem materialistischen Menschen die Einsicht in die Überlegenheit des Geistes über den Stoff zu vermitteln.[4]

Nach dem Verbot der öffentlichen Durchstechungen in Zürich unternahm Mirin Dajo eine Vortragsreise durch die Schweiz und empfing viele Menschen, auch solche, die Heilung suchten. Mehrere Berichte bezeugen, dass Mirin Dajos Handauflegung zu Spontanheilungen führten. Im September 1947 kam es am Bürgerspital in Basel zu einer weiteren Durchstechung, diesmal vor laufender Filmkamera. Auch eine Durchstechung vor Publikum wurde gefilmt. Die Röntgenbilder und der direkte Augenschein ließen keinen Zweifel. Niemand bestritt, dass die Klinge durch den Körper ging. Das mussten auch Skeptiker zugeben. Die Ärzte jedoch mutmaßten, dass Mirin Dajo nur deshalb unverletzt bleibe, weil die Klinge dünn und stumpf sei (der Degen hatte „nur" vorne eine scharfe Spitze), weshalb die Organe der Klinge ausweichen könnten. Mirin Dajo machte sich die Mühe, auch diese absurde ärztliche „Fachmeinung" zu widerlegen. Im Oktober ließ er sich in Bern auf öffentlicher Bühne mit einer 2,5 cm breiten und 5 mm dicken Schwertklinge durchstechen, ebenfalls vor laufender Filmkamera.

Die Klingen waren nie desinfiziert und wurden oftmals vor der Durchstechung von vielen Menschen berührt. Mirin Dajo war nicht in Hypnose und konnte auch mit der Klinge im Körper angesprochen werden, manchmal hielt er sogar eine kurze Ansprache. Die Wunden schlossen sich in Sekundenschnelle. Wenn überhaupt Blut floss, dann höchstens ganz am Schluss einige wenige Tropfen beim Herausziehen der Klinge. Die Klinge selbst war immer ohne Blut. Prof. Massini vom Basler Bürgerspital schrieb in einer Darstellung seiner Eindrücke, die am 27. Dezember 1947 in der *Schweizerischen Medizinischen Wochenschrift* veröffentlicht wurde:

> [...] es ist möglich, dass, nach Narbenstellen zu schließen, frühere Durchstoßungen das Herz getroffen haben. Eine Erklärung für dieses merkwürdige Phänomen der so gut wie fehlenden Folgen der Durchstiche kann nicht ohne weiteres gegeben werden. Auch das Ausbleiben von Infektionen bei dem nicht desinfizierten Degen, der kurz vorher herumgegeben und von allen Seiten betastet wurde, ist sehr bemerkenswert.[5]

Mirin Dajo hoffte auf den großen Durchbruch und das damit verbundene Umdenken der Menschen. Er schrieb in die USA an Albert Einstein und bot an, dass er sich unter dessen Führung allen gewünschten wissenschaftlichen Experimenten unterziehen würde, damit sich ein spirituelles Weltbild durchsetzen könne. Doch Albert Einstein erteilte ihm postwendend eine Absage. Der Durchbruch blieb aus. Die Wissenschaftler, die ihn gesehen hatten, kehrten in ihren Alltag zurück. Die Universität Zürich verkündete, es sei nun mit Tierversuchen nachgewiesen worden, dass es zu Mirin Dajos Demonstrationen eine einfache wissenschaftliche Erklärung gebe (siehe Zitat aus *Der Spiegel* auf S. 63). Kritiker aus christlichen Kreisen bliesen zum Angriff und verkündeten, dieser Mann stehe mit dem Teufel im Bund und wolle mit seinen Lehren die Menschen von der Botschaft der Bibel abbringen.

Am 26. Mai 1948 verstarb Mirin Dajo nur 36-jährig. Bis zu seinem Tod hatte er sich rund 500-mal ganz durchstechen lassen, aber mit seinem Tod war scheinbar alles vorbei. Er war bald vergessen und wäre vergessen geblieben, wenn nicht über fünfzig Jahre später der Schweizer Journalist und Sachbuchautor Luc Bürgin seine Spur wieder aufgenommen hätte. Er grub alle verfügbaren alten Dokumente und Zeitungsberichte aus, er spürte die letzten lebenden Zeitzeugen auf, unter ihnen auch Mirin Dajos Assistenten Jan de Groot in Holland, und er fand durch eine wundersame Fügung sogar die verschollen geglaubten Filmaufnahmen von Mirin Dajos Durchstechungen in Basel und Bern (heute auf mirin-dajo.com und auf YouTube). Dies führte 2004 zur Veröffentlichung des Buches *Das Wunder Mirin Dajo – Der unverletzbare Prophet und seine phänomenalen Kräfte*. Dank der Filmaufnahmen und Luc Bürgins Buch ist Mirin Dajo wieder „auferstanden".

Arnold Henskes wusste, dass es noch Jahrzehnte dauern wird, bis die Menschen ihre materialistischen und religiös-dogmatischen Irrwege hinter sich lassen werden, und er sagte voraus, dass die Beweiskraft seiner Pionierarbeit in dieser kommenden Zeit von großer Bedeutung sein wird: „Eines Tages wird die ganze Welt dann vernehmen, wer Mirin Dajo wirklich war."[6]

Mirin Dajos Tod: Mirin Dajo sagte 1947 von sich, dass er nicht verletzbar sei und nicht getötet werden könne. Dennoch starb er bereits 1948. *Der Spiegel* (24/1948) schrieb fast schon höhnisch: „Jetzt hat sich Mirin Dajo selbst widerlegt."

Was war geschehen? Im Jahr 1948 hatte Mirin Dajo keine Durchstechungen mehr durchgeführt. Er plante weitere Experimente, unter anderem wollte er 80 Tage lang ohne Essen und Trinken leben. Modern ausgedrückt: Er wollte auf Lichtnahrung umsteigen. Doch all diese Pläne ließen sich nicht mehr realisieren.

In der Nacht vom 10. auf den 11. Mai 1948 verschluckte Mirin Dajo – aufgrund des Drängens seines Assistenten – eine 35 cm lange Stilettklinge mit einer Metallkugel als Griff. Er tat dies in der Wohnung seiner Gastgeber in Winterthur im Beisein und mit der „Hilfe" seines Assistenten. Mit der Kugel voran steckte dieses Objekt in seinem Magen, die Klinge in der Speiseröhre. Er solle, so die Idee, sich röntgen lassen und dann dieses Objekt mit seinen geistigen Kräften dematerialisieren und außerhalb seines Körpers rematerialisieren. Mirin Dajo ließ sich überreden. Danach bewegte er sich, wie wenn nichts gewesen wäre, machte sogar Purzelbäume, hatte zwischendurch jedoch tranceartige Anfälle, in denen seine inneren Verletzungen in kürzester Zeit verheilten. Trotz des verschluckten Stiletts aß er mit großem Appetit. Am 13. Mai traten jedoch Komplikationen auf, und er begab sich ins Spital, wo aufgrund des Röntgenbildes entschieden wurde, das gefährliche Objekt operativ zu entfernen. Drei Tage nach dem Eingriff war die Heilung der Wunde bereits so weit vorangeschritten wie normalerweise erst nach drei Wochen. Eine Woche nach der Operation wurden die Fäden entfernt. Weitere Untersuchungen fanden nicht statt, obwohl bereits vor der Operation eine hohe Leukozytenzahl im Blut auf eine Infektion hingedeutet hatte. Am 26. Mai legte sich Mirin Dajo in der Wohnung seiner Gastgeberfamilie zur Mittagszeit hin, um wieder, wie schon so oft, in einem tranceähnlichen Zustand seinen Körper zu verlassen. Doch diesmal erwachte er nicht mehr. Luc Bürgin fasst die Todesursache wie folgt zusammen: „Ein bei der Operation übersehener Entzündungsherd an der durchstochenen Speiseröhrenwand breitete sich allmählich bis zur ebenfalls angestochenen Aorta aus, ließ diese bersten – und Dajo innerlich verbluten."[7]

Der Leichnam wurde von einem Zürcher Arzt, der Mirin Dajo nicht besonders wohlgesonnen war, untersucht und obduziert. Dementsprechend voreingenommen fiel sein Bericht aus, den die *Schweizerische Medizinische Wochenschrift* veröffentlichte.[8] Dennoch ist dieser Bericht eine weitere Bestätigung, dass Mirin Dajos Wunder echt waren: Der Körper war voller Narben, auch viele innere Organe wiesen Durchstechungsnarben auf.

Über fünfzig Jahre später traf Luc Bürgin die damalige Gastgeberin. Sie berichtete ihm, dass sie diese schicksalhafte Nacht ihr Leben lang nicht vergessen habe. Sie hörte Lärm in der Stube, wo Mirin Dajo mit seinem Assistenten wohnte. Am anderen Morgen sagte ihr Mirin Dajo, sein Assistent habe ihm dieses gefährliche Objekt in die Speiseröhre gestoßen. „Ja, es ist wahr. De Groot hat ihn regelrecht dazu gezwungen. Obwohl Mirin Dajo ‚von oben' den Auftrag hatte, keine Durchstechungen mehr vorzunehmen ..."[9]

Mirin Dajo hatte sich offensichtlich an das Gebot seiner inneren Stimme gehalten, aber im Mai 1948 nahte das Ende der Aufenthaltsbewilligung in der Schweiz. Sein Assistent hoffte anscheinend, dass eine bisher noch nie dagewesene Demonstration die Fremdenpolizei

„Ich bin ein normaler Mensch, der mit beiden Füßen auf der Erde steht. Die von Gott mir gegebene Aufgabe besteht darin, den Menschen zu zeigen, dass der Friede erst dann Wirklichkeit werden kann, wenn die Menschen keine Angst mehr haben. Mit meinen Experimenten will ich keine unterhaltsamen oder sensationellen Schaustellungen geben. Ich will damit nur den Beweis erbringen, dass man Angst und Furcht überwinden kann. [...] Der Friede ist aber erst dann gesichert, wenn die Angst gebannt ist. Auch die Angst vor Gott."[10]

umstimmen und die Kritik oder Gleichgültigkeit der Ärzte endgültig beseitigen würde.

Mirin Dajo ließ sich überreden, aber er nahm alle Verantwortung auf sich. Er schob seinem Assistenten keinerlei Schuld zu, denn er wollte dessen weiteres Leben nicht beeinträchtigen. Er äußerte sich auch den Ärzten gegenüber in diesem Sinn, wie aus dem Abschlussbericht der Bezirksanwaltschaft Winterthur vom 1. Oktober 1948 zu ersehen ist: „Die Todesursache [...] ist einwandfrei zurückführbar auf das letzte Experiment des Verstorbenen, das er offenbar allein ausführte."[11]

Bis zu seinem Tod blieb Mirin Dajo also ein paranormales und menschliches Wunder. Er lebte rund drei Tage lang mit einer langen, scharfen Stilettklinge im Körper und konnte jegliche innere Verwundung und Blutung geistig heilen. Dementsprechend verheilte auch die Operationswunde sehr schnell. Diese Fakten sind medizinisch außergewöhnlich, wenn nicht sogar einzigartig. Seine menschliche Größe zeigte sich darin, dass er die volle Verantwortung auf sich nahm und seinen Assistenten mit keinerlei Schuldvorwurf belastete.

Erklärungsversuche der Wissenschaft: Die Vertreter des vorherrschenden Weltbildes sahen – und glaubten doch nicht. Sie suchten nach irgendeiner konventionellen Erklärung und fanden auch eine. *Der Spiegel* (24/1948) gab diesen Erklärungsversuch gläubig wieder und ignorierte dessen Unsinnigkeit geflissentlich:

> Inzwischen hatte die chirurgische Universitätsklinik Zürich Tierversuche gemacht, um das Rätsel Mirin Dajo zu lösen. Man stellte fest, dass ein spitziger, konisch zulaufender runder Degen, wie er Mirin durch den Leib gestoßen wurde (solange die Polizei das gestattete), bei geschickter Handhabung keine sehr großen Verletzungen verursacht. Es treten keine plötzlichen Zerreißungen ein. Vielmehr weichen die Organe mit nicht absolut fester Lage dem Instrument aus. Die fraglichen Organe werden bei einem glatten, sauberen Durchstoß nicht lebensgefährlich verletzt. Bei ihnen können auch schwerere Wunden ohne Behandlung glatt verheilen. [...] Auf jeden Fall hätten die Tierexperimente bewiesen, dass die aufsehenerregende Demonstration Mirin Dajos nichts Wunderbares an sich habe [...].

Einen anderen Erklärungsversuch gab 2006 die BBC-Dokumentarserie *The Indestructibles.* In einem Film dieser Serie wurde auch kurz (in vier Minuten!) Mirin Dajo abgehandelt. Die Investigatorin befragte den bekannten Bühnenzauberer Ali Bongo (1929–2009), der folgende Expertise abgab: „Ich habe mir diese Aufnahmen mit Kollegen aus dem Magic Circle angeschaut, und wir alle sind uns einig, dass dies kein Trick war. Das war echt. Das war ein echtes Schwert, das durch einen echten Körper ging." Er äußerte die Vermutung, dass Mirin Dajo nach Indien gereist sei und sich dort von Fakiren habe ausbilden lassen. Er fügte jedoch hinzu: „Ich habe nie einen indischen Fakir gesehen, der so etwas Starkes durchführte." (Arnold Henskes war nie in Indien gewesen, zumindest in diesem Leben nicht. Es ist aber sehr wohl möglich, dass dieser asketische Mann in einem vergangenen Leben ein Yogi gewesen war, der im Westen reinkarnierte, um dem globalen Bewusstseinswandel zu dienen.)

Anscheinend war diese Bestätigung des Phänomens nicht das, was die BBC-Filmemacher hören wollten, weshalb sie eine junge Ärztin aufboten, die sagte, Mirin Dajos Auftritte seien „höchstwahrscheinlich" mit dem Vorhandensein von Piercing-Kanälen zu erklären, vergleichbar mit dem, was wir von Ohrring-Piercings her kennen; Mirin Dajo habe über Jahre hinweg langsam verschiedene Piercing-Kanäle durch seinen Körper angelegt, Zentimeter für Zentimeter. „Es ist ziemlich erstaunlich, dass er die Erstellung dieser Kanäle überlebt hat." Aber die Ärztin betont, dass dies „medizinisch möglich ist". Und die Erzählerstimme verkündet sogleich: *„Da haben wir's also. Mirin Dajo ist nicht mehr geheimnisvoll. Was wie Magie oder eine übermenschliche Fähigkeit aussah, entpuppt sich als ein System von Fistulas**.*"*

Betrachten wir diese pseudowissenschaftlichen Erklärungsversuche genauer. Die einen behaupten mit Hilfe von dubiosen Tierversuchen, das, was Mirin Dajo vorgeführt habe, sei nichts Besonderes; wenn man einen spitzigen, konisch zulaufenden Degen nehme, könnte man bei vorsichtiger Handhabung jeden Menschen auf dieselbe Weise durchstoßen. Die anderen behaupten, Mirin Dajo habe sich verschiedene Piercing-Kanäle durch den Körper getrieben: durch die Lunge, durch das Herz, durch den Bauch und quer durch den Unterkörper.

Um das materialistische Weltbild aufrechtzuerhalten, sind „Rationalisten" anscheinend bereit, jeden Unsinn von sich zu geben und alle widersprechenden Fakten zu ignorieren. Ebenso wird ignoriert, dass Mirin Dajo nicht nur mit einem spitzigen Degen durchstochen wurde, sondern auch mit einem Schwert mit breiter Klinge. Die Behauptung, es sei „medizinisch möglich", Piercing-Löcher durch den Oberkörper zu treiben, ist eine Beleidigung jeglicher Intelligenz. Und selbst wenn so etwas möglich wäre, zeigte der Obduktionsbericht ganz klar, dass keine Fistulas vorhanden waren.

---

* Fistula oder Fistel: eine abnorme, natürliche oder künstliche kanalartige Verbindung zwischen zwei Hohlorganen oder zwischen einem Hohlorgan und der Körperoberfläche.

Mirin Dajos Erklärungen: Was Mirin Dajo demonstrierte, war nichts grundlegend Neues, wie auch er selbst betonte: „Was ich hier deutlich zu machen versuche, sind uralte, aber meist nur im Verborgenen verkündete Erkenntnisse."

Mirin Dajo war seiner Zeit um Jahrzehnte voraus. Obwohl er nur eine Volksschulbildung hatte, bediente er sich in seinen Erklärungen modernster Begriffe. Dies zeigte sich auch im Brief, der am 27. Dezember 1947 in seinem Namen an Albert Einstein gesandt wurde:

> Nach den beschriebenen Demonstrationen hielt ich in großen Sälen Vorträge und danach auch in privaten Kreisen in Zürich und an vielen anderen Orten der Schweiz. Bei diesen Anlässen habe ich alle Fragen, die hochkamen, beantwortet und warf dabei Licht auf Themen, die auch Sie interessieren (Relativität, Atomspaltung, Dematerialisation, Rematerialisation, Supermaterialisation, Schwingungsgesetze, Schwingungsebenen usw.).[12]

Dematerialisation, Rematerialisation, Supermaterialisation*: Mit diesen Begriffen bezeichnete Mirin Dajo Aspekte der Materie, die in der Multidimensionalität des Kosmos gründen und von der modernen Quantenphysik erst ansatzweise erahnt werden. Mirin Dajo wurde schon zu Lebzeiten mit diesen physikalisch-revolutionären Begriffen in Verbindung gebracht, sowohl von seinen Bewunderern als auch von seinen Kritikern. So schrieb *Der Spiegel* nach Mirin Dajos Tod: „Er ließ sich als Künder der ‚Entmaterialisierungs-Lehre' und neuen Propheten feiern."[13] Die Erklärung, die Mirin Dajo für seine Unverletzbarkeit gab, ist die naheliegendste, aber auch die unglaublichste: Auf der ganzen Länge der Durchstechung kam es zu einer lokalen Dematerialisation der Körpersubstanz, und beim Herausziehen der Klinge wurde die Körpersubstanz rematerialisiert. Durch Dematerialisation entstand in der Geschwindigkeit der Durchstechung ein temporärer „Kanal", der beim Herausziehen der Klinge sofort wieder zuwuchs!

Die berühmteste Persönlichkeit, die einen Nachruf auf Mirin Dajo schrieb, war der Schweizer Nationalrat und Geschäftsmann Gottlieb Duttweiler (Gründer der Migros-Ladenkette). Auch er wies darauf hin, dass der verstorbene Pionier durch die Demonstration der „Entmaterialisierung" eine Bewusstseinsveränderung der Menschen anstrebte:

---

* Mit dem Begriff „Supermaterialisation" meinte Mirin Dajo wahrscheinlich Materialisationen aus dem Hyperraum, die für den Zuschauer wie Materialisationen aus dem Nichts aussehen. In diese Kategorie gehört auch die Involution und die Entstehung der ersten Menschen (durch eine Materialisation von Lichtwesen aus höherdimensionalen Welten).

Mit dem Einsatz der Atombomben hatte die Menschheit einen gefährlichen Pfad der Zerstörung eingeschlagen, weshalb nach 1945 viele Friedensaktivisten auftraten und ihre Warnungen aussprachen. Aber schöne Worte allein genügen nicht. Erforderlich ist ein grundlegendes Umdenken. Mirin Dajo konfrontierte die religiösen und die materialistisch-wissenschaftlichen Kreise mit der Beschränktheit ihrer Weltbilder, indem er durch wiederholte Demonstrationen bewies, dass der Geist über der Materie steht.

„Beweise geistiger Kraft allein noch sind es, welche dem Gedanken der Gotteskindschaft neuen Auftrieb geben und die Hassverbundenheit der Welt durch eine universelle Bruderschaft ersetzen können."[14]

Der Beweis der Entmaterialisierung des Körpers schien ihm notwendig, um in der Menschheit den Glauben an seine Friedenssendung in solcher Stärke zu erwecken, dass er Gewalt gewänne gegen den Geist der Gewalt und der Zerstörung. [...] Es war für ihn unerklärlich, dass alle die unglaublichen Beweise der Herrschaft des Geistes über den Körper in weiten Kreisen verhöhnt wurden. [...] Armer Mirin Dajo! Du warst in unserer Welt ein unbequemer, unerwünschter Gast. [...] Es hat nicht sollen sein, dass ein Wunder geschehe für den Frieden, für den Sieg des Lebens. Aber, bei Gott, es hat einen gegeben, der es mit Leib und Seele gewollt hat – bis in den Tod ...[15]

„Auf der Schwelle einer neuen Offenbarung geistiger Kräfte“: Mirin Dajo war sich bewusst, dass er für die Wissenschaft eine Herausforderung darstellte. Er schrieb:

„Was unbekannt ist und die Gefahr in sich birgt, dass man eine teuer erworbene Weltanschauung völlig revidieren müsste, das ängstigt und regt auf. [...] Wir glauben, den Zenit allen Wissens erreicht zu haben, und sind in Wahrheit ärmer denn je. [...] Wir stehen auf der Schwelle einer neuen Offenbarung geistiger Kräfte und wollen mutig den Schritt in eine neue, bessere Zeit hinüber wagen, um uns von der Tyrannei des stoffgebundenen Gedankens [des materialistischen Denkens] zu befreien.“[16]

„Eine teuer erworbene Weltanschauung“, von der heute geglaubt wird, sie stelle „den Zenit allen Wissens“ dar, ist die Evolutionstheorie. Diejenigen, die „mutig den Schritt in eine neue, bessere Zeit hinüber wagen“, müssen insbesondere diesen Hauptpfeiler „der Tyrannei des stoffgebundenen Gedankens“ durchschauen und überwinden. Die „neue, bessere Zeit“ erreichen wir durch die Kraft des Geistes und die entsprechende Neuausrichtung des Bewusstseins. Mirin Dajo beschrieb diese höchste Geisteswissenschaft mit einfachen Worten und mit einer großen Vision:

„Es kommt auf eines heraus, ob die Hausfrau am Herd, der Mann auf dem Felde, das Kind auf dem Heimwege, Gedanken des Friedens in ihren Herzen bewegen und nähren; unausgesprochen strahlen sie hinaus in die Welt, berühren und mobilisieren ähnliche Kräfte und verstärken sie im Widerhall.

Vermöchte unser Auge die erdumspannende Auswirkung eines einzigen solchen Gedankens zu erblicken – uns würde schwindlig ob der geistigen Größe, die Gott dem Menschen geschenkt hat. Daher achte sich keiner gering; gerade auf ihn kommt es an, befinde er sich, wo immer er wolle. Er und die anderen werden in aller Stille Kräfte und Mächte ins Leben rufen, die – still heranreifend – eines schönen Tages mit unbezwingbarer Kraft hervorbrechen [...].“[17]

Zwischenbilanz: Fenster in die mythische Vergangenheit

Angesichts von Mirin Dajos paranormalen Fähigkeiten bekommen viele alte Überlieferungen eine neue Glaubwürdigkeit. Im *Mahābhārata,* dem großen Epos der altindischen Hochkultur, wird die Schlacht beschrieben, die den Übergang vom dritten zum heutigen vierten Zeitalter (Yuga) markierte: die Schlacht von Kurukṣetra, die achtzehn Tage dauerte und vor deren Beginn Kṛṣṇa die *Bhagavad-Gītā* sprach, jenes berühmte Buch, das heute als die „Bibel Indiens" bezeichnet wird. (Die *Bhagavad-Gītā* hat die Form eines Lehrgesprächs zwischen Kṛṣṇa und seinem Freund Arjuna.) Die Schlacht von Kurukṣetra fand vor rund fünftausend Jahren statt, und wir erfahren aus den Sanskritschriften, dass auch zu dieser Zeit noch Heroen auf der Erde lebten, die über paranormale Fähigkeiten verfügten. Einige hatten eine riesenhafte Körperstatur, was auch für die damalige Zeit eine Ausnahme war. Abgesehen von diesen magisch-mythischen Heroen sahen die Menschen vor fünftausend Jahren physisch nicht anders aus als die Menschen heute. Über diese Heroen, zum Beispiel Arjuna, wird explizit gesagt, dass sie *unverletzbar* waren. Während der Schlacht wurden sie von Pfeilen und Lanzen durchbohrt, aber sie konnten sich diese Waffen mühelos aus ihrem Körper herausziehen – ohne Blutverlust, ohne Infektion, ohne Wunden.

> Im Körper von Arjuna und Kṛṣṇa (Acyuta) steckten viele Pfeile, die Karṇa auf sie geschossen hatte. Mit diesen Pfeilen im Körper sahen sie aus wie der helle, strahlenreiche Mond und die Sonne, die mit ihrem Aufgehen jede Dunkelheit vertreibt. Diese beiden Helden, deren Stärke die aller anderen Menschen übertraf, zogen sich die Pfeile aus dem Körper und kehrten frohgemut in ihr Lager zurück, umgeben von ihren Mitkämpfern und Freunden. (*Mahābhārata, Karṇa-Parva,* Kap. 94)

Eines der berühmtesten Ereignisse der Schlacht von Kurukṣetra war der Tod des heroischen Bhīṣma, genannt „Großvater Bhīṣma". Am zehnten Tag der Schlacht wurde er von einem gewaltigen Pfeilhagel getroffen. Die Pfeile durchbohrten ihn von vorne, und er sank nieder und lag schwebend über dem Boden, getragen von all den Pfeilen, die mit der Spitze im Boden steckten. Bhīṣma lag auf einem „Bett aus Pfeilen", ohne dass Blut floss. Er vertiefte sich in einen meditativen Zustand und wartete auf den geeigneten Tag für sein Sterben, denn er war *candamṛtyoḥ,* das heißt, er hatte die Fähigkeit, den Zeitpunkt seines Todes selbst zu wählen (*Śrīmad-Bhāgavatam* 1.9.29).

Wenn sogar im 20. Jahrhundert einzelne Menschen noch paranormale Eigenschaften wie Unverletzbarkeit besaßen, können wir annehmen, dass diese alten Überlieferungen zumindest in ihrem Kern authentische Beschreibungen enthalten. Gerade aus indischen Quellen erfahren wir, dass noch vor fünftausend Jahren auf der Erde Menschen lebten, deren Körper nicht so verdichtet war wie der ihrer Zeitgenossen, weshalb sie von größerer Statur waren und übermenschliche Kräfte besaßen.

Bei Arjuna und seinen vier Halbbrüdern, die zusammen als die fünf Pāṇḍavas bekannt sind, kommt noch ein weiterer Faktor hinzu. Die Sanskritschriften erwähnen an mehreren Stellen mit ausführlichen Schilderungen, dass jeder von ihnen ein Lichtwesen zum Vater hatte. Jedes dieser Lichtwesen hatte sich für eine kurze Zeit materiell verdichtet, um ein irdisches Halbgottkind zu zeugen. Eine Königin und ihre Nebenfrau waren imstande, diese Lichtwesen zu rufen, und die Kinder aus dieser Verbindung wurden zu den größten Heroen der indischen Kultur.

Auch der erwähnte Bhīṣma war ein „Halbgott“. Bei ihm war die Mutter ein materialisiertes Lichtwesen. Sie lebte für mehrere Jahre als Gemahlin bei einem König namens Śantanu und hatte mit ihm acht Kinder. Als Bhīṣma, das achte, geboren wurde, entschwand sie mit ihm in die höheren Welten, und nach fünfzehn Jahren materialisierte sich Bhīṣma wieder auf der Erde. Aufgrund seiner ungewöhnlichen Herkunft und Jugend verfügte er über all die Eigenschaften, für die er berühmt wurde.

Involution, Materialisation, Unverwundbarkeit, all diese Aspekte gehören zum metaphysisch-ganzheitlichen Weltbild, das wir heute wieder entdecken. Und so können wir auch das Unglaubliche glauben, das die *Schweizerische Medizinische Wochenschrift* Ende 1947 veröffentlichte. Im Bericht der Ärzte vom Basler Bürgerspital, die Mirin Dajo im Zusammenhang mit seinen Durchstechungen im September 1947 untersucht hatten, stand unter anderem Folgendes:

> Auf der Stirne über der rechten Augenbraue weist er zwei kleine, ca. 5 Millimeter Durchmesser messende, blasse rundliche Narben auf, die von Revolvereinschüssen herrühren sollen, die ihm kanadische Soldaten beigebracht hätten, um nach einer Körperdurchstechung festzustellen, ob er tatsächlich unverletzbar sei. Es habe sich um Durchschüsse gehandelt, die keinerlei Folgen gezeitigt hätten.[18]

Wie am Anfang dieses Kapitels erwähnt, wurden Menschen, die nicht ins herrschende Weltbild passten, in vielen Fällen bekämpft. Bei Mirin Dajo gelang es den Hütern des Status Quo, seine Demonstrationen zu banalisieren und zu rationalisieren – und sie versuchen es noch heute. Bei der nächsten Person, die ich vorstellen möchte, gelang ihnen dies nicht, weshalb sie schärfere Mittel einsetzten: Verleumdung, Kriminalisierung und juristische Verfolgung.

Bruno Gröning:
Geistheilung als Schlüssel zur globalen Heilung

„Der Mensch ging vor Jahrtausenden den Weg ab von der Natur, von dem Glauben an unseren Herrgott. Jeder glaubte, sich allein behaupten zu können. ‚Jetzt sind wir *auf dieser Erde, jetzt richten wir uns ein, wie* wir *das wollen, und wir werden uns schon zu helfen wissen', glaubte jeder. Aber ich gebe Ihnen zu wissen, dass niemandem geholfen werden kann ohne unseren Herrgott. Er allein ist und bleibt unser Vater, er allein ist und bleibt der größte Arzt aller Menschen!"*

– Bruno Gröning

(in einer Ansprache vor 30 000 Heilungssuchenden auf dem Traberhof in Rosenheim, 31. August 1949)[19]

Vier Jahre nach dem Ende des Zweiten Weltkriegs trat in Deutschland ein Mann auf, der durch seine Wunderheilungen über Nacht in die Schlagzeilen der Presse und ins Kreuzfeuer der Behörden geriet. Es war die triste Zeit nach dem Krieg. Deutschland war zerbombt und am Boden zerstört. Die Bevölkerung war dezimiert, und viele hatten kaum das Nötigste zum Überleben. Da erfuhren die Ärmsten – die Kranken, die Hoffnungslosen und Mittellosen – plötzlich, dass es Hoffnung gebe: ein gewisser Bruno Gröning sei als Wunderheiler öffentlich tätig geworden und sei für alle Menschen da, ohne Geld zu verlangen, ohne die Notwendigkeit irgendwelcher Formalitäten.

Zu Tausenden und Zehntausenden strömten Menschen zu Bruno Gröning, unter ihnen auch wohlhabende Hilfesuchende, und wurden Zeugen von dem, was sie durch die Zeitungen oder die mündliche Kunde gehört hatten: Wunder geschehen, spontane Heilungen vor Ort, „Massenheilungen" und Fernheilungen.

Wer war dieser Mann, der scheinbar aus dem Nichts auftauchte und größte Kontroversen auslöste?

Biographisches: Bruno Gröning (1906–1959) war das vierte von sieben Kindern einer einfachen Arbeiterfamilie aus Danzig, der damaligen Hauptstadt Westpreußens. Bereits als Kind fiel er durch seine Heilfähigkeiten und seine besonderen Eigenschaften auf. Von den vielen Zeugnissen sei hier nur ein Beispiel angeführt (mit einer Parallele zu Mirin Dajo). Sein älterer Bruder Kurt berichtete 1954 folgende Begebenheit:

> Am Sonntagmorgen gingen die Eltern zur Kirche und beauftragten mich, den Kaffeetisch zu decken und Kaffee zu kochen. Ich tat es nicht, das Spielen war mir wichtiger. Als die Eltern nach Hause kamen, hatte Bruno den Tisch gedeckt und Kaffee gekocht. Die Eltern lobten beim

> Frühstück Bruno für den ausgezeichneten Kaffee und rügten energisch meine Nachlässigkeit. Da packte mich die Wut so sehr, weil Bruno immer als der Gute herausgestrichen wurde, dass ich mir nicht mehr zu helfen wusste und die Kaffeekanne mit dem kochend heißen Inhalt erwischte und den Kaffee auf Brunos Kopf ergoss. Er blieb ganz ruhig, alle waren über meine Untat entsetzt. Und wieder geschah etwas Ungewöhnliches. Bruno trug weder im Gesicht noch am Körper irgendwelche Brandwunden davon. Dieses Erlebnis und noch ein zweites machte auf uns Geschwister und auch auf die Jungen der Nachbarschaft einen so starken Eindruck, dass wir künftig davon abließen, unseren jüngeren Bruder zu misshandeln.[20]

Während des Ersten Weltkrieges besuchte der rund zehnjährige Bruno Gröning oft die örtlichen Lazarette und brachte für viele Verletzte Linderung und Heilung. Nach fünf Jahren Volksschule begann er eine kaufmännische Lehre, doch sein Vater, ein Maurer, wollte, dass Bruno ebenfalls einen Handwerkerberuf erlernte. So machte er eine Lehre als Zimmermann, aber die wirtschaftlichen Wirren nach dem Ersten Weltkrieg zwangen ihn zu vielerlei Gelegenheitsarbeiten. 1927 heiratete er. 1943 wurde er in die deutsche Wehrmacht eingezogen. Weil er sagte, er werde nicht auf Menschen schießen, wurde ihm mit dem Kriegsgericht gedroht, und man sandte ihn an die russische Front. Dort erlebte er die Schrecken des Krieges, wurde selbst zweimal verwundet und half unzähligen Kameraden. Im März 1945 geriet er in russische Kriegsgefangenschaft. Dank seines Wirkens wurden er und seine Abteilung jedoch bereits Ende 1945 freigelassen. Gröning kam als Heimatvertriebener nach Westdeutschland. Obwohl er selbst praktisch mittellos war, setzte er sich im freiwilligen Hilfsdienst für die Vertriebenen ein und bewirkte bei vielen Hilfesuchenden Heilungen.

Sein unauffälliges Helfen setzte sich in kleinen Kreisen fort, bis er im März 1949 im westfälischen Städtchen Herford den neunjährigen Sohn des Ingenieurs Helmut Hülsmann von Muskelschwund heilte. Die Ärzte waren dieser Erkrankung machtlos gegenübergestanden, doch durch Bruno Gröning wurde der Knabe geheilt. Helmut Hülsmann veröffentlichte am 18. März 1949 einen ausführlichen Bericht für die Presse:

> Mein Sohn Dieter ist 9½ Jahre alt und leidet an einer progressiven Muskeldystrophie. [...] Hilfe bzw. Behandlung auf Heilung wurde mir weder von dort [von der Kinderklinik] noch von weiteren zehn befragten Professoren und Ärzten in Aussicht gestellt. Der Verfall des Kindes nahm beängstigende Formen an. Dieter ist seit zehn Wochen fest bettlägerig. Er kann weder stehen noch gehen. Selbst beim Versuch zu stehen knickt er im Kreuz wie ein Taschenmesser zusammen, da er gar keinen Halt mehr verspürt. Die Beine und Füße sind immer eiskalt und vollkommen

> gefühllos, da keine Durchblutung, trotz zweimaliger Massage pro Woche, stattfindet./ Am Nachmittag des 15. März 1949 führte nun eine uns befreundete Dame Herrn Gröning bei uns ein, da ihr der Krankheitsfall unseres Sohnes Dieter hinreichend bekannt war. Stärkstens beeindruckt durch den Fall ihrer Schwester, die fünf Jahre hindurch gelähmt, nur im Rollstuhl bzw. im Bett liegend ihr Dasein fristete und durch Herrn Gröning geheilt wurde, war sie überzeugt, dass auch meinem Sohn geholfen werden könne. [...] Nach der Einwirkung durch Herrn Gröning setzte sofort die Durchblutung der Beine von den Oberschenkeln an beginnend ein. Mein Sohn zeigte genau den ruckweise vordringenden Blutstrom an, der sich nun wieder den Weg durch die verengten Adern bahnte. Danach hatte mein Sohn vollkommen warme Beine und Füße.[21]

Und bald darauf rannte Dieter geheilt durch das Haus und über die Treppen. Sein Vater war derart dankbar, dass er Bruno Grönings Heilkraft möglichst vielen Menschen zukommen lassen wollte, und stellte ihm sein Haus zur Verfügung. Durch Helmut Hülsmanns Pressebericht kam eine neue Dimension in Bruno Grönings Wirken: Er wurde nicht mehr nur zu den Menschen gerufen, die Menschen *kamen zu ihm* – und das gleich zu Tausenden.

Heilung auf geistigem Weg: Bruno Gröning wollte nie Krankheitsbeschreibungen hören. Er erkannte unmittelbar mit seiner inneren Wahrnehmung, was den Menschen fehlte, und wenn sie bereit waren, kam es zu einer Heilung. Er betonte immer, dass Heilung Zeit braucht und dass in der ersten Phase schmerzvolle Heilschübe („Regelungen", wie er sie nannte) auftreten können, bis sich der Körper durch das Wirken der geistigen Kräfte regeneriert hat.

Insgesamt kamen weit über zehntausend Hilfesuchende nach Herford, und 80 000 Bittbriefe überschwemmten in diesen Monaten die Herforder Post. Bei den Briefen und bei Bitten für Leidende, die nicht persönlich anreisen konnten, wirkte Bruno Gröning des öfteren über die Distanz, wobei es immer wieder vorkam, dass er bei diesen Personen, die weit entfernt an anderen Orten weilten, zuerst die Krankheit aufs genauste beschrieb. Es existieren viele Berichte dieser Art, die seine Hellsichtigkeit bezeugen.

Überall, wo Bruno Gröning hinkam, erlebten zahlreiche Notleidende unerklärliche Hilfen und Heilungen. Die Geheilten sowie alle Anwesenden fühlten Wellen des Glücks, der Dankbarkeit und der neuen Lebensfreude. „Für uns, die wir bei ihm waren, und die vielen, die es mit ansehen konnten, war es [Grönings Wirken in der Menge] ein Zug des Wunders, der Siegeszug einer nicht kriegerischen, sondern versöhnlichen und helfenden Macht", schrieb ein Journalist als Augenzeuge von Herford im *Münchner Merkur* vom 24. Juni 1949. „Der Gewalt dieses

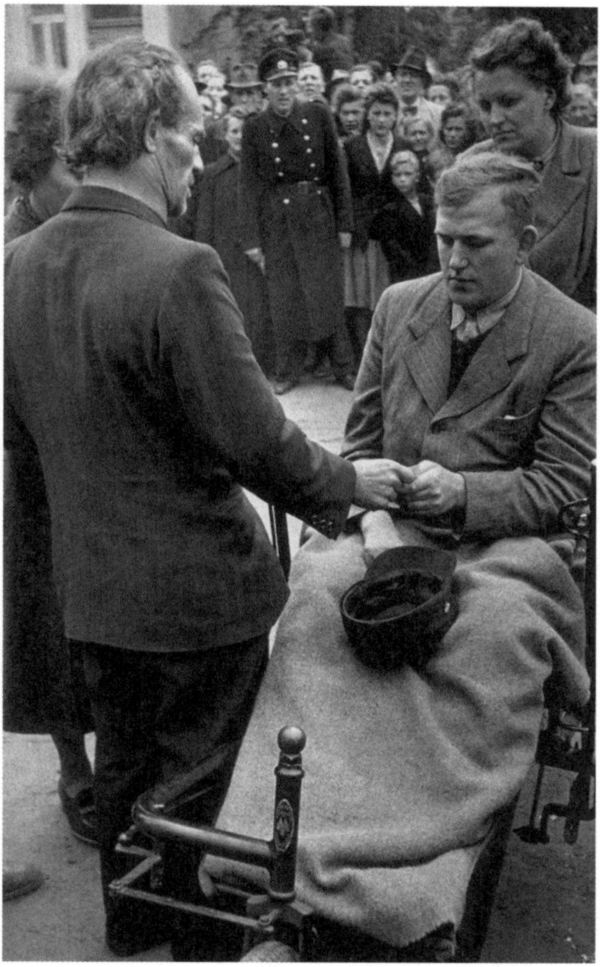

„Der Gewalt dieses Bildes konnte sich keiner entziehen. Die als skeptisch bekannten Herforder [...] umstanden den Platz hinter der Polizeiabsperrung in weitem Kreise und konnten nun Zeugen der Wirkungskraft Grönings an diesem Tage sein." (aus einem Bericht im *Münchner Merkur*, 24. Juni 1949)

Bildes konnte sich keiner entziehen. Die als skeptisch bekannten Herforder, die der Weg zur Arbeit in der Nähe vorbeiführte, umstanden den Platz hinter der Polizeiabsperrung in weitem Kreise und konnten nun Zeugen der Wirkungskraft Grönings an diesem Tage sein. Es war, als teilte sich ein Meer vor ihm, so ging er durch die sich um die Autos stauende Menge hindurch. Von Wagen zu Wagen, dort ein paar Worte wechselnd, hier ein Händedruck und dann einige Fragen, die Bitte, über das weitere Befinden zu berichten und wiederzukommen – und neben ihm und nach ihm, wo die Flut zusammenschlug, standen Menschen aus ihren Stühlen [Rollstühlen] auf, nahm er Lahmen die Gehstöcke weg und warf sie beiseite. Keiner konnte sich der Gewalt dieses Erlebnisses entziehen. Es war, als ob sich ein Getreidefeld nach dem Sturm mit neu gewonnener Kraft wieder aufrichtete. / Bei Kindern wurden gelähmte Glieder, die unter ständigem Kältedruck standen, wieder warm. Bruno Gröning stieg von einem LKW auf den anderen hinauf, ging von Mensch zu Mensch, die auf Stroh und Matratzen gebettet waren. Sie richteten sich auf und fühlten neue Kräfte. In einem der LKWs, für alle Umstehenden sichtbar, saß eine siebzigjährige Frau, vollkommen gelähmt, sie war auf dem Sessel in den Wagen getragen worden, wie mir der Fahrer berichtete. Nach wenigen Worten Grönings bewegte sie die Arme, erhob sich, und als der Wagen sich in Bewegung setzte, winkte sie mit freudestrahlendem Gesicht der umstehenden Menschenmenge mit den bisher völlig bewegungslosen Armen und Händen zu."

Der Prophet im eigenen Land: Die biblischen Szenen von Kranken, Lahmen und Blinden, die plötzlich Heilung erfuhren, blieben nicht lange ungestört. Im Mai 1949 kamen von der Stadtverwaltung erste Heilverbote, weil Gröning angeblich gegen das Heilpraktikergesetz verstieß. Dies führte zu Protestkundgebungen von Heilungssuchenden, die aus ganz Deutschland, zum Teil unter größten Entbehrungen und Schmerzen, nach Herford angereist waren. Meinungsverschiedenheiten in der Stadtverwaltung führten zu einem Hin und Her von beschränkten Genehmigungen und neuen Verboten. Doch schon bald erließ die Stadtregierung, vermutlich auf Druck „von oben", ein Totalverbot. Bruno Gröning verließ Herford und wirkte an verschiedenen anderen Orten. Als er den Besitzer des Traberhofes, einer großen Pferde-Ranch in Rosenheim, heilte, lud dieser ihn zu sich nach Hause ein, damit er etwas Ruhe finden könne. Bruno Gröning nahm das Angebot an, aber die Reporter entdeckten schon bald seinen Aufenthaltsort, was bewirkte, dass nach Rosenheim noch größere Menschenmengen kamen als nach Herford. Während dieser Wochen lagerten auf den Wiesen des Traberhofs bis zu 30 000 Menschen – ein Meer von Kranken, Kriegsgeschädigten und Invaliden. Auch hier kam es zu zahlreichen Wunderheilungen. Gröning kümmerte sich einzeln um die Menschen, aber angesichts des nicht enden wollenden Zulaufs sprach er auch hier, wie in Herford, zur Menge – „Meine lieben Heilungssuchenden, euer Flehen und Bitten zum Herrgott war nicht umsonst" –, und Blinde sahen, Lahme konnten gehen, Krankheiten verschwanden. In einem besonders Wunder-vollen Moment sangen die Versammel-

„Grönings Zusammenkunft mit den ungezählten Tausenden von Hilfesuchenden vor dem Traberhof bei Rosenheim war ein Ereignis von dramatischer Wucht: Die Wende der Zeiten, an der wir heute stehen, offenbarte sich mit einer sinnbildlichen Klarheit. / Die Leidenden, Verlassenen, vom Schicksal Geschlagenen, die mit der letzten Hoffnung auf Trost und Heilung zusammengeströmt waren, sie alle waren Ankläger gegen das Zeitalter des Materialismus [...] [Es] wurden geradezu biblische Szenen Wirklichkeit. Kranke richteten sich von Tragbahren auf, Gelähmte warfen ihre Krücken von sich und konnten gehen, ein blindes Kind wurde sehend, Dankesrufe kündeten von immer neuen Heilungen [...]." Kurt Trampler: *Die große Umkehr – Fragen um Bruno Gröning* (1950), S. 89, 92

ten spontan „Großer Gott, wir loben Dich". Zeitungen, Rundfunk und Fernsehen waren voll von Berichten. Es entstand sogar ein Filmreport, der in den Kinos gezeigt wurde – wo es ebenfalls zu Spontanheilungen kam. (Dieser Film wurde schon bald wegen „Jugendgefährdung" verboten und ist heute verschollen.) Die legendären Massenheilungen von Rosenheim waren ein Höhepunkt und auch Wendepunkt in Bruno Grönings Wirken, denn nun formierte sich eine massive Gegnerschaft.

Sichtbare und unsichtbare Gegner: Obwohl Bruno Gröning immer die Zusammenarbeit mit den Ärzten suchte, kam es zu weiteren Heilverboten und dann sogar zu einem Prozess, bei dem er mit großen Vorbehalten freigesprochen wurde. Ihm wurde attestiert, er habe „in

Dr. A. Kaul, ein Zeuge von 1949, veröffentlichte die Broschüre *Das Wunder von Herford.* Darin berichtet er: „Ich habe Bruno Gröning oft mit Kranken sprechen gesehen, und immer hatte ich den Eindruck, er weint innerlich über diese Not und das menschliche Elend, das sich seinen Augen darbietet. Bruno Gröning ist ein Mann aus dem Volk. Eitelkeit ist ihm so fremd wie die Pose ..."

Unwissenheit über die Rechtslage" gehandelt, weshalb der Freispruch praktisch einem Heilverbot gleichkam, da er nun „die Rechtslage" kannte. So konnte er fortan nur noch in kleinen Kreisen wirken. Aber auch dort wurde er behindert, hauptsächlich von vermeintlichen Helfern, die an ihm Geld verdienen wollten und deshalb von ihm zurückgewiesen wurden. Einige von ihnen schworen Rache und verbündeten sich mit seinen Gegnern.[22] Ein neuer Gerichtsfall – nun wegen „fahrlässiger Tötung" – wurde angestrengt.

In diesen Jahren kamen verlockende Angebote aus dem Ausland, und es wäre für Bruno Gröning ein Leichtes gewesen, reich und berühmt zu werden. Aus Amerika winkten die Dollars, wenn er sich auf eine Show-Tournee eingelassen hätte. Gröning widerstand allen Versuchungen und blieb in Deutschland, obwohl ihm dort konstant größte Hindernisse in den Weg gelegt wurden.

Sein Plan, in Deutschland und in anderen Ländern Heilstätten zu errichten, wurde vereitelt. 1958 wurde ihm durch ein Gerichtsurteil in ganz Deutschland jegliche Heileraktivität verunmöglicht. Anfang 1959 reiste er nach Paris und verstarb dort am 26. Januar. Man fühlt sich an die alte Aussage erinnert: „Der Prophet im eigenen Land wird verkannt." (Mt 13,57; Joh 4,44)

Kurz vor seinem Verscheiden sagte Bruno Gröning:

> „Was meine Gegner tun mussten, haben sie restlos getan und sind damit am Ende. Ebenso habe ich getan, was ich tun musste – dieses aber ist erst der Anfang!"

Der Heilstrom: Als Bruno Gröning durch immer weiterreichende Heilverbote in seinem öffentlichen Wirken behindert wurde, reagierte er nicht mit Zorn oder Resignation, sondern mit einer noch größeren Vision. Er sagte sinngemäß, dass er als einzelner Tausende von Menschen heilen könne, aber wenn die Menschen lernten, sich selbst zu heilen, würden Millionen von Menschen, ja die gesamte Menschheit geheilt werden. Und so konzentrierte er sich darauf, Selbstheilung durch den göttlichen Heilstrom zu lehren. Berühmt ist in diesem Zusammenhang seine Aussage: „Aufzuhalten ist es nicht. In der ganzen Welt soll sich die Heilung vollziehen."

So sensationell Bruno Grönings Heileraktivität auch war, so einfach war seine Erklärung: Ursprünglich ist der Mensch in lebendiger Einheit mit Gott verbunden, doch wenn der Mensch aus dieser Verbindung herausfällt, trennt er sich von der göttlichen Quelle und gibt sich dem Bösen preis, was zu innerer Leere, Sinnlosigkeit und Gottlosigkeit führt, mit all den daraus folgenden Konsequenzen. Aber Gottes unbegrenzte Kraft bleibt allgegenwärtig wirksam, und sie hat als „Heilstrom" auch eine unbegrenzte Heilkraft. Wer sich wieder für diese Kraft öffnet, kann Heilung und alle anderen Formen von Hilfe empfangen.

Normalerweise muss jeder Mensch für sich selbst den Heilstrom aufnehmen. Nach dem Zweiten Weltkrieg jedoch war die Not derart groß, dass Hilfe und Gnade zu den Menschen kam: „Euer Flehen und Bitten zum Herrgott war nicht umsonst." Bruno Gröning wirkte als ein Transformator, der die göttliche Heilkraft an die Menschen weiterleitete. Eine solche energetische Leistung stellte auch körperlich eine einzigartige Funktion dar und war, laut Grönings eigenen Aussagen, der Grund, warum sein Hals in gewissen Phasen auf beiden Seiten deutlich an Umfang zunahm. Auch in diesem anatomischen Punkt war Bruno Gröning für die Ärzte ein Rätsel.

Das Sichverbinden mit dem Heilstrom nannte Bruno Gröning „Sicheinstellen". „Sich einzustellen" bedeutet: sich aufrecht hinsetzen, den

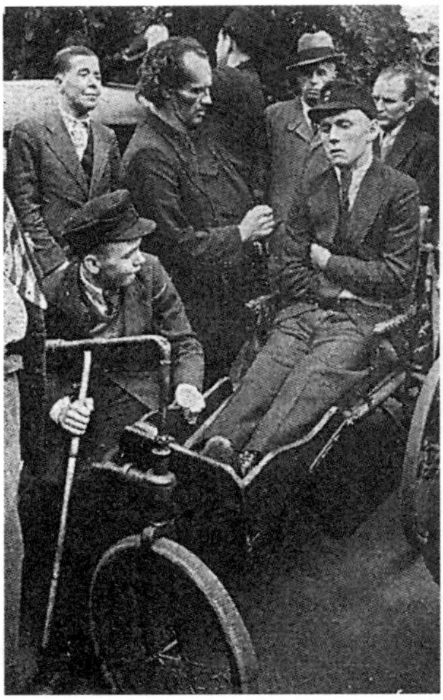

Ein Mann, der aufgrund einer Verletzung im Krieg an beiden Beinen gelähmt ist, erlebt das Unglaubliche. Er steht mit „neuen" Kniegelenken aus seinem Rollstuhl auf. Dass die Heilung auch seine Seele erreichte, zeigt sich in seinem dankbar strahlenden Gesicht.

Rücken nicht anlehnen, Arme und Beine nicht kreuzen, die Hände auf den Oberschenkeln mit der Handfläche nach oben, Loslassen aller störenden Gedanken, Konzentration auf den Heilstrom, gefolgt vom geistigen Formulieren oder lauten Aussprechen eines Dankes und aller Dinge, die uns am Herzen liegen – Bitten für uns selbst und für andere, für Situationen, die einer Lösung bedürfen, usw. Empfohlen ist, dies zweimal täglich (morgens und abends) als eine Art von Meditation zu tun.

Das Erkennen von göttlicher Kraft

Angesichts der großen Scharen von Hilfesuchenden, die zu Bruno Gröning kamen, sprachen die Medienberichte und die Augenzeugen des öfteren von „biblischen Szenen". Dass Jesus allein mit göttlicher Kraft Krankheiten heilen konnte, halten heute viele Menschen für Übertreibung oder gläubige Erfindung. Aber nun wurde mitten im 20. Jahrhundert ein ähnliches Phänomen sichtbar, und zwar in vielfacher Wiederholung und überprüfbar. Durch Bruno Grönings Beispiel mussten Jesu Wundertaten auch Skeptikern nun als reale Möglichkeit erscheinen.

> Wieder strömte eine so große Menge zusammen, dass er und seine Jünger nicht einmal zum Essen kamen. Als das seine Angehörigen erfuhren,

> machten sie sich auf den Weg, um ihn mit Gewalt wegzuholen, denn sie sagten sich: „Er muss verrückt geworden sein." Einige Gesetzeslehrer, die aus Jerusalem gekommen waren, sagten: „Er steht mit dem Teufel im Bund! Der oberste aller bösen Geister gibt ihm die Macht, die Geister auszutreiben." (Mk 3,20-22)

Ähnliche Verdächtigungen wurden auch gegen Bruno Gröning geäußert. Skepsis bei propagierten Offenbarungen und Wundern ist immer angebracht, und so stellt sich die Frage: Geschahen Bruno Grönings Wunder tatsächlich durch göttliche Kraft? Wir können bei dieser Frage die Antworten konsultieren, die Jesus gab:

> „Wie kann der Satan sich selbst austreiben? [...] Wenn der Satan sich selbst austriebe, dann wäre er mit sich selbst uneinig. Wie könnte dann seine Herrschaft bestehen? Und wenn ich böse Geister [und Krankheiten] austreibe, weil ich mit dem Satan im Bund stehe, wer gibt dann *euren* Leuten die Macht, böse Geister auszutreiben? Eure eigenen Anhänger beweisen, dass ihr im Unrecht seid. Wenn ich aber mit Hilfe von Gottes Geist die bösen Geister austreibe, so könnt ihr daran sehen, dass Gott schon angefangen hat, mitten unter euch seine Herrschaft aufzurichten." (Mk 3,23; Mt 12,26-28, Einheitsübersetzung)

Jesus erhob offensichtlich keinen Exklusivanspruch auf Heilungskraft, sondern betonte, dass viele Menschen mit derselben Macht wie er tätig seien.* Er attestiert diese göttliche Kraft hier sogar den Gemeindemitgliedern der Pharisäer, obwohl die Leiter dieser Gemeinde behaupteten, er stehe „mit dem Teufel im Bund". Bei Heilungen, Sensationen, Friedensversprechungen usw. lautet das Kriterium des Unterscheidens, das Jesus nennt: Dient dies der „Herrschaft des Satans" – einer Ideologie, einem Machtstreben, dem Ego irgendwelcher Personen – oder dem wahren Wohl der Menschen? Wird mit Angst und Einschüchterung gearbeitet, wird jemand mit Versprechungen manipuliert? Oder werden die Menschen in ihrer Kraft, Gesundheit, Größe und Würde gestärkt?

Was geschieht bei einer Geistheilung physisch?

Geistheilungen sind eine vielfach bezeugte und dokumentierte Tatsache und können nicht geleugnet werden. Wir können sie als Wunderheilungen bezeichnen, was sie aus unserer menschlichen Sicht ja auch sind. Physisch jedoch geschieht bei Geistheilungen etwas ganz Kon-

* Relevant in diesem Zusammenhang sind auch die im Johannes-Evangelium (14,12-14) wiedergegebenen berühmten Jesusworte, die besagen, es sei möglich, „die Werke, die ich tue, ebenfalls zu tun, und sogar noch größere".

kretes, nämlich eine lokale De- und Rematerialisation. Die Zellen des betroffenen Knochens oder Organs werden von der atomaren Struktur her in ihren gesunden Zustand zurückgeführt, was bedeutet, dass sich körperlich etwas verändert, wie auch Röntgenaufnahmen bestätigen. Wenn ein Mensch mit einem defekten und versteiften Kniegelenk plötzlich wieder ein normal funktionierendes Kniegelenk hat, bedeutet dies folgendes: Durch die Einwirkung einer geistigen Energie wurde das Kniegelenk dematerialisiert und gemäß den Vorgaben des höheren Körperinformationsfeldes – des Äther- oder Vitalkörpers – rematerialisiert. Dies geschieht mit Lichtgeschwindigkeit oder sogar noch schneller, mit der Geschwindigkeit der Gedanken. Weil der Vitalkörper (das morphogenetische Feld) die Information des gesunden Knies enthält, entspricht das rematerialisierte Knie der gesunden Form, wie sie von der göttlichen Schöpfung vorgegeben ist. Genau das gleiche geschieht bei einem sehunfähigen Auge und bei jeder anderen Organ-, Gewebe- oder Knochenstruktur, die durch eine Geistheilung transformiert (= geheilt) wird.

Lokale Transformationen, d. h. De- und Rematerialisationen in Überlichtgeschwindigkeit, mögen für die theoretische Physik der heutigen Zeit noch weit entfernte Ideen und Konzepte sein, doch die Paraphysik oder „Mentalphysik" mit all ihren Meisterinnen und Meistern zeigt seit Menschengedenken, dass die Materie letztlich immer von geistigen Kräften geformt und bewegt wird.

Daskalos: Operation durch De- und Rematerialisation

Daskalos, mit bürgerlichem Namen Dr. Stylianos Atteshlis (1912 - 1995), war ein Mystiker, Metaphysiker und Heiler aus Zypern. Bereits als Kind hatte er Zugang zu seinen paranormalen Fähigkeiten. Vor dem Zweiten Weltkrieg gehörte er zu den führenden Dichtern in griechischer Sprache (er hatte drei Doktortitel). Ich habe ihn bereits in meinem Buch *Unsichtbare Welten* (S. 276ff.) näher vorgestellt. Er war ein Meister der „psychonoetischen Kräfte", wie er die geistigen Kräfte nannte. Er konnte mit seinem feinstofflichen Körper den grobstofflichen Körper verlassen (Eksomatose) und auf Astralreisen gehen oder seinen feinstofflichen Körper an einem anderen Ort materialisieren. Er konnte bewusst auf sein in früheren Leben erworbenes Wissen zurückgreifen.

Weltberühmt wurde Daskalos, als Dr. Kyriacos Markides, Professor für Soziologie an der University of Maine (USA), 1985 das Buch *The Magus of Strovolos* veröffentlichte (dt. *Der Magus von Strovolos,* 1988). Strovolos ist der Stadtteil von Nikosia, Zyperns Hauptstadt, wo Daskalos wohnte. Dieses Buch ist voll von Beschreibungen bezeugter

Taten des Daskalos aus allen Bereichen der psychonoetischen Fähigkeiten. Heilungen waren nur einer von vielen Bereichen.

Das Folgende ist ein Beispiel für eine Operation durch De- und Rematerialisation. Die 55-jährige Katina, Gemahlin eines erfolgreichen Geschäftsmannes aus Nikosia, litt unter schmerzhaften Wirbelsäulenbeschwerden und hatte schon verschiedenste Experten und Spitäler im In- und Ausland aufgesucht, alles ohne Erfolg. Der Schmerz wurde immer größer, und alle Ärzte bezeichneten ihr Problem als unheilbar. Im Mai 1981 wandte sie sich in letzter Hoffnung an Daskalos, der sich bereit erklärte, sogleich zu kommen, in Begleitung von Prof. Markides. Im Haus der Patientin waren mehrere Verwandte anwesend, auch der Sohn, ein Universitätsstudent, und die Schwiegertochter. Daskalos bat zwei der anwesenden Frauen, den Oberkörper der Patientin zu entkleiden und ihr zu helfen, sich auf den Bauch zu drehen, was nur mit Mühe gelang. Was dann geschah, beschreibt Prof. Markides wie folgt:

> Daskalos legte die Hände auf den Rücken der Frau und fing an, sanft über die Wirbelsäule zu streichen und sie zu massieren. „Nur nicht ver-

Dr. Stylianos Atteshlis (1912–1995), bekannt als Daskalos

Materialisation des feinstofflichen Körpers

Wie in Kapitel 1 erwähnt, haben wir Menschen nicht nur einen grobstofflichen, sondern auch einen feinstofflichen Körper. Wenn ein Mensch mit seinem feinstofflichen Körper bewusst den grobstofflichen Körper verlässt, wird dies „Eksomatose" genannt. Bei solchen Astralreisen geht das Bewusstsein des Menschen in einen außerkörperlichen Zustand, und der physische Körper bleibt bewusstlos zurück, was ein gefährliches Unterfangen ist, insbesondere für alle, die keine entsprechende Schulung durchlaufen haben. (Spirituelle Erkenntnis erfordert keine Astralreisen.) Auf der höchsten Stufe dieser Fähigkeit ist es sogar möglich, während einer Astralreise den feinstofflichen Körper ins Grobstoffliche zu verdichten, was eine weitere Veranschaulichung davon ist, wie der Mensch ursprünglich entstanden ist.

Ein Beispiel für die Verdichtung des feinstofflichen Körpers während einer Eksomatose findet sich im Buch *Der Magus von Strovolos* (S. 278ff.): Eines Nachts nahm Daskalos plötzlich auf telepathischem Weg wahr, dass ein Mann an der Küste, etwa 100 km entfernt, Selbstmord begehen wollte. „Ich musste sofort handeln. Da gab es keine Zeit zu verlieren. Ich materialisierte mich [meinen feinstofflichen Körper] am Rande der Hafenmauer, und so erschien ich ganz plötzlich vor den Augen des Mannes. Ich stand da und trug mein weißes Gewand. Ich hob die Arme und rief ihm entgegen: ‚Was tust du da?' Er erschrak zutiefst und wurde bleich. Er traute seinen Augen nicht. Wie konnte ein Mann plötzlich aus dem Nichts auf dem Rande des Piers auftauchen, mitten in einer stürmischen Nacht?" Der Mann ließ sich umstimmen und ging zurück zu seiner Familie. Und wie es das Schicksal so wollte, wurde dieser Mann einige Monate später von Freunden gebeten, ein krankes Kind zum „Magus von Strovolos" zu fahren. Als er diesen Dienst tat und Daskalos sah, erkannte er in ihm sofort den Mann, der ihm damals erschienen war. Nach der Behandlung des Kindes kam es zu einer Begegnung unter vier Augen. „Er fiel mir um den Hals und begann zu weinen. ‚Ich dachte, Sie wären ein Engel, den Gott geschickt hatte, um mein Leben für die Liebe meiner Kinder zu retten', sagte er schluchzend. Ich erklärte ihm die Art unserer Arbeit und sprach über die unsichtbaren Helfer. ‚Wenn Gott', fügte ich hinzu, ‚Engel schickt, um den Menschen zu helfen, warum sollte er dann nicht auch Menschen schicken, um ihren eigenen Geschwistern zu helfen?'" Dieser Mann wurde zu einem der hingebungsvollsten Schüler von Daskalos.

> spannen", forderte er die Frau auf, „lassen Sie ganz locker. Es wird nicht weh tun." Während er mit den Händen entlang der Wirbelsäule auf und ab strich, blickte er zu uns herüber und legte seine Diagnose des Falles dar. „Es ist ernst", sagte er. „Ihre ganze Wirbelsäule ist durcheinander. Die Wirbel stehen nicht aufeinander, wie sie sollten, und die Knochensubstanz ist schon reichlich porös." Er sagte, er wolle die Knochen weich und formbar machen, damit er sie an die richtigen Stellen zurückbringen und wieder verfestigen könne.[23]

Daskalos bewegte für einige weitere Minuten seine Hände der Wirbelsäule entlang und forderte dann die beiden anwesenden Frauen auf, mit ihren Fingern die Wirbelsäule zu betasten. Die Wirbelsäule war nicht knochenhart, sondern weich wie ein Schwamm! Daskalos erklärte: „Jetzt werde ich die Knochen an die richtigen Stellen zurücksetzen und sie dann verfestigen. Ich habe die Kristallstrukturen bereits dematerialisiert." Nach insgesamt fünfundzwanzig Minuten konnte die Frau aufstehen und sich sofort problemlos bewegen, sogar mit Turnübungen. Noch am selben Tag suchte sie ihren Radiologen auf.

> Zur großen Verwunderung des Arztes zeigten die nach der Behandlung aufgenommenen Röntgenbilder drastische Unterschiede im Vergleich zu den Aufnahmen, die erst eine Woche vor Daskalos' Besuch entstanden waren. Die neuen Röntgenbilder zeigten eine normale Wirbelsäule.[24]

Diese Beschreibungen, und noch viele andere, finden sich im Buch *Der Magus von Strovolos,* Kapitel 12: „Heilungen". Das darauf folgende Kapitel hat die Überschrift „Materialisation und Dematerialisation". In diesem Kapitel beschreibt Prof. Markides, wie er Daskalos einige Tage später auf die oben beschriebene Heilung ansprach.

> „Du musst verstehen", antwortete er, „dass es an diesem Fall nichts Wunderbares gab. Wenn du das ein Wunder nennst, dann sollte man alles Leben als ein Wunder betrachten. Ich habe lediglich gelernt, einige Naturkräfte zu beherrschen, die ich für die Heilung nutzbar machte. [...] Materialisation und Dematerialisation erlebte man zu allen Zeiten* und an allen Ecken und Enden der Erde. Über die Jahrhunderte hinweg waren Mystiker imstande, Gegenstände zu materialisieren und zu dematerialisieren. Wir stoßen auf solche Fälle in der Bibel, im Alten Testament, in den heiligen Schriften Asiens, Amerikas, der Azteken... Das heißt,

---

* Auch Mirin Dajo betonte, dass Wunder im höheren Sinn nichts Übernatürliches sind und zu allen Zeiten einen wichtigen Faktor der Menschheitsgeschichte darstellten: „Wunder sind also keine Durchbrechungen von Naturgesetzen, sondern ihre Erfüllung. Solche Wunder hat es seit Bestehen der Menschheit unzählige gegeben. Diese verborgenen Gesetze und Kräfte lassen sich erkennen und – einmal erkannt – auch anwenden."[25]

dass diese Phänomene nicht die Folge von Betrug oder Aberglauben sind. Sie sind Teil der Wirklichkeit. Die meisten Wunder Jesu Christi waren Fälle von Materialisation und Dematerialisation."[26]

Wunder sind offensichtlich auch in der heutigen Zeit möglich, und sie geschahen während der gesamten Menschheitsgeschichte. Im Lauf der vielen Jahrtausende erschienen immer wieder besondere Lichtwesen durch Materialisation oder Inkarnation. Im Sanskrit werden sie als *Siddhas* (spirituell erleuchtete Menschen mit „Siddhis", paranormalen Kräften) und als *Avatāras* („Herabgestiegene")* bezeichnet. Diese Männer und Frauen wurden in den späteren Mythen oftmals als Götter und Göttinnen dargestellt. Sie gründeten oder erneuerten Kulturen, unterwiesen die Menschen und wirkten mit ihren geistigen Kräften in allen Bereichen des menschlichen Lebens: in der Heilung, an Schulen, in der Wissenschaft und nicht zuletzt auch in der Architektur. Wir müssen also in Betracht ziehen, dass in den alten Kulturen neben aller physischen Arbeit auch mit geistigen Kräften und mit Materialisation und Dematerialisation gearbeitet wurde. Dies eröffnet völlig neue Perspektiven für archäologische Forschungen und vor allem für die archäologische Interpretation der großen Rätsel der alten Hochkulturen.

* Avatāra (ausgesprochen *avataar*): „ein Wesen, das aus den höheren Welten in die irdische Welt herabgestiegen ist" (von sanskr. *ava-tṝ*, „herabsteigen; erscheinen"). Dieser Überbegriff bezieht sich auf alle Arten von göttlichen Manifestationen und Inkarnationen: auf die bekannten zehn Viṣṇu-Avatāras, auf Lichtwesen, die durch Materialisation als Menschen erschienen, und auf spirituell ermächtigte Menschen, die ich eingedeutscht als Avatarmenschen bezeichne.

KAPITEL 4

Außerkörperliche Erfahrungen – Einblicke in die höheren Dimensionen

> [D]as so genannte autonome „Ich" ist ein Produkt unbewusster, neuronaler Prozesse, „Geistiges" beruht auf „Körperlichem", „Willensfreiheit" – im strengen Sinne! – ist eine Illusion, religiöse „Visionen" sind auf Überaktivitäten im Schläfenlappen zurückzuführen usw.[1]

So lauten die Glaubenssätze der heute vorherrschenden Form von Wissenschaft und Philosophie, die sich gerne als „Humanismus" bezeichnet, obwohl der Humanismus ursprünglich in keiner Weise atheistisch und materialistisch war (S. 12). Doch die heutigen Humanisten behaupten, die Hirnforschung (Neurologie) weise darauf hin, dass das menschliche Bewusstsein durch die Komplexität der Hirnfunktionen erzeugt werde und mit dem Tod des Gehirns erlösche. Das menschliche Gehirn sei in der Lage, virtuelle Realitäten zu erschaffen, z. B. Gefühle, Träume, Halluzinationen und Nahtoderfahrungen.

Aber werden Gefühle und Träume wirklich im Gehirn produziert? Wer nimmt die „virtuelle Realität" wahr? Wer empfindet die Gefühle, sieht die Träume? Das Gehirn selbst? Gemäß der materialistischen Sichtweise bringt das Gehirn Halluzinationen hervor, die es dann selbst wahrnimmt und für real hält – und das sei die „evolutionäre" Überlegenheit des Menschen.

Der Glaube, das Gehirn erzeuge aus sich selbst heraus Bewusstsein, ist vergleichbar mit Urwaldbewohnern, die zum ersten Mal ein Radiogerät sehen und meinen, dieses Gerät erzeuge Sprache und Musik. Oder die Ansicht von astronomisch Unwissenden, die meinen, der Mond strahle aus sich selbst heraus.

Einweihungswege einst und heute

Wie bereits in Kapitel 1 erwähnt, sollten Wissenschaft und akademische Bildung nicht nur eine einseitig intellektuelle Angelegenheit sein. Ist dies der Fall, so wie heute, wird Wissenschaft zu einem Instrument des Materialismus und führt zu einer destruktiven Art von Fortschritt. All das Gute, das wir der Wissenschaft verdanken, hätte sie auch hervorgebracht, wenn sie nicht von einem materialistischen Weltbild beherrscht würde, und noch viel mehr.

Wissenschaft will zu einer Erkenntnis der Realität führen, und Realität ist immer eine Ganzheit. Die Ganzheit in ihrem höchsten Sinn umfasst die Materie (das Unendliche) und das Ewige (das Bewusstsein), und das Bewusstsein ist der Schlüssel zur Materie. Wahre Bildung gründet deshalb in spiritueller Selbsterkenntnis. In früheren Kulturen mussten diejenigen, die sich mit Wissenschaft, Metaphysik und geistigen Kräften befassen wollten, eine lange Adeptenausbildung absolvieren und anspruchsvolle Einweihungen bestehen, insbesondere die persönliche „Besichtigung" der höherdimensionalen Welten durch Astralreisen.

Müssen wir also wieder die einstige Adeptenausbildung einführen? Das wäre zweifelsohne eine große Bereicherung für die Universitäten, doch im heutigen Zeitalter ist *das Leben* unsere Mysterienschulung. Wir müssen nicht mehr in Klöster und Adeptenschulen gehen. Das Leben im heutigen Zeitalter ist die größte und umfassendste Schulung – mit all seinen täglichen kleinen oder größeren Einweihungen. Im vorliegenden Kapitel wollen wir eine ganz besondere Art von „Einweihung" betrachten: außerkörperliche Erfahrungen. Diese ähneln einerseits den Einweihungen in den alten Adeptenschulen, andererseits sind sie ein Phänomen, das mittlerweile gründlich untersucht wurde und einer breiten Öffentlichkeit bekannt sind.

Nahtoderfahrungen: Astralreisen an der Grenze von Leben und Tod

„Ich muss immer heimlich lächeln, wenn ich höre, wie die Leute daran zweifeln, ob es ein Weiterleben danach gibt, oder einfach behaupten: ‚Mit dem Tod ist alles aus.' Ich denke dann für mich: ‚Die haben ja keine Ahnung.'"

– Ein Mann, der ein Nahtoderlebnis hatte[2]

Dank der heutigen Apparatemedizin kommt es immer wieder vor, dass Menschen, die klinisch tot waren, wieder ins Leben zurückgeholt werden. Dies ist tatsächlich eine phantastische Errungenschaft der modernen Wissenschaft. Aber ihr Weltbild wird dadurch keineswegs bestätigt. Im Gegenteil. Die Berichte der wiederbelebten Menschen zeigen, dass das Bewusstsein nicht auf den Körper beschränkt ist und dass es unabhängig vom Gehirn existieren kann. Die eigentliche Person, die fühlt und Eindrücke wahrnimmt, ist vom sterblichen Körper verschieden und kann diesen Körper verlassen. Wenn sie den Körper endgültig verlässt, bezeichnen wir dies als „Tod".

Der Pionier in der wissenschaftlichen Erforschung des Grenzbereiches von Leben und Tod ist der Amerikaner Dr. phil. Dr. med. Raymond A. Moody (*1944). Über Jahrzehnte hinweg sammelte er Erlebnisberichte von wiederbelebten Menschen und stellte verblüffende Parallelen fest. Seine Bücher, insbesondere sein erstes, *Life after Life: The Investigation of a Phenomenon – Survival of Bodily Death* (1975),[3] erreichten international eine Gesamtauflage von mehreren Millionen Exemplaren.

Moodys Forschungsergebnisse, die in den vergangenen Jahren von vielen weiteren Untersuchungen und Erfahrungsberichten bestätigt wurden,[4] zeigen, dass zahllose Menschen bereits auf die eine oder andere Weise einen Einblick in die Welt jenseits der sichtbaren Materie bekommen haben.

Die gemeinsame Aussage aller Berichte lautet: Der Tod des Körpers ist nicht das Ende unserer Existenz. Menschen, die einen klinischen Tod erleben, machen die Erfahrung, dass sie plötzlich ihren Körper verlassen. Sie sehen ihren eigenen Körper von außen. Die Wahrnehmung erfolgt nicht mehr durch die Sinnesorgane des Körpers, sondern auf eine Weise, die viel unmittelbarer und intensiver ist.

Der unsichtbare Körper, der den grobstofflichen Körper verlassen kann, wird *feinstofflicher Körper* oder *astraler Körper* genannt.[5] Die Begriffe „grobstofflich" und „feinstofflich" weisen darauf hin, dass beide Körper *stofflich,* d.h. materiell sind und sich vom bewussten Individuum, der spirituellen Seele, unterscheiden.

Menschen mit Nahtoderfahrungen hören und sehen während ihres außerkörperlichen Zustands alles, was an der Unfallstelle oder im Operationsraum vor sich geht. Sie können sich auch in andere Räume begeben, und zwar durch Mauern und geschlossene Türen hindurch. Wenn die scheintoten Patienten nach der Wiederbelebung „zu sich kommen", überraschen sie die Ärzte oft mit detaillierten Beschreibungen der Operation oder sogar mit Angaben über Vorgänge in einem Nebenraum *während* der Operation. Die Patienten erklären, dass sie diese Dinge nicht mit dem Körper auf dem Operationstisch wahrnahmen, sondern mit einem anderen Körper aus einer Perspektive *außerhalb des physischen Körpers.* Diese Aussagen widerlegen die Behauptung, bei Nahtoderfahrungen handle es sich nur um Halluzinationen aufgrund von Sauerstoffmangel im Gehirn oder um Bewusstseinsstörungen aufgrund der vielen Medikamente.

In der nächsten Phase fühlt sich die ent-hüllte Person plötzlich in eine Art Tunnel, Gang oder Tal hineingezogen. In vielen Fällen begegnet sie verschiedenen Bekannten, die bereits verstorben sind. Manchmal kommt es vor, dass sich unter ihnen auch entfernte Bekannte befinden, von denen die Person noch gar nicht weiß, dass sie bereits gestorben sind. Auch das ist ein gewichtiges Argument gegen die Behauptung, diese Erfahrungen seien nur Sinnestäuschungen und Einbildungen.

Das Lichtwesen und der Lebensfilm: In der lichtvollen jenseitigen Welt leben höherdimensionale, engelhafte Wesen. Einige von ihnen erscheinen vor der im Jenseits neuangekommenen Seele und stehen ihr bei. Sie befinden sich nicht alle auf derselben Stufe, sondern sind in Hierarchien eingeordnet:

> In ein paar seltenen Fällen sind meine Gesprächspartner zu der Überzeugung gekommen, dass die Wesen, mit denen sie zusammengetroffen sind, ihre „Schutzgeister" waren. Einem Mann wurde von einem solchen spirituellen Wesen gesagt: „Durch dieses Stadium deiner Existenz habe ich dir geholfen, aber nun muss ich dich anderen übergeben."[6]

Manchmal erscheint ein wunderbares Wesen, das hell leuchtet, aber nicht blendet. Alle, die einem solchen Lichtwesen begegnen, sprechen von einer unbegrenzten göttlichen Liebe. Meistens geschieht es in dieser Phase, dass die Person eine Art Film des eigenen Lebens zu sehen bekommt, in dem sie sowohl erlebender Hauptdarsteller als auch Zuschauer ist. Der „Film" läuft in der Zeit rückwärts, und dabei tauchen viele vergessene Details auf. Der Verstorbene sieht sein ganzes Leben (oftmals im Beisein des Lichtwesens) und erfährt, was es zu lernen gibt und warum er eine ganz bestimmte neue Zukunft mit einem entsprechenden Körper und Schicksal erhält. Damit der freie Wille nicht beeinträchtigt wird, verschwindet die bewusste Erinnerung an diese Schulung nach der neuen Geburt, aber im Unterbewusstsein bleibt die Erinnerung daran erhalten. Diese Erinnerung wird zu dem, was wir „Gewissen" nennen. Das Gewissen wird also nicht nur von den Eltern und der Gesellschaft geprägt, sondern in erster Linie durch die Erlebnisse in dieser Zwischenexistenz.

Im Lebensfilm erlebt man die Gesamtheit der eigenen Taten und *Gedanken* im Kontext der Kausalität, d.h. der Karmagesetze:

> Es zeigte sich mir nicht nur, was ich einmal getan hatte, sondern darüber hinaus auch noch, *welche Folgen meine Taten für andere Menschen hatten.* Und zwar ging das nicht so vor sich wie beim Betrachten von Filmszenen, denn ich konnte alles *fühlen.* Das Gefühl war beteiligt, zumal ich nun mit diesem Wissen versehen war. Ich entdeckte, dass sogar unsere Gedanken nicht verlorengehen. Jeder Gedanke war erhalten geblieben. Unsere Gedanken gehen nicht verloren ...[7]

Irgendeinmal kommen die Personen in ihrem außerkörperlichen Zustand an eine Grenze, die den endgültigen Tod bedeuten würde. Spätestens an dieser Stelle wird ihnen mitgeteilt, dass der Zeitpunkt ihres Todes noch nicht gekommen ist und dass sie wieder in ihren grobstofflichen Körper zurückkehren werden.

Die einzig wichtigen Fragen: Nach dem Tod werden wir nicht gefragt, welcher Religion wir angehörten oder was wir geleistet haben, sondern mit welchem Bewusstsein wir das taten, was wir taten: *Hast du es aus Liebe getan? Warst du glücklich? Hast du dich selbst geliebt und die anderen und Gott ...?*

> Als ich „tot" war, stellte mir die Stimme [des leuchtenden Wesens] eine Frage: „Ist dein Leben es auch wert?" Was sie meinte, war: Ob mir das Leben, das ich bis jetzt geführt hatte, im Lichte dessen, was ich jetzt wusste, immer noch lohnend erschiene.[8]

Jeder Mensch erlebt die Begegnung mit dem Lichtwesen auf seine eigene, ganz individuelle Weise. Doch aus den Berichten geht eine große Gemeinsamkeit hervor, nämlich dass die Lichtwesen betonen, welche zwei Dinge im Leben von entscheidender Wichtigkeit sind: „andere Menschen lieben zu lernen und Wissen zu erwerben."[9]

Nonverbale, telepathische Kommunikation: Die „Gespräche" im feinstofflichen Bereich, sowohl die mit den Bekannten als auch die mit dem Lichtwesen, erfolgen nicht über gesprochene Worte, sondern über Gedanken. Für diejenigen, die sich plötzlich in einem astralen Zustand finden, ist dies eine völlig neue, ungewohnte Erfahrung. Über die Begegnungen mit den göttlichen Lichtwesen „heißt es, dass dabei direkte, ungehinderte Gedankenübertragung stattfinde, und zwar auf eine so klare Weise, dass sowohl Missverständnisse als auch jegliches Lügen dem Licht gegenüber von vornherein ausgeschlossen seien".[10]

Ebenso wird berichtet, dass auf der feinstofflichen Ebene die Fortbewegung blitzartig erfolgen kann. Man stellt sich das Ziel geistig vor, und schon ist man dort. Aus diesen Beschreibungen können wir schließen, dass höherdimensionale Wesen im Universum über Fortbewegungsmöglichkeiten verfügen (auf natürliche oder technische Weise), die ganz anders sind als die irdischen.

Karma: Konfrontation mit dem eigenen Leben

Nach dem Tod sind sehr unterschiedliche Erfahrungen möglich – von himmlischen bis zu höllischen. Was Raymond Moody betrifft, so weist er darauf hin, dass sich unter dem von ihm gesammelten Material „nicht ein Zeugnis findet, in dem von einem Zustand berichtet wurde, der an die alte Höllenvorstellung erinnert".[11]

In Wirklichkeit sind Karmareaktionen, auch *negative* Reaktionen, immer absolut individuell. Ein berühmtes Beispiel hierfür ist der durch Dr. Moody bekannt gewordene Fall von Dannion Brinkley. Dieser hünenhafte Mann war von Jugend an ein Schlägertyp gewesen. Im Vietnamkrieg hatte er ein Killerkommando angeführt und viele Menschen umgebracht. 1975, er war 25 Jahre alt, wurde er zu Hause in den USA während eines Gewitters, als er telefonierte, von einem Blitz getroffen und war für zwanzig Minuten klinisch tot. In der Nahtoderfahrung sah er seinen Lebensfilm und erlebte mit eigenen Gefühlen das gesamte Leid seiner Opfer und ihrer Angehörigen. In dieser selbstgeschaffenen Hölle wurde er jedoch nicht von Teufeln gepeinigt. Auch er begegnete einem Lichtwesen, das ihm mit Liebe, ohne Vorwürfe, beistand.

> Als ich dieses Wesen anblickte, hatte ich die Empfindung, dass niemand mich mehr lieben könnte, dass niemand mehr Empathie, Sympathie, Aufmunterung und nicht urteilendes Mitgefühl für mich haben könnte als dieses Wesen. [...] Das Lichtwesen hüllte mich ein, und in diesem Augenblick begann mein ganzes Leben an mir vorüberzuziehen. Ich fühlte und sah alles, was mir jemals begegnet war. [...] Von Anfang bis Ende war ich mit der unerträglichen Tatsache konfrontiert, dass ich ein unangenehmer Zeitgenosse gewesen war, ein egoistischer und böser Mensch. [...] In der Lebensrückschau musste ich jetzt all den Tod und die Zerstörung sehen, die ich durch meine Handlungen angerichtet hatte. „Wir alle sind ein Glied in der großen Kette der Menschheit", sagte das Wesen zu mir. „Was man tut, wirkt sich auf die anderen Glieder in dieser Kette aus." [...] „Wer du bist, ist der Unterschied, den Gott ausmacht", sagte das Wesen. „Und dieser Unterschied ist Liebe." [...] Ich hatte den Schmerz der Reflexion verspürt, aber ich hatte hierdurch das Wissen gewonnen, das ich einsetzen konnte, um mein Leben zu korrigieren.[12]

Die erhebende Erfahrung im Jenseits bedeutete jedoch nicht, dass ihm keine weiteren Karmareaktionen zugekommen wären. Diese bekam er zu spüren, als er wieder in seinem verletzten Körper erwachte. Es dauerte mehr als zwei Jahre, bis er wieder halbwegs gesund war. Aber bereits 1976 begegnete er Dr. Moody, der ihm half, mit seiner Nahtoderfahrung umzugehen, denn damals wurden solche Menschen von den meisten Ärzten als Psychiatriefälle betrachtet. Er erzählte Dr. Moody dasselbe, was er seit seinem Erwachen allen erzählt hatte: Nach dem

Lebensfilm war er in einen Kristalldom geführt worden, wo ihn 13 Lichtwesen empfingen. Sie zeigten ihm Bilder der Zukunft, die weitgehend düster waren (viele bewahrheiteten sich, einige trafen nicht ein oder stehen noch aus). „Der Gang der menschlichen Ereignisse kann sich ändern, doch müssen die Menschen zuerst erkennen, *wer sie sind*", sprach das zentrale Lichtwesen. „Ihr seid auf die Erde gegangen, um zusammen mit Gott schöpferisch zu sein."[13]

Brinkley entdeckte, dass er die Telepathie, die im Jenseits normal ist, ins Diesseits mitgenommen hatte. Er konnte Gedanken lesen und durch Handkontakt die Lebensfilme anderer Menschen sehen. Diese Fähigkeiten setzte er in seinen ehrenamtlichen Diensten in der Krankenpflege und Sterbebegleitung ein. Er trat auch mit Vorträgen und Büchern an die Öffentlichkeit und wurde zu einem der wichtigsten Zeugen einer Nahtoderfahrung.

„Ein Engel in den Trümmern": das Wunder von 9/11

Eine ganz andere Art von Nahtoderfahrung und Himmelsoffenbarung erlebte die 30-jährige Genelle Guzman aus Trinidad, die als letzte Überlebende aus den Trümmern des World Trade Centers geborgen wurde.[14] Sie arbeitete im 63. Stock des 110 Stockwerke hohen Nordturms und war auch am Morgen des 11. Septembers 2001 dort, als sie plötzlich eine Erschütterung wie bei einem Erdbeben verspürte. Da kein Alarmsignal und keine Lautsprecherdurchsage erfolgte, blieben alle Anwesenden im Büro. Dann eine Stunde später: „Fast wie auf ein geheimes Kommando begann der Büroturm wieder zu schwanken."[15] Im Büro wurde betont, dass dieses Hochhaus so konstruiert war, dass es unter keinen Umständen einstürzt.[16] Als sich jedoch schwarzer Qualm ausbreitete, entschieden sie sich, den Turm über das Treppenhaus zu verlassen. Dort war weder Feuer noch Rauch. Nichts wies auf eine imminente Gefahr hin, und auch die Feuerwehrmänner, die sie im Treppenhaus antrafen, bestätigten dies. Dann, als Genelle und ihre Gruppe auf der Höhe des 12. Stockes angekommen waren, geschah es auf einmal: „[...] alles zitterte und schwankte [...] alles über uns, unter uns und neben uns. Es war ähnlich wie das erdbebenartige Gefühl, mit dem alles angefangen hatte, nur hundert Mal stärker. [...] Brutal, teuflisch, furchtbar, höllisch. Das sind einige der Worte, mit denen ich versuche zu beschreiben, wie das ist, wenn über neunzig Stockwerke eines einstürzenden Gebäudes im freien Fall über einem niedergehen."[17]

Alle anderen in ihrer Nähe wurden von den Trümmern erschlagen, aber Genelle hatte das unglaubliche Glück, dass bei ihr die Trümmer genau so hinfielen, dass sie sich verkeilten. Genelle lag in einem engen

Hohlraum, der wie ein verwinkelter Sarg war. Sie war lebendig begraben und fand sich in einer stickigen, dunklen und totenstillen Schwärze. Sie konnte sich kaum bewegen. Ihr rechtes Bein war eingeklemmt und zerquetscht. Ihr Kopf war wie in einem Schraubstock, aber gerade mit so viel Zwischenraum, dass es zu keiner tödlichen Verletzung kam. Sie war bei vollem Bewusstsein und erlebte im Lauf der Stunden einen Lebensrückblick mit intensivsten Gefühlswellen – Selbstvorwürfe („Warum bin ich nicht früher losgegangen?"), Hoffnungslosigkeit, Reue für alle Fehler und egoistischen Entscheidungen im Leben und immer mehr ein direktes Gespräch mit Gott. Dann plötzlich der Gedanke, dass nur noch ein Wunder helfen konnte, und die Erinnerung an eine Wunderheilung, die sie als Mädchen in Trinidad miterlebt hatte: ihre todkranke, von Schmerzen geplagte Tante war durch das Gebet eines Priesters auf der Stelle geheilt worden, und alle hatten gesagt, dies sei „ein Wunder". Genelle erkannte, dass sie sich unmöglich aus eigener Kraft befreien konnte. „Ich brauchte Hilfe. Gottes Hilfe. [...] ein merkwürdig befreiendes Gefühl."[18]

Nach vielen Stunden konnte sie in letzter Verzweiflung ihren linken Arm irgendwie bewegen und zwischen die Trümmerteile strecken – und spürte plötzlich, dass jemand ihre Hand nahm und fest drückte. Eine Männerstimme sprach sie mit ihrem Vornamen an und stellte sich als „Paul" vor. Genelle spürte nur diese Hand und hörte die Stimme im Dunkeln: „Bald holen sie dich raus. Es wird alles gut."[19] Ihre Schmerzen, die überall waren – im Kopf, in den Beinen, im ganzen Körper – hörten auf. Immer wieder redete er ihr gut zu und machte ihr Mut. Und tatsächlich schlug bald ein Katastrophenhund Alarm. Sie wurde geortet und entdeckt, aber es dauerte vier Stunden, bis sie endlich befreit war. Sie fragte nach Paul, aber da war nirgendwo ein Mann gesichtet worden – und alle Rettungsarbeiter hätten diesen Überlebenden oder Retter sehen müssen. Später half sogar ein CNN-Reporter mit, diesen mysteriösen Mann zu suchen, aber es stellte sich heraus, dass er nicht existierte. Es gab nur eine Erklärung: Genelle hatte in aller Inbrunst um ein Wunder gebetet, und ihr Schutzengel hatte sich als Antwort so weit materialisiert, dass sie in der Dunkelheit eine Hand spürte und die Stimme hörte, die ihr die Kraft gab, durchzuhalten und an die Rettung zu glauben. Die Untersuchung im Spital zeigte, dass ihr rechtes Bein mehrfach gebrochen und fast abgestorben war, so dass anfänglich eine Amputation in Betracht gezogen wurde. Wie hatte sie diesen Schmerz stundenlang aushalten können? Genelle erlebte eine vollständige Heilung, die ebenfalls wie ein Wunder war, und wurde zu einer aktiven Zeugin für die Realität Gottes und der Engel.

Terminale Geistesklarheit

Das Hirn steuert die Körperfunktionen wie ein „Bordcomputer“. Es reagiert auf Impulse, die von außen über die sensorische Wahrnehmung und von innen von den geistigen Ebenen kommen und in einer Wechselwirkung stehen. Wird das Hirn durch eine Krankheit, durch Drogen, durch eine Verletzung oder durch genetische Gegebenheiten in seiner Funktion gestört, kann sich das Bewusstsein nur noch beschränkt zum Ausdruck bringen, wie z. B. beim Down-Syndrom oder bei Alzheimer. Beschränkt ist bei diesen Menschen jedoch nicht das Bewusstsein an sich, sondern nur *der Ausdruck* des Bewusstseins. Das Bewusstsein ist die Energie des spirituellen Individuums, der Seele, und existiert auch unabhängig vom Körper, weshalb sich kurz vor dem Tod aufgrund der beginnenden Ablösung des feinstofflichen Körpers unterschiedlichste Phänomene zeigen können.

Besonders beweiskräftig ist die „terminale Geistesklarheit“ (engl. *terminal lucidity*). Die weltweit erste umfassende Sammlung von Fällen dieser Art erschien erst 2012: *Wenn die Dunkelheit ein Ende findet – Terminale Geistesklarheit und andere Phänomene in Todesnähe,* verfasst vom Biologen Dr. Michael Nahm.

Bei der terminalen Geistesklarheit oder „Geistesklarheit kurz vor dem Tod“ geht es um Menschen, die jahrelang unter Alzheimer oder einer ähnlichen Krankheit gelitten haben. Das Gehirn bildet sich zurück, und wichtige Gehirnregionen werden zerstört. Nun kann es aber geschehen, dass solche Menschen plötzlich die frühere Geistesklarheit wiedererlangen. Dies ist jedoch kein Zeichen für eine wunderhafte Genesung, sondern für den bevorstehenden Tod, denn die Klarheit kommt daher, dass der feinstoffliche Körper sich ablöst, weshalb das Bewusstsein in der letzten Phase seiner physischen Präsenz unbehindert ist, ähnlich wie ein Taucher, der aus dem Wasser auftaucht und erste Worte spricht, während er sich auf den Weg macht, das Wasser zu verlassen. Wenn der Taucher an Land geht, ist er für die Wasserwelt „gestorben“.

Hier nur ein einziges Beispiel von den vielen, die Michael Nahm in seinem Buch aus 250 Jahren Medizingeschichte anführt. Eine Frau, die aufgrund von Alzheimer seit vielen Jahren in einem Alters- und Pflegeheim lebte, war in den letzten zwei Jahren ihres Lebens derart dement, dass sie nur noch an die Decke ihres Zimmers starrte.

> Schließlich erlitt sie einen Herzinfarkt, war klinisch tot und wurde, da keinerlei anders lautende Verfügungen vorlagen, wiederbelebt. Nach der Reanimation war sie für mehrere Stunden geistig völlig klar ... Sie bedankte sich nun bei ihren Kindern, dass diese sie regelmäßig besucht hatten, obwohl sie sich nie hatte dafür dankbar zeigen können. Sie freu-

> te sich darüber, Medizinern und Pflegepersonal Dankesworte sagen zu können, und zeigte durch alle ihre Äußerungen, dass sie in den letzten beiden Jahren in ihrer Umgebung eigentlich alles „mitbekommen" hatte. Auch ihr Gefühlsleben war in dieser Zeit offenbar völlig intakt gewesen.[20]

Die Person, die hirnkrank war und nur noch teilnahmslos dasaß, hatte nicht einfach ein abgestumpftes Dasein gefristet. Ihr Bewusstsein hatte sich vom Körper zurückgezogen, und sie hatte eine feinstoffliche Parallelexistenz geführt, bis die Reanimation die Verbindung zum Körper wieder intensivierte. Wäre sie voll in den Körper zurückgegangen, hätte sie sich nicht mehr auf diese Weise ausdrücken können. Da sie aber den Körper nur noch umschwebte, blieb das Bewusstsein klar – und sie starb in der darauf folgenden Nacht.

Noch erstaunlicher ist die terminale Geistesklarheit bei Menschen, die *von Geburt an* „geisteskrank" waren. Hier kann man nicht einmal von einer „Rückkehr" der Geistesklarheit sprechen. Diese Menschen erwachen kurz vor ihrem Tod – trotz genetischem Fehler, trotz geistiger Behinderung – zu einem Bewusstsein, das sie ihr ganzes Leben lang nie hatten.[21]

Ein Beispiel hierfür gibt Wilhelm Wittneben (1881-1950), der einstmalige Chefarzt der psychiatrischen Klinik Hephata im hessischen Treysa (Schwalmstadt). Anna Katharina Ehmer (1895-1922), genannt Käthe, „war von Geburt an völlig verblödet und hat nie ein Wort zu sprechen gelernt. Stumpf vegetierte Käthe dahin. Stundenlang starrte sie auf einen Punkt, dann zappelte sie wieder stundenlang ohne Unterbrechung. Sie schlang Nahrung hinunter, schied das Aufgenommene wieder aus, stieß einmal einen tierischen Laut aus und schlief. Andere Lebensregungen haben wir in den langen Jahren an ihr nie wahrgenommen."[22]

Über Käthes Tod berichtet Dr. Wittneben:

> Als ich am Morgen des 1.3.1922 auf die Isolierstation kam, sagte mir die Schwester, es werde wohl bald mit Käthe vorbei sein, sie singe aber schon eine Zeit lang vor sich hin. Ungläubig trat ich in das Zimmer; aber zu meiner größten Verwunderung hörte ich, wie das Mädchen deutlich sang: „Wo findet die Seele die Heimat, die Ruh." Ich benachrichtigte schnell noch den pädagogischen Leiter der Anstalt, Herrn Pfarrer Happich, der dann tief ergriffen mit mir Zeuge dieses jedem medizinischen Verstehen unverständlichen Vorgangs war. „Ruh, Ruh, himmlische Ruh", hauchte der Mund, ein verklärtes Lächeln flog über das sonst so verblödete Gesicht, und die Seele schwand aus den Banden des Körpers.[23]

Wenn das Bewusstsein tatsächlich nur eine biochemische Reaktion in der Großhirnrinde wäre, dürfte es all diese Anomalien nicht geben, weil durch Demenz, Hirnschlag, Hirntumore usw. die Hirnstrukturen, die das Bewusstsein und das Gedächtnis (angeblich) erzeugen, weitgehend, wenn nicht sogar vollständig zerstört werden.

> Betrachten wir speziell die Fälle von Käthe und [anderen ...], so scheint eine rein biochemische Erklärung schlichtweg unzureichend. Wenn man diese Fälle als gegeben annimmt, so muss man weiterhin annehmen, dass noch etwas *Anderes* mit im Spiel gewesen sein muss. Und dieses *Andere* muss in der Lage sein, unabhängig vom zerstörten oder beeinträchtigten Gehirn zu agieren.[24]

Intelligente Menschen mit Minihirn oder halbem Hirn

Bei besonders gefährlichen Gehirnkrankheiten kann es geschehen, dass ein Teil des Gehirns oder sogar eine ganze Hirnhälfte herausoperiert werden muss, was „Hemisphärektomie" genannt wird. Man würde meinen, dass dadurch die Intelligenz und das Gedächtnis gänzlich verloren gehen, so wie ein halber Computer nicht halb so gut, sondern gar nicht mehr funktioniert. Doch das ist nicht der Fall:

> Abgesehen von bestimmten körperlichen und kognitiven Funktionsausfällen werden weder die Persönlichkeit noch das Gedächtnis durch diesen massiven Eingriff nennenswert beeinträchtigt! Die Operierten besitzen nach der Entfernung einer Gehirnhälfte – egal ob die rechte oder linke – nach wie vor praktisch alle persönlichen Erinnerungen! Man kann manchmal sogar lesen, dass überhaupt keine Erinnerung verloren geht. „So staunt John Freeman, ein weltweit führender Chirurg auf dem Gebiet der Hemisphärektomie, bis heute darüber, dass alle Hemisphärektomie-Patienten ihr Gedächtnis behalten. ‚Sie vergessen nichts', sagt Freeman."[25]

Das gleiche finden wir auch bei Menschen, die von Geburt an eine ungewöhnlich geringe Hirnmasse haben. Das Schädelinnere, das normalerweise vom Gehirn ausgefüllt ist, ist bei ihnen zu einem großen Teil mit Hirnflüssigkeit gefüllt. Das kann sogar soweit gehen, dass weniger als 10% der normalen Hirnmasse vorhanden ist. John Lorber, ein Mitglied des Nobelpreiskomitees, untersuchte mehr als 600 Menschen mit einem Wasserkopfsyndrom und stellte bei acht, die weniger als 10% der normalen Hirnmasse hatten, einen überdurchschnittlich hohen IQ fest.[26] Diese Menschen besitzen also praktisch kein Großhirn! Und dabei gilt in der Schulwissenschaft das Großhirn als die Produktionsstätte des Bewusstseins und der Intelligenz ...

Im Sommer 2009 veröffentlichte das amerikanische Fachmagazin *Proceedings of the National Academy of Sciences* einen Bericht über ein zehnjähriges Mädchen, das nur eine Hirnhälfte hat, aber trotzdem nicht unter Sehproblemen leidet.[27] Dieser Bericht erregte weltweit Aufsehen. Normalerweise braucht der Mensch beide Hirnhälften, um richtig sehen zu können, aber es gibt anscheinend Ausnahmen. Als dieses Mädchen dreieinhalb Jahre alt war, „hatten Mediziner zufällig entdeckt, dass die rechte Hirnhälfte des Mädchens fast vollständig verkümmert war. Die Patientin könne gut mit dem halben Gehirn leben, es gebe keine Entwicklungsstörungen."[28]

Als Erklärung wird von der akademischen Neurologie auch hier der vielbemühte Begriff „Flexibilität des Gehirns" angeführt, der jedoch nur eine Beschreibung, aber keine Erklärung ist.

Die höherdimensionalen Welten existieren!

Proof of Heaven, „Beweis für den Himmel", so lautet der Titel eines aufsehenerregenden Buches, das Ende Oktober 2012 in den USA erschien. Auf der Sachbuch-Bestsellerliste der *New York Times* blieb es über ein Jahr lang fast ununterbrochen auf Platz 1. Es wurde auch in viele Sprachen übersetzt. Der Titel der deutschen Ausgabe lautet: *Blick in die Ewigkeit – Die faszinierende Nahtoderfahrung eines Neurochirurgen.* Der Autor, Dr. Eben Alexander, war 15 Jahre lang Professor für Neurochirurgie an der berühmten Harvard Medical School. Parallel zu seiner Lehrtätigkeit arbeitete er auch als Neurochirurg und war Redaktionsmitglied mehrerer Fachjournale. Im weiten Feld seiner Tätigkeit hörte er des öfteren von Nahtoderfahrungen, aber beschäftigte sich nie näher damit, weil er aufgrund seiner Schulung „wusste", dass diese Erfahrungen nichts anderes als Halluzinationen sind, ausgelöst durch Sauerstoffmangel im Gehirn oder die Wirkung der vielen Medikamente.

Dieser Glaube wurde grundlegend erschüttert, *als er selbst eine Nahtoderfahrung hatte.* Am Montag, 10. November 2008, nach einem sonnigen, vergnügten Herbstsonntag, erwachte der 54-jährige Dr. Alexander mit schrecklichen Schmerzen im Rückgrat und im Kopf. Er wurde notfallmäßig in die Intensivstation jenes Spitals eingeliefert, wo er auch an diesem Montag als Arzt und Chirurg hätte arbeiten sollen. Doch daran war nicht mehr zu denken. Sein Gehirn spielte verrückt. In Bewusstlosigkeit gab er unartikulierte Laute von sich, und sein Körper machte unkoordinierte zuckende Bewegungen. Nach zwei Stunden wurde er in seiner Bewusstlosigkeit ruhig und glitt außergewöhnlich schnell in ein Koma. In dieser Phase rief er plötzlich drei Worte, die von allen Anwesenden – den Ärzten, den Krankenschwestern und von seiner Frau, die ebenfalls im Raum war – gehört wurden: *„God, help me!"* Er rief dies nicht bewusst, sondern wie aus einer anderen Welt.

Die Untersuchungen zeigten, dass es sich um eine akute, gramnegative bakterielle Meningitis handelte, eine extrem seltene Form von Hirnhautentzündung, für die bei Dr. Alexander jedoch keine Ursache vorlag. (Diese Krankheit setzt das gesamte Großhirn außer Kraft, weil Bakterien quasi das Gehirn zerfressen.) Bereits am Montag bestand höchstens noch eine Chance von 10%, dass er dies überleben würde, und die Wahrscheinlichkeit wurde von Tag zu Tag geringer.

Nach sieben Tagen, am Sonntag, 16. November, eröffnete der Chefarzt der Familie Alexander, dass es keinen Sinn mehr mache, den Patienten weiter künstlich am Leben zu erhalten. Genau während dieser Besprechung geschah das Wunder: Dr. Alexander schlug die Augen auf, signalisierte den herbeigelaufenen Ärzten, sie sollen ihm den Schlauch der künstlichen Beatmung aus der Luftröhre ziehen, und sagte mit dem frei gewordenen Mund als erstes: *„Danke."* Ohne Störung im Sprachzentrum versicherte er mehrfach: „Alles ist gut." Als die Verwandten, die an diesem Sonntag zur ärztlichen Besprechung einberufen worden waren, ins Zimmer traten, erkannte er sie, wie wenn nichts geschehen wäre, und fragte: „Was macht ihr denn hier?"[29]

Er genas innerhalb von kürzester Zeit und erlangte sein volles Bewusstsein und Wissen wieder. Erst als er Wochen später seine eigene Patientenakte studierte, wurde ihm klar, was mit ihm geschehen war: „Ich hatte, um es einfach auszudrücken, eine Krankheit, die ich eigentlich unmöglich haben konnte. [...] aus dem Nichts eine schwere *E.-coli*-Meningitis [...]"[30] Alle Untersuchungen während des Komas hatten gezeigt, dass sein Gehirn vollständig ausgeschaltet war. Dennoch war sein Bewusstsein nicht erloschen, sondern existierte in einem außerkörperlichen Zustand weiter.

Als Dr. Alexander wieder erwachte und zu sich kam, konnte er sich an alles erinnern, was er während des Komas erlebt hatte. In den folgenden Wochen und Monaten musste er sein jenseitiges Erlebnis und seine wundersame Genesung emotionell und intellektuell verarbeiten, denn was ihm widerfahren war, widersprach allem, was er persönlich geglaubt und als Professor an die Studenten weitergegeben hatte. Er sprach mit vielen Fachkollegen über seine Erkrankung, seine außerkörperliche Erfahrung und seine Wunderheilung. Er ergänzte sein neurologisches Fachwissen mit einem privaten Studium der parapsychologischen Forschung, und so entstand allmählich ein Buch, das vier Jahre nach der Komawoche veröffentlicht wurde. Und genau in der Woche des 21.12.2012 sprang es erstmals auf Platz 1 der Gesamtliste der *New-York-Times*-Bestseller. Viele Menschen erwarteten angesichts dieses ominösen Datums „irgendetwas": eine Katastrophe, ein Zeichen des Himmels, ein Wunder. Und ganz termingerecht kam nicht nur ein Zeichen des Himmels, sondern ein *Beweis des Himmels ...*

Ist das Jenseits immer nur lichtvoll?

Die Astralwelten spiegeln unsere inneren Welten. Was wir auf der astralen Ebene kreieren bzw. kontaktieren, ist abhängig von unserem Bewusstsein. Dies gilt auch für die Schattenanteile in uns selbst: mangelnde Selbstliebe, Egoismus, Selbstzweifel, Selbsthass, Rachegefühle, Unzufriedenheiten, Ängste, usw. Dementsprechend können Nahtoderfahrungen mit dunklen, bedrohlichen Szenen beginnen und beim Tod (in der „Zwischenwelt") zu einer entsprechenden Fortsetzung führen. Aber auch solche Menschen erleben im Jenseits zumindest indirekt die Realität der Liebe Gottes und bekommen immer wieder neue Chancen.

> Bisherige Beschreibungen erweckten den Eindruck, im Nahtod erfahre man eine beschauliche Reise zu den Toren des Himmels. In Wirklichkeit kann es durchaus sein, dass die Erfahrung mehr einem Besuch in der Hölle gleicht. So lautet das Fazit der größten Untersuchung von Nahtoderfahrungen, die bisher in Großbritannien durchgeführt wurde. Die Vorstellung, die Begegnung mit dem Tod sei immer glückselig und friedvoll, hat sich als Wunschvorstellung erwiesen. Die beteiligten Wissenschaftler stellten fest, dass von 230 untersuchten Personen beinahe die Hälfte „negative" Begegnungen hatte, die mehr an Alpträume erinnern als an eine Kommunikation mit Engeln.

Dieser Bericht erschien in der englischen Zeitung *The Sunday Times,* 5. Oktober 1997, mit der Überschrift „Horrors of a Near-Death Hell" („Schrecken einer Nahtodhölle"). Die Menschen, die solche Nahtoderfahrungen hatten, sprachen z. B. von dunklen Gestalten, die nach ihnen griffen und sie in eine tiefe Schwärze hinunterzerren wollten. Typische Erfahrungen waren auch Zustände des Gelähmtseins, beklemmende Präsenzen und dämonische Fratzen bis hin zu feinstofflich erfahrenen Qualen. Seit Jahrtausenden sind die Beschreibungen immer die gleichen, ob sie nun aus parapsychologischen Berichten der Gegenwart stammen oder aus alten Texten, beispielsweise aus dem berühmten *Tibetischen Totenbuch* oder aus den Jenseitsbeschreibungen der Sanskritschriften, wobei zu beachten ist, dass in religiösen Texten an vielen Stellen auch patriarchale und dogmatische Vorstellungen mit eingeflossen sind, verfasst von Priestern, die ihr Volk mittels Angst und angedrohten Strafen beherrschen wollten.

Was sagt uns der „Proof of Heaven"?

Das Besondere an Eben Alexanders außerkörperlicher Erfahrung war, dass er wegen der totalen Ausschaltung des Großhirns von jeglicher irdischen Identifikation frei war. Wie bereits beschrieben, sehen die meisten Menschen bei einer Nahtoderfahrung ihren Körper von außen, sie kommen in eine andere Sphäre, wo sie den Lebensfilm sehen, usw. Eben Alexander durchlief keines dieser Stadien, sondern fand sich direkt in den höherdimensionalen Welten. Er sah sich nicht als Menschen, sondern als Bewusstseinspunkt, und hatte das Gefühl, er lebe schon immer in diesen Welten.

Als erstes durchlief er die „Unterwelt", wie er es nannte: eine erdnahe Astralwelt. Er war in einer schlammig-transparenten Dunkelheit, in der wie von fern und doch stark ein mechanisches, rhythmisches Pochen zu vernehmen war. Alles vibrierte unter diesen Hammerschlägen. Er empfand sie als Arbeitstakt für „koboldartige" unterirdische Arbeiter, „die irgendeine nie endende, brutal monotone Aufgabe erfüllten". „Groteske Tiergesichter kamen blubbernd aus dem Schlamm hervor, stöhnten oder krächzten und verschwanden wieder. [...] Während meine Wahrnehmung schärfer und immer schärfer wurde, wuchs meine Panik. Wer immer oder was immer ich war, ich gehörte nicht hierher. Ich musste hier raus."[31]

Wenn wir davon ausgehen, dass es sich bei der „Unterwelt" um eine Beschreibung der irdischen Astralsphäre handelt, sagt dies einiges über die Weltlage aus, denn alles, was auf der Erde geschieht, prägt sich energetisch in den irdischen Astralbereichen ein. Dr. Alexander als Astralreisender, der sich nur als einzelner Bewusstseinspunkt fühlte, lebte ganz in diesem zeitlosen Moment und konnte deshalb die „Unterwelt" mit nichts anderem vergleichen. Aber als in ihm das Gefühl aufkam, dass er nicht dorthin gehörte, und er den Wunsch entwickelte wegzukommen, bewirkte diese Veränderung des Bewusstseins auch eine Veränderung der Schwingungsfrequenz, und eine neue Welt tat sich auf. Eine himmlische Melodie erklang, ein Licht tauchte auf, und durch das Zentrum dieses Lichts wurde er, wie von einem schnellen Wind getragen, in eine lichtvolle Welt versetzt. Dort empfing ihn eine strahlende junge Frau. (Wie sich später herausstellte, war dies seine verstorbene Schwester, eine Tochter seiner leiblichen Eltern; er war als drei Monate altes Kind an Adoptiveltern weitergegeben worden.) Sie begleitete ihn auf Schmetterlingsflügeln durch diese Welt von Licht und Liebe, die ihn mit höchster Freude erfüllte. Die Kommunikation war nonverbal und klarer als gesprochene Worte. Er wurde in die Realität der höheren Welten eingeweiht:

> „Wir werden dir hier viele Dinge zeigen", sagte die junge Frau – wieder ohne tatsächlich diese Worte zu gebrauchen, sondern indem sie diese Kernbotschaft direkt in mich eingab. „Doch am Ende wirst du zurückkehren."
>
> Darauf hatte ich nur die Frage: Wohin zurück?[32]

Diese Lichtwelt war aber noch nicht alles. Dr. Alexander nennt sie *the Gateway,* „das Tor, der Durchgang". In einer weiteren Realitätsöffnung tat sich eine noch himmlischere Welt auf, in deren Zentrum das Licht derart anziehend war, dass man es auch als leer und schwarz bezeichnen konnte. Diese scheinbar dunkle Leere „floss gleichzeitig über vor Licht",[33] und er spürte die persönliche Nähe dieses Lichts: ein all-schöpfendes Bewusstsein voll unendlicher Liebe – was in den Religionen *Gott* genannt wird. Weil dieser Begriff jedoch in vieler Hinsicht vorbelastet ist, nennt Dr. Alexander Gott auch *Om:*

> „Om" war der Klang, den ich in Verbindung mit dem allwissenden, allmächtigen und bedingungslos liebenden Gott gehört hatte. Aber jede Beschreibung von ihm greift zu kurz.[34]

Die Lichtwelt *(the Gateway)* ist eingebettet in diese allumfassende Realität, die Dr. Alexander *the Core* nennt („Kern, das Innerste, das Herz, das Zentrum"). Ein Kern, der allumfassend ist, ist ein schönes paradoxes Bild für die vielschichtige Realität Gottes, die sowohl Individualität als auch Nondualität umfasst. In klarer Abgrenzung zu atheistischen und monistischen Theorien schreibt Dr. Alexander:

> Einer der größten Fehler, den Menschen machen, wenn sie über Gott nachdenken, ist, sich Gott als unpersönlich vorzustellen. Ja, es stimmt: Gott ist hinter den Zahlen, hinter der Perfektion des Universums, die die Wissenschaft misst und zu verstehen versucht. Aber – und auch das ist ein Paradox – Om ist auch „menschlich" – menschlicher sogar als Sie und ich.[35]

Der Monismus bezeichnet das Absolute als eine abstrakte Einheit und meint, Individualität (das „Persönliche") sei eine Illusion und ein Produkt des Egos. Wie Dr. Alexander erkannte, ist dies jedoch „einer der größten Fehler". Warum dem so ist, wird aus den Ausführungen im Anhang hervorgehen.

> Was ich in der jenseitigen Welt entdeckt habe, ist die unbeschreibliche Grenzenlosigkeit und Komplexität des Universums sowie die Tatsache, dass *Bewusstsein* die Grundlage von allem ist, was existiert. [...] Das physische Universum in seiner gesamten Ausdehnung ist nichts im Vergleich zu dem spirituellen Bereich, aus dem es hervorgegangen ist: dem Reich des Bewusstseins (das manche als „die Lebenskraft" bezeichnen).[36]

Das physische Universum ist aus dem spirituellen Bereich hervorgegangen: Mit dieser Erkenntnis ist die axiomatische Grundlage des Materialismus im Allgemeinen und der darwinistischen Evolutionstheorie im Besonderen widerlegt. Dr. Alexander äußert sich in seinem Buch nicht zur Frage der Herkunft des Menschen und hat die Evolutionstheorie möglicherweise noch nicht radikal hinterfragt, aber in Gesprächen macht er gelegentlich Andeutungen, dass auch die Evolutionstheorie auf der Liste der zu revidierenden Ansichten steht. In einem Interview mit CLN (Conscious Life News) in Frankreich erklärte er:

> „Diejenigen, die sich eingehend mit den Fragen über den Zusammenhang von Verstand, Gehirn und Bewusstsein befassen, nähern sich nicht etwa dem Punkt, wo sie eine große Erklärung für den Mechanismus des Bewusstseins vorlegen können. Vielmehr haben sie sich in den letzten Jahrzehnten der Erkenntnis genähert, dass dieses Mysterium so tief ist, dass es niemandem auf der Erde gelingen wird, irgendeine materialistische Erklärung vorzulegen [...] Für diejenigen da draußen, die eine darwinistische Evolution und ‚natürliche Selektion' verkünden wollen *(for those out there who want to trumpet Darwinian Evolution and Natural Selection)* und die Frage des Bewusstseins in einem Rahmen abhandeln, der auf das Hier und Jetzt des physischen Menschen beschränkt ist, ist diese Erkenntnis [dass Bewusstsein kein Produkt des Gehirns ist] von großer Bedeutung."[37]

Atheisten laufen Sturm gegen „Proof of Heaven"

Die Veröffentlichung des Buches *Proof of Heaven* war aufgrund der Namhaftigkeit und Kompetenz des Autors eine Sensation, weshalb das amerikanische Nachrichtenmagazin *Newsweek* in der Ausgabe vom 8. Oktober 2012 einen Leitartikel dazu veröffentlichte: „Heaven is real: A doctor's experience with the afterlife." Darin sagte Dr. Alexander, dass die konventionelle Ansicht, Bewusstsein sei ein Produkt des Gehirns – was auch er vor seinem Koma geglaubt hatte –, nun „in Trümmern vor unseren Füßen" liege, und fügte hinzu:

> Was ich erlebt habe, hat dies [das materialistische Weltbild] widerlegt, und ich habe mir vorgenommen, den Rest meines Lebens dafür zu verwenden, die wahre Natur des Bewusstseins zu erforschen und die Tatsache, dass wir mehr, viel mehr als unser Gehirn sind, so gut ich kann sowohl meinen Fachkollegen als auch der Öffentlichkeit nahezubringen.

Die Vertreter des Atheismus und der materialistischen Wissenschaft sahen in diesen Aussagen von Dr. Alexander eine Kriegserklärung. Als er im Mai 2012 im Fachjournal der *American Association for Neuro-*

logical Surgeons den Artikel „My Experience in Coma“ veröffentlichte, hatten sie noch keinen Handlungsbedarf gesehen. Aber jetzt, mit all dieser Publizität, schritten sie sogleich zum Gegenangriff. Federführend war der Autor Sam Harris, der einen Doktortitel in Neurologie hat. Auf seiner Website veröffentlichte er am 12. Oktober, vier Tage nach dem Erscheinen der besagten *Newsweek*-Ausgabe, den polemischen Artikel „This Must Be Heaven“. Im Glauben, dass es kein Leben nach dem Tod und kein vom Gehirn unabhängiges Bewusstsein gibt, schrieb Harris, dass der *Newsweek*-Artikel auf eine „alarmierende Weise unwissenschaftlich“ sei, und griff auch Eben Alexander an, indem er rundweg dessen Fachkompetenz in Frage stellte: „Die Evidenz, die er für seine Behauptungen liefert, ist nicht nur inadäquat – sie zeigt, dass er keine Ahnung von der relevanten Hirnwissenschaft hat.“ Ebenso betonte er, Alexander sei nur ein Neurochirurg und kein Neurologe. Sein Hauptargument gegen Alexanders *Proof of Heaven* war, dass dieser Mann offensichtlich nicht gestorben sei, was bedeute, dass sein Gehirn – selbst wenn es für einige Tage völlig ausgeschaltet war – sich wieder aktiviert habe, woraus geschlossen werden könne, dass Alexanders Erlebnisse erst kurz vor dem Erwachen aus dem Koma durch die neu gestartete Gehirnaktivität verursacht worden sei.

Der bekannte Neurologe und Autor Oliver Sacks gab Sam Harris in einem eigenen Anti-Alexander-Artikel Rückendeckung:

> Die Möglichkeit jeder natürlichen Erklärung für seine NTE [Nahtoderfahrung] auszuschließen, so wie Dr. Alexander das macht, ist mehr als nur unwissenschaftlich – es ist antiwissenschaftlich. [...] Die plausibelste Hypothese für Dr. Alexanders Fall [...] ist die, dass seine NTE nicht *während* seines Komas erfolgte, sondern als er aus dem Koma erwachte und seine Hirnrinde (Cortex) wieder zur vollen Funktion zurückkehrte. Es ist befremdlich, dass er diese offensichtliche und natürliche Erklärung nicht zulässt, sondern darauf beharrt, dass es sich um eine übernatürliche Erfahrung handelte.[38]

In einer klassischen Projektion werfen diese Kritiker Eben Alexander genau das vor, was ihnen selber vorzuwerfen ist, nämlich dass sie nur ihre eigene Meinung gelten lassen und alles andere von vornherein ausschließen. Wirkliche Wissenschaft würde bedeuten, dass man für alle Erklärungen offen ist und die Fakten für sich sprechen lässt. Im Gegensatz zu den Kritikern hat Dr. Alexander alle möglichen Erklärungen abgewogen und mit den eigenen Zweifeln gerungen. Er diskutierte mit Experten unterschiedlichster Wissensgebiete, angefangen mit Neurologen und Medizinern. Das eindeutige Verdikt war: Seine plötzliche Erkrankung sowie die Krankheit an sich und erst recht seine Spontanheilung waren einzigartig in der Geschichte der Medizin.[39]

Dr. Alexander hatte auf alle möglichen Einwände seitens der Kritiker bereits im Buch geantwortet. Im Anhang führt er neun verschiedene neurologische Hypothesen auf und zeigt bei allen, warum sie nicht auf seinen Fall zutreffen. Seine angeblichen Halluzinationen hätten – wenn das Gehirn denn Bewusstsein produzieren würde – eine *intensivere* und nicht eine verringerte Gehirnfunktion erfordert.[40]

Ebenso ist die Annahme, das Erwachen aus einem Koma führe zu einer Nahtoderfahrung, nicht sehr überzeugend. Solche Erfahrungen treten bei einem Unfall, bei einer lebensgefährlichen Verletzung und in Todesnähe auf, aber nicht bei einer Heilung und nicht beim *Erwachen* aus dem Koma! Hinzu kommt, dass viele Menschen, die eine Nahtoderfahrung hatten, Details aus der Zeit *während* ihres Komas oder ihrer Narkose wiedergeben können. Bei näherem Hinschauen zeigt sich also, dass es die Argumente der materialistischen Kritiker sind, die sich als unwissenschaftlich und antiwissenschaftlich erweisen.

Die Debatte um die Frage der höheren Realitäten ist nicht einfach ein intellektueller Luxus, sondern ein Kampf, bei dem es um nichts Geringeres geht als um die Zukunft der Menschheit. In den Monaten nach seiner Genesung wurde es Eben Alexander immer klarer, welch große Aufgabe er mit seiner außerkörperlichen Erfahrung und seiner Wunderheilung bekommen hatte. „Ich bin davon überzeugt, dass wir gegenwärtig in einer für unsere Existenz entscheidenden Zeit leben. Wir müssen mehr von jenem größeren Wissen wiedererlangen, *während wir hier auf der Erde leben* […]“,[41] und nicht erst, wenn wir sterben oder in selbstverschuldete globale Katastrophen hineinschlittern.

Der Erfolg von Büchern wie *Proof of Heaven* zeigt, dass die Menschheit als Kollektiv für solche Erkenntnisse und Offenbarungen längst bereit ist.

Die Quantenphysik des Himmels

Am 25. November 2012 strahlte die australische Fernsehstation *Channel Seven* in ihrer Sendung „Sunday Night“ einen Beitrag über Eben Alexander aus. In diesem Beitrag wurde auch Dr. Sam Parnia, einer der führenden NTE-Forscher der heutigen Zeit, interviewt. In seinem Kommentar betonte Dr. Parnia: „Die Zahl dieser Fälle geht in die Millionen, und es wäre unwissenschaftlich, sie einfach abzulehnen.“ Er wies auf eine aufschlussreiche Beobachtung hin:

> Ebenso ist es wichtig zu erkennen, dass die Interpretation der Erfahrung vom Hintergrund der Person abhängt. Wenn zum Beispiel ein Hindu in Indien eine Nahtoderfahrung hat und dabei ein Lichtwesen sieht, wird

> die Interpretation dahin gehen, dass dies Krishna oder eine der Hindu-Gottheiten war. Wenn hingegen jemand in Australien oder in Amerika, der ein Christ ist, eine solche Erfahrung hat, werden sie sagen, dass sie Jesus gesehen haben.

Was hier fast wie eine Selbstverständlichkeit klingt, ist in Wirklichkeit ein Ausdruck der für uns unvorstellbaren Natur der feinstofflichen Welten. Wir erinnern uns an das Thema der Parallelwelten, das in Kapitel 1 erwähnt wurde: „Das Universum wird zum Multiversum. Es gibt nicht nur ein Universum, sondern unendlich viele. Jede denkbare Welt existiert wirklich, jede mögliche Geschichte spielt sich irgendwo ab."

Die ganzheitliche Wissenschaft beginnt dort, wo diese kühnsten Theorien der modernen Quantenphysik aufhören. Was in Bezug auf die grobstoffliche Welt nur Hypothesen und Gedankenspielereien sind, erweist sich in Bezug auf die feinstofflichen Welten als metaphysische Realität. Mit unseren Gedanken und mit der Ausrichtung unseres Bewusstseins schöpfen wir eigene Formen von feinstofflichen Welten, denn jeder Gedanke formt und erweitert unsere „Gedankenwelt". Das Jenseits erscheint uns deshalb in Formen, die unserem Bewusstsein, und in Gestalten, die unserem Glauben und unserer Liebe (oder Angst) entsprechen. Dies bedeutet nicht etwa, dass all diese Welten und Erfahrungen Produkte des Gehirns sind, sondern dass sie alle *Realität* sind, weil die feinstofflichen Welten jede nur erdenkliche Form annehmen können – *erdenklich* im wahrsten Sinn des Wortes.

In den Sanskritschriften wird diese „Quantenphysik des Himmels" vielfach erwähnt. Eine der bekanntesten Stellen ist folgende:

> Worauf auch immer die Erinnerung am Ende des Lebens ausgerichtet ist, wenn man den Körper verlässt, o Arjuna, dorthin [in eine entsprechende Welt] wird man mit Gewissheit gehen, denn das Bewusstsein prägt das Dasein [*sadā tad-bhāva-bhāvitaḥ:* wörtl. „weil man mit dem eigenen Bewusstsein beständig in diesen Daseinszustand vertieft ist"]. (*Bhagavad-Gītā* 8.6)

Mit anderen Worten: Jeder Mensch erlebt das Jenseits auf eine individuelle Weise. „Ich offenbare mich den Menschen entsprechend ihrer Geisteshaltung und dem Maß ihrer Liebe." (*Bhagavad-Gītā* 4.11)

Gott kann durch die Person Jesu erscheinen, und wer an Jesus glaubt, wird Jesus begegnen. Gott kann sich aber auch in vielen anderen Formen offenbaren, und jede dieser Formen ist gleich real. Die Menschen sollten deshalb die Offenbarung, die sie erfahren, nicht verabsolutieren. Wir werden hier an das biblische Gebot erinnert, das besagt, man dürfe sich kein Bildnis von Gott machen. Historisch bezog sich dies auf die Statuen der magischen Götterverehrung. Aber in einem höheren Sinn kann dieses Gebot auch so verstanden werden, dass man Gott nicht auf eine seiner unendlich vielen Offenbarungen beschränken soll. Viele religiöse Gruppierungen tun jedoch genau dies, wodurch eine authentische individuelle Erfahrung für missionarische Zwecke instrumentalisiert wird.

Ein Beispiel hierfür im Zusammenhang mit einer Nahtoderfahrung ist ein Buch, das ebenfalls (im Jahr 2011) für längere Zeit auf Platz 1 der *New-York-Times*-Bestsellerliste stand: *Heaven is for Real – A little boy's astounding story of his trip to heaven and back,** verfasst vom Vater dieses Knaben, dem Pastor Todd Burpo (zusammen mit der evangelikalen Autorin Lynn Vincent). Das Buch handelt von Colton Burpo, der 2003 im Alter von knapp vier Jahren wegen eines geplatzten Blinddarms notfallmäßig operiert werden musste. Als er wieder zu Hause war, erzählte er seinen Eltern, was sie während der Operation getan haben. Auf die Frage des Vaters, wie er dies wissen könne, antwortete er: „Weil ich euch sehen konnte. Ich ging aus meinem Körper heraus und schaute herunter und sah den Doktor, der an meinem Körper arbeitete. Und ich sah dich und Mami. Du warst allein in einem kleinen Raum und hast gebetet, und Mami war in einem anderen Raum, und sie hat gebetet und sprach am Telefon.“[42]

Colton erzählte auch, er habe im Himmel Jesus gesehen, und gab Beschreibungen, die denen der Bibel entsprechen. Als der Vater gerufen wurde, eine Beerdigung zu leiten, fragte der vierjährige Colton eindringlich, ob der Verstorbene Jesus im Herzen angenommen hatte. „Er *muss es!* Er *muss es!* Er kann nicht in den Himmel gehen, wenn er nicht Jesus im Herzen hat!“[43]

Er sagte auch, er habe im Himmel seinen verstorbenen Urgroßvater und seine „andere“ Schwester gesehen (dieses Mädchen war bei einer Fehlgeburt gestorben, und Colton hatte nie etwas davon erfahren). Er beschrieb den Himmel ganz im biblischen und christlichen Sinn: Jesus sitzt zur rechten Hand Gottes, Erzengel Gabriel steht auf der linken Seite. „Jeder hat Flügel. [...] Alle außer Jesus. Er war der einzige im Himmel, der keine Flügel hatte.“[44]

Er sah, dass die Engel auch Schwerter tragen, denn „Satan ist noch nicht in der Hölle. [...] Es wird ein Krieg kommen, und er wird diese Welt zerstören. Jesus und die Engel und die guten Menschen kämpfen gegen Satan und die Monster und die bösen Menschen.“[45]

Der junge Colton hatte in der Bibelschule noch nichts von der Apokalypse und den dort beschriebenen Kämpfen gehört. Wie konnte er all diese Details aus der Bibel kennen? Die naheliegende Erklärung ist,

* Titel der deutschen Übersetzung: *Den Himmel gibt's echt: Die erstaunlichen Erlebnisse eines Jungen zwischen Leben und Tod* (2012).

dass hier ein ehemaliger Pastor aufgrund des Resonanzgesetzes in einer Pastorenfamilie wiedergeboren wurde und in der Nahtoderfahrung den Himmel in dieser biblischen Form erlebte – was vollkommen real ist. Wir wissen jedoch nicht, was Jesus tatsächlich sagte, sondern hören nur, wie der junge Burpo seine Nahtoderfahrung wiedergab. Das Problem beginnt dort, wo eine solche Offenbarung als Bestätigung für die eigenen Absolutheitsansprüche verwendet wird. Coltons Eltern zogen genau diese Schlussfolgerung, und auch im Buch findet sich eine entsprechende Andeutung. Coltons Nahtoderfahrung könne den Christen helfen, eigene Zweifel zu überwinden: „Zum Beispiel: Woher wissen wir, dass *eine bestimmte* Religion anders ist als alle anderen?“[46]

Menschen unterschiedlicher Religionen und Kulturkreise erleben Nahtoderfahrungen anders. Wie Dr. Parnia sagt, sehen Menschen, die sich z. B. indischen Richtungen verbunden fühlen, Lichtwesen, die sie als Kṛṣṇa oder eine andere Gottheit erkennen. Aus christlicher Sicht würden hier viele sagen, nur ihre Nahtoderfahrungen mit Jesus seien göttlich, alle anderen entsprängen täuschenden Formen des Satans. Aus der Sicht der „Quantenphysik des Himmels“ können wir jedoch eine universellere und sicher auch stimmigere Antwort geben.

Anita Moorjani: Spontanheilung von Krebs durch eine Nahtoderfahrung

Angesichts der vielen Nahtoderfahrungen, die in den letzten Jahren publik wurden, entsteht der Eindruck, dass das „Jenseits“ eine spirituelle Offensive gestartet hat, um die Menschheit aufzurütteln.

Krebs ist eine Zivilisationskrankheit, deren Wurzeln in vielen Fällen psychosomatisch sind, und kann deshalb nicht einfach mit Chemie „geheilt“ werden. Ein bewegendes Zeugnis hiervon gibt Anita Moorjani. Anfang 2012 erschien ihr Buch*, das zwar kein Superbestseller wurde, aber viele Menschen erreichte, so auch Eben Alexander, der es sogleich in die Literaturliste seines *Proof of Heaven* aufnahm. „Proof of Healing“ lautet die Überschrift eines Kapitels in Anita Moorjanis Buch – und das Wort *proof* („Beweis“) ist nicht übertrieben. 2012 war offensichtlich ein Jahr, in dem die Menschen in aller Stille und gleichzeitig in aller Deutlichkeit Beweise für die höheren Dimensionen des Lebens bekamen.

* *Dying to Be Me – My Journey from Cancer, to Near Death, to True Healing*, wörtl. „Sterben, um ich selbst zu sein (oder: Im Sterben zu mir gefunden) – Meine Reise vom Krebs in den Nahtod und zu wahrer Heilung“; Titel der deutschen Ausgabe: *Heilung im Licht – Wie ich durch eine Nahtoderfahrung den Krebs besiegte und neu geboren wurde* (2012).

Wir können uns von diesen Beweisen überzeugen lassen oder nicht, die Zeugnisse selbst legen uns dringlich ans Herz, diese Botschaften ernst zu nehmen, damit es uns gelingt, die Reise zur wahren Heilung („My Journey ... to True Healing“) auch kollektiv zu gehen.

Die Vorgeschichte der Erkrankung: Anitas Eltern stammen aus Indien, aber sie wuchs in Hongkong auf. Als Mädchen galt sie in ihrem hinduistischen Umfeld als zweitrangig, in der Schule war sie wegen ihrer dunklen Hautfarbe eine Außenseiterin, und die katholischen Nonnen, die diese Schule leiteten, gaben ihr zu verstehen, dass sie einer falschen Religion folge. So bekam sie das Gefühl, nicht gut genug zu sein, das sich im Lauf der Jahre zunehmend verstärkte. Als sie nicht den Mann heiratete, den die Familie für sie ausgesucht hatte, und statt Hausfrau zu werden, einen eigenen Beruf ergriff, bekam sie ständig zu spüren, dass sie etwas falsch mache und dass dies schlechtes Karma erzeuge.

Im Sommer 2001 bekam ihre beste Freundin eine Krebsdiagnose. Kurz danach wurde auch beim Schwager ihres Mannes Krebs diagnostiziert. Anita sah mit Angst und Schrecken, wie ihre Freundin vom Krebs „aufgefressen“ wurde und wie die Apparatemedizin machtlos war und das Elend nur vergrößerte. Um ihrer Freundin zu helfen, las sie alles Mögliche über Krebs und seine Ursachen. „Aber je mehr ich über diese Krankheit las, desto mehr fürchtete ich mich vor allem, was potentiell Krebs verursachen konnte. [...] Das ging so weit, dass ich sogar begann, mich vor dem Leben selbst zu fürchten.“[47]

Krebs im Endstadium und die Wunderheilung: 2002, als Anita 40-jährig war, geschah das, wovor sie sich am meisten gefürchtet hatte. Auch bei ihr wurde Krebs (Lymphknotenkrebs) diagnostiziert. Und wie wenn das nicht schon schlimm genug gewesen wäre, starben in den nachfolgenden Monaten ihre Freundin und auch der Schwager am Krebs. „Ich hatte hilflos mit angesehen, wie die Chemotherapie allem Anschein nach genau die Körper zerstörte, die sie eigentlich heilen sollte.“[48] „Nicht nur hatte ich Angst vor der Krankheit selbst, sondern auch vor ihrer Behandlung – der Chemotherapie. [...] Obwohl mir die meisten meiner Bekannten davon abrieten, entschied ich mich für alternative Heilweisen, denn ich fühlte, dass ich mit der konventionellen Behandlung von Anfang an verloren gewesen wäre.“[49]

Sie versuchte alles Mögliche und ging auch nach Indien für eine Ayurveda-Kur mit Yoga. Nach einem halben Jahr kehrte sie gesund und frohen Mutes nach Hongkong zurück und erzählte überall, dass sie nun geheilt sei. „Ich bekam jedoch hauptsächlich von Angst getragene, negative Reaktionen. [...] Die meisten glaubten, dass dem Krebs nicht auf diese Weise beizukommen sei, und während ich meine Position verteidigte, fühlte ich, wie sich allmählich wieder Zweifel und Angst in meine Psyche einschlichen.“[50]

Zu alledem kamen auch noch problematische Karma- und Esoteriksprüche hinzu, nämlich dass sie in einem früheren Leben wahrscheinlich etwas Schlechtes getan habe, so dass sie nun die „Reaktionen“ dafür bekomme. Oder dass sie sich diese Krankheit bereits vor ihrer Geburt ausgesucht habe. Oder dass die Welt und somit auch ihre Krankheit eine Illusion seien.[51]

Der Krebs kehrte zurück. Voller Angst und verzweifelt kam Anita an den Punkt, wo sie sich innerlich aufgab. Sie wurde so schwach, dass sie einen Rollstuhl und eine Sauerstoffflasche benötigte, und die Schmerzen wurden immer größer.

Am Morgen des 2. Februar 2006 erwachte sie nicht mehr aus dem morphiuminduzierten Schlaf. Sie war in ein Koma gefallen. Obwohl sie totmager war, waren ihr Gesicht, ihre Arme, Hände, Beine und Füße stark angeschwollen. Sie wurde mit der Notfallambulanz in das größte Spital von Hongkong gefahren, aber die Ärzte konnten der Familie nur noch sagen, dass der Fall hoffnungslos sei. Sogar die Organe begannen, ihre Funktion einzustellen.

Am Nachmittag des 3. Februar, nach 30 Stunden, erwachte Anita zur Verblüffung aller Ärzte und Verwandten aus dem Koma. Anita sprach den ihr unbekannten Chefarzt mit Namen an und konnte im Detail schildern, welche medizinischen Prozeduren während ihres Komas durchgeführt worden waren. Sie konnte auch Gespräche, die außerhalb des Zimmers stattgefunden hatten, fast wörtlich wiedergeben. Und sie sagte zu ihrem Bruder, sie habe gewusst, dass er komme, da sie ihn bei der Abreise in Indien und im Flugzeug gesehen habe. Sie hatte alles mitbekommen, und zwar mit einer viel intensiveren und räumlich nicht begrenzten Wahrnehmung.

Innerhalb von nur drei Tagen nahmen all ihre Organe wieder ihre Funktion auf, die Tumore gingen auffällig zurück, und die Schwellungen verschwanden. Als sie wieder zu Kräften kam, unterzogen die Ärzte sie einer Chemotherapie, weil sie nicht glauben konnten, dass die vor kurzem fast tote Patientin tatsächlich geheilt war. Anita, die nun gänzlich frei von Angst war, ließ dies alles zu, weil sie den Ärzten eine Chance geben wollte, sich selbst zu überzeugen.

Nach zwei Wochen war auch im Knochenmark und im Lymphsystem nicht mehr die geringste Spur von Krebs zu finden. Die Ärzte suchten jedoch beharrlich nach dem von ihnen diagnostizierten Krebs und versuchten auch Anita zu überzeugen, dass sie *nicht geheilt* sei: „Nur weil wir keinen Krebs finden können, heißt das nicht, dass er nicht vorhanden ist. Vergessen Sie nicht, dass Sie im Endstadium waren, als Sie erst vor wenigen Wochen hier eingeliefert wurden.“[52]

Aber Anita war geheilt, und sie ließ sich von den „Göttern im weißen Kittel“ nicht beirren. Schon bald konnte sie nach Hause zurückkehren und begann nach vier Jahren Krebs ein neues Leben.

Die Offenbarung während der Nahtoderfahrung: Für einen sensationslüsternen Intellekt ist Anita Moorjanis Nahtoderfahrung unspektakulär. Sie sah ihren Körper von außen und nahm alles wahr, was mit ihrer Person im Zusammenhang stand. Parallel dazu erlebte sie auch die Realität der Lichtwelten, deren inhärente Natur reine, bedingungslose Liebe ist. Sie sah keinen Lebensfilm, sah sich aber in früheren Leben und in der Unendlichkeit der universellen Energie, weshalb sie alles als „gegenwärtig“ und „gleichzeitig“ empfand. Und sie sah, dass alle Individuen einzigartig und in ihrer Einzigartigkeit „großartig“ (engl. *magnificent*) sind, Anitas wichtigster Begriff, um die spirituelle Selbsterkenntnis zu charakterisieren.

> Ich hatte das Gefühl, ewig zu sein, so als hätte ich schon immer existiert und würde immerfort existieren, ohne Anfang und ohne Ende. Ich war von dem Wissen erfüllt, dass ich einfach großartig bin. [...] Ich bin bedingungslos geliebt, aus keinem anderen Grund als einfach deshalb, weil ich existiere.[53]

Während der Nahtoderfahrung erkannte sie, dass das Bewusstsein sich im Körper spiegelt und den Zustand des Körpers bestimmt, und sie spürte, dass ihr Krebs innerhalb von wenigen Tagen gänzlich verschwinden würde, wenn sie sich entschiede, mit diesem neu erwachten Bewusstsein ins irdische Leben zurückzukehren. So folgte sie ihrer Berufung, denn sie spürte, dass das, was sie erlebte, für viele Menschen von Bedeutung sein würde.

Im Licht ihrer Furchtlosigkeit erkannte sie auch, was der Grund gewesen war, dass sie Krebs bekommen hatte: *Angst.* Sie hatte Angst gehabt, nicht gut genug zu sein, zu versagen und andere zu enttäuschen. Und vor allem hatte sie sich vor Krankheiten gefürchtet, insbesondere Krebs.

Mit der Nahtoderfahrung hatte sich alle Angst jedoch schlagartig aufgelöst, so wie sich Dunkelheit auflöst, wenn Licht erscheint. Mit dieser Lebenseinweihung erkannte sie sich als Teil eines lebendigen Ganzen, von dem die gesamte materielle Welt nur ein kleiner und äußerer Aspekt ist.

> Ich erkannte, dass das gesamte Universum lebendig und mit Bewusstsein erfüllt ist und dass dieses Bewusstsein alles Leben und die gesamte Natur umfasst. Alles gehört zu einem unendlichen Ganzen. Ich war auf komplexe Weise und untrennbar mit allem Leben verknüpft. Wir alle

> sind Facetten dieser Einheit – wir *alle* sind eins, und jeder von uns hat eine Auswirkung auf das kollektive Ganze.[54]

Wenn der Kosmos „lebendig, dynamisch und bewusst“[55] ist, dann sind die Grundannahmen des Materialismus falsch, und auch die Medizin, die nicht von der wahren Natur des Lebens ausgeht, verpasst trotz all ihrem Fortschritt die Möglichkeit, auf eine umfassende und ganzheitliche Weise Heilung zu vermitteln. Es sei hier betont, dass Anita Moorjani ohne die technische Hilfe in der Intensivstation nicht hätte überleben können, aber die Technik allein wiederum hätte nicht ausgereicht, um eine Heilung zu bewirken.

Kritische Gedanken zur heutigen Medizin: Beim Lesen von Anita Moorjanis Buch wurde ich an einen Satz erinnert, der auf Facebook vielfach weitergereicht wurde: *„Wussten Sie, dass Sie bei einer Krebsdiagnose plötzlich (mindestens) 300 000 Dollar wert sind?“*

Die westliche Medizin hat es geschafft, dass die Diagnose „Krebs“ fast jeden Menschen buchstäblich zu Tode erschrecken kann. Auch Anita Moorjani glaubte, Krebs sei ein Todesurteil. Im Rückblick schreibt sie, dass die Pharmaindustrie zwar verkünde, sie sei dabei, ein Mittel gegen Krebs zu finden – aber dies bedeute nichts anderes, als dass sie gegenwärtig noch *kein* „Mittel gegen Krebs“ hat. Krebs werde als ein Feind hingestellt, der von außen den Körper angreife, weshalb die moderne Wissenschaft keine andere Methode kenne, als ihn mit aggressiver Chemie zu bekämpfen, *koste es, was es wolle!*

Es macht den Anschein, dass die treibenden Kräfte hinter der Krebspropaganda die wahre Ursache von Krebs – Angst – sehr wohl kennen …

> Wissen Sie, dass Krebs in China oft als „Krankheit der Westler“ bezeichnet wird? Und ist Ihnen bewusst, dass die Krebsrate in China, Japan und auch in Indien sehr viel niedriger ist als in den westlichen Ländern?
>
> Manche Leute meinen, das habe mit der Ernährung zu tun, aber ich glaube, dass dies nur einer der Aspekte ist. Ein anderer, möglicherweise viel wichtigerer Faktor ist die Denkart: der im Westen herrschende Glaube an Krebs, die Angst vor Krebs und die ständigen „Aufklärungs“-Kampagnen![56]

Am Schluss ihres Buches bringt Anita Moorjani vorsichtig ihr Bedauern zum Ausdruck, dass die wahren Ursachen des Krebses nicht erforscht werden, während die Pharmaindustrie für den chemischen Kampf Milliarden von Dollar ausgibt.

Als sie für ihre Ayurveda- und Yoga-Kur nach Indien reiste, sagten ihr die dortigen Ärzte:

> „*Krebs* ist nur ein Wort, das Angst erzeugt. Vergessen Sie dieses Wort, und wir fokussieren uns einfach auf das Gleichgewicht in ihrem Körper. Alle Krankheiten sind nichts anderes als Symptome eines gestörten Gleichgewichts. Keine Krankheit kann bleiben, wenn Ihr System gesamthaft im Gleichgewicht ist.“[57]

Die Tatsache, dass in der heutigen Gesellschaft der Krebs fast wie eine Seuche um sich greift und mittlerweile auch schon Kinder betrifft, ist ein Symptom dafür, dass in unserem Leben – in unserem Denken, in unserem Bildungssystem, in unserer Wissenschaft – elementare Dinge falsch laufen und *in die falsche Richtung* laufen. Aber wie bei Anita Moorjani, die erlebte, dass ihr Krebs innerhalb von wenigen Tagen verschwand und ihre Gesundheit mit aller Vitalität zurückkehrte, kann auch der globale Krebs innerhalb von kürzester Zeit geheilt werden:

> Unser Bewusstsein kann die Zustände auf dem Planeten auf sehr viel umfangreichere Weise verändern, als wir denken. Der Grund dafür ist, dass wir alle miteinander verbunden sind – ich kann das nicht oft genug wiederholen. [...] die Antwort ist einfacher, als es scheint, und sie ist eines der bestgehüteten Geheimnisse unserer Zeit: die Wichtigkeit der *Selbst-Liebe.* [...] Als ich meine Nahtoderfahrung machte, wurde mir dies alles vollkommen klar, weil ich verstand, dass *ich zu sein* heißt, *Liebe zu sein* (that to *be me* is to *be love*). Das ist die Lektion, die mein Leben rettete.[58]

Selbst-Liebe, heute ein „gehütetes Geheimnis“, ist das, was auch Jesus als das wichtigste aller Gebote bezeichnete:

> „Liebe Gott mit deinem ganzen Herzen, mit deiner ganzen Seele und mit all deinen Gedanken, und liebe alle Menschen wie dich selbst. Dieses zweite Gebot ist genauso wichtig wie das erste und ist in diesem enthalten. Alle anderen Gebote sind diesem Gebot untergeordnet.“ (Mt 22,37–40; Mk 12,28–31)

Tod und Reinkarnation

In der Physik kennen wir den Satz der *Energieerhaltung.* Dieser beschreibt ein allgemeingültiges Naturgesetz, gemäß dem Energie weder erzeugt noch vernichtet werden kann. Energie geht nie verloren, sie wandelt sich nur um. In diesem Gesetz spiegelt sich die Natur der feinstofflichen und spirituellen Realitäten, denn die physikalische Materie wird sowohl individuell als auch kosmisch von diesen unendlichen bzw. ewigen Quellen getragen und beseelt. Als spirituelle Individuen („Seelen“) sind wir ewig, das heißt, wir haben bereits vor der Geburt

Beispiel für die Reinkarnationserinnerung eines Kindes

2010 erschien in den USA das Buch *Soul Survivor: The Reincarnation of a World War II Fighter Pilot* (wörtl. „Seelen-Überlebender: Die Reinkarnation eines Kampfpiloten des Zweiten Weltkriegs"), verfasst von Bruce und Andrea Leininger. Sie sind die Eltern von James, der bereits mit zwei Jahren Alpträume hatte und im Schlaf schrie: „Flugzeug brennt!" „Flugzeug stürzt!" Als die Eltern begannen, ihn näher zu befragen, erklärte James, dass das Flugzeug, das er in seinen Träumen sehe, abgeschossen wurde und dass *er* in jenem Flugzeug gewesen sei. Er sei der Pilot gewesen, und er nannte seinen damaligen Namen (ebenfalls mit Vornamen James). Er sagte, er sei von den Japanern abgeschossen worden, und nannte die Flugzeugtypen und den Namen des Flugzeugträgers („Natoma Bay") und dokumentierte alles mit Zeichnungen, die mit ihrer Genauigkeit weit jenseits aller Kinderphantasie waren. Als James vier Jahre alt war, ging sein Vater mit ihm in ein Flugzeugmuseum, und bei den Flugzeugen des Zweiten Weltkrieges konnte James viele technische Details erklären. Die Eltern lehnten aufgrund ihres katholischen Glaubens die Möglichkeit ab, dass es sich hier um eine reinkarnierte Seele handeln könnte. Sie begannen aber mit eigenen Nachforschungen, um zu beweisen, dass all die Angaben nicht stimmen, denn so hätten sie ihrem Kind sagen können, alles sei nur ein böser Traum. Aber James beschrieb seine Geschichte mit immer neuen Details. Er nannte auch die Namen von Pilotenkollegen, wobei er bei einigen sagte, er habe sie im Himmel getroffen, bevor er wieder zur Erde kam. Die Namen der verstorbenen wie auch der noch lebenden Männer der „Natoma Bay" ließen sich bestätigen. Der Vater ging sogar zu einem Treffen von Veteranen der „Natoma Bay" und lernte einige der damaligen Kampfpiloten kennen, die sein Sohn mit Namen genannt hatte. Schließlich kam es zu einem Treffen zwischen dem mittlerweile sechsjährigen James und seinen ehemaligen Kameraden, die er mit Namen wiedererkannte, und er traf auch seine frühere Schwester, mit der er viele Details über ihre Eltern, das Elternhaus usw. besprach.

Seinen jetzigen Eltern sagte er, er habe sie in einem rosafarbenen Hotel am Meer bei einem nächtlichen Essen auf der Veranda entdeckt und sie dort als seine Eltern ausgesucht. Tatsächlich hatten Bruce und Andrea nach ihrer Hochzeit eine Ferienreise nach Hawaii gemacht, und sie erinnerten sich beide noch gut an diesen besonderen Abend. Die Seele des vormaligen Militärpiloten erkannte offensichtlich das gute Herz dieser beiden Menschen und konnte voraussehen, dass sie sich trotz ihrer religiösen Voreingenommenheit für seine Geschichte würden öffnen können, was dann auch tatsächlich so war. Sie akzeptierten die Möglichkeit der Reinkarnation und erkannten, dass dies nicht im Widerspruch zu den Lehren Jesu steht. Ebenso spürten sie, dass sie die Ergebnisse ihrer kritischen Nachforschungen veröffentlichen sollten, und auch die Veteranen ermutigten sie dazu. Diese Reinkarnationserinnerung gehört heute zu den am besten dokumentierten Fällen (vor allem wegen der vielen detailreichen Zeichnungen) und wurde in den USA und dann auch in Japan mit Fernsehreportagen publik gemacht.

existiert und verlassen beim Tod „einfach" den materiellen Körper. Unser Leben ist nicht auf diese eine irdische Existenz beschränkt.

Wie geht es nach dem Tod weiter? Nahtoderfahrungen geben selten Einblick in den Weg der Seele nach dem effektiven Tod, weisen indirekt aber auf Reinkarnation (Seelenwanderung) hin: So wie der Mensch bei einer Nahtoderfahrung in seinen bisherigen Körper zurückkehrt, kann er – nach dem Tod und der entsprechenden jenseitigen Phase – in einen neuen Körper eingehen.

Reinkarnation ist nicht einfach ein Glaube, sondern eine plausible Erklärung, die von unterschiedlichen Quellen und Fakten gestützt wird: von den Erkenntnissen zahlloser Mystiker und paranormal begabter Menschen, vom Zeugnis spiritueller Traditionen, von der Logik der theistischen Philosophie, von der modernen Jenseitsforschung, von experimentellen Astralreisen, hypnotischen Rückführungen und Erinnerungen an frühere Leben.

Besonders aussagekräftig sind die spontanen Reinkarnationserinnerungen von Kindern.[59] Diese Erinnerungen verblassen und entschwinden meistens mit der Pubertät. Es handelt sich also nicht um Phantasiegeschichten von Teenagern, die ihre Eltern schockieren wollen, sondern um Berichte von Kindern, die bereits mit zwei oder drei Jahren beginnen, mit Namen und Details von ihrem vorherigen Leben zu erzählen, darunter auch ganz private oder sogar geheime Informationen, die nur die damalige Person und wenige Vertraute wissen konnten. In praktisch allen Fällen, die nachgeprüft wurden, ließen sich die Angaben bestätigen, und die Kinder erkannten sogar ihre damaligen Angehörigen und Bekannten (siehe Kastentext).

Erinnerungen können auch durch Rückführungen aktiviert werden, z. B. in der Reinkarnationstherapie, die ein bekannter, aber auch umstrittener Zweig der Psychologie ist. Wenn Menschen unter Hypnose in frühere Leben zurückgeführt werden, kommt es manchmal sogar zum Phänomen der Xenoglossie, das heißt, sie sprechen Sprachen, die sie im gegenwärtigen Leben nie erlernt haben. Dies können auch Sprachen vergangener Hochkulturen sein (Latein, Altgriechisch, Altägyptisch, Sanskrit usw.) oder nicht mehr identifizierbare Sprachen.[60]

Wir mögen an Reinkarnation glauben oder nicht, auf jeden Fall weist jede seriöse, vorurteilsfreie Forschung auf die Realität eines Lebens nach dem Tod hin. Genau dasselbe sagen die indigenen, mythischen und religiösen Linien aller Kulturen seit Menschengedenken. Nur die heutige intellektuelle „Elite" – oder zumindest der einflussreichere Teil davon – ignoriert diese Erkenntnisse oder bekämpft sie sogar, um materialistische bzw. atheistische Ideologien zu verteidigen.

„Blinde führen Blinde"

„Menschen, die nicht wissen, was der göttliche Sinn und Zweck des Lebens ist, suchen am falschen Ort nach Glück und verfolgen äußere Ziele, für die sie ihr ganzes Leben opfern. So irren sie wie Blinde umher, die von anderen Blinden geführt werden, und verrennen sich in den Fallstricken der Illusion und Selbsttäuschung." – *Śrīmad-Bhāgavatam* 7.5.31

Anita Moorjani gibt den Vergleich, sie fühle sich nach ihrer Nahtoderfahrung wie jemand, der von Geburt an blind war und plötzlich für eine kurze Zeit perfekt sehen konnte. Auch wenn der Blinde danach sein Augenlicht wieder verliert, wird er die Welt ganz anders wahrnehmen und erleben als vorher. Diejenigen, die meinen, Bewusstsein sei ein Produkt des Gehirns und es gebe kein Leben nach dem Tod, sind in spiritueller Hinsicht blind. Was Jesus über die geistige Elite seiner Zeit, die Pharisäer, sagte, ist – mit anderen Adressaten – auch heute noch gültig: „Sie sind wie Blinde, die Blinde führen. Wenn aber ein Blinder einen Blinden führt, werden beide in eine Grube fallen." (Mt 15,14)

Seit über einhundert Jahren präsentieren PSI-Forscher Generation für Generation neue beweiskräftige Indizien für die Existenz der feinstofflichen Welten und für das Weiterleben der Seele nach dem Tod, und diese Erkenntnisschübe kulminierten in den letzten Jahren in einer Serie von Bestsellern über Nahtoderfahrungen, durch die Millionen von Menschen weltweit von den höheren Realitäten des Lebens erfuhren. All diese Berichte und Bücher sind wie Briefe aus den Lichtwelten an die Menschen, und wir sind aufgefordert, die Konsequenzen aus diesen Erkenntnissen zu ziehen. Wenn wir dies nicht tun und alles nur theoretisch abhandeln, ist dies ähnlich, wie wenn wir das Meer erforschen und dabei das Wasser ignorieren. Denn unsere gesamte physische Welt ist eingebettet in das „Wasser" der höherdimensionalen Welten. Oder in einem historischen Bezug: Es wäre, wie wenn die Menschen die Elektrizität nur theoretisch entdeckt hätten, ohne sie weiter zu beachten und technisch nutzbar zu machen. Sie taten es aber, und innerhalb von wenigen Jahrzehnten wurde der gesamte Planet technisch umgestaltet. Wie viel größer und segensreicher werden die Veränderungen sein, wenn die Menschheit nach der industriellen und technischen Revolution jetzt auch eine spirituelle „Revolution" vollzieht, mit all den dazu gehörenden Erkenntnissen, insbesondere, dass der Materialismus inkl. Darwinismus nicht haltbar ist. Damit sind wir beim Thema des nächsten Kapitels angelangt.

Kapitel 5

Urknall- und Evolutionstheorie – Relikte des materialistischen Denkens

Wie wir im letzten Kapitel sahen, kommen immer mehr Wissenschaftler zum Schluss, dass es ein Leben nach dem Tod gibt – und somit auch höherdimensionale Welten. Wenn sich die Existenz des Menschen nicht auf seinen sterblichen Körper beschränkt und wenn höherdimensionale Welten eine Realität sind, was bedeutet dies dann für die grundlegenden Fragen der Wissenschaft und des menschlichen Forschens? Wie entstand das Leben auf der Erde wirklich? Insbesondere: Was ist die Herkunft des Menschen?

Heute werden diese Fragen gemäß den vorherrschenden Paradigmen „offiziell" noch mit der darwinistischen Evolutionstheorie beantwortet: der Mensch sei durch eine Evolution von Tieren entstanden, die höheren Lebensformen seien aus den niederen hervorgegangen und die ersten einzelligen Organismen aus organischen Materiebausteinen. Dies ist jedoch keine objektive wissenschaftliche Erkenntnis, sondern eine Interpretation, und zwar auf der Grundlage materialistischer Theorien und Annahmen.

Wie bereits erwähnt, ist Materialismus der Glaube, dass es nur die physikalische Materie gibt; der Kosmos mit allen Galaxien, Sonnen und Planeten sei das Produkt der Selbstorganisation der Materie; das organische Leben sei ein zufälliges Nebenprodukt dieser Selbstorganisation; Bewusstsein entstehe im Gehirn, weshalb es kein Bewusstsein außerhalb des Gehirns und kein Leben nach dem Tod gebe. Die Natur wird auf die Materie reduziert, und man akzeptiert nur materielle („natürliche") Ursachen und nichts „Übernatürliches". Weil dieser sogenannte Naturalismus heute die gesamte Wissenschaft beeinflusst, sollten seine Grundlagen kritisch beleuchtet werden. Wahre Wissenschaft würde die Existenz des „Übernatürlichen", d.h. die Existenz höherer Dimensionen – feinstoffliche Welten und Wesen, beim Menschen den Vitalkörper und den feinstofflichen Körper – nicht per Dogma ausschließen.

„Des Kaisers neue Kleider"

So lautet der Titel eines Märchens von Hans Christian Andersen. Ein Kaiser lässt sich für viel Geld von zwei Schneidern neue Kleider weben. Die Schneider hantieren fleißig und sagen bei der Überreichung der Kleider, diese seien nur für kluge und ehrwürdige Leute sichtbar. Für dumme Leute seien sie unsichtbar. Der stolze Kaiser wollte nicht dumm dastehen und tat so, wie wenn er die Kleider sehen könne, und zog sie sich majestätisch an. Auch im Volk sprach jeder voller Überzeugung über die Schönheit der neuen Kleider. Beim großen Festumzug rief jedoch ein kleiner Junge: „Er hat ja gar nichts an!" Und der Kaiser erkannte, dass er etwas gesehen hatte, das gar nicht existiert ...

Verhält es sich nicht auch so mit der Evolutionstheorie? Sie besagt, eine gewisse Linie von Tieren habe sich im Lauf von Jahrmillionen über genetische Mutationen in Menschen verwandelt. Und die Gesamtheit aller Tiere und Pflanzen sei aus zufällig entstandenen Abstammungslinien von Einzellern hervorgegangen.

Ist das glaubwürdig? Existieren die unsichtbaren Kleider? Oder war alles ganz anders?

Das Paradigma der linearen Entwicklung

> Betrachten Sie die Entwicklung des Universums als einen Film, so können Sie sich leicht vorstellen, ihn rückwärts laufen zu lassen. Wenn Sie das tun, sehen Sie, wie das Universum immer kleiner wird. Schließlich gelangen Sie zu jenem Moment, wo seine gesamte Masse in einen unendlich dichten Punkt hineingezwängt ist. Von diesem Punkt und von diesem Moment an hat sich das Universum bis heute ausgedehnt. [...] Die einfache These von einem Anfang des Universums in der Zeit ist Astrophysikern mittlerweile derart geläufig, dass wenige von uns überhaupt noch einen Gedanken daran verschwenden.[1]

Die Theorien der naturalistischen Wissenschaft entspringen dem Denkschema einer linearen Entwicklung. Das Leben entwickelt sich jedoch nicht linear – und auch der Kosmos nicht. Wir dürfen das, was wir in unserem begrenzten Zeitausschnitt erleben, nicht einfach umdrehen, so wie man einen Film rückwärts laufen lässt.

Die moderne Kosmologie geht von der Annahme aus, dass es im Universum nur Materie und materielle Energie gibt, und zieht auf der Grundlage des Paradigmas der linearen Entwicklung Rückschlüsse auf den Anfang des Universums. Das auf diese Weise konstruierte Szenario besagt, das Universum mit all seinen Galaxien, Planeten und Lebewesen sei aus einem Urknall hervorgegangen: anfänglich sei die gesamte

Substanz des Universums in einem einzigen Materiepunkt von unendlicher Dichte komprimiert gewesen und dieser Materiepunkt sei plötzlich explodiert. Hier stellt sich natürlich die Frage: Woher stammt der ursprüngliche Materiepunkt? Und: Wie konnten sich die Elementarsubstanzen, die mit Fast-Lichtgeschwindigkeit auseinandersausten, zu Atomen verbinden? Überspringen wir diese Fragen und glauben dies alles, einfach um das Argument weiterzuverfolgen und zu schauen, was wir dann als nächstes glauben müssen.

Die Atome haben sich gebildet, sie sausen auseinander, aber dennoch fügen sie sich zu Galaxien- und Sternenhaufen zusammen. Wie das geschehen konnte, ist bis heute nicht geklärt, und die Wissenschaftler geben das auch unumwunden zu. In dieser Hypothese stellt sich als nächstes folgendes Problem: Unter den vielen Atomkombinationen, die sich „irgendwie" zu anorganischen Substanzen zusammenfügen, muss auch organische Materie entstehen, denn heute gibt es zumindest auf unserer Erde zahllose Lebewesen mit Körpern aus organischer Materie. Wie entstand in einem Universum aus anorganischer Materie *organische Materie?*

Gemäß dem Denkschema der linearen Entwicklung ist das Universum 15 bis 20 Milliarden Jahre alt, und das ist eine knappe Zeit für die Zufallskombination der Atome. Glauben wir für den Moment an den Urknall und an die spontane Bildung von Atomen, Galaxien, Sonnen und Planeten. Als nächstes müssen wir glauben, dass alle Lebewesen nichts anderes sind als Gebilde von organischer Materie, d.h. Biororoboter. Glauben wir sogar dies! Aber dann dürfen wir zumindest fragen: Wie groß ist die Wahrscheinlichkeit, dass sich aus zufälligen Atomkombinationen organische Stoffe bilden?

Leben aus Materie: die unwahrscheinliche Wahrscheinlichkeit

Wie groß ist die Wahrscheinlichkeit, dass sich Atome innerhalb der anorganischen Materie zufällig zu organischen Strukturen verbanden? Diese Frage wird meistens sehr schnell abgehandelt: „Aus heute noch nicht vollständig geklärten Vorgängen der Biogenese entstanden erste lebensfähige organische Verbindungen ..." Und damit ist das Thema in den Schulbüchern bereits erledigt. Leben entstand aus Materie, woraus denn sonst?!

Proteine und Enzyme sind die Grundbausteine der organischen Materie und bestehen ihrerseits aus Aminosäuren. Einzelne Proteine enthalten bis zu 21 verschiedene Arten von Aminosäuren in ganz bestimmter Anordnung und Wiederholung, ähnlich wie verschiedenfarbige Perlen auf einer Halskette. Proteinmoleküle bestehen aus 100 bis über 1000 Amino-„Perlen", und in einer einzigen Zelle gibt es Zehntausende bis Hunderttausende von Proteinmolekülen.

Wie groß ist die Wahrscheinlichkeit, dass sich anorganische Materieteile zufällig zu Aminosäuren- und Proteinverbindungen zusammenfügen? Intuitiv ist uns sogleich klar, dass diese Wahrscheinlichkeit gleich null ist, und die Mathematik führt zu einem ähnlichen Ergebnis.

Der englische Biologe und Astrophysiker Sir Fred Hoyle (1915 - 2001) verglich die Wahrscheinlichkeit, dass sich auch *nur ein einziges* Protein durch eine zufällige Kombination von Atomen gebildet hat, mit der Wahrscheinlichkeit, mit der ein Mensch blind einen Rubikwürfel ordnet. Ein Rubikwürfel besteht aus verschiedenfarbigen Teilwürfeln, die alle drehbar sind. Die Aufgabe besteht darin, diese Teilwürfel so lange zu drehen, bis sich eine Seite des Würfels aus der gleichen Farbe zusammensetzt. Dies ist bereits für einen sehenden Menschen eine ziemlich knifflige Angelegenheit, ganz zu schweigen für jemanden, der nichts sieht: „Er hat dabei keine Ahnung, ob er der Lösung näherkommt oder aber den Würfel noch weiter verwirrt. Man wäre geneigt zu sagen, mit einem nur zufälligen Drehen der Würfelflächen schaffe man die Lösung ‚niemals'. Genaugenommen ist ‚niemals' jedoch falsch. Wenn unsere Versuchsperson mit verbundenen Augen jede Sekunde eine zufällige Drehung vornähme, so würde es durchschnittlich 300-mal das Erdalter, nämlich 1350 Milliarden Jahre dauern, bis das Problem des Würfels gelöst wäre. Die Chance, dass beliebige Drehungen zur Lösung der Aufgabe führen, stehen ungefähr 1 zu 50 000 000 000 000 000 000 [50 Trillionen]. In etwa gleich groß ist die Chance, dass sich eines unserer körpereigenen Proteine per Zufall entwickelt hat. In unseren Zellen haben wir jedoch ungefähr 200 000 verschiedene Proteinarten zur Verfügung."[2]

In jeder Sekunde finden in einer Zelle viele Millionen von biochemischen Reaktionen statt. Das Hauptwerkzeug bei diesen Stoffwechselreaktionen sind die Enzyme, von denen es etwa 2000 verschiedene gibt. Wenn wir nun auch noch diese 2000 Enzyme (komplizierte Proteinverbindungen) in die Rechnung mit aufnehmen, wird die Behauptung, all diese organischen Strukturen seien durch zufällige Kombinationen entstanden, geradezu lächerlich: Die Wahrscheinlichkeit beträgt nämlich $1:10^{40\,000}$ (eine 1 mit vierzigtausend Nullen)![3] Hier wird das geschätzte Alter des Universums um ein X-faches überschritten – nur um die Grundbausteine der organischen Materie zu bekommen.

Die Anzahl möglicher unterschiedlicher Aminosäureketten ist gigantisch. Aus 21 verschiedenen Aminosäuren ergibt sich schon bei einer Kettenlänge von 100 die unvorstellbare Zahl von 21^{100} bzw. 10^{132} Verknüpfungsmöglichkeiten. Diese Zahl übersteigt die Anzahl aller Atome des Universums („nur" 6×10^{79} Teilchen) um das 10^{52}-fache.[4]

Kausalität und Finalität

Lebendige Körper bestehen aus riesigen Atomverbänden, die sich zielgerichtet verhalten und mit der Umwelt in Wechselwirkung stehen. Die materialistische Wissenschaft ist auf einem Auge blind, denn sie betrachtet immer nur die Kausalität (die Kette von Ursache und Wirkung), obwohl es offensichtlich ist, dass in der Natur nicht nur die Kausalität wirkt, sondern auch die Finalität (die Ausrichtung des Kausalitätsprinzips auf ein konkretes Ziel; eine zielgerichtete Entwicklung). Die Atome schwirren nicht einfach ziellos durch die Quantenwelt, sondern kombinieren sich und bilden funktionierende „Bausteine", die sich wiederum zu lebensfähigen Körpern zusammenfügen.

Nicht nur die Atome, auch die Naturgesetze und die materiellen Grundkräfte lassen eine Finalität erkennen: Sie alle haben genau die richtigen „Normgrößen", die es ermöglichen, dass überhaupt materielle Gegenstände entstehen konnten. Gäbe es nur geringste Abweichungen, würde die Materie in sich selbst zusammenfallen, auseinanderfliegen, zerfallen oder zerstrahlen, und es wäre nie zur Entstehung von Galaxien, Sonnen und Planeten gekommen.

Materie an sich verhält sich immer nur mechanisch und quantenmechanisch, das heißt, sie ist von äußeren Impulsen abhängig, auf die sie ohne Bewusstsein und ohne Zielrichtung reagiert. Welcher Impuls bringt die Materie dazu, sich zu funktionierenden Strukturen und Körpern zusammenzufügen?

Oder um die Frage anders zu formulieren: Wie soll der vielbeschworene Zufall wissen, dass gerade eine bestimmte Kombination „nützlich", d. h. organisch ist? Angesichts der riesigen Überzahl von anorganischen Kombinationen auf der Urerde wären die wenigen „nützlichen" Kombinationen sofort zerfallen und wieder zu nichtnützlichen geworden. Was ist überhaupt „nützlich"? Zu diesem Zeitpunkt gab es noch kein Leben auf der Erde, und die Atome wussten nicht, dass einmal eine Erde mit zahllosen lebenden Wesen entstehen soll. Wie „wussten" sie dann, dass sie sich gerade auf diese einzigartige schöpferische Weise zusammenfügen mussten, wie sie es offensichtlich taten?

Organische Materie bedeutet noch nicht „Leben"

Selbst wenn all die hier beschriebenen Unwahrscheinlichkeiten stattgefunden hätten, ist die materialistische Theorie unhaltbar, denn diese hypothetische Kette von Zufällen hätte nur organische Materie hervorgebracht (Aminosäuren, Proteinmoleküle usw.), aber *keine Lebewesen.* Die Kombination von organischer Materie erzeugt keine lebenden

Wesen, sondern nur tote organische Materie. Aus den organischen Bausteinen wäre nie ein lebendes Wesen hervorgegangen. Wären Lebewesen ein Produkt von Materie, müsste es möglich sein, im Labor aus chemischen Elementen zumindest ein keimfähiges Samenkorn zu produzieren. Wir wissen bis ins Detail, aus welchen Bestandteilen ein Samenkorn besteht. Man nehme also diese Bestandteile und produziere ein Samenkorn, aus dem eine Pflanze wächst, die wiederum Samenkörner hervorbringt, aus denen wiederum Pflanzen wachsen ...

Fassen wir zusammen: Nur schon das zufällige Entstehen von Atomen aus der Urknallmaterie ist unwahrscheinlich. Das zufällige Entstehen von Aminosäuren aus Atomverbindungen ist unwahrscheinlich. Das zufällige Entstehen von Proteinen und Enzymen aus Aminosäuren ist nicht nur unwahrscheinlich, sondern unmöglich. Das zufällige Entstehen von Lebewesen aus organischer Materie ist unmöglich, denn Materie – auch die organische – ist und bleibt tot. Lebewesen entstehen nicht einfach aus Atom- und Molekülkombinationen.*

Das Ganze ist mehr als die Summe seiner Bestandteile

Das Entstehen von Proteinen und Enzymen hat noch nichts mit dem Entstehen von Lebewesen zu tun. Ein synthetisch hergestellter Proteinstrang ist tote organische Materie, und Millionen von Proteinsträngen sind immer noch tote organische Materie. In einem toten Körper sind diese chemischen Elemente allesamt noch vorhanden, doch sind sie nicht mehr in der Lage, zusammenzuarbeiten wie zuvor. Dies zeigt, dass nicht die Proteine und Enzyme das Leben hervorbringen. Wenn ein Körper tot ist, fällt die körperliche Struktur zusammen, und das Einzelleben der im Körper vorhandenen Bakterien nimmt überhand. Diese Mikroorganismen waren auch schon im Körper anwesend, als er noch lebendig war, aber irgendeine geheimnisvolle Lebenskraft hatte sie so koordiniert, dass sie dem Leben des Gesamtkörpers dienten. Der Körper

* 1953 wurde verkündet, den Biochemikern Stanley Miller und Harold Urey sei es gelungen, im Labor „Leben“ herzustellen. Sie hatten in einer Glaskugel die hypothetische Ursuppe und die hypothetische Uratmosphäre rekonstruiert und hatten dieses Gemisch hoher elektrischer Spannung und intensiver Strahlung (z.B. UV-Licht) ausgesetzt. Tatsächlich bildeten sich einige organische Verbindungen. Diese waren jedoch in grundlegenden Punkten den Strukturen lebender Organismen entgegengesetzt. Dennoch hieß es sogleich, der Wissenschaft sei es gelungen, „die Bausteine des Lebens“ herzustellen, was aber nur Propaganda war, denn Miller und Urey hatten nicht die Bausteine des Lebens, sondern bloß Bausteine der organischen Materie hergestellt, von denen die meisten zudem für die Bildung lebensfähiger organischer Strukturen ungeeignet waren.

Wären Lebewesen ein Produkt von Materie, müsste es möglich sein, im Labor aus chemischen Elementen zumindest ein keimfähiges Samenkorn zu produzieren. Wir können alle Bestandteile eines Samenkorns isolieren. Warum sind wir dann nicht in der Lage, diese Bestandteile zu einem Samenkorn zusammenfügen, aus dem eine Pflanze wächst, die wiederum keimfähige Samenkörner hervorbringt?
Experimente wie die von Miller und Urey erzeugten aus anorganischer Materie nicht „Bausteine des Lebens“, sondern nur *Bausteine der organischen Materie,* und zwar größtenteils in Formen, die unnatürlich sind und weitere organische Verbindungen verhindern.[5]

an sich hat diese Kraft nicht, vielmehr ist er von dieser Lebenskraft *abhängig,* die demnach nicht einfach ein Mechanismus des Körpers ist.

Die Annahme, organische Materie bringe irgendeinmal „Leben“ und beim Menschen als Nebenprodukt Bewusstsein hervor, steht also im Widerspruch zu jeder Beobachtung und Logik. Es ist eine höhere, nichtphysische Lebenskraft, die den Körper formt, indem sie bewirkt, dass sich alle Einzelteile (die Atome, die Proteine, die Enzyme usw.) zu einem Ganzen zusammenfügen, das Leben „tragen“ kann. Das Ganze ist immer mehr als die Summe seiner Bestandteile, denn das Ganze beruht auf einer übergeordneten Struktur, die nicht einfach aus einer zufälligen Kombination der einzelnen Teile entsteht. Der einfache Beweis hierfür ist, dass der Körper sogleich in einen unumkehrbaren Zerfallsprozess übergeht, wenn diese Kraft nicht mehr anwesend ist.

Mikroevolution und „Makroevolution“

In seinen Büchern *On the Origin of Species* (1859) und *The Descent of Man* (1871) brachte Charles Darwin (1809–1882) die bereits im 18. Jahrhundert existierenden evolutionistischen Gedanken systematisch zu Papier und entwarf eine ausführliche Evolutionstheorie auf der Grundlage der natürlichen Selektion. Der Gedankengang hinter der Evolutionstheorie ist folgender: Jede Art erzeugt mehr Nachkommen, als zum Überleben notwendig ist. Unter der Vielzahl von Nachkommen einer Art gibt es immer gewisse Unterschiede. Die meisten Unterschiede liegen im Bereich der normalen Variation, einige Veränderungen sind schädlich, und einige seltene Veränderungen stellen Verbesserungen dar. Die Exemplare, die schädliche Abweichungen von der Norm aufweisen, werden durch die natürliche Selektion „aussortiert", und diejenigen, die eine Verbesserung ihrer körperlichen Konstruktion aufweisen, können sich im Kampf ums Dasein besser durchsetzen. Über die Jahrtausende – und das ist die hypothetische Annahme – summieren sich diese kleinen Verbesserungen, bis sich die veränderte Art so sehr von der ursprünglichen Art unterscheidet, dass sie eine neue Art darstellt.

Für diese Theorie werden viele „Beweise" angeführt, doch die faktischen Beispiele gehören ausnahmslos in den Bereich der *Mikroevolution.* Mikroevolution umfasst die gesamte Bandbreite von Mutation und Selektion mit der entsprechenden Adaption (Anpassung) und Variation (Veränderung). Die Evolutionstheorie postuliert jedoch eine *Makroevolution:* Veränderungen, die zur Entstehung neuer Arten, Gattungen, Familien, Ordnungen, Klassen und Stämmen führen sollen. In den Urgewässern seien aus Einzellern durch zufällige Mutationen alle mehrzelligen Pflanzen und Tiere entstanden; bei den Tieren die Weichtiere, Krustentiere, Gliederfüßer usw. Aus den Weichtieren seien Wirbeltiere (Knorpelfische und Knochenfische) hervorgegangen, dann seien die Insekten und Amphibien entstanden (die Amphibien aus den Fischen und die Insekten aus der Gruppe der Tracheentiere wie Tausendfüßer), aus den Amphibien Reptilien, aus Reptilien Vögel und Säugetiere. Aus rattenartigen Insektenfressern, den angeblich ersten Säugetieren, sei die gesamte Vielfalt der heute existierenden Säugetiere entstanden: Kängurus, Wale, Delfine, Fledermäuse, Pferde, Löwen, Elefanten usw. bis hin zu den Primaten – und aus diesen die Menschen.

Makroevolution ist jedoch nur ein theoretisches Konzept. Wenn Beispiele von Mikroevolution als „Beweise" für eine angebliche Makroevolution angeführt werden, ist dies unwissenschaftlich, wenn nicht sogar unehrlich. Und wenn z. B. verschiedene Augentypen – Becherauge, Facettenauge usw. bis hin zum Linsenauge des Menschen – aufgereiht werden, dann ist dies eine Darstellung von einfachen bis komplexen Augentypen, aber kein Beweis für eine Evolution des Auges.

Die Natur, die Fossilien und auch die unbefangene Logik lassen erkennen, dass Tiere und Pflanzen durch Mikroevolution, d. h. Variation und Adaption, ihre Körpergröße, ihren Körperbau, ihre Ernährungsweise, ihre Tarnung und ihre Abwehrmechanismen verändern können, aber dies führt nie zu einer „Makroevolution". Mit anderen Worten: Einzeller bleiben Einzeller, Weichtiere bleiben Weichtiere, Fische bleiben Fische, usw. Und auch innerhalb der Gattungen und Arten entstehen keine neuen Kategorien. Quastenflosser bleibt Quastenflosser, Frosch bleibt Frosch, Echse bleibt Echse, Ratte bleibt Ratte, Affe bleibt Affe ...

1. Geospiza magnirostris. 2. Geospiza fortis.
3. Geospiza parvula. 4. Certhidea olivacea.

Die Darwinfinken sind 14 eng verwandte Singvogelarten, die nur auf den Galápagos-Inseln vorkommen. Für Darwin wurden diese Vögel zu einem seiner wichtigsten „Beweise" für Evolution. Sie zeigen jedoch nur Adaption und Variation, keine „Evolution". Obwohl sie unterschiedliche Schnabelformen ausbildeten, entstand keine grundlegend neue Form. Fink bleibt Fink, Vogel bleibt Vogel – im Rahmen von Adaption und Variation. (Zeichnung von John Gould für einen Artikel von Charles Darwin, der 1845 veröffentlicht wurde.)

Genetik und der Neodarwinismus

Darwin hatte gemeint, dass äußere Bedingungen (Umweltfaktoren, Kampf ums Dasein, natürliche Selektion) genügten, um das Entstehen neuer Arten zu erklären. Aber Darwins berühmtestes Beispiel, die Galápagos-Finken, zeigen, dass gerade diese Annahme nicht stimmt. Veränderte Umweltverhältnisse, wie z. B. die Isolierung in einem begrenzten Lebensraum, können gewisse Veränderungen in der Körperform hervorrufen, aber es entstehen nie neue Arten. Darwins Finken hatten zwar unterschiedliche Schnabelformen, aber waren offensichtlich immer noch Finken und Vögel. Sie zeigen nur Adaption und Variation, aber keine „Evolution" im darwinistischen Sinn.

Mit dem Aufkommen der Genetik (gegen Ende des 19. Jahrhunderts) entstand der Neodarwinismus: eine Weiterentwicklung von Darwins Abstammungslehre, die das Auftreten neuer Arten durch zufällig entstehende Veränderungen der Genstruktur (Mutationen) zu erklären versuchte. Der Gedankengang lautete wie folgt: Beim Kopieren des genetischen Codes treten von Generation zu Generation immer wieder Abweichungen (Mutationen, d. h. Kopierfehler) auf. Die Tier- und Pflanzenexemplare mit Verschlechterungen sind unfähig zu überleben, jene mit Verbesserungen hingegen können sich durchsetzen, woraus allmählich, Schritt für Schritt, neue Arten entstehen.

Die neodarwinistische Mutationsthese geht also von der Annahme aus, dass zufällige Veränderungen im genetischen Code zur Entwicklung neuer Arten führen können. Die Vertreter dieser Theorie geben zu, dass die Wahrscheinlichkeit einer Verbesserung sehr gering ist, doch ausgedehnt auf eine allmähliche Evolution über Jahrmillionen werde auch die geringe Wahrscheinlichkeit wahrscheinlich.

An dieser Stelle müssen wir wieder den bereits überstrapazierten gesunden Menschenverstand anwenden. Obwohl Mikroben und Einzeller auch heute noch existieren und in ihrer Vermehrung nur ihresgleichen hervorbringen, soll ganz am Anfang eine Serie von zufälligen Wundern geschehen sein. Einige Linien von Einzellern mutierten und wurden zu perfekten Mehrzellern. Wir sprechen hier von nichts Geringerem als der Behauptung, einige Einzeller hätten sich zufällig derart verwandelt, dass aus ihnen die Linie der *Pflanzen* hervorgegangen sei und aus anderen die Linie der *Tiere*. Und dann sollen sich aus den einfachen Strukturen immer komplexere Lebewesen gebildet haben. Bildlich gesprochen, wurden die Buchstaben von einfachen Sätzen durcheinandergeschüttelt, woraus durch zufällige Neustrukturierungen und *Vermehrungen* ganze Bücher und Enzyklopädien in unterschiedlichsten Sprachen entstanden. Wer das alles glaubt, darf sich „Evolutionstheoretiker" nennen ...

Die theoretischen Evolutionslinien sind nur Theorie

Die genetische Information in der DNS lässt sich mit einer Aneinanderreihung von Buchstaben vergleichen. Das „Alphabet" des genetischen Codes besteht zwar nur aus vier Buchstaben, doch diese vier Buchstaben setzen sich in vielfacher Kombination zu sinnvoller Lebensinformation zusammen. Bei Bakterien hat die DNS einige Millionen Bausteine, bei höheren Lebensformen viele Milliarden. In einer Zelle gibt es neben der DNS auch noch die RNS, die Mitochondrien usw., und all diese Zellen teilen sich immerfort. Das bedeutet erstens, dass sich die gesamte milliardenfache Erbinformation einer jeden Zelle identisch kopieren muss. Und nicht nur das: Die Verdoppelung einer Zelle bedeutet auch, dass der Kopierapparat (die RNS) sich selbst kopiert!

Die heute überall gelehrte „Tatsache" der Evolution besagt, dass neue Arten durch Mutationen, d. h. durch zufällige Kopierfehler bei der Zellteilung, entstehen; diese Entwicklung gehe jedoch unmerklich vonstatten: Irgendwo, in einem seltenen Ausnahmefall, führe eine Mutation zu einer kleinen Verbesserung der körperlichen Konstruktion, und die

Summierung solcher geringfügigen Veränderungen lasse im Lauf von Jahrmillionen gänzlich neue Lebensformen entstehen.

Stellen wir uns eine solche hypothetische Evolutionslinie vor: Selbst wenn sich bei einer Pflanze oder einem Tier nützliche Veränderungen einstellen, stehen die so entstandenen Exemplare für sich allein da und vermischen sich mit anderen, die diese Veränderung nicht haben. Das bedeutet, dass diese Veränderung, die ja nur ein einziges Exemplar hat, wieder verschwindet.* Und selbst wenn sich die Veränderungen über viele Generationen „irgendwie" summieren, läuft diese Entwicklungslinie ins Leere. Denn gemäß der Evolutionstheorie muss irgendeinmal ein Nachkomme entstehen, der eine *neue Art* darstellt, und dieses neue, einzige Exemplar kann sich per Definition nicht mehr mit der vorherigen Art paaren, weshalb es als einsamer Single „auf der Strecke bleibt" und als erstes zugleich auch das letzte Exemplar seiner Art ist. Oder sollen wir glauben, dass genau zum selben Zeitpunkt und in derselben Region zufällig immer ein zweiter, andersgeschlechtlicher Single entstand, und das auf *allen* hypothetischen Zwischenstufen aller Pflanzen und aller Tiere?

„Und Tiere wurden zu Menschen"
(Glaubenssatz des Darwinismus)

Die bisherigen Ausführungen beruhen auf unserer Bereitschaft, die Annahmen des Materialismus der Diskussion zuliebe zu glauben und weiterzuverfolgen. Mit dem Urknall, der Entstehung von Leben aus Materie und der neodarwinistischen Theorie über die Entstehung der Pflanzen und Tiere haben wir den Marathon von absurden Glaubensschritten aber noch nicht beendet. Denn „das Beste kommt noch". Eine gewisse Linie von Tieren (Primaten) soll sich in Menschen verwandelt haben! Wirbellose Wassertiere sollen zu Insekten und Wirbeltieren geworden sein, Fische zu Amphibien, Amphibien zu Reptilien, Reptilien zu Vögeln und Säugetieren – jeder dieser Schritte einer hypothetischen Makroevolution ist Wunschdenken und hat mit der Realität nichts gemein. Aber dies alles bezieht sich auf die Vielfalt *innerhalb des Tierreiches.* Mit der Entstehung des Menschen kommt nochmals eine neue Dimension des evolutionistischen Glaubens hinzu: Bei gewissen Pri-

* Aus der Tier- und Pflanzenzucht ist bekannt, dass neue Merkmale bei einzelnen Tieren oder Pflanzen nur durch gezielte Kreuzungen (inkl. Inzucht) „festgeschrieben" werden können. Dadurch entstehen aber nur neue Rassen bzw. Sorten und nicht neue Arten, von neuen biologischen Gattungen, Familien, Ordnungen, Klassen und Stämmen ganz zu schweigen.

matenlinien seien „plötzlich" (nachdem über viele Jahrmillionen nichts dergleichen geschehen war) zahlreiche positive Mutationen aufgetreten, die alle zufällig einer sinnvollen Ganzkörperveränderung dienten, von einer Veränderung der Füße und Hände über den aufrechten Gang bis hin zu einer zunehmend komplexen Gehirnstruktur, wodurch der Tiermensch ein selbstreflektierendes Bewusstsein entwickelt habe und zum Homo sapiens geworden sei.

Das Bewusstsein ist jedoch kein Produkt des Gehirns, wie nur schon die Ausführungen im vorliegenden Buch hinlänglich gezeigt haben. Weit entfernt davon, dass die darwinistische Theorie erklären könnte, wie Tiere zu Menschen wurden, kann sie nicht einmal die Existenz der verschiedenen „Rassen" von Menschen plausibel erklären – und schürte bis weit ins 20. Jahrhundert hinein einen starken Rassismus bzw. bestärkte und legitimierte den bereits bestehenden Rassismus. (Die Faschisten wie die Kommunisten waren überzeugte Darwinisten und verwendeten diese Theorie, um ihre Ideologien und „Säuberungen" zu rechtfertigen.)

Eine Menschheit und vier Hautfarben

Wie kommt es, dass Menschen unterschiedliche Hautfarben haben und nicht alle derselben „Rasse" angehören? Grundlegend lassen sich vier Hautfarben unterscheiden: schwarz, rot, gelb und weiß. Die darwinistische Theorie sagt zur Entstehung der unterschiedlichen Hautfarben Folgendes:

> Wir sind die einzigen Primaten mit weitgehend nackter Haut. Schimpansen sehen unter dem Haarkleid hell aus. Da sie sich in den letzten mindestens 7 Millionen Jahren, seit sich unsere Abstammungslinien trennten, vermutlich wenig verändert haben, darf man vermuten, dass auch der letzte gemeinsame Vorfahre hellhäutig war. [... Es] ist anzunehmen, dass die Hominiden erst eine insgesamt dunklere Haut bekamen, als ihr Haarkleid verschwand.[6]

Irgendwie, so glaubt die Evolutionstheorie, entstand eine Linie von Primaten, die Schritt für Schritt das Fell verlor. Weil die hellhäutigen Primaten aufgrund ihrer Mutationen einen besonders anstrengenden Kampf ums Dasein führen mussten und weil dies in Afrika geschah, entstand für diese Tiere die Gefahr von Überhitzung und Hitzeschlägen! „Die Lösung bei den Frühmenschen war Kühlung des Körpers und des zirkulierenden Blutes durch kräftiges Schwitzen. Die Zahl der Schweißdrüsen stieg an, und damit der Schweiß schnell verdunstete und Kühlung brachte, musste die Behaarung zurückgehen [...]"[7]

Die Evolutionstheorie geht vom Glauben aus, der Mensch sei über eine Tierevolution entstanden, und projiziert diese Vorstellung in die Vergangenheit. Deshalb meinen evolutionistische Forscher, sie müssten Übergangsformen von affenähnlichen Vorfahren finden. Eine kritische Untersuchung der jeweiligen Fossilien zeigt jedoch, dass die angeblichen Zwischenstufen, wie Australopithecus und „Homo" habilis, nichts anderes sind als urzeitliche Affenarten. Einige dieser Arten sind ausgestorben, ebenso wie einige Menschenlinien, was leicht zu „evolutionären" Trugschlüssen führen kann. Auf der einen Seite haben wir Knochen von Tieren, auf der anderen Seite Knochen von Menschen. Die Konstruktion einer Linie vom Affen über den gebückten Affenmenschen zum Homo sapiens ist eine pure Erfindung seitens der Evolutionstheoretiker auf der Grundlage eines materialistischen Weltbildes.

Der Glaube, dass eine Linie von behaarten Tieren durch Genmutationen zu Menschen wurde, nimmt hier fast schon witzige Formen an. Die armen Tiere kamen buchstäblich ins Schwitzen, aber nur deshalb, weil sie sich auf dem Weg zur Menschwerdung befanden. So warfen sie das Fell noch mehr ab und bekamen zum Glück auch gleichzeitig die erforderliche Anzahl von Schweißdrüsen (und Hirnzellen und Knochenveränderungen für den aufrechten Gang, usw.). Die hellhäutigen Cousins der Schimpansen wurden zu schwarzhäutigen Hominiden und im Verlauf von weiteren Hunderttausenden von Jahren zu Homo-sapiens-Menschen. Gemäß dieser Theorie verließen einzelne Gruppen von Menschen Afrika und begannen eine Wanderschaft, die letztlich hinaus in die ganze Welt führte; sie verließen die äquatoriale Gegend und begaben sich in weniger heiße Klimazonen, was allmählich zu Mutationen in der Pigmentierung geführt habe. So seien die verschiedenen „Rassen" und Hautfarben entstanden.

Rot-, gelb- und weißhäutige Menschen sind jedoch nicht einfach bleiche Afrikaner, sondern eigene Menschentypen. Außerdem ist das Klima in großen Teilen Europas und Asiens ziemlich ähnlich. Warum entwickelten sich aus den Urmenschen in diesen ähnlichen Klimazonen dennoch unterschiedliche Menschentypen mit eigenen Hautfarben und Körpermerkmalen? Klimatische Einflüsse allein reichen als Erklärung für die Existenz der unterschiedlichen Menschenlinien und Hautfarben offensichtlich nicht aus.

Aus der Sicht der Wissenschaft der Involution fällt bei der scheinbar heiklen Frage der „Rassen" als Erstes auf, dass es grundlegend *vier* Kategorien von Hautfarben gibt. Dies ist bestimmt kein Zufall, denn unsere Welt besteht aus vier physikalischen Elementen oder „Essenzen": Erde, Wasser, Feuer und Luft. Wenn wir die vier Hautfarben diesen Kategorien zuordnen, entspricht Schwarz der Erde, Rot dem Feuer, Gelb dem Wasser und Weiß der Luft. Alle Elemente ergänzen sich. Keines ist wichtiger oder besser als das andere.

Ein Charakteristikum der Kategorie Luft ist die starke Neigung zum intellektuellen und abstrakten Denken, weshalb es die weißen Völker waren, angefangen mit den Griechen, die eine mechanische Technologie entwickelten, insbesondere zu Kriegszwecken. Als die Europäer begannen, in andere Kontinente vorzustoßen, und dann auch Amerika (wieder)entdeckten, fanden sie überall Menschen vor, die keine Technologie, keine Industrie und keine Feuerwaffen besaßen. Aus diesem Umstand wurde der fatale Trugschluss gezogen, diese Menschen seien primitiv und dürften deshalb ausgebeutet, vertrieben oder einfach umgebracht werden. Dabei hatten sie einfach eine andere Mentalität und einen anderen Zugang zur Realität, was natürlicherweise auch die Form ihrer Kultur und ihren Lebensstil prägte.

So stellt sich die Frage, wie es zu dieser Vielfalt in der Einheit „Mensch" gekommen ist. Die Sicht der Involution kann hier neue Dimensionen der Biologie und Genetik eröffnen, die bisher aufgrund der darwinistischen Paradigmen übersehen wurden. Eine Spekulation ist, dass die Veränderungen durch eine gezielte Anpassung der DNS-Information entstanden sind, ausgelöst durch die Bewusstseinskräfte von Avatarmenschen in den entsprechenden Erdteilen. Oder haben wir es sogar mit unterschiedlichen Involutionslinien zu tun?

Welche biologischen und „kosmogenetischen" Gründe auch immer zur Ausprägung dieser körperlichen Unterschiede geführt haben, die Sichtweise der Involution kann helfen, jeglichen Rassismus und jeglichen Elitismus zu überwinden und die alten Wunden zu heilen, indem wir uns alle gegenseitig als die Lichtwesen erkennen, die wir sind.

Eines der größten und imposantesten Kornpiktogramme (Durchmesser ca. 200 m) erschien in der Nacht vom 12. auf den 13. August 2001 in Milk Hill, Wiltshire (Südengland), bestehend aus 409 Kreisen. Wie kommt es, dass die Menschheit derartige Wunderwerke kollektiv ignoriert oder banalisiert? Siehe S. 183–186.

Eine der klassischen Śiva-Darstellungen: Das hohe Lichtwesen Śiva erscheint aus der Lichtsäule (Jyotir-Liṅga).

Die ersten Menschen entstanden, indem Lichtwesen (hebr. Elohim, sanskr. Devas) ihren Lichtkörper durch ihre geistige Schöpfungskraft bis auf die Ebene der organischen Materie verdichteten, d. h. sich auf der Erde materialisierten. Die Theorie, dass physikalische Formen (Sternensysteme, Planeten, organische Körper) durch einen Vorgang der Materialisation aus höheren Dimensionswelten hervorgegangen sind, kann als „Involution" bezeichnet werden (S. 24–26, 38).
Die Symbole der Megalithkulturen, die mythologischen Kosmogonien, die spirituellen Mysterienschulen und alle religiösen Offenbarungen weisen – mit unterschiedlichen Formulierungen und Bildern – auf das Prinzip der Involution hin.

Das darwinistisch-materialistische Weltbild vertritt den Glauben, der Mensch sei durch eine Evolution von Tieren entstanden, und illustriert dies in allen Lehrbüchern mit entsprechenden hypothetischen Darstellungen (S. 127). Die ganzheitliche Wissenschaft des Lebens beschränkt die Realität jedoch nicht auf die Materie und sieht den Ursprung des Menschen in den höheren Welten. Im Lauf der Zeitalter (Yugas) gingen die Menschen immer mehr in die Verdichtung, um gemäß dem Schöpfungsplan in der Zeit der größten Verdichtung das größte Wunder zu ermöglichen (S. 143–149, 156, 315).

Sakrale Stätten sind Orte, wo die Menschen leichter mit den Lichtwesen in Kontakt treten können und wo auch Lichtwesen mit den Menschen in Kontakt treten oder sogar erscheinen (S. 259).

Rechts: In der hier dargestellten Zeitskala werden die Begriffe der heutigen Anthropologie und Geologie mit einer spirituellen Sicht der Menschheitsgeschichte verbunden, insbesondere mit den Angaben aus der altindischen Überlieferung, die ich im Buch *Gott und die Götter – Das Mysterienwissen der vedischen Hochkultur* (1995/2007) dargelegt habe. Der Mensch erschien im ersten Yuga (Satya-Yuga). Der gegenwärtige kosmische Schöpfungszyklus entspricht einem Tag Brahmās (sanskr. *kalpa*), der vor rund zwei Milliarden Jahren begann; wir befinden uns heute in der Mitte dieses Kalpas (S. 150–152).

Antike
Eisenzeit
Bronzezeit
Kupfersteinzeit
(Chalkolithikum)
Historische Zeit
Holozän
Beginn des vierten Yugas
(um 3100 v. Chr.)
Megalithikum
Jungsteinzeit
(Neolithikum)
„Diluvium“ – Kataklysmus
?
Prähistorische Zeit
Pleistozän
Altsteinzeit
(Paläolithikum)
Versunkene
Kulturen
(„mythische Zeit“)
vor ca. 1 Mio. Jahren
Beginn des dritten Yugas
mit Übergangszeit
3 Mio. Jahre
Zweites Yuga
Erstes Yuga
vor 4–2,5 Mio. Jahren:
Erscheinen des Menschen
durch Involution
Archaische Zeit
rund 500 Yuga-Viererzyklen
vor 2 Milliarden
Jahren
Beginn des neuen Schöpfungszyklus
(Kalpa, „Tag Brahmās“)
4,32 Mia. Jahre
Nacht Brahmās

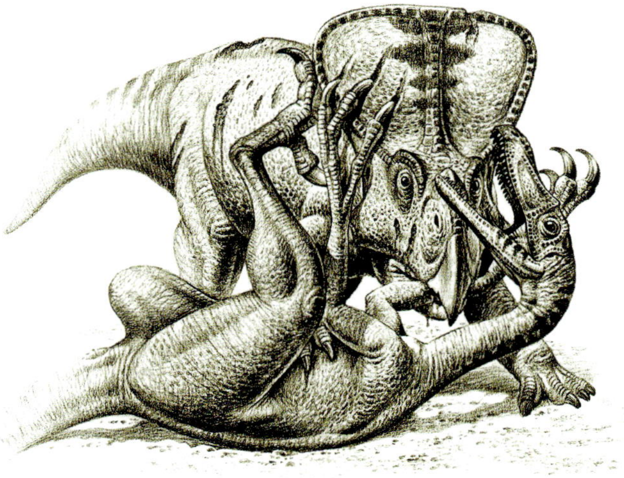

Rechts: Spektakuläre Fossilien, die 1971 in der Mongolei entdeckt wurden. Ein Protoceratops hat einen Velociraptor angefallen, als beide plötzlich mitten in der Bewegung zugeschüttet wurden. In der Versteinerung waren beide Tiere noch in der Kampfposition, wie sie in der Zeichnung oben wiedergegeben wird. Der Protoceratops hält sogar noch das rechte Vorderbein des Velociraptor in seinem Schnabelmaul!

Gegenüberliegende Seite:
Beispiele für Fische, die starben, während sie dabei waren, einen anderen Fisch zu fressen. Solche und viele andere Fossilien zeigen, dass diese Tiere schlagartig luftdicht zugedeckt wurden und dass die weiche Erdmasse schnell zu Stein verhärtete. Dies ist nur mit einem katastrophischen Ereignis zu erklären (S. 130, 190, 197).

Unten: Ein archaischer Knochenfisch (Aspidorhynchus) hat eine Flugechse (Rhamphorhynchus) am Flügel gepackt. Dann schlug das „Schicksal" für beide zu ...

Bei vielen Fossilien fällt auf, wie perfekt die Organismen konserviert wurden. Insbesondere Insekten und Gliederfüßer zerfallen nach dem Tod innerhalb von kürzester Zeit. Dennoch finden wir weltweit zahllose Fossilien von genau diesen Tieren, wie z. B. den „Prachtkäfer" aus der Grube Messel (oben), bei dem sogar die schillernden Farben des Chitinpanzers erhalten geblieben sind (S. 193f.). Beim unten abgebildeten Trilobiten wurde das Facettenauge im ursprünglichen Zustand versteinert, ohne geringste Verwesungs- oder Zerfallserscheinungen (siehe Detailvergrößerung des Facettenauges). Die auf diese Weise versteinerten Lebewesen wurden offensichtlich lebendig oder sofort nach ihrem Tod verschüttet. Zur Frage der „Makroevolution" des Auges, siehe S. 122.

Zusammenfassung des Begleitbuches „Evolution – Stammt der Mensch von den Tieren ab?"

Es würde den Rahmen des vorliegenden Buches sprengen, wenn ich hier auf die vielen Diskussionspunkte im Zusammenhang mit der Evolutionstheorie eingehen würde. *Jeder scheinbare Beweis für die Evolutionstheorie lässt sich auch anders erklären!* Keiner dieser Beweise ist ein echter Beweis, sondern nur eine Interpretation, die die Fakten im Sinn der Evolutionstheorie zu erklären versucht. Weil diese Theorie heute jedoch immer wieder als „Tatsache" bezeichnet wird, verfasste ich ein Begleitbuch, in dem ich auf die Evolutionskritik sowie auf weitere Fragen der Involution eingehe. Die wichtigsten Punkte möchte ich hier entsprechend den Hauptkapiteln dieses Begleitbuches kurz zusammenfassen.

Die Evolutionstheorie (I): eine materialistische Interpretation von Natur, Mensch und Bewusstsein. Hier wird nochmals der wichtige Unterschied zwischen Mikro- und Makroevolution definiert, denn in der Evolutionstheorie werden immer Beispiele aus der Mikroevolution angeführt und so dargestellt, wie wenn sie eine Makroevolution beweisen würden, was jedoch nicht der Fall ist. Die Logik und die praktische Biologie zeigen vielmehr: Die natürliche Selektion verhindert „Evolution"! Dies wird bei jeder näheren Betrachtung der angeblichen Makroevolution deutlich. Für das Begleitbuch wählte ich fünf Beispiele aus: Wie entstanden Fledermäuse? Wie entstanden Wale? Entstanden Säugetiere aus Reptilien? Verwandelten sich Fische in Amphibien? Was zeigt uns die Metamorphose der Schmetterlinge? (Sie zeigt, dass die Entwicklung vom Ei zur Raupe zur Puppe zum Schmetterling von allem Anfang an gesamthaft angelegt ist und nicht allmählich über Zwischenstufen und schon gar nicht zufällig entstehen konnte.) Bei der Frage, ob der Mensch und die Affen von einem gemeinsamen Primatenvorfahren abstammen, ist die Tatsache, dass die Menschen und die Affen eine genetische Ähnlichkeit aufweisen, von zentraler Bedeutung. Aber diese genetische Ähnlichkeit ist kein Beweis für Evolution und Abstammung. Sie lässt sich mit der Involution ganz anders – und glaubwürdiger – erklären.

Die Evolutionstheorie (II): Glaube an die Selbstorganisation der Materie und an die Allmacht des Zufalls. Die „Beweise" für Evolution beweisen etwas anderes! Die Tatsache, dass viele Arten im Lauf der Erdgeschichte ausgestorben sind, spricht nicht gegen eine höhere Intelligenz hinter der Schöpfung. Ein Argument, das häufig für die Evolutionstheorie ins Feld geführt wird, besagt, die Stadien der Embryo- und Fötusentwicklung beim Menschen seien eine Rekapitulation der „Evolution". Diese Annahme beruht jedoch auf falschen Interpretationen und sogar auf absichtlichen Fehldarstellungen (ausgehend von Ernst Häckel). Wenn wir den Menschen nicht mehr mit einem materialistischen Modell betrachten, kann auch die Tatsache, dass 95% unserer DNS eine bisher unbekannte Funktion haben, eine leichte Erklärung finden. Diese 95% sind keine *junk DNA* („Müll-DNS"; DNS ist die deutsche, DNA die englische Abkürzung) und auch keine Pseudogene, wie die biologische Forschung bis vor kurzem glaubte und zum Teil auch heute noch glaubt. Ebenso lässt sich eines der Hauptargumente für die Abstammung des Menschen von den Tieren – die Chromosomenzahl der Menschen und der „menschenähnlichen" Affen (46 gegenüber 48) – neu aufschlüsseln. Auch dieses Argument entpuppt sich als Indiz *gegen* die Evolutionstheorie.

Die Evolutionstheorie (III): Fehlinterpretation der Fossilien. Normalerweise verwesen tote Körper sehr schnell, vor allem Weichtiere, Fische, Amphibien und Insekten. Aber gerade von solchen Tieren existieren weltweit Milliarden von versteinerten Exemplaren, oft mit einer genauen Wiedergabe filigraner Details wie Gehäuse, Tentakel, Haut, Schuppen, Flügel und Augen. Besonders „lebendig" wirken die versteinerten Facettenaugen von Gliederfüßern (Trilobiten, Insekten, Spinnen usw.). All diese Tiere, die ohne geringste Verwesung versteinerten, müssen *schnell* und *luftdicht* zugedeckt worden sein, wahrscheinlich durch Schlammwellen, und zwar derart schlagartig, dass sie mitten in ihren Bewegungen aus dem Leben gerissen wurden (siehe Fotos im Bildteil 1). Fossilien dieser Art dokumentieren also keinen zeitlich-linearen Ablauf, sondern sind Momentaufnahmen katastrophischer Ereignisse.

Fossilien werden vielerorts als Beweise für „Evolution" hingestellt, doch gerade das sind sie nicht. Die Evolutionstheorie postuliert eine langsame Entstehung der verschiedenen Stämme, Klassen, Ordnungen, Familien, Gattungen und Arten, ausgehend von den urzeitlichen ersten Lebewesen, den Einzellern. Die Fossilien belegen jedoch genau das Gegenteil: immer ein plötzliches Erscheinen neuer Formen. Alle Tier- und Pflanzenfossilien zeigen voll ausgebildete Exemplare der jeweiligen Arten und Gattungen, unabhängig davon, ob sie heute noch existieren oder ausgestorben sind. Sie zeigen auf keiner Stufe irgendwelche Übergangsformen. Die Fische, die Insekten, die Amphibien usw., sie alle erscheinen im Fossilienbestand ohne Vorstufen.

Genau dasselbe sehen wir auch in den ersten biologischen Zeitaltern, im Kambrium und Präkambrium. In der sogenannten kambrischen Explosion erschienen alle Grundformen der Tierwelt wie aus dem Nichts. Noch rätselhafter ist die Ediacara-Fauna, die Urwelt des Präkambriums („Zeit vor dem Kambrium"), in der die ersten einzelligen Lebensformen – ebenfalls wie aus dem Nichts – erschienen: einerseits solche, die sich bis heute praktisch nicht verändert haben, und andererseits solche, die nur damals existierten. Sie sehen aus, wie wenn sie einer fremden Welt entstammen, sie erschienen ohne Vorstufen und waren auch nicht die Vorstufe der Lebewesen der kambrischen Explosion.

Wie glaubwürdig ist die evolutionistische Erklärung für die fehlenden Übergangsformen? Ziemlich grotesk ist die Theorie über die Entstehung der Wale. Diese faszinierenden Wesen, von denen die größten über 30 m lang werden, sollen von kleinen fuchs- und wolfartigen Landtieren abstammen! Langsam habe sich die Schnauze verändert, die Nasenlöcher seien auf die Stirn gewandert, gleichzeitig sei das Maul immer größer geworden (mitsamt einer wundersamen Veränderung der Zähne), die Beine seien „Schritt für Schritt" zu Flossen geworden, das Fell habe sich in eine dicke Walhaut mit Fettschichten verwandelt, der haarige Knochenschwanz in eine Knorpelschwanzflosse, usw. Das Argument, der heutige Wal habe in seinem Knochenbau Rudimente von Hinterbeinen, ist nicht haltbar und entspringt einer Projektion des Evolutionsglaubens auf eine Knochenstruktur, die von Natur aus „typisch Wal" ist (erforderlich für den Fortpflanzungsakt).

Wie entstanden Pflanzen und Tiere? Was sagt die Involutionstheorie zur Entstehung der Pflanzen und Tiere? Die Fossilien zeigen, dass die Welt über eine lange Zeit voll von Pflanzen und Tieren war und dass der Mensch erst „viel später" erschien. Genau das sagen auch die alten Quellen und Mysterientraditionen. Die Natur hätte sehr gut ohne den Menschen existieren können. (Es bestand keine evolutionäre Notwendigkeit, dass Primaten sich in Menschen verwandelten.) Die Urformen der Pflanzen und Tiere entstanden ebenfalls durch eine Materialisation, indem die jeweiligen Schöpferwesen *(elohim)* Seelenanteile von sich in ihre Schöpfungen eingaben. Jedes Tier und jede Pflanze ist mit seinem Schöpferwesen verbunden. Aber nur beim Menschen gingen die *elohim* „persönlich" in die Verdichtung, indem sie sich als Menschen materialisierten. Oder entstanden auch einige „Tiere" durch eine direkte Materialisation von Lichtwesen, z. B. die Wale und die Delfine? Was auch immer wir hier noch durch Forschung entdecken und durch Offenbarung erfahren werden – eines ist auf jeden Fall offenkundig: Der Mensch hat eine besondere Aufgabe auf Erden, und dazu gehört auch ein bewusster, liebevoller Umgang mit der gesamten Schöpfung. Im Gegensatz zu den Pflanzen und Tieren kann der Mensch bewusst wählen, ob er mit der Schöpfung harmonieren will oder nicht.

Morphogenetische Felder und höhere Schöpferintelligenz: In der Natur und in Experimenten zeigen Pflanzen und Tiere in vielen Fällen ein Verhalten, das nicht mit „Evolution" und auch nicht einfach mit genetischen Funktionen erklärt werden kann. Der englische Biologe Rupert Sheldrake postulierte deshalb, dass es höhere Informationsfelder („morphogenetische Felder") geben muss, von denen die Gene und auch das Verhalten und die Formgebung der pflanzlichen und tierischen Organismen gesteuert werden. Ein „elektrodynamisches Feld des Lebens" war bereits in den 1960er Jahren von Prof. Harold Saxton Burr nachgewiesen worden und entspricht dem, was traditionell als Ätherkörper oder Vitalkörper bezeichnet wird (siehe auch heutige Bioresonanzforschung). Die Hierarchie der morphogenetischen Felder ist mit den kosmischen Schöpferintelligenzen verbunden – und das bis in die kleinsten Details. Ein markantes Beispiel hierfür sind die Eidechsen, die 1971 von Zoologen im Adriatischen Meer von der heißen, vegetationsarmen Insel Pod Kopište auf die vegetationsreiche Nachbarinsel Pod Mrčaru versetzt wurden. Seit Tausenden von Generationen hatten sich diese Eidechsen von Insekten ernährt, aber auf der neuen Insel veränderte sich ihre körperliche Konstitution innerhalb von wenigen Jahren. Die Form des Kopfes vergrößerte sich, insbesondere hinsichtlich des Kieferbaus und der Bissstärke, was es diesen kleinen Reptilien nun ermöglicht, Pflanzen zu zerbeißen. Im Verdauungstrakt sind Klappen entstanden, die im Darm Fermentationskammern bilden, so dass die pflanzliche Nahrung nicht so schnell durch den Körper geht wie vorher die tierische. Im umkonstruierten Eidechsenmagen können nun Mikroben mithelfen, die Pflanzen zu zersetzen und die Nährstoffe herauszulösen. Eine solche Art von Darm- und Magentrakt hatte es bei dieser Eidechsenart noch nie gegeben. Evolutionstheoretiker behaupteten sofort, dies sei „Evolution vor unseren Augen“, doch was hier vorliegt, ist keine Evolution durch zufällige Mutation und Selektion, sondern eine *zielgerichtete Transformation* durch sprunghafte Adaption. Dieses und zahlreiche weitere Beispiele zeigen, dass unter bestimmten Umständen zielgerichtete („intelligente“) Gensprünge stattfinden können – auch bei den Menschen, weshalb jede lineare Rekonstruktion genetischer Abstammung fragwürdig ist.

Was ist Instinkt? Tiere haben eine „instinktive“ Intelligenz, die es ihnen erlaubt, in allen natürlichen Lebenssituationen – bis zu einem gewissen Grad auch in unnatürlichen Situationen – immer die beste Lösung zu finden, sei es in der Fortpflanzung, in der Brutpflege, in der Nahrungsbeschaffung oder in der Verteidigung. Der Begriff „Instinkt“ ist jedoch eine Pseudoerklärung, die nichts erklärt. Was dieses perfekte Verhalten ist, wird erst dann verständlich, wenn wir die höheren Informationsfelder und Schöpfungsintelligenzen mit in Betracht ziehen. Die Wunder der Natur sind grenzenlos, eines davon sind die Tierwanderungen. Im Begleitbuch beschreibe ich drei eindrückliche Beispiele aus bekannten Dokumentarfilmen: „Die Reise der Pinguine“, „Tortuga – Die unglaubliche Reise der Meeresschildkröte“, „Die Reise des Schmetterlings“ (über die geographisch und zeitlich präzisen Langstreckenflüge der Monarchfalter).

Tiere haben keine Wahl, ob sie dem Instinkt folgen wollen oder nicht. Sowohl die Tiere als auch die Menschen sind mit der göttlichen Quelle verbunden, jedoch auf unterschiedliche Weise. Tiere haben andere Aufgaben in der Schöpfung als die Menschen. Sie haben keine Lebenslektionen zu meistern und müssen nichts „lernen“ und „erfahren“. Sie können deshalb von der göttlichen Schöpfungsintelligenz im artspezifischen Sinn direkt geführt werden. Der Instinkt des Menschen hingegen ist die *Intuition:* die innere Führung im Leben, die wir hören und befolgen können oder auch nicht. Wir haben einen freien Willen und individuelle Lebensaufgaben, weshalb uns nicht einmal Gott Entscheidungen abnimmt oder sagt, welche Entscheidungen wir treffen sollen. So wie die Tiere unbewusst dem Instinkt folgen, können wir lernen, der Intuition *bewusst* zu folgen. Wie können wir die Intuition immer klarer wahrnehmen? Was sind die Aufgaben des Menschen? Warum wurden Lichtwesen der höheren Dimensionen zu Menschen? Was ist die besondere Bedeutung der heutigen Zeit?

Dies sind die wichtigen Fragen, auf die all die Diskussionen um Evolution und Involution letztlich hinauslaufen, und diese Fragen führen uns wieder zurück zum Inhalt des vorliegenden Buches *„Ihr seid Lichtwesen“*.

Kapitel 6

Der Weg der Menschheit im Zyklus der Zeiten

Seit mehreren Jahrtausenden lebt die Menschheit in einer Zeit des Vergessens, des Verdrängens und des Projizierens. Mittlerweile wird fast überall geglaubt, Korruption, Konflikte, Kriege, Krankheiten seien normal und unvermeidlich: „Dies alles hat es schon immer gegeben."

Mit der heutigen Wendezeit beginnen die Menschen jedoch, sich wieder an ihre „mythologische" Vergangenheit zu erinnern. Vieles, was aus moderner Sicht mythisch erscheint, hat einen historischen Kern, so auch die weltweit vorhandenen Beschreibungen der verschiedenen Zeitalter. Meistens wird von vier Zeitaltern gesprochen, aber auch von fünf oder sieben. Kein Mythos sagt, der Mensch stamme von den Tieren ab. Im Gegenteil, wir hören, dass die Menschen früher ohne Gewalt, ohne Aggression und ohne Krankheiten lebten. (So ungewohnt der Gedanke heute ist, dass wir frei von allen Krankheiten sein könnten, so wäre dies doch das Natürlichste der Welt. Wir brauchen uns nur daran zu erinnern, dass Tiere praktisch nie krank werden, wenn sie in ihrer eigenen, reinen Umwelt leben können. Sie verunfallen höchstens, aber sie fallen nie aus dem Gleichgewicht ihrer Gesundheit.)

Die Beschreibungen der früheren Zeitalter, die wir heute noch kennen, sind aus unserer Sicht antik, aber sie sind trotz ihrer 2000 oder 2500 Jahre Produkte des „dunklen" Zeitalters, mit all den Verzerrungen aufgrund von Wunschdenken und eigener Phantasie und den Prägungen durch die damals vorherrschenden Weltbilder und Glaubenssysteme. Dies gilt für die hinduistischen Schriften genauso wie für die europäischen und altamerikanischen Überlieferungen. Dennoch, wie bereits erwähnt, haben all diese Mythen einen historischen Kern. Der Grieche Hesiod (um 700 v. Chr.) schrieb, die Menschheit stamme von einem Goldenen Geschlecht ab, dem das Silberne und das Kupferne Geschlecht folgten, dann das Geschlecht der Heroen und dann das Eiserne Geschlecht. Die griechischen Philosophen Anaximander, Anaximenes, Heraklit, Diogenes von Apollonia und Platon berichten von wiederkehrenden Weltzerstörungen und anschließend neu beginnenden Zeitaltern, ebenso der Astronom und Mathematiker Aristarch von Samos, der bereits im 3. Jh. v. Chr. lehrte, die Erde drehe sich um die Sonne. Philon von Alexandrien schreibt in seinem Buch *Über die Ewigkeit der*

„Das Goldene Zeitalter“ (um 1530) von Lucas Cranach d. Ä. (1472–1553)

Welt (ca. 30 n. Chr.), dass die Schule der Stoiker lehre, unsere Welt werde in periodischen Kataklysmen („Weltenbränden“) immer wieder neu geformt. Der römische Dichter Ovid (43 v. Chr.–18 n. Chr.) machte diese alte Überlieferung durch sein Hauptwerk *Metamorphosen* bekannt. Mit seiner Beschreibung der vier Zeitalter prägte er auch den Begriff des „Goldenen Zeitalters“ (lat. *aurea aetas*).

Im Folgenden möchte ich die Mythos- und Logos-Mosaikteile der ersten fünf Kapitel zu einem „mytho-logischen“ Gesamtbild zusammensetzen, das ein neues, ganzheitliches Verständnis der anthropologischen und archäologischen Befunde eröffnet: *Ursprung und Geschichte des Menschen aus einer Sicht jenseits von Darwinismus und Kreationismus.* Verständlicherweise kann ein solcher Versuch nur skizzenhaft sein, denn jeder einzelne Punkt erfordert weitere und neue, pionierhafte Forschungen, die auch die Metaphysik und die Parapsychologie mit einbeziehen. So wie das Materielle immer mit dem Spirituellen verbunden ist, ist auch unsere Geschichte nicht von den höheren Welten zu trennen. Diese Welten waren schon immer da und sind aus der irdischen Sicht der Bereich „hinter den Kulissen“, aus dem die einzelnen Akteure hervortreten und in dem sie wieder „verschwinden“. Der Vergleich mit einer Theaterbühne ist sehr treffend: Jede im Theater dargestellte Welt ist das Abbild einer „realeren“ Welt, ohne die es auch die Theaterbühne nicht gäbe ...

Warum Zeit zyklisch verläuft

Das Mysterium Zeit entsteht aus dem Zusammenspiel von Ewigkeit und Unendlichkeit (S. 33f.). Materie organisiert sich nicht selbst, sondern existiert vor dem „Hintergrund" der Ewigkeit, die raum- und zeitlos ist. Jede materielle Form, angefangen mit den Universen, hat einen Anfang und ein Ende. Weil die materiellen Schöpfungen aber Ausdruck des ewigen Urgrundes sind, ist jedes Ende ein neuer Anfang, und das auf allen Ebenen. Materielle Formen entstehen und vergehen, aber die Materie selbst bleibt bestehen und wandelt sich um („das einzig Konstante ist die Veränderung") und erneuert sich in Zyklen. Im Zyklischen widerspiegelt die Unendlichkeit der Materie die Ewigkeit des spirituellen Urgrundes.

In der altindischen Kosmologie sind die größten Zyklen das Ein- und Ausatmen Viṣṇus: das Entstehen und Vergehen der Universen. Innerhalb dieser unendlichen Zyklen „existiert" die Zeit, die wie der Raum multidimensional ist. Das erste und höchste Lichtwesen im Universum ist der Schöpfergott Brahmā*, und Brahmā ist die Schlüsselperson der kosmischen Zeitrechnung.

Brahmās Welt ist das materielle Abbild der ewigen Welt Gottes, des allumfassenden Urgrundes, und aus Brahmās Welt gehen sukzessive die nächsten Schöpfungen hervor, bis die Hierarchie von Dimensionswelten aus immer dichterer Materie vollständig entfaltet ist. Holistische Quantenphysiker sprechen hier von dem Hervorgehen der „expliziten Ordnung" aus der „impliziten Ordnung" (David Bohm).

In den Uranfängen des Universums gab es also noch keine verdichteten Himmelskörper. Diese sind erst später durch Involution aus den höheren Dimensionswelten hervorgegangen. Die grobstofflichen Welten werden in kosmischen Zyklen geschaffen und aufgelöst, während die höheren Dimensionswelten wie eine unsichtbare, scheinbar zeitlose Kulisse weiterexistieren (bis auch sie, beim endgültigen Ende des Universums, wenn Viṣṇu einatmet, wieder aufgelöst werden).

Relevant für unsere irdische Zeitrechnung sind die „Tage des Brahmā" und die dazugehörenden Unterzyklen: die galaktischen, solaren, lunaren und planetaren. Die größten Zeiteinheiten auf der Erde sind die vier Yugas. Die tausendfache Länge dieser vier Yugas entspricht der Länge eines Tages von Brahmā (siehe Exkurs am Ende dieses Kapitels).

---

* Der Name Brahmā bedeutet „Entfalter; Vollzieher", denn es ist dieses erste Lichtwesen, das die gesamte materielle Schöpfung zur Entfaltung bringt. Der Sanskritname „Brahmā" hat in jeder Sprache (Hebräisch, Arabisch usw.) seine Entsprechungen. Da ich jedoch hauptsächlich die indischen Schriften studiert habe, verwende ich den Begriff „Brahmā".

Publius Ovidius Naso („Ovid", 43 v. Chr. – ca. 18 n. Chr.):

Metamorphosen
1. Gesang, Kap. 3: Die vier Weltzeitalter

Goldenes Zeitalter: erstes Geschlecht, das willig und ohne
Richter und ohne Gesetze lebte in Recht und in Treue.
[...] Und ohne Bedarf eines Heeres
Lebten die Völker dahin in behaglich gesicherter Muße.
Unberührt und frei, von keinem Pfluge, von keiner
Egge verändert, gab alles von selbst die gesegnete Erde;
Und mit Speisen zufrieden, die zwanglos wuchsen und sprossen,
Pflückten sie Beeren von Bäumen und Sträuchern an sonniger Halde
Und am rauen Gerank Brombeeren und rote Cornellen [...]
Aber Saturnus verging, versank im Dunkel der Zeit, und
Neu war Jupiter Lenker der Welt. So kam **das silberne Zeitalter,**
Zwar geringer als Gold, doch besser als rötliches Kupfer. [...]
Nun erst glühte die Luft, durchbrannt von trockener Hitze,
Wechselnd mit Zeiten von Kälte, Eiszapfen, klirrenden Winden.
Nun erst suchte man nach Behausung; man wählte zum Wohnen
Höhlen und dichtes Gebüsch und bastverbundene Zweige.
Dieser Veränderung folgte das dritte, **das kupferne Zeitalter,**
Wilder gesinnt und bereiter zum Kampf und zu schrecklichen Waffen,
Aber noch nicht verrucht. Dann kam **das eiserne, letzte.**
Jählings brachen herein mit der Zeit des schlechten Metalles
Alle die Greuel; und Skrupel und Wahrheit und Treue entflohen.
An ihre Stelle traten Betrug und heimliche Tücke,
Arglist, dazu noch Gewalt und frevelhafte Gewinnsucht. [...]
Auch der Boden, der früher wie Luft und die Strahlen der Sonne
Allen gehörte, ward jetzt mit Grenzen gründlich vermessen;
Nicht nur Saaten und hohe Ford'rung von Nahrung erzwang man
Von dem ergiebigen Land, man drang in die Tiefen der Erde:
Schätze, ihre verborgnen, die stygische Dunkelheit schützte,
Wurden ans Licht nun gewühlt im Reiz der bösen Gelüste;
Heilloses Eisen und heilloser noch das Gold als das Eisen
Stiegen herauf; und mit beidem kamen auch Krieg und Konflikte,
Und mit blutiger Faust schwang hoch er [der Krieg] die donnernden Waffen.
Alles lebte vom Raub: kein Gastfreund traute dem Gaste,
Selten sind Väter und Schwiegersöhne, auch Brüder in Eintracht.
Mann und Frau sind nun sich Bedrohung, ja tödliche Feinde.
Boshafte Stiefmütter mischen zum Tranke tödliche Kräuter,
Söhne lauern schon früh auf den Tod und das Erbe des Vaters.
Achtung und Ehrfurcht versiegten, bis von der blutvollen Erde
Wich und entschwand die Jungfrau Astraia, der Himmlischen letzte.[1]

Die „ausgestorbenen" Menschen der früheren Yugas

Zeit ist nicht unabhängig vom Raum, weshalb sich im Lauf der Zeit auch der Materiezustand verändert. Um aufzuzeigen, dass Raum und Zeit nicht voneinander zu trennen sind, schuf Albert Einstein den Ausdruck „Raumzeit". Dieses Verständnis beinhaltet auch das Sanskritwort *yuga,* das in diesem Sinn nicht bloß „Zeitalter", sondern „Raumzeitalter" bedeutet. Wir können also nicht mit einer linearen Logik Rückschlüsse auf die früheren Zeitalter ziehen. Der Körper des Menschen im ersten Yuga (Satya-Yuga) war noch nicht so verdichtet wie der Körper der heutigen Menschen, das heißt: Diese Menschen wären für uns unsichtbar! (Wie bereits auf S. 26f. erwähnt, hinterließen die frühesten Menschen keine Knochen, und auch sonst blieben aus früheren Yugas praktisch keine Menschenknochen erhalten. Rekonstruktionen der „Abstammung" des Menschen mit Knochen von angeblichen Menschenvorfahren beruhen auf einem Zirkelschluss, weil Knochen von Hominiden, Südaffen usw. für Knochen von Menschenvorfahren gehalten werden.)

Gegen Ende des Satya-Yugas oder spätestens im zweiten Yuga (Tretā-Yuga) kam der Körper des Menschen in einen physisch verdichteten Zustand, wurde also – auch für unsere Wahrnehmung – sichtbar. Diese Menschen hatten voll aktive Energiezentren (Chakras) und dadurch auch einen bewussten Zugang zu den Prana-Energien. Das bedeutet, sie hatten PSI-Kräfte. Auch hier können wir nur begrenzt vom heutigen Menschen Rückschlüsse auf die damaligen „Urmenschen" ziehen. Die physisch kompakte Form des Menschen, wie wir sie heute kennen, entstand wahrscheinlich erst während des dritten Yugas (Dvāpara-Yuga), das rund 800 000 Jahre dauerte und vor 5000 Jahren zu Ende ging.

Die Entwicklung der Yugas ist in den Sanskritschriften ein häufiges Thema. Eine der ausführlichsten Stellen findet sich im Epos *Mahābhārata* (*Vana-Parva* 148). Dort wird ein Gespräch beschrieben, das am Ende des vorigen Yugas, also vor gut fünftausend Jahren, stattfand. Der Heros Bhīma trifft den berühmtesten „Affenmenschen", den göttlichen Hanumān, und bittet ihn, dass er ihm in seiner Satya-Yuga-Gestalt erscheinen möge. Hanumāns Antwort ist verblüffend: „Du, Bhīma, könntest den Körper, den ich im Satya-Yuga hatte, nicht sehen!" Mit anderen Worten, sogar für einen Heros des letzten Zeitalters wären die Menschen des Satya-Yugas unsichtbar gewesen. Wie viel mehr also für die Menschen des heutigen Zeitalters!

> [Hanumān antwortete:] „Die Körpergestalt, die ich im Satya-Yuga hatte, könnte gegenwärtig niemand wahrnehmen, weder du noch irgend jemand anders. Der Zustand der Dinge war in jenem Yuga ein ande-

rer gewesen und ist heute nicht mehr existent. Im Satya-Yuga herrscht ein ganz bestimmter Zustand der Materie, im Tretā-Yuga ein anderer und im Dvāpara-Yuga nochmals ein anderer. Von Yuga zu Yuga findet eine Verringerung und Verminderung statt, und so habe ich heute nicht mehr dieselbe Gestalt wie damals. Der Planet, die Flüsse, die Pflanzen und Steine sowie die Siddhas, Devas und Ṛṣis passen sich der Zeit an, in Entsprechung zum jeweiligen Yuga. Deshalb, o Held der Kuru-Dynastie, fordere nicht, meine damalige Gestalt zu sehen. [...]

Das erste Yuga war ein Zeitalter der Vollkommenheit, weshalb es *kṛta* (‚vollkommen') genannt wird. Es bestand keine Notwendigkeit von physischer Arbeit. Alles, was zum Leben notwendig war, wurde einfach durch Gedankenkraft erlangt. Das einzige Ziel des Lebens bestand darin, Loslösung von der Materie zu entwickeln. Deshalb gab es in diesem Yuga keine Boshaftigkeit, keinen Stolz, keine Heuchelei, keine Uneinigkeit, keine Missgunst, keine Hinterhältigkeit, keine Angst, kein Elend, keinen Neid und keine Habsucht. Das höchste Ziel aller Yogis – das höchste Brahman, die spirituelle Welt – war für alle erreichbar. [...]

Im nachfolgenden Yuga, dem Tretā-Yuga, wurden Zeremonien eingeführt, und die Reinheit verringerte sich um ein Viertel. In diesem Yuga begannen die Menschen, gewünschte Dinge durch äußere Mittel zu erlangen, und sie erlangten sie durch Handlungen und gegenseitiges Schenken [und nicht mehr durch Gedankenkraft]. Sie wichen nie vom Pfad der Tugend ab, waren der spirituellen Entwicklung hingegeben und kannten nur das Verschenken. [...] Im Dvāpara-Yuga verringerte sich die Reinheit auf die Hälfte. Die Handlungen wurden vielfältig, und die Menschen gerieten zunehmend unter den Einfluss materieller Absichten, sowohl in ihren Bemühungen um Selbsterkenntnis als auch in ihrer Wohltätigkeit. Nur noch wenige waren in der vollkommenen Wahrheit gefestigt. Wenn die Menschen von der Wahrheit abfallen, wird ihr körperliches Dasein beeinträchtigt; Habgier und auch Störungen in der Natur sind die Folge. Die meisten Menschen praktizieren Religion nur noch, weil sie sich von diesen Leiden und Gefahren bedroht sehen. Oder sie führen Zeremonien in Frömmigkeit aus, weil sie sich den Genuss angenehmer Dinge oder die Erhebung in die himmlischen Welten wünschen. Wenn das jetzige Dvāpara-Yuga zu Ende geht, werden die Menschen aufgrund dieser Gesinnung des Eigennutzes weiter in die Materie versinken. O Sohn Kuntīs, wenn das Kali-Yuga anbricht, wird die Reinheit nur noch zu einem Viertel vorhanden sein, und im Verlauf dieser eisernen Zeit wird sie noch mehr abnehmen. [...] Im Lauf der Yugas verringert sich die Reinheit, und wenn die Reinheit des Bewusstseins abnimmt, sinken die Geschöpfe immer tiefer in die Spaltung [Dualität]. Indem dies geschieht, verschlechtert sich der Zustand ihres Lebens."

Die mythologische Geschichte der Menschheit (Teil 1): Wie Licht und Dunkelheit auf die Erde kamen

„Im Satya-Yuga leben auf der Erde nur göttliche Wesen. Es gibt weder Asuras noch andere Menschenformen. Im Tretā-Yuga sind diese zu einem Viertel und im Dvāpara-Yuga zur Hälfte gegenwärtig. In der Übergangszeit vom Dvāpara- zum Kali-Yuga vermischen sie sich [erscheinen in denselben Völkern und Familien]. [...] Im Kali-Yuga werden auf der Erde göttliche und dämonische Wesen geboren, und die restlichen sind die Menschen. In dieser Zeit erscheinen auch energieraubende Wesen, die von Tieren und Menschen leben."*

— *Padma Purāṇa* 1.76.118 - 119, 123

Die ersten Menschen waren Lichtwesen, die über eine Selbstmanifestation auf der Erde erschienen. Sie taten dies in vollkommener Übereinstimmung mit dem Willen des Schöpfers.

Im ersten Zeitalter, während eineinhalb Millionen Jahren, lebten nur Lichtwesen als Menschen auf der Erde. Es gab weder Gewalt noch Hochmut noch Lüge, weshalb dieses Zeitalter im Sanskrit Satya-Yuga genannt wird, „Zeitalter der Wahrhaftigkeit", oder Kṛta-Yuga, „Zeitalter der Vollkommenheit". Die Erde befand sich vollständig im Bereich des Lichts und war ein Paradies. Ein pulsierendes blaues Juwel im Weltall.

Für eine gewisse Zeit erschienen die Menschen durch eine direkte Materialisation, danach begann die Phase der Inkarnation (Geburt), wodurch die Menschen zunehmend ihre Herkunft aus den höheren Welten vergaßen. Wie die weiteren Ausführungen zeigen, hatte dies einen tiefen Sinn und diente einem göttlichen Zweck.

Im Tretā-Yuga kamen die ersten Asuras, Wesen aus den Dunkelwelten, auf die Erde. So wie die ursprünglichen Menschen nicht von irdischer Herkunft waren, waren es auch diese neuen Menschen nicht. Sie waren aggressiv und expansiv, mussten sich aber ebenfalls zuerst an die physischen Bedingungen der Erde anpassen. Dies taten sie mit

* Asura: im klassischen Sanskrit definiert als *a-sura,* Gegenteil von *sura,* „Lichtwesen" (*sūrya,* „Sonne"). Diese Definition finden wir auch in der *Bhagavad-Gītā* (16.6): *dvau bhūta-sargau loke 'smin / daiva asura eva ca.* „Zwei *(dvau)* Arten von geschaffenen Wesen *(bhūta-sargau)* gibt es in dieser unserer Welt *(loke asmin):* grundlegend nur entweder *(eva ca)* Devas oder Asuras", d.h. Wesen im Licht (gottzugewandte bis gottesbewusste) und Wesen in Dunkelheit (vom Licht getrennte). In einer älteren Etymologie *(ásu-ra)* bedeutet dieses Wort „lebenspendend; göttlich" und findet sich auch im persischen Namen für den Schöpfergott, Ahura Mazda („Herr der Weisheit; Herr des Lichts/der Erleuchtung"), und in den nordischen Wörtern für „Gott" und „Götter", *áss* und *œsir,* von denen sich der Name des germanischen Göttergeschlechts „Asen" ableitet.

technischen Hilfsmitteln. Der Besitz von hoher Technologie bedeutete aber nicht, dass sie auch spirituell fortgeschritten waren. Im Gegenteil, es waren Wesen, die den Weg der Gottabgewandtheit gewählt hatten. In der christlichen Mystik nennt man sie gefallene Engel. Sie hatten sich von Gott, der Quelle, getrennt, so wie die Dunkelheit sich vom Licht trennt. Weil sie ihre Lebensenergie nicht mehr von der höchsten Quelle bezogen, mussten sie sich neue Energiequellen suchen – und diese „Energiequellen" waren andere Lebewesen. Aufgrund ihrer Mentalität sahen sie „nichts Falsches" darin, alles ihren eigenen Interessen zu unterwerfen und, „wenn nötig", auch über Leichen zu gehen. Die Trennung von der göttlichen Quelle führt zur archetypisch-negativen Neigung, andere Menschen, die Tiere, die Pflanzen und den gesamten Planeten für die eigenen Bedürfnisse auszubeuten.

Im Tretā-Yuga waren die Asuras in der Minderheit, und sie lebten in eigenen geographischen Gebieten. Es kam noch zu keiner Berührung mit den Ureinwohnern der Erde, den Lichtwesen-Menschen. Die Ureinwohner lebten in vollkommener Harmonie mit der Natur. Sie sahen die göttliche Ordnung in allem und lebten so, dass sie diese Ordnung nicht störten, sondern durch ihre Kreativität noch mehr zum Vorschein brachten. Dies taten sie vor allem durch Meditation und geistige Lenkung der Materie. Von außen sah dies jedoch so aus, wie wenn sie „nichts" taten: keine Zivilisation, kein Kulturbetrieb, keine Manipulation der Erde, keine mechanische Imitation der Natur.

In der Mitte des Dvāpara-Yugas kam es zu dem, was ich den „großen Übergriff" nenne. Die Ureinwohner wurden angegriffen und unterworfen und auf direkte oder indirekte Weise versklavt. Wir sprechen hier von einer Entwicklung über einen relativ langen Zeitraum hinweg, und es waren auch nicht alle Ureinwohner auf einen Schlag betroffen. Dennoch bedeutete dies für alle einen dramatischen Einschnitt. Einige der Ureinwohner begannen, eigene Kulturen aufzubauen, um ein Gegengewicht zu den Asura-Reichen zu bilden. Andere blieben Naturvölker und behielten ihren einfachen, flexiblen Lebensstil, weshalb die späteren Kataklysmen ihnen nicht so viel anhaben konnten wie den „immobilen" Kulturen, die alle untergingen.

Die mit dem Übergang vom dritten zum vierten Yuga verbundenen Katastrophen bewirkten, dass die damaligen Herrscher vieles von ihrer Macht einbüßten, weshalb sich die Ureinwohner und Naturvölker weltweit wieder erholen konnten. Lichtwesen manifestierten sich bei ihnen, um ihnen beizustehen, und auch, um neue Nachkommen zu zeugen, damit weitere Lichtseelen auf der Erde inkarnieren konnten.

Wie die ursprüngliche Spiritualität durch patriarchale Religionen verdrängt wurde

Vor fünftausend Jahren, als die Menschen sich nach einer langen Zeit des kulturellen Stagnierens von der „Sintflut" erholt hatten, kamen einige Stammeskulturen (wieder) an den Punkt, dass sie Machtstrukturen und Militärkräfte aufbauten. Die Anführer dieser Gruppen gingen aufgrund ihrer Bewusstseinsausrichtung in Resonanz mit jenen unsichtbaren Mächten, die nur darauf warteten, dass jemand sich auf ihre Wellenlänge einstellte. Sie orteten ihre „Ansprechpartner" und nahmen feinstofflich von ihnen Besitz. Dadurch wurde das Feld für den nächsten Schritt vorbereitet: dass sie selbst als Menschen geboren werden konnten. Unmenschliche Menschen erschienen. Das dunkle Zeitalter begann. Sie übernahmen vielerorts Führerpositionen als Könige und Hohepriester und schürten im Namen von Gott Angst, Hass und „Verehrung". Das natürliche Gleichgewicht von Mann und Frau kippte (siehe Kastentext auf S. 142). Männer wurden zu Herren und Herrschern und wollten Frauen als persönlichen Besitz, um auch die Kinder besitzen zu können – und schrieben entsprechende Gesetze und Schriften.

Die mythologische Geschichte der Menschheit (Teil 2): Warum es überhaupt Menschen gibt

Als die Menschen entstanden, war die Erde als physisches Abbild der höheren Dimensionen bereits seit langer Zeit eine üppige Schöpfung voller Pflanzen und Tiere. Die Natur war paradiesisch und brauchte keinen Menschen als Gärtner und Kultivator. Es bestand kein materieller Grund, warum in diesem Paradies auch noch ein Mensch entstehen sollte. Und tatsächlich ist der Grund für das Entstehen der Menschen kein materieller, sondern ein spiritueller.

Warum wurden Lichtwesen Menschen? Aufgrund von Karma? Weil es eine notwendige Erfahrung war? Nein. Sie taten es aus dem einzigen Grund, aus dem Lichtwesen handeln: *Liebe.* Sie taten es freiwillig, ohne persönliche Notwendigkeit, ohne materiellen Beweggrund. Das ist die Bedeutung von Liebe. Und die Liebe, die zur Entstehung der Menschen führte, war eine ganz besondere: nicht „nur" die Liebe zu Gott und zu den Nächsten, sondern auch Liebe zu denen, die in die Dunkelheit gefallen waren. Asuras, „gefallene Engel", sind ebenfalls Engel, und die Lichtwesen sahen, dass ein Teil ihrer Brüder und Schwestern einen Irrweg von Illusion und Leid eingeschlagen hatte – ebenfalls freiwillig, d. h. aus einem Missbrauch des freien Willens heraus, und nicht etwa, weil es eine „notwendige Erfahrung" gewesen wäre.

Die Polarität von Mann und Frau und die Männlich-Weiblich-Polarität in jedem Menschen

Seit dem Satya-Yuga lebten die Menschen für rund drei Millionen Jahre in einer Harmonie von Mann und Frau. Dieses dynamische Gleichgewicht wurde erst im dritten und vor allem mit dem Anbruch des vierten Yugas vor fünftausend Jahren gebrochen. Mann und Frau sind die göttlichen Pole der Menschheit und tragen die Polarität „weiblich-männlich" (Yin-Yang) auch in sich. Yin ist das weibliche, empfangende Prinzip, Yang das männliche, ausströmende Prinzip. Frauen und Männer tragen beide die Yin-Yang-Polarität in sich, jedoch in entgegengesetzter, sich ergänzender Weise.[2] Vereinfacht gesagt, ist bei der Frau der Yin-Pol im Materiellen und der Yang-Pol im Geistigen, beim Mann ist der Yin-Pol im Geistigen und der Yang-Pol im Materiellen. Die Frau hat die Aufgabe, die Materie in die Vergeistigung zu führen, und der Mann hat die Aufgabe, das Geistige in die Materie zu bringen. Bildlich dargestellt, ist beim Mann der Yin-Pol „oben" und der Yang-Pol „unten", und bei der Frau ist der Yin-Pol „unten" und der Yang-Pol „oben". Dies ist selbstverständlich keine Wertung, sondern ein Erkennen der jeweiligen Besonderheit der männlichen und weiblichen Qualität im Geistigen wie im Materiellen. Wenn in den Menschen die innere Yin-Yang-Verbindung gesund und harmonisch ist, ist auch das Zusammenleben von Mann und Frau in der Gesellschaft und in der Familie in Harmonie. Dies war die Grundlage der ursprünglichen ganzheitlichen Spiritualität.

Als die patriarchalen Religionen entstanden, wurde das männliche Prinzip dominant: Gott wurde als männlich und als Herr und allmächtiger Vater gesehen. Gott war plötzlich nur noch „Geist", und das Materielle, Sexuelle wurde diabolisch („spaltend") interpretiert: Es trenne den Menschen und vor allem den Mann von Gott, weshalb die Frau nun als Verführerin und als Gefahr für den Mann dargestellt wurde – mit all den bekannten und weniger bekannten Folgen.

Wenn ein natürliches Gleichgewicht (Polarität) gebrochen wird, entsteht Dualität: Zuviel/Zuwenig, Herrscher/Beherrschte, Täter/Opfer, usw. In den patriarchalen Religionen verlor der Mann durch seine einseitige Dominanz („Herrschaft") die Frau als gleichwertiges Gegenüber und kompensierte dies durch „Macht". Die Religionen wurden zu Machtorganisationen von Männern. Und auf der Gegenseite entstanden Geheimbünde und Logenverbände: ebenfalls Machtorganisationen von Männern. Beide Seiten waren in ihren Köpfen gefangen und verrannten sich deshalb in herzlosen Dogmen, Doktrinen und Feindbildern. Ursache hiervon war, dass diese Männer sich von der Erde, vom Weiblichen und Mütterlichen abgeschnitten hatten, was zu einem Fall in die Einseitigkeit und in die Extreme führte. Überwindung der spaltenden Kraft bedeutet deshalb, dass die Menschen in sich selbst ihr Gleichgewicht und ihre Ganzheit zur Entfaltung bringen und auf dieser Grundlage einen neuen, geheilten Zugang zu sich selbst, zur Beziehung von Mann und Frau und zu den anderen Menschen finden, wodurch sich auch der Umgang mit der Natur und Mutter Erde nachhaltig verändern wird.

Die Scheidung der Geister geschieht bereits in den hohen Lichtwelten und nicht erst auf der Erde. Licht schafft keine Dunkelheit und *kann keine Dunkelheit schaffen.* Ebenso schafft Gott keine Trennung und keine Unliebe. Aber im Licht besteht immer die Möglichkeit, dass man durch Abwendung und Trennung Dunkelheit schafft und dann meint: „Ich kann etwas, was Gott nicht kann. Also ist Gott gar nicht wirklich Gott, sondern ich bin es, weil ich etwas kann, was er nicht kann!" Was sogar stimmt. Aber dieses „Mehr-Können-als-Gott" ist eine Illusion und eine Täuschung (sanskr. *māyā*).

Die Lichtwesen sahen, dass die in Trennung Gefallenen nicht aus eigener Kraft ins Licht zurückkommen können und dies auch gar nicht wollen, weil sie ja meinen, ihre Dunkelheit sei das wahre Licht und ihre Weltbilder seien die wahre Erleuchtung. Im Licht besteht immer die Möglichkeit, durch Trennung Dunkelheit zu erzeugen. Aber es ist nicht möglich, aus Dunkelheit Licht zu erzeugen. In den Dunkelwelten ist also kein wirklich freier Wille mehr vorhanden. Dieser kann nur dort zur Anwendung kommen, wo die Wahl zwischen Dunkelheit und Licht besteht. Diese Möglichkeit besteht nur in den Welten des Lichts, angefangen mit der Welt der dichtesten Materie, weil dies der Bereich ist, wo die Lichtwelten die Dunkelwelten berühren, ähnlich wie der Weg aus dem Meer zurück ans Land immer über die Küste führt. Und das ist der Grund, warum die Lichtwesen Menschen wurden: um ihren gefallenen Brüdern und Schwestern entgegenzugehen und ihnen die Wahl zu geben, wieder ins Licht zu kommen, zuerst durch die Möglichkeit, überhaupt als Menschen geboren zu werden, und dann durch das Angebot, wieder das Licht und die Liebe zu wählen.

Mit anderen Worten, bevor überhaupt irgend etwas Dunkles auf die Erde kam, bestand bereits ein Plan für die Überwindung und Erlösung der Dunkelheit. Der Schlüssel war und ist die Liebe, jenes Bewusstsein, das die Einheit des Teils mit dem Ganzen, des Lichtstrahls mit der Quelle, lebendig werden lässt. Liebe ist das natürliche Bewusstsein in den Lichtwelten, und reinstes Licht in der dichtesten Materie hat die Kraft, das höchste Wunder der Schöpfung zu bewirken: die Transformation von Dunkelheit in Licht.

Gemäß der Schöpfungsabsicht Gottes ist die Erde ein Ort der Liebe und Barmherzigkeit, wo sogar die dunkelsten Mächte eine neue Möglichkeit bekommen, ihren freien Willen zu gebrauchen. Denn solange sie in Dunkelheit sind, können sie nur innerhalb der Dunkelheit wählen, was keine wirkliche Freiheit ist. Nur wenn sich auch das Licht anbietet, haben sie überhaupt die *Möglichkeit* zu wählen. Ob sie dann das Licht wählen, ist eine andere Frage. Aber die Lichtwesen werden nicht davon beeinflusst, wie die „anderen" sich entscheiden. Sie wollen ihnen einfach die Möglichkeit bieten, wieder den Weg des Lichts zu wählen.

Denn das Licht ist immer vorhanden, auch wenn sich ihm etwas entgegenstellt. Sobald die gottabgewandten Mächte nur die kleinste Ritze öffnen, ist das Licht da und strahlt in die Dunkelheit. Das ist die natürliche Eigenschaft des Lichts.

Die mythologische Geschichte der Menschheit (Teil 3): Reinkarnation, das Vergessen und der Weg durch die Materie

Die Erde als hohes Lichtwesen kannte von allem Anfang an ihre göttliche Bestimmung, und sie wusste, dass sie künftig ein Schauplatz von Ausbeutung, Korruption und Kriegen werden würde. Dennoch ließ sie auch die Dunkelwesen in ihr Paradies herein, um ihnen die Möglichkeit zu geben, sich für das Licht zu entscheiden. Sie wusste auch, dass diese Transformation von Dunkelheit in Licht nur durch das höchste göttliche Bewusstsein möglich sein würde, durch reine Liebe. Deshalb wünschte sich die Erde, dass Lichtwesen dieser höchsten Bewusstseinsschwingung in ihre Welt herabkommen, um die gesamte irdische Existenz ins Licht zurückzuführen, auch die Asuras. Denn wenn Seelen aus der Dunkelheit ins Licht kommen, sind sie im Licht, wie wenn sie nie in Dunkelheit gewesen wären.

Der Ruf von Mutter Erde wurde erhört. Scharen von Lichtwesen manifestierten sich in der Welt der physischen Materie. Sie nahmen einen irdischen Körper an, behielten dabei aber das Bewusstsein ihrer Identität als Lichtwesen. Dies war der erste Schritt in ihrer „Erdenmission".

Die ersten Menschen wussten um ihre Herkunft aus den höheren Welten. Der nächste Schritt bestand darin, in der reinen Liebe zu leben, *ohne* das „Sicherheitsnetz" dieses Wissens zu haben. Denn man ist nicht vollständig Mensch, solange man sich sagt: „Eigentlich bin ich ein Engel und kann jederzeit in die lichten Welten zurückkehren."

Die Menschen im Satya- und Tretā-Yuga verkörperten die reine Liebe und lebten in vollkommener innerer Ausgeglichenheit. Für jeden Menschen, der nicht in einem solchen Bewusstsein lebt, wäre die damalige himmlische Erde höllisch langweilig gewesen. Es war „nichts los". Das Klima war konstant ideal. Nicht einmal die Nahrungsbeschaffung bot eine „Abwechslung", denn alles wuchs in Fülle, und viele lebten ohnehin von Lichtnahrung (Prana).

Der nächste Schritt erforderte das Ausblenden des Wissens um das eigene frühere Leben. Dies geschah dadurch, dass die Lichtwesen nicht mehr den Weg der direkten Manifestation wählten, sondern den Weg der Inkarnation in männlichen und weiblichen Körpern. „Elohim schuf den Menschen nach seinem Abbild, als Mann und Frau schuf er sie."[3]

Das Geborenwerden brachte ein Vergessen der früheren Leben mit sich, was für die nachfolgenden Generationen einerseits ein größeres Risiko, andererseits aber auch eine neue Herausforderung darstellte: *Kann ich das, was ich als Lichtwesen bin, auch in der physischen Materie sein?* Aufgrund des Vergessens konnten die Menschen in einer intensiveren irdischen Gegenwart leben: im Hier und Jetzt, in einem physischen Körper, ohne irdische oder überirdische Identifikationen.*

Man könnte diese Situation mit einem freiwilligen Urwaldaufenthalt vergleichen. Die Tochter einer reichen Familie entschließt sich, mitten in den Urwald zu den Eingeborenen zu gehen. Sie kann dort lernen und helfen, solange sie will, aber sie weiß immer: „Ich bin die Tochter einer reichen Familie und habe zu Hause ein volles Bankkonto." Der Urwaldaufenthalt bekommt eine ganz andere Intensität, wenn diese junge Frau sich entschließt, ihr Bankkonto aufzulösen und auf das Geld, sogar auf ihr Erbe zu verzichten. Angenommen, sie würde vergessen, woher sie ursprünglich gekommen ist: dann erst könnte sie voll in das Urwaldleben einsteigen. Und genau das taten die inkarnierten Lichtwesen. Sie vergaßen ihre Herkunft und lebten „unhistorisch" nur in der Gegenwart. Ihr Bewusstsein in Liebe wurde zu einem *Dasein in Liebe,* in voller Hingabe, frei und geerdet.

Aus der heutigen Sicht könnten wir versucht sein zu meinen, dies habe ein Stagnieren und einen Mangel an „Entwicklung" bedeutet, was jedoch ein Trugschluss wäre (S. 329). Die ursprünglichen Menschen lebten nicht in der Illusion der scheinbaren Notwendigkeit, etwas anderes sein zu müssen als das, was sie sind. Sie waren als Lichtwesen in die Materie eingetaucht, um eine Menschheit entstehen zu lassen, die es in späteren Zyklen – in der entsprechenden Verdichtung – auch den Wesen aus den Dunkelwelten erlauben würde, auf der Erde geboren zu werden. Und diese Wesen kamen ...

Der Übergriff und der Beginn des irdischen Karmas

Die „Pioniere" der Kolonisation und Ausbeutung kamen im zweiten Zeitalter auf die Erde, aber mussten selbst zuerst Fuß fassen und sich einrichten. Ihr Ziel war von allem Anfang an, den blauen Planeten als Gesamtes zu besitzen. Die ersten Schritte in der Verfolgung dieses

* Dr. Eben Alexander beschreibt in seinem Buch *Proof of Heaven,* wie das Zurückkehren in den Körper und das erneute Eintauchen in die irdische Welt für ihn ebenfalls ein Vergessen mit sich brachte. Doch er erkannte dabei: „[...] das Vergessen unserer transirdischen Identität erlaubt es uns, viel effektiver im ‚Hier und Jetzt' zu sein." (p. 81 / S. 117)

globalen Plans unternahmen sie im dritten Zeitalter. Sie sahen die Ureinwohner, die in ihren Augen nur sinnlos und unproduktiv „herumhockten" und „nichts" taten. Gleichzeitig waren diese rätselhaften Menschenwesen eine Quelle von hochpotenter spiritueller und emotioneller Lebensenergie, die den Asuras fehlte – und diese Energie wollten sie für sich nutzbar machen.

Die Kolonisatoren sahen nur ihre eigenen Interessen, und mit der „Verteidigung" dieser Interessen rechtfertigten sie jegliche Vorgehensweise, die sie für „notwendig" erachteten. Aufgrund ihrer Befehlsstruktur bezeichneten sie alles, was sie taten, als Pflicht, wodurch auch die Befehlsempfänger sich als „Helden" sehen durften. Mit dieser Mentalität und Motivation leiteten sie im dritten Zeitalter den großen Übergriff ein, mit Fortsetzungen bis in unsere heutige Zeit. Diese prähistorischen „Pioniere" erhoben Anspruch auf ganze Landstriche und Kontinente, ja auf den ganzen Planeten, und verfolgten ihre Ziele ohne Rücksicht auf die bereits anwesenden Menschen. Mit dem großen Übergriff starteten sie auch eine astrale, mentale und genetische Programmierung der Menschheit. Immerhin war der Mensch ein Wesen, das „göttergleich" und zugleich auf der Erde heimisch war, also eine irdisch kompatible Physis besaß. Da die unlichten Wesen nur imitieren und kopieren können, um das Geraubte dann zu manipulieren, brauchten sie den ursprünglichen Menschen als „Prototyp", um in ihrem „Fortschritt" neue Durchbrüche zu schaffen.

Die Urbevölkerung der Erde lebte im Geist der Lichtwelten, frei von irdischem Karma und frei von negativen Emotionen. Es war für sie nicht erforderlich, sich schützend abzugrenzen, so wie auch das Licht sich nicht abgrenzt. Wenn Dunkelheit entsteht, erzeugt nicht das Licht die Trennung, sondern es ist die Seite der Dunkelheit, die sich vom Licht ausgrenzt und ihre Dunkelheit dann für die „wahre Realität" hält.

Die Lichtwesen, die Menschen wurden, hatten gewusst, dass sie irgendwann ihren gefallenen Brüdern und Schwestern begegnen würden. Aus der „Theorie" war ihnen bekannt, dass es das Böse gibt, aber es war dann etwas ganz anderes, als sie diesen Menschen bzw. Unmenschen gegenüberstanden, vor allem weil sie zu diesem Zeitpunkt nicht mehr wussten, dass sie Lichtwesen sind. Sie sahen sich plötzlich und erstmals mit den Mächten der Dunkelheit konfrontiert, deren negative Emotionen für sie völlig fremd und unvorstellbar waren: Gier, Arroganz, Lüge, Manipulation, Gewalt gegenüber der Tier- und Pflanzenwelt und gegenüber anderen Menschen. Aus heutiger Sicht könnte man sagen, dass die Urmenschen naiv und weltfremd waren – weltfremd aber nur im Bezug auf eine Welt der *Dualität* und *Dunkelheit.* Sie waren angesichts des Egoismus und der Aggression der Kolonisatoren fassungslos, wehrlos und schockiert. Ein großes Trauma in unterschiedlichen Varianten brannte sich damals in das kollektive Bewusstsein und Unterbewusstsein der Menschen ein ...

Als es zum großen Übergriff kam, gerieten die inkarnierten Lichtwesen in eine Situation der höchsten Herausforderung: Wie reagiere ich auf dieses Unrecht, diese Demütigung, diese Gewalt, diese Übermacht?

Die betroffenen Menschen reagierten auf unterschiedlichste Weise. Einige behielten ihr reines Bewusstsein und „standen darüber", egal was im Äußeren geschah und was ihnen angetan wurde. Das waren Seelen, die nicht in die irdische Geschichte der Menschheit einsteigen wollten. Die anderen wurden in die Dualität gezerrt, und so begann ihr irdisches Karma, was zu folgenden Handlungsmustern führte:

- Die einen sahen sich als Opfer und ergaben sich in ihr Schicksal (Resignation) oder verfielen in Selbstmitleid; sie fühlten „Ohnmacht" angesichts der materiellen Übermacht;
- einige sahen keinen Lebenssinn mehr und gingen vom Selbstmitleid in eine Art von Selbstzerstörung oder Selbstbestrafung;
- andere haderten mit Gott und dem Schicksal; sie begannen, sich selbst zu verachten und ihren physischen Körper mit Abscheu zu betrachten;
- andere bekamen Angst vor den „Mächtigen" und wurden eingeschüchterte Sklaven oder Bürger;
- andere gingen in eine Art Apathie und Starre, oder sie versuchten die neue Realität zu verdrängen, indem sie sich, bildlich gesprochen, „tot stellten";
- andere versuchten zu fliehen oder den Aggressoren auszuweichen;
- andere begannen, die Dunkelmächte zu hassen, und schmiedeten Pläne, um sie zu bekämpfen;
- andere reagierten mit Empörung und Wut angesichts all dieser Ungerechtigkeiten und nahmen sich vor, die Übeltäter zu entlarven;
- wieder andere liefen auf die andere Seite über und wurden Kollaborateure, entweder aus Angst oder aus Faszination, denn sie sahen zum ersten Mal eine Macht, die mit physischer Gewalt und mit Ego-Willen handelte – und damit (scheinbar) mehr Erfolg hatte als diejenigen, die aus dem Geistigen und aus der göttlichen Liebe heraus wirkten;
- einige glaubten an eine Möglichkeit des friedlichen Zusammenlebens und suchten den Dialog, um mit der Gegenseite diplomatisch zu verkehren und Kompromisse zu finden, was aber nur zu weiteren Übergriffen und zu „Vertragsbrüchen" führte – und die Reaktion dieser Ureinwohner schlug irgendwann in eine der anderen Kategorien um.

Auf diese Weise begannen die Karmaketten der ursprünglichen Menschen. Karmaketten sind materiell und haben einen Anfang (und irgendwann auch ein Ende). Es war nicht die „Resonanz" der Lichtwesen, die zum Übergriff führte, sondern der Wille der Täter. Die einzige „Schuld" der Lichtwesen war, dass sie sich in die gefährliche Randzone von Licht und Dunkelheit begeben hatten. Damit hatten sie freiwillig das entsprechende Risiko auf sich genommen. Denn die Erde ist ein Bereich des freien Willens, in dem sich auch nicht-selbstlose Wesen aufhalten. Wer sich in diesen Bereich begibt, akzeptiert die „Spielregel" des Karmas, nämlich dass alle (bis zu einem bestimmten Grad) tun dürfen, was sie wollen. Das bedeutet, dass wir und alle anderen Menschen jederzeit neue Reaktionsketten starten können. Ebenso können wir jederzeit von anderen in *ihre* Karma-Handlungen hineingezerrt werden.*

Wann immer eine negative Karmakette gestartet wird, liegt ein Übergriff vor: eine Nichtrespektierung des freien Willens und der Würde des anderen Menschen. Übergriffe sind physische und/oder psychische Gewaltakte, bei denen die betroffenen Personen nicht die Möglichkeit haben, sich zu verteidigen oder zu entscheiden, ob sie Teil dieser Situation sein wollen. Krasse Beispiele sind Massenmörder, die in eine Menschenmenge schießen, und Kriegsmächte, die über andere Länder herfallen und auf Menschen, die nicht flüchten und sich nicht wehren können, Bomben abwerfen.

Persönliche und kollektive Karmaketten haben immer eine Ursache und einen konkreten Anfang. Irgendwann wurde jemand zum Täter, und die Opfer waren unschuldig, das heißt, sie hatten den Tätern nichts angetan, ja waren ihnen vorher noch nie begegnet. Übergriffe werden immer von Asuras gestartet und in späteren Phasen auch von Lichtwesen, die sich asurisch beeinflussen ließen. Denn Opfer, die nicht verzeihen können, werden selbst zu Tätern ...

Mit anderen Worten: Die Erde ist ein *Bereich des freien Willens,* sowohl für die Wesen aus dem Licht als auch für die Wesen aus der Dunkelheit. Alle dürfen tun, was sie wollen – zwar mit den entsprechenden Konsequenzen, aber diese kommen erst, *nachdem* man getan hat, was man tun wollte. Das ist die relative Freiheit auf Erden, und diese kann missbraucht werden.

---

* Die hier gegebenen Ausführungen über Karma und freien Willen sind eine Zusammenfassung des Textes im Anhang (S. 319–338).

Das dunkle Zeitalter und die Wendezeit

Im dritten Yuga gerieten nicht alle Menschen sogleich unter die Herrschaft der „Mächtigen". Einige von denen, die nicht unterworfen und manipuliert wurden, fingen an, ihre eigenen Zivilisationen zu gründen, um ein Gleichgewicht der Kräfte herzustellen. Dies geschah mit der Unterstützung von Avatarmenschen, die als Kulturbringer und „kosmische Gesandte" erschienen (S. 84).

Andere Stammeslinien der ursprünglichen Menschen behielten ihren Lebensstil bei und blieben „Aborigines". Aber im Lauf der vielen Jahrtausende blieb niemand unbeeinflusst. In der Übergangszeit zum vierten Yuga rollten Kataklysmen über die Erde hinweg, und die Menschheit wurde für viele Generationen in einen Kampf ums nackte Überleben zurückgeworfen. Die Lebensumstände waren nun tatsächlich primitiv, und die von der Natur bedrohten Menschen öffneten sich der Angst und verloren dadurch vollends das Urwissen ihrer Ahnen. Was blieb, war meistens nur noch animistische Magie und Aberglaube. Angst, Hass und Konflikte griffen um sich, geschürt von denen, die davon profitierten.

Das vierte Yuga begann vor 5000 Jahren mit dem Unterzyklus, der als „dunkles Zeitalter" (Kali-Yuga) bezeichnet wird. Die Yugas sind große irdische Zyklen, die mit solaren und galaktischen Zyklen in Beziehung stehen. Das vierte Yuga ist das kürzeste und dauert 432 000 Jahre. In den Sanskritschriften wird das vierte Yuga auch gesamthaft als „Kali-Yuga" bezeichnet, was aber nicht bedeutet, dass diese gesamte Zeitspanne ein dunkles Zeitalter ist. Das dunkle Zeitalter ist ein Unterzyklus, der rund 5000 Jahre dauert. Er entspricht dem großen Zyklus des Maya-Kalenders (13 Baktun-Zyklen zu je 144 000 Tagen), von dem es heißt, dass er am 21.12.2012 zu Ende ging. Wenn wir von diesem Zeitpunkt zurück rechnen, begann der große Zyklus des Maya-Kalenders 3113 v. Chr., genau in derselben Zeit, in der laut indischen Angaben das vierte Yuga begann (3102 v. Chr.). Diese Übereinstimmung wurde erst im 20. Jahrhundert entdeckt: Zwei alte Kulturen, die eine halbe Welt auseinanderlagen, bezeichneten praktisch denselben Zeitpunkt vor 5000 Jahren als Beginn des gegenwärtigen Zeitalters! Und dieser Unterzyklus geht in der heutigen Zeit zu Ende ...

Obwohl das Kali-Yuga ein dunkles Zeitalter ist, das durch Konflikte, Konkurrenzkämpfe und Kriege geprägt ist, ist es auch ein Zeitalter der großen Chancen – religiös gesprochen: der Gnade –, denn in ihm ist es möglich, dass die „Dunkelheit" (die Trennung von der Quelle) wieder aufgelöst wird. All das Unmenschliche, das im Kali-Yuga geschieht, ist nicht notwendig. Aber das Kali-Yuga ist notwendig, damit das Unmenschliche erkannt und überwunden werden kann.

Exkurs: Die Yuga-Zyklen innerhalb von Brahmās Tag

Ein „Tag Brahmās" (zwölf Stunden) stellt die Existenzdauer unseres sichtbaren Universums dar und ist somit das grundlegende Bezugssystem für die irdischen Zeitzyklen (siehe S. 135). Der Tag Brahmās wird auf Sanskrit *Kalpa* genannt („Vorgang; Arbeitstag; Zeitrahmen des Aktivseins").

Die Yugas als Unterzyklen von Brahmās Tag: Gemäß der vedischen Zeitrechnung entwickelt sich die Geschichte der Erde in einem Ablauf von sich wiederholenden Viererzyklen: Satya (siehe S. 139), Tretā („das dritte"), Dvāpara („das zweite") und das gegenwärtige, das vor 5000 Jahren begann. Jedes Yuga enthält verschiedene Unterzyklen. Relevant für uns ist der aktuelle Unterzyklus genannt „Kali-Yuga", dessen Name im indischen Kulturkreis missverständlich auch für das ganze Yuga verwendet wird (siehe S. 149).

Eine Folge dieser vier Yugas dauert 4,32 Millionen Jahre. 1000 solcher Viererzyklen entsprechen einem Tag, d. h. zwölf Stunden Brahmās: 1000 × 4 320 000 irdische Jahre = 4,32 Milliarden Jahre. Ebenso lange wie Brahmās Tag *(brahma-dina)* dauert Brahmās Nacht *(brahma-rātra)*. 24 Stunden Brahmās dauern also 8,64 Milliarden irdische Jahre.* Heute befinden wir uns in der Mitte von Brahmās Tag. Der neue große Schöpfungstag auf Erden begann demnach vor rund 2 Milliarden Jahren. Tatsächlich sagt auch die moderne Biologie, die ersten Lebewesen seien vor ungefähr 2 Milliarden Jahren entstanden. (Die Biologie meint, damals hätten sich aus den vor 3 bis 2 Milliarden Jahren entstandenen organischen Bausteinen zufällig die ersten lebenden Organismen gebildet. Mir geht es hier nicht um diese Hypothese, sondern allein um den Zeitpunkt. Die altindische Kosmologie und die moderne empirische Forschung kommen mit gänzlich verschiedenen Mitteln zu einem ähnlichen Ergebnis.)

In ihrem Buch *Endless Universe – Beyond the Big Bang* (2007) schreiben die Autoren Paul J. Steinhardt von der Universität Princeton und Neil Turok von der Universität Cambridge:

> Die alte Hindu-Kosmologie enthält eine bemerkenswert detaillierte und quantifizierte Sicht einer zyklischen Evolution. Sie beschreibt gesamthaft Zyklen innerhalb von Zyklen innerhalb von Zyklen, wobei die Zyklen auf jeder Ebene eine unterschiedliche Dauer haben. Diese Ebenen entsprechen verschiedenen Zeitabschnitten in der Lebensspanne des Brahma, des Schöpfergottes. So entspricht eine Art von Zyklus einem Tag und einer Nacht in Brahmas Leben, eine andere einem Jahr, wieder eine andere einhundert Jahren, usw. Wenn

* Dieselben Zahlen finden wir heute auch in unserer täglichen Zeitrechnung. 12 Stunden sind 43 200 Sekunden, 24 demnach 86 400. Wie die Längenmaße (siehe Kap. 2) beruhen auch die Zeiteinheiten mitsamt der 12er-Einteilung auf einer höheren Ordnung, und es ist heute nicht mehr bekannt, wann und von wem dieses Wissen empfangen wurde. Die Babylonier machten astronomische Berechnungen mit dem 60er-System, das später von den Griechen übernommen wurde. Offensichtlich kannte aber auch die altindische Kultur dieses System.

Yuga	Drei Hauptunterzyklen			Total
Satya	400	4000	400	4800
Tretā	300	3000	300	3600
Dvāpara	200	2000	200	2400
Kali	100	1000	100	1200
Catur-Yuga				12 000

Dauer eines Yuga-Viererzyklus (Catur-Yuga), auch Mahā-Yuga (großes Yuga) oder Divya-Yuga (göttliches Yuga) genannt, berechnet in der Zeiteinheit von Deva-Jahren (1 Deva-Jahr = 360 irdische Jahre).

Yuga	Drei Hauptunterzyklen			Total
Satya	144 000	1 440 000	144 000	1 728 000
Tretā	108 000	1 080 000	108 000	1 296 000
Dvāpara	72 000	720 000	72 000	864 000
Kali (S. 149)	36 000	360 000	36 000	432 000
Catur-Yuga				4 320 000

Dauer desselben Yuga-Viererzyklus, berechnet in der Zeiteinheit von irdischen Jahren. Dies sind Zeitzyklen in Synchronizität mit kosmischen Zyklen, die verschiedene Unterzyklen als Zeitfraktale enthalten.

> wir diese Zyklen auf Erdenjahre umrechnen, sind einige von ihnen überraschend ähnlich wie jene Zeitangaben, die in der zeitgenössischen Astronomie von Interesse sind. Ein Tag und eine Nacht im Leben Brahmas dauern je ein *kalpa,* zusammen eine Zeitperiode von 8,64 Milliarden Jahren, was ungefähr der Dauer entspricht, die von der modernen Kosmologie für die von Materie dominierte Epoche angesetzt wird, in der sich die Galaxien formten.[4]

Die verschiedenen Unterzyklen von Brahmās Tag und die damit verbundenen Erdepochen und Umwälzungen zeigen, dass alle irdischen Kataklysmen einen höheren Grund haben und nicht einfach zufällig geschehen. Die heutige Biologie und Geologie sagt, in den vergangenen 600 Millionen Jahren sei es auf der Erde fünfmal fast zur totalen Auslöschung allen Lebens gekommen; daneben habe es etwa zehn weitere Abschnitte eines großen Massensterbens gegeben.[5] Aber nach jedem Massensterben geschah das Gleiche: Es traten neue, *höherentwickelte* Lebensformen auf, angeblich durch zufällige Mutation und Selektion.

Globale Veränderungen entsprechend den Yugas: Die grundlegende Zeiteinheit innerhalb eines Brahmā-Tages sind die sich wiederholenden Zyklen der vier Yugas, wobei jeder dieser Viererzyklen 4,32 Millionen Jahre dauert. Die vier Yugas haben eine unterschiedliche Länge. Die Dauer der nacheinander folgenden Yugas verringert sich jeweils um ein Viertel. Beim Anfang und beim Ende eines jeden Yugas kommt es zu einer Übergangszeit, genannt Sāndhya. Das Wort *sāndhya* bedeutet allgemein „Übergang" und konkret „Abenddämmerung". Die großen Umwälzungen ereignen sich immer in den Yuga-Sāndhyas, d. h. am Ende der Yugas. Für die Formulierung „Dämmerung eines neuen Zeitalters" würde im Sanskrit nicht das Wort *sāndhya* verwendet, sondern *aruṇa* oder *uṣā*, „Morgenlicht, Morgendämmerung".

Die Zeitangaben für die Yugas werden manchmal in Deva-Jahren* und manchmal in irdischen Jahren angegeben: Die vier Yugas dauern 12 000 Deva-Jahre, was in irdischer Zeitrechnung 4 320 000 Jahren entspricht.[6] Dies sind buchstäblich astronomische Zahlen, denn die Erde ist Teil der solaren und galaktischen Zyklen.

Ein Brahmā-Tag besteht aus 1000 Abläufen der vier Yuga-Zyklen, aber diese 1000 „Wiederholungen" sind nicht identisch. (Wie bereits erwähnt, befinden wir uns heute in der Mitte von Brahmās Tag; siehe auch Zeitskala in Bildteil 1.) In der Frage, wie die früheren Viererzyklen ausgesehen haben, gehen die Meinungen auseinander. Einige Sanskritschriften beschreiben märchenhafte Kulturen, die im letzten oder vorletzten Viererzyklus oder sogar noch früher existiert haben sollen. Diese Hochkulturen seien durch die jeweiligen Umwälzungen ausgelöscht worden, wobei neben den Sāndhya-Katastrophen auch Faktoren zum Tragen kamen, die nicht zu unserem heutigen Erfahrungsbereich gehören, z. B. Eingriffe durch Dematerialisation.

Oder sind die Menschen erst mit dem jetzigen Viererzyklus auf der Erde erschienen, d. h. im Satya-Yuga, das vor knapp 4 Millionen Jahren begann? Falls dies zutrifft, wären die vorherigen Viererzyklen vorbereitende Erdepochen gewesen, in denen gestaffelte Schöpfungswellen stattfanden: von einer Urwelt ohne Lebewesen bis hin zum Satya-Yuga-Paradies, in dem Lichtwesen als Menschen auf der Erde erschienen. Wenn auch in den Satya-Yugas vor 8 und 12 und 16 Millionen Jahren (usw.) Lichtwesen zu Menschen wurden, ist dies für unseren heutigen Menschheitszyklus nicht mehr relevant, weshalb es ausreichend ist, nur den jetzigen Viererzyklus näher zu betrachten.

Das erste Yuga ist dasselbe wie die „Erste Welt", von der die amerikanischen Ureinwohner sprechen. Der Unterschied vom einen Yuga zum nächsten ist tatsächlich so gewaltig, dass es keine Übertreibung ist, von verschiedenen „Welten" zu sprechen. Jeder Yuga-Übergang ist mit globalen Umwälzungen verbunden, so dass die Erde danach völlig anders aussieht als vorher. Gemäß dem Grundsatz „wie oben, so unten" spiegeln sich die kosmischen Zyklen und Unterzyklen auch auf der Erde wider – von kurzen, fraktalen Zeiteinheiten bis hin zu den Yugas.

---

* Deva-Jahr: ein Jahr aus der Sicht der Devas („Götter, Lichtwesen"). Der Umrechnungsfaktor zur irdischen Zeit ist 360.

Teil 2

Urgeschichte der Menschheit – Zyklische Zeitalter und das Vermächtnis der alten Hochkulturen

„Wenn die Götter die Erde, um sie zu reinigen, mit Wasser überschwemmen, dann überleben diejenigen, die auf den Bergen wohnen: Rinder- und Schafhirten [...] Nur die der Schrift Unkundigen und Ungebildete werden von der Regenflut übrig gelassen, so dass ihr immer wieder wie Kinder von Neuem beginnen müsst und nicht mehr wisst, was bei uns und bei euch in alten Zeiten geschah. Daher sind eure Geschichtsdarstellungen nicht viel mehr wert als Kindermärchen, denn ihr wisst nur von einer einzigen Überschwemmung der Erde, während es doch so viele frühere gegeben hat."

„Ihre Namen kennt ihr vielleicht noch, aber nicht mehr ihre Taten, weil diejenigen, die davon wussten, umgekommen sind und weil dies alles aufgrund der Länge der Zeit in Vergessenheit geraten ist. Denn wie ich bereits erwähnte, bleiben jedes Mal nur jene übrig, die auf den Bergen leben – Menschen, die weder lesen noch schreiben können. [...] Über viele Generationen hinweg fehlte diesen Überlebenden sogar das Notwendigste, weshalb sie nur über das ihnen Mangelnde nachdachten und sprachen, ohne einen Sinn für das, was bei ihren Vorfahren und in alter Zeit geschehen ist."

— Worte eines ägyptischen Tempelpriesters an den Griechen Solon,
überliefert von Platon in: *Timaios* (23), *Kritias* (109)

Vorbemerkung zu Teil 2:

In Teil 1 beschrieb ich die Entstehung von Kosmos und Mensch durch Involution sowie das Weltbild, das dieser Erklärung zugrunde liegt: Multidimensionalität des Kosmos, Existenz höherer Intelligenzen, interdimensionale Vernetzung der Materie, usw.

Die Ausführungen in Teil 1 sind in dieser Hinsicht *programmatisch* und *paradigmatisch.* Der nun folgende Teil 2 hingegen ist *investigativ* und in gewissen Punkten deshalb auch spekulativ. Ich wollte jedoch die Botschaft „Ihr seid Lichtwesen" nicht auf die Inhalte von Teil 1 beschränken, weil dann der konkrete Bezug zur Menschheitsgeschichte fehlen würde. Sollte ich mit meinen Interpretationen alter Quellen und archäologischer Funde irgendwo falsch liegen, so möchte ich betonen, dass das Erklärungsmodell der Involution nicht abhängig von den Darlegungen in Teil 2 ist. Die Ausführungen in Teil 2 sollen nur *Illustrationen* zu Teil 1 sein.

Die Theorie der Involution ist gemäß den Kriterien, die der Philosoph Karl Popper formulierte, durchaus widerlegbar („falsifizierbar"), aber nicht durch den Nachweis irgendeines Fehlers von mir in Teil 2, sondern durch den wissenschaftlichen Beweis, *dass Bewusstsein ein Produkt der Materie ist, dass eine Linie von Tieren sich in Menschen verwandelt hat, dass alle Lebensfunktionen materiell erklärbar sind,* usw. Würde dies bewiesen, wäre die Theorie der Involution – und jedes religiöse und metaphysische Weltbild – widerlegt. Wie in Teil 1 dargelegt, sind diese materialistischen Postulate jedoch in keiner Weise bewiesen, ganz im Gegenteil, sie sind eigentlich schon längst widerlegt. Deshalb ist heute ein Denken in neuen Dimensionen erforderlich, insbesondere was die Geschichte der menschlichen Kulturen und die Rätsel der Vergangenheit betrifft.

Kapitel 7

Götter auf Erden: Mythos und Geschichte

Götter begleiten die Menschen seit Menschengedenken. Von Göttern berichten zahllose Mythen und Legenden: indische, ägyptische, sumerische, griechische, nordische usw. Götter beeinflussten die Menschen, zum Beispiel bei der Schlacht von Troja, wie Homer berichtet. Götter paarten sich mit den Menschen. Götter belehrten die Menschen. Götter waren Kulturbringer. „Götter wandelten einst bei Menschen, die herrlichen Musen / Und der Jüngling Apoll, heilend, begeisternd", schrieb 1799 der deutsche Dichter Friedrich Hölderlin und war überzeugt, dass die „Götter" dereinst wiederkehren werden, um ein neues Zeitalter einzuleiten.

Die Götter waren offensichtlich nicht alle gleich. Die einen waren Lichtgestalten: heroisch, göttlich, „heilend, begeisternd". Andere jedoch, so sagen dieselben Überlieferungen, verwendeten ihre Macht, um die Menschen zu unterdrücken und auszubeuten.

Seit der Mitte des 20. Jahrhunderts erschien der Begriff „Götter" auch zunehmend in Buchtiteln: *Erinnerungen an die Zukunft – Ungelöste Rätsel der Vergangenheit* (engl. *Chariots of the Gods: Unsolved Mysteries of the Past*) / *Der Tag, an dem die Götter kamen* / *Der Götter-Schock* / *Wir alle sind Kinder der Götter* / *Die Strategie der Götter* / *Die Götter waren Astronauten* / *Götterdämmerung* (alles Titel von Erich von Däniken), *Auf der Spur der Sonnengötter* (Marcel Homet), *Heimkehr zu den Göttern* (Gerhard Steinhäuser), *Der Götterplan* (Peter Fiebag), *Wenn Götter Gott spielen* / *Götterbotschaft in den Genen* (Hartwig Hausdorf), *Götterspuren* (Luc Bürgin), *Die Götter von Eden* (William Bramley), usw. Die meisten dieser Autoren vertreten die These, dass die Götter Außerirdische waren, die in grauer Vorzeit mit „Ufos" zu den primitiven Menschen kamen und zu Kulturbringern wurden. Diese Forschungsrichtung gab sich selbst den Namen „Präastronautik", d. h. die Suche nach Spuren von Götterbesuchen in prähistorischen Zeiten. Viele glauben auch an die Theorien, die seit 1976 durch die Bücher von Zecharia Sitchin eine große Verbreitung fanden, nämlich dass der Mensch von den Tieren abstamme und dass Außerirdische vor 300 000 Jahren aus dem Urmenschen den Homo sapiens „gezüchtet" hätten (siehe Kap. 12).

Ein wichtiger Autor der alternativen Geschichtsforschung, der nicht einfach eine Außerirdischentheorie vertritt, ist Graham Hancock. Sein berühmtestes Buch hat ebenfalls einen Göttertitel: *Die Spur der Götter,* im englischen Original *Fingerprints of the Gods* (1995). Die „Götter" sind hier keine Außerirdischen, die zu primitiven Menschen kamen, sondern Überlebende und Nachkommen einer vorsintflutlichen Hochkultur. Sie als Nachfolger der alten Wissensträger bauten in aller Welt gigantische Monumente, weshalb diese über- und unterirdischen Anlagen für die heutigen Menschen ein Rätsel darstellen, sowohl hinsichtlich ihres Zwecks als auch der Art und Weise, wie sie erbaut wurden.

Lichtwesen bei den Menschen

Gemäß den altindischen Quellen begann die Menschwerdung im ersten Zeitalter, dem Satya-Yuga, das rund 1,7 Millionen Jahre dauert und in der Zeit vor 4 Millionen bis vor 2,3 Millionen Jahren anzusetzen ist. Als die materielle Verdichtung im Lauf des zweiten, dritten und des jetzigen vierten Yugas zunahm, hatte dies zur Folge, dass die Menschen als Kollektiv immer mehr ihre geistige Herkunft vergaßen. Wie bereits erwähnt (S. 144f.), gehörte dieses Vergessen zum Schöpfungsplan, war aber nichtsdestoweniger mit großen Risiken verbunden. Die Gefahr wuchs, dass die Menschen sich in der Materie verlieren und nicht mehr aus ihrem natürlichen Selbst- und Gottesbewusstsein heraus leben – und genau dies geschah zunehmend. (Was hier über den Schöpfungsplan gesagt wird, darf nicht missverstanden werden. Zum Schöpfungsplan gehören die zunehmende Verdichtung und das natürliche Vergessen, aber nicht die Übergriffe, die Manipulationen, die Kriege usw.).

Damit die Menschen die Erinnerung an ihre geistige Herkunft nie ganz vergaßen, ließen die Lichtwesen ihnen immer ihre Hilfe zukommen, ohne jedoch den freien Willen der Menschen zu beeinträchtigen oder ihnen Lernerfahrungen abzunehmen. So wirkten sie meistens nur aus dem Unsichtbaren heraus. Aber in gewissen Momenten erschienen einzelne auch physisch bei den Menschen.

Die Fähigkeit der Lichtwesen, durch die Materialisation ihres Körpers in Menschengestalt zu erscheinen, ist immer vorhanden und beschränkt sich nicht auf den Anfang des ersten Yugas. Das bedeutet: *Einzelne Lichtwesen erschienen auch zu späteren Zeitpunkten durch Materialisation auf der Erde.* In den mythischen Überlieferungen aller Kulturen finden wir Spuren dieser „Götter" und Avatare. Jedoch ging das konkrete Wissen um die geistige Herkunft des Menschen im Lauf der Zeit verloren oder wurde von verschiedenen Schichten der Verfälschung überdeckt. Vielerorts entstanden manipulative schamanische, ritualistische und religiöse Strukturen, wodurch die Völker sich selbst schwächten. Und dann kamen auch noch Invasoren und Kolonialherren. Ganze Kulturen wurden vernichtet. Indigene Völker wurden massakriert. Alte Schriften wurden verbrannt. Das ursprüngliche Wissen ging jedoch nie ganz verloren, nur schon deshalb, weil die Eingeweihten immer wieder reinkarnierten, damit zum entscheidenden Zeitpunkt die Erinnerung an unsere geistige Herkunft weltweit neu erwachen kann. Und dazu gehört auch die Reaktivierung unserer menschlichen Potentiale und das Erkennen unserer Lebensaufgabe hier auf Erden.

Melchisedek

In allen Kulturen finden wir Berichte von besonderen Menschen, die keine irdischen Eltern hatten. Bekannt sind die Überlieferungen aus dem alten Ägypten (diese werden das Thema des Folgebandes sein). Die Griechen übernahmen viele der ägyptischen Geschichten und vermischten sie mit ihren eigenen Mythen, deren wahre Bedeutung sie zum Teil selbst schon nicht mehr kannten. So entstanden die vielen Sagen von olympischen Göttern, Giganten, Titanen und Heroen, alle mit einem wahren kosmogonischen und historischen Kern.

Auch das Alte Testament enthält Beschreibungen eines Menschen ohne Eltern. Er wird als „König von Salem" bezeichnet. Mit dieser Person verbindet sich die Erinnerung an die Erscheinungen eines bestimmten Lichtwesens vor einzelnen Menschen oder Menschengruppen im nahöstlichen Bereich. Diejenigen, die begannen, das mündlich Überlieferte aufzuschreiben, brachten diese immer wieder erscheinende Lichtgestalt mit dem Namen Melchisedek in Verbindung.[1] Am bekanntesten ist die kurze Geschichte seiner Begegnung mit Abraham (1 Mose 14,18-24), die jedoch erst viel später – mit entsprechenden priesterlichen Bearbeitungen – in der heute vorliegenden Form entstanden ist.

Der Name Melchisedek erscheint auch in den Schriftrollen vom Toten Meer, und zwar im Schriftstück mit der Katalognummer 11Q13, das aus dem 2. Jahrhundert v. Chr. stammt. Die Übersetzer gaben diesem Fragment den Titel „Das Kommen des Melchisedek". Beschrieben wird eine zukünftige Zeit des Schuldenerlasses und der Sündenvergebung. Vermittler dieses Heils wird Melchisedek sein. „Für den Verfasser [dieser Schriftrolle] ist Melchisedek ein äußerst erhabenes, göttliches Wesen, das er mit Namen benennt, die im allgemeinen Gott vorbehalten sind: mit den hebräischen Namen *el* und *elohim.* [...] Durch die Macht Melchisedeks soll die irdische Herrschaft vom Satan (hier Belial genannt) auf die gerechten Söhne des Lichts übergehen."[2] Mit dem Namen Melchisedek wird also explizit ein Elohim-Wesen bezeichnet, das in der Vergangenheit bereits erschienen ist und erneut erscheinen soll, um die Herrschaft des „Belial“ zu beenden.

Melchisedek wird auch im Neuen Testament als Wesen mit außergewöhnlicher Herkunft erwähnt, und zwar als hohe Referenz für Jesus!

> [...] ins Allerheiligste hinter dem Vorhang im himmlischen Tempel, dorthin ist Jesus als unser Wegbereiter vorausgegangen. Denn er ist für alle Zeiten unser Oberster Priester nach der Art des Melchisedek. (Hebr 6,19b-20)

> Melchisedek war König von Salem und Priester des höchsten Gottes. [...] Melchisedek bedeutet eigentlich „König der Gerechtigkeit“. Weil er König von Salem war, heißt er auch „König des Friedens“. Man kennt weder seine Eltern noch seinen Stammbaum; seine Lebenszeit hat weder Anfang noch Ende. Er gleicht dem Sohn Gottes und bleibt Priester für alle Zeit. (Hebr 7,1-3; Einheitsübersetzung)

Die Formulierung „man kennt weder seine Eltern noch seinen Stammbaum“ lautet in älteren Bibelübersetzungen: „Er hat weder Vater noch Mutter, noch Stammbaum.“ Es ist ungewöhnlich, dass die Eltern und die Abstammung eines Königs unbekannt sind. Aus dem Kontext dieses Apostelbriefes kann abgeleitet werden, dass „König von Salem“ nicht die Bezeichnung für einen irdischen König war, sondern ein Ehrentitel für ein Lichtwesen, das dem „himmlischen Tempel“ entstammt.

Die Weiße Büffelfrau und die vier Zeitalter

Eine in Nordamerika bekannte Erscheinung eines Lichtwesens ist die Heilige Büffelfrau, auch „Weiße Büffelfrau“ genannt. Die Überlieferung der Sioux berichtet von einer fürchterlichen Dürre in der fernen Vergangenheit, die zu einer großen Hungersnot führte. Als letzte Hoffnung sandte der Häuptling seine zwei besten Jäger los.

> Lange Zeit waren sie unterwegs, ohne ein einziges Tier gesichtet zu haben. Sie hielten Rat und beschlossen, auf einen Berg zu steigen, um von der Höhe her das Jagdgebiet besser überschauen zu können. Nach einer Weile erblickten sie in der Ferne eine Gestalt, die, durch die Lüfte schwebend, sich auf sie zubewegte. Als sie näher kam, sahen sie zu ihrer Verwunderung, dass es eine Frau von außergewöhnlicher Schönheit war. [Sie kündet ihr Erscheinen im Dorf der hungernden Menschen an ...] Nach vier Tagen erschien die Heilige Frau im Zeltdorf. Der Häuptling begrüßte sie ehrerbietig und führte sie zum Heiligen Zelt. Sie betrat es und schritt im Sinne der Sonnenbahn mehrmals im Kreise herum. [Sie überreicht den Menschen die Heilige Pfeife ...] „Seht euch den Pfeifenkopf aus rotem Stein an!“, fuhr sie dann fort. „Er verkörpert den Büffel, aber

> auch Fleisch und Blut des roten Mannes. Der Büffel stellt das Universum dar, und seine vier Beine verkörpern die Vier Zeitalter der Schöpfung und die vier Himmelsrichtungen. Als Wakan Tanka die Welt erschuf, beheimatete er den Büffel im Westen, damit er die Flut aufhalte. In jedem Jahr verliert der Büffel ein Haar, in jedem der Vier Zeitalter ein Bein. Der Heilige Kreis wird enden, wenn der Büffel alle seine Haare und Beine verloren hat. Dann wird die Erde erneut überflutet werden."
>
> Dann wandte sich die Heilige Weiße Büffelfrau an die Frauen ringsum und sprach zu ihnen: „Mit der Arbeit eurer Hände und der Frucht eures Leibes erhaltet ihr die Menschheit am Leben. Ihr entstammt der Mutter Erde, ihr Mütterlichen. Was ihr für das Leben tut, ist ebenso groß und gewichtig wie das Werk der Jäger und Krieger." [...] Die Heilige Büffelfrau in ihrer mütterlichen Fürsorglichkeit brachte ihren Schwestern auf Erden noch so manches Geschenk.[3]

Die Formulierung „ihre Schwestern auf Erden" macht deutlich, dass die Weiße Büffelfrau nicht von der Erde kam, aber Menschengestalt annahm. Eine Schlüsselperson der nordamerikanischen Überlieferung ist also ein Lichtwesen, das sich regelmäßig oder sporadisch materialisiert und als Frau erscheint.

Die allegorische Beschreibung, dass der Büffel mit jedem Zeitalter ein Bein verliert, ist auch ein zentrales prophetisches Motiv in den Sanskritschriften, nur dass dort nicht von einem Büffel, sondern von einem Stier die Rede ist. Der Stier repräsentiert Dharma, das Leben des Menschen im Einklang mit den Schöpfungsgesetzen. Mit dem Verlust eines jeden Dharma-Beines fällt die Menschheit mehr aus ihrem Gleichgewicht. Am Ende des dritten Yugas, vor fünftausend Jahren, sprach ein heiliger König zum Dharma-Stier im Hinblick auf das anbrechende dunkle Zeitalter (Kali-Yuga):

> „Im ersten Yuga (Satya-Yuga) wurden deine vier Beine durch die vier Dharma-Grundsätze – Losgelöstheit, Reinheit, Achtung vor allen Lebewesen, Wahrhaftigkeit – gebildet. Aber nun sind drei deiner Beine durch überhandnehmende Gottlosigkeit in Form von Stolz *(smaya)*, Anhaftung *(saṅga)* und Wahn *(mada)* gebrochen worden. Du stehst nur noch auf einem einzigen Bein, der Wahrhaftigkeit, doch Kali, der durch Lüge erstarkt, wird versuchen, auch dieses letzte Bein zu zerstören." (*Śrīmad-Bhāgavatam* 1.17.24-25)[4]

Als die Weiße Büffelfrau sich von den Menschen verabschiedete, tat sie dies mit vier tanzenden Kreisbewegungen und sagte, dass sie in jedem der vier Zeitalter erscheine. Und so warten und hoffen viele der nordamerikanischen Ureinwohner auf das Wiederkommen der Weißen Büffelfrau. Wenn dieses Lichtwesen wieder erscheint, so heißt es, wird die geistige Dürre der Menschheit überwunden werden.

„Kachinas“ ist ein aus der Sprache der Hopi abgeleiteter Überbegriff für Wesen aus den höheren Welten und aus der mythischen Vergangenheit. Sie wirken als Vermittler zwischen den Menschen und den hohen kosmischen Instanzen und gelten deshalb als die Bringer des Regens, der Nahrung und des gesellschaftlichen Wohls. In bestimmten Hopi-Zeremonien repräsentieren Tänzer mit traditionellen Kostümen und Masken jene Kachinas, die angerufen werden sollen. Entsprechend diesen Masken und Kostümen werden auch hölzerne Kachina-Puppen geschnitzt, ursprünglich zum Zweck, dass die Kinder die verschiedenen Kachinas und deren Geschichte kennenlernen. Heranwachsende Mädchen bekamen in Einweihungszeremonien eigene Kachina-Puppen als Zeichen des Segens für Gesundheit und Fruchtbarkeit. Heute sind Kachina-Puppen auch beliebte Souvenirs.

Gemäß den alten Überlieferungen waren die Kachinas einst physisch auf der Erde gegenwärtig, indem sie aus den geistigen Welten erschienen oder über das Meer oder aus dem Sternenmeer zu den Hopi kamen. Am bekanntesten ist heute die Figur des Kokopelli oder Kókopilau, der flötenspielende und wild tanzende Kachina, der mit einem Buckel *(pilau)* dargestellt wird, weil er unter seinem Umhang einen Rucksack voller Kräuter und Samen trug. „Der Kókopilau-Kachina singt ein Lied in einer so alten Sprache, dass kein heutiger Hopi auch nur ein Wort davon versteht. Die Hopi wissen nur, dass die Kachinas sie bei ihren Wanderungen begleitet haben [...].“ (Frank Waters: *Das Buch der Hopi,* S. 51f., 178.)

Die Kachinas

Neben der Weißen Büffelfrau sind die berühmtesten mythischen Gestalten Nordamerikas die Kachinas. Gemäß den heutigen Lexikonerklärungen handelt es sich bei den Kachinas (in der Hopi-Sprache *katsina,* pl. *katsinum* oder *katsinam*) um einen Sammelbegriff für übernatürliche Wesen, Naturgeister und heroische Menschen der Vergangenheit.* Die indigenen Pueblo-Kulturen kennen insgesamt rund 300 Kachinas. Die wichtigsten werden bei bestimmten Ritualen von Tänzern mit Masken und Kostümen dargestellt. Ursprünglich jedoch, so geht aus den mythologischen Beschreibungen hervor, bezog sich der Begriff „Kachina" auf heldenhafte und wundertätige Wesen, die in der Vergangenheit einmal physisch auf Erden waren und wie Menschen aussahen, aber keine gewöhnlichen Menschen waren.

> Sie [die Menschen nach der großen Flut] wurden von einer Anzahl Kachinawesen begleitet. Die Kachinawesen waren nicht auf die gleiche Weise in die Vierte Welt gekommen wie die anderen Menschen. Sie waren ja auch keine Menschen. Sie waren Geistwesen, ausgesandt, den Klans zu helfen und sie zu führen, und dabei nahmen sie die Gestalt gewöhnlicher Menschen an und galten als Kachinaklan.[5]

Auffällig ist hier die Formulierung „und nahmen die Gestalt gewöhnlicher Menschen an". Die Vermutung, dass es sich hier um eine Materialisation handelte, wird durch folgende Geschichtserzählung bestätigt, sogar mit ebendiesem Wort:

> Das Volk der Hopi glaubt, dass auf der Erde alles in zwei Formen existiert: in einer physischen und in einer geistigen. Das Wort *katsinum* bedeutet „Geist". Hiervon wurde der Name „Kachina" abgeleitet. / Die Geschichte, wie die Kachinas zum Volk der Hopi kamen, liegt weit in der Vergangenheit und beginnt in einem alten Dorf in einer Zeit, als für viele Jahre Dürre und Hunger herrschte. Allmählich gingen die Nahrungsvorräte zu Ende, und die ersten Menschen verhungerten. Als alle Hoffnung verloren ging, wandten sich die Kachinas den Menschen zu und erbarmten sich ihrer. Sie beschlossen, vor den Menschen sichtbar zu erscheinen, und materialisierten sich in einer menschlichen Gestalt, um ihnen mit

* „Sie sind unsichtbare Lebenskräfte – keine Götter, eher Vermittler, Boten. Ihre Hauptaufgabe ist es daher, Regen zu bringen, eine reichliche Ernte und die Fortdauer des Lebens zu sichern. [...] Wie ihr Name sagt (ka = Ehrfurcht, china = Geist), sind sie hochgeachtete Geister: Geister der Toten, Geister der Mineralien, der Pflanzen, Vögel, Tiere und menschlichen Wesen, der Wolken, anderer Planeten und Geister von Sternen, die noch nicht an unserem Himmel erschienen sind; Geister aller unsichtbaren Lebenskräfte." (Frank Waters: *Das Buch der Hopi,* S. 176f.)

> ihren Kräften zu helfen, Nahrung anzubauen, Regen zu rufen und die Kranken durch Gebete in Form von Liedern und Tänzen zu heilen.[6]

Der heute bekannteste Kachina ist Kokopelli, in einem anderen Hopi-Dialekt auch Kókopilau genannt, der flötenspielende Kulturbringer. Zwei andere bekannte Kachinas sind Aholi und Eototo. Von ihnen wird berichtet, dass sie in einem vergangenen Zeitalter zu zweit erschienen und im Verlauf ihres Daseins in kriegerische Handlungen verwickelt wurden. Aholi stellte sich den Gegnern in den Weg und starb in diesem Kampf, wodurch er Eototo Zeit verschaffte, damit dieser als Anführer mit seinem Volk entkommen konnte. Nach langen Wanderungen kam Eototo in das Land, das zum Stammesland der Hopi wurde, und dort erschien Aholi von Neuem und tat sich wieder mit Eototo zusammen.

Der Name „Aholi" geht vermutlich auf das Hopi-Wort *ahulti,* „wiederkehren", zurück und hat seine Wurzel in den alten mittelamerikanischen Sprachen. Auch der Name Eototo hat seine Wurzeln in Mittelamerika. Er ist abgeleitet vom Namen des aztekischen Schöpfergottes Ometeotl, der mit dem Regen, der Sonne und der Entstehung des Mais in Verbindung gebracht wird. Ometeotl wird manchmal auch mit dem berühmten Quetzalcoatl gleichgesetzt.[7]

Die Namen dieser zwei historisch wichtigsten Kachinas weisen also in den Süden, nach Mittelamerika. Sie sind keine isolierten Erscheinungen. Die gesamte Hopi-Sprache gehört zur uto-aztekischen Sprachfamilie, was jenen Darstellungen Glaubwürdigkeit verleiht, die sagen, dass die ersten nordamerikanischen Völker *aus dem Süden* gekommen seien; Mittelamerika sei nur die letzte Station auf einer langen Wanderung gewesen, die im dritten Zeitalter begonnen habe – und das dritte Zeitalter endete mit einer großen Flut. Erst viel später, so sagt die Hopi-Überlieferung, seien auch Völker aus dem Norden (d. h. aus Asien über die Beringstraße) in den nordamerikanischen Kontinent vorgestoßen, und es seien diese Völker gewesen, die begannen, mit Waffengewalt und aggressiver Taktik Land zu erobern.[8]

Kamen die Vorfahren der Hopi aus dem Süden?

Das Buch der Hopi entstand, indem Frank Waters von 1960 bis 1962 bei den Hopi lebte und das Zeugnis von dreißig eminenten Vertreterinnen und Vertretern der verschiedenen Linien und Fraktionen sammelte. Frank Waters war der erste Außenstehende, dem die Hopi das Wissen um ihre Mythen und Rituale detailliert und offen mitteilten, vielleicht deshalb, weil er selber indigene Wurzeln hatte (er war väterlicherseits mit dem Cheyenne-Stamm verwandt). Während dieser Zeit sagte ihm sein Gastgeber und Übersetzer, Oswald White Bear Fredericks (1905–1996): „Die wirklichen Kachinas sind, wie wir wissen, Geistwesen von anderen Planeten und Sternen.“[9] Derselbe „White Bear“ führte fünfzehn Jahre später mit dem NASA-Ingenieur Joseph Blumrich ausführliche Gespräche und bezeichnete die Kachinas zu diesem Zeitpunkt als Außerirdische, die bei den Menschen erschienen und mit ihnen lebten. Auf der Grundlage dieser Gespräche schrieb Blumrich das Buch *Kásskara und die sieben Welten – Die Geschichte der Menschheit in der Überlieferung der Hopi-Indianer* (1979/1985). Darin schildert White Bear, wie die Vorfahren der Hopi im letzten Zeitalter (Dritte Welt) in einem Land lebten, wo sich heute der Pazifik befindet. Diese Kultur wurde am Schluss vom Reich des östlichen Meeres (Atlantik) angegriffen und zerstört. Damals setzten geologische Bewegungen ein, die bewirkten, dass das gesamte Land allmählich unterging und evakuiert werden musste. Hier kamen die Kachinas zu Hilfe, indem sie mit „fliegenden Schilden“ erste Pioniergruppen zum neu auftauchenden südamerikanischen Land brachten. Das war vor rund 80 000 Jahren. Das Land, das als erstes auftauchte, wurde später in weiteren geologischen Schüben angehoben, was die Stämme zwang, diesen Ort zu verlassen und in niedriger gelegene Gegenden zu ziehen. Nach vielen Stationen, insbesondere in der „Roten Stadt“, seien sie letztlich im heutigen Stammesland der Hopi angekommen.

Ist dies ein authentischer Mythos? Falls ja, wäre dies eine einzigartige Geschichtsdarstellung, die von einem alten Stamm über Jahrtausende überliefert wurde. Sehr bald wurden auch kritische Stimmen laut. Der halbindigene Frank Waters wurde kritisiert, er sei kein akademischer Ethnologe.[10] Dasselbe wurde Joseph Blumrich vorgeworfen, und über White Bear wurde gesagt, er sei kein offizieller Sprecher der Hopi und auch kein Träger von Geheimwissen. White Bear wurde sogar von gewissen Fraktionen der Hopi kritisiert. Die einen warfen ihm vor, er habe das alte Wissen verraten. Anderen (vorwiegend denjenigen, die zum Christentum konvertiert waren) missfiel, dass er einen „traditionalistischen“ Standpunkt einnahm und die alten Mythen neu belebte.

Tatsächlich macht es den Anschein, dass der belesene Oswald White Bear Fredericks die Überlieferung der Hopi mit Begriffen der modernen Esoterik und Präastronautik anreicherte. Die „fliegenden Schilde“ wurden als „fliegende Untertassen“ gedeutet, d. h. als Raumschiffe von anderen Planetensystemen, und die Kachinas wurden zu Außerirdischen. Das bedeutet aber nicht, dass White Bear die Überlieferung verfälscht hat. Er hat alle Elemente des Mythos beibehalten und sie vollständig und dazu in einer bisher noch nie dagewesenen Ausführlichkeit wiedergegeben. Dabei versah er diese Elemente jedoch zum Teil mit neuen Interpretationen, was vollkommen legitim ist. White Bear, der neben

Die Prophezeiungen der Hopi

Die Hopi-Sprache kannte bis weit ins 20. Jahrhundert hinein keine Schrift. Alle Überlieferungen erfolgten mündlich. Die älteste schriftliche Dokumentation von Hopi-Prophezeiungen entstand 1858, als der Ethnologe Jacob Hamblin mit Missionaren der Mormonen das Hopi-Reservat besuchte. Neben den sprachlichen und religiösen Schwierigkeiten kamen zwei weitere erschwerende Faktoren hinzu: die Verschwiegenheit der Hopi gegenüber Außenstehenden und die Unterschiedlichkeit der verschiedenen Überlieferungslinien. Dennoch wissen wir heute, dass die Mythen und Prophezeiungen der Hopi drei zentrale gemeinsame Elemente enthalten.[11]

Die endzeitlichen Erwartungen: Die Hopi bezeichnen das heutige Zeitalter als Koyáan-isqatsi, „gestörtes/verlorenes Gleichgewicht“. Dieser Begriff wurde bekannt als Titel eines Kinofilms von Godfrey Reggio: *Koyaanisqatsi – Life Out of Balance* (1982).

Massau'u oder Másaw: Dies ist ein Kachina, der bereits im letzten Zeitalter (Dritte Welt) bei den Menschen weilte und nach der großen Katastrophe bei den Überlebenden erschien und zum Schutzpatron der Menschen der Vierten Welt wurde. Er soll auch in der Zeit der kommenden Umwälzungen wieder erscheinen. Einige Hopi weisen auf die sprachliche Ähnlichkeit zwischen ihrem Wort Massau'u/Másaw und dem biblischen Wort Messias hin.[12]

Pahána, der Ältere Weiße Bruder: Pahána (Bahana) ist ein Held aus der Zeit nach der großen Flut. Die Prophezeiung seiner Wiederkunft bestand bereits, als die ersten weißen Siedler nach Nordamerika kamen. „Als die Franziskanermönche [ca. 1545] kamen, dachten die Hopi zunächst, sie seien der Ältere Weiße Bruder. Dann aber entdeckten sie bald, dass sie es nicht waren.“[13]

Die verschiedenen Versionen der Geschichte von Pahána beginnen alle bei der Zeit der großen Flut. Die ersten Generationen der Überlebenden bekamen von Massau'u heilige Steintafeln mit Symbolen und Zeichnungen, die sowohl Lehren als auch Prophezeiungen und Warnungen darstellen. „Der große Häuptling des Bogen-Klans führte die Gläubigen in dieses neue Land, aber er fiel in Machenschaften des Bösen. Seine zwei Söhne tadelten ihn für diesen Fehler, und nach seinem Tod übernahmen sie die Verantwortung der Führung. Beide Brüder bekamen einen Teil der heiligen Steintafeln, und ihnen wurde aufgetragen, sie an einen Ort zu bringen, zu dem der Große Geist sie führen werde.“[14] Der jüngere („rote“) Bruder blieb zurück, während der ältere („weiße“) Bruder in östlicher Richtung über das Meer verschwand, um zur gegebenen Zeit zurückzukehren.

„Der Ältere Bruder wird dem jüngeren alles Land zurückgeben, das diesem die Bösen unter den Weißen genommen haben werden. [...] Die Hopi-Führer haben die Führer im Weißen Haus und die Führer im Haus aus Glas [UNO] gewarnt, aber sie hören nicht. [...] Die Hopi bewahren immer noch die heiligen Steintafeln, und sie warten nun auf die Ankunft ihres Wahren Weißen Bruders.“[15]

Die Bezeichnung Älterer oder Großer Weißer Bruder bezieht sich – ebenso wie die Bezeichnung Weiße Büffelfrau – nicht auf die Hautfarbe, sondern auf die Reinheit der Ausstrahlung und des Herzens (Wahrheitsliebe).

seiner Stammesreligion auch die christliche Religion praktizierte, berief sich auf die intakte Überlieferungslinie seiner Familie (sein Onkel war ein Hopi-Häuptling), und er betonte, dass die Überlieferungen früher nie vollständig an Außenstehende weitergegeben worden seien, da ihr Inhalt so sehr den Religions- und den Geschichtslehren der herrschenden Weißen widerspreche.

> „Es ist nun die Zeit gekommen, dass wir davon sprechen und die Wahrheit darüber sagen, wer wir sind und warum wir hier sind – in der Hoffnung, dass uns eines Tages jemand verstehen wird. [...] Aus der langen, langen Geschichte meines Volkes kommt für euch eine Warnung."[16]

Zur Unterstützung der Position von White Bear lässt sich sagen, dass auch Frank Waters Anfang der 1960er Jahre bereits Hinweise auf die geheime oder zurückgehaltene Version der alten Hopi-Überlieferungen zur Menschheitsgeschichte zu hören bekommen hatte. In seinem Buch finden wir alle grundlegenden Elemente der Darstellung, die White Bear fünfzehn Jahre später detailliert ausformulierte: die Herkunft der Hopi aus dem Süden, die Erinnerung an die Entstehung der Anden, die Ankunft der Vorfahren der Hopi aus dem Westen, d. h. über den Pazifik, indem sie von Insel zu Insel fuhren. (Diese Inselkette liegt heute Hunderte von Metern unter dem Wasser.[17])

> [Másaw sprach:] „Als die früheren Teile der Welt unter das Wasser gestoßen wurden, wurde das neue Land in der Mitte heraufgedrückt, um das Rückgrat der Erde zu werden. Ihr steht nun [zu Beginn der Vierten Welt] auf seinem *atvila* (Westabhang). Aber ihr habt noch nicht eure Wanderungen gemacht. [...]"[18]

> Obwohl die Grundbedeutung des Schöpfungsmythos der Hopi und das Symbol, das ihn ausdrückt, subjektiv sind, können wir nicht über den wörtlichen Inhalt hinwegsehen, nämlich dass die Hopi von Westen nach Amerika kamen und dass sie das Meer mit Booten oder Flößen von einem „Trittstein" zum anderen, d.h. von einer Insel zur nächsten überquerten. Ähnlich kann man die Mythen der alten Quiché Maya auslegen, die berichten, dass die Gewässer sich teilten und dass die Menschen das Meer über „Trittsteine", die in einer Reihe im Sand lagen, überquerten – „Steine in einer Reihe, Sand unter dem Wasser".[19]

> Tief im tropischen Süden, niemand weiß wo, lag die geheimnisvolle Rote Stadt des Südens, Palátkwapi, Rotes Haus. Vielleicht war es in Mexiko, vielleicht in Zentral- oder Südamerika. [...] Unter der Leitung der Kachinawesen wurde Palátkwapi in drei Teilen erbaut. [...] Das Zeremoniengebäude war vier Stockwerke hoch [...] Im ersten Stockwerk lehrten die Kachinawesen die Initianden die Geschichte und die Bedeutung der vergangenen drei Welten und den Sinn dieser Vierten Welt [...] Das vierte Stockwerk war kleiner als die unteren drei, und dadurch war das

> Zeremonialgebäude einer Pyramide ähnlich. Auf dieser obersten Ebene waren nur Initianden mit erweitertem Bewusstsein zugelassen.[20]
>
> Es kam jedoch die Zeit, in der das Böse [in Palátkwapi] Einzug hielt. [...] [Die Stadt wird angegriffen, und die Kachinas helfen den Bewohnern.] „Wir aber, die Kachinawesen, werden hier bleiben und die Stadt verteidigen, während ihr die Dunkelheit benutzt, um zu flüchten. Für uns ist die Zeit noch nicht gekommen, zu unseren weit entfernten Planeten und Sternen zurückzukehren. Aber es ist Zeit für uns, euch zu verlassen. Wir werden mit Hilfe unserer Kräfte auf einen bestimmten hohen Berg gehen, den ihr erkennen werdet [...] Wir sind Geistwesen und werden niemals mehr von euch oder eurem Volk gesehen werden. [...]“[21]

Im Widerspruch zu dieser letzten Aussage berichten andere Überlieferungen, die Kachinas seien auch später noch – im heutigen Stammesland der Hopi – erschienen, nachdem alle Klane dort angekommen waren:

> Jedes Jahr kamen die Kachinas, um den Menschen zu helfen, und brachten Segen von anderen Sternen, Welten und Planeten. [...] In Wirklichkeit kommen sie aber von viel weiter her, von benachbarten Sternen, aus Sternbildern, die zu weit entfernt liegen, als dass man sie sehen könnte; sie kommen aus geheimnisvollen Geisterwelten.[22]

Während die Hopi Frank Waters nur Bruchstücke der Überlieferung ihrer Herkunft mitteilten, erzählte White Bear gegenüber Joseph Blumrich eine ausführliche Version, was im Buch rund 100 Seiten ergab. Blumrich ging im Folgenden auf jedes Detail der Geschichte ein, indem er die Angaben mit alten Quellen und mit der aktuellen Forschung verglich. Er kam zum Schluss, dass das Land, das in der Endphase der Dritten Welt auftauchte und später angehoben wurde, die heutige Anden-Hochebene mit dem Titicaca-See ist. (Die Anden sind gemäß dieser Überlieferung also nicht so alt, wie die moderne Geologie sagt.) Die ersten Bauwerke dieser neuen Welt wurden von den Kachinas mit ihrer Technologie errichtet. Blumrich vermutet, dass die Trümmer der hochpräzisen, ursprünglich bis zu 1000 t schweren Bausteine von Puma Punku (siehe Fotos auf S. 225) Überreste dieser legendären Kachinabauten sind. Diese erste Stätte war eine andere als die viel später und anderswo gegründete „Rote Stadt“. White Bear vertrat die Ansicht, dass sich diese prähistorische Universität der Kachinas in Mexiko befand, an dem Ort, wo später die Maya-Stadt Palenque gegründet wurde.

Parallelen in Australien: die Wondjinas

Beschreibungen von Kachina-ähnlichen mythischen Gestalten finden wir auch in Australien. Das Ureinwohnervolk der Mowanjum sagt, die Menschen seien von kosmischen Wesen – Wondjinas, auch Wandjinas genannt – erschaffen worden, und diese Wesen seien später immer wieder bei den Menschen erschienen. Sie entstammen der „Traumzeit". Für die australischen Ureinwohner ist die Schöpfung nichts Abgeschlossenes, denn die Zeit hat weder Anfang noch Ende, sie verläuft zyklisch. Die mythische Traumzeit ist keine vergangene Vorzeit, sondern eine gegenwärtige Vergangenheit.

Wondjinas gelten heute als Wolken- und Regengeister, die in der Zeit der Natur- und Menschenschöpfung physisch auf die Erde kamen. In einem Mythos heißt es, diese Wesen seien aus dem Weltall oder aus höheren Welten gekommen, in anderen, sie seien aus dem Meer oder aus der Erde erschienen.

Eine traditionelle Wondjina-Darstellung (Felsmalerei der Ureinwohner Australiens): Wondjinas werden meistens zu zweit oder in Gruppen dargestellt. Sie sind Wesen der höheren Welten, die aber auch als Menschen erscheinen können. Das Fehlen des Mundes symbolisiert die telepathische Kommunikation. Die hier zu sehende vertikale Wondjina-Darstellung kann auch im Sinn der Involution interpretiert werden: Wondjinas schufen den Menschen, indem sie selbst zu Menschen wurden.

> In der Dreamtime [Traumzeit] sind die mythischen Vorfahren – man nennt sie auch Schöpfungswesen – durch Selbstschöpfung aus der Erde gekommen, und indem diese Schöpfungswesen über das Land gewandert sind und gewisse Taten vollzogen, haben sie das Land geordnet und geschaffen und ihm eine Struktur gegeben."[23]

„Selbstschöpfung", das ist nichts anderes als Materialisation. Dieselbe Interpretation gibt auch Robert Lawlor in seinem Standardwerk *Am Anfang war der Traum – Die Kulturgeschichte der Aborigines* (S. 38, 78):

> Als Wesen waren die großen Ahnen [die Wondjinas] unermessliche und ungebundene, immaterielle, vibrierende Substanz, ähnlich den Energiefeldern. Sie erschufen, indem sie aus sich selbst Vibrationsenergie zogen und diese Energie verfestigten und indem sie [alle Dinge und Lebewesen] definierten und benannten – der innere Name ist das Potential der Form oder des Geschöpfes. [...] In der Kosmologie der Aborigines wird alles über das Bewusstsein offenbart, das nichts anderes tut, als den Gedanken, den Formen und der Materie eine äußere Gestalt zu geben oder diese Welt zu träumen.

Dargestellt werden die Wondjinas mit Gesichtern ohne Mund: sie seien so mächtig, dass sie nicht zu sprechen brauchen. Modern ausgedrückt, sie kommunizieren telepathisch. Durch ihr Erscheinen auf der Erde wurden sie jedoch sterblich. Wenn für sie die Zeit des Sterbens kam, zeichneten sie ihr Bild auf eine Felswand und gingen in diesen Felsen ein oder entschwanden in einer nahegelegenen Wasserstelle.

Babaji: ein „Kachina" im 20. Jahrhundert

Lichtwesen erschienen nicht nur in der fernen Vergangenheit. Sie können auch in der heutigen Zeit erscheinen. Wir mögen davon nichts wissen, doch das bedeutet nicht, dass es nicht geschieht. Wenn Lichtwesen sich materialisieren, tun sie dies verständlicherweise nicht vor einem schaulustigen Publikum. Gemäß dem Gesetz der Resonanz erscheinen sie vorzugsweise bei Menschen, die in einem entsprechenden Bewusstsein leben. Deshalb finden wir Berichte über solche Erscheinungen vor allem an Orten, wo ein universell-religiöses Bewusstsein gepflegt wird, wie zum Beispiel im Gebiet des Himalaya. Hier berühren sich die sichtbare und die unsichtbare Welt auf eine besonders intensive Weise, hier besteht schon seit Jahrtausenden eine vielseitige Meditationskultur. Poeten sagen, dies sei der Ort, wo die Götter auf die Erde herniedersteigen – und diese Formulierung ist nicht nur symbolisch gemeint.

In den höherdimensionalen Parallelebenen des Himalaya sind viele Lichtwesen gegenwärtig und werden manchmal von Menschen gesehen. Ein Lichtwesen, das dafür berühmt ist, zwischen der physisch-sichtbaren Welt und den unsichtbaren Dimensionen hin- und herzugehen, ist Babaji (ausgesprochen *bábadschi*).

Lichtwesen, die durch Materialisation erschienen, hatten nie die Absicht, Skeptiker und Zyniker zu überzeugen, und sie vermieden die Öffentlichkeit. Sie suchten und „brauchten" keine Anerkennung. Deshalb haben wir nur das Zeugnis einzelner Menschen, die ihnen begegnet sind, und wir können ihnen glauben oder nicht. Einige, die Babaji sahen oder von ihm hörten, mögen ihre Berichte mit begeisterter Phantasie ausgeschmückt haben, und der „westliche" Intellekt neigt sogleich dazu, solche Berichte deshalb pauschal abzulehnen. Die „östliche" Mentalität ist hier jedoch in einem idealistischen Sinn pragmatisch: Wenn eine Ausschmückung den wahren Kern einer Geschichte hervorhebt, dient diese Ausschmückung der Wahrheit, so wie Schmuck und Schminke die Schönheit einer Frau nicht erzeugen, aber hervorheben.

Babajis Wirken durch die Jahrtausende: Eine breitere Öffentlichkeit erfuhr erstmals von Babaji und seinen Erscheinungen, als Paramahansa Yogananda 1946 sein Buch *Autobiographie eines Yogi* veröffentlichte. Darin finden sich mehrere Berichte über Babaji, darunter auch solche von Augenzeugen, die beschreiben, wie Babaji sich aus einem Lichtwirbel heraus materialisierte und sich später wieder in Licht auflöste.[24] In diesem Buch hat Kapitel 33 die Überschrift „Babaji, der Yogi-Christus des neuzeitlichen Indien". Darin schreibt Yogananda:

> Babajis Mission in Indien besteht bis zum heutigen Tage darin, die Propheten in ihrer jeweiligen Aufgabe zu unterstützen. [...] Dass es keine historischen Aufzeichnungen über Babajis Leben gibt, darf uns nicht verwundern. Der große Guru ist in keinem Jahrhundert an die Öffentlichkeit getreten; der missverständliche Glanz öffentlichen Ruhms passt nicht zu seinen tausendjährigen Plänen.[25]

In der zweiten Hälfte des 19. Jahrhunderts wurden Babajis Erscheinungen häufiger und führten zu konkreten spirituellen Initiativen, zum Beispiel auch zu Yoganandas Reise in den Westen und zur Veröffentlichung seiner Autobiographie (mit viel Schmuck und Schminke, vor allem für seinen Guru). Aber auch Babaji selbst blieb nicht „untätig". Angesichts der zunehmenden Bedrohlichkeit der Weltsituation sah er die Notwendigkeit, auch in größeren Kreisen zu erscheinen, letztlich in Kreisen, die für Menschen aus der ganzen Welt offen sein würden. Einer der Schritte in diese Richtung war Babajis Auftreten vor einhundert Jahren in und um den Himalaya-Kraftort Haidakhan.

Haidakhan Babaji erschien im Juni 1970 im Himalaya und wurde nach eingehender Prüfung durch Kenner des alten Wissens als die neue Manifestation des immer wiederkehrenden „Babadschi" anerkannt. Diese beiden Fotos stammen aus der Zeit kurz nach 1970.

Babaji kündet seine Rückkehr an: Haidakhan ist eine kleine Ortschaft im Norden des indischen Bundesstaates Uttar Pradesh (Distrikt Nainital), am Ufer des Gautami-Ganges im Kurmanchal-Vorgebirge des Himalaya. Um 1890 sahen die Bewohner eines kleinen Nachbardorfes von Haidakhan an mehreren Tagen hintereinander ein Licht am Abhang eines nahegelegenen Berges und deuteten dies als ein Zeichen für das bevorstehende Erscheinen eines Lichtwesens. Weil das Licht immer zur selben Zeit erschien, versammelten sich die Dorfbewohner nach einigen Tagen kurz vor dem erneuten Erscheinen dieses Lichts und begannen, die Namen Gottes zu singen. Das Licht erschien, und aus ihm trat ein strahlender Jüngling hervor. Er blieb für einige Zeit in diesem Dorf und verschwand dann spurlos. Etwas später kam er in das Dorf Haidakhan. Um 1895 begann er dort mit dem Bau eines achteckigen Tempels und half persönlich bei der Errichtung mit. Dieser Tempel enthält Platten aus einem Gestein, das in der ganzen Gegend nirgendwo vorkommt. „Alte Menschen in Haidakhan erinnern sich an die Erzählungen ihrer Eltern, wonach Babaji die Arbeiter zu einem Berg hinführte und, nachdem er die Steinblöcke markiert hatte, sie anwies, die Platten herauszuheben. Daraufhin verwandelten sich diese Felsplatten in ein völlig anderes Gestein."[26]

Babaji war bis 1922 physisch gegenwärtig und wurde durch seine Wundertätigkeit weithin bekannt. Im Herbst 1922 reiste er in den Tibet und besuchte danach Ashkot, ein kleines Königreich an der indischen Grenze zu Nepal. Dort war er für einige Tage Gast beim König, der von ihm sehr beeindruckt war. Als Babaji abreisen wollte, bot ihm der König eine Sänfte an und half selber mit, die Sänfte zu tragen.

> Einige Meilen von Ashkot entfernt schickte Babaji den Raja [König] nach Ashkot zurück und setzte seine Reise mit einigen Schülern und einigen Dienern des Rajas fort. Als die Gruppe zum Zusammenfluss der Flüsse Kali und Gori gelangte, sagte Babaji zu allen, dass er zum Wohle aller Menschen wiederkehren werde. Dann trat er auf das Wasser des Flusses, das an dieser Stelle ruhig und tief dahinfließt, ging bis zur Flussmitte, setzte sich auf Yogi-Art nieder und verwandelte sich in Licht und verschwand.[27]

In Indien ist es üblich, dass große Heilige nicht kremiert, sondern in einem Samadhi-Grab beerdigt werden. Von diesem Babaji existiert jedoch kein Grab. Die Tatsache, dass ihm seine vielen Anhänger kein Grabmal errichteten, kann als Indiz dafür gesehen werden, dass es von ihm keinen Leichnam gab.

Bevor Babaji die sichtbare Welt verließ, bereitete er in Haidakhan den Ort seines Wiedererscheinens vor. Ebenso hinterließ er zahlreiche treue Schüler und Zeitzeugen. Dem Wandermönch Gangotri Baba über-

Haidakhan Babaji (physisch präsent von 1970 bis 1984), ein „Kachina" im 20. Jahrhundert.

gab er seine Gebetskette in einer Stofftasche und beauftragte ihn, sie gut aufzubewahren, damit er sie ihm bei seiner Rückkehr wieder übergeben könne. Babaji erschien mehrfach einem Kind, das später unter dem Namen Mahendra Baba zum bekanntesten Babaji-Propheten wurde. Mitte des 20. Jahrhunderts verstärkten sich die Zeichen der Wiederkunft. Es wurde sogar die Jahreszahl 1970 genannt.[28] Im Juni 1969 verstarb Mahendra Baba, nachdem er wiederholt gesagt hatte, er habe seine Aufgabe nun erfüllt, Babaji werde demnächst wieder erscheinen.

Haidakhan Babaji („1970"-1984): Genau ein Jahr nach Mahendra Babas Tod, im Juni 1970, erschien Babaji wieder in physischer Gestalt. Er wurde zuerst in einer Höhle bei Haidakhan gesehen. Dann verschwand er und erschien kurz danach auf der anderen Seite des Ganges in einem kleinen Kloster, wo er zwei Wochen in stiller Meditation blieb. Gleichzeitig liegen auch Berichte von anderen Begegnungen vor. Meistens wurde er in der Gestalt eines strahlenden jungen Mannes gesehen, manchmal auch als alter Mann mit Bart.

> Es gibt widersprüchliche Darlegungen, wer Babaji zuerst nach seiner Rückkehr in Haidakhan gesehen hat. Es ist möglich, dass alle diese Geschichten, nacheinander betrachtet, wahr sind, auch wenn sie scheinbar widersprüchlich sind. Babaji war eindeutig in der Lage, an mehr als an einem Ort und in mehr als einem Körper gleichzeitig zu sein. Verschiedene Personen, ich eingeschlossen, haben den Versuch gemacht, die Tatsachen um seine Rückkehr zu erhellen, sind dabei jedoch in eine immer größere Verwirrung geraten.[29]

Von Anfang Oktober bis Mitte November 1970 meditierte der junge Babaji für 45 Tage unter freiem Himmel Tag und Nacht auf der Spitze des Kailash-Hügels bei Haidakhan. Dort wurde er von vielen Menschen besucht, und dort begann er auch, zur Öffentlichkeit zu sprechen. Danach lebte er für drei Monate in der Höhle von Haidakhan, wo er zuerst gesehen worden war. Sogar während des kalten Winters trug er nur eine leichte Bekleidung und nahm jeden Tag in den frühen, dunklen Morgenstunden ein Bad im eiskalten Bergfluss. Manchmal blieb er bis zu einer Stunde im Wasser, und ein überirdischer Lichtschein ging von ihm aus.[30]

Die Kunde von Babajis Erscheinen sprach sich schnell herum. Bald kamen Schüler und Weggefährten von Mahendra Baba nach Haidakhan, um diesen neuen Babaji zu sehen und zu prüfen. Sein „Kaliber" entsprach anscheinend den Kriterien und den Voraussagen, denn er wurde erkannt und anerkannt und sogleich an viele Orte eingeladen. So reiste er für ein halbes Jahr durch Nord- und Zentralindien und erregte überall, wo er hinkam, großes Aufsehen.

Im September 1971 kam es in Haldwani, dem Hauptort des Distriktes Nainital, zu einer Gerichtsanhörung. Immerhin erhob Babaji in Haidakhan und in anderen Tempeln der Region einen Anspruch auf Wohnrecht – er, ein junger Mann, der plötzlich wie aus dem Nichts erschienen war, keine Eltern, keine Verwandten und keinerlei Ausweise hatte, nirgendwo registriert war und keine Steuern zahlte. Dieser junge Mann mit wachsender Anhängerschaft war für die Behörden ein Rätsel und eine Herausforderung. Das Schöne an Indien jedoch ist, dass dort der „Prophet im eigenen Land" durchaus etwas gilt. Babaji erschien vor Gericht, und die Behörden erkannten schnell, dass sie es mit einem echten Avatāra zu tun hatten. In der Folge wurden auch Regierungsbeamte und Journalisten zu Babaji-Verehrern.

Zu einem markanten Ereignis kam es Anfang 1972, als Babaji wieder auf Reisen ging und für ein halbes Jahr im Mahendra-Baba-Tempel von Vrindavan* lebte. Kurz nach seiner Ankunft erschien dort auch der mittlerweile fast 100-jährige Gangotri Baba. Er hatte, einer inneren Eingebung folgend, seinen Meditationsort im fernen Himalaya verlassen und die lange Reise angetreten, wissend, dass er Babaji nicht in Haidakhan, sondern in Vrindavan treffen wird. Als sie sich begegneten, erwähnte Babaji die Gebetskette des „alten Haidakhan Baba". Gangotri Baba überreichte ihm die Gebetskette und wurde dadurch zu einer weiteren wichtigen Person, die die Echtheit Babajis bestätigte.

In den ersten Jahren sprach der junge Babaji nur sehr wenig und aß pro Tag insgesamt höchstens einen Esslöffel voll Früchtestücke.[31] In dieser Zeit kam es mehrfach vor, dass Menschen sahen, wie er plötzlich zu einer Lichtgestalt wurde und verschwand. Als Avatāra des „wilden" Śiva verhielt er sich vielfach unkonventionell und unvorhersehbar und provozierte nicht selten das weltliche Ego von Männern und Frauen, die mit ihm in Kontakt kamen. Er hatte nicht die geringste Ambition, Zweifler zu überzeugen. Wenn Menschen Gründe suchten, um ihn abzulehnen, dann lieferte er ihnen diese Gründe.

Haidakhan Babajis physische Präsenz dauerte vierzehn Jahre. In seinen späteren Jahren wurde er aus menschlicher Sicht zugänglicher, und eine zunehmende Zahl von Interessierten aus der ganzen Welt kam zu ihm. Zum ersten Mal im gegenwärtigen Schöpfungszyklus ging Babaji so sehr in die Materie, dass er in die Welt hinaustrat – und nicht in eine harmonische, paradiesische Welt, sondern in eine Welt des Materialismus und der religiösen Zerrissenheit. Indien war das Land, wo er relativ ungestört und ohne allzu große Anfeindungen tätig sein konnte. Am 14. Februar 1984 verstarb er in Haidakhan. Sein physischer Körper löste sich nicht in Licht auf, sondern wurde in einem Samadhi-Grab beerdigt. Gewisse Hindus sahen darin den Beweis, dass dieser „Mann" nicht Babaji war, denn Babaji hätte seinen Körper, wie bisher immer, in einer Lichterscheinung verschwinden lassen. Wir dürfen jedoch annehmen, dass Babaji die Zeichen der Zeit verstand. Lichtwesen achten immer den freien Willen der Menschen und wollen ihnen keinen Glauben aufzwingen. Wäre Babaji 1984 vor laufenden Kameras als Lichtgestalt verschwunden, hätte dies bestimmt viele Menschen überzeugt, aber ihm ging es nicht um Anhänger oder um seine Person, sondern um die spirituelle Botschaft. Ein solcher Film hätte die Menschen nur aufgrund der Sensation „überzeugt" und hätte gleichzeitig Aufruhr und Unfrieden verursacht. Religiöse Fundamentalisten hätten ihn als Antichrist oder Dämon verteufelt, Materialisten hätten alles unternommen, um einen Filmtrick nachzuweisen.

---

* Vrindavan: der große Kṛṣṇa-Pilgerort, 130 km südlich von Delhi.

Haidakhan Babaji (um 1980)

Mir geht es nicht um eine Missionierung für Babaji, sondern um die Darstellung des Phänomens: Hier materialisierte sich ein hohes Lichtwesen mitten in unserer massenmedialen Zeit und empfing Menschen aus aller Welt. Haidakhan Babaji hatte keine Eltern und keine Verwandten, stand aber in einer hinduistischen Tradition (und musste bis zu einem gewissen Grad dieser Tradition auch entsprechen). Wie er immer wieder betonte, wollte er durch sein Erscheinen eine globale Bewusstseinstransformation unterstützen, weil große Umwälzungen bevorstehen. Er bezeichnete dies mit dem Sanskritwort *Mahakranti,* was auf dasselbe hinweist wie das Hopi-Wort *Koyáanisqatsi* (S. 164) und das von den Inkas verwendete Wort *Pachakuti* oder *Pachakútec* („Zeitenwende", Übergang von einem Zeitalter zum nächsten).

Avatar-Gene und andere nichtlineare Faktoren der Vergangenheit

Was die physische Manifestation hoher Lichtwesen auf der Erde betrifft, so ist Haidakhan Babaji in der modernen Geschichte einzigartig. Aber wir dürfen davon ausgehen, dass es einmal Zeiten gab, in denen zahlreiche solcher „Babajis" bei den Menschen waren, so wie dies alle alten Überlieferungen sagen: In früheren Zeiten lebten Götter auf Erden und griffen zum Teil direkt in die Menschheitsgeschichte ein. Bei den Wesen, die als Kachinas und Wondjinas und bei den Indern als Siddhas und Avatare bezeichnet werden, handelte es sich um materialisierte oder inkarnierte Lichtwesen, die als Menschen unter den Menschen lebten, um als Lehrmeister und Lehrmeisterinnen zu wirken. Die Quellen des alten Ägypten sprechen hier von Neter-Wesen: Osiris, Isis, Horus und die legendären „Söhne des Horus", die vor der Zeit der Pharaonen in Ägypten herrschten. Auch die ältesten Geschichtsschreiber Babylons, Griechenlands und Roms (Berossos, Herodot, Diodor usw.) sagen alle, dass vor dem gegenwärtigen Zeitalter Dynastien von „Göttern" auf der Erde lebten.

Wenn Lichtwesen sich materialisieren, sind sie physisch gesehen *Menschen.* Sie schlafen und essen. Und sie können sich auch fortpflanzen. Männliche Avatare können mit irdischen Frauen Kinder haben, ebenso wie weibliche Avatare mit irdischen Männern. Wenn dies geschieht, entstehen Menschen, die „Halbgötter" sind.* Viele von ihnen gründeten neue Königs- oder Häuptlingsdynastien, andere gründeten Mysterienschulen. Auf der genetischen Ebene bedeuteten solche außergewöhnlichen Mütter bzw. Väter eine *sprunghafte Genveränderung.* Wenn Genforscher die Genstrukturen der heutigen Menschen in die Vergangenheit projizieren und von darwinistischen Denkmodellen ausgehen, schießen sie mit ihrer linearen Logik an den Menschheitsrätseln der Vergangenheit vorbei.

---

* Wie bereits erwähnt (S. 69), gehören die berühmtesten Helden des alten Indien, die fünf Pāṇḍava-Halbbrüder, alle in diese Kategorie. Gemäß der Überlieferung der Sanskritschriften hatten hier zwei irdische Frauen, Königin Kuntī und ihre Nebenfrau Mādrī, Kontakt mit zeitweilig materialisierten Lichtwesen, woraus ihre fünf Halbgöttersöhne entstanden (sowie Kuntīs lange Zeit verheimlichter, ältester Sohn, der tragische Sonnenheros Karṇa, den sie – damals noch als junge Prinzessin – gleich nach der Geburt in einem Korb auf einem Zufluss des Ganges aussetzte).

Die Gottessöhne bei den Töchtern der Menschen

Die Überlieferung, dass „Götter" oder „Göttersöhne" zu den Menschen kamen und Kinder zeugten, finden wir auch im Alten Testament: die bekannte wie rätselhafte und widersprüchliche Stelle am Anfang des 6. Kapitels des Ersten Buches Mose. Wie die folgenden Ausführungen zeigen, sollte diese Stelle nicht vorbehaltlos auf das bisher Gesagte bezogen werden.

> Als die Menschen *(ha-adam)* sich auf der Erde zu vermehren begannen und ihnen Töchter geboren wurden, sahen die Gottessöhne *(b'nei elohim)*, wie schön die Töchter der Menschen waren, und nahmen sich zur Frau, welche ihnen gefielen. Da sprach der Herr: „Mein Odem soll nicht für immer im Menschen wohnen, denn auch er ist Fleisch. Die Lebenszeit, die ihm gewährt ist, sei [von nun an] 120 Jahre." Es war zu dieser Zeit – als die Gottessöhne bei den Töchtern der Menschen wohnten und sie ihnen Kinder gebaren – und auch noch später, dass die Riesen *(nephilim)* auf der Erde erschienen. Das waren die Helden *(ha-gibborim)* der Vorzeit, die hochberühmten. (Gen 6,1–4)

Alle Kommentatoren, christliche wie jüdische, sind sich einig, dass hier ein Element aus den alten Mythen Kanaans und Mesopotamiens in die Torah und ins Alte Testament eingeflossen ist. Die jüdische Torah-Ausgabe *Etz Hayim* erklärt an dieser Stelle unter dem Titel „Himmlisch-irdische Mischehen":

> Legenden über Beziehungen zwischen Göttern und sterblichen Frauen und zwischen Göttinnen und sterblichen Männern, die zur Entstehung von Halbgöttern führten, sind in der heidnischen Mythologie weit verbreitete und geläufige Elemente. Die Version, die hier gegeben wird – als eine stark kondensierte Zusammenfassung von dem, was einst eine bekannte und viel umfangreichere Geschichte war –, fügt diesen alten Mythen die israelitische Sicht hinzu, die sagt, dass die Nachkommen solch unnatürlicher Beziehungen zwar von heldenhafter Statur sein mögen, dass ihnen aber die göttlichen Eigenschaften fehlen.[32]

An gleicher Stelle wird jedoch hinzugefügt:

> Traditionelle Kommentatoren (wie Onkelos, Rashi, Hirsch) bemühen sich, die mythologischen Implikationen dieser Stelle zu vermeiden. Sie sehen in den „göttlichen Wesen" *[b'nei elohim]* die edlen Nachkommen des Seth, die Mischehen mit den Nachkommen des Kain eingingen, die physische Attraktivität, aber keine moralischen Standards anzubieten hatten. Was immer die alten Wurzeln dieser Geschichte sein mögen, kein jüdischer Kommentator akzeptiert die Vorstellung einer sexuellen Verbindung zwischen göttlichen Wesen und Sterblichen mit der Entstehung einer halbgöttlichen Rasse.[33]

Offensichtlich sind sich die Kommentatoren in der Einschätzung dieses „heidnischen" Elements in der Thora (und damit auch in der Bibel) uneinig und vertreten zum Teil widersprüchliche Meinungen. Wer waren die „Gottessöhne"? *B'nei elohim* ist eine andere Umschrift des hebräischen *bene ha-elohim,* „Söhne des Elohim". Der *Etz-Hayim*-Kommentar betont, dass *b'nei* nicht „leibliche Söhne" bedeutet, sondern „Mitglieder einer Kategorie", weshalb die *b'nei elohim* „Mitglieder der Kategorie der göttlichen Wesen *(elohim)* sind". Das Wort *elohim* bezieht sich eindeutig auf Gott und die Engel Gottes, nicht etwa auf gefallene Engel oder dunkle Geister. Das hebräische Wort, das mit „nahmen sich zur Frau" übersetzt wird, ist der Standardbegriff für das Eingehen einer ehelichen Beziehung. „Es gibt keinen Hinweis auf Gewaltanwendung, ebenso werden die Frauen in keiner Weise verurteilt."[34]

Was hier beschrieben wird, hat also nichts mit gefallenen Engeln zu tun, die Menschenfrauen vergewaltigten, und auch nichts mit „grauen" Außerirdischen, die Menschen für Genexperimente entführen. Die *b'nei elohim* waren physische Männer, die irdische Frauen heirateten und, wie explizit gesagt wird, „bei den Töchtern der Menschen wohnten". Aus der Verbindung dieser besonderen Ehepaare gingen die Nephilim hervor, ein Wort, das auf das Altaramäische zurückgeht und „Riese" bedeutet, weshalb die griechische Septuaginta-Übersetzung der Bibel *nephilim* mit dem Wort *gigantes* wiedergab. Im Hebräischen besteht ein Anklang an das Wort *naphal,* was „fällen, fallen" bedeutet, weshalb die Nephilim manchmal fälschlicherweise als „gefallene Engel" oder gar als „Außerirdische, die vom Weltall auf die Erde kamen", dargestellt werden.[35]

Die Nephilim waren „die Helden der Vorzeit, die hochberühmten", wörtlich: „Menschen mit bekanntem Namen *(shem)*", womit einfach gemeint ist, dass es sich um jene Helden handelte, die man auch zur Zeit der Niederschrift der Genesis noch kannte. Tatsächlich sagen viele Mythen, dass die „Göttersöhne", wie Herakles (im Griechischen) oder Arjuna und seine Brüder (im Indischen), größer und stärker waren als die anderen Menschen. Viele Königslinien beriefen sich später auf solche Helden und wurden zu Tyrannen, weshalb die Schreiber der Bibel die ursprünglichen Helden und die späteren Könige und Adelslinien nicht mehr unterschieden und sie pauschal kritisch, ja polemisch darstellten. Ein markanter Bibelkommentar hierzu lautet:

> Die „Gottessöhne", d.h. halbgöttliche Wesen, vergehen[?] sich an den Töchtern der Menschen und zeugen ein Riesengeschlecht. Die Erwähnung dieser halbgöttlichen Riesen (in Vers 4 steht im Urtext „Fehlgeburten") ist eine harte Polemik gegen die königlichen Dynastien des Alten Orient, die sich der mythischen Abstammung von halbgöttlichen Helden rühmten. Was für das heidnische mythische Denken der Höhe-

> punkt war, ist nach biblischer Sicht eine Entartung der Schöpfung, eine „Fehlgeburt". Das übernommene mythische Motiv wird hier also als antimythische Polemik benutzt, um den Tiefstand der Entwicklung zu markieren, der das Flutgeschehen unausweichlich macht.[36]

Der Zeitpunkt der Niederschrift des Buches Genesis war mehr als zweitausend Jahre von den letzten großen Helden (Nephilim) entfernt. In der Zeit nach dem Beginn des Kali-Yugas kamen tatsächlich auch viele dunkle Einflüsse auf die Erde, die von den „gefallenen Engeln" ausgingen und sich über ihre Blutlinien verbreiteten.* Deshalb ist der kritische Ton der Bibel berechtigt und aktuell, sollte aber nicht auf die ursprünglichen *b'nei elohim* und deren Kinder und Nachkommen bezogen werden.

Ebenfalls zu beachten ist der problematische Aspekt, dass die Bibelautoren die „Sintflut" – Jahrtausende nachdem sie sich ereignet hatte – als ein Strafgericht Gottes darstellten, was gemäß ihrer Interpretation bedeutete, dass alle, die bei dieser Serie von globalen Katastrophen ums Leben kamen, Sünder und Frevler waren und dass nur die Frommen überlebten. Diese Sichtweise prägte auch die schriftliche Schilderung, was eine weitere Begründung für die Vermischung der Themen und die Pauschalisierungen ist.

Existierten einst Riesen auf der Erde?

Praktisch alle alten Kulturen kennen Geschichten von Riesen und sahen darin wahre Erinnerungen. Gemäß der Bibel waren die Nephilim Nachkommen der „Gottessöhne" und ruhmreiche Helden. Doch konnten auch sie den Anbruch des dunklen Zeitalters nicht verhindern. Die späten Nachkommen der Nephilim, die „Refaim" oder „Rafaim", sind um 1000 v. Chr. Teil der Urbevölkerung des Landes Kanaan. In 4 Mose 13 wird beschrieben, wie Moses zwölf Männer als Kundschafter ins Gelobte Land schickt, und diese berichten nach ihrer Rückkehr: „Wir können das Land nicht erobern. Die Menschen dort sind viel stärker als wir. [...]

* Hier setzt das apokryphe Buch *Enoch* an, das in einer gnostisch-mythischen Sprache beschreibt, wie eine Gruppe von „Wächtern" zu „gefallenen Engeln" wurde. 300 begaben sich auf die Erde und vermischten sich mit den Menschen und lehrten sie schwarze Magie, Drogenkonsum, Waffenherstellung usw. Auf diese Einflüsse bezieht sich auch die Bibel, wenn sie im Anschluss an die Erwähnung der *b'nei elohim* und der *nephilim* einen inhaltlichen Schnitt macht und dann fortfährt: „Als aber der Herr sah, dass der Menschen Bosheit groß war auf Erden [...] Aber die Erde war verderbt vor Gottes Augen und voller Frevel." (Gen 6,5/11)

Alle Männer, die wir dort gesehen haben, sind riesengroß, besonders die Nachkommen Anaks." Anak war der Sohn des Arba, des Gründers der Stadt Hebron (Jos 15,13; 21,11). „Dieser Arba war der größte unter den Riesen im Volk der Anakiter (Anakim)." (Jos 14,15)

„König Og war der letzte vom Geschlecht der Refaïter. Sein eiserner Sarg ist noch heute in Rabba, der Hauptstadt der Ammoniter, zu sehen. Er ist über vier Meter lang und zwei Meter breit." (5 Mose 3,11)

„Als es danach bei Gath zum Kampf kam, trat ein besonders großer Riese hervor. Er hatte sechs Finger an jeder Hand und sechs Zehen an jedem Fuß." (2 Sam 21,20)

Hünenhafte Menschen erscheinen aber nicht nur in den Mythen, sondern auch in der Archäologie. Bekannt sind die megalithischen „Hünengräber", von denen es Zehntausende gab, die aber im Lauf der letzten Jahrhunderte größtenteils zerstört wurden. Viele von ihnen gelten auch offiziell als Gräber, aber nicht von Riesen, sondern von normalen Menschen. Die Knochen der ursprünglichen Leichname, die dort vor fünftausend Jahren und mehr direkt in der Erde (ohne Särge) bestattet wurden, sind längst verwest. Ob es sich dabei tatsächlich um Nachfahren der „Helden der Vorzeit" handelte, lässt sich heute nicht mehr eruieren. Durch die Jahrhunderte hindurch wurden jedoch viele Geschichten von solchen Riesen überliefert, zum Teil auch mit Gerüchten von entsprechenden Funden, insbesondere in Nordamerika.[37]

Rätselhafte Alien-Menschen

Der fast unvorstellbare Gedanke, dass die Generationenfolge der Menschen nicht immer nur linear und rein irdisch war, wurde Ende April 2013 plötzlich zu einem weltweiten Diskussionsthema. Auslöser war die Bekanntgabe der Ergebnisse der wissenschaftlichen Untersuchung an einer außergewöhnlichen Mumie: der vertrocknete Leichnam eines nur 13 cm großen humanoiden Wesens, das 2003 in der chilenischen Atacama-Wüste, in der Geisterstadt La Noria, gefunden worden war. Was wie eine makabre Fälschung aussieht, erwies sich als echtes biologisches Wesen, wie die Ergebnisse von Untersuchungen an der Stanford University zeigten, durchgeführt vom Genetiker Prof. Garry Nolan und dem Radiologen Prof. Ralph Lachmann. Einige Indizien zeigen, dass dieses Wesen mehrere Jahre gelebt hatte, bevor es starb. Andere Indizien könnten auch so gedeutet werden, dass es als Frühgeburt starb. Der Tod liegt mindestens 30 bis 40 Jahre zurück, aber vielleicht auch 100 oder maximal 200 Jahre. Auf jeden Fall weist dieses Wesen Körpermerkmale auf, die mit keinem bekannten Krankheitsbild übereinstimmen, und das Genom zeigt, dass seine Mutter eine Indiofrau war und von der Westküste Südamerikas stammte. Kam hier eine einzigartige Serie von unbekannten Genfehlern zusammen, oder war der Vater ein Alien? Bekannt wurde diese Mumie durch den Ufo-Forscher Steven Greer, der die Untersuchungen in Auftrag gab und die Mumie im Dokumentarfilm *Sirius* (2013) der Weltöffentlichkeit vorstellte. Gemäß Greer berichten Einheimische von Ufo-Sichtungen in der Fundregion, und dabei seien auch zwergenhafte Humanoide gesehen worden.[38]

Ein ähnlicher genetischer Befund ergab sich beim berühmten Schädel „Starchild", der in den 1930er Jahren in einem alten Stollen in Mexiko gefunden wurde. Auch dieser Schädel ist garantiert keine Fälschung. Er entspricht der Größe eines etwa 1,5 m großen Menschen, unterscheidet sich aber in rund 25 Punkten von einem normalen Menschenschädel. Der Schädelknochen ist nur halb so dick wie der bei einem Menschen, ebenso wiegt er nur die Hälfte. Dennoch ist er dreimal härter als menschlicher Knochen. Seine Knochenstruktur ist ganz anders und gleicht Zahnschmelz. Die Augenhöhlen sind nicht einmal halb so tief wie die eines Menschen, das Gehirnvolumen hingegen ist größer (1600 cm^3 im Gegensatz zu 1400 bis max. 1500 cm^3), usw. Trotz des Namens „Starchild" war dieses Wesen kein Kind. Es hatte kleine und harte, aber abgenutzte Zähne. Mit welchem Alter dieses Wesen gestorben ist, konnte nicht definitiv bestimmt werden. Eine C14-Datierung ergab, dass es vor 900 Jahren gestorben ist. DNS-Analysen, die der amerikanische Anthropologe und Primatenforscher Lloyd Pye in Auftrag gab, zeigen, dass die Mutter ein normaler Mensch war, was den Schluss nahelegt, dass der Vater eine unbekannte humanoide Genstruktur mit sich brachte.[39]

Diese beiden rätselhaften Humanoiden oder Hybriden hatten anscheinend eine irdische Mutter, aber keinen irdischen Vater. Wir sprechen hier nicht von Wesen, die in einem früheren Zeitalter lebten, sondern vor rund 900 bzw. 100 oder 50 Jahren. Was immer hier weitere Untersuchungen noch zu Tage fördern werden, ein Schluss dürfte naheliegen: Diese Mischwesen waren von anderer Natur als die gesunden und heroischen Nachkommen der „Göttersöhne" *(b'nei elohim).*

„Fremde" Sequenzen im menschlichen Genom

Kehren wir wieder zurück zum irdischen Menschen. Besondere Menschengruppen – und letztlich alle Menschen – haben genetische Eigenschaften, die nicht dem darwinistischen Szenario entsprechen. Um nur eines von vielen Beispielen zu nennen: Amerikanische Genforscher veröffentlichten in der wissenschaftlichen Zeitschrift *Cell* vom 26. Juli 2012 einen Bericht über das verblüffende Ergebnis von DNS-Analysen bei heutigen Afrikanern. „In deren Erbgut, so die Experten, fände sich merkwürdigerweise genetisches Material, das keiner bislang bekannten Bevölkerungsgruppe zugeordnet werden könne, auch nicht Neandertalern oder modernen europäischen Vertretern."[40] Es stellt sich die Frage, ob sich eine Gruppe von Afrikanern in der fernen Vergangenheit (gemäß den linearen DNS-Berechnungen vor 20 000 bis 50 000 Jahren) mit einer unbekannten Spezies paarte, von der bisher keinerlei Spuren gefunden wurde, weder Knochen noch Werkzeuge. Vertreter der Prä-astronautik tendieren dazu, darin einen Eingriff von Außerirdischen zu sehen. Andere Erklärungsmöglichkeiten wären, dass sich gewisse genetische Veränderungen „spontan" vollzogen (genetische Selbstprogrammierung durch Bewusstsein), oder Lichtwesen materialisierten sich als Avatarmenschen und brachten neue Gen-Informationen in die bereits vorhandenen Stammbäume.

Wer meint, diese Erklärung sei zu weit hergeholt, wird noch mehr staunen angesichts einer Entdeckung von zwei Wissenschaftlern, deren Artikel im April 2013 im angesehenen Astrophysikmagazin *Icarus* veröffentlicht wurde. Der Physiker Vladimir I. Tscherbak von der Mathematischen Fakultät der Al-Farabi-Universität in Almaty, Kasachstan, und der Astrobiologe Maxim A. Makukow vom Fesenkow-Institut für Astrophysik, ebenfalls in Almaty, berichteten, das menschliche Genom enthalte logisch strukturierte, algebraisch aufschlüsselbare Sequenzen und Spiegelsymmetrien, die nicht auf natürlichem Weg entstanden sein können. „In ihrer akkuraten und systematischen Ausprägung erscheinen diese zugrundeliegenden Muster als das Produkt von präziser Logik und nichttrivialen Rechenoperationen. [...] Der Umstand, dass dieses Muster zudem nur durch direkte logische Operationen extrahiert werden kann, lässt die Möglichkeit irgendeines natürlichen Ursprungs des Signals verschwindend gering erscheinen."[41]

Die Autoren bezeichnen dies als „intelligente Botschaft im genetischen Code" und mutmaßen abschließend: „Es scheint so, dass dieses Signal vor mehreren Milliarden Jahren außerhalb unseres Sonnensystems erdacht wurde." Diese „intelligente Botschaft" befindet sich in der Genstruktur *aller Menschen,* und die beiden Wissenschaftler vermuten, dass hier eine galaktische Superspezies am Werk war, die bereits in den Uranfängen unseres Sonnensystems begann, die Samen des organischen Lebens in mikrobieller Form auszustreuen (Theorie der „gelenkten Panspermie").[42]

Dies sind die mutigsten Theorien der heutigen Wissenschaft! Die „präzise Logik" in der Genstruktur des Menschen gehe auf eine galaktische Superzivilisation zurück, von der die Entstehung aller anderen Lebensformen ausgegangen sei. Und wie sind diese ersten intelligenten Wesen entstanden? Angesichts solcher Hypothesen, die einen enormen

Glauben an das Unmögliche erfordern, sollte es eigentlich nicht mehr so schwer sein, auch die Möglichkeit einer multidimensionalen Struktur des Kosmos in Betracht zu ziehen, mit intelligentem Leben auf allen Dimensionsebenen.

Wenn wir von der Involution ausgehen, ist die Entdeckung intelligenter Signale im Gencode nicht überraschend, genausowenig wie die Entdeckung der perfekt strukturierten und symbolisch höchst bedeutungsvollen Zahlen in den Planmaßen der Planeten (siehe Kap. 2). Letztlich sind nicht nur einzelne DNS-Sequenzen Gencode-Signale. *Die gesamte DNS aller Lebewesen* ist Ausdruck einer göttlichen Schöpfungskraft.

Exkurs: Wo sind die Lichtwesen heute?

Wenn Lichtwesen sich in der Vergangenheit materialisierten und bei den Menschen erschienen, so stellt sich die Frage, warum sie das heute nicht mehr tun – öffentlich und vor laufenden Kameras. Eigentlich ist es ziemlich offensichtlich, warum sie es nicht tun. Sie respektieren den freien Willen der Menschen und wollen niemanden zu bestimmten Erkenntnissen zwingen. Gleichzeitig sind sie kosmisch und irdisch aktiv, und sie hinterlassen ihre „Fingerabdrücke". Haben sie in der Vergangenheit z. B. als Avatarmenschen weltwunderhafte Megalith- und Präzisionsbauten errichtet, so leisten sie in der heutigen Zeit nicht minder Erstaunliches. Eines der deutlichsten Zeichen sind die „Kornkreise": grandiose Piktogramme in Getreidefeldern, manchmal auch in Rapsfeldern. Auch hier stellt sich die Frage, warum die Menschheit derartige Signale kollektiv ignoriert oder banalisiert.

Das Phänomen der Kornkreise trat ab Anfang der 1980er Jahre in eine neue Dimension. Sie waren vorher schon vereinzelt in einfachen Formen entstanden, doch nun erschienen in Südengland und zunehmend auch weltweit Piktogramme von sich entfaltender Komplexität und Schönheit. Die Piktogramme, die auf kreisförmigen, dreieckigen, quadratischen oder sternförmigen Mustern angelegt sind, haben meistens einen Durchmesser von 50 bis 100 m, die größten bis zu 350 m (siehe Bildteil 1). Piktogramme, die einem linearen Grundmuster folgen, sind bis zu 500 m lang, einige sogar noch länger. Sie entstehen meistens über Nacht und innerhalb von kürzester Zeit. Beobachter sagen, sie würden innerhalb von *Sekunden* erscheinen, wie durch einen großen unsichtbaren Energiestempel, meistens verbunden mit Lichterscheinungen. Die Halme sind nicht geknickt, sondern gebogen, und sie weisen oftmals strukturelle Veränderungen auf.[43]

Die Vertreter des vorherrschenden Weltbildes waren von allem Anfang an sehr bemüht, auch dieses Phänomen zu diskreditieren und ins Lächerliche zu ziehen. Besondere „Abteilungen" ließen extra Kornkreise anlegen, um sie dann über die Zeitungen und das Fernsehen als Fälschungen zu entlarven, wodurch es ihnen gelang, den Eindruck zu erwecken, *alle* Kornkreise seien eine Fälschung. Ebenso bewirkten sie durch diese Kampagnen, dass praktisch alle konventionellen Wissenschaftler dieses alljährlich erscheinende Phänomen ignorierten. Hätte es einer von ihnen gewagt, sich näher mit den Kornkreisen zu befassen und sich dann auch noch positiv zu äußern, wäre er sogleich in den Bereich der Spinner und Ufo-Gläubigen gerückt worden.

Wer steckte hinter diesen Aktionen? Wer hatte ein Interesse, die öffentliche Meinung derart zu beeinflussen? Und wer hatte die Macht, die Massenmedien zu steuern, damit dieses Phänomen nicht als Sensation, sondern als Banalität dargestellt wurde? Die überall kolportierte „Erklärung" lautete, die Piktogramme seien das Werk von Rentnern, Spaßvögeln und Arbeitslosen. Im Internet äußerten sich einige dieser „Landschaftskünstler" regelmäßig zur Geometrie und zur (angeblichen) Herstellung der Piktogramme.

2009 erschien ein Dokumentarfilm über die Hintergründe dieser Fälschungen: *Crop Circles – The Hidden Truth* („Kornkreise: Die verborgene Wahrheit").[44] Darin wurde gezeigt, dass die bekanntesten „Fälscher" alle zur selben Gruppe gehören und Beziehungen zum Geheimdienst haben. Das ist anscheinend auch der Grund, warum keine dieser Personen wegen Sachbeschädigung vor Gericht gestellt wurde. Gleichzeitig ist aber auch auffällig, dass noch nie jemand auf frischer Tat ertappt wurde. Immerhin würde es sich hier um Gruppen von mindestens fünf bis zehn Personen handeln, die stundenlang in den Feldern herumstapfen.

Die Täuschungsmanöver beinhalten zwei Varianten. Zum einen werden Piktogramme gefälscht, und zum anderen – der viel häufigere Fall – werden echte Piktogramme zu „Fälschungen" umfunktioniert. Die angeblichen Fälscher behaupten bei vielen Piktogrammen, sie hätten diese erstellt, können dafür jedoch keine Beweise liefern. Und die Medien zeigen ein auffälliges Desinteresse, ihre „Helden" aufzufordern, dieselben Piktogramme vor Zeugen und laufenden Kameras zu erstellen. Es drängt sich der Verdacht auf, dass geheimdienstliche Kreise über mehrere Jahre hinweg Folgendes taten und vielleicht immer noch tun: Mit Satelliten halten sie Ausschau nach neuen Piktogrammen und senden sogleich nach ihrem Entstehen Einsatzleute los, damit sie in den Piktogrammen mit Tretbrettern die Getreidehalme niedertreten. Dies ist offensichtlich viel einfacher, als selbst einen Kornkreis in die Landschaft zu setzen, und kann von wenigen Personen innerhalb von ein bis zwei Stunden durchgeführt werden. Nicht selten werden am Schluss Pflöcke und Seile liegen gelassen. Wenn dann die unabhängigen Kornkreisforscher ankommen, meinen diese aufgrund der Ungenauigkeiten, der gebrochenen Halme und der liegen gelassenen „Tatwerkzeuge", die betreffenden Piktogramme seien gefälscht. Der englische Kornkreisforscher Robert Hulse sagte 2009 im Film *Crop Circles – The Hidden Truth,* er habe seit Mai 2005 kein einziges echtes Piktogramm mehr gesehen! Die Tretbrettagenten waren in diesen Jahren anscheinend sehr aktiv. Die Kornkreisforscher sind mittlerweile derart eingeschüchtert und „vorsichtig", dass sie bei kaum einem Piktogramm mehr zu sagen wagen, es sei nicht von Fälschern hergestellt.

Dass es Piktogramme gibt, die von Fälschern erstellt wurden, ist unbestrit-

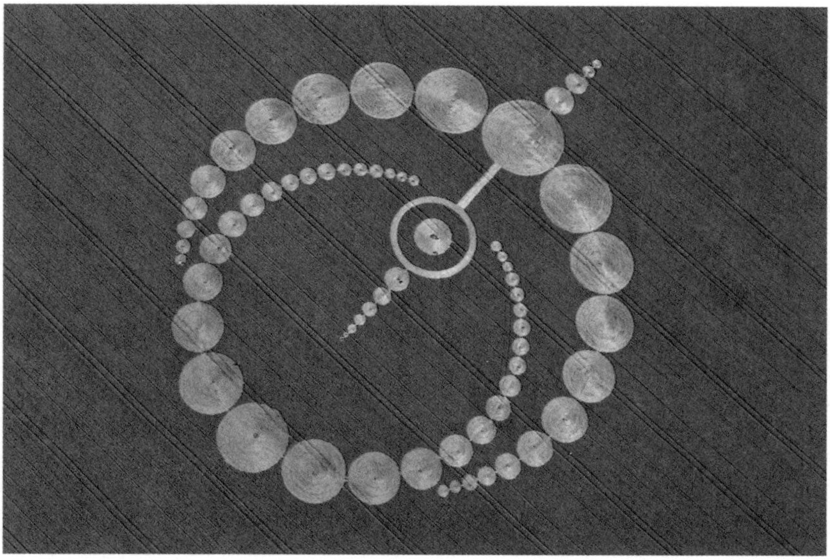

Dieses Piktogramm (Länge 180 m) erschien in der Nacht vom 27. auf den 28. Juli 2012 in einem Weizenfeld in Etchilhampton, Wiltshire (England).

Piktogramm vom 15. August 2012, erschienen in einem Weizenfeld in Wappenbury, Warwickshire (England) mit insgesamt 193 Einzelkreisen.

ten. Aber diese Fälschungen sind nicht die Erklärung des Phänomens, sondern dienen dem Ziel, die wirkliche Erklärung des Phänomens zu verschleiern. Oder sollen wir glauben, dass heimliche Genies in der Lage sind, in kurzer Zeit und unentdeckt Piktogramme in der zu sehenden Präzision und Größe auf die Felder zu zaubern, und das auch noch in der Dunkelheit der Nacht, ohne Scheinwerfer und Taschenlampen? Neben der Unmöglichkeit, dass *alle* Piktogramme das Werk von Fälschern sind, bleibt auch die unlogische Situation, dass die Fälscher anscheinend Spaßvögel sein sollen, die mit ihren Piktogrammen den Eindruck erwecken wollen, hier seien keine Menschen, sondern Außerirdische und Ufos am Werk. Gleichzeitig lassen sie aber Bretter und Seile liegen, womit die Lächerlichmachung garantiert ist. Wie glaubwürdig ist die Annahme, dass irgendwelche Fälscher in unberührten Getreidefeldern über viele Jahre hinweg all diese Piktogramme anlegten? Oder ist es nicht viel offensichtlicher, dass „berufene" Agenten die echten Piktogramme verfälschen, indem sie die gebogenen Halme niedertreten?

Um es nochmals deutlich hervorzuheben: Es geht hier um Tausende von Kornkreisen, die über mehr als dreißig Jahre hinweg erschienen, und das nicht nur in England. Wer tut so etwas während Jahrzehnten und bleibt dabei die ganze Zeit unsichtbar – ohne irgendeinen persönlichen Nutzen, ohne Selbstprofilierung und ohne Profit?

Als die Kornkreise in den 1980er Jahren weltweit bekannt wurden, sahen Schamanen und andere hellsichtige Menschen in ihnen die Zeichen der „Götter" und der „Wächter der Erde". Lichtwesen wirken auf eine Weise, die aus der Sicht der Menschen meistens „indirekt" und „unsichtbar" ist, wobei ihre Botschaften und Zeichen sehr wohl erkennbar, wenn nicht sogar sichtbar sind, so wie in der heutigen Zeit zum Beispiel die Kornkreise: physikalisch erfassbare und messbare Piktogramme, keines gleich wie das andere, jedes ein Wunder und ein Rätsel zugleich.

Über ihren Zweck können wir nur Mutmaßungen anstellen. Im Buch *Machtwechsel auf der Erde* (Neuausgabe 2006) gehe ich in Kapitel 16 auf diese Thematik ein. Bei einigen wenigen, die ganz aus dem Stil fallen und suggerieren, „graue" Aliens stünden hinter den Kornkreisen, ist Vorsicht geboten. Bei der großen Mehrzahl von Piktogrammen, die von lichtvollen Intelligenzen stammen, sehen wir die Schönheit und die Unaufdringlichkeit in fast schon spielerischer Form. Die plausibelste Erklärung ist, dass die Piktogramme Spuren von Energieformen sind, die – wie eine energetische Akupunktur – der Heilung des Planeten und der Vorbereitung auf seine Höherschwingung dienen. Die großen Monokulturfelder werden als „Akupunkturorte" gewählt, um im sichtbaren Bereich Abdrücke hinterlassen zu können, als Botschaft für die Menschen, die „Augen haben, um zu sehen".

Kapitel 8

Katastrophen und zyklische Umwälzungen

Viele Überlieferungen sprechen von einer Sintflut oder ähnlichen Katastrophen. In aller Welt gaben die Menschen solche Berichte von Generation zu Generation weiter, woraus wir eigentlich schließen müssten, dass ihre Vorfahren Zeugen solcher Ereignisse waren, was wiederum bedeuten würde, dass dies alles in relativ naher Vergangenheit stattgefunden hat. Doch gerade dieser Punkt wird von der Mehrheit der heutigen Geologen bestritten. Gemäß der Lehrmeinung waren die Katastrophen im gesamten Neogen, d.h. in den letzten 24 Millionen Jahren, „wenig spektakulär",[1] die letzte globale Katastrophe habe „vor 65 Millionen Jahren" stattgefunden, als die Saurier ausstarben. Alles, was die Menschheit während der letzten 200 000 Jahre erlebt habe, seien regionale Katastrophen gewesen, die immer wieder vorkommen, aber nie die Kraft hätten, ganze Kulturen verschwinden zu lassen.

Die angeblich regionalen Katastrophen haben die Zahl der Menschen jedoch drastisch reduziert. Auch die Spur der Gene zeigt, dass es zu Neuanfängen mit wenigen Menschen kam. Die Anthropologie spricht hier von „genetischen Flaschenhälsen", und sie versucht, mit linearen Laborberechnungen die Vergangenheit zu rekonstruieren. Die Hauptthese lautet, der letzte Einschnitt habe spätestens vor 60 000 Jahren stattgefunden, „wodurch die Existenz extremer Flaschenhälse in der jüngeren Vergangenheit widerlegt wird".[2]

Andere Forschungen und Interpretationen kommen zu anderen Ergebnissen, obwohl sie denselben darwinistischen Prämissen folgen. Einem Bericht von Genetikern der Royal Society (2009) ist zu entnehmen, dass es in der jüngeren Menschheitsgeschichte zwei „Flaschenhälse" gegeben habe:

> Es gibt einen starken Konsens, dass die Menschen aus Afrika stammen und vor rund 50 000 Jahren von dort loszogen, um die Welt zu besiedeln. Während dieser Expansion ging die Variabilität verloren, wodurch ein linearer Gradient entstand: abnehmende Diversität in zunehmender Distanz von Afrika. [...] Wir finden Evidenz für zwei primäre Ereignisse,

> eines kurz nach dem Verlassen von Afrika und das andere in der Region der Beringstraße, wo eine alte Landbrücke den Zugang auf die amerikanischen Kontinente ermöglichte.[3]

Die Theorie, dass Nord- und Südamerika gesamthaft durch Einwanderungen aus Asien über die Beringstraße besiedelt wurde, ist umstritten, aber das Stichwort „Beringstraße" für den letzten genetischen Engpass weist auf einen Zeitpunkt vor 15 000 Jahren hin, und das ist doch um einiges näher als die oben genannte Grenze von 60 000 Jahren.

Fakt ist, dass vor 15 000 bis 10 000 Jahren gewaltige Naturkatastrophen stattgefunden haben. Diese Ereignisse bewirkten Umwälzungen, die heute als das „Ende der Eiszeit" bezeichnet werden. Damals stieg weltweit der Meeresspiegel um 120 Meter. Gleichzeitig kamen Millionen von Tieren und Pflanzen ums Leben, einige Arten starben aus – und auch die Menschheit kam fast an ihr Ende. Was ereignete sich damals?

> Die in den vergangenen Jahren von Wissenschaftlern mit Hilfe von Computern errechneten Statistiken der Zunahme der Weltbevölkerung lassen – wenn man entsprechend weit zurückrechnet – den Schluss zu, dass die Gefahr eines Nicht-Überlebens der Menschheit vor 10 000 Jahren tatsächlich nahelag. [...] Den Rechnungen der Statistiker zufolge dürften vor 10 000 Jahren zum Beispiel in der Alpenregion der heutigen österreichischen Bundesländer kaum 4000 Menschen gelebt haben. [... Gemäß den statistischen Hypothesen] ergibt die Rechnung, dass den damaligen Kataklysmus in unseren Breiten nur 0,2 Prozent der Bevölkerung überlebten.[4]

Selbst wenn weltweit nicht nur 0,2 Prozent, sondern 2 oder 20 Prozent überlebten, weist dies auf gewaltige Katastrophen hin. Die rund 600 Sintflutmythen aus aller Welt, die wir heute noch kennen, legen davon ein erschütterndes Zeugnis ab. Welche geologischen Spuren finden wir für diese Berichte? Warum vertritt die heutige Schulgeologie ein lineares, „aktualistisches" Erklärungsmodell (siehe Kastentext)? Sind die Datierungsmethoden, mit denen wir heute die Vergangenheit rekonstruieren, zuverlässig und glaubwürdig?

Eiszeiten waren die Folge, nicht die Ursache von Katastrophen

In der heutigen Geologie wird gesagt, dass vor zehn- bis zwölftausend Jahren die letzte große Eiszeit zu Ende ging. Das klingt nach einem allmählichen Auftauen der großen Eisschichten und nach einem entsprechend langsamen Ansteigen des Meeresspiegels. Doch die vorhandenen Spuren weisen auf schlagartige, katastrophale Ereignisse hin.

Warum vertritt die heutige Geologie ein aktualistisches Weltbild?

Kataklysmen (große Naturkatastrophen mit globaler Reichweite) sind in zahlreichen Überlieferungen ein zentrales Thema. Von den „mythischen" Kataklysmusbeschreibungen, die wir heute noch kennen, ist die Geschichte mit Noah und der Sintflut die bekannteste. Die Kirche sah die Sintflut früher als historische Realität, machte aber aus der biblischen Darstellung eine ideologische Drohbotschaft. Die indigenen Kulturen und Mysterientraditionen aller Welt vertreten ein anderes Weltbild, und viele sagen, dass die Menschheitsgeschichte in Zyklen verläuft. War das der Grund, warum die europäischen Eroberer über Jahrhunderte hinweg überall, wo sie hinkamen, zuerst „im Namen Gottes" die dortigen Völker massakrierten und deren kulturelle Zeugnisse, insbesondere die alten Schriften, zerstörten? Wollten die Missionare dadurch verhindern, dass die Menschen von anderen Darstellungen der Vergangenheit erfuhren?

Über Jahrhunderte hinweg wuchs in Europa eine intellektuelle Schicht heran, die diesen religiösen Wahn ablehnte. Deshalb wollten die neuen Wissenschaftler unter anderem auch beweisen, dass es keine Sintflut gegeben hat, denn damit wäre klar, dass die Bibel keine unfehlbare Wissensquelle ist, wie die Fundamentalisten behaupten. Aus diesem Bestreben heraus entstand im 19. Jahrhundert in der Geologie eine neue Theorie, der *Aktualismus:* die Lehre, dass die „aktuell" beobachtbaren geologischen Kräfte dieselben sind wie die in der Vergangenheit und dass die erdgestaltenden Prozesse langsam und linear verlaufen; insbesondere habe es in der jüngeren Vergangenheit, d. h. in der Geschichte der Menschheit, nie eine globale Katastrophe gegeben. Der Begründer dieser Theorie war Charles Lyell (1797 - 1875), ein Zeitgenosse und Mentor von Charles Darwin (1809 - 1882). Darwin wurde in der Entwicklung seiner Evolutionstheorie maßgeblich vom linearen Erklärungsmodell des Charles Lyell beeinflusst.

Die aktualistische Geologie entstand also nicht aufgrund wissenschaftlicher Beobachtung, sondern aufgrund der Motivation, beweisen zu wollen, dass es keine Sintflut gab. Heute jedoch kommen immer mehr Geologen wieder zum Schluss, dass auch in der jüngeren Vergangenheit Kataklysmen stattgefunden haben. Auf der Erde können tektonische, atmosphärische, elektromagnetische und kosmische Kräfte, vor allem durch die Sonne, aktiv werden, die Lava-, Wasser- und pyroklastische Fluten von Ausmaßen erzeugen, die uns heute gänzlich unbekannt sind. Das „Uniformitätsprinzip" des Aktualismus ist damit widerlegt, denn dieses geht von der *Gleichförmigkeit* der geologischen Prozesse aus (deshalb: Uniformität, engl. *uniformitarianism).*

Die geologischen Kräfte, die wir heute sehen, wirkten selbstverständlich auch in der Vergangenheit, weshalb gewisse Rückschlüsse von bekannten Gegebenheiten auf frühere geologische Vorgänge möglich sind. Die geologischen (und paläontologischen) Spuren, die wir heute finden, weisen aber nicht auf eine ausschließlich lineare, „uniforme" Entwicklung hin, sondern legen den Schluss nahe, dass die langsamen Vorgänge immer wieder durch Kataklysmen unterbrochen und *verändert* wurden.

Alternative geologische Erklärungsmodelle beschreiben die Eiszeiten nicht als Erdepochen, die Zehntausende von Jahren dauerten, sondern als die schnell eintretenden Folgen von Katastrophen. Ereignisse wie Meteoriteneinschläge, massive Sonneneruptionen oder tektonische Bewegungen mit einer Kette von Vulkanausbrüchen erzeugen Hitze und große Verdunstungen, die sich in den Gebirgen und in den subpolaren Regionen als Schnee niederschlagen, und zwar in solchen Mengen, dass die Schneeschichten zu Eis werden. Es klingt paradox, ist aber logisch: Erhöhte Schnee- und Eisbildung kann nur geschehen, wenn woanders eine außergewöhnliche Hitze entstanden ist. Hier geht es um globale klimatische Veränderungen, für die wir in der uns bekannten Menschheitsgeschichte keine vergleichbaren Erfahrungen haben. Aber bei allen Kulturen finden wir Überlieferungen, die genau von solchen Ereignissen berichten. Anscheinend haben die Menschen einst tatsächlich gewaltige, erdverändernde Katastrophen erlebt. Wie im vorliegenden Kapitel gezeigt wird, können nicht nur Schnee- und Eisschichten schnell entstehen, sondern auch ganze Sediment- und Gesteinsschichten.

Eine verdrängte Katastrophe

Weltweit finden wir Ablagerungen von Schichten, die ein zusammengemengtes Chaos von Pflanzen, Landtieren, Wassertieren, Vögeln und Insekten enthalten. Erstaunlicherweise findet man in den heutigen Schulbüchern keine Bilder von *solchen* Fossilien, während überall Darstellungen der hypothetischen Entwicklung vom Affen zum Menschen gezeigt werden (S. 127). Es sind vorwiegend kreationistische Geologen, die uns an die Existenz der fossilen Massenablagerungen erinnern. Was auch immer die aktualistischen Erklärungen hier sagen, diese Fundstätten vermitteln eine deutliche Botschaft: In ferner und auch in nicht so ferner Vergangenheit haben sich globale Katastrophen ereignet – mit gewaltigen Flutwellen, die all diese Tiere und Pflanzen mitrissen und an verschiedensten Orten der Welt ablagerten.

Eine Serie von deutlichen Katastrophenspuren der jüngeren Vergangenheit finden wir in Alaska. Dicke, gefrorene Ablagerungen von Vulkanasche, Schlamm, Sand und Gesteinsbrocken sind vermengt mit Tieren und Pflanzen des späten Pleistozän. Diese Knochen sind durcheinandergewirbelt wie das Heu in einem Heuhaufen. Im Englischen vergleicht man diese Knochenablagerungen nicht mit Heu, sondern mit „Mist" (engl. *muck,* insbesondere *Alaskan muck*). Dr. Froelich Rainey schreibt in seinem Artikel „Archaeological Investigations in Alaska", dass dieser *muck* Folgendes enthält:

> [...] eine enorme Anzahl von gefrorenen Knochen ausgestorbener Tiere wie von Mammuts, von Mastodons, von Riesenbisons und Pferden und auch von Gehölz, Baumstrünken, Moos und Süßwassermollusken.[5]

Frank C. Hibben von der Universität New Mexico beschreibt dieselben Ablagerungsstätten wie folgt:

> An vielen Stellen ist der Alaska-*muck* vollgepackt mit Tierknochen und Schutt im Volumen von Eisenbahnwaggons. Knochen von Mammuts und Mastodons sowie von verschiedenen Arten von Bisons, Pferden, Wölfen, Bären und Tigern erzählen die Geschichte der damaligen Tierpopulation [...] In dieser gefrorenen Masse befinden sich die durcheinandergewirbelten Teile von Tieren und Bäumen, vermengt mit Eislinsen und Schichten von Torf und Moosen. Es sieht so aus, als ob inmitten einer kataklysmischen Katastrophe vor rund zehntausend Jahren die gesamte Tier- und Pflanzenwelt Alaskas plötzlich in voller Bewegung zu einem zerrissenen Puzzle eingefroren wurde.[6]
>
> Obwohl die ursprüngliche Formation der *muck*-Ablagerungen nicht eindeutig ist, zeigen viele Befunde, dass zumindest Teile dieses Materials unter katastrophischen Umständen abgelagert wurden. Die Überreste der Säugetiere sind zum größten Teil auseinandergerissen und verstreut, wobei einige Fragmente aufgrund des gefrorenen Zustands immer noch Teile von Muskelbändern, Haut, Haar und Fleisch aufweisen. Abgebrochene und zersplitterte Bäume sind regellos übereinandergehäuft. [...] In diesen Ablagerungen lassen sich mindestens vier ausgeprägte Schichten von Vulkanasche nachweisen, obwohl sie extrem verworfen und verzerrt sind.[7]

In Nordamerika starb vor rund 12000 Jahren der Großteil der damaligen Säugetiere aus: alle Kamele, Pferde, Faultiere, Nashörner, Moschusochsen, Mammuts, Mastodons, Riesengürteltiere und Nabelschweine; eine Riesenbisonart mit einer Hornspannweite von 1,8 m, ein großes, biberähnliches Tier, der Säbelzahntiger sowie verschiedene Arten von Großkatzen, Bären, Antilopen, Tapiren, Hirschen, Elchen, Hundeartigen, Nagetieren und flugunfähigen Großvögeln.[8] Ähnliches geschah auch in Asien, Europa und Afrika, auch wenn nicht überall derartige „Massengräber" entstanden wie in Alaska.

Eine geologisch allgemein bekannte Schichtform in diesem Zusammenhang ist die Knochenbrekzie, auch Knochenkonglomerat genannt. Dies sind kompakte Sedimentschichten mit vielen Knochen, die weitgehend zertrümmert sind und von Wirbeltieren stammen. Durch ein natürliches Bindemittel wie Mergel, Kalk oder Ton sind sie zu einer festen Schicht geworden. Selbst wenn in einigen Fällen auch aktualistische Erklärungen plausibel sind, weist der Großteil dieser Mixablagerungen auf sintflutartige Katastrophen hin.

Ein Block mit durcheinandergewirbelten Knochenfossilien aus Agate Springs, Nebraska; gemäß aktualistischer Sichtweise 20 Millionen Jahre alt. Ausgestellt im American Museum of Natural History, New York (Foto von Hans-Joachim Zillmer).

Derselbe Block (2,4 × 1,6 m) von oben: „Enthält 22 Schädel und eine ungezählte Fülle von Knochen." (Zitat und Foto aus: Richard S. Lull, *Fossils – What They Tell Us of Plants and Animals of the Past,* 1935, p. 35)

Weitere Beispiele für fossile Massenablagerungen

Kreationistische Geologen sagen, die beschriebenen Massenablagerungen von Fossilien seien allesamt durch die Noah-Sintflut und die nachfolgenden regionalen Katastrophen verursacht worden. Viele alte Überlieferungen sprechen jedoch von zyklischen Zeitaltern und von Kataklysmen, die sich zu unterschiedlichen Zeitpunkten ereignet haben, und auch die geologischen Spuren lassen sich viel einfacher mit dieser Sichtweise erklären. Die folgenden Beispiele sind also nicht allesamt das Ergebnis derselben Katastrophe. Sie stammen aus unterschiedlichen Zeiten, aber all diese Massenablagerungen von Pflanzen- und Tierfossilien sind Zeugen für katastrophische Vorgänge.

- In der rund zwei Meter dicken Redwall-Kalksteinschicht des Grand Canyon sind viele Milliarden von versteinerten Nautiliden enthalten, zusammen mit zahllosen anderen Meeresorganismen. Diese Schicht erstreckt sich vom nördlichen Arizona bis in den Süden Nevadas über eine Fläche von rund 30 000 km^2 (150 × 200 km).
- In einer Schiefertonschicht in den Kohleschichten von Mazon Creek in der Nähe von Chicago: über 100 000 versteinerte Tiere und Pflanzen von mehr als 400 Arten, darunter Farne, Insekten, Skorpione, verschiedenste vierfüßige Tiere zusammen mit Quallen, Weichtieren (Mollusken), Krustentieren und Fischen.
- Florissant, Colorado: eine große Anzahl von Insekten, Süßwassermollusken, Fischen und Vögeln zusammen mit mehreren hundert Pflanzenarten.
- Green River, Wyoming: Alligatoren, verschiedenste Süßwasser- und Meerfischarten, Vögel, Schildkröten, Säugetiere, Weichtiere, Krustentiere, verschiedenste Insektenarten zusammen mit Pflanzen.
- Fossil Bluff an der Nordküste von Tasmanien: Tausende von Mollusken, Nessel- und Krustentieren, alle in einem zerbrochenen Zustand, zusammen mit Zahnwalen und Beuteltieren.[9]
- Fossilienschicht von Lompoc, Kalifornien: große Ablagerungen auf 11 km^2 mit Versteinerungen von rund einer Milliarde Fischen in weitgehend perfekter Erhaltung. Das Fehlen der Verwesung und die Form der Ablagerung der toten Tiere zeigen, dass eine katastrophische Naturkraft diese Tiere schlagartig getötet und begraben hat.[10]
- Bone Cave (Knochenhöhle) von Cumberland, Maryland: Fossilien von Säbelzahntigern, Bären, Antilopen, Fledermäusen und anderen Säugetierarten zusammen mit Reptilien und Vögeln aus unterschiedlichen klimatischen Zonen.[11]
- Die Grube Messel, Hessen: „Bekannt wurde die Grube Messel durch die dort gefundenen und hervorragend erhaltenen Fossilien von

Säugetieren, Vögeln, Reptilien, Fischen, Insekten und Pflanzen aus dem Eozän. [...] Der Erhaltungszustand der Messeler Fossilien ist herausragend: Oft finden sich sogar Weichteilabdrücke, Mageninhalte und Flügel von Insekten mitsamt deren ursprünglicher Farbgebung [siehe Foto im Bildteil 1].“[12]

- Das Geiseltal bei Halle: dichte Abfolge verschiedener fossilhaltiger Schichten; die jüngsten aus dem Pleistozän sind bis zu 50 m tief; zahlreiche Arten versteinerter Pflanzen, Insekten und Tiere (Waldelefanten, Damhirsche, Nashörner, Auerochsen, Bären, Mammute usw.); die Pleistozänschichten enthalten stellenweise Tausende von steinzeitlichen Werkzeugen aus Feuerstein.[13]
- Höhle von Ghar Dalam, Malta: meterhohe Ablagerungsschichten. Die unterste Fossilschicht war eine kompakte Brekzie mit Knochen von Flusspferden, Zwergflusspferden, Elefanten, Zwergelefanten, Mäusen, Fledermäusen und verschiedensten Vogelarten. Darauf liegt ein kiesiges Sediment ohne Fossilien, danach folgt eine Schicht mit Knochen von kleinen Hirschen, Braunbären, Wölfen, Füchsen, Mäusen, Schildkröten, Amphibien und Riesenschwänen.[14]
- Die Karoo-Halbwüste im Hochland von Südafrika: Im Boden dieses 500 000 km^2 großen Gebietes befinden sich Fossilien von mehreren Milliarden(!) Wirbeltieren, insbesondere Amphibien und Reptilien; die aktualistische Geologie sagt, diese bis zu 10 km dicken Ablagerungen der „Karoo-Supergruppe“ seien allmählich über 120 Millionen Jahre entstanden.[15]
- Die Ashley Beds bei Charleston, South Carolina: Ablagerungsschichten auf einer Fläche von 100 km^2, die voller Fossilien sind, von zahllosen Muscheln über Fische und Saurier hin zu Säugetieren. Eine der besonders auffälligen Ablagerungsschichten enthält „folgende Fossilien: Knochen und Zähne von Mastodons, Riesenfaultieren (Megatherium), Hauerelefanten (Dinotherium), Elefanten, Hirschen, Pferden, Kühen, Schweinen, Bisamratten, etc., etc., vermischt *(mixed up)* mit den Überresten von Meerestieren“.[16]

Lassen sich fossile Massenablagerungen aktualistisch erklären?

Weltweit sind in Sedimentschichten oftmals Tausende oder Millionen von Lebewesen (im Fall von Muscheln auch Milliarden) durcheinandergewirbelt und in hoher Konzentration abgelagert. Geologen, die das darwinistische Weltbild vertreten, behaupten, all diese Ablagerungen seien kein Beweis für einen schnellen katastrophischen Vorgang; sie könnten auch durch langsame Prozesse erklärt werden. Über eine lange Zeit, von der Kreidezeit bis zum Ende des Pleistozän, d.h. über 150

Millionen Jahre, sei ein geologischer Mechanismus am Werk gewesen, der zur Bildung der fossilen Überreste dieser Lebewesen geführt habe, manchmal auch mit einer späteren Durchmischung von Fossilschichten aus unterschiedlichen Zeitaltern. Abgesehen davon komme es immer wieder vor, dass Tiere beim Überqueren von Strömen mitgerissen und dann an strömungsbedingten Sammelstellen abgelagert werden.

Als Antwort lässt sich sagen, dass kein Fluss Vögel, Land- und Wassertiere vermengt, und schon gar nicht derart, dass *Versteinerungen* entstehen. Außerdem behält kein Fluss über Jahrmillionen hinweg denselben Lauf. Ebenso zeigen die Massenablagerungen, dass sie eine eigene, *zusammenhängende* Schicht sind, also bei derselben Großkatastrophe entstanden – und nicht durch eine spätere, langsame Durchmischung verschiedener Fossilschichten.

Schlagartige geologische und klimatische Veränderungen

Wie zu Beginn des Kapitels erwähnt, entstanden während der „Eiszeit" nur in bestimmten Regionen Gletscher und Eisschichten, nämlich dort, wo plötzlich über Monate und Jahre hinweg außergewöhnliche Schneemengen fielen und zu Eis wurden. Die Schnee- und Eisbildung setzt aber voraus, dass woanders viel Wasser verdunstet. Die Ursachen dieser Umwälzungen waren schlagartige Ereignisse, wie wir anhand vieler Spuren ersehen können.

Die schockgefrorenen Mammuts: Bekannter als die bereits erwähnten Mixablagerungen sind die gefrorenen Mammuts, die im nordöstlichen Sibirien und in Alaska gefunden wurden. Die Fundstellen befinden sich alle in einem relativ schmalen Streifen am Rand des Nordpolarmeers und erstrecken sich insgesamt über eine Länge von mehr als 5000 km. Von Mammuts existieren Skelette aus einer breiten Zeitspanne, aber zu einem bestimmten Zeitpunkt muss klimatisch etwas geschehen sein, das Mammuts nicht nur sterben ließ, sondern in den nördlichsten Regionen auch zu deren Schockeinfrierung führte.[17] Einige der eingefrorenen Mammuts hatten sogar noch ihr Fressen im Mund. Sie starben, bevor sie ihren letzten Bissen hinunterschlucken konnten! Im Magen dieser Tiere fand man zum Teil noch unverdaute Butterblumen, wilde Bohnen, Lärchen- und Fichtennadeln und ähnliche Pflanzen, die nur in einem gemäßigten Klima wachsen. Die Tiere wurden sofort eingefroren, ansonsten wäre ihr Mageninhalt sehr schnell verwest. Tote Mammuts in anderen Regionen blieben nicht erhalten oder verwesten bis aufs Skelett, und wir müssen auch annehmen, dass nur ein Bruchteil der gefrorenen Mammuts von Forschern gefunden wurde. Im Lauf

Das berühmte Berezovka-Mammut war 50 bis 55 Jahre alt, als es plötzlich starb und schockgefroren wurde. Es wurde im Jahr 1900 auf einem Abhang 30 m oberhalb des Flusses Berezovka (Nebenarm des Flusses Kolyma) in Nordostsibirien entdeckt und im Jahr darauf „am Stück" ausgegraben und ins Zoologische Museum von St. Petersburg gebracht, wo es nach intensiver Untersuchung ausgestopft wurde, unter Beibehaltung der Körperstellung, in der es eingefroren worden war. Seine Hüfte war gebrochen, und die Hinterbeine waren fast horizontal nach vorne gedreht. Auch mehrere Rippen und ein Schulterblatt waren gebrochen, ebenso der obere Knochen des rechten Vorderbeins. Dieser war in etwa ein Dutzend Stücke zersplittert, ohne dass das Bein äußerlich verletzt gewesen wäre.

Der ganze Körper war von Erde zugeschüttet, alles tiefgefroren. Nur der obere Teil des Kopfes und der nach oben gerichtete Rüssel waren durch ein kurzes Auftauen und durch Wassereinwirkung aus dem Boden freigelegt worden, worauf Wölfe diese Körperteile fraßen. Der Mund war jedoch tiefgefroren im Boden geblieben, und auf der Zunge und zwischen den Zähnen fand man die letzten Bissen, die das Mammut nicht mehr schlucken oder ausspucken konnte. Im Bauch fand man 12 kg unverdauter Nahrung, die aus 40 verschiedenen Arten von Gräsern, Kräutern, Moosen, Früchten, Stauden und Blättern bestand.

Unter dem Mammut und in seiner direktem Umgebung fand man Reste anderer Tiere: eines Bisons, eines Rentiers, einer Antilope und eines Pferdes, vermischt mit zerbrochenen Bäumen und Wurzeln.[18] Was hat damals, vor 10 000 bis 15 000 Jahren, den plötzlichen Tod all dieser Tiere und Pflanzen verursacht?

Nicht nur Mammuts starben derart plötzlich, dass sie nicht einmal ihre letzten Bissen verschlucken konnten, auch zahlreiche andere Tiere wurden bei großen Erdkatastrophen schlagartig getötet. Besonders dramatisch zeigen dies die Fische, die mitsamt ihrer Beute im Mund filigran versteinert wurden (siehe auch Fotoserie in Bildteil 1). Damit Tiere nicht verwesen, sondern versteinern, sind besondere Todesumstände erforderlich, insbesondere eine schnelle und luftdichte Bedeckung, z. B. durch eine Schlammwelle.

der Jahrtausende kann durch ein regionales, oberflächliches Auftauen ein schneller Verwesungsprozess eingesetzt haben, was zusätzlich auch Raubtiere anzog, die den Kadaver ausgruben und auffraßen.

Im sibirischen Eisboden fand man neben Mammuts auch noch andere Tiere wie Nashörner, Kaninchen, Wühlmäuse, Pferde, Säbelzahntiger, Luchse, Bisons und Tiger (adaptierte Nachkommen dieser Tiger wurden zum Sibirischen Tiger). Es ist offensichtlich, dass diese nordische Region bis zum Zeitpunkt des Temperatursturzes ein milderes Klima hatte oder in einer milderen Zone lag. Darwinistisch geprägte Bilder von Mammuts auf Gletschern und im Tiefschnee sind unsinnig. Mammuts brauchten pro Tag mehrere Zentner Nahrung: Gräser, Kräuter, Blätter, Früchte usw. Nur schon deswegen hätten sie nicht in einer Kälteregion leben können, von den neun Monaten Winter (mitsamt sechs Monaten arktischer Nacht!) ganz zu schweigen. Ebenso ist ein Rüssel für kalte Zonen denkbar ungeeignet, denn dieses muskuläre Organ ist mit seiner Länge, seiner Exponiertheit, seiner Nacktheit und seinen feinen Geweben (Riechorgan, Tastlippen) besonders kälte- und frostanfällig. Mammuts hatten zwar eine Behaarung, aber diese bestand nur aus einer dünnen Schicht von Wollhaar und den längeren, fettlosen Haaren, die keinen wirklichen Kälteschutz darstellten. Diese Art von Behaarung unterscheidet sich deutlich von echten arktischen Tieren und deren Fell: Eisbär, Elch, Rentier usw.

Eingefrorene Pflanzen in polaren und subpolaren Regionen: Auch die Pflanzenwelt liefert Beweise für einen plötzlichen Klimawandel. Der Arktisforscher Eduard von Toll entdeckte während Vermessungsarbeiten auf den Neusibirischen Inseln einen Obstbaum, der mitsamt seinen reifen Früchten und grünen Blättern vollständig von Schnee bedeckt und durch die nachfolgende Eisbildung konserviert worden war.[19] Dies ist kein Einzelfall. Im Buch von Allan/Delair werden in zwei Kapiteln zahlreiche weitere Beispiele angeführt.[20]

> Sie sind vielleicht nicht so spektakulär wie die Tierfossilien, die in Alaska und im sibirischen Russland entdeckt wurden, doch die entsprechenden botanischen Beweise aus der arktischen Zone sind von ähnlicher Wichtigkeit. [...] Überreste von wärmeliebenden Pflanzen, die dem Miozän und Pliozän zugeordnet werden, wurden an vielen Orten im hohen Norden entdeckt, u.a. auf Spitzbergen, an den Ost- und Westküsten Grönlands, auf Inseln und Inselgruppen wie König-Karl-Land (norwegisch: Kong Karls Land), der Ellesmere-Insel und der Banks-Insel sowie in Alaska. Praktisch dieselben Überreste finden wir auch auf der Kamtschatka-Halbinsel in Ostsibirien, die heute knapp unterhalb des Nördlichen Polarkreises liegt. [...] Was dies alles bedeutet, ist Folgendes: Während die reiche und vielfältige Ansammlung von Pflanzen in subfossiler Form, wie sie an vielen Orten im Norden gefunden wird, eine alte Miozän-/Pliozän-Flora darstellt, stammen die Pflanzen in diesen [vereisten] Schichten *nicht* aus solch entfernten Zeiten, sondern sind die Reste der *letzten* Generation dieser Flora, die in diesen nördlichen Regionen während der weitreichenden Umweltveränderungen am Ende des Pleistozän zugrunde ging.[21]

Mit anderen Worten: In diesen eingefrorenen Landschaften herrschte bis zur Katastrophe ein mildes Klima, weshalb dort wärmeliebende Pflanzen wuchsen. Dann brach plötzlich ein Temperatursturz herein. Was sich uns heute im eingefrorenen Zustand zeigt, sind die Überreste der Vegetation zum Zeitpunkt der Katastrophe, die alles Vorherige beendete und veränderte. In den Regionen mit der plötzlichen Kälte blieben einzelne Bäume stehen und wurden schockgefroren (die meisten verwesten in späteren Auftauphasen), und außerhalb des Kälte-„Epizentrums" wurden die Bäume mitgerissen und endeten in den Mixablagerungen oder wurden als Holzschicht zugeschüttet, wodurch sie sich unter dem Druck und der Hitze in Kohle verwandelten.

Nicht nur an den genannten Orten, die heute alle in den subpolaren Kältezonen liegen, herrschte früher ein mildes Klima, sondern auch auf dem Kontinent, den wir heute als Antarktis bezeichnen:

> Die Antarktis war nicht nur eisfrei, sondern es herrschte auch ein warmes oder subtropisches Klima. 3000 m über dem Meeresspiegel fand man am Mount Weaver reiche Fossilienlager, Blattabdrücke und verstei-

nertes Holz. Einen versteinerten Laubwald entdeckte man 400 m vom Südpol entfernt. Bohrproben aus dem Grund des Ross-Meeres beinhalteten feinkörnige Sedimente, die auf ins Meer strömende Flüsse vor der Vereisung der Antarktis schließen lassen.[22]

Die aktualistische Geologie sagt hier, diese Laubwälder hätten existiert, als sich der antarktische Kontinent noch in wärmeren Bereichen befand; erst viele Jahrmillionen später sei diese Landmasse dann langsam in die Südpolregion gedrückt worden, wo sie vereiste. Die Flusssedimente im Meer vor der Antarktis zeigen jedoch, dass auf diesem Kontinent in seiner *heutigen* Position einmal Flüsse existierten.

Das große Aussterben: warum *am Ende* der Eiszeit?

Es ist unbestritten, dass es am Ende des sogenannten Pleistozäns zu einem gewaltigen Massensterben von Tieren und Pflanzen – und Menschen – gekommen ist. Diese Zeit gilt als das Ende der Eiszeit. So stellt sich die berechtigte Frage, warum all diese Tiere und Pflanzen, die ein gemäßigtes Klima brauchen, erst am *Ende* der Eiszeit ausstarben und nicht dann, als es kalt wurde, also am *Anfang* der Eiszeit! Haben all diese Tiere und Pflanzen Zehntausende von Jahren Kälte überlebt, um dann am Ende der Eiszeit plötzlich auszusterben? Diese Logik ist absurd. Dauerten die Eiszeiten vielleicht nicht Zehntausende von Jahren? Waren die Eiszeiten viel kürzere Phasen, die durch Megakatastrophen verursacht wurden?

Was immer damals geschah, in den subpolaren Regionen kam es zu langen Schneefällen und zu einem Temperatursturz. Die Eiszeit wäre dann vielmehr eine *Schneezeit* gewesen, denn sie entstand durch die extremen Schneemassen als Folge einer Serie von Kataklysmen.

Was bewirkte die großen Erdveränderungen?

Um 10 000 v. Chr. und in den Jahrtausenden zuvor ereignete sich eine Serie von gewaltigen Katastrophen. Und das war nicht das erste Mal. Auch am Ende des ersten und des zweiten Yugas kam es zu geologisch weltbewegenden Veränderungen. So finden wir Spuren von Gletschern in Gebieten, die heute zu den tropischen und subtropischen Klimazonen gehören, z. B. in Südafrika, Madagaskar, Indien, Australien und Brasilien. Kommen diese Spuren aus der Zeit, als die einzelnen Kontinentalschollen noch nicht an ihrer heutigen Position waren? Oder ging alles viel schneller? Wenn der Atlantik tatsächlich 100 Millionen Jahre alt ist, müssten die Küstenlinien tief erodiert sein. Sie passen aber zusammen wie „frische" Puzzlestücke! Was bewirkte diese großen Yuga-Veränderungen? Bekannte Faktoren wie „Klimaschwankung", Vulkanausbrüche, Erdbeben usw. genügen hier als Erklärung nicht. Wir müssen also andere, ganz außergewöhnliche, vielleicht sogar einzigartige oder zyklisch einmalige Ursachen in Betracht ziehen.

Explodierende und/oder einschlagende Himmelskörper: Eine erste, naheliegende Theorie besagt, dass die Katastrophenserie von einem Meteoriten, Asteroiden oder Kometen ausgelöst wurde, entweder durch einen Einschlag (Impakt) oder durch eine Explosion in der Erdatmosphäre. Dass solche Ereignisse in der besagten Zeit stattgefunden haben, wurde mittlerweile auch geologisch bestätigt, insbesondere durch einen Bericht von 29 Wissenschaftlern, der im Mai 2013 im Fachjournal *Proceedings of the National Academy of the Sciences* veröffentlicht wurde.[23] Das internationale Team untersuchte eine geologische Grenzschicht, die der Schlussphase der Eiszeit zugeordnet wird („Younger Dryas Boundary", YDB). Bei Impakten wird Erdmasse in hohen Temperaturen geschmolzen und verspritzt, und die YDB ist voll von mikroskopisch kleinen Schmelzkügelchen. Das Team sammelte solche Mikrokügelchen an 18 Orten in neun Ländern auf vier Kontinenten (in ganz Nordamerika, am nördlichen Rand von Südamerika, in Europa, im Nahen Osten und an der Mittelmeerküste Afrikas) und konnte nachweisen, dass für das Entstehen dieser Kügelchen nur ein Impakt als Erklärung in Frage kommt. Ihre Entstehung setzte Temperaturen von über 2200°C voraus, und in denselben Schichten fanden sich auch andere Impaktspuren, z.B. Iridium und Nanodiamanten. Die untersuchten Orte erstrecken sich über ein Gebiet von 50 Millionen Quadratkilometern, und die Wissenschaftler schätzen, dass das Gesamtgewicht dieser Impaktkügelchen 10 Millionen Tonnen beträgt. Die vollständige Größe des Streufelds dieser Kügelchen ist nicht bekannt. Ein einziger Impakt hätte wohl kaum ein Streufeld erzeugt, das um die halbe Erde und noch weiter geht. Wir sprechen hier von einer Zeit vor 12 800 Jahren. Damals, so heißt es im Bericht, habe „ein dramatisches und anomales Ereignis" stattgefunden, das die Zustände auf der Erde „abrupt umwälzte".

Dasselbe Fachjournal veröffentlichte im Juli 2013 eine weitere Bestätigung für die Impakttheorie.[24] Untersuchungen von Bohrkernen aus dem Eis von Grönland zeigten, dass sich in der Zeit des „Younger Dryas" eine 100-fache Steigerung der Platinkonzentration im Eis ergab, was ebenfalls als Spur eines Impakts gedeutet werden kann.

Wie kann ein Impakt die ganze Erde ins Chaos stürzen? Hat ein gewaltiges Objekt eingeschlagen, oder ist es in der Erdatmosphäre explodiert, worauf die Fragmente an verschiedenen Orten einschlugen und eine gewaltige Kettenreaktion von Vulkanausbrüchen und Erdbeben auslösten? Auffällig bei den weltweiten Katastrophenüberlieferungen ist, dass sie nicht identisch sind, sondern regionale und kontinentale Unterschiede aufweisen. Einige Berichte sprechen von einer Schlange oder einem feurigen Drachen am Himmel (der „Drache" hatte mehrere Köpfe), andere sprechen von einem Feuerregen und einem Weltenbrand, andere von einer Wasserflut und wieder andere von einer langen Dunkelheit.[25]

Kippen der Erdachse? Rutschen der Erdkruste? All die beschriebenen Extremveränderungen könnten am einfachsten erklärt werden, wenn sich die gesamte Erde oder zumindest ihre Oberfläche bewegt hätte. Das würde bedeuten: Gemäßigte Zonen befanden sich plötzlich 20 Breitengrade nördlicher, und die Polarregionen kamen schlagartig in wärmere Zonen, wo sie auftauten und den Meeresspiegel weltweit um 120 m ansteigen ließen.

Beide Theorien gehen von einer Großkatastrophe als Ursache aus, höchstwahrscheinlich ein Impakt. Beim einen Szenario bewirkten die geologischen Kettenreaktionen eine Hitzeentwicklung mit Unmengen von Niederschlägen, die in den Polargebieten der damaligen Erde zur Bildung von kilometerdicken Eisschichten führten. Diese erzeugten aufgrund der Schräglage des Planeten zunehmend ein Ungleichgewicht, bis sich die Kruste verschob und sich in einer neuen Lage einpendelte.[26]

Oder war die Erde bis vor kurzem vertikal ausgerichtet und wurde erst durch den Impakt in die heutige Schräglage von 23,5 Grad versetzt? Diese Theorie ist in der alternativen Forschung weit verbreitet: „Während des Sintflutgeschehens wurde die Erdachse mit verheerenden Folgen für unsere Welt verschoben [...]."[27]

Kosmische Strahlung und Plasmawellen: Angesichts der Spuren von globalen Katastrophen werden heute auch in der konventionellen Wissenschaft außergewöhnliche Ursachen in Betracht gezogen, insbesondere Strahlungs- und Plasmawellen aus dem Kosmos, z. B. aufgrund der Explosion eines Sterns oder Weißen Zwergs am Ende seiner Existenz. Solche Supernova-Explosionen beeinflussen die Sonne massiv, wenn sie in der Nähe von weniger als 100 Lichtjahren stattfinden. Die Sonne reagiert mit Großeruptionen. Die Kettenreaktionen von kosmischen Impulsen via Sonne zur Erde sind wahrscheinlich die entscheidenden Ursachen für die zyklischen Umwälzungen auf der Erde. Das Standardwerk hierzu stammt von Prof. Robert Schoch und wurde 2012 veröffentlicht: *Forgotten Civilization: The Role of Solar Outbursts in Our Past and Future* („Vergessene Zivilisation: Die Rolle von solaren Großeruptionen in unserer Vergangenheit und Zukunft").

Zyklische Großeruptionen der Sonne: Die Sonne steht nicht fix im Universum. Sie bewegt sich auf einer eigenen Bahn durch die Galaxie, und zusammen mit der Galaxie bewegt sie sich in noch größeren Bahnen. Das meiste, was wir über die Sonne wissen, ist hypothetisch. Es ist jedoch eine plausible Annahme, dass unsere Sonne auf ihrer Reise durch den Kosmos unterschiedlich intensive Energiezonen durchläuft und vom galaktischen Zentrum zyklisch Impulse empfängt, wodurch die scheinbar konstanten Sonnenaktivitäten auf eine uns unbekannte Weise verändert, d. h. verstärkt oder abgeschwächt werden.

Wenn die Sonne ihre Aktivitäten aufgrund kosmischer Einflüsse „plötzlich" verstärkt und gewaltige Plasmawellen ausstößt, hat dies auf der Erde unabsehbare Folgen: ein Zusammenbruch des Magnetfeldes, eine Aufheizung der Magmaschicht im Erdinnern sowie Hitze- und Strahlungswellen, die punktuell sogar die Oberfläche von Steinen schmelzen können, was zum Phänomen der verglasten Steine *(vitrification)* führt, das bisher nie befriedigend erklärt werden konnte (Feuerangriffe durch Feinde? Großflächige Blitzeinschläge? Prähistorische Atombomben?).[28]

> Meine Hypothese ist, dass damals [um 9700 v. Chr.] ein großes Plasmaereignis stattfand, das weltweit dramatische katastrophische und kataklysmische Auswirkungen hatte. Plasma, das auf die Erdoberfläche trifft, könnte Gestein erhitzen und schmelzen, brennbares Material entzünden, Eisschichten schmelzen, flache Gewässer verdampfen und das Klima epochal erwärmen. Das Nachlassen des Drucks [auf die Kontinentalplatten], wenn Tausende von Metern dicke Eisschichten abschmelzen, kann Erdbeben auslösen und sogar verursachen, dass heißes Gestein unter dem Druck schmilzt und an der Erdoberfläche durch Vulkane austritt. [...] Große Plasmaereignisse können nicht nur Verglasungen verursachen, sondern könnten bei ausreichender Intensität die Erdoberfläche buchstäblich in Schutt und Asche setzen, einschließlich der von Menschen geschaffenen Strukturen und Artefakte.[29]

Die heute bekannten Sonnenzyklen von 11 und 200 Jahren sind im Verhältnis zur Lebensdauer der Sonne das, was für uns ein Herzschlag und ein Atemzug sind. Die Sonne folgt offensichtlich auch größeren Zyklen, obwohl wir bisher aufgrund unserer zeitlich engen Perspektive erst gerade einmal ihren „Herzschlag" und ihre „Atemzüge" entdeckt haben. Was ist, wenn die Sonne einmal „hustet" oder sich „häutet" oder energetisch besonders starke oder schwache Regionen des Universums durchläuft? Dies alles kommt aus irdischer Perspektive nur im Lauf von Zehn- und Hunderttausenden von Jahren vor, aber wenn es vorkommt, werden auf der Erde geologische und klimatische Veränderungen ausgelöst, die alle aktualistischen Theorien über den Haufen werfen.

Waren die physikalischen und atmosphärischen Verhältnisse früher anders als heute?

In der Vergangenheit waren viele Tiere und Pflanzen größer als ihre heutigen Nachfahren. Bekannt sind die großen Farne und der Riesenschachtelhalm, die Saurier, die Riesenkrokodile, die Libellen mit einer Spannweite von fast einem Meter, usw. Die heutige Biologie konstatiert diesen Fakt, ohne ihn plausibel begründen zu können.

Die Saurier hatten im Vergleich zu ihrem Körper einen sehr kleinen Kopf mit Nasenöffnungen, die nicht viel größer waren als die Nüstern eines Pferdes. Wenn der Sauerstoffgehalt in der Luft damals gleich gewesen wäre wie heute, hätten die Saurier hyperventilieren müssen, um genug Sauerstoff für ihren Riesenkörper zu bekommen. Eingeschlossene Luftbläschen in altem Eis und in Bernsteinfossilien weisen darauf hin, dass die Atmosphäre früher sauerstoffreicher war als heute, schätzungsweise ein Sauerstoffgehalt von 30% statt der heutigen 21%. Ebenso war der Luftdruck etwa doppelt so hoch wie heute.[30] Unter solchen Umständen hätten die Menschen mehrere Hundert Jahre gelebt, aber ein Impakt hätte auch eine größere Brennwirkung gehabt.

War früher auch die Ultraviolett- und Infraroteinstrahlung geringer als heute? Experimente zeigen, dass eine geringere UV- und IR-Einstrahlung bei Pflanzen sowohl die Größe als auch den Ernteertrag steigert. Pionierarbeit in der Erforschung dieses Phänomens leistete Dr. Kei Mori von der Keio-Universität in Tokio. Er konstruierte eine Einrichtung, die es erlaubt, UV- und IR-Licht herauszufiltern, und ließ Pflanzen in diesem Licht wachsen.[31] An der *Japan Expo 1985* wurde unter seiner Leitung eine Tomatenpflanze ausgestellt, die in „urzeitlichen" Licht- und Atmosphärenverhältnissen wuchs. Diese Pflanze wurde fast 10 m hoch und produzierte während der Expo, die sechs Monate dauerte, 13 000 reife Tomaten![32]

Eine geringere UV- und IR-Einstrahlung, ein höherer Sauerstoffgehalt in der Luft und ein höherer Luftdruck – dies alles weist darauf hin, dass die Lufthülle unseres Planeten früher anders geartet war als heute. Was verursachte die spätere Verringerung des Luftdrucks und die Veränderungen in der Lichteinstrahlung?

Bisher waren es vor allem kreationistische Wissenschaftler, die diesen Fragen nachgingen. Wichtige Experimente in der Grundlagenforschung zur „Uratmosphäre" führte Dr. Carl Baugh durch, der Leiter des *Creation Evidence Museum* in Glen Rose, Texas. Er tat dies mit einer „Überdruck-Biosphärenkammer" (Hyperbaric Biosphere), seiner patentierten Erfindung, die es ermöglicht, die Gase der Atmosphäre innerhalb der Kammer unterschiedlich zu mischen sowie den Luftdruck, das Licht und die Stärke des elektromagnetischen Feldes zu regulieren. Die

Die vorsintflutliche Erdatmosphäre

War die Atmosphäre der Erde im dritten Zeitalter anders aufgebaut als die heutige und hatte dadurch eine stärkere Filterwirkung? Hatte sie einen höheren Sauerstoffgehalt? War dies der Grund für den in vielen Fossilien zu sehenden Riesenwuchs bei Pflanzen und Tieren? Erreichten die Menschen früher tatsächlich ein „biblisches" Alter? Geologische Spuren, aber auch Hinweise in Mythen legen solche Rückschlüsse auf die vorsintflutliche Atmosphäre nahe. In der jüdischen Überlieferung lesen wir diesbezüglich:

> Am zweiten Tag sprach Gott: „Es werde eine Feste zwischen den Wassern." Und zu den Wassern sprach er: „Ihr sollet euch in zwei Hälften teilen, und es soll die eine Hälfte zum Himmel emporsteigen, und die zweite Hälfte soll nach unten gehen."[33]

Aus dieser alten Überlieferung entstand im Ersten Buch Mose folgende rätselhafte Formulierung:

> Dann sprach Gott: „Im Wasser soll ein Gewölbe entstehen, das die Wassermassen trennt." So geschah es: Gott machte ein Gewölbe und trennte das Wasser über dem Gewölbe von dem Wasser, das die Erde bedeckte. Und Gott nannte das Gewölbe Himmel. (Gen 1,6–8a; Einheitsübersetzung)

Eine spekulative Interpretation dieser Beschreibungen besagt, die Erdatmosphäre habe früher in ihren höheren Bereichen eine Art von gefrorener Dampfschicht enthalten, vielleicht als Folge einer vorangegangenen Katastrophe. Das würde bedeuten, dass die Menschen in einem globalen Treibhaus lebten, das im Gebiet zwischen dem damaligen nördlichen und südlichen Polarkreis zu einer paradiesischen Natur führte. Aufgrund dieser atmosphärischen Hülle hätten die Menschen keine Sterne und keine deutlich abgezeichnete Sonne am Himmel gesehen. Die Luft wäre feucht und statisch gewesen. Es hätte keine Wolken und keinen Regen und keine Regenbogen gegeben. Interessanterweise erwähnt die Bibel genau solche Details. In der Beschreibung des Paradieses wird betont: „Gott der Herr hatte es noch nicht regnen lassen [...]; aber ein Nebel stieg auf von der Erde und machte das Land feucht" (Gen 2,5–6). Auch beim Beginn der Sintflut steht nichts von Wolken: „An diesem Tag brachen alle Brunnen der Tiefe auf, und die Fenster/Schleusen des Himmels öffneten sich, und es regnete vierzig Tage und vierzig Nächte lang in Strömen" (Gen 7,11b–12). Nach der Sintflut werden explizit Wolken und ein Regenbogen erwähnt, und zwar als die typischen Merkmale der neuen Zeit (Gen 9,13–14). Wenn es früher eine atmosphärische Eispartikelschicht gab, wäre sie zerstört worden, wenn ein Komet, Asteroid oder Meteorit in sie eingedrungen wäre, vor allem wenn er auch noch explodierte. Hat ein solches Ereignis plötzlich zusätzliche Wassermengen von oben her freigesetzt? Falls ja, war dieser Regen ein weiterer, bisher nicht erkannter Faktor, der – zusammen mit dem Abschmelzen der Gletscher und Eismassen – bewirkte, dass vor 12 000 Jahren der Meeresspiegel weltweit um 120 m anstieg.

Experimente wurden mit einem erhöhten Sauerstoffanteil (sukzessive Erhöhung auf 30%) durchgeführt. Bemerkenswerte Ergebnisse waren:

- Die Lebensdauer von Fruchtfliegen wurde bis zu dreimal länger.
- Eine Mokassinschlange (verwandt mit der Klapperschlange), die vier Wochen in der Biosphärenkammer lebte, wies danach ein umgewandeltes Gift auf, das nicht mehr giftig war.
- Junge Piranhas wuchsen innerhalb von zwei Jahren von 5 cm auf eine Länge von 40 cm.

Carl Baugh wurde sogar in das NASA-Zentrum von Green Belt, Maryland, eingeladen, um den versammelten Wissenschaftlern von seinen Experimenten zu berichten.[34] Gegenwärtig ist er dabei, die Biosphärenkammer im *Creation Evidence Museum* auszubauen. Ziel ist, dass die Experimente direkt im Internet mit einer andauernden Live-Übertragung mitverfolgt werden können.[35]

Überwindung von falschen Grundannahmen

Nur schon die kurzen Zusammenfassungen in diesem Kapitel zeigen, dass die Grundannahme der aktualistischen (uniformen) Geologie – „Die Gegenwart ist der Schlüssel zur Vergangenheit“ – falsch ist.

Die Massenablagerungen von Fossilien, die schockgefrorenen Pflanzen und Tiere, der frühere Riesenwuchs von Pflanzen und Tieren (und Menschen?), die anderen atmosphärischen und physikalischen Bedingungen – dies alles zeigt, dass wir die heutigen Gegebenheiten nicht einfach in die Vergangenheit projizieren können. Doch genau dies geschieht in praktisch allen geologischen Interpretationen und auch in den Methoden, die angewandt werden, um das Alter von Fossilien und Gesteinen zu ermitteln. Deshalb möchte ich auch kurz auf diese Problematik eingehen, denn alle konventionellen Darstellungen der Urgeschichte und der „Erdzeitalter“ beruhen auf diesen Methoden und Annahmen.

Das Alter von Gesteinen (1): Sedimentschichten können sehr schnell entstehen

Die verschiedenen Gesteinsschichten dokumentieren durch ihre Reihenfolge offensichtlich eine zeitliche Abfolge. Aber wie groß sind die Zeiträume, die zur Bildung der einzelnen Schichten führten? Repräsentiert jede Schicht immer Millionen von Jahren, oder können Schichten auch viel schneller abgelagert werden? Letzteres ist durchaus möglich, wie wir beim Ausbruch des Vulkans Mount St. Helens (18. Mai 1980) sehen konnten. Innerhalb von kürzester Zeit veränderte sich eine Landschaft komplett, mitsamt der Bildung von neuen Tälern und Flüssen. Beim Mount St. Helens handelte es sich um eine explosive Eruption, bei der die obersten 400 m des Schneeberges weggesprengt wurden. Die dabei erzeugte Wolke von Staub, Asche und Dampf ließ pyroklastische Schlammflüsse entstehen, die in mehreren Schüben insgesamt bis zu 50 m dicke Sedimentschichten ablagerten.

Als zwei Jahre nach dem ersten Ausbruch, am 19. März 1982, ein neuer Schub von geologischen Bewegungen einsetzte, gruben die Asche- und Schlammfluten drei Schluchten in die Sedimentschichten

Landschaftsveränderung durch einen Vulkanausbruch, hier gezeigt am Beispiel des Mount St. Helens. Die untere Sedimentschicht entstand am Tag des Ausbruchs, 18. Mai 1980, durch niederprasselnde Flugsedimente. Die darüberliegende 8 m dicke Schicht wurde nur drei Wochen später, am 12. Juni, innerhalb weniger Stunden aufgrund weiterer Ausbrüche neu gebildet. Die darauf abgelagerte vier Meter dicke Schicht entstand am 19. März 1982, als große Schlammfluten aus dem Vulkankegel mit schneller Geschwindigkeit zu Tal flossen. In zwei Jahren entstand hier eine 20 m hohe Canyonwand aus frisch gebildetem Gestein.

von 1980. Am deutlichsten zeigt sich dies bei einem bis zu 42 m tiefen Canyon, der heute Schichten aufweist, die wie jene des berühmten Grand Canyon aussehen, weshalb dieser junge Canyon sogar den Namen „Little Grand Canyon" bekam. Auf seinem Grund verläuft ein kleiner Fluss, aber hier ist klar: Zuerst war der Canyon, und dann erst kam das Wasser. Wenn man heute diese Szenerie mit Canyon und Fluss ohne jegliches Vorwissen – nur mit aktualistischen Paradigmen – betrachten würde, könnte man meinen, der Fluss auf dem Grund des Canyons habe die Schlucht über Millionen von Jahren hinweg durch Erosion geschaffen.[36]

Das Alter von Gesteinen (2): Die Problematik der radiometrischen Datierungsmethoden

Sedimentgesteine können nicht direkt datiert werden. Sie werden entsprechend den Fossilien, die sie enthalten, in die konventionelle Skala der Erdzeitalter eingeordnet. Bei Erstarrungsgesteinen jedoch existieren heute Methoden zur (hypothetischen) Altersangabe in Jahren. Wenn Lava erstarrt, beginnen die radioaktiven Elemente im Gestein in Tochterisotope zu zerfallen. Weil bekannt ist, wie lang die Zerfallszeiten sind, wird in der heutigen Geologie bei Erstarrungsgesteinen die Menge des Isotopenanteils gemessen und daraus das Alter der Steine und Steinschichten berechnet. Diese Methode, die sich auf die Messung der radioaktiven Zerfallsquote stützt, wird *Radiometrie* genannt. Die Datierungsmethoden beruhen auf den Zerfallsreihen radioaktiver Elemente, wie Kalium oder Uran 238. Die radiometrischen „Datierungen" sind die Grundlage aller heute akzeptierten Altersangaben für die verschiedenen Erdzeitalter. Aber auch diese Methoden messen das Alter der Gesteine nicht direkt, sondern nur indirekt. Man misst die vorhandene Menge des Isotops und schließt daraus auf das Alter.

Die radiometrischen Datierungsmethoden haben ihre Tücken, wie sich auch nach dem Ausbruch des Mount St. Helens zeigte. Innerhalb von sechs Jahren entstand im Krater des Mount St. Helens ein fast 300 m hoher, halbkugelförmiger Dom aus erkalteter Lava. Innovative Geologen der kreationistischen Richtung datierten das Gestein dieses jungen Lavadomes mit den herkömmlichen Methoden, z. B. mit der Kalium-Argon-Methode. Da Kalium nur sehr langsam in Argon zerfällt – die Halbwertzeit von Kalium beträgt 1,25 Milliarden Jahre –, war es laut herkömmlicher Lehrmeinung nicht möglich, dieses Erstarrungsgestein zu datieren, da es zu jung sei und noch kein Argon enthalten könne. Die Untersuchung zeigte jedoch, dass dieses junge Gestein Spuren von Argon enthielt. Die radiometrische Datierung ergab deshalb, je nach ausgewählter Probe, ein „Alter" von 350 000 bis 2,8 Millionen Jahren![37]

Die Problematik der radiometrischen Datierungsmethoden: Wie bereits erwähnt, wird bei diesen Methoden das Alter der Gesteine nicht direkt, sondern nur indirekt berechnet, indem von der Menge des vorhandenen Isotops auf die verstrichene Zeit geschlossen wird. Diese Methode beruht auf der unbewiesenen Annahme, dass der Prozentsatz des Umwandlungsproduktes (z. B. Argon) am Anfang immer gleich null ist. Aber wie wir spätestens seit den Datierungen des jungen Gesteins aus dem Krater des Mount St. Helens wissen, ist dies nicht der Fall.

Wenn die radiometrischen Messungen richtige Altersangaben ergeben sollen, müssten folgende Bedingungen erfüllt sein:

1. Am Anfang darf nur das Grundelement der Zerfallsreihe vorhanden sein. Die Uhr der Zerfallsreihe muss auf „Null" stehen. Das Zerfallsprodukt darf noch nicht vorhanden sein, und falls doch, müsste bekannt sein, in welcher Menge.
2. Die Halbwertzeit muss während der gesamten Zerfallszeit konstant geblieben sein.
3. Es durften keine Mutter- oder Tochterisotope entweichen oder von außen hinzukommen.

Die Annahme, dass am Anfang keine Isotope vorhanden seien, ist falsch. Die Erstarrungsgesteine enthalten bereits von Anfang an auch die Umwandlungsprodukte, und zwar in einem unbekannten und variierenden Ausmaß. Auch Punkt 2 ist eine Unbekannte. Wellen einer massiven Neutronenstrahlung aus dem Weltall oder andere Faktoren könnten den radioaktiven Zerfall kurzfristig beschleunigt haben.[38] Ebenso ist Punkt 3 nicht gewährleistet. Es ist nicht anzunehmen, dass die radioaktive Einstrahlung über Millionen von Jahren hinweg immer die gleiche war wie heute. Wenn aufgrund von chemischen Reaktionen durch einen Impakt oder durch kosmische Strahlung die irdische Ozonschicht für eine gewisse Zeit aufgelöst wird, wäre die Einstrahlung auf die Erde eine ganz andere gewesen als heute. Vieles weist darauf hin, dass die Erdatmosphäre früher anders strukturiert war als heute (S. 203). Sie hatte früher einen höheren Sauerstoffgehalt und möglicherweise auch einen höheren Argongehalt. Deshalb müssen wir damit rechnen, dass die Erstarrungsgesteine auch Argon enthalten, das sie in einem früheren Zeitalter aus der Atmosphäre absorbiert haben. Mit anderen Worten: Die radiometrische Logik „je mehr Argon, desto älter" führt zu falschen Altersangaben.

Falsche Altersangaben in unterschiedlichsten Varianten: Die heutige Wissenschaft ist sich der hier beschriebenen Problematik bewusst, stellt aber deswegen nicht die gesamte Methode in Frage, sondern versucht, die erhoffte Genauigkeit durch die Anwendung verschiedener radiometrischer Methoden zu „kalibrieren". Dadurch wird das Problem aber nur noch größer (und offensichtlicher, müsste man meinen). Denn die verschiedenen radiometrischen Methoden ergeben Altersangaben, *die sich bis um das Zehnfache unterscheiden.*[39] Unterschiedliche radiometrische Methoden ergeben für dasselbe Gestein z. B. Altersangaben zwischen 10 Millionen und 100 Millionen Jahren. Bei diesen Unterschieden werden dann einfach jene Werte genommen, die am besten in das darwinistische und aktualistische Modell passen, was ein unwissenschaftlicher Zirkelschluss ist.

Unser Zeitgefühl ist aufgrund der aktualistischen Paradigmen derart ver-rückt, dass wir angesichts des Erdalters von 4500 Millionen Jahren meinen, 10 Millionen oder 100 Millionen Jahre seien geologisch kein großer Unterschied. Wenn wir jedoch sehen, wie sehr sich die Erde nur schon während der letzten 50 000 Jahre verändert hat, ist diese Fehlerfreundlichkeit, gelinde gesagt, erstaunlich, vor allem wenn wir auch noch davon ausgehen müssen, dass *jede* dieser radiometrischen Angaben falsch ist ...

Wie zuverlässig sind C14-Datierungen?

Bei der Altersbestimmung von organischen Proben wird die C14-Methode angewandt. Die Atmosphäre enthält das radioaktive Kohlenstoff-Isotop ^{14}C (Kohlenstoff-14, kurz C14). Pflanzen, Tiere und Menschen nehmen diesen Kohlenstoff in sich auf, solange sie leben. Wenn sie sterben, kommt kein neues ^{14}C mehr hinzu, und der radioaktive Zerfall beginnt. Aus der Menge von ^{14}C in einer Probe wird dann berechnet, wann ein Lebewesen gestorben ist.

Auch hier sind die obigen drei Punkte relevant. Je kürzer die faktische Zeitspanne ist, desto größer ist die Wahrscheinlichkeit, dass die C14-Datierung das korrekte Alter ergibt. Organische Proben, die älter als 90 000 Jahre sind, dürften kein ^{14}C mehr enthalten. Nun wurden jedoch unterschiedliche Arten von Kohle, die angeblich zwischen 34 und 311 Millionen Jahre alt sind, mit der C14-Methode untersucht. Die Kohleproben enthielten immer noch 0,1 bis 0,46 % ^{14}C, was einem Alter von maximal 57 000 Jahren entspricht.[40]

Was hat das zu bedeuten? Eine naheliegende Erklärung ist, dass die Atmosphäre früher einen höheren Sauerstoffgehalt hatte als heute und dafür weniger radioaktiven Kohlenstoff (^{14}C) enthielt. Hinzu kommt, dass das schwankende Erdmagnetfeld in Phasen, in denen es stärker war als heute, die Höhenstrahlung reduzierte, was bewirkte, dass weniger ^{14}C entstand, als heute aus linearer Sicht angenommen wird.

Die C14-Methode geht vom ^{14}C-Gehalt der *heutigen* Atmosphäre aus. Aber auch hier müssen wir annehmen, dass dieses Verhältnis aufgrund bekannter und möglicherweise auch unbekannter Faktoren nicht immer so war wie heute.

Mit anderen Worten: Bis zu einem faktischen Alter von maximal 10 000 Jahren ergibt die C14-Methode zuverlässige Angaben.[41] Wenn das faktische Alter der Proben über dieser Grenze liegt, kann die C14-Methode nicht mehr zuverlässig eingesetzt werden. Sie wird zwar zu theoretischen Altersangaben führen, die jedoch weit neben dem faktischen Alter liegen können.

Fazit: Alte Erde, zyklische Umwälzungen

Hier kann das wiederholt werden, was auf S. 129 gesagt wurde: *Jeder scheinbare Beweis für die Evolutionstheorie lässt sich auch anders erklären! Keiner dieser Beweise ist ein echter Beweis, sondern nur eine Interpretation, die die Fakten so zu erklären versucht, dass sie die Evolutionstheorie stützt.* Dasselbe gilt für die angeblich bewiesene Zeitskala der heutigen Geologie. Jeder „Beweis" ist nur die Interpretation eines Sachverhalts, der sich immer auch ganz anders erklären lässt. Aus der Sicht der Yuga-Geologie werden in gewissen Phasen (an den Yuga-Übergängen) die „Karten" auf allen Ebenen neu gemischt: tektonisch, atmosphärisch, physikalisch, chemisch.

Die kritischen Argumente gegen die vorherrschenden Paradigmen in der Urgeschichtsforschung werden heute hauptsächlich von kreationistischen Wissenschaftlern vorgebracht. Diese gehen jedoch in das andere Extrem, indem sie aus den diskutierten Fakten den Schluss ableiten, die Erde sei erst knapp 7000 Jahre alt. Die Unendlichkeit der Materie wird auf eine einzige Schöpfung und auf eine kurze, lineare Geschichte beschränkt, basierend auf einer scheinbar bibeltreuen Interpretation des ersten Kapitels des Buches Genesis. Eine alternative Wissenschaft muss jedoch nicht fundamentalistisch-kreationistisch sein:

> Auf keinen Fall soll jedoch aus diesen Ausführungen auf einen jungen Planeten Erde geschlossen werden, wohl aber auf eine vor wenigen tausend Jahren fast komplett umgestaltete Erdkruste mit einer neuen oder umgebildeten Atmosphäre. […] Es wird Zeit, die alten Dogmen als Scheuklappen unseres Bewusstseins und der Forschung einzureißen. Ein Paradigmenwechsel ist überfällig.[42]

Exkurs: Weitere Beispiele für Unstimmigkeiten im Geschichtsbild des Darwinismus und Aktualismus

Laut Lehrmeinung wurde Amerika vom Norden her besiedelt. Nord- und Südamerika seien menschenleer gewesen, bis Asiaten über die Beringstraße nach Alaska einwanderten und sich von dort aus allmählich bis nach Feuerland ausbreiteten.

> Heute tendieren Anthropologen und Archäologen, gestützt auf sowohl genetische Analysen wie linguistische Untersuchungen, zu mindestens drei Einwanderungswellen von Sibirien her: Die erste und mit Abstand bedeutendste Welle, im späten Pleistozän am Ende der Eiszeit vor rund 15.500 Jahren, als noch Mammuts, Pferde und Riesenfaultiere den Kontinent bevölkerten.[43]

Obwohl keine Spur menschlicher Existenz auf den amerikanischen Kontinenten älter als 15 500 Jahre sein dürfte, werden heute auch von einigen „nichtalternativen“ Archäologen ältere Funde akzeptiert:

> Der Anspruch, die älteste archäologische Stätte von Menschen auf dem amerikanischen Kontinent zu sein, gehört dem Ort Pedra Furada, wo menschliche Überreste und Feuerstellen gefunden wurden, deren Alter das der Clovis-Kultur [...] um 19 000 bis 30 000 Jahre übertrifft. Aber diese Entdeckung ist zu einem Gegenstand großer Kontroversen zwischen den nordamerikanischen Archäologen und ihren südamerikanischen und europäischen Kollegen geworden. [...] Zu den Fundstellen von Pedra Furada in Brasilien gehören verschiedene Höhlen, die über viele Jahrtausende von unterschiedlichen menschlichen Populationen benutzt wurden. Die ersten Ausgrabungen führten zur Entdeckung von Artefakten, deren Alter mit der C14-Methode auf 48 000 bis 32 000 Jahre bestimmt wurde. Wiederholte Analysen haben diese Datierungen bestätigt und das Alter bis auf 60 000 Jahre erweitert. Die archäologischen Schichten, die am gründlichsten analysiert wurden, ergeben ein Alter von 32 160 ± 1000 Jahre und 17 000 ± 400 Jahre.
>
> 2004 wurden in Topper, South Carolina, bearbeitete Steinwerkzeuge gefunden, deren Alter über die Radiokarbonmethode auf bis zu 50 000 Jahre datiert wurde, obwohl über diese Altersangaben gewichtige Dispute geführt werden. Die Spuren menschlicher Präsenz an der Topper-Stätte geht definitiv bis mindestens 22 900 vor unserer Zeit zurück.[44]

Viele weitere und noch kontroversere Beispiele aus aller Welt finden sich in der umfassenden Dokumentation der Autoren Michael Cremo und Richard Thompson, die ein 1000-seitiges Buch füllt: *Forbidden Archaeology* (dt. *Verbotene Archäologie*). 1996 wurde auf der Grundlage dieses Buches von NBC die aufsehenerregende Fernsehsendung *The Mysterious Origins of Man* („Die geheimnisvollen Ursprünge des Menschen“) produziert, moderiert vom Hollywood-Veteran Charlton Heston. Darin kam auch die Geologin Dr. Virginia Steen-McIntyre zu Wort. Sie gehörte zum Team des Geologischen Dienstes der USA, das die Aufgabe hatte, das Alter von Steinwerkzeugen zu bestimmen, die 1966 bei Ausgrabungen in Hueyatlaco, Mexiko, entdeckt worden waren. Vier verschiedene radiometrische Datierungsmethoden sowie die geologische Datierung der Schicht (die Steinwerkzeuge waren in *zehn* Metern Tiefe entdeckt worden) wiesen alle auf dasselbe Alter hin: rund 250 000 Jahre! Gemäß der darwinistischen Anthropologie entwickelte sich der Homo sapiens jedoch erst vor 150 000 Jahren in Afrika, und Amerika war damals noch menschenleer. Entweder lieferten die radiometrischen und geologischen Altersbestimmungen falsche Angaben, oder in Amerika waren schon viel früher Menschen erschienen. Beide Möglichkeiten werden von der konventionellen Wissenschaft abgelehnt, weshalb die Fachpublikation des Hueyatlaco-Teams verhindert wurde, und die Wissenschaftler des Teams wurden als inkompetent oder mediengeil verunglimpft.[45] Im Interview von *The Mysterious Origins of Man* sagte Virginia Steen-McIntyre dreißig Jahre später:

> „Ehrlich gesagt, ich wäre mit 20 000 Jahren glücklich gewesen. Das hätte meiner Karriere zum Durchbruch verholfen. Das wären sehr alte Funde gewesen, aber nicht so alt, dass sie derart kontrovers gewesen wären. 20 000 Jahre wären akzeptabel gewesen, aber nicht 200 000 Jahre. Ich war aber ziemlich naiv. Ich dachte, wir hätten hier etwas ganz Außergewöhnliches gefunden: *Ich halte mich an die Funde, wir haben die Information, wir haben die Fakten, also veröffentlichen wir die Fakten und schauen weiter.* Ich ahnte damals nicht, dass dieser Schritt meine ganze Laufbahn ruinieren würde."

Sie verlor ihre Anstellung, die Fundstelle wurde geschlossen, und es gab keine weiteren Grabungslizenzen mehr! In praktisch allen Lexikoneinträgen zu „Hueyatlaco" werden diese Funde und die damit verbundenen Kontroversen verschwiegen. Gäbe es nur diesen einen Fund, könnte dessen zeitliche Einordnung mit Recht in Frage gestellt werden. Aber er ist nicht der einzige.

In der Sandia-Höhle, Neumexiko, wurden um 1970 feingearbeitete Pfeilspitzen aus Bisonknochen entdeckt, und zwar unter einer dicken Stalagmitenschicht. Eine radiometrische Datierung der Stalagmitenschicht ergab interessanterweise ebenfalls 250 000 Jahre, dasselbe Alter wie bei den Steinwerkzeugen von Hueyatlaco. Auch diese Entdeckung wurde von der offiziellen Wissenschaft ausgeblendet, oder die Datierung wurde als Irrtum bezeichnet.[46]

> Es gibt viele ähnliche Funde in Amerika. Dieser Kontinent wurde wahrscheinlich viel früher besiedelt, als man bisher annimmt [...]. Die Sintflut fegte jedoch besonders den nordamerikanischen Kontinent förmlich leer – und damit auch die alten Kulturen. Die Rocky Mountains erhoben sich, und viele Tier- und Pflanzenarten verschwanden – so auch der Mensch bis auf wenige Ausnahmen. Danach wurde der quasi menschenleere Kontinent Amerika neu besiedelt, wahrscheinlich auch per Schiff und nur in einer Art Nebenroute über die Beringstraße. Wie auch immer: Es gab eine ganz andere, eine scheinbar verloren gegangene Welt vor der globalen Sintflut.[47]

KAPITEL 9

Das Verschwinden der früheren Kulturen und Technologien

Einige der alten Überlieferungen beschreiben nicht nur die „Sintflut", sondern auch die Zeit davor. Gemäß indischen und indianischen Berichten war dies ein anderes Zeitalter: das dritte Yuga, die dritte „Welt". Die Bibel beschreibt eine regionale Hochkultur, die den „Turm von Babel" baute und mit ihrer Technologie Gott herausfordern wollte. Über die anderen Teile der Welt sagt die Bibel nichts. Laut den amerikanischen Überlieferungen weilten damals die Kachinas – Wesen der höheren Welten – bei den Menschen. Die Mythen der Sumerer, Ägypter, Germanen usw. sprechen von Göttern und Gottmenschen, die auf der Erde lebten oder vor den Menschen erschienen, die einen, um ihnen zu helfen und sie zu lehren, die anderen, um sich die Menschen dienstbar zu machen. Ähnliches sagt Platon vom untergegangenen Atlantis. Dieses Reich sei vom göttlichen Heros Poseidon gegründet worden, sei in den späteren Generationen aber der eigenen Kriegstreiberei und Dekadenz zum Opfer gefallen, und eine Katastrophe habe das gesamte Land innerhalb kürzester Zeit untergehen lassen. Die indischen Schriften malen das Bild einer Kultur mit Menschen, die über hohe Geisteskräfte verfügten, wobei das dritte Yuga die Zeit war, in der die Mehrheit der Menschen begann, ihre Geisteskräfte und die anderen damaligen Technologien zu missbrauchen. Legendär sind die Beschreibungen von Götterkriegen, in denen Avatare gegen die kosmischen Dunkelkräfte kämpften. Auch in der Zeit nach der großen Katastrophe waren noch Avatare und Heroen auf der Erde anwesend, mit der Schlacht von Kurukṣetra (S. 68) als Schlusspunkt des dritten Yugas vor fünftausend Jahren.

Wenn wir die Mythen und Legenden mit modernen Begriffen wiedergeben, so verfügten diese Kulturen – oder zumindest die Elite – über paranormale Kräfte, Möglichkeiten zur De- und Rematerialisation, Kristallenergien und „freie" Energie. Dabei handelte es sich nicht um mechanische Gerätschaften, wie wir sie im vierten Yuga entwickelt haben, sondern um geistige Technologien, die nur von Menschen mit entsprechenden Mentalkräften „bedient“ werden konnten. Im Epos *Mahābhārata,* das die ausführlichste Schilderung der Schlacht von Kurukṣetra enthält, und in verwandten Sanskritschriften wird betont, dass sowohl konventionelle Waffen (Pfeilbogen, Keulen usw.) als auch unkonventionelle Waffen („Götterwaffen“) zum Einsatz kamen. Im Sanskrit existieren Standardbegriffe, mit denen zwischen beiden Kategorien unterschieden wird: *śastra* und *astra.*[1]

Die konventionellen Waffen *(śastras)* erfordern Kraft und Mut, die unkonventionellen Waffen *(astras)* ermöglichen eine Bekämpfung des Gegners ohne direkten Nahkampf. Heute kann jeder Mensch und Unmensch Granaten zünden, Bomben abwerfen und aus Pistolen oder Maschinengewehren schießen. In den beiden vorangegangenen Yugas bedurfte es einer besonderen Geistesschulung, um Waffen der höheren Art einsetzen zu können. Das ändert aber nichts daran, dass bereits im dritten Yuga Kriege stattfanden, die für die betroffenen Menschen und Kulturen verheerende Folgen hatten. Wie die Sanskritschriften sagen, nahm in diesem Zeitalter die Reinheit und Wahrhaftigkeit der Menschen um drei Viertel ab (siehe Zitate auf S. 138 und 139). Mit der Serie von Katastrophen am Ende des dritten Yugas gingen diese Kulturen mitsamt ihren Technologien unter und verschwanden, und die Menschheit wurde größtenteils in ein steinzeitliches Dasein zurückgeworfen. Was blieb, waren einige geheime Linien von Hüterinnen und Hütern des alten Wissens sowie verborgene oder getarnte „Zeitkapseln“.

Wiederholt sich die Geschichte?

Vieles in den alten Mythen und Legenden mag auf spätere phantasievolle Hinzufügungen zurückgehen, aber sie gänzlich als Phantasieprodukt abzutun und ihnen jeglichen historischen Kern abzusprechen wäre ein Trugschluss, der missachtet, dass unsere Vorfahren diese Geschichten als Erinnerungsträger über Tausende von Jahren von Generation zu Generation weitergaben. Ihnen müssen diese Überlieferungen sehr wichtig gewesen sein – und diese Überlieferungen haben in allen Kulturen der Welt ähnliche Inhalte: Götter bei den Menschen, eine große Katastrophe, zyklische Zeitalter.

Ein weiteres wiederkehrendes Motiv ist die Selbstzerstörung einer Kultur aufgrund von Hybris („Hochmut gegenüber der Schöpfung und den Göttern“). Hybris führt zu einer falschen Art von Fortschritt, die für eine kurze Zeit der Machtsucht einiger weniger dient und letztlich alle ins Verderben stürzt. Interessanterweise war es gerade J. Robert Oppenheimer (1904–1967), der „Vater der Atombombe“, der Andeutungen in diese Richtung machte, und dabei sah er sich intuitiv an die untergegangenen Kulturen des früheren Zeitalters erinnert. Als ein Student an der Universität Rochester ihn fragte, ob die auf dem Testgelände von Alamogordo gezündete Atombombe die erste gewesen sei, gab er die berühmt gewordene Antwort: „Nun ja, es war natürlich die erste – in unserer heutigen Zeit.“[2]

Oppenheimer dachte hier nicht so sehr an Platons Atlantis, sondern an die in den Sanskritschriften beschriebenen „Götterschlachten“. Er sagte des öfteren, dass er beim Anblick der ersten Atomexplosion an eine bestimmte Stelle in der *Bhagavad-Gītā* gedacht habe:

> „Wir wussten, dass die Welt nicht mehr dieselbe sein würde. Einige lachten, einige weinten, aber die meisten schwiegen. Ich erinnerte mich an eine Zeile aus der Hindu-Schrift Bhagavad-Gita [...]: ‚Nun bin ich der Tod geworden, der Zerstörer der Welten.‘“[3]

Die Entwicklung der Atombombe war nur möglich wegen der vorangegangenen Erforschung der radioaktiven Elemente, und auch hier machte ein Pionier dieser Forschung eine mutige Aussage über die Selbstzerstörung einer früheren Hochkultur, nämlich Frederick Soddy (1877–1956), der 1921 für seine Erforschung der Radioaktivität und die Entdeckung der Isotope den Nobelpreis für Chemie bekam. 1909 veröffentlichte er das Buch *The Interpretation of Radium,* das eine ganze Generation von Chemie- und Physikstudenten anspornte, die Mysterien der Materie weiter zu erforschen. Wären nicht die industriell-militärischen Interessen die Haupteinflüsse hinter der Politik und den Universitäten, hätte die intellektuelle Forschung damals eine andere, heilvollere Richtung nehmen können.

Im Schlusskapitel von *The Interpretation of Radium* schrieb Soddy, es sei durchaus möglich, dass in früheren Zeitaltern technisch hochentwickelte Kulturen existiert haben, von denen wir nichts mehr wissen; diese könnten die Geheimnisse der Materie, die von der modernen Wissenschaft erst gerade entdeckt werden, in einem viel höheren Maße gekannt haben und hätten sich gerade deshalb – bei einem Missbrauch dieser Technik – derart nachhaltig ausgelöscht, dass wir von ihnen heute nur noch über die später entstandenen Mythen erfahren.

Als Einleitung in die fast unglaublichen Schlussfolgerungen, die sich im weiteren Verlauf dieses neunten Kapitels angesichts der präsentierten archäologischen Kulturspuren aufdrängen, möchte ich zuerst etwas näher auf Frederick Soddys Gedankengänge eingehen. (Wem diese Ausführungen zu sehr ins Detail gehen, kann die nächsten vier Seiten auch einfach überspringen.)

„Energieformen, die wir noch nicht entdeckt haben"

Frederick Soddy war ein wissenschaftlicher Pionier, aber offensichtlich kein dogmatischer Materialist. Über die Erforschung der Radioaktivität erkannte er, dass der Materie eine praktisch unbegrenzte Energie innewohnt und dass es theoretisch möglich ist, diese Energie freizusetzen und zu nutzen. Er vergleicht die moderne Wissenschaft diesbezüglich mit den Urmenschen, die noch nicht wussten, wie man Feuer erzeugt:

> Die Kunst des Erzeugens von Feuer ist der erste Schritt zur Beherrschung und Nutzbarmachung jener natürlichen Energiequellen, von denen die Zivilisation auch heute noch vollständig abhängig ist. Der urzeitliche Mensch bezog seine Lebensenergie gänzlich vom täglich verfügbaren Sonnenlicht, bevor er lernte, selber Feuer zu erzeugen. [...] Hinsichtlich der neu entdeckten inneren Energiepotentiale der Materie stehen wir heute dort, wo der urzeitliche Mensch stand in bezug auf die Energie, die durch Feuer freigesetzt wird.[4]

Um die potentielle Energie der Materie freizusetzen, ist eine „Transmutation" erforderlich: die Desintegration eines Elements und die künstliche Beschleunigung seines natürlichen Zerfalls. „Transmutation ist der Schlüssel zur inneren Energie der Materie", und dies ist „zugleich die älteste und aktuellste Problemstellung der Wissenschaft".[5]

So wie eine bestimmte Form von Energie durch Feuer freigesetzt werden kann, müsste auch die potentiell unbegrenzte Energie der Materie freigesetzt werden können. Welches „Feuer" ist der Schlüssel zu dieser Energie? Die Antwort ist: das geistige Feuer, die Kraft des Bewusstseins. Die Lichtwesen der höheren Dimensionen verfügen über dieses geistige Feuer, und auch der Mensch als materialisiertes bzw. inkarniertes Lichtwesen hat diese Kraft, zumindest potentiell. Soddy geht in seinen Gedankengängen nicht so weit, aber er erkennt, dass in den alten Mythen Hinweise auf die Lösung dieses Rätsels zu finden sind. Er spricht von „Evolution in Zyklen", meint damit aber nicht die darwinistische Evolution, sondern allgemein die Gesamtheit aller mikro- und makrokosmischen Abläufe. Um 1905, als Soddy diese Texte und Vortragsmanuskripte verfasste, war der Begriff „Evolution" noch nicht synonym mit „Darwinismus", obwohl auch Soddy zum Darwinismus neigte. Soddy war nahe an einem Erkenntnissprung hin zu einer spirituellen Wissenschaft, und es ist zu hoffen, dass die Wissenschaft jetzt, über 100 Jahre später, für diese neuen Erkenntnisse offen ist. Deshalb zitiere ich hier Soddy als frühen Fürsprecher dieses Paradigmenwechsels. Was er über die „Evolution in Zyklen" sagt, ist dasselbe, was in den indischen Schriften über das Aus- und Einatmen des Viṣṇu gesagt wird: dass Materie sowohl in einem manifesten (universellen) als auch unmanifesten (potentiellen) Zustand existieren kann. Die Universen entstehen und vergehen und entstehen wieder in einem unendlichen Ablauf vor dem Hintergrund der ewigen spirituellen Welt.

> Es fällt auf, wie merkwürdig einige der alten Mythen und Legenden über Mensch und Materie im Licht der neusten Erkenntnisse erscheinen. Betrachten wir zum Beispiel das alte mystische Symbol der Materie, den Uroboros („den Schwanzbeißer"): eine Schlange, die einen Kreis formt und in den eigenen Schwanz beißt, verbunden mit dem Schlüsselsatz: „Das Ganze ist eins." Dies ist ein Symbol für Evolution, und zwar Evolution in Zyklen – das Neuste, was uns nun als plausibel erscheint [...]

Der Uroboros (auch: Ouroboros, von grch. *ourá,* „Schwanz", und *bóros,* „fressend, verzehrend") ist ein esoterisches Symbol, dessen älteste Darstellung im Grab von Tut-Anch-Amun (14. Jh. v. Chr.) gefunden wurde. Platon überliefert, dies sei ein Symbol für das erste, direkt vom Schöpfer geschaffene Wesen des Universums, das aus sich selbst heraus existiere (*Timaios* 33). Es steht für die kosmischen Zyklen und alle anderen Schöpfungszyklen („wie oben, so unten"). Auch die Midgard-Schlange der nordischen Mythologie formt auf diese Weise einen Weltenkreis, und in der indischen *Yoga-Kuṇḍalinī Upaniṣad* (1,82) wird die „als Kreis ruhende Schlange, die ihren Schwanz im Mund hat", als Symbol für die im Basis-Chakra ruhende Kuṇḍalinī-Energie beschrieben.

Links: Zeichnung aus dem Werk *Chrysopoeia* von „Kleopatra der Alchemistin" aus Alexandrien (2./3. Jh.) mit der Kernformel ἓν τὸ πᾶν (*hen to pan:* „Eins ist alles"; alles ist verbunden). Dies ist auch einer der ältesten Texte, in denen der Uroboros mit dem „Stein der Weisen", der Transmutation der Elemente, in Verbindung gebracht wird.
Rechts: Stich von Lucas Jennis im alchemistischen Werk *De Lapide Philosophico* („Vom Stein der Weisen"), das im Jahr 1625 gedruckt wurde.

> Die Vorstellung, die uns im Licht des aktuellen Wissens als die attraktivste und konsistenteste Erklärung des Universums in den Sinn kommt, ist wahrscheinlich jene, die davon ausgeht, dass in einem Teil des Evolutionszyklus die Materie sich auflöst und ihre Energie sich freisetzt und umwandelt und dass in einem anderen Teil, der uns immer noch unbekannt ist, die Materie durch die Verwendung der vorher freigewordenen Energie neu aufgebaut wird. Die Konsequenz davon wäre, dass trotz dieser unaufhörlichen Veränderungen ein Gleichgewichtszustand herrscht, der sich unendlich fortsetzt. Wenn man diese Vorstellung als Symbol darstellen möchte, auf welch bessere Weise könnte dies getan werden als mit der altbekannten Schlange, die sich selbst in den Schwanz beißt?[6]

Soddy ahnte, dass diese Zyklen nicht nur auf der höchsten Schöpfungsebene – in der Entstehung und Auflösung der Universen – stattfinden, sondern auch in der Geschichte der Menschheit. Das wiederum bedeutet, dass die Menschheit in ihrer Vergangenheit Höhen und Tiefen durchlaufen hat, von denen wir nichts mehr wissen:

> Einige der Glaubensvorstellungen und Legenden, die uns aus alten Zeiten erreichen, sind so universell und tief verwurzelt, dass wir den Eindruck bekommen, sie seien fast so alt wie die Menschheit selbst. Zwischen einigen dieser Vorstellungen und Überlieferungen und den Erkenntnissen, die sich uns erst vor kurzem erschlossen haben, besteht eine unerwartete Übereinstimmung, und man ist versucht zu fragen, inwieweit diese Übereinstimmung bloß auf Glücksfälle und Zufälle zurückzuführen ist oder inwieweit sie ein Beweis für eine völlig unbekannte und unerwartet alte Zivilisation ist, von der alle anderen Spuren verschwunden sind. [...]
>
> Es bedarf keiner großen Bemühung der Vorstellungskraft, um in „Energie" das Leben des physikalischen Universums zu sehen, und der Schlüssel zu den ursprünglichen Quellen des physischen Lebens im Universum wird heute in der Transmutation erkannt. Wenn das alte Wissen die Kraft der Transmutation mit dem Elixier des Lebens in Verbindung brachte, war das nur Zufall? Ich für meinen Teil glaube viel eher, dass dies das Echo einer der vielen früheren Epochen in der undokumentierten Geschichte der Welt ist [...]. Finden wir hierin nicht eine gewisse Rechtfertigung für den Glauben, dass ein heute längst vergessenes Volk nicht nur den Stand unserer erst vor kurzem erworbenen Kenntnisse erreicht hatte, sondern auch **über Energieformen verfügte, die wir noch nicht entdeckt haben**? [...]
>
> Eine Menschheit, die die Transmutation der Materie beherrschte, hatte keine große Notwendigkeit, ihr Brot im „Schweiß des Angesichts" zu verdienen. [...] Es drängt sich auch der Gedanke auf, dass eine solche Herrschaft über die Natur möglicherweise nur von kurzer Dauer war. Durch einen einzigen Fehler konnte das Verhältnis von Natur und Mensch als Dienerin und Beherrscher umgedreht werden, so wie dies auch heute wieder geschieht, nur dass die Folgen heute viel fataler wären, vielleicht

> sogar in dem Ausmaß, dass die gesamte Welt wieder der unangefochtenen Macht der Natur unterworfen würde, um einmal mehr eine mühsame Aufwärtsreise durch die Zeitalter zu beginnen. Die Legende vom Fall des Menschen könnte möglicherweise nichts anderes sein als die Geschichte einer solchen Katastrophe in der Vergangenheit.[7]

Hier sehen wir einen Naturwissenschaftler und Nobelpreisträger, der offen in Betracht zieht, dass in „einer der vielen früheren Epochen in der undokumentierten Geschichte der Welt [...] ein heute längst vergessenes Volk“ existierte, das „über Energieformen verfügte, die wir noch nicht entdeckt haben“. Die Annahme, dass eine solche Kultur „durch einen einzigen Fehler“ sich selbst zerstörte, wodurch die überlebende Menschheit in ein primitives Dasein zurückgeschleudert wurde, ist ein bekanntes Motiv vieler Überlieferungen und entspricht vom Prinzip her den Yuga-Zyklen.

Wenn die Menschen einst über eine paranormal-hochstehende Technik verfügten, haben sie diese bestimmt überall angewandt: für die Erstellung von unterirdischen Gangsystemen, beim Steinabbau, für die Planierung von Bauplätzen, bei der Errichtung von Bauwerken. Es stellt sich also die Frage: Finden wir irgendwo uralte Bauwerke, die auf eine uns unbekannte Technik hinweisen? Präzis verlaufende Steinblöcke, deren „Zuschnitt“ maschinell anmutet und die zugleich ein Gewicht von vielen Tonnen haben? Bauwerke mit Megasteinen, die wir mit unseren heutigen Maschinen nur mit Mühe errichten könnten, falls überhaupt? Die Antwort lautet natürlich *ja.* Wir finden solche Spuren überall auf der Welt! In Ägypten, in Südamerika, usw.

Diese Spurensuche wird ein großes Thema des Folgebandes sein. Im vorliegenden Buch möchte ich vorab auf einige prägnante Beispiele eingehen, die nicht so komplex sind wie die großen Pyramiden und die anderen Präzisionsbauten.* Dennoch erlauben diese wenigen Beispiele bereits Rückschlüsse auf die Kultur und die Technik der früheren Zeitalter sowie Mutmaßungen über den Sinn und Zweck dieser ober- und unterirdischen Bauwerke.

* Zwei kleine Beispiele für die maschinell anmutende Präzision bei Bausteinen aus der Zeit der alten Hochkulturen werde ich, quasi als Kostprobe, bereits hier in diesem Buch anführen: Steine aus Puma Punku in Südamerika und der „Hightech“-Granitquader von Abu Roasch in Ägypten.

Malta und das überflutete Land im Mittelmeer

Die Behauptung, vor dem heutigen Zeitalter hätten „technische" Kulturen existiert, die bei einer großen Katastrophe untergingen, verlangt nach Beweisen, wenn denn irgendwelche Spuren übrig geblieben sind. Weil Spurenlesen nicht immer einfach ist, werde ich im Folgenden etwas ausführlicher auf einige Details eingehen. Unsere Spurensuche führt uns zuerst nach Malta.

Wenn im prähistorischen Zusammenhang von Malta gesprochen wird, ist damit auch ihre Schwesterinsel Gozo gemeint. Beide Inseln sind übersät mit Megalithanlagen, die wir heute pauschal als „Tempel" bezeichnen. Ihr Alter wird auf 5000 bis 6000 Jahre geschätzt. Auf Gozo befinden sich heute noch 7 und auf Malta 24 Tempel, einige sind relativ gut erhalten oder konnten restauriert werden, von anderen sind nur noch wenige Reste vorhanden.

Vor 5000 bis 6000 Jahren lebten auf Malta und Gozo nur einige Tausend Menschen, schätzungsweise 5000. Warum schufen diese Menschen – falls sie die Erbauer waren – auf diesen zwei kleinen Inseln über dreißig megalithische Anlagen, dazu auch noch unterirdische Gang- und Kammersysteme und weitere rätselhafte Werke?

Tempel unter Wasser: Vor rund 12 000 Jahren lag der Pegel der Weltmeere 120 m tiefer als heute. In der Frage, wie damals das Gebiet des Mittelmeeres aussah, gehen die Meinungen auseinander. Die neusten konventionellen Interpretationen sagen, das Mittelmeer sei vor rund fünf Millionen Jahren durch eine „Megaflut" innerhalb von Monaten gefüllt worden.[8] Die ältesten Kulturspuren jedoch, so sagen „alternative" Forscher, weisen auf katastrophale Umwälzungen im Mittelmeergebiet vor 12 000 Jahren hin. Wenn damals der Wasserspiegel des Mittelmeeres 120 m tiefer lag als heute, waren Gozo und Malta bereits mit Sizilien und Italien über eine Landzunge verbunden. Wenn dazu auch noch die Straße von Gibraltar eine Barriere bildete, war das Gebiet des Mittelmeeres eine kontinentale Landsenke mit einem großen Binnenmeer im östlichen und einem im westlichen Bereich. Diese zwei mediterranen Meere waren durch eine enge Wasserstraße zwischen den damals viel größeren Landflächen von Tunesien und Sizilien/Malta verbunden.

Wie bereits erwähnt (S. 200), wurden im gesamten Mittelmeergebiet in 15 000 Jahre alten Schichten Spuren eines großen Impakts gefunden. Die Folgen der damaligen Erschütterungen müssen, im wahrsten Sinn des Wortes, weltbewegend gewesen sein. Das Mittelmeergebiet ist aber auch ohne Impakte ein tektonisch explosives Gebiet. Dies zeigt nur schon die Entdeckung der ägyptischen Stadt Thonis-Herakleion, die

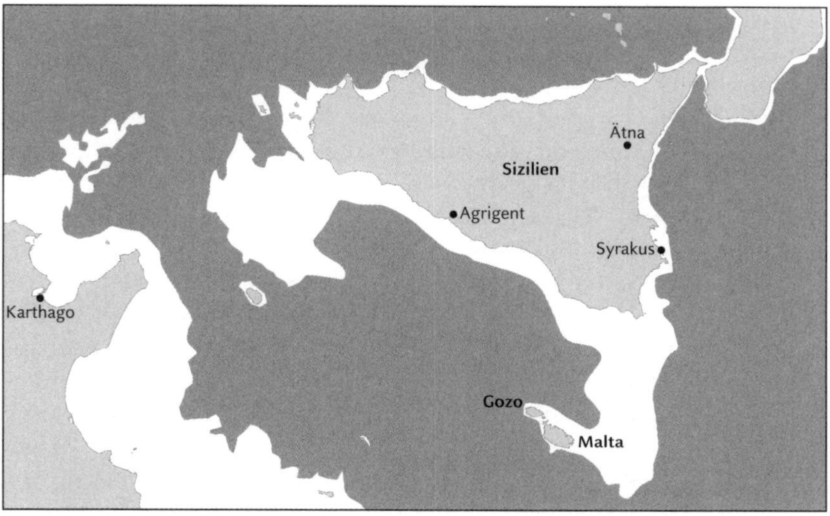

Vor den großen Umwälzungen, die heute als „das Ende der Eiszeit" bezeichnet werden, sah das Mittelmeergebiet anders aus als heute. Weltweit lag der Meeresspiegel um 120 m tiefer. Die obige Karte zeigt mit der weißen Fläche den Küstenverlauf bei 120 m tieferem Meeresspiegel entsprechend dem Verlauf des *heutigen* Wasserstands. Wenn Gibraltar als Tor zum Atlantik vor der großen Katastrophe noch geschlossen war, war das Mittelmeergebiet eine großflächige kontinentale Landsenke mit je einem Binnenmeer im östlichen und im westlichen Bereich. Das hereinbrechende Wasser überflutete das gesamte Becken, und die Wucht der Fluten erodierte viele damalige Küstenstriche, wodurch die Unterwasserbuchten und die steilen Absenkungen entstanden, die wir heute im Mittelmeer sehen. In beiden Szenarien bildete Italien bis ca. 12 000 v. Chr. über seine Südwestspitze mit Sizilien und Malta/Gozo eine große Landmasse.

6 km vor der heutigen Küste Ägyptens auf dem Grund des Mittelmeers liegt. Sie versank vor 1200 Jahren (aufgrund von Erdbeben), also in historischer Zeit, galt aber dennoch als verschollen. Noch viel weniger wissen wir über die letzten 12 Jahrtausende vor Christus und die damaligen tektonischen Veränderungen durch Megaerdbeben, unterseeische Vulkane und Bewegungen der Kontinentalplatten.

Auch vor Malta versanken Tempel oder wurden überflutet. Fischer erzählten schon immer von Megalithblöcken auf dem Meeresgrund. Aber erst 1999 entdeckten professionelle Taucher auf Initiative des deutschen Privatforschers Dr. Hubert Zeitlmair Reste von umgefallenen Mauern eines alten megalithischen Tempels. Die Fundstelle befindet sich 2 km vor der Küste, nördlich der Landspitze Sliema/St. Julians, auf dem Felsenplateau eines Bergrückens, das heute 19 m unter der Wasseroberfläche liegt.[9]

Diese Entdeckung einer versunkenen neolithischen Stätte ist nicht die einzige. Bekannt sind die Siedlungen auf dem Grund des Schwarzen Meeres, die Megalithanlagen vor der Küste der Bretagne und das überflutete Land in der Nordsee, das heute als Doggerland bezeichnet wird, sowie die neu entdeckte „Ostsee-Anomalie".[10]

Wenn der 25. Tempel Maltas weit draußen im Meer liegt, bedeutet dies zweierlei: Erstens liegen im Meer wahrscheinlich noch weitere Bauten, alle umgestürzt und von Sedimenten bedeckt, und zweitens sind die Tempel auf der Insel viel älter als bisher angenommen. Einige waren gänzlich zugeschüttet und wurden erst im 19. Jahrhundert entdeckt, insbesondere die heute berühmten Megalithtempel von Hagar Qim und Tarxien. Die Anlage von Tarxien wurde 1914 entdeckt, weil Bauern beim Pflügen immer wieder gegen große Steine im Untergrund stießen. Die Ausgrabungen zeigten, dass dieser Tempel stark zerstört war. Viele Teile des Tempels (megalithische Pfeiler und Wandelemente) waren umgekippt, einige sogar zerbrochen, was auf eine Einwirkung und Zuschüttung durch Wasser- und Schlammfluten hinweist.

Die Rillenspuren („Cart Ruts"): Weniger bekannt als die Tempel sind die mysteriösen Rillenspuren von Malta und Gozo. Sie erstreckten sich ursprünglich über weite Teile beider Inseln, und auch heute noch sind sie an etwa 150 Stellen zu finden. Es handelt sich um Rillen von unterschiedlicher Breite, die bis zu 70 cm tief in den Steinuntergrund geschliffen, geschlagen oder gefräst wurden. Sie beginnen irgendwo und führen nirgendwohin, zum Teil über mehrere hundert Meter hinweg. Die längsten, die heute noch erhalten sind, befinden sich im Süden von

Gozo auf dem Ta'-Ċenċ-Plateau, wo sie insgesamt über einen Kilometer weit zu verfolgen sind.

Einige Rillen verlaufen parallel und sehen aus wie Karrenspuren im Stein, weshalb alle Rillen pauschal „Cart Ruts" genannt werden, im Deutschen meistens „Schleifspuren". Die parallel verlaufenden Rillen bleiben aber nicht immer parallel. Bei einigen kommt es plötzlich zu einer Verengung oder Erweiterung der Abstände! Viele treffen aufeinander oder trennen sich wie Weichen bei Bahngleisen, andere verlaufen einzeln, kreuzen sich mit anderen Rillen im spitzen Winkel wie ein X, laufen V-förmig zusammen oder bilden Y-förmige Verzweigungen. Einige Rillen verlaufen Dutzende von Metern schnurgerade und machen dann scharfe Kurven. Andere hören plötzlich auf und werden mit einem neuen Ansatz, seitlich versetzt, weitergeführt. Wieder andere laufen auf die Klippen zu und brechen am Klippenrand ab, was bedeutet, dass sie bereits existierten, bevor das Wasser kam und die ehemaligen Hügelzüge in Klippen verwandelte. An mehreren Stellen laufen solche Rillen über die flache Felsenküste ins Meer hinaus, z. B. in der St. Georges Bay bei Marsaxlokk.[11]

Rillenspuren über Hügelzüge, die später, als das Meer kam, abbrachen und zu Klippen wurden, Rillenspuren, die an der flachen Küste weit ins Meer hinaus führen – dies alles sagt genau dasselbe wie die

Links: Detailaufnahmen von Clapham Junction, einem der größten Rillenfelder, das heute in Malta noch vorhanden ist, und San Gwann (unten).
Rechts: Tiefe, parallele und sauber „ausgeschnittene" Rillenspuren bei Dwejra Point im Westen der Insel Gozo. All diese Böden bestehen aus hartem Korallenkalkstein.
Weitere Fotos im Bildteil 2.

Entdeckung der Megalithanlagen auf dem Meeresgrund: Überflutung einer vormals bewohnten Gegend, wodurch eine Landschaft mit Meer und Inseln und Klippen entstand.*

Mit welchen Werkzeugen wurden diese Rillen geschaffen? Im Landesinnern sind die Rillen bis zu 30 cm tief, an einigen Stellen 50 - 70 cm. Im Küstenbereich sind sie sehr flach und zum Teil kaum mehr zu erkennen, weil die Erosion fast alle Erhebungen weggeschliffen hat.

Bei den tiefen Rillen ist auch heute noch an vielen Orten zu erkennen, wie sauber die Schnitte ausgeführt wurden und wie glatt die beiden Seiten der Rillen sind. Wie ist das alles entstanden? Selbst wenn die Rillen „nur" 5000 bis 6000 Jahre alt wären, war dies tiefe Jungsteinzeit. Die Menschen hatten damals keine Metallwerkzeuge. Mit Faustkeilen und Steinhämmern schlägt man keine solchen präzisen Rillen in den harten Boden. Die Rillen haben anscheinend eine grundlegende Breite von rund 7 cm. Breitere Rillen entstanden dadurch, dass mehrere dieser „Frässpuren" nebeneinandergesetzt wurden.[12]

Rätselhaft sind auch die magnetischen Anomalien. Vor dem Eingang des Tempels von Skorba befindet sich ein Steinquader im Boden (anscheinend noch in seiner ursprünglichen Lage), mit fünf runden Vertiefungen, die wie gebohrt aussehen. Bei diesem Stein sind unterschiedliche magnetische Störungen zu messen. Je nachdem, wo man den Kompass hinstellt, zeigt die Nadel Abweichungen von der Nord-Süd-Ausrichtung, die jedoch im Lauf der Zeit schwanken. Manchmal werden nur geringfügige Abweichungen von ca. 3 - 5° gemessen, und zu anderen Zeiten wieder Abweichungen von 75 oder sogar 90°.[13] (Ähnliche magnetische Anomalien sind auch bei anderen alten Megalithen und Bausteinen festzustellen. Ein Beispiel hierfür zeigen die Fotos auf der gegenüberliegenden Seite.)

* Steinflächen mit Rillenspuren finden sich im ganzen Mittelmeerraum und darüber hinaus. Die meisten sind in den letzten Jahrhunderten durch Häuser- und Straßenbau zerstört worden. An der östlichen Adriaküste, in Griechenland, in der Türkei, in Frankreich, auf Sardinien, in Spanien, in Nordafrika, auf den Azoren – überall gibt es diese uralten Rillenspuren, von denen einige ebenfalls ins Meer hinauslaufen, insbesondere bei der spanischen Küstenstadt Cádiz. Auch auf Sizilien, das vor der Überflutung mit Malta eine Landmasse bildete, sind solche Rillen zu finden, z. B. bei Agrigent und bei Syrakus, wo einige ebenfalls bei Klippen oder Felskanten abbrechen. Mit Abstand die meisten Rillenspuren finden sich jedoch auf Malta und Gozo.

Magnetische Anomalien bei alten Megalithbausteinen

Ähnliche magnetische Anomalien wie beim Stein vor dem Tempel von Skorba (Malta) sind auch an anderen Orten der Welt zu finden. Bekannt sind mittlerweile die Anomalien bei gewissen Steinen von Tiahuanaco und Puma Punku im Hochland der Anden beim Titicaca-See, zum ersten Mal festgestellt 1996 vom deutschen Forscher Hartwig Hausdorf.

Oben links: Bei diesem geometrisch genau zugeschnittenen Baufragment aus Andesit (harter Anden-Granit) verändert sich die Abweichung der Kompassnadel bei jeder Vertiefung mit einer Verdoppelung: 5, 10, 20, 40, 80°.[14]
Oben rechts: Ein anderer Block aus Andesit, der bei einer neuen Ausgrabung in Puma Punku entdeckt wurde (Foto von 2008, mit Kompass in der großen Vertiefung). In den beiden kleinen Vertiefungen maß Hartwig Hausdorf eine Abweichung von je 45°, in der großen eine Abweichung von 100°.

Seit 2008 liegen beide „anomalen" Blöcke nebeneinander.

Theorien zum Zweck der Rillenspuren: Was hat es mit all diesen Rillen auf sich? Sind sie tatsächlich „Cart Ruts", also Karrenspuren? Nein, denn diese Erklärung ist nicht haltbar. Sogar bei den parallel verlaufenden Rillen kann es sich aufgrund der sich verändernden Spurbreiten nicht um eingeschliffene Radspuren handeln. Und meistens sind die parallelen Rillen nicht gleich tief! Karren oder Kutschen wären in Schräglage geraten, und die Räder hätten sich verkantet, von den engen Kurven ganz zu schweigen. Sowieso kannten die Steinzeitmenschen, denen die heutige Forschung all diese Leistungen zuschreibt, das Rad nicht und hatten deshalb auch keine Radfahrzeuge.

Hinzu kommt, dass diese Spuren sinnlosen Routen folgen, oftmals nur über kurze Strecken. Eine Theorie besagt, die Rillen seien Rollspuren für Steinkugeln gewesen, auf denen man die schweren Steine für die Tempel transportiert habe. Die Spuren führen jedoch nicht zu den Tempeln, und die Steinkugeln, die man in den Tempeln fand, sind nicht rund, sondern eher ei- oder kartoffelförmig, und sie haben vielfach unterschiedliche Größen. Diese Steine wären nicht gerollt, der Transport wäre bei den unebenen Rillen ständig gekippt, und die bis zu 20 t schweren Bausteine* hätten die Kugeln zerspringen lassen und die Rillenspuren sehr schnell ausgewetzt. Die Theorie „Transport mit Kugeln" ist also ebenfalls nicht haltbar.

Eine wichtige Information zu Maltas Topographie: Um eine mögliche Erklärung für dieses Wirrwarr von Rillen und widersprüchlichen Fakten zu finden, müssen wir etwas weiter ausholen. Der karge Boden aus Korallenkalkstein stellt nicht die ursprüngliche geologische Situation dar. Auf diesem Boden lag einst eine Schicht aus Kalksandstein, wie wir sie an einigen Stellen auch heute noch sehen. Malta und Gozo waren früher zu einem großen Teil von einer solchen Steinschicht bedeckt, mit einer Dicke bis zu 30 m. Der Malta-Kalksandstein, der eine hohe Kompaktheit und Qualität aufweist, wird auch heute noch auf beiden Inseln in Steinbrüchen abgebaut. Der Kalksandstein liegt bzw. lag direkt auf dem Untergrundstein. Nachdem er bis auf den Grund abgebaut worden war, blieb ein Boden aus rauem Korallenkalkstein zurück. Die Spuren, die wir heute noch finden, weisen darauf hin, dass bereits in der „Steinzeit" ein intensiver Abbau der Kalksandsteinschicht betrieben wurde.

---

* Die schwersten Bausteine Maltas befinden sich in den Tempeln von Tarxien und Hagar Qim und wiegen rund 20 t. Noch schwerere wurden im ältesten Tempel (Ġgantija auf Gozo) verwendet. „Die Außenmauern der Anlage sind an einer Stelle noch über 6 m hoch. Aufgrund des Volumens der teilweise über 50 t schweren Steinquader aus Korallenkalkstein ist anzunehmen, dass die Kultstätte ursprünglich höher war."[15]

Moderner Steinbruch auf Gozo (an der Westküste vor dem Fungus Rock): Die glatte Wand zeigt die Dicke des Kalksandsteins, der hier in Form von Quadern abgebaut wird. Der Kalksandstein wurde auch schon in ferner Vergangenheit abgebaut. Mit welchen Werkzeugen? Sind die Rillenspuren Überreste der Trennfugen und der etappenweise angelegten Transportwege?

Eine plausible Erklärung: Wenn man erkennt, dass auf Malta und Gozo seit dem Altertum große Teile der ursprünglichen Steinoberfläche fehlen, drängt sich eine ganz bestimmte Erklärung fast von selbst auf. Die Rillen sind die Spuren des Steinabbaus durch eine uralte, verschwundene Kultur, die mit einer uns nicht bekannten Technik die Steinschichten „durchfräsen" konnte, wobei der härtere Korallenkalkstein mit derselben Kraft und Qualität durchschnitten wurde wie der Kalksandstein der oberen Schicht.

Zu unterscheiden sind zwei grundlegende Kategorien von Rillen: (1) Die Trennfugen des Steinabbaus und (2) die parallelen Rillen, die nach beendetem Abbau für die Fahrwege geschaffen und quer über die Rillen der ersten Kategorie gezogen wurden.[16]

Die Rillen der ersten Kategorie: Diese entstanden durch die senkrechten Trennfugen, mit denen die Steinquader an beiden Längsseiten von oben nach unten frei geschnitten wurden. Bei den Trennfugen der letzten Schicht gingen die Schnitte auch in den darunter liegenden Kalksteinboden, wenn dieser uneben war. Von oben war ja nicht zu sehen, wo genau die Grenzlinie zwischen dem Kalksandstein und dem

Korallenkalkstein verlief. Tatsächlich sehen wir heute noch an vielen Stellen die Unebenheiten des Bodens und die Rillen, die mit gleicher Tiefe durch diese Erhebungen und Senkungen hindurchgehen. Dies ergibt die unterschiedlichen Tiefen der Rillen. Dabei sind nicht die Rillen unterschiedlich tief, sondern die Unebenheiten des Bodens unterschiedlich hoch. Die Tatsache, dass fast nur die Längsschnitte Rillen im Untergrund hinterließen, lässt sich dadurch erklären, dass diese Längsschnitte zeigten, wo die Sandsteinschicht aufhört und der harte Untergrund beginnt, weshalb im zweiten Arbeitsschritt – bei den quer verlaufenden Schnitten – die „Schnitte" genau auf die Tiefe der Sandsteinschicht eingestellt werden konnten.

Die Rillen der zweiten Kategorie: Dies sind Rillen, die über eine längere Strecke parallel verlaufen und später angelegt wurden als die Rillen der ersten Kategorie (erkennbar daran, dass sie quer über diese verlaufen). Im Zusammenhang mit dem Steinabbau lautet die Erklärung, dass es sich um Fundamentvertiefungen für Transportwege handelt, denn es ist anzunehmen, dass diese verschwundene Kultur das Rad kannte. Gemäß dieser Theorie wurden die Fundamentvertiefungen mit einem feuchten Gemisch aus Schotter und dem feinen Abfallsplitt des Kalksandsteins gefüllt und „gewalzt". Auf diese Weise entstanden parallele Fahrspuren wie bei einem befestigten Feldweg.

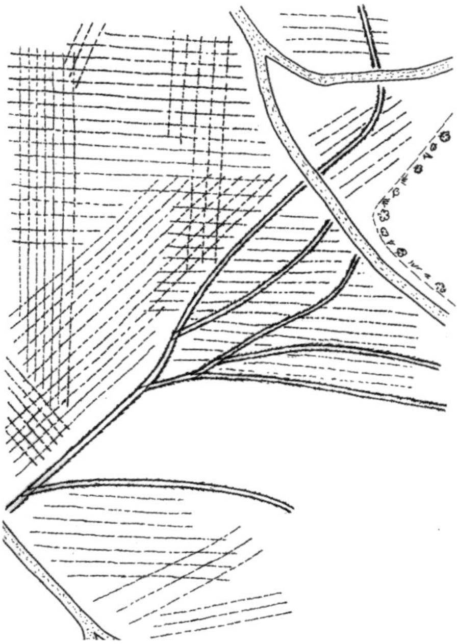

Skizze einer Steinfläche nach dem vollendeten Abbau der darüber liegenden Kalksandsteinschicht, gezeichnet nach Luftaufnahmen des Rillenfeldes von Clapham Junction (Malta). Heute, wo nur noch einzelne Teilflächen vorhanden sind, sieht der Verlauf der Rillen meistens sinnlos chaotisch aus. Das scheinbare Wirrwarr von „Schleifspuren" lässt sich jedoch im Gesamtüberblick leicht entwirren, wenn man weiß, dass zwischen Rillen der ersten Kategorie und Rillen der zweiten Kategorie zu unterscheiden ist.

Oben: Diese Rillen bei San Gwann (Malta) zeigen, dass eine „Fräse“ mit fixer Tiefe die vormalige Schicht aus Kalksandstein zerschnitt und dabei die darunter liegenden Unebenheiten des viel härteren Korallenkalksteins problemlos mit durchschnitt.
Unten: Spuren des prähistorischen Abbaus von Steinen auf der großen „Cart Rut“-Steinfläche von Clapham Junction (Malta).

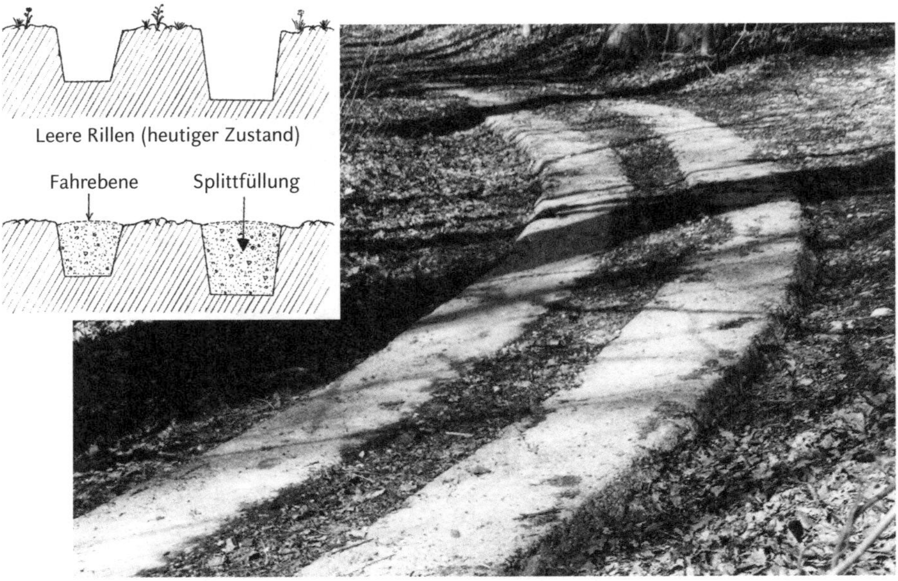

Beispiel für einen betonierten Transportweg (hier für die Forstwirtschaft), der aus parallelen Fahrspuren besteht. Ähnlich sahen die Transportwege in den alten Steinbrüchen von Malta aus. Die herausgefrästen Rillen wurden mit einem Splitt-Schotter-Gemisch gefüllt.

Weil die Rillen der zweiten Kategorie die Fundamentvertiefungen für die temporären Karrenwege waren, die aus dem Steinbruch hinausführten, kam es nicht darauf an, ob sie gleich tief oder exakt parallel verliefen. Sie hatten nur den Zweck, den Verlauf der beiden Fahrspuren zu fixieren.[17] Die Transportwege mussten mit der Bewegung der Front des Steinbruchs immer wieder neu angelegt werden. Was nach vollendeter Arbeit zurückblieb, war ein Wirrwarr verschiedener Rillen: eine Übereinanderlagerung von Trennfugen und Schnitten vom Steinabbau mit den danach angelegten Fundamentrillen für die Fahrwege. Weil im Lauf der Jahrtausende das Schottergemisch weggewaschen wurde, sehen wir heute auch bei der zweiten Kategorie nur noch die leeren Rillen.

Wozu wurden die vielen Steinblöcke verwendet? Auch heute bestehen die meisten Häuser auf Malta und Gozo aus Kalksandsteinblöcken der örtlichen Steinbrüche. Genauso war es in der fernen Vergangenheit. In der Zeit vor der Katastrophe fand das Leben fast ausschließlich im Tiefland und am Meer statt. Der enge Wasserweg zwischen der Malta-Landzunge und Tunesien war die einzige Verbindung zwischen dem östlichen und dem westlichen Binnenmeer, und hier traf auch der Landweg vom Norden ein. Das spätere Karthago entstand genau an dieser Strecke auf der afrikanischen Seite. Es mussten Hafenbecken, Kaianlagen und Wellenbrecher erbaut werden, und dazu wurden besonders große Steine gebraucht. Ebenso wurden Wohnhäuser und andere Gebäude gebaut. Als die große Welle kam, hat sie alles unter sich begraben.[18] Die Kalksandsteinblöcke wurden zerschlagen und zerrieben und möglicherweise sogar vom Salzwasser zersetzt. Dennoch ist anzunehmen, dass das Mittelmeer in seinen Tiefen noch einige weltbilderschütternde Funde birgt.

Was auch immer mit den Steinblöcken geschehen ist, die Erklärung mit den Steinbrüchen ist plausibel, wirft aber eine große Frage auf: *Welche Technik gelangte damals zur Anwendung?* Die Rillen verlaufen quer durch die Erhebungen und Senkungen des harten Bodens aus Korallenkalkstein. Wäre hier von Hand gearbeitet worden, hätte man sich diese unnötige Arbeit ersparen können. Die Rillen sehen aber von ihrem Verlauf und von ihrer Qualität her nicht wie Steinhauerhandwerk aus, sondern wie maschinelle Arbeit:

> Die vielen zweifellos maschinell erzeugten Rinnen im Gestein der Cart-Ruts-Areale verlangen geradezu nach einer Fräsmaschine [...] Das aus der gesamten Steinzeit gefundene und dieser zugeordnete Steinwerkzeug war nur für Selbstversorger, im Höchstfall für bescheidene Ansätze frühen Handwerks geeignet. [...] Hier wurden [in der Jungsteinzeit] ganz offensichtlich die wenigen, aber dauerhaften Hinterlassenschaften einer völlig vernichteten Kultur von langsam nachwachsenden Zivilisationen einfach vereinnahmt, überwuchert, umgestaltet und heute fälschlicherweise diesen zugeordnet.[19]

Malta, auch eine prähistorische Bergwerkanlage?

„Unterirdische Straßen und Tunnels durchziehen Malta." So lautete eine Überschrift im *National Geographic Magazine*, Ausgabe August 1940. Was damals noch allgemein bekannt war, wissen heute nur noch Insider, weil diese uralten unterirdischen Anlagen bereits im 19. Jahrhundert und vor allem seit den Weltkriegen in die militärische Infrastruktur eingegliedert wurden. 1940 war Malta eine britische Kronkolonie.

> Ausgedehnte Bereiche der unterirdischen Gänge, einschließlich Katakomben, sind heute [1940] Teil der Befestigungs- und Verteidigungsanlage der Insel. In vielen Tunnels werden Vorräte gelagert, andere dienen als Bunker. [...] Vor Jahren konnte man in unterirdischen Gängen von einem Ende Maltas zum anderen gehen, aber dann wurden alle Eingänge von der Regierung verschlossen, weil sich eine Tragödie ereignet hatte.[20]

Die Tragödie bestand darin, dass eine Schulklasse eine Exkursion in diese Gänge unternahm und nicht mehr zurückkam. „Zahlreiche Suchtrupps und Bergungsmannschaften wurden ausgesandt, aber sie fanden keine Spur der Verschollenen. Nach drei Wochen wurden sie für tot erklärt. / Teile dieses unterirdischen Gangsystems werden verwendet, um Material des Militärs und der Marine zu verstauen. Viele der Befestigungsanlagen sind in der Tat nichts anderes als ‚Deckel' auf einem Labyrinth von Tunnels."[21]

Das Verschwinden einer ganzen Schulklasse hätte nicht geheim gehalten werden können und wäre für Jahre ein heiß diskutiertes Gesprächsthema gewesen. Außerhalb dieses Berichts finden sich jedoch nirgendwo Hinweise. Mit größter Wahrscheinlichkeit handelte es sich um eine erfundene Geschichte, mit der die Briten den beiden Amerikanern gegenüber begründen wollten, warum die unterirdischen Anlagen für die Öffentlichkeit geschlossen worden waren.

Was hat es mit diesem alten „Labyrinth von Tunnels" auf sich? Der bereits erwähnte Hubert Zeitlmair entdeckte auf seiner geologischen Spurensuche im Untergrund von Malta grüne Verfärbungen, die auf ein ehemaliges Kupfervorkommen hinweisen. Waren diese Gänge ursprünglich die Stollen einer Bergbauanlage?

> Im Felsen von Malta sind keinerlei der oben beschriebenen Bodenschätze mehr zu finden, obwohl sie eigentlich da sein müssten. Lediglich ein paar unbedeutende Adern verraten den einstigen Rohstoffreichtum. Hier wurde also in fernen Tagen in großem Stil Kupfererz abgebaut. Dazu sind aber Unmengen von Wasser nötig. Woher nahm man es?[22]

Prähistorische Wassertanks im Steinboden: Ein weiteres Rätsel von Malta sind die technisch anmutenden, uralten Wasserzisternen. Auch hier kann die Theorie, dass die unterirdischen Gänge ursprünglich Erzminen waren, eine plausible Erklärung liefern – wobei wir nicht wissen, mit welcher Technik die Gänge erstellt und das Erz abgebaut wurden. Bei den Zisternen handelt es sich um Aushöhlungen im Steinboden. Die Anlagen bestehen meistens aus drei bis fünf solcher Tanks. Sie befinden bzw. befanden sich entweder auf den Rillenfeldern oder in der Nähe der Bauwerke, die wir heute als Tempel bezeichnen. Viele sind in den letzten einhundert Jahren der intensiven Bautätigkeit zum Opfer gefallen. Die einzige größere Anlage, die vollständig erhalten geblieben ist, ist die von Misqa in etwa 250 m Entfernung von den Tempeln von Mnajdra und Hagar Qim. Sie besteht aus drei Zisternen, die größte mit einem Tankdurchmesser von 5 m.[23] Die meisten sind heute fast vollständig zugeschüttet, weshalb sich die Tiefe nur schwer schätzen lässt.

Mit diesen Zisternen verbinden sich zwei interessante Details. Der Boden auf Malta besteht vielerorts aus Korallenkalkstein, der porös ist, aber bei Misqa besteht er aus Kalksandstein, der in der gesamten Tiefe des Tanks wasserdicht ist. Wie konnten die prähistorischen Tankbauer wissen, dass der Stein dort bis in die gewünschte Tiefe diese perfekte Kompaktheit hat? Heute müsste man mit Sondierungsbohrungen oder mit Bodenradar arbeiten.

Erst vor kurzem wurde beim Krater von Il-Maqluba in der Nähe des Tempels von Hagar Qim eine weitere Zisterne entdeckt, die aber bei der Entstehung des Kraters durch die Bodenbewegung zerrissen worden war (der kreisrunde Krater entstand durch das Absacken des Bodens aufgrund des Zusammenbruchs einer natürlichen oder künstlichen Höhle im Untergrund). Weil an diesem Ort der Stein nicht perfekt wasserdicht war, war die ganze Innenseite mit einem Verputz abgedichtet worden. Laboruntersuchungen zeigten, „dass das Probenmaterial bis auf kleine Abweichungen der Zusammensetzung moderner Estriche entspricht".[24]

Einige Zisternen der Antike sind bis heute in Gebrauch, während moderne Beschichtungen von Trinkwasserbehältern häufig bereits nach wenigen Jahren Schäden aufweisen. So stellt sich die berechtigte Frage: Wurden auf Malta Tanks wie der bei Il-Maqluba schon vor 6000 Jahren – oder noch früher – mit Stoffen beschichtet, die dem modernen hydraulischen Mörtel nicht nur ähnlich, sondern sogar überlegen waren?[25] Immerhin konnten diese Stoffe sogar auf Naturstein aufgetragen werden und bewirkten anscheinend über Jahrtausende hinweg die vollständige und rissfreie Abdichtung der Wassertanks.

Wenn es sich hier nur um Auffangbehälter für Regenwasser handelte, war der Aufwand mit all den Finessen und Details der Steinbearbeitung unverhältnismäßig und unnötig. Ging es hier nicht oder nicht nur um Trinkwasser? Bei den Misqa-Zisternen und auch bei anderen fällt auf, dass sie höher liegen als die Umgebung. Hätte ihr Zweck darin bestanden, Regenwasser zu sammeln, müssten sie logischerweise tiefer liegen als die Umgebung.[26]

Das Netz von Megalithbauten und Zisternen sowie unterirdischen Gängen und Kanälen legt einen ganz bestimmten Schluss nahe:

> Malta war in sehr frühen Tagen ein kupferhaltiger Berg, der systematisch ausgebeutet wurde. [...] Teilweise sind die einzelnen Höhlen und Kammern mit breiten [unterirdischen] Wegen oder gar regelrechten Straßen verbunden.[27]

Was auch immer die Erklärung für die Rillen, die Zisternen und die unterirdischen Gänge sind, sie alle weisen auf die Anwendung einer uns unbekannten Technologie der Steinbearbeitung hin.

Zeugnisse einer katastrophischen Vergangenheit

Auf Malta und Gozo stehen die Tempel allesamt auf dem Korallenkalkstein, was bedeutet, dass sie erst gebaut wurden, nachdem die oberen Schichten abgetragen worden waren. Die ältesten Spuren weisen also auf eine Kultur hin, die vor der Zeit der Tempel existierte und über eine mysteriöse Technik verfügte. Diese Menschen lebten in prähistorischer („vorsintflutlicher") Zeit und waren in der Lage, im großen Stil Stein abzubauen, mit breiten Fräsen quer durch das Gestein zu schneiden und die Insel mit Stollen zu durchlöchern. Dann verschwand diese Kultur. Das Wasser des Mittelmeeres stieg und begrub die Sandsteinbauten im Tiefland unter sich. Was übrig blieb, waren die höheren Bereiche der Hügelzüge, die jetzt nur noch Inseln waren.

Nach der ersten großen Katastrophenserie kehrte für eine gewisse Zeit – vielleicht 1000, vielleicht 3000 Jahre – wieder Ruhe ein. Wo einst auf vielen Quadratkilometern Sandstein abgebaut worden war, war nur noch der Korallenkalkboden vorhanden. Auf diesem „nackten" Boden bauten die späteren Generationen ihre Megalithanlagen (mit Steinen bis zu 50 t). Aber auch diese Kultur wurde von einer Katastrophe vernichtet. Die meisten Tempel wurden „umgemäht" und unter den Ablagerungsschichten begraben.

Die gleichen katastrophischen Spuren fand man auch beim berühmten Hypogäum von Malta, das 1899 entdeckt wurde: eine unterirdische Anlage mit insgesamt 29 Räumen und Nebenkammern, die sich über drei Ebenen bis in eine Tiefe von 11 m erstreckt.[28] Bei der Entdeckung war dieses Kammerlabyrinth bis zur Hälfte mit Schwemmablagerungen gefüllt, und diese enthielten Knochen von rund 7000 Menschen, völlig vermischt und auf engstem Raum abgelagert! Viele der Knochen und Schädel waren zerbrochen, zum Teil auch verwest. Elf noch erhaltene Schädel hatten eine längliche Form. Fünf dieser Langschädel verschwanden im Lauf der Zeit, die anderen wurden für einige Jahre im Museum von La Valetta ausgestellt, dann aber aus der Ausstellung entfernt.[29]

Aufgrund der unklaren Grabungsberichte von 1902 bis 1913 ist jede Interpretation dieser Menschenknochen umstritten. Anfänglich vertraten die Archäologen die Meinung, die Fundumstände würden zeigen, dass diese Knochen nicht mit einer Grabstätte erklärt werden können. Der Gedanke, der sich dann aufdrängte, war, dass mehrere tausend Menschen in diesem „Bunker" Zuflucht gesucht hatten und dann unter der Wucht der eindringenden Flutwellen ums Leben kamen. Weil eine solche Situation jedoch nicht in das gängige Geschichtsbild passt, werden die Implikationen dieser Knochen seit einigen Jahrzehnten heruntergespielt, und die Lehrmeinung sagt nun, die Knochen seien über

600 Jahre hinweg im Rahmen von Bestattungen in die Nischen des Hypogäums gelegt worden. Die Langschädel werden nirgendwo mehr erwähnt.[30]

Fazit: Aus all diesen Beobachtungen lässt sich der Schluss ziehen, dass die „Rillenmacher" eine andere und ältere Kultur darstellen als jene, von der die heute noch vorhandenen Megalithanlagen erbaut wurden. Wenn letztere als „Megalithiker" bezeichnet werden, können wir erstere als „Paläotechniker" bezeichnen, da sie in vorgeschichtlicher Zeit lebten und – wie Frederick Soddy ahnte – „über Energieformen verfügten, die wir noch nicht entdeckt haben".

Auf den Spuren der „Paläotechniker"

Mit dem folgenden Thema greife ich auf das nächste Buch vor, aber ich möchte bereits hier, nach Malta, auch ein Beispiel aus Ägypten anführen. Was Frederick Soddy nur als Vermutung äußerte, erkannten andere – von der praktischen Seite her kommend – anhand bestimmter archäologischer Objekte. Einer der führenden Forscher dieser Kategorie ist der Amerikaner Christopher Dunn. Er begann seine Berufslaufbahn als Ingenieur in den 1960er Jahren. Sein Hauptgebiet war Werkzeug- und Maschinenherstellung im Bereich der Luftfahrt, wo er als Experte für Präzisions- und Lasertechnologien arbeitete. Als er Ägypten besuchte, fielen ihm wiederholt maschinell anmutende Spuren der Steinbearbeitung auf, und es folgten zahlreiche weitere Reisen nach Ägypten und rund um die Welt. Anfang der 1980er Jahre erschienen seine ersten Fachartikel. Das folgende Beispiel fand ich in seinem 2010 veröffentlichten Buch *Lost Technologies of Ancient Egypt – Advanced Engineering in the Temples of the Pharaohs.*

Die rätselhafte Granitplatte von Abu Roasch: Das Beweisstück, das wir hier betrachten, ist unscheinbar. Keine Pyramide, kein Tempel, sondern ein einzelner, relativ kleiner Baustein aus Rosengranit, der auch schon als „neuer Rosettastein" bezeichnet wurde.[31] Der ursprüngliche Rosettastein, den Napoleons Forscher 1799 bei der ägyptischen Hafenstadt Rashid (Rosetta) am Mittelmeer entdeckten, hatte es ermöglicht, die Hieroglyphen zu entschlüsseln. Der Stein, um den es hier geht, wird (hoffentlich) zur Entschlüsselung der Rätsel unserer „ganz anderen" Vergangenheit führen.

Entdeckt wurde er Mitte der 1990er Jahre vom Team des Schweizer Ägyptologen Michel Valloggia im Schutt bei der zerstörten Pyramide von Abu Roasch. Diese Pyramide befindet sich 8 km nördlich von Giseh und ist die nördlichste Pyramide Ägyptens. Ihr Bau wird Djedefre (= Radjedef), dem ältesten Sohn des Cheops, zugeschrieben. Es wird vermutet, dass er an die Macht kam, indem er seinen Konkurrenten ermorden ließ, und dann – nach nur acht bis zehn Jahren Regierungszeit – selbst einem Mord zum Opfer fiel. Ihm folgte einer seiner jüngeren Halbbrüder, Chephren, dem der Bau der zweiten Pyramide von Giseh zugeschrieben wird. Wahrscheinlich waren es bereits Chephrens Leute, die an der Pyramide des Djedefre große Zerstörungen verursachten, weshalb gerade diese Pyramide durch die Jahrtausende hindurch als Steinbruch verwendet wurde. Noch in den 1880er Jahren wurde Steinmaterial in Massen abtransportiert – bis zu 300 Kamelladungen pro Tag![32]

Die Pyramide war ca. 65 m hoch und hatte eine Kantenlänge von ca. 105 m, war also etwa gleich groß wie die „kleine" der drei großen Pyramiden von Giseh. Heute ist nur noch der arg ramponierte Stumpf von 8 m Höhe vorhanden. Aber auch bei dieser Pyramide war mit großen Rosengranitblöcken gearbeitet worden. (Dieses Gestein musste vom 1000 km Wegstrecke entfernten Steinbruch in Assuan in Südägypten herangeschafft werden.) Heute, nach über 4500 Jahren „Selbstbedienung", liegen immer noch viele Granittrümmer im Umfeld der Pyramide. Was Djedefre in zehn Jahren gebaut haben soll, konnten die Steinräuber über Jahrtausende hinweg nicht vollständig abtragen.

Die Abu-Roasch-Pyramide gilt als die erste Pyramide, bei der auch in der Verkleidungsschicht Granitblöcke verwendet wurden (in den untersten Schichten, wie dies auch heute noch bei der Chephren- und der Mykerinos-Pyramide zu sehen ist). Wie viele Schichten bei der Abu-Roasch-Pyramide aus Granit bestanden, ist nicht mehr zu erkennen. Heute sind nur noch zwei Granitblöcke der Verkleidungsschicht am ursprünglichen Ort vorhanden. Jeder wiegt zwischen 50 und 60 t![33] Wir befinden uns hier auf einer Anhöhe 150 m über dem Nil und 1800 m vom damaligen Nilufer entfernt.

Während bei solchen Megasteinen immer noch behauptet werden kann, sie seien mit den jungsteinzeitlichen Werkzeugen (Doleritkugeln, Steinhämmer, Kupfermeißel) bearbeitet worden, ist dies spätestens mit dem hier diskutierten Stein nicht mehr möglich. Er ist 1,45 m lang, 1,2 m breit und 23 cm dick und ca. 1200 kg schwer. Er besticht also nicht durch seine Größe und sein Gewicht. Das Sensationelle sind die Spuren der Bearbeitung. Die obere Seite ist fein bearbeitet, aber nicht flach, sondern leicht nach innen gerundet (konkav). Diese Rundung ist über die gesamte Länge des Steins perfekt symmetrisch, was von Hand nicht möglich ist – und schon gar nicht, wenn man mit Doleritkugeln auf den Granit schlägt und die Oberfläche dann mit Sand glatt reibt, wie die konventionelle ägyptologische Lehrmeinung die damalige Steinbearbeitung beschreibt. Die Rundung ist symmetrisch, aber nur minim.

Die Granitplatte von Abu Roasch: Die glatte Oberseite ist konkav, das heißt, sie hat eine leichte, perfekt symmetrische Krümmung. Sie endet in einer scharf abgegrenzten Bruchkante, deren Schnittlinie ebenfalls gekrümmt ist. Diese Art von Steinbearbeitung kann nicht mit den bekannten jungsteinzeitlichen Werkzeugen erklärt werden. (Siehe auch Fotos im Bildteil 2.)

Die maximale Vertiefung beträgt (in der Mittelachse der Platte) 3,5 cm. Die Rundung im Stein passt genau zu einem Kreis, und Christopher Dunn berechnete, wie groß dieser Kreis ist: 14,4 m Durchmesser![34]

Einen Kreis von dieser Größe nur schon zweidimensional auf eine glatte Fläche aufzuzeichnen ist nicht einfach. Aber hier haben wir eine perfekte langgezogene Einbuchtung.* Aber das ist noch nicht alles. Die glatte, konkave Oberseite endet vor dem einen Rand abrupt, und man sieht, dass der Stein auf der schmalen verbleibenden Breite abgebrochen wurde. Die Schlusslinie ist aber nicht eine Gerade, sondern ebenfalls eine gekrümmte Linie – mit genau denselben Maßen wie die dreidimensionale Krümmung, also ebenfalls das Segment eines Kreises mit 14,4 m Durchmesser. Jeder Laie sieht, dass hier mit mechanischen

* Hinzu kommt, dass die konkave Oberfläche auf der gesamten Länge eine enge Folge von feinen „Schnittlinien“ aufweist, die 0,7 bis 1,5 mm auseinanderliegen (siehe Foto im Bildteil 2).

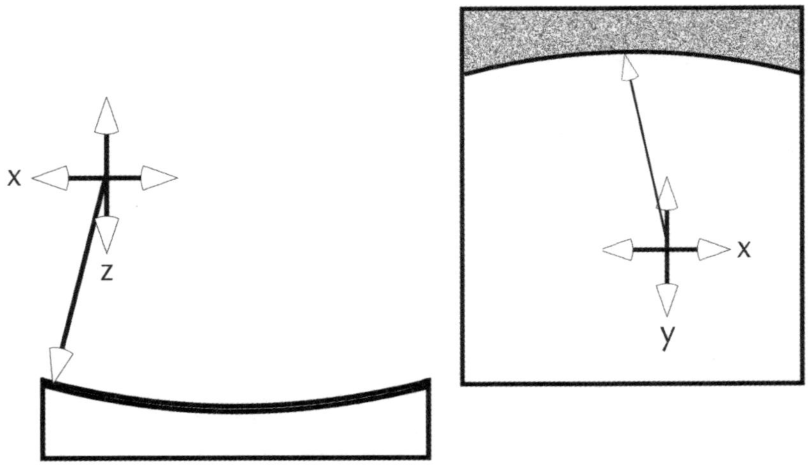

Links: Blick von der Seite auf den Stein mit der konkaven Oberseite.
Rechts: Blick von oben auf die konkave Fläche mit der gekrümmten Schnittlinie. Die z-Achse markiert den „stehenden" Kreis, der in die Einbuchtung der Oberseite passt. Die y-Achse markiert den „liegenden" Kreis, der in die Rundung der Schnittlinie passt.

Mitteln gearbeitet wurde. Christopher Dunn nennt diese unbekannte Technologie „Megamaschinen" – wie immer sie auch ausgesehen haben mögen.

Wenn wir die Botschaft dieses Steins verstehen, erkennen wir plötzlich auch an vielen anderen Orten, dass es unmöglich war, die dort zu sehende Perfektion mit den normalen Werkzeugen der Jungsteinzeit zu erreichen. Die Ägyptologie verlässt sich in dieser Problematik fast vollständig auf die „experimentelle Archäologie" von Prof. Denys Stocks, der zeigte, wie man mit den einfachen Werkzeugen der damaligen Zeit Granit bearbeiten und Löcher in Granit bohren kann.[35]

Dass die alten Ägypter mit ihren verfügbaren Werkzeugen imstande waren, Steinobjekte herzustellen, wird von niemandem bezweifelt, auch von Christopher Dunn nicht. Er zeigt in seinem Buch jedoch, dass die von Denys Stocks vorgeführten Steinbearbeitungen nur die Qualität der *einfachsten* Objekte dieser Zeit erreicht, aber nicht die Qualität der größten und besten. Sein Hauptargument gegen die pauschalisierenden Aussagen von Denys Stocks lautet: „Wenn wir versuchen, die Fragen bezüglich der Art, wie die Ägypter ihre Monumente bauten, zu beantworten, müssen wir die schwierigsten Aspekte ihrer Arbeit identifizieren und *diese* in derselben Form und Präzision reproduzieren."[36] Und genau das hat Prof. Stocks – als Kronzeuge der konventionellen Ägyptologie – nicht getan. Er reproduzierte nicht die schwierigsten, sondern die einfachsten Steinarbeiten. Halten wir uns vor Augen, was die schwierigsten Granitarbeiten sind:

- die bis zu 60 t schweren, fugengenauen Außensteine bei den Pyramiden von Djedefre, Chephren und Mykerinos;
- die bis zu 80 t schweren Steine im Innenbereich der Pyramiden;
- die gerundeten Bauelemente der Außentempel (siehe Abb. S. 240),
- die bis zu 50 t schweren Granitbehälter („Sarkophage") mit glatten Außen- und Innenseiten; die tonnenschweren Deckel lagen perfekt bündig auf und verschlossen die Behälter in den meisten Fällen sogar wasser- und luftdicht;
- die bis zu 500 t schweren Obelisken;
- die Kolossalstatuen in den Tempeln von Luxor und Karnak.*

Vor der Publikation seines Buches *Lost Technologies in Ancient Egypt* reiste Christopher Dunn mit mehreren Gruppen von Ingenieuren und Steinexperten nach Ägypten, um ihnen den Stein von Abu Roasch und die oben aufgelisteten Megaobjekte aus Granit zu zeigen und ihre Meinung einzuholen. Sie alle bestätigten, dass die Größe und das Gewicht dieser Objekte sowie deren Präzision weit über die Möglichkeiten der Werkzeuge der Jungsteinzeit und der frühen Eisenzeit hinausgehen. Selbst für unsere modernsten Maschinen wären viele dieser Objekte eine große Herausforderung. Ein scheinbares Detail, das in seiner technischen Präzision bisher allen Ägyptologen entgangen ist und erst von Christopher Dunn erkannt wurde, ist die handwerklich nicht realisierbare Symmetrie in den Gesichtern und Rundformen der Kolossalstatuen von Luxor und Karnak.[37]

Wir wissen nicht, welche Werkzeuge und Technologien in Ägypten, auf Malta usw. zur Anwendung gekommen sind, und wahrscheinlich handelte es sich nicht überall um dieselben Technologien. Was auch immer wir noch entdecken werden, der Nobelpreisträger Frederick Soddy kam mit seiner „harmlosen kleinen Spekulation", wie er es nannte, der Wahrheit näher, als er selber zu glauben wagte.[38]

* Die größte dieser Kolossalstatuen war 19 m hoch und 1000 t schwer und stand einst im „Ramesseum" von Luxor. Heute sind dort nur noch wenige Trümmer von ihr vorhanden. Selbst wenn eine derartige Statue umfällt oder umgestürzt wird, würde sie nicht in „tausend Stücke" zerbersten, was hier aber offensichtlich der Fall war. Was hat die Zerstörung dieser gigantischen Granitstatuen bewirkt? Wie wurden sie hergestellt? Wie alt sind sie tatsächlich?

Ein weiteres Beispiel für die technische Granitbearbeitung im Altertum: Auf der Südseite des Taltempels bei der Sphinx von Giseh liegt ein Trümmerstück aus Rosengranit (Länge 1,8 m, Breite 1,2 m, Höhe ca. 1,5 m) mit *zweifacher* Rundung. Dieses Bauelement ist auf beiden Seiten abgebrochen, war ursprünglich also beträchtlich länger (ca. 4 m). Eine solche Form wäre in dieser Größe auch mit modernen Granitschneidemaschinen nicht am Stück herzustellen. Man beachte, dass auf den Bruchflächen keine Spaltkerben zu erkennen sind. Dieser massive Balken aus Granit wurde also nicht mit Werkzeugen zerteilt, sondern zerbrach oder zerbarst in Trümmer, so wie auch viele andere granitene Megaobjekte in Ägypten.

Hypothetische Darstellung, wie ein Tor des Taltempels im ursprünglichen Zustand ausgesehen haben könnte. Die heute noch vorhandenen Konstruktionen zeigen, dass mit tonnenschweren, perfekt zugeschnittenen Granitblöcken gearbeitet wurde. Das oben abgebildete Trümmerstück gehörte wahrscheinlich zum monolithischen Querbalken eines solchen Eingangs (ursprüngliche Länge ca. 4 m, Gewicht rund 20 t).

Rekonstruktion und Graphik von Christopher Dunn.[39]

Kapitel 10

Die Neolithische Revolution: Was geschah vor 12 000 Jahren?

Gemäß dem Weltbild der Evolutionstheorie entstand der Mensch, indem sich Tiere einer bestimmten Primatenlinie in „Hominide" und „Vormenschen" verwandelten. Die Epoche der „primitiven Urmenschen" bis hin zu den ersten Formen einer Kulturbildung wird in der heutigen Anthropologie *Paläolithikum* (Altsteinzeit) genannt und wird auf die Zeit von 2,5 Millionen bis ca. 10 000 v. Chr. angesetzt. Dann kam es zu einem Einschnitt, und der Mensch trat aus der fernen, für uns unklaren Vergangenheit in den historisch etwas greifbareren Zeitraum des *Neolithikums* (Neusteinzeit) von ca. 10 000 bis 2000 v. Chr.

Der Übergang vom Paläolithikum zum Neolithikum wurde durch die Neolithische Revolution ausgelöst: die Entstehung der Landwirtschaft. Und die Landwirtschaft wiederum entstand, weil damals die Domestikation von Pflanzen und Tieren stattfand.

„Domestikation" ist ein Begriff, mit dem es leicht geschehen kann, dass man etwas Rätselhaftes banalisiert. Domestikation darf nicht mit einer Zähmung verwechselt werden. Gezähmte Löwen oder gezähmte Elefanten, wie wir sie in Zoos sehen, sind nicht domestiziert. Auch ein gezähmter Wolf ist noch kein Hund. „Die Anzahl der Haustiere ist gemessen an den Wildtierarten verhältnismäßig gering. Von den 6000 Säugetierarten sind nur etwa 20 domestiziert worden."[1]

„Es versteht sich von selbst, dass wir praktisch keine Informationen über den Vorgang der Domestikation haben, und fast alle Rückschlüsse wurden auf der Grundlage indirekter Informationen getroffen. [...] Der Vorgang der Domestikation ist immer noch ein Mysterium [...]."[2]

Die aktuelle Hypothese zum Vorgang der Domestikation besagt, dass der Steinzeitmensch dadurch, dass er ein auswählendes Verhalten entwickelte, auf die Wildpflanzen und Wildtiere „einen *Selektionsdruck* in Richtung genetischer Veränderungen"[3] ausübte. Und als bei einzelnen Pflanzen und Tieren solche zufälligen Genmutationen stattfanden, wurden diese von den Steinzeitmenschen sogleich erkannt und züchterisch ausgenützt ...

Domestikation von Pflanzen: die Spuren führen ins Hochland

Es fällt auf, dass sich die Orte der frühesten Pflanzendomestikation in Hochlandregionen befinden: in Anatolien, Nordmesopotamien, im Himalaya, in China, Mittelamerika, in den Anden.[4]

> Bis in die späten vierziger [1940er] Jahre wurde angenommen, dass sich der Ackerbau ursprünglich in den Tieflandgegenden des „fruchtbaren Halbmonds" entwickelte – dem halbmondförmigen Gebiet, das sich von Israel bis zum südlichen Irak und Iran erstreckt und in dem die ersten bekannten Hochkulturen aufkamen. Ab Ende der vierziger Jahre wurde jedoch festgestellt, dass die frühesten Belege für den Ackerbau aus den Hochländern des fruchtbaren Halbmonds stammen – obwohl sich der Ackerbau in einer Hochlandgegend bekannterweise schwieriger gestaltet als im fruchtbareren und wärmeren Tiefland.[5]

Ganz am Anfang stand der Sprung von den wilden Urpflanzen zu den ersten domestizierten Formen, aus denen in der Folge durch Zucht und Kreuzungen zahlreiche Sorten entstanden. Für die heutige Forschung ist oft nicht mehr eindeutig eruierbar, von welcher Urpflanze die Domestikation ausging. Am größten ist das diesbezügliche Rätsel beim Mais. Bevor ich hierauf eingehe, möchte ich drei Beispiele anführen, bei denen die Frage der Ausgangspflanze geklärt ist: die Kartoffel, der Apfel und der Weizen. Auch diese wichtigen Lebensmittel kommen ursprünglich alle aus Hochlandregionen!

Heute wird die **Kartoffel** praktisch auf der ganzen Welt angepflanzt, aber ihre genetische Linie ging von Südamerika aus. Während die Botaniker lange glaubten, die Kartoffel stamme von verschiedenen wilden Sorten in Südamerika ab, wurde diese Annahme 2007 durch genetische Tests an 362 wilden und gezüchteten Kartoffelsorten der Anden widerlegt. „Das Erbgut aller Knollen lässt sich zu einer einzigen Kartoffelsorte zurückverfolgen, die im südlichen Peru beheimatet ist."[6]

Auch der **Apfel** mit seinen heute weltweit verbreiteten Sorten ist eine Kulturpflanze. Wir kennen rund vierzig Wildapfelsorten, doch deren Früchte sind nur klein, bei den meisten sind sie kaum größer als eine Kirsche. Nach neusten Erkenntnissen entstand der große, süße Apfel ebenfalls in einer bestimmten Region, und zwar in einer Höhenregion (1500 m. ü. M.): an den Abhängen des Gebirges Tian Shan in Kasachstan. Dort findet sich „ein weltweit einzigartiges Phänomen, eine Population uralter Wildapfelbäume mit zahlreichen genetischen Variationen".[7] Im Gegensatz zu allen anderen Wildapfelsorten ist der vielfältige Tian-Shan-Apfel namens *Malus sieversii* groß und süß. Während der Apfel überall auf der Welt ein Gast ist, ist er in dieser Höhenregion „endemisch", das heißt, er ist dort entstanden und „einheimisch". Apfelwälder bedecken ganze Berghänge. Erst nach der Öffnung des Eisernen Vorhangs bekamen westliche Forscher Zugang in diese Länder. 2002 veröffentlichte die Universität Oxford das Ergebnis ihrer genetischen Untersuchung, aus dem hervorgeht, dass die Zuchtformen aller Äpfel zur selben Linie wie der *Malus sieversii* gehören. Das wiederum bedeutet: Der heute weltweit verbreitete Apfel stammt aus dieser einen entlegenen Höhenregion! Die zentrale Frage lautet, warum ausgerechnet und ausschließlich im Tian-Shan-Gebirge Wildapfelbäume große und süße Früchte ausgebildet haben, während an allen anderen Orten der Welt die Früchte der Wildäpfel klein und sauer blieben. Prof. Barrie Juniper, Universität Oxford, äußert die Vermutung, dass es sich hier nicht um eine Domestikation handelt, sondern um eine zufällige Entwicklung: Die dort lebenden Braunbären hätten über Jahrtausende hinweg immer wieder die besten Früchte der damals noch kleinen und sauren Wildäpfel gefressen und durch ihren Kot die Apfelkerne verbreitet; die Bären hätten also unbewusst eine Selektion betrieben, bis am Schluss nur die größten, süßesten und saftigsten Äpfel übriggeblieben seien. Prof. Juniper fügt hinzu: „Das sind allerdings bloß Evolutions*theorien,* die nur schwer zu beweisen sind.“[8] Und schwer zu glauben. Denn eine Selektion der Früchte durch die Bären hätte in der wilden Verstreuung der Samenkerne höchstens zu einer Steigerung der Anzahl Wildapfelbäume mit etwas größeren und weniger sauren Früchten geführt. Diese hätten aber nie die ursprünglichen Wildapfelbäume ersetzt, und es wäre auch nie eine ganz andere Art von Äpfeln entstanden.

Einkorn und Weizen: Diese Getreidepflanzen existierten in unterschiedlichen domestizierten Urformen. Ein Hauptzentrum befand sich im Gebiet der heutigen Südosttürkei (Näheres dazu im nächsten Kapitel). Ein andere Linie dieser Kulturpflanzen ging vom Hochland von Äthiopien aus, wo auch verschiedene Hirsesorten entstanden. Zum Weizen lesen wir im Buch *Sechstausend Jahre Brot:*

> Wer im Urgeschichtsboden forscht, der findet immer noch Älteres. [...] Eine einzige Sache nur wissen wir heute mit Wahrscheinlichkeit: wo der älteste Weizen lebte. Verblüffenderweise in *Abessinien.* Nicht etwa im heißen Flusstal des Nils, sondern als Pflanze im Hochgebirge, von wo er erst [später] herunterstieg. Auf geniale Art hat in den letzten Jahren der russische Forscher Vavilow die unlösbar scheinende Frage gelöst. Er ging von der richtigen Ansicht aus, dass jedes Ding ein Gen-Zentrum habe.[9]

In Abessinien (Äthiopien) befinden sich die höchsten Berge von Nordostafrika. Der hier zitierte Autor staunt, dass diese Domestikation nicht im Niltal, sondern im viel weiter südlich gelegenen Hochland stattfand, und fügt hinzu:

Wie die prähistorischen Menschen ein solches Wunder der Züchtung vollbrachten, ist ein Rätsel.[10]

Domestikation bedingt genetische Mutationen

„Ein solches Wunder der Züchtung“: Zuerst mussten die domestizierten Urformen entstehen. Erst dann konnten durch Zucht die vielen Rassen bzw. Sorten „extrahiert“ werden. Nur schon die normale Zucht von Tieren und Pflanzen erfordert ein fortgeschrittenes Wissen. Die Kreuzung muss koordiniert und gesteuert werden, damit neue Merkmale nicht wieder verschwinden. Dazu gehört eine genaue Planung mitsamt einzelnen Schritten von Inzucht. Diese Zucht darf jedoch nicht mit der kategorisch verschiedenen Domestikation verwechselt werden. Bei der Domestikation geht es um die Entstehung einer neuen Art bzw. „Unterart“, und dies geschieht nur durch markante genetische Veränderungen. Bei den scheinbar simplen Gemüsepflanzen (Salat, Blumenkohl usw.) kommt hinzu, dass unklar ist, auf welche Urpflanzen sie zurückgehen, denn sie sind von allen möglichen Kandidaten genetisch weit entfernt.

Geschah die Domestikation durch unwissendes Hantieren und Experimentieren mit Wildpflanzen? Hatten gewisse Steinzeitmenschen einfach „biogeographisches Glück“[11]? „Glück“ gilt heute tatsächlich als initiierender Hauptfaktor der Domestikation! Damit ist gemeint, dass damals bei gewissen Tieren und Pflanzen eine erstaunliche Serie von zufälligen Mutationen stattfanden, die alle genau auf die domestizierte Form hinzielten.

Fakt ist, dass in der Zeit von 10 000 bis 5000 v. Chr. punktuell an verschiedenen Orten der Welt domestizierte Pflanzen und Tiere erschienen, was dazu führte, dass die Menschen begannen, Landwirtschaft zu betreiben. Im Fruchtbaren Halbmond sehen wir plötzlich Menschen mit Vieh, Schafen, Ziegen und Schweinen. Im Fernen Osten entstanden Enten, Hühner, Wasserbüffel usw. Die typischen Tiere der Andenzivilisationen, das Lama und das Alpaka, entstanden ebenfalls zu dieser Zeit.

Parallel dazu erschienen auch die Kulturpflanzen: im Fruchtbaren Halbmond der Weizen, die Gerste, Gemüse usw., im Fernen Osten u. a. der Reis, in Mittel- und/oder Südamerika Mais, Bohnen, Kürbis, Tomaten und Kartoffeln.

Nachdem die Menschen – gemäß der heutigen Theorie – für Hunderttausende von Jahren nomadisch als Jäger und Sammler gelebt hatten, entstand weltweit annähernd gleichzeitig, d. h. innerhalb weniger Jahrtausende, *die Landwirtschaft.* Warum gaben viele Gruppen von Menschen den Lebensstil auf, mit dem sie offensichtlich Hunderttausende von Jahren erfolgreich überlebt hatten? Warum waren die Menschen vorher über Hunderttausende von Jahren hinweg nirgendwo auf die Idee gekommen, Pflanzen und Tiere zu „manipulieren" und für den eigenen Verzehr zu züchten?

Betrachten wir als Beispiel das Getreide. Alle Getreideformen gehören zu den Süßgräsern. Der Samenstand dieser Gräser ist in der Urform sehr brüchig, damit die Samenkörner durch den Wind verstreut werden können. Durch Auslese, Zucht und zufällige Mutationen soll sich jedoch genau diese überlebenswichtige Eigenschaft zielgerichtet ins Gegenteil verändert haben. Beim domestizierten Getreide ist die Ährenachse sehr stark, und die Körner stecken in festen Hülsen, die kein Wind aufbrechen kann. Der Mensch muss mit Dreschflegeln auf die Ähren schlagen, damit die Körner herausfallen. Das Getreide ist völlig vom Menschen abhängig, denn das Fortbestehen ist nur durch eine künstliche Aussaat möglich.

> Dadurch [durch das natürliche Abwerfen der Samen] wurde es aber unmöglich, *ausgereifte* Körner zu ernten – das erste Ziel des Menschen war also, wenigstens seinen Lieblingsrassen diese Eigenschaft abzugewöhnen. Durch jahrtausendelange Weiterzucht von Exemplaren, welche die Körner *besonders lang* in den Ähren behielten, geschah genau das: so kam aus wilden Gräsern unser Kultur-Weizen zustande, der Kultur-Roggen [...] Wie die prähistorischen Menschen ein solches Wunder der Züchtung vollbrachten, ist ein Rätsel. Dieses Ändern, dieses Schöpfen in den Quell des Lebens hinein, ist der heutigen Botanik nur möglich, weil sie die Vererbungsgesetze von Gregor Mendel gefunden hat. Wie konnten die Menschen der Vorzeit jedoch solch einen Kenntnisschatz aufhäufen?[12]

Die Behauptung, dass die heutige Botanik aus den Wildpflanzen die Kulturpflanzen züchten könnte, ist fragwürdig, und wir werden nochmals darauf zurückkommen. Hier wollen wir zuerst nur das konkrete Szenario anschauen: Haben Steinzeitmenschen „durch jahrtausendelange Weiterzucht" eine systematische Domestikation betrieben?

Was bedeutet die heutige Theorie der Domestikation konkret?

In allen jungsteinzeitlichen Kulturzentren der Welt erschienen nahezu *gleichzeitig* Kulturpflanzen und Haustiere. Gemäß der konventionellen Theorie mussten die Menschen demnach Jahrtausende zuvor, also noch in der Altsteinzeit, begonnen haben, in einer parallelen Bemühung Wildpflanzen und Wildtiere zu „domestizieren".

Die Urformen des heutigen Getreides waren Gräser mit kleinen, praktisch ungenießbaren Samenkörnern. Wie sollen Jäger und Sammler auf die Idee gekommen sein, bestimmte Gräser auszuwählen und zu züchten – damit Jahrtausende später *vielleicht* eine brauchbare Getreidepflanze entsteht?

Ähnliche Fragen stellen sich auch hinsichtlich der Entstehung der „Nutztiere". Betrachten wir als Beispiel das Hausrind. Der Mensch verfügte bereits um 8000 v.Chr. über Rinder. Da eine Domestikation Jahrtausende dauert, muss dieser Prozess – gemäß der linearen Theorie – bereits um 10 000 oder 12 000 v.Chr. gestartet worden sein. Konkret bedeutet dies, dass nomadische Steinzeitmenschen den wilden Auerochsen (Schulterhöhe bis zu 2 m) nicht nur jagten, sondern auch einfingen und auf wundersame Weise zähmten. Sie müssten in der Folge mit kleinen Herden von gezähmten Auerochsen umhergezogen sein und dazu auch noch ein Zuchtprogramm gestartet haben. Aus der rudimentären Zucht soll im Lauf von Jahrtausenden zufällig und quasi als angenehme Überraschung eine neue Form – das Hausrind – entstanden sein.

Dasselbe sollen sie auch mit Wölfen, Wildkatzen, Wildpferden, Wildschweinen, Wildschafen (Mufflons), Wildgänsen usw. getan haben. Über Dutzende von Generationen hinweg sollen Menschen, die vom Jagen lebten, parallel zur Jagd botanische und zoologische Experimente durchgeführt haben!

Ganz abgesehen davon, dass diese Szenarien nur theoretisch und ziemlich unwahrscheinlich sind, führt allein eine Züchtung von Wildformen nicht zur Entstehung von neuen Arten („Unterarten") von Tieren und Pflanzen.

Wie entstand der Mais?

„Pflanzendomestikation ist die genetische Modifikation einer wilden Art, um eine neue Pflanzenform zu schaffen, die dergestalt verändert ist, dass sie den Bedürfnissen des Menschen dient."[13] Viele Pflanzen wurden durch die Domestikation vollständig vom Menschen abhängig, weil sie sich nicht mehr selbst vermehren können, insbesondere der Mais und der Blumenkohl. Der Mais mit seinen in Blätter eingehüllten Kolben hat im Pflanzenreich keine nahen Parallelen. Die Experten räumen ein, „dass die Ursprünge des Mais nach wie vor eines der größten Rätsel der Hauptkulturpflanzen darstellen".[14] Einige fragen sogar, „ob sich als Ergebnis des Vorgangs der Domestikation irgendein unbekannter Mechanismus von ‚beschleunigter Evolution' eingeschaltet habe".[15]

Eine wilde Maisform ist unbekannt, sowohl in Mittel- als auch in Südamerika, weshalb lange geglaubt wurde, der Mais gehe auf die Teosinte, eine Gattung von wilden Süßgräsern *(Zea)* zurück. Diese Pflanze ist genetisch die nächste Verwandte des Mais, wurde von den Indios

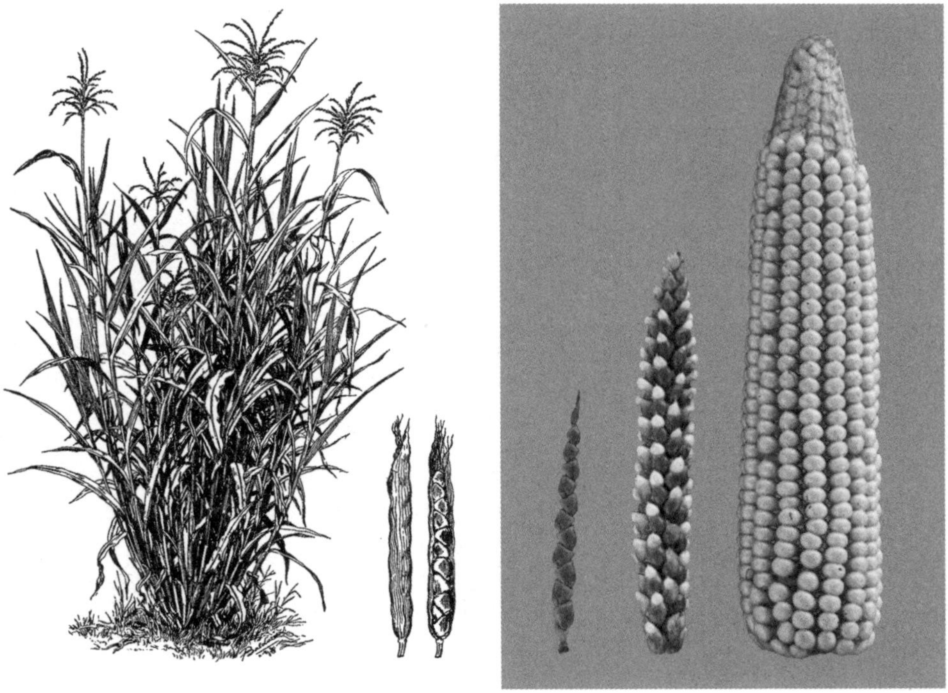

Links: Die mexikanische Teosinte *(Zea mexicana)* ist die am engsten mit dem heutigen Mais verwandte Pflanze.
Rechts: Der kleine, zerbrechliche Fruchtstand der Teosinte (links). Der Kolben in der Mitte ist eine Hybridkreuzung zwischen der Teosinte und dem heutigen Mais, ist also keine Zwischenform in der hypothetischen Entwicklung von der Teosinte zum Mais. Diese Zwischenform konnte nur entstehen, weil es den Mais schon gibt. Aus der Teosinte allein könnte keine neue Form dieser Art herausgezüchtet werden.

aber nie als Nahrungspflanze verwendet. Ihre Kerne sind so klein und hölzern, dass nicht einmal Nagetiere an ihnen interessiert sind. Ebenso erscheint die Teosinte in den archäologischen Funden viel später als der Mais, und in Südamerika kam sie überhaupt nicht vor. Die Forscher gehen davon aus, dass der Mais aus Mittelamerika stammt, verweisen jedoch auf „die Tatsache, dass der Ursprung der Hochlandsorten des mexikanischen Mais unbekannt ist. [...] [D]ie vorhandenen Indizien weisen darauf hin, dass die Verbreitung des Mais in Mittelamerika und Nordamerika vom Hochlandmais Mexikos ausging".[16]

Ebenfalls ungeklärt ist, ob der Mais nur in Mittelamerika domestiziert wurde oder unabhängig von Mittelamerika auch in Südamerika, wobei auch dort die ältesten Spuren im Hochland zu finden sind. „Aufgrund der Informationen, die uns heute zur Verfügung stehen, können wir sagen, dass die Domestikation [des Mais] gleichzeitig in Mexiko und in der Andenregion stattfand oder in letzterer etwas früher. [...] Der genetische Befund weist darauf hin, dass die primäre Verbreitung des domestizierten Mais von den Hochlandregionen ausging [...].“[17]

Die Mehrheit der Forscher tendiert heute zur Ansicht, dass der Mais und die Teosinte einen gemeinsamen Vorfahren hatten und dass der Mais von einer längst ausgestorbenen Form von wildem Mais abstammt. Von dieser hypothetischen Urform fehlt aber jede Spur. Die Entstehung des Mais erforderte massive Genveränderungen in der wilden Ausgangspflanze, welche auch immer es gewesen sein mag. Die Genetik spricht hier sogar von *Paramutationen:* „Die hohe Variabilität der Ausdrucksformen der Anthocyane [Pflanzenfarbstoffe] des Mais der Andenregion legt nahe, dass im Andenmais die Paramutation über eine sehr lange Zeit hinweg aktiv gewesen ist und so zur Beschleunigung der Entwicklung dieser Art in besagter Region beigetragen hat.“[18]

„Paramutationen“ haben von der biologischen Definition her nichts mit einem paranormalen Einfluss auf die Genstruktur der fraglichen Pflanzen zu tun, doch angesichts der für den Menschen idealen Eigenschaften des Mais und der großen Rätsel, die gerade bei ihm deutlich werden, sollte auch diese Möglichkeit nicht ausgeschlossen werden.

Fazit und Horizonterweiterung: Es ist eine wissenschaftliche Tatsache, dass die Domestikation nur über markante Genmutationen möglich wurde. Hierbei glaubt die darwinistische Wissenschaft jedoch wie selbstverständlich, dass diese Mutationen in allen Domestikationslinien „zufällig“ stattfanden: zufällig praktisch gleichzeitig und zufällig weltweit!

Neben der Unwahrscheinlichkeit so vieler Zufälle im kurzen hypothetischen Zeitraum der Domestikationen (wenige Jahrhunderte oder Jahrtausende gegenüber Hunderttausenden von Jahren, in denen in den Sammel- und Jagdgründen der Steinzeitmenschen nichts dergleichen passierte) wird hier auch eine wichtige und allgemein bekannte Tatsache ignoriert: *Keines der alten Völker behauptet, sie hätten eine Domestikation durchgeführt!* Vielmehr sagen zahlreiche Mythen in aller Welt, die Nutzpflanzen und Nutztiere seien ein Geschenk der „Götter“ gewesen. Mit anderen Worten, diese Völker wussten, dass früher keine domestizierten Pflanzen und Tiere vorhanden waren und dass diese erst erschienen, als die Notwendigkeit danach rief ...

Genetische Pflanzenveränderung durch paranormale Fähigkeiten

Als die große Katastrophenserie stattfand und das Tiefland großflächig versumpfte, waren die Hochlandregionen die „Arche-Noah"-Gebiete, die relativ verschont blieben. In der Katastrophenzeit lebten dort nicht nur die Einheimischen, sondern auch zahlreiche Menschen, die aus den niedriger gelegenen Regionen dorthin geflohen waren. Dies wiederum führte dazu, dass das Hochland überbevölkert war und dass eine Nahrungsmittelknappheit entstand, vor allem weil die Folgen der Katastrophen auch das Hochland nicht verschonten. Es gab nur zwei mögliche Entwicklungen: Entweder starb ein gewisser Prozentsatz der Überlebenden an Hunger, oder der Ertrag der essbaren Pflanzen musste massiv erhöht werden.

Wir wissen heute, dass genau in dieser Zeit etwas Wundersames geschah: Weltweit erschienen innerhalb von relativ kurzer Zeit neue Pflanzen, die „Kulturpflanzen", und zwar im Hochland.

Zur Frage, was damals geschah, können wir aus den historischen Spuren und den alten Überlieferungen folgende Erklärung ableiten: Es waren besonders begabte Menschen („Götter"), die das Hungerproblem lösten, indem sie geeignete Wildpflanzen mit ihren paranormalen Fähigkeiten genetisch mutieren ließen. Sie richteten ihre mentale Visualisierungskraft auf die jeweilige Urpflanze und „programmierten" sie auf ihre neue Form: fester Körnerstand, große Ähre, usw. Und aus diesen Körnern wuchsen neue, viel ertragreichere Pflanzen. Weil in dieser Notsituation Zehntausende von Überlebenden vom Hungertod bedroht waren, drängte die Zeit, und man konnte nicht jahrzehntelang ohne irgendwelches Vorwissen gärtnerisch herumexperimentieren. Wenn wir uns die menschliche Psychologie anschauen, müssen wir auch davon ausgehen, dass eine Domestikation gar nicht im Vorstellungshorizont der steinzeitlichen Menschen war, genauso wie die Involution und die Möglichkeit genetischer Mutationen durch paranormale Geisteskräfte nicht im Vorstellungshorizont der „neuzeitlichen" Menschen sind.

Aber auch in der heutigen Zeit wissen wir von Menschen mit erstaunlichen paraphysischen und mentalen Kräften. Wir brauchen uns nur an die in Kapitel 3 erwähnten Persönlichkeiten zu erinnern. Etwas weltlicher sind all jene „Mentalisten", die mit ihrer Mentalkraft Gegenstände bewegen oder verbiegen können. Uri Geller ist einer der bekanntesten aus dieser Kategorie, aber bei weitem nicht der einzige. In den letzten Jahrzehnten wurden in der PSI-Forschung vermehrt auch Kinder mit solchen Kräften entdeckt – und leider des öfteren (vor allem in China) von Militär- und Geheimdienstkreisen vereinnahmt.[19]

Die Gen-Genies der Steinzeit

Unsere gesamte moderne Zivilisation ist von den sogenannt steinzeitlichen Errungenschaften der Domestikation abhängig. Die Ernährung der Weltbevölkerung (Getreide, Reis, Mais, Hirse, Kartoffeln, Milchprodukte, Fleisch usw.) beruht fast zu 100% auf den in der Neolithischen Revolution „domestizierten" Pflanzen und Tieren! Die heutige Wissenschaft wäre nicht in der Lage, aus den bekannten Urpflanzen die Kulturpflanzen entstehen zu lassen, weil sie die dazu erforderlichen Genmutationen nicht künstlich auslösen oder kopieren kann. Große Forschungen sind noch erforderlich, um zu verstehen, was damals geschehen ist, damit wir „möglicherweise" in der Zukunft ähnliche Neuschöpfungen durchführen können.*

Die spätere Zucht und Spezifikation hat die ursprünglichen Domestikationsformen genetisch verarmt und vielfach in Sackgassen geführt. So ist anzunehmen, dass z. B. der Weizen erst durch die zunehmende Monokultur seit dem 19. Jahrhundert derart glutenhaltig wurde, dass er sogar Allergien verursacht. Die heutigen spekulativ-experimentellen Genmanipulationen an den bestehenden Arten führen ebenfalls nicht zu Verbesserungen, sondern vielmehr zu unabsehbaren Gefahren (Stichwort GVO, „genveränderte Organismen").

Das Zeugnis der indigenen Völker

Wie bereits erwähnt, nimmt kein indigenes Volk für sich in Anspruch, ihre Vorfahren hätten die Superleistung „Domestikation" vollbracht. In Mittelamerika wird der Mais als ein Geschenk der Götter bezeichnet, und es existieren viele Steinskulpturen von besonderen Persönlichkeiten, die Maiskolben in den Händen halten und den Menschen diesen Mais übergeben. Heute werden diese Skulpturen missverständlich als „Darstellung eines Maisgottes" bezeichnet.

Der Literaturnobelpreisträger Miguel Ángel Asturias schreibt in seinem Buch *Die Maismenschen* (1949):

> Nach der Überlieferung der Maya-Indios haben die Götter die ersten Menschen aus Maismehl geformt. Deshalb ist der Mais den Mayas heilig. Er darf nur der Nahrung dienen. Wer Geschäfte damit macht, be-

---

* „Dank neuer und immer feinerer Methoden sowie großer Datenbanken, mit denen sie Pflanzengenome direkt vergleichen können, kommen die Forscher der Domestikation Schritt für Schritt auf die Spur. Erst wenn sie diese Prozesse exakt verstanden haben, lässt sich dieses Wissen möglicherweise auch für zukünftige Züchtungen neuer Pflanzen nutzen."[20]

> leidigt die Götter. [...] „Die Strafe ist nicht ausgeblieben [...] Und sie wird immer härter werden. [...] alles, Mensch und Erde, muss arm und elend werden, verbrannt von der Sonne, von der Luft, vom Roden der Wälder, wenn noch länger Mais gesät wird, geheiligter Mais, um damit Geschäfte zu machen.“[21]

Weltweit finden wir Überlieferungen, die besondere Menschen („Götter“) als Kulturbringer beschreiben. Das Folgende sind Beispiele aus dem südamerikanischen Regenwald. Die ferne Erinnerung an die Entstehung der Menschen durch das Erscheinen von Lichtwesen auf der Erde finden wir auch in den Legenden der Amazonas-Indianer, ebenso die Erwähnung vom späteren Erscheinen einzelner Lichtwesen in Form von Menschen. Der Stamm der Kayapó erzählt, ihre Vorfahren seien „durch einen Tunnel“ von einer höheren Welt auf die Erde gekommen. Zuerst seien sie von der Luft der Erde in ihre Welt zurückgeschleudert worden. Dann habe der Rat der Ältesten beschlossen, Stricke herzustellen, an denen sie sich wie an einer Liane auf die Erde hinuntergleiten lassen konnten. „Da sie auf diese Weise langsam in die Atmosphäre der Erde eintauchten, gelang die große Wanderung, und seitdem leben sie auf der Erde. Am Anfang, erzählen die Kayato [Kayapó], habe es durch den Strick noch einen Kontakt mit der alten Heimat gegeben, doch den habe eines Tages ein böser Zauberer durchschnitten, und seitdem warten sie darauf, dass die Brüder und Schwestern aus der alten Heimat sie auf der Erde suchen und wiederfinden ...“[22]

Die „große Wanderung“ aus einer anderen Welt in die irdische Welt war wohl kaum eine Ufo-Reise, sondern lässt sich anhand der hier gegebenen Beschreibung als eine Verdichtung interpretieren, symbolisiert durch den Strick, der für die Menschen der ersten Zeitalter noch eine telepathische Verbindung mit den höheren Welten erlaubte. In Erinnerung an die ersten Menschen, die diese Verbindung zu den höheren Welten hatten, tragen die Männer in mehreren Amazonas-Stämmen einen Strick in ihrem Haar.[23]

Dr. Carlos Manes Bandeira, Professor für Archäologie an der Estácio-da-Sá-Universität von Rio de Janeiro, bestätigt den kosmischen Bezug der indigenen Mythen und schreibt:

> Es sind dies Geschichten aus den unterschiedlichsten Stammesgruppen, aber sie alle berichten von Menschen, die von den Sternen, von der Sonne oder vom Mond kamen und die hier blieben, entweder um das Leben der indianischen Ureinwohner zu verbessern oder um selbst neue Stämme zu gründen. Die von ihnen gezeugten oder geborenen Kinder waren Menschen, die mit ungewöhnlichen Eigenschaften ausgestattet waren. [...] Eine andere sehr interessante Legende ist die von Katxerê, der „Sternenfrau“, die vom Himmel kam, mit einem Krahó-Indianer eine

Mehrere Stämme des Amazonas-Urwaldes stellen die Lehrmeister, die vor langer Zeit aus dem Himmel bzw. aus höheren Welten zu den Menschen kamen, in einem besonderen Ritualtanz dar, in dem der Medizinmann mit einem weiten Ganzkörperanzug aus geflochtenen Baststreifen auftritt. In der Ethnologie sind diese Strohanzüge seit dem 19. Jahrhundert bezeugt.[24] Am bekanntesten ist heute das Ritual der Kayapó-Indianer aufgrund des dort verwendeten Strohanzugs. Der Mythos besagt, so habe der Lehrmeister Bep-Kororoti ausgesehen, der vor langer Zeit vom „fernen Gebirge" (von den Anden) zu ihnen gekommen sei.[25]

Diese Geschichte wurde erst in den 1950er Jahren niedergeschrieben. Wir müssen also damit rechnen, dass im Lauf der vielen Generationen Elemente und Personen vermischt wurden und dass auch bei der Übersetzung in eine moderne Sprache Symbolisches missverstanden wurde. Bep-Kororoti heißt „vom Weltall/vom Himmel/aus einer anderen Welt kommend". Anfänglich soll er so ausgesehen haben, wie der „Bo", der Strohanzug, ihn zeigt. Wer ihn berührte, zerfiel zu Staub. Er trug den „Kop", die Donnerwaffe, mit der er Bäume und Steine vernichten konnte. Aber er war nicht feindlich gesinnt. Im Gegenteil: „Seine Schönheit, sein strahlendes Weiß der Haut, seine Zärtlichkeit und allen zugewandte Liebe schlug allmählich alle in den Bann [...] Es dauerte nicht mehr lange, da wurde Bep-Kororoti als Krieger in den Stamm aufgenommen, und dann suchte ihn ein junges Mädchen als Gemahl aus und heiratete ihn. Sie bekamen Söhne und eine Tochter, die sie Nio-Pouti nannten." Er wurde zum Lehrer des Stammes, aß aber nicht die Nahrung der Menschen. Eines Tages verschwand er mit Feuer und Donner und hinterließ eine zerstörte Landschaft, so dass eine Hungersnot entstand. Nio-Pouti begab sich mit ihrem Mann in das Gebirge, von wo ihr Vater gekommen war, und verschwand – auf einem Baum sitzend – ebenfalls mit Blitz und Donner. Nach einigen Tagen erschien sie wieder, zusammen mit Bep-Kororoti, vor ihrem wartenden Ehemann, „und sie brachte große Körbe voll Nahrung mit, wie er sie nicht kannte und nie gesehen hatte. [...] Nio-Pouti sagte auch, dass man die Samen der Früchte und Gemüse und Sträucher aufbewahren müsse bis zur Regenzeit, um sie dann wieder in den Boden zu legen, damit sie neue Ernte bringen könnten. So kam bei uns die Landwirtschaft zustande ..."[26]

Verbindung einging und den Stamm lehrte, Mais, Kartoffeln, Süßkartoffeln, Maniok und Erdnüsse anzupflanzen und zu kultivieren.

Sehr ähnlich ist auch die Kayapó-Legende vom Ursprung der Landwirtschaft. Sie berichtet uns, wie ein Indianer dieses Stammes im Wald einem wunderschönen Mädchen begegnete und sie fragte: „Wer bist du? Woher kommst du?" Sie antwortete: „Ich bin vom Himmel gekommen, wie der Regen, wenn er fällt."

Da die Kayapós glaubten, der gesamte Stamm sei einst aus dem Himmel gekommen, wunderte sich der Indianer keineswegs über die Antwort, sondern nahm das Mädchen mit nach Hause und [...] heiratete sie und gab ihr den Namen Nhokpôkti. Nhokpôkti sprach oft vom Himmel, aus dem sie kam, und auch über die vielen Früchte und die anderen Pflanzen, die in ihrer Heimat wuchsen. So zeigte sie ihrem Mann allerlei landwirtschaftliche Bebauungsmethoden und fasste den Plan, in den Himmel zurückzukehren, um von dort die ihr bekannten Pflanzen zur Erde zu holen. Sie ging daraufhin zu einem sehr hohen „Baum", verließ mit ihm die Erde und kam mit Bananen, Süßkartoffeln, Kartoffeln und Maniok-Setzlingen zurück. Sie brachte von dieser Reise auch die erste Beija mit, eine Tapioka-Frucht [...][27]

Schauen wir nun nach Asien, dem Ursprungsort des Reises. Reis ist heute für mehr als die Hälfte der Erdbevölkerung das Hauptnahrungsmittel. Wo genau die domestizierte Form des Reises entstanden ist, lässt sich nicht mehr mit Gewissheit eruieren. Viele Forscher gehen davon aus, dass der Reis an mehreren Orten unabhängig voneinander domestiziert wurde, vor allem weil mehrere Grundarten vorliegen. Ein wichtiges Domestikationszentrum wird in den Hochländern Südwestchinas vermutet, von wo der Reis später in die Täler der großen Flüsse gebracht wurde. Weitere Zentren werden in Nord- und Südindien vermutet, ebenso in Südostasien. Die neuste Theorie auf der Grundlage von genetischen Analysen, nicht von archäologischen Funden, führt alle Arten des asiatischen Reises auf eine einzige Domestikation zurück, die irgendwann in der Zeit vor 8200 bis 13 500 Jahren in China stattgefunden haben soll.[28] Eine große gesellschaftliche Bemühung zur Kultivierung des Reises über Jahrhunderte oder Jahrtausende hinweg müsste sich tief in das kollektive Gedächtnis und in die Überlieferungen eingegraben haben. Das ist aber auch hier nicht der Fall. Keine indigene Linie behauptet, der Reis sei durch Menschenwerk entstanden.

Zahlreiche Legenden über den Ursprung des Reises besagen, dass der Reis vom Himmel gekommen sei, aber sie geben unterschiedlichste Versionen über die Art, wie er auf die Erde gebracht wurde. Im Buddhismus, Hinduismus, Shintoismus, Taoismus und Islam – überall glauben die Menschen an einen göttlichen Ursprung des Reises. / Der altindische Text *Aitareya Brahmana* führt den Ursprung des Reises zurück auf den Gott Indra, den Regengott, eine männliche Gottheit. [...] Gemäß der *Ca-*

> *tur-Bhumi*-Mythologie [auf Bali] sandte der Gott *Bathara Ciwa (Shiva)* einen Vogel zur Erde, der vier Saatkörner des Reises mit unterschiedlichen Farben trug: gelb, schwarz, rot und weiß. [...]
>
> In Indien lebt an vielen Orten die Erinnerung an Menschen, von denen gesagt wird, sie hätten den Reis in bestimmten Gebieten eingeführt, und diese Personen werden verehrt, so zum Beispiel vom Stamm der Gonds in Madhya Pradesh und vom Stamm der Kabris in Assam. In Arunachal Pradesh existiert in einem Dorftempel die Statue einer Frau, die den Reis dorthin gebracht haben soll.[29]

Ägyptische Quellen zur Domestikation

Im Niltal waren die wichtigen Getreidesorten Weizen, Gerste und Roggen. Die ägyptischen Mythen sagen, das Erscheinen der Kulturpflanzen gehe auf die Götter zurück, namentlich auf Isis und Osiris. Über Jahrtausende hinweg war diese Information mündlich überliefert worden, und sie war auch am Ende der ägyptischen Kultur noch eine lebendige Erinnerung. Dies zeigt sich im Werk des griechischen Historikers Diodor (lat. Diodorus Siculus), der im 1. Jahrhundert v. Chr. lebte. Auf der Grundlage von dreißig Jahren Studien und Reisen verfasste er seine vierzig Bücher umfassende „Historische Bibliothek", ein Monumentalwerk über die Weltgeschichte von den Uranfängen bis hin zum damals aktuellen Zeitgeschehen.

Das Szenario einer Notsituation während und nach der globalen Katastrophenserie wird von Diodor bestätigt. In seiner „Historischen Bibliothek" fasst er die Aussage der alten Schriften (die heute größtenteils nicht mehr vorhanden sind) mit eigenen Worten zusammen, fügt Zitate ein und kommentiert sie an vielen Stellen mit zusätzlichen Details. Wir müssen davon ausgehen, dass die Beschreibungen von Ereignissen, die zehn Jahrtausende zurücklagen, zu Diodors Zeiten längst nicht mehr in allen Einzelheiten richtig waren. Einiges fehlte oder war falsch verstanden worden, anderes war durch phantasievolle Ausschmückungen hinzugekommen. Aber der ursprüngliche Kern all dieser Darstellungen ist dennoch zu erkennen.

In den folgenden zwei Stellen aus der „Historischen Bibliothek" berichtet Diodor, dass die Menschen damals aufgrund des Hungers in der Zeit nach den Katastrophen sogar in den Kannibalismus gefallen waren und dass Osiris mit der Hilfe von Isis den Menschen die Kulturpflanzen brachte.

> Osiris war der erste, so sagen ihre Schriften, der die Menschheit dazu brachte, den Kannibalismus aufzugeben. Denn nachdem Isis den Weizen und die Gerste entdeckt hatte, die im Land verstreut neben anderen

> Pflanzen wuchsen, aber den Menschen immer noch unbekannt waren, entwickelte Osiris die Methode, wie diese Pflanzen kultiviert werden konnten, und die Menschen waren freudig bereit, ihre Nahrung zu verändern, einerseits, weil das neu entdeckte Getreide ihnen schmeckte, andererseits auch, weil sie erkannten, dass es für sie von Vorteil ist, wenn sie aufhörten, sich gegenseitig zu töten. (Buch 1, Kap. 14, Abs. 1)
>
> Die Anzahl der Jahre von Osiris und Isis bis zur Regentschaft Alexanders, der in Ägypten die Stadt gründete, die nach ihm benannt ist, betrage, so sagen sie, mehr als zehntausend Jahre. Gemäß anderen Geschichtsschreibern seien es sogar fast dreiundzwanzigtausend Jahre. (Buch 1, Kap. 23, Abs. 1)[30]

Wann sich diese Ereignisse zutrugen, war offensichtlich auch zu Diodors Zeit nicht mehr klar, und die beiden Angaben, die er wiedergibt, gehen weit auseinander. Die erste Angabe entspricht aber ziemlich genau der Zeit der Neolithischen Revolution.

In Buch 3 der „Historischen Bibliothek" erfahren wir dazu auch noch, dass Osiris gemäß den alten Überlieferungen die Menschen *aus Äthiopien* Richtung Norden geführt habe – womit wir sogar eine historische Spur für das am Anfang des Kapitels erwähnte Genzentrum in Abessinien haben.

„Götter gaben uns die Gene"

Eine wachsende Anzahl von Wissenschaftlern erkennt, dass die materialistische Denkweise zweifelhaft und in vielen Punkten rundweg falsch ist, und sie suchen nach Erklärungen, die über den Darwinismus und Kreationismus hinausgehen. Einer dieser Pioniere ist *Prof. Arthur David Horn* (geb. 1942). Er promovierte 1976 an der Elite-Universität Yale im Fach „Physische Anthropologie" (Primatenforschung) und arbeitete danach für vierzehn Jahre als Professor für Anthropologie. Er war ein überzeugter Darwinist, aber durch seine Frau Lynette, eine Heilpraktikerin und spirituelle Lehrerin, die er 1988 heiratete, eröffnete sich ihm eine Reihe neuer Erkenntnisse. Er schreibt:

> Ein Jahr darauf hatte ich [...] ein inhaltsschweres Erlebnis, das mich jenseits aller Zweifel von der Realität eines geistigen Lebens außerhalb der Materie überzeugte. Dies setzte in mir einen langdauernden und sehr gründlichen Reifungsprozess über das Wesen und den Ursprung des Menschen in Gang. Wenn es, wie Lynette und sämtliche Religionen der Welt behaupten, eine geistige Existenz außerhalb der Materie gibt, in welchem Zusammenhang steht diese dann mit unserer biologischen Entwicklungsgeschichte?[31]

Prof. Horn begann, grenzwissenschaftliche Quellen und alte Mythen zu studieren, und diese geben bekanntlich ein ganz anderes Bild von der Menschheitsgeschichte als die materialistische Anthropologie. Als Ergebnis dieser überwältigenden Schleusenöffnung von Informationen veröffentlichte er 1996 das Buch *Humanity's Extraterrestrial Origins – ET Influences on Biological and Cultural Evolution*, das 1997 auch auf Deutsch erschien: *Götter gaben uns die Gene – Die außerirdischen Ursprünge der Menschheit.* Er betont darin, dass die heute vorherrschenden Weltbilder weder die Entstehung des Lebens noch die Entstehung der Vielfalt der Lebewesen glaubhaft erklären können, und kommt zum Schluss, dass in irgendeiner Form Eingriffe von außen stattgefunden haben müssen. Mir geht es hier nicht um seine ET-Szenarien, sondern nur um seine fachkompetente Kritik am Darwinismus. Er gehört auch zu den ersten akademischen Biologen, die darauf hinweisen, dass die Domestikation von Tieren und Pflanzen nicht einfach mit einem linearen Auswahl- und Zuchtverfahren zu erklären ist.

Aufgrund seiner vielseitigen Forschung fixiert sich Prof. Horn nicht auf eine bestimmte Theorie zur Entstehung des Menschen, betont aber gleich zu Beginn (S. 15), dass die heutige Wissenschaft in vieler Hinsicht im Dienst bestimmter Ideologien und Interessengruppen steht:

> Ich konnte Belege für ungeheure, seit langer Zeit bestehende Machenschaften entdecken, deren Absicht es ist, der Menschheit die wahre Geschichte ihrer Abstammung vorzuenthalten, um sie auf diese Weise kontrollierbar und „benutzbar" zu machen.

In der Hoffnung, dass weitere Wissenschaftler beginnen, die herrschenden Paradigmen zu hinterfragen, schreibt er am Schluss (S. 457):

> In diesem Buch haben wir uns – zumindest im Rahmen einer Einführung – mit dem Ursprung und dem Wesen unserer Spezies beschäftigt. Dabei haben wir gesehen, dass die Erde und die Entwicklung des irdischen Lebens ursprünglich wohl von liebevollen Lichtwesen geplant und überwacht wurden, dass aber außerirdische Repräsentanten der Mächte der Finsternis vor 300 000 Jahren oder mehr die Erde unter ihre Macht gebracht haben und seither die Art, wie wir die Realität wahrnehmen, weitgehend kontrollieren.

Prof. Horn scheut sich nicht, das Wirken der „Mächte der Finsternis" zu thematisieren, erahnt jenseits dieser Aspekte unserer Geschichte aber auch die höhere, ursprüngliche Realität, nämlich dass die Erde und die Entwicklung des irdischen Lebens von Anfang an „von liebevollen Lichtwesen geplant und überwacht wurden".

Spirituelle Selbsterkenntnis und das globale Erwachen: Wir erleben täglich zwei Dimensionssprünge des Bewusstseins, beim Einschlafen und beim Erwachen. An den Moment des Einschlafens können wir uns nicht erinnern. Genauso kann sich die Menschheit nicht erinnern, wie und wann sie „eingeschlafen" ist ... Sobald wir erwachen, wissen wir, wer wir sind, und stehen auf. Auf ähnliche Weise verändert das spirituelle Erwachen unsere Weltsicht und unsere Selbstwahrnehmung. „Ihr seid Lichtwesen" ist sowohl Weckruf als auch Inspiration – und ein Schlüssel zum Bewusstsein der neuen Zeit (S. 17, 25, 114, 316).

Die indischen Gopurams (Trapezpyramiden) stehen an uralten heiligen Orten und wurden nach den geometrischen und kosmischen Grundsätzen der Vāstu-Wissenschaft gebaut (S. 290); hier: die Tempelstätte von Madurai, Südindien. Sie symbolisieren die hierarchische Ordnung des Universums. So wie die Ebenen der architektonischen Stockwerke parallel angeordnet sind und gegen unten immer breiter werden, so sind auch die kosmischen Dimensionsebenen parallel und werden von „oben" nach „unten" immer dichter: von den feinstofflich-materiellen Welten bis hinunter auf die Ebene der grobstofflichen Welten (S. 23f., 38, 139).

Die höchste Tempelpyramide Asiens (72 m) befindet sich in Südindien in der großen Tempelanlage von Śrī Raṅgam (Raṅgakṣetra).

Die Gottessöhne bei den Töchtern der Menschen: Im Alten Testament wird an einer bekannten und kontroversen Stelle (Gen 6,1-4) gesagt, Gottessöhne (*bene ha-Elohim*, „Söhne des Elohim") hätten „Töchter der Menschen" geheiratet und mit ihnen Kinder gezeugt, „die Helden der Vorzeit". Gleich danach wird jedoch gesagt: „Aber die Erde war verderbt vor Gottes Augen und voller Frevel." (Gen 6,11)
Wer waren die Gottessöhne? Wie kam es später zu Verderbtheit und Frevel? (S. 177-179)

Arjuna und seine vier Halbbrüder, die fünf Pāṇḍavas, lebten am Ende des letzten Zeitalters (Dvāpara-Yuga). Sie, die berühmtesten Helden Indiens, hatten zeitweilig materialisierte Lichtwesen als Väter (S. 69, 176, 260).
Links: Statue von Arjuna bei Ubud auf Bali.

Pierre de la Fée, „Stein der Fee“, in der Nähe von Draguignan (südliche Provence). Die Trägersteine sind 2,2 m hoch, der Deckstein ist ca. 5 m lang und wiegt 24 t. Erbaut um 3000 v. Chr.

Zeugen des „Megalithikum“: Dolmen sind die häufigste Form von Megalithanlagen und wurden weltweit gebaut (S. 257–259).

La Roche-aux-Fées, „Feenfels“, in der Gemeinde Essé (Bretagne): eine gedeckte Steinallee, 19,5 m lang, ca. 3500 v. Chr. 26 aufrecht stehende Steine (Orthostaten) tragen acht Decksteine, die zwischen 20 und 45 t schwer sind.

Die weltweit größte Ansammlung von Dolmen befindet sich in Südkorea, insgesamt rund 30 000, was über die Hälfte aller Dolmen der Welt ist. Die wichtigsten sind die Dolmen von Gochang, Hwasun und Ganghwa. Sie wurden im Jahr 2000 von der UNESCO zum Weltkulturerbe erklärt, insbesondere die 447 Dolmen von Jungnim-ri und Sanggap-ri (Gochang). Der Dolmen mit dem größten Oberstein befindet sich in Ganghwa und misst 2,6 × 7,1 × 5,5 m, was ein Gewicht von rund 260 t ergibt. Der zweitgrößte befindet sich in Yonggye-ri (Gochang). Er besteht aus Andesit (härtester Granit), ist 5 m lang, 4,5 m breit, 4 m hoch, was ein Gewicht von rund 250 t ergibt. Oben links: Einer der Dolmen von Jungnim-ri (Gochang); oben rechts: einer der Dolmen von Ganghwa.

Der Dolmen von Bagneux bei Saumur (in der Grafschaft Anjou) ist einer der größten der 4500 Dolmen Frankreichs. Diese Megalithanlage ist fast 24 m lang. Der Innenraum ist 18 m lang, 2,4 m hoch und 5 m breit. Die größte der drei Deckenplatten ist 7,3 m lang und hat ein Gewicht von etwa 90 t. Insgesamt besteht die Anlage aus 16 Steinen, die ein Gesamtgewicht von rund 600 t haben.

Polygonale Zyklopenmauern wie in Peru und in Ägypten, hier jedoch in der Türkei, wo sich auch die ältesten Megalithanlagen der Welt befinden, ebenso alte unterirdische Gang- und Kammersysteme (S. 261–278). Diese Mauer ist in die Festung von Alaca Höyük integriert, die in der Zeit des hethitischen Großreichs (1600–1200 v. Chr.) an einem alten heiligen Ort zu einer Stadt ausgebaut wurde. Handelt es sich bei dieser Mauer um unverwüstliche Reste aus der mythischen Vorzeit?

Die steinzeitlichen Rillenspuren von Malta, „eingefräst" in den harten Korallenkalksteinboden: Das Foto oben (von Clapham Junction) zeigt Rillen der zweiten Kategorie, die über Rillen der ersten Kategorie verlaufen (siehe S. 227–230). Die anderen drei Fotos zeigen Rillen der ersten Kategorie mit streckenweise markant scharfen Schnitten. Unten rechts: Die linke Spur hört abrupt auf, die rechte ist breiter und wurde durch das doppelte bis dreifache Nebeneinandersetzen der 7 cm breiten Standardrille erzeugt. Dies ist auch auf dem Foto links zu sehen (versetzte Rillen mit unterschiedlicher Tiefe).

Die Granitplatte bei der Pyramide von Abu Roasch: Im Gegensatz zu den meisten Bauelementen der altägyptischen Großbauten zeigt dieser Stein deutliche Bearbeitungsspuren. Wahrscheinlich ist dies der weggeschnittene Teil eines größeren Blockes und wurde als „Abfall" nicht weiter bearbeitet. Die Oberseite dieses 1,45 x 1,2 m großen Steins ist leicht konkav, und zwar mit perfekter Symmetrie, und die Schnittfuge in der konkaven Einbuchtung ist in sich nochmals gerundet. Die Vergrößerung zeigt die feinen Spuren einer Säge oder Fräse, die den Granit anscheinend problemlos und in beliebiger Form zuschnitt (siehe S. 235–240).

Kapitel 11

Wer baute die Megalithanlagen und wozu?

Das Neolithikum, das vor rund 12 000 Jahren begann, war hauptsächlich ein *Megalithikum.* Von Großbritannien über Westeuropa bis nach Russland, in Ägypten, in Korea, in Japan und auf den Inseln des Pazifik, in Nord- und Südamerika – überall errichteten die Menschen Megalithbauten, am häufigsten Dolmen. Weltweit existieren noch etwa 50 000. Das Land mit den meisten Dolmen ist Südkorea, und dort sehen die Dolmen praktisch gleich aus wie z. B. in Irland und Frankreich.

Warum hatten die Menschen fast zeitgleich auf der ganzen Welt dieselbe Idee? Warum errichteten sie Steinkreise, Tempel, unterirdische Anlagen, künstliche Höhlen (Dolmen) und künstliche Berge (Pyramiden)? Auch Cheops und seine Söhne Djedefre und Chephren (S. 236) gehören noch zur Jungsteinzeit – und damals sollen mit einfachen Stein-, Holz- und Kupferwerkzeugen größte Weltwunderbauten errichtet worden sein ...

Die „Paläotechniker" arbeiteten mit einem intuitiven und medialen Wissen über Geomantie, Astronomie, Geometrie und Paraphysik. Oftmals verwendeten sie bei ihren Bauten Steine mit enormem Gewicht, die sie zum Teil über lange Strecken transportierten. Auf unseren modernen Straßen stellen 30 t Nutzlast die obere Grenze dar. Höhere Gewichte erfordern einen Sondertransport. Im Megalithikum waren Steine von 10 bis 20 t fast die Regel, aber wir finden auch Steinblöcke mit Gewichten bis 200 t, in Einzelfällen sogar noch mehr.

Die heutige Mythenforschung weiß, dass die Menschen der archaischen und prähistorischen Zeiten eine ganz andere Wahrnehmung der Realität hatten als wir. Sie glaubten an eine „Anderswelt", mit der sie sich verbunden fühlten und mit der sie kommunizierten. Der Geist der Tiere, der Geist der Pflanzen, der Geist der Elemente, der Geist der Steine – alles wurzelte in dieser Anderswelt, insbesondere auch der Mensch selbst. Die Neo- und Megalithiker sahen sich sowohl als Teil der Anderswelt als auch der sichtbaren Welt. Sie wussten, dass diese Welten verbunden sind und fließende Übergänge haben und dass Wesen der Anderswelt bei den Menschen, d. h. *als Menschen* erschei-

Dolmen des Megalithikums

Bei den Megalithanlagen der Kategorie *Dolmen* (breton. „Steintische") wiegen die schwersten Steine bis zu 250 t. Dolmen sind ein weltweites Phänomen (siehe auch Bildteil 2).

Trethevy Quoit, bekannt als „The Giant's House", in Cornwall, England. Der Deckstein ist 3,7 m lang und 10,5 t schwer. Am höchsten Punkt ist dieser Dolmen, der früher möglicherweise von einem Erdhügel bedeckt war, 4,6 m hoch.

Der Dolmen „Sa Coveccada" bei Mores (Sardinien) ist der größte im gesamten Mittelmeerraum, Länge 5 m, Höhe 2,7 m. Der Deckstein ist 6 m lang, 3 m breit und 60 cm dick, was ein ursprüngliches Gewicht von 27 t ergibt. In der Vergangenheit wurden Teile dieser Megalithplatte abgeschlagen.

nen können. Was ich am Anfang von Kapitel 7 erwähnt habe, möchte ich nun mit einer hypothetischen Erklärung für die ursprünglichen Megalithanlagen weiter ausführen.

Das Erscheinen von Lichtwesen bei den Menschen vor 12 000 bis 5000 Jahren

Wenn ein Lichtwesen sich in die physische Welt hineinbegibt, ist diese Materialisation nicht nur ein geistiger, sondern auch ein physikalischer Vorgang und erfordert *Energie,* weshalb Lichtwesen meistens an besonderen Kraftorten erscheinen, wie z. B. in einer Höhle des Himalaya.

Genauso wie eine natürliche Quelle von den Menschen gefasst und kanalisiert werden kann, kann auch ein natürlicher Kraftort verankert und verstärkt werden. Dolmen, Steinkreise usw. stehen an geomantischen Schlüsselpunkten. Dolmen sind künstliche Höhlen in megalithischer Bauweise. Steinkreise verankern kosmische Energievortexe.

Die damaligen Menschen haben bestimmt nicht aus Langeweile und zum Zeitvertreib schwere Steine geschleppt. Diese Arbeiten müssen für sie wichtig, ja lebenswichtig gewesen sein. Die Menschheit war durch die große Serie von Katastrophen schätzungsweise um 80–90% verringert worden (S. 187f.). Die Überlebenden und nachfolgenden Generationen brauchten Hilfe „von oben". Sie wussten, dass es höhere Dimensionen und Lichtwesen gibt und dass Lichtwesen sich in Menschen „verwandeln" können. Deshalb lautet der naheliegende Gedanke, dass die ersten Megalithanlagen errichtet wurden, um mit den Lichtwesen in Kontakt zu treten und gegebenenfalls ihre Materialisation zu unterstützen. Diese „neuen" Menschen wurden zusammen mit den „bisherigen" Menschen zu den Stammeseltern neuer Völker und gründeten schamanische, wissenschaftliche und spirituelle Mysterienschulen.

Die ursprünglichen Steinkreise und Dolmen, in denen Lichtwesen erschienen waren oder sonstwie Kontakt mit den Menschen aufgenommen hatten, wurden über viele Generationen hinweg als zentrale heilige Orte betrachtet, und die Menschen versammelten sich dort für besondere Feste und Riten. Gleichzeitig wurden zahlreiche weitere Steinkreise und Dolmen gebaut, in denen Gruppen oder Einzelpersonen mit den Lichtwelten in Verbindung traten. In späteren Epochen kam auch der Brauch auf, dass Priester und andere mächtige Personen bei oder direkt in diesen Stätten beerdigt wurden.

Wie im letzten Kapitel erwähnt, unterstützten die Kulturbringer die Menschen mit ihren geistigen Fähigkeiten, nicht zuletzt durch die „Domestikation" von Pflanzen und Tieren. Alle alten Kulturen leiten ihre Herkunft von Göttern ab. Kein indigenes Volk sagt, sie hätten den

Das Erscheinen der Lichtwesen – Als das Paranormale „normal“ war

In den Sanskritschriften sind viele Beispiele zu finden, aus denen hervorgeht, dass die Lichtwesen bis zum Beginn des Kali-Yugas, also bis vor 5000 Jahren, sichtbar vor den Menschen erschienen. Die wohl berühmtesten Erscheinungen wurden bereits erwähnt (S. 69, 176): die Lichtwesen, die sich bei Königin Kuntī und ihrer Nebenfrau Mādrī materialisierten und zu den Vätern der fünf Pāṇḍava-Prinzen wurden.

Im *Śrīmad-Bhāgavatam* und auch im indischen Epos *Mahābhārata* wird beschrieben, dass sich diese fünf Brüder 36 Jahre nach der Schlacht von Kurukṣetra in den Himalaya zurückzogen, wo sie die Erde verließen, indem sie ihren Körper in einen Lichtkörper verwandelten. Sie gingen direkt in eine höhere Dimension ein, ohne einen irdischen Körper zu hinterlassen (*Śrīmad-Bhāgavatam* 1.15.41–48). Dies ist nicht die einzige, aber die bekannteste vedische Beschreibung einer physischen Entrückung, eines Phänomens, das wir erst in der heutigen Zeit wieder zu verstehen beginnen, da uns die moderne Esoterik Konzepte wie DNS-Aktivierung, Lichtkörper und Merkaba näherbringt.

Bevor die königlichen Brüder sich aufmachten, die Erde zu verlassen, wurde Prinz Parīkṣit, ein Enkel Arjunas, zum König bestimmt. Parīkṣit, der kurz nach der Schlacht von Kuruksetra geboren worden war, wählte als erstes den betagten Helden Kṛpācārya zu seinem spirituellen Lehrer und veranstaltete zu diesem Anlass eine große Zeremonie, bei der auch die hohen Lichtwesen erschienen und für alle Anwesenden sichtbar waren. *Devā yatrākṣi-gocarāḥ:* „Die Devas erschienen bei diesem Fest *(yatra)* im Schwingungsbereich *(gocarāḥ)* der menschlichen Augen *(akṣi).*“ Hier die gesamte Stelle im Wortlaut:

> Nachdem der große König Parīkṣit den ehrwürdigen Kṛpācārya als spirituellen Lehrer angenommen hatte, führte er am Ufer des Ganges drei Aśvamedha-Zeremonien durch. Bei diesen Opferfestlichkeiten waren auch die Lichtwesen (Devas) anwesend, und das gesamte Volk konnte sie sehen. (*Śrīmad-Bhāgavatam* 1.16.3)

Der berühmteste Avatāra im indischen Kulturkreis ist Kṛṣṇa, der zur gleichen Zeit wie die fünf Pāṇḍava-Prinzen lebte und ihr Freund und Mentor war. Über sein Erscheinen existieren zahlreiche Geschichten in unterschiedlichen Versionen, doch sie alle betonen, dass es sich um ein übernatürliches Ereignis handelte. Gemäß dem *Śrīmad-Bhāgavatam* erschien Kṛṣṇa vor seinen Eltern zuerst in der Gestalt Viṣṇus, um sich in seiner Göttlichkeit zu offenbaren. „Daraufhin verwandelte er sich durch seine spirituelle Energie vor den Augen seiner Eltern in ein kleines Menschenkind.“ (*Śrīmad-Bhāgavatam* 10.3.8/46)

Mais, den Weizen, die Kartoffel, den Reis usw. selbst gezüchtet. Ebenso sagten die Inkas den Spaniern, dass die alten Bauwerke – jene mit den großen, präzise zugeschnittenen Steinen – von den Göttern stammen. Sie betonten mit Nachdruck, dass nicht sie diese Anlagen errichtet haben. Dazu gehören auch die Bauwerke von Puma Punku auf der Hochebene der Anden, von denen heute nur noch einige Bausteine und Trümmer vorhanden sind (siehe S. 225). Die Inkas und ihre Vorfahren kannten diese Bauwerke nur im zerstörten Zustand.

Das Erscheinen von Lichtwesen bei den Menschen ist der historische Kern vieler mythologischer Überlieferungen. Die indischen Quellen sagen explizit, dass die Lichtwesen bis zum Beginn des Kali-Yugas, d. h. bis vor 5000 Jahren, sichtbar vor den Menschen erschienen (siehe Kastentext). Wenn wir die Realität der Avatarmenschen aufgrund eines materialistischen Weltbildes ausblenden oder sogar ausschließen, verkennen wir die tiefere Bedeutung der Mythen unserer Vorfahren und damit auch einen entscheidenden Faktor unserer eigenen Geschichte.

Göbekli Tepe – die ältesten Tempelanlagen der Welt

Die ältesten Bauwerke, die wir heute noch kennen, sind Tempel. Das ist überraschend, denn „Tempel" bedeuten religiöses Denken und Handeln, und Religion ist gemäß dem heutigen Geschichtsbild erst relativ spät entstanden. Nun zeigt sich aber, dass am Anfang die Religion war. Nicht die Landwirtschaft, sondern Religion brachte die Zivilisation hervor. So stellt sich die Frage, was sich hinter dem missverständlichen Wort „Religion" verbirgt. Was genau stand am Anfang der Zivilisation?

Die ältesten noch vorhandenen Bauwerke sind Tempel, und zwar *megalithische.* Sie befinden sich in der Südosttürkei (Anatolien), auf der kahlen weiten Hochebene des Hügelzugs Göbekli Tepe* (750 m. ü. M.):

> Dies ist die Geschichte der Entdeckung eines monumentalen Heiligtums, das es eigentlich gar nicht geben dürfte. Denn dass unsere Vorfahren bereits vor fast 12 000 Jahren derartige Bau- und Kunstwerke schufen, hatte die Wissenschaft bis zum Zeitpunkt der Entdeckung nicht erwartet.[1]

Die Fundstelle ist ein aufgeschütteter Hügel, der so groß ist, dass man ihn lange Zeit für einen Teil der natürlichen Landschaft hielt. Erst 1994 erkannte der deutsche Archäologe Klaus Schmidt, dass dieser Hügel

* Göbekli Tepe (türk. *göbek,* „Nabel, Bauch") bedeutet „bauchiger Hügel", weil sich die Aufschüttung in der Silhouette wie ein Bauch vom flachen Kalksteinplateau abhebt. Seit der Entdeckung der dort vergrabenen Megalithstätten (1994) wird „Göbekli Tepe" auch wie ein Ortsname für das Bergheiligtum verwendet.

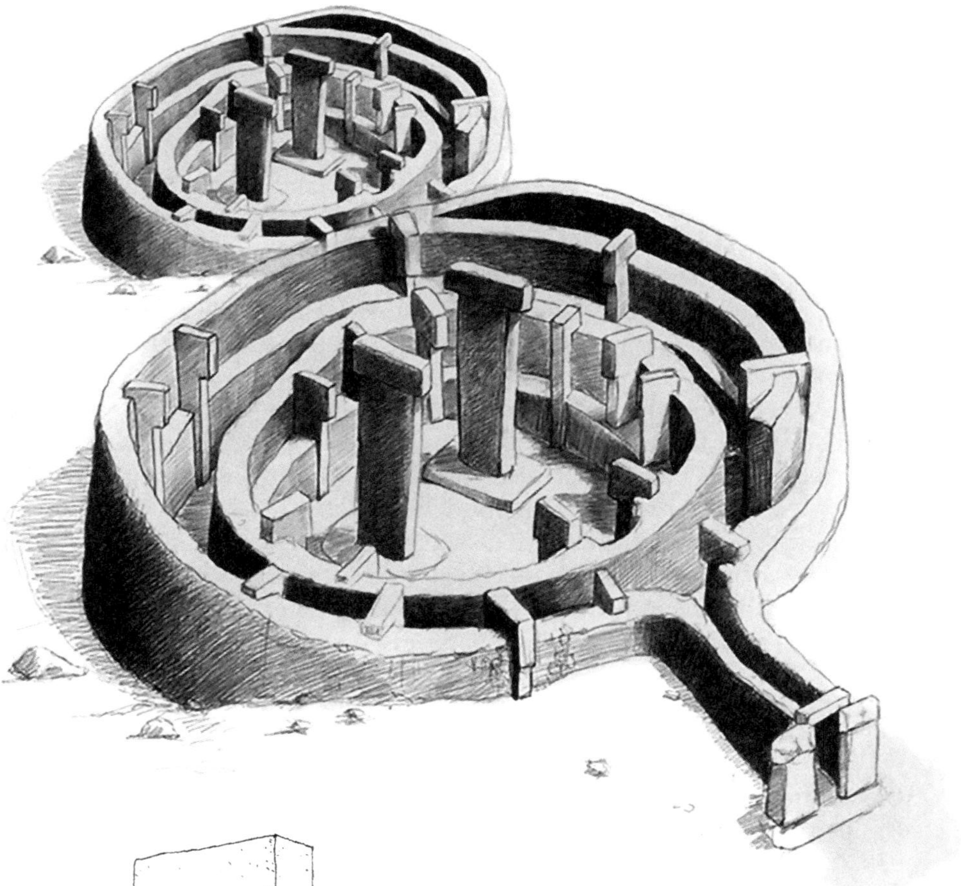

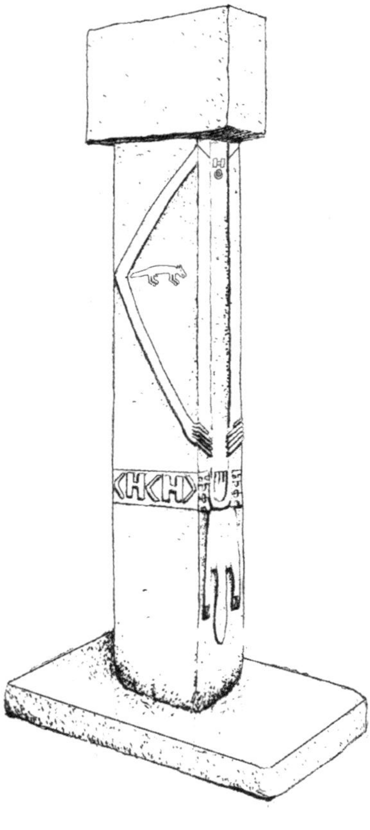

Das typische Merkmal der Steinkreistempel von Göbekli Tepe sind die T-förmigen Monolithpfeiler mit Tier- und Symboldarstellungen im Hochrelief. Die Steinbearbeitung ist erstaunlich gut, obwohl die Menschen damals (um 10 000 v. Chr.) keine Metallwerkzeuge besaßen. Die T-Pfeiler stellen stilisierte übernatürliche Wesen dar, insbesondere die beiden bis zu 5,5 m hohen Pfeiler im Zentrum der insgesamt rund 20 Anlagen. Was war der ursprüngliche Zweck dieser parallelen „Antennen“ in abstrahierter Menschenform? Was geschah in ihrem energetischen Kraftfeld? Wurde hier der „Urzeit-Code“ aktiviert (S. 270)? Tatsächlich war dieses Gebiet ein erstes großes Zentrum der Domestikation. Die T-Pfeiler-Anlagen standen am Anfang dieses Kultursprungs und lösten ihn aus. Sie waren für die Menschen der frühen Jungsteinzeit ein lebenspendendes Heiligtum und „Dimensionstor“.

keine natürliche Erhebung ist, sondern zugeschüttete steinzeitliche Megalithanlagen verbirgt. Dies war eine archäologische Sensation. Mit Bodenradar wurde festgestellt, dass sich auf dem gesamten Areal auf drei Ebenen mindestens zwanzig Bauwerke befinden. Über zweitausend Jahre hinweg waren Bauten errichtet und dann zugeschüttet worden, worauf die nächsten Generationen auf der ersten bzw. zweiten Schicht weitere Steinbauten errichteten, bis auch diese und letztlich alle Anlagen mit Erde und Geröll bedeckt wurden. So entstand ein hügeliges Feld von 9 ha mit vier Kuppen, die bis zu 15 m hoch sind.

Ausgegraben wurden bisher die vier größten Tempel* und einige der späteren, kleineren Strukturen. Das Grabungsgebiet entspricht weniger als 5% des gesamten Areals. Das typische Merkmal der Göbekli-Tepe-Anlagen sind die monolithischen T-Pfeiler: jeweils zwei im Zentrum und kleinere, die kreis- oder spiralförmig um das Zentrum angeordnet sind. Später waren die äußeren Pfeiler mit Mauern aus kleinen Steinen verbunden worden. (Diese groben Tempelmauern sind von deutlich geringerer Qualität als die T-Pfeiler und verdecken in vielen Fällen die Reliefdarstellungen.) Der Innenraum der kreis- und ellipsenförmigen Anlagen hat einen Durchmesser bis zu 10 m, der Gesamtdurchmesser mit den Außenmauern beträgt bis zu 30 m.

> Noch ehe die ersten Menschen sesshaft wurden und ehe sie die Technik des Tonbrennens ersannen [und lange bevor sie Metallwerkzeuge besaßen], brachen sie gewaltige Steine und formten sie zu menschengestaltigen Pfeilern – die größten bis zu 7 Meter hoch und bis zu 50 Tonnen schwer.[2]

Die Pfeiler wurden alle aus dem harten, stark kristallinen Kalkstein der Umgebung geschlagen und aus einer Distanz von 200 bis 500 m über das unwegsame Gelände herantransportiert. Die größten Steinpfeiler sind über 5 m hoch und bis zu 16 t schwer (der unvollendete, der 50 t gewogen hätte, wäre ein herausragendes Rekordstück gewesen). Trotz der Härte des Steins sind die Pfeiler präzise gearbeitet, und die meisten weisen Darstellungen im Hochrelief auf: Schlangen, Skorpione, Gazellen, Löwen, Füchse, Stiere, Keiler, Geier, Kraniche, Ibisse, auch einige Menschenfiguren und mehrere abstrakte Symbole.

Die präzise Bearbeitung zeigt sich auch in der Statik. Die zentralen Pfeiler stehen direkt auf dem Felsboden und werden nur von 10

* Diese großen Anlagen wurden um rund 10 000 v. Chr. errichtet. Der Georadar zeigte jedoch kleinere Strukturen, die möglicherweise bis zu 2000 Jahre älter sind. Diese wurden noch nicht ausgegraben, und es ist nicht klar, ob sie in der ursprünglichen Form zugeschüttet wurden oder ob sie vorher zum Teil abgetragen oder zerstört worden waren.

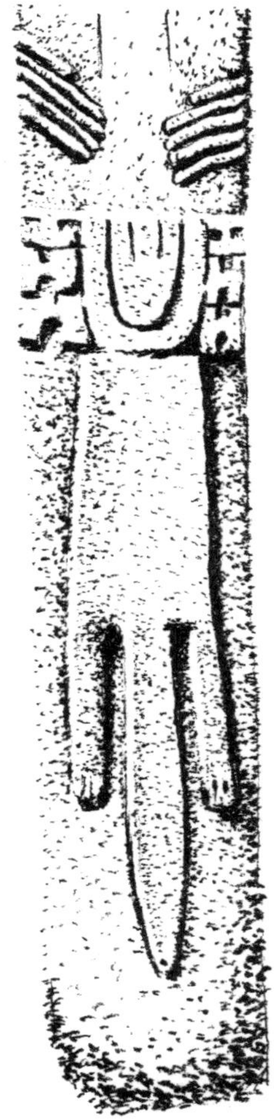

bis 20 cm dicken Basissteinen fixiert. Dennoch standen diese über 5 m hohen Pfeilerpaare in perfekter Balance! Die eindrücklichsten Beispiele hierfür sind jene zentralen Pfeiler, auf denen (ebenfalls im Hochrelief) Arme und Hände herausgearbeitet sind. Die langen, dünnen Arme sind angewinkelt, so dass die Hände die schmale Frontseite des Pfeilers beidseitig auf Hüfthöhe berühren. Im Tempel D, der auch „Kranichtempel" genannt wird, haben beide Zentralpfeiler diese Arme und Hände. Ebenso haben beide einen Gurt. Beim einen Pfeiler ist der Gurt nur schematisch angedeutet, beim anderen ist er jedoch deutlich herausgearbeitet. Er ist mit buchstabenähnlichen Symbolen verziert: C H Ɔ. Bei diesem Pfeiler ist auf der einen Seite – auf Höhe des angewinkelten Ellbogens – ein lebender Fuchs dargestellt (siehe Zeichnung auf S. 262), und auf der Vorderseite hängt an einer Art Gürtelschnalle ein Fuchsfell als Lendenschurz. Dieses Statussymbol muss von zentraler Bedeutung gewesen sein.[3] (Jahrtausende später sehen wir das Zeichen des Fuchsfelles auch in Ägypten, wo es zu einer wichtigen Hieroglyphe wurde und in vielen Königsnamen erscheint.)

Arme, Hände und Gurt zeigen, dass die T-Form der Pfeiler einer abstrahierten Menschenform entspricht. Diese rudimentäre Menschendarstellung steht im krassen Gegensatz zu den präzisen Tierreliefs, was zeigt, dass die Steinzeitkünstler den Kopf dieser Säulenmenschen nicht aus mangelnder Fähigkeit, sondern mit Absicht abstrakt, unpersönlich und ohne Gesicht darstellten. Offensichtlich ging es ihnen nicht um die Verherrlichung eines Stammesfürsten, sondern um den Kontakt mit den Wesen der Anderswelt. Die T-Form, die vor 12 000 Jahren in Göbekli Tepe als Symbol für die „Götter" – und damit für unsere Urahnen – entstand, wurde von den Menschen der nachfolgenden Jahrhunderte und Jahrtausende übernommen. Offensichtlich waren die T-Pfeiler mit den Armen und dem Gurt das „Markenzeichen" von Göbekli Tepe. Wir finden diese Stilisierungen in späteren neolithischen Heiligtümern weiterhin als Pfeilerform und auch in Form von Statuetten und Amuletten sowie in Felsmalereien (siehe Zeichnungen auf S. 267).

Ahmosis

Ramessu (Ramses)

Thutmosis

Amen-mes-se-heqa-waset
(Amenmesse, „Amunmosis“)

Das Fuchsfell war in Göbekli Tepe ein zentrales Statussymbol der in abstrahierter Menschenform dargestellten Wesen der „Anderswelt“, und in Ägypten, sechs- bis achttausend Jahre später, finden wir dasselbe Symbol, ebenfalls mit zentraler Bedeutung und sogar als Hieroglyphe. Die Hieroglyphe besteht aus drei Fellen des Wüstenfuchses (Fenek) und steht für *m-s,* ausgesprochen *mes,* „geboren von; stammend von; zurückgehend auf“ (in der griechischen Schreibweise als *mosis* wiedergegeben). Wir sehen hier ein Symbol, das den Ägyptern so heilig war, dass viele Pharaonen diese „Felle“ in ihrem Namen trugen: Ra-mosis (in der griechischen Schreibweise *Ramses*), Thutmosis, Ah-mosis – „Sohn des Ra“, „Sohn des Thot“, „Sohn des Jah“. Ursprünglich bezieht sich die Bedeutung des Symbols „Fuchsfell“ anscheinend auf die Abstammung des Menschen von den Göttern. So spannt sich ein weiter Bogen von der Urzeit über die ersten megalithischen Tempelanlagen bis hin zu den Ägyptern und von dort ins Alte Testament, wo die Verbindungsperson zwischen der alten und der damals neuen Religion den Namen *Moses* trägt. Und auch im Neuen Testament wird auf diese alte Verbindung hingewiesen: „Moses wurde in aller Weisheit der Ägypter unterrichtet.“ (Apg 7,22)

Die Baugeschichte der Göbekli-Tepe-Anlagen: Viele archäologische Stätten sind verschüttet und müssen zuerst entdeckt und ausgegraben werden. Das war auch in Göbekli Tepe der Fall, doch das wahrscheinlich Einzigartige an dieser Stätte ist, dass die Menschen die gesamte Anlage selber zuschütteten! Große Steinkreistempel wurden nur in der Anfangsphase gebaut. Danach folgten kleinere runde und rechtwinklige Strukturen, wobei weiterhin T-förmige Pfeiler verwendet wurden, jedoch nur noch in der halben Größe.

Im Lauf von zweitausend Jahren wurden auf 9 ha zwanzig Anlagen erbaut und dazu auch noch *über eine halbe Million Kubikmeter Füllmaterial* zusammengetragen: Geröll und fruchtbare Erde vermischt mit Resten von Steinwerkzeugen und vielen zerkleinerten Knochen von Wildtieren. Knochen von domestizierten Tieren kommen nicht vor, wodurch sich ableiten lässt, dass diese Menschen noch keine domestizierten Tiere besaßen. (Umso erstaunlicher ist es, wie schnell und „plötzlich" die domestizierten Tiere erschienen. Von jahrhunderte- bis jahrtausendelanger Zucht nicht die geringste Spur.)

Um 8000 v. Chr. wurden auch die letzten Bauten zugeschüttet. „Zum Erstaunen der Archäologen ließ die Qualität der Tempelanlagen immer mehr nach. Die ersten Kreise sind die größten und technisch wie künstlerisch anspruchsvollsten. Im Laufe der Zeit wurden die Pfeiler kleiner, schlichter und weniger sorgfältig aufgestellt."[4]

Wer waren diese Menschen? Warum errichteten sie aufwendige Steinkreistempel und schütteten sie später zu, nur um daneben und darüber neue, aber kleinere und einfachere Strukturen zu errichten, und das über mehr als 2000 Jahre hinweg?

War die Neolithische Revolution ganz anders?

Im August 2000 schrieb *bild der wissenschaft* auf der Titelseite: „Unsere Kultur stammt aus Anatolien: Der älteste Tempel der Menschheit", und im Artikel: „Göbekli Tepe stürzt ein Dogma: Die Bauern waren nicht die ersten Architekten. Schon die Sammler und Jäger des Paläolithikum bauten Ortschaften und errichteten Großarchitektur."

Im Juni 2011 veröffentlichte das deutsche *National Geographic* einen 28-seitigen Artikel über Göbekli Tepe. Auch hier wurde betont, dass die revolutionäre Bedeutung dieser Entdeckungen kaum überschätzt werden kann: „Wir dachten, Sesshaftigkeit habe die Stadt, die Religion, die Kultur hervorgebracht. Der älteste Tempel der Welt stellt diese Annahme nun auf den Kopf. Wurde vielmehr der Drang, Götter zu verehren, zum Zündfunken für den Aufstieg der Zivilisation?"

Die bisherige Theorie der Neolithischen Revolution klang aus darwinistischer Sicht logisch. Der Mensch lebte als Tierabkömmling über Hunderttausende von Jahren nomadisch und wurde vor rund 10 000 Jahren sesshaft, indem er begann, Landwirtschaft zu betreiben. In dieser neuen gesellschaftlichen Form kam es im Rahmen von kultischen Handlungen zur Errichtung der ersten Tempel. Göbekli Tepe zeigt nun, dass die Menschen begannen, Tempel zu bauen, als sie noch nicht sesshaft – oder höchstens „saisonal" sesshaft – waren. Im Umkreis von 200 km um Göbekli Tepe entstanden im Lauf der Jahrhunderte mehr als zehn neolithische Siedlungen, die bekanntesten sind die von Urfa und Nevalı Çori. Es sind noch längst nicht alle ausgegraben, obwohl z. B. auf dem Hügel Karahan Tepe die T-Pfeiler sogar noch aus dem Boden ragen.[5] Einige dieser Siedlungen hatten innerhalb des Dorfareals ein Tempelgebäude, das in kleinem Format mitsamt den T-Pfeilern den ursprünglichen Bauten auf dem Göbekli Tepe nachempfunden war.

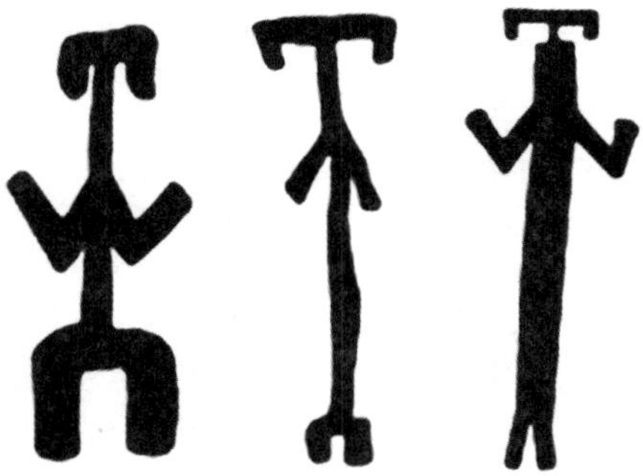

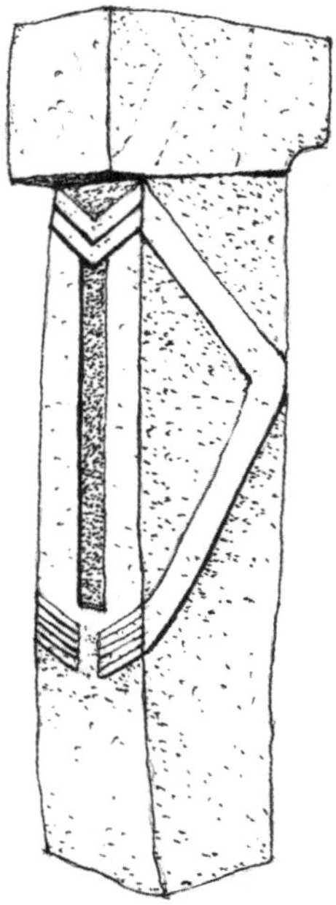

Rechts: Einer der beiden 2,4 m hohen zentralen T-Pfeiler aus dem Tempel in Nevalı Çori, in dessen Mauern sich zusätzlich 12 T-Pfeiler befanden. Die stilisierte Menschen-/Götterdarstellung in Form der T-Pfeiler findet sich in ähnlicher Form auch in den Felsenmalereien von Latmos (Westtürkei) aus der Zeit um 6000 v. Chr., also lange nach der Kultur von Göbekli Tepe. Auf einigen Felsflächen sind mehr als vierzig Figuren in Gruppen abgebildet. Wen diese Figuren darstellen, ist unklar.

Die monumentalen Anlagen stellten den Anfang dar, und alles Spätere war kleiner. In der Steinzeitsiedlung Nevalı Çori fand man sogar viele T-Pfeiler im Souvenirformat (mit den typischen Armen und Händen).[6]

Geographisch gesehen, befindet sich dieses neolithische Siedlungsgebiet am nördlichen Rand des Fruchtbaren Halbmonds, in den ersten Hügelzügen des Taurus. Von dort aus breitete sich die Landwirtschaft bis hinunter in die Länder Mesopotamiens aus. Sumerische Mythen erzählen Jahrtausende später noch, ihre Kultur sei von den Anunna-Göttern aus den Hügeln des Nordens begründet worden (mehr dazu im weiteren Verlauf des Kapitels).

Alles weist darauf hin, dass von Göbekli Tepe entscheidende Impulse der Neolithischen Revolution ausgingen. Die Göbekli-Tepe-Anlagen waren das ursprüngliche „revolutionäre“ Zentrum, und das Zentrum dieser Anlagen waren jeweils zwei hohe T-Pfeiler: „Und ganz sicher erkannten wir, dass diese Pfeiler keine primär architektonische Funktion – etwa als Stütze – erfüllten, sie bilden vielmehr selbst das wesentliche Element der gesamten Anlage. Anders ausgedrückt: Die Pfeiler waren keine Konstruktionselemente des Bauwerks, sondern bildeten das Herz der Anlage, das Bauwerk selbst gab nur den Rahmen für dieses Zentrum ab. [...] [Göbekli Tepe] bietet uns monumentale megalithische Bauwerke und präsentiert sich damit als großartige Bühne eines komplexen Ritualgeschehens.“[7]

Auf der Titelseite der bereits zitierten *National-Geographic*-Ausgabe stand als Schlagzeile: „Göbekli Tepe, vor 12 000 Jahren: Rätselhafte Tempel, geheimnisvolle Rituale – so begann unsere Zivilisation." Was waren das für „geheimnisvolle Rituale", die am Anfang unserer Zivilisation standen? Warum begannen halbnomadische Jäger und Sammler plötzlich, megalithische Tempelanlagen zu errichten?

Die Forscher sind sich einig, dass hier ganz besondere Gründe vorgelegen haben müssen, und erkennen „eine ‚Revolution der Symbole': eine konzeptionelle Verschiebung, die es den Menschen ermöglichte, sich Götter vorzustellen, also übernatürliche menschenähnliche Wesen, die in einem Universum jenseits der physischen Welt existieren".[8]

Göbekli Tepe zeigt, dass für die damaligen Menschen „übernatürliche Wesen" und „ein Universum jenseits der physischen Welt" Realität waren. Die heutigen Forscher mögen glauben, dies alles sei nur Einbildung und das Ergebnis einer „konzeptionellen Verschiebung", doch wir dürfen sicher sein, dass die Menschen, die Göbekli Tepe bauten, konkrete Erfahrungen mit diesen „übernatürlichen menschenähnlichen Wesen" hatten.

Vergegenwärtigen wir uns nochmals: Die „geheimnisvollen Rituale" an diesem abgelegenen Ort in Anatolien ließen unsere Zivilisation entstehen. Hier wurden nicht einfach primitive Tänze und Opferrituale durchgeführt. Hier ging es ums Überleben, um „Domestikation", in einem höheren Sinn um *Wissenschaft:*

> Göbekli Tepe markiert den vielleicht wichtigsten Wendepunkt unserer kulturellen Entwicklung. Damals begannen die Menschen, größere Gemeinschaften zu bilden. Sie begannen, ihren Platz in der Welt neu zu definieren, und sie begannen, Tiere und Pflanzen zu domestizieren – der erste große Schritt aus der Steinzeit heraus, der uns ins Weltraumzeitalter führte.[9]

Und der ganze Kultursprung ging von den Megalithtempeln aus. Was geschah dort? Die Tatsache, dass die ältesten Anlagen die größten und aufwendigsten waren, zeigt, dass hier nicht einfach unsere Klischeesteinzeitler am Werk waren:

> Die Tempel zeigen einen Grad der Ingenieurskunst, den man erst Jahrtausende später vermuten würde. [...] Dazu kommt, dass sich das nötige Ingenieurswissen über eine längere Zeit entwickelt haben muss, bevor diese Tempel erbaut wurden.[10]

Was sich unserem Erfahrungshorizont, ja auch unserer Vorstellung weitgehend entzieht, war für die Menschen der vorigen Zeitalter eine erlebbare Realität. Es sei hier nochmals daran erinnert, dass laut den

Überlieferungen der altindischen Schriften die Lichtwesen bis vor 5000 Jahren sichtbar vor den Menschen erschienen. Und es ist anzunehmen, dass sie das nicht nur in Indien taten. Auf der Grundlage dieser „anderen" Sicht auf die Vergangenheit möchte ich für die fast 12 000 Jahre alten Megalithtempel von Göbekli Tepe folgendes Szenario zeichnen: Die Steinkreise wurden an einem besonderen Kraftort errichtet* und dienten einem paranormalen Geschehen. Wir können sie als energetische Anlagen und als metaphysische Laboratorien bezeichnen. Sie funktionierten jedoch nicht auf Knopfdruck oder mit irgendeiner Mechanik, sondern *nur über das Bewusstsein der anwesenden Menschen,* ähnlich wie auch ein Buch nur dann „funktioniert", wenn ein Mensch kommt und es liest. Ein verlorenes Buch oder ein Buch in den Händen von Menschen, die nicht lesen können, kann seinen Zweck nicht entfalten und ist ein toter Gegenstand, so wie auch die T-Pfeiler für uns weitgehend stumme Gegenstände sind, weil wir ihre Sprache nicht verstehen und keinen Zugang zu den in ihnen gespeicherten Inhalten haben.

Die Tempel waren ganz auf ihre Mitte hin ausgerichtet. Die äußeren T-Pfeiler blickten mit ihrer Frontseite alle zum Zentrum. Dort standen die zwei größten T-Pfeiler der Anlage, und diese wirkten mit ihrer herausragenden Höhe und ihrer parallelen Anordnung – aktiviert durch das Bewusstsein der anwesenden „Mentalphysiker" – wie Kondensatoren für eine höhere Energie, in deren Kraftfeld sich Lichtwesen manifestierten. Eine andere Möglichkeit ist, dass Avatarmenschen oder paranormal begabte Schamanen in diesem Kraftfeld Wildpflanzen zu Kulturpflanzen mutieren ließen, vergleichbar mit dem elektrostatischen Feld im „Urzeit-Code" (siehe Kastentext auf der nächsten Seite).

Waren das die „geheimnisvollen Rituale", die zur Entstehung der heutigen Zivilisation führten? Erschienen in den megalithischen Kraftzentren „übernatürliche menschliche Wesen" von „jenseits der physischen Welt"? Oder ging es um einen geistigen, medialen Kontakt? Waren die Steinkreise Dimensionstore in die „andere Welt"?

Wenn heute gesagt wird, Göbekli Tepe zeige, dass zuerst die Religion da war und dass erst danach die Landwirtschaft, die Domestikation und die Gründung von Siedlungen folgten, sollte dies nicht darwinistisch gedeutet werden. Die Religion war nicht „zuerst" da, sondern sie war *schon immer* da, aber nicht in dem Sinn, den der Begriff „Religion" heute hat. Die Menschen lebten in einem ganzheitlichen Gottesbewusstsein, das jedoch schrittweise abnahm. In der Schlussphase des dritten Zeit-

* Göbekli Tepe befindet sich auf der am höchsten gelegenen Ebene der ganzen Region und hat das größtmögliche Himmelspanorama (Sternbeobachtung?). Auf jeder der vier Seiten des Plateaus entspringt eine Quelle.[11] Göbekli Tepe blieb für die Einheimischen durch alle Jahrhunderte bis heute ein heiliger Ort.

Der Urzeit-Code

1988 traten im Schweizer Fernsehen in einer Unterhaltungsshow („Supertreffer“ mit Kurt Felix) zwei Wissenschaftler auf und präsentierten ihre Entdeckungen, die eine Sensation darstellten. Aber die wissenschaftliche Revolution blieb aus. Die beiden Forscher, der Physikochemiker Guido Ebner und der Biologe Heinz Schürch, waren Angestellte des Pharmariesen Ciba-Geigy und hatten ihre Experimente in dessen Auftrag ausgeführt – und Ciba-Geigy stoppte die Forschung, bevor sie weitere Publizität finden konnte. Wiederum war es der investigative Journalist Luc Bürgin, der diese unterdrückte Sensation Jahre später neu entdeckte. 2007 veröffentlichte er darüber das Buch *Der Urzeit-Code*.

Guido Ebner und Heinz Schürch hatten Laborexperimente mit einem elektrostatischen Feld durchgeführt, d. h. mit einem Hochspannungsfeld, in dem kein Strom fließt. In dieses Feld legten sie Samen und Keime von Pflanzen und kamen dabei zu verblüffenden Ergebnissen: Die Pflanzen wuchsen in einer gesunden, aber veränderten und meistens produktiveren Form. Ein Wurmfarn wurde zu einer unbekannten Form des Hirschzungenfarns, das 41 Chromosomen aufwies, im Gegensatz zu den 36 des Wurmfarns. „In der ganzen wissenschaftlichen Literatur wurde noch nie von der plötzlichen Änderung der Chromosomenanzahl, die ja für eine Art charakteristisch ist, berichtet.“[12]

Weizenkörner, die in das E-Feld gelegt wurden, wuchsen danach in drei Monaten zur vollen Größe, statt der üblichen sieben Monate, und bildeten zugleich eine ertragreichere und resistentere Form. Maispflanzen brachten drei bis sechs, in einzelnen Fällen sogar zwölf Kolben hervor (normalerweise nur einen oder zwei, maximal drei). Aus dem E-Feld-Laich von gewöhnlichen Regenbogenforellen entstanden Wildforellen, die ein Drittel größer waren und Körpermerkmale ihrer ausgestorbenen Vorfahren aufwiesen. *Dies alles als sprunghafte Veränderung von einer Generation zur nächsten!* Diese Methode ist aber keine Genmanipulation, weil das Erbgut nicht verändert wird; es werden nur andere Informationen aktiviert. „Es wird kein gänzlich neuer Organismus geschaffen. Es wird lediglich die Genexpression geändert – der Abruf der vorhandenen Gene. Das ist etwas ganz anderes [als Genmanipulation]. *Auch die Natur könnte die nicht genutzten Gene reaktivieren.*“[13]

So stellt sich die Frage, ob in früheren Zeiten auf der Erde andere elektrostatische Verhältnisse herrschten – und dadurch bei Pflanzen und Tieren (und Menschen?) andere Körperformen entstehen ließen. Es stellt sich auch die Frage, warum z. B. beim Mais plötzlich drei bis sechs oder sogar zwölf Kolben wuchsen, obwohl die Urform des Mais kleiner war und der gezüchtete Mais noch nie so viele Kolben hervorgebracht hat. Warum entstehen bei den einen Tieren und Pflanzen ausgestorbene Urformen und bei anderen Formen, die neuartig sind? Und was geschieht, wenn, wie im obigen Zitat angedeutet, die Natur *heute* bei den Pflanzen und Tieren *und Menschen* die nicht genutzten Gene (re)aktivieren würde?

alters – während der Katastrophen und in der Zeit danach – wurde dieses Gottesbewusstsein bis aufs Äußerste gefordert, weshalb die Menschen Hilfe „von oben" bekamen. Diese Hilfe wiederum verdankten sie denjenigen, die an die Realität der Lichtwesen glaubten und das entsprechende Wissen konkret umsetzten, bis hin zur Errichtung von sakralen Megalithanlagen.

Wenn wir die akademischen Ausführungen zur Mythologie der Menschen von Göbekli Tepe hören, ist das „paranormale" Szenario gar nicht so abwegig:

> Es ist nun klar, dass die T-förmigen Pfeiler eine anthropomorphe Identität haben. Aber wen stellen sie dar? Da ihre Gesichter nie dargestellt wurden, scheinen sie unpersönliche übernatürliche Wesen aus einer anderen Welt zu sein – Wesen, die in Göbekli Tepe für bestimmte, bisher unbekannte Zwecke versammelt wurden. Ihre Identität unterscheidet sich offensichtlich von den in Lebensgröße und mehr oder weniger naturalistisch dargestellten menschlichen Köpfen, von denen man in Göbekli Tepe mehrere gefunden hat. [...] Wie wir annehmen können, müssen in Göbekli Tepe noch viel ältere Spuren und Konstruktionen zu entdecken sein, und wir können davon ausgehen, dass dieser Ort eine Geschichte hat, die mehrere Jahrtausende in die Altsteinzeit [Paläolithikum] zurückgeht. Die Menschen müssen eine hochkomplexe Mythologie gehabt haben, ebenso die Fähigkeit zur Abstraktion. Die Frage, wen die stark stilisierten T-förmigen Pfeiler darstellen, bleibt offen, da wir nicht mit Sicherheit sagen können, ob es damals schon Gottesvorstellungen gab. Die allgemeine Funktion dieser Steinkreise bleibt daher im Dunkeln; klar jedoch ist, dass die Pfeilerstatuen im Zentrum dieser Steinumfriedungen sehr mächtige Wesen darstellten. Wenn in der Vorstellung der frühen neolithischen Menschen Götter existierten, so besteht die überwältigende Wahrscheinlichkeit, dass die T-Form die erste bekannte monumentale Darstellung von Göttern ist.[14]

Worauf diese Erkenntnisse hinauslaufen, möchte ich mit modernen Worten so formulieren: Die Steinpfeiler stehen für die Schöpferwesen aus den Lichtwelten. Die damaligen Menschen sahen diese Wesen hinter der gesamten Natur, weshalb sie auf deren Körper verschiedenste Tiere aus ihrer Umwelt darstellten. Da es zu diesem Zeitpunkt noch keine domestizierten Tiere gab, finden wir auf den T-Pfeilern ausschließlich Darstellungen von Wildtieren – solche, die sie jagten, solche, die für sie gefährlich waren, und solche, die für sie eine symbolische Bedeutung hatten. In all diesen Reliefs musste der Mensch nicht besonders hervorgehoben werden, weil die T-Pfeiler die Lichtwesen und somit die Urform des Menschen darstellten. Und im Kraftfeld dieser Anlagen geschahen die Materialisationen und/oder die zur Domestikation führenden Mutationen des ausgewählten Saatgutes.

Warum wurden die Steintempel zugeschüttet? Wie bereits erwähnt, kamen die nachfolgenden Generationen immer wieder zurück auf den Göbekli Tepe, schütteten in langer Arbeit den alten Tempel zu und bauten in der unmittelbaren Umgebung einen neuen, und das etwa zwanzigmal über zweitausend Jahre hinweg.

> Im Laufe der Ausgrabungen kommt Rätsel zu Rätsel. Aus noch unbekannten Gründen scheinen die Steinkreise vom Göbekli Tepe regelmäßig ihre Kraft oder zumindest ihren Zauber verloren zu haben. [...] Dann wurde alles mit Geröll zugeschüttet und in der Nähe ein neuer Kreis errichtet.[15]

Wenn wir vom obigen Szenario ausgehen, so zeigen die architektonischen Spuren, dass die großen paranormalen Ereignisse nur in den ersten (und größten) Steinkreisen stattfanden. Die weisen Seherinnen und Seher ließen danach die Strukturen zuschütten, um sie zu schützen, wodurch gleichzeitig am ehemaligen „Ort des Geschehens", mitten in der kargen Hochebene, eine grüne Oase entstand. Die Menschen pilgerten an diese Stätte und brachten fruchtbare Erde in die Bergwildnis, um über die Jahre hinweg die vorherigen Strukturen Schritt für Schritt zuzuschütten. Auf diese Weise trugen sie aus dem Tiefland Tausende von Tonnen Erde heran, um die 90 000 m² große Fläche zum Teil bis auf eine Höhe von 15 m zuzuschütten! Diese Fläche ist auch heute noch fruchtbar und wurde von Bauern der Region bis 1995 als Ackerland verwendet. (Mittlerweile wurde das Land von der zuständigen Archäologieverwaltung gepachtet bzw. gekauft.)

Das Zuschütten einer jeden Anlage bedeutete eine jahrelange Arbeit. Die damaligen Jägerbauern taten dies bestimmt nicht einfach, um eine Ackerfläche in den Bergen zu gewinnen, denn die tiefergelegenen Ebenen, wo diese Menschen lebten, boten mehr als genug Land. Es muss sich vielmehr um eine symbolische Arbeit gehandelt haben. In Erinnerung an die ersten Anlagen und die damaligen großen Geschehnisse errichteten die „Pilger" über die Jahrhunderte hinweg neben und auf den zugeschütteten Strukturen ihre eigenen Bauten. Diese waren kleiner und einfacher als die ursprünglichen, aber die T-Pfeiler wurden als das typische Element immer beibehalten. Sie waren das charakteristische Symbol, ähnlich wie in christlichen Räumen ein Kreuz den gesamten Glauben repräsentiert.

Neben dem wachsenden Hügel wurde direkt im Steinboden der Hochebene eine Fläche von 20 × 30 m eingeebnet, in deren Zentrum ebenfalls zwei T-Pfeiler standen. Neben dieser Fläche wurden zwei etwa 2 m tiefe Becken aus dem Boden herausgeschlagen, in denen wahrscheinlich das Wasser der vier Quellen zusammengetragen wurde.[16] Auf diese Weise bestand am Ort der großen Wunder über zweitausend Jahre hinweg ein rituelles Heiligtum von Erde und Wasser. Irgendwann

 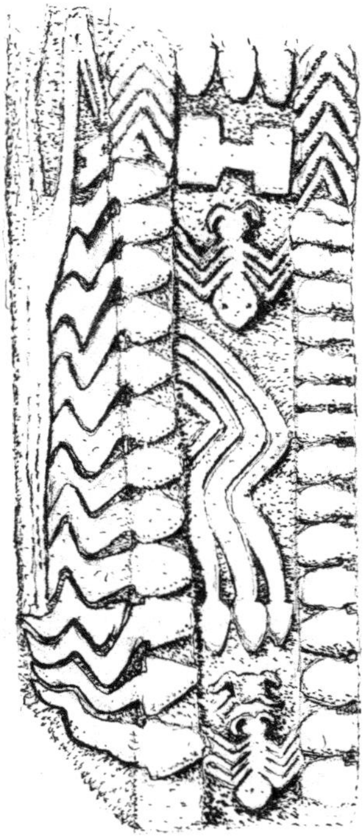

Seiten- und Frontalansicht von zwei T-Pfeilern mit den aufwendigsten, fast schon modern anmutenden Tierdarstellungen im Hochrelief. „Sie [die Erbauer von Göbekli Tepe] knüpfen in ihrer Symbolik an die Tradition der Felsbilder an, bei denen die Jäger auf ihren Wanderungen Kontakt zu den Geistern fanden, die in ihrer Vorstellungswelt alles Lebendige durchwirkten. Sie fanden dort Eingang zur Anderswelt, in der das Dasein seinen Ursprung hat.“[17] Wenn unser Dasein in der Anderswelt gründet, waren diese Anlagen dann Verbindungsorte zu den höheren Welten und Wesen?

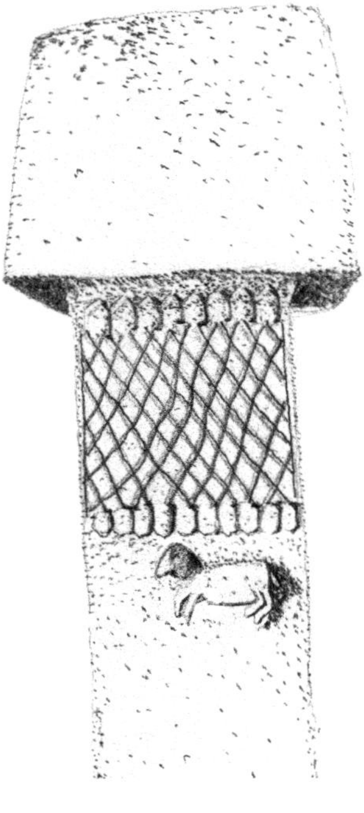 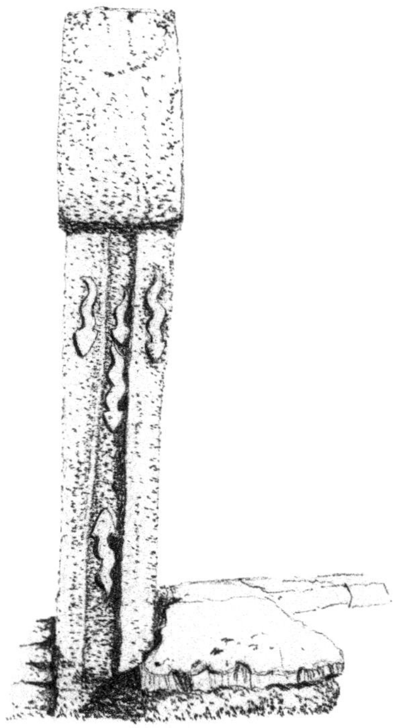

zwischen 8000 und 7500 v.Chr. kam alles zu einem Schluss, wahrscheinlich wegen einer neuen Katastrophe, die sich anbahnte.

Steinzeittempel und unterirdische Städte: Die Erklärung von Robert Schoch

Robert Schoch, Professor für Geologie an der Universität von Boston, wurde Anfang der 1990er Jahre weltbekannt, weil er die große Sphinx von Giseh um Jahrtausende älter datierte als die konventionelle Ägyptologie. Er tat dies auf der Grundlage der Verwitterungsspuren am Rand der Felsengrube der Sphinx, wo tief in den Kalkstein eingefressene vertikale Rinnen auf Erosion durch lang andauernden, starken Regen hinweisen – und derartige Regenfälle gab es in Ägypten das letzte Mal um 10 000 v. Chr. (Zeit der letzten Eiszeitkatastrophe). Die Ägyptologie sagt, die Sphinx stamme aus der Zeit der Vierten Dynastie, um 2500 v.Chr. Robert Schoch schrieb dazu rückblickend im Jahr 2012:

> Anfänglich äußerte ich die „konservative" Interpretation (obwohl meine Kritiker sie nicht für sehr konservativ hielten), dass der Körper der Sphinx ursprünglich um 5000 v.Chr. oder etwas früher aus dem Felsen gehauen worden war. Im Lauf der Jahre, während ich meine Studien fortsetzte und weitere Informationen sammelte, veränderte ich langsam meine Einschätzung und kam immer mehr dazu, für diese Felsenskulptur frühere Daten in Betracht zu ziehen. Heute fühle ich mich wohler mit der Annahme, dass die frühesten Anfänge der Sphinx 10 000 Jahre oder mehr in der Vergangenheit liegen, möglicherweise sogar in der Zeit von 10 000 bis 9000 v.Chr., d.h. am Ende der letzten Eiszeit.[18]

Die Hauptkritik an dieser Datierung lautete, dass im besagten Zeitrahmen keine Kultur existierte, die ein solches Werk hätte hervorbringen können; eine Sphinx entstehe nur im Kontext einer organisierten Gesellschaft. Mit dem zweiten Teil ihrer Argumentation haben die Kritiker natürlich recht. Aber die Annahme, vor 10 000 Jahren hätten die Menschen nur in verstreuten, nomadisierenden Gruppen gelebt, ist heute nicht mehr haltbar, insbesondere wegen der Entdeckung der Megalithanlagen von Göbekli Tepe. Diese sakral-schamanischen Bauwerke stehen gemäß der konventionellen Geschichtsinterpretation allein und isoliert in der Weltgeschichte, aber dies sieht nur für uns im Rückblick so aus. Wie viele Spuren überdauern zehntausend Jahre? In späteren Notzeiten, die Tausende von Jahren anhielten, haben die Menschen bestimmt an vielen Orten solche Stätten abgetragen, indem sie die „vorfabrizierten" Steine weiter zerkleinerten, um Hütten und Mauern zu bauen. Und spätere Generationen verwendeten diese Steine erneut, bis sie irgendwann im Schutt verlorengingen oder in jüngeren Siedlungen Verwendung fanden. Nicht zu unterschätzen ist auch der Aberglaube späterer Priester, die in ihrem Volk die Angst vor den Relikten der Katastrophenzeit schürten und deren Zerstörung bewirkten. Ein weiterer Faktor ist, dass wir aufgrund des herrschenden Geschichtsbildes viele alte Strukturen und Statuen noch nicht als Zeugen der Vorzeit erkannt haben, wie z.B. die Sphinx von Giseh, eine der ersten Kandidatinnen für eine Umdatierung.

Wie die Spuren von Göbekli Tepe zeigen, verschwanden diese prähistorischen Kulturen um 8000 v.Chr., und für zwei bis drei Jahrtausende brachten die Menschen nichts Vergleichbares hervor. Sie überlebten aber dank der domestizierten Tiere und Pflanzen. Die ältesten Megalithanlagen Europas werden in die Zeit von 4000 bis 3000 v.Chr. datiert. Auf die Frage, was damals geschah, sieht auch Robert Schoch prinzipiell nur eine Erklärung: „[...] dramatische, kataklysmische Veränderungen. Was geschah, war sehr plötzlich und sehr ungewöhnlich, etwas, das wir seither nicht mehr erlebt haben."[19]

Für lange Zeit hatte auch Prof. Schoch einschlagende oder in der Atmosphäre explodierende Kometen oder Meteorite für die Ursache gehalten. Aber die bekannten diesbezüglichen Ereignisse hätten nicht gereicht, um die damaligen globalen Veränderungen auszulösen. Es gehört bestimmt zur Synchronizität der heute wieder erwachenden Erinnerung, dass überall auf der Welt Pioniere das eigentlich Naheliegende erkennen: Die Hauptursache für die fast schlagartigen globalen Veränderungen war *die Sonne!* (S. 201f.)

In großen Zyklen kommt es auf der Sonne zu besonders heftigen Eruptionen, die Plasmastürme und elektromagnetische Wellen auslösen, in Einzelfällen auch als Reaktion auf eine Supernova. Nur weil wir so etwas die letzten dreitausend Jahre nicht mehr erlebt und erlitten haben, heißt das nicht, dass es nicht in der ferneren Vergangenheit stattgefunden hat. Das letzte Mal anscheinend um 8000 v.Chr.

Was war die beste Lösung, um die gefährlichen Tage der Sonne zu überleben? *Ein Rückzug in unterirdische Anlagen.* Und tatsächlich finden sich weltweit und gerade auch im Gebiet der heutigen Türkei zahlreiche prähistorische Kammer- und Gangsysteme, die bis in eine Tiefe von 80 m gehen und bis zu 20 verwinkelte Stockwerke umfassen.[20] Die größten heute bekannten unterirdischen Anlagen der Türkei sind die von Derinkuyu, Kaymaklı und Özkonak (siehe nächste Doppelseite).

> Gemäß verschiedenen Meinungen benutzten die frühen Menschen diese Tunnel vielleicht, um Raubtieren oder Feinden zu entkommen, oder vielleicht auch als unterirdische Verbindung von einem Ort zum anderen. Ich bin der Ansicht, dass die Tunnel primär gebaut wurden, um als

Rätselhafte unterirdische Anlagen

Überall auf der Welt finden sich unterirdische Kammer- und Gangsysteme. Am bekanntesten und zum Teil auch touristisch zugänglich sind die von Kappadozien in der geographischen Mitte der heutigen Türkei, einer Hochebene von 1200 m. ü. M. Kappadozien hieß in der späten Bronzezeit Hatti und war das zentrale Land der Hethiter. Touristisch kennt man Kappadozien heute vor allem wegen der kegelförmigen Felsspitzen aus Vulkangestein, die für Wohnungen, Kirchen und Klöster (insbesondere in Göreme) ausgehöhlt wurden. Diese zum Teil fast mondähnliche Landschaft ist noch nicht sehr alt. Sie entstand, als vor zweitausend Jahren der Vulkan Erciyes, ähnlich wie der Mount St. Helens 1980, explodierte und mit seiner Asche und Lava ein Gebiet von rund 20 000 km^2 bedeckte. Als Wasser und Wind die weicheren Gesteinsschichten erodierten, blieben die harten Felsspitzen übrig.

Viel älter sind die unterirdischen Anlagen dieser Region. Von denen, die bis heute entdeckt wurden, haben über 200 mindestens zwei unterirdische Ebenen, von diesen wiederum rund 40 mindestens drei. Die verschiedenen Ebenen sind meistens durch verschließbare senkrechte Schächte verbunden.

Die größten bekannten Anlagen befinden sich in Özkonak und Derinkuyu. Sie sind (wegen Grundwasser und Verschüttungen) nicht vollständig erforscht. Robert Schoch schreibt, die aktuelle Schätzung besage, dass die gesamte Anlage von Derinkuyu rund 20 Stockwerke umfasse und bis in 80 m Tiefe gehe. Sie bot bis zu 20 000 Menschen Raum und umfasste Wasserschächte, Vorratsräume, Ställe usw. Wichtige Verbindungsgänge konnten mit Steinen geschlossen werden und waren dann nur noch von innen zu öffnen. Wann diese Anlagen gebaut wurden, ist unklar. Auch müssten Berge von Aushubmaterial zu finden sein, was jedoch nicht der Fall ist. Die Geschichtsforschung geht davon aus, dass die ursprünglichen Gangsysteme von den Hethitern im 3. und 2. Jahrtausend v. Chr. angelegt wurden.

Die unterirdische Stadt von Özkonak befindet sich 60 km nördlich von Derinkuyu. Sie geht bis in 40 m Tiefe und besteht aus einem weitläufigen Netz von Gängen und Kammern, das über zehn Stockwerke verläuft, und verfügt über ein ausgeklügeltes Belüftungs- und Kommunikationssystem in Form von Löchern zwischen den Stockwerken. Diese Löcher haben einen Durchmesser von 5 - 10 cm. Man schätzt, dass die gesamte Anlage aufgrund ihrer Weitläufigkeit und mit den vorhandenen Vorratsräumen bis zu 60 000 Menschen für drei Monate aufnehmen konnte. Die Bergregion von Kappadozien war bis vor wenigen Jahrhunderten nur dünn besiedelt, weshalb sich die Frage stellt, warum derart große Anlagen vonnöten waren. Bekamen sie erst durch spätere Erweiterungen (durch Hethiter, Phrygier und Christen) diese Größe, oder waren sie von Anfang an für größere Menschengruppen konzipiert?

Warum bauten die Menschen solche unterirdischen Anlagen? Selbst wenn sie später als Bunkerräume in Kriegszeiten benutzt wurden, sagt dies noch nichts über den ursprünglichen Zweck. Bestand dieser vielleicht darin, dass eine Klimaveränderung eintrat und die Hitze und vor allem *die Strahlung* der Sonne die Menschen zwang, für eine gewisse Zeit in den Untergrund zu gehen?

Einer der vielen Gänge in der unterirdischen Stadt von Derinkuyu.

Eine Vorratskammer in der Anlage von Derinkuyu.

Einer der Steine, mit denen die Eingänge verschlossen wurden.

> Schutz- und Zufluchtsort vor Katastrophen auf der Erdoberfläche zu dienen. Dazu gehörten vielleicht auch Kometen- oder Meteoriteneinschläge, aber ich glaube, der Hauptzweck dieser Tunnel war der Schutz vor den großen Sonneneruptionen. [...] Nachdem ich die Untergrundstädte von Kappadozien besucht und vor Ort studiert habe, glaube ich, dass sie während einer großen Sonneneruption den idealen Schutz geboten hätten.[21]

Bei den Tempeln von Göbekli Tepe ist sich die Forschung über das hohe Alter einig. Bei den genannten Tunnelsystemen ist das Alter jedoch schwer festzustellen, da im Lauf der Jahrtausende Hethiter, Phrygier und dann auch Christen diese Anlagen benutzten und umgestalteten. Die sinnvollste Annahme ist, dass sie am Ende der Göbekli-Tepe-Zeit um 8000 v. Chr. errichtet wurden, um das Überleben der Menschheit zu sichern. Die nächste Zivilisationsspur erscheint in der Türkei erst 2000 Jahre später: die berühmte Siedlung von Çatal Höyük. Obwohl diese puebloartige Wohnanlage jünger ist und die Menschen über bessere Werkzeuge verfügten als ihre Vorfahren viertausend Jahre zuvor, kommen diese Bauten nicht an die Qualität der ersten Megalithbauten von Göbekli Tepe heran.

Robert Schoch macht hier einen interessanten Hinweis. Im nahegelegenen, etwas älteren Ort Aşıklı Höyük wurde ein perfekt bearbeiteter Armreif aus Obsidian gefunden. „Moderne Laboranalysen zeigen, dass der Armreif mit hochspezialisierten Werkzeugen hergestellt wurde, die in dieser [bronzezeitlichen] Periode kaum vorhanden waren. Ich frage mich, ob dieser Armreif nicht viel älter sein könnte. Vielleicht galt er damals als Antiquität, ein Erinnerungsstück an eine frühere und höherstehende Zeit vor Tausenden von Jahren [...].“[22]

Das Szenario, das sich hier abzeichnet, ist unkonventionell, aber naheliegend: Göbekli Tepe, die Sphinx, die Steinbrüche vom Malta-Gozo-Hügelzug, Puma Punku usw. waren die Werke von Kulturen mit fortgeschrittenem Wissen. Als sich die nächste Welle von Katastrophen ankündigte, errichteten diese Menschen unterirdische Bunkeranlagen oder flohen in Höhlensysteme. Die Überlebenden und ihre nachfolgenden Generationen führten nach dem Verlust der Zivilisation für etwa zweitausend Jahre ein buchstäblich steinzeitliches Dasein, bis sie sich so weit erholt hatten, dass sie (wieder) Siedlungen zu bauen begannen. Eine unbekannte Anzahl von „Relikten“ aus der lang vergangenen Zeit wurde als Vermächtnis von Generation zu Generation weitergereicht. Vieles ging im Lauf der Jahrtausende verloren oder wurde zerstört, anderes blieb erhalten und wurde in die späteren Kulturen integriert, weshalb diese Gegenstände, Statuen und Monumente von der heutigen Geschichtsforschung nicht als Zeugen der früheren Zeit erkannt werden. (Mehr dazu in meinem nächsten Buch.)

Kosmische Gesandte mit „Superwissen“

Wenn das obige Szenario den historischen Tatsachen entspricht, so stellt sich die Frage, wie die Menschen damals wissen konnten, dass von der Sonne verursachte Katastrophen im Anzug waren. Nur mit einem solchen Vorauswissen wäre es ihnen möglich gewesen, rechtzeitig all diese unterirdischen Bunkeranlagen zu bauen.

Die massiven Sonnenstürme lösen Kataklysmen, wörtlich „Weltenbrände“, aus, und die kosmische Strahlung verursacht genetische Veränderungen oder führt sogar zu Unfruchtbarkeit, obwohl die Spitzenzeit der schädlichen Strahlung vielleicht nur wenige Tage oder Wochen dauert. Auch hier weisen die alten Überlieferungen alle in dieselbe Richtung: Die Menschen bekamen Hilfe durch kosmische Gesandte.

> Diese mit übernatürlichen Kräften ausgestatteten Wundertäter waren die ersten Götter. [...] Diese Lehrer von „außerhalb“ oder „anderswo“ haben in der Vergangenheit die Zivilisationen besucht und immer wieder ihr Superwissen zu den Menschen gebracht und es ihnen damit ermöglicht, blühende Kulturen aufzubauen.[23]

Wir können also annehmen, dass solche weisen Männer und Frauen auch um 8000 v.Chr. bei den Menschen weilten und sie berieten. Sie waren in der Lage, die großen Gefahren vorauszusehen, weil sie die Sprache der Sonne verstanden und medial mit den kosmischen Schöpferwesen in Kontakt waren. So konnten sie rechtzeitig alles Erforderliche in die Wege leiten und weltweit das Überleben der Menschheit sichern.

Der sumerische Mythos von der Entstehung der Landwirtschaft

Aufgrund moderner Vorstellungen werden die „Götter“, die bei den Menschen weilten, von alternativen Schriftstellern oft als Außerirdische aufgefasst. Am bekanntesten sind die sumerischen Anunna- oder Anuna-Götter, die „Anunnaki“. Im nächsten Kapitel werde ich die Kritikpunkte an der Theorie Anunnaki = Ufonauten darlegen. Vorab möchte ich jedoch direkt auf die sumerischen Überlieferungen eingehen, denn interessanterweise werden dort die Anunna auch mit der Domestikation und der Entstehung der Landwirtschaft in Verbindung gebracht. Unter den wiederentdeckten Keilschrifttafeln finden wir einen Text, der eigens diesem Thema gewidmet ist. Er bekam von den Philologen die Überschrift „Vieh und Getreide“.[24]

Aus diesem Text geht hervor, dass die alten Sumerer erzählten, Landwirtschaft und Viehzucht und auch das Weben von Stoffen seien vom Du-ku oder Dulkug ausgegangen, was „heiliger Berg" oder „heiliger Erdhügel" bedeutet, aber auch „Ort, wo ein Thron/Sitzplatz/Erscheinungsort für die Gottheit errichtet wurde".[25] Der Du-ku wird gemäß allgemeinem Konsens unter den Forschern mit der Hügellandschaft vor dem Taurus- und Zagros-Gebirge identifiziert, was genau dem Gebiet entspricht, wo sich das Bergheiligtum Göbekli Tepe befindet.

> Hier [auf dem Du-ku] sollen die Anuna-Götter gelebt haben – sehr alte, noch nicht mit individuellen Namen belegte Götter. Am Berg Du-ku, so die Überlieferung, lag die Heimat von Schaf und Getreide; hier wurden wesentliche Elemente menschlicher Zivilisation – Ackerbau und Viehzucht, aber auch die Webkunst – erfunden. [...] [S]ind die anthropomorphen Pfeiler des Göbekli Tepe – plötzlich überraschend greifbar – die alten Anuna-Götter?[26]

Klaus Schmidt, der Grabungsleiter von Göbekli Tepe, äußert diese Vermutungen nur mit größter Vorsicht und fragt, ob es überhaupt zulässig sei, diese Texte auf die schon damals ferne Vergangenheit zu beziehen. Zwischen dem Bau der großen Tempel und der Niederschrift dieser Texte liegen rund 7000 Jahre! Wir dürfen jedoch die Kraft der Überlieferung nicht unterschätzen. Wichtige Ereignisse blieben in lebendiger Erinnerung und wurden von Generation zu Generation weitererzählt, vor allem wenn die Spuren dieser Ereignisse – die domestizierten Tiere und Pflanzen – zum täglichen Leben gehörten. Und so enthält der viel später niedergeschriebene Text mehrere Elemente, die historische Relevanz haben und nun durch die Archäologie neu gedeutet werden können.

Der Mythos beginnt damit, dass die Anunnaki „auf dem Berg von Himmel und Erde" geboren wurden, aber nichts zu essen hatten, weil es noch kein Getreide und keine genießbaren Pflanzen und auch noch kein Vieh gab. Die domestizierten Pflanzen und Tiere gehörten zur Zeit der Sumerer schon längst zum Alltag, und der Schreiber konnte sich anscheinend ein Überleben ohne sie nicht vorstellen. Die Domestikation wird mit Aschnan („Göttin" des Getreides), Uttu („Göttin" des Webens und Mutter von acht Pflanzengruppen[27]) und Lahar („Gott/Göttin" des Viehs) in Verbindung gebracht, wobei eigens erwähnt wird, dass für Uttu kein *temenos* (heiliger Raum mit Pfeilern oder Mauern) errichtet wurde, weshalb sie nicht erscheinen konnte. Für Aschnan und Lahar hingegen wurde ein solcher abgegrenzter Tempelbereich errichtet, was ihr Erscheinen ermöglichte, und dieser *temenos* wird als „Schöpfungskammer der Götter" bezeichnet.

Ein „Berg von Himmel und Erde", *temenos*-Anlagen als „Schöpfungskammer der Götter", d.h. Orte, wo Schöpferwesen aus der Anderswelt erschienen – all dies klingt wie eine ferne Erinnerung an Göbekli Tepe, überliefert in einem alten sumerischen Text.

An [der Himmelsgott] bewirkte,
dass auf dem Berg von Himmel und Erde
die Anunnaki geboren wurden.
Aschnan war noch nicht geboren, noch nicht geschaffen worden,
Uttu war noch nicht geschaffen worden,
Für Uttu war kein *temenos* errichtet worden,
und das Schaf gab es noch nicht [...] und nicht die Ziege [...]
Auch Lahar war noch nicht geschaffen.
Die Anunnaki, die großen Götter, kannten deshalb das Getreide nicht,
weder das der dreißig Tage noch das der vierzig Tage [...]
Sie kannten das Essen von Brot nicht,
kannten keine Kleidung und kein Sichkleiden,
sie aßen Pflanzen mit dem Mund wie die Schafe,
tranken Wasser aus den Pfützen.
In jenen Tagen, in der Schöpfungskammer der Götter,
in ihrem Haus Dulkug wurden Lahar und Ashnan geschaffen.
Was Lahar und Aschnan hervorbrachten,
aßen die Anunnaki vom Dulkug, wurden aber nicht satt.
Die Milch der reinen Schafherden [- - -] und die guten Dinge.
Die Anunnaki vom Dulkug tranken, wurden aber nicht satt.
Zum Wohl der guten Dinge in ihren reinen Schafherden
wurde dem Menschen Atem [Leben] gegeben.[28]

Dieser für uns sehr alte Text ist aus der Sicht der Erbauer von Göbekli Tepe erst Jahrtausende nach dem beschriebenen Geschehen entstanden, weshalb in der späten Nacherzählung anscheinend einiges durcheinandergeraten ist. Die Kernaussage jedoch ist, dass die Landwirtschaft auf zwei besondere Wesen, Lahar und Aschnan, zurückgeht. Sie sind offensichtlich von den Anunnaki verschieden, die damals ein menschenunwürdiges Dasein fristeten. Die dramatische und sicher übertriebene Beschreibung (dass sie „wie die Schafe mit dem Mund Pflanzen aßen und aus den Pfützen Wasser tranken") zeigt, dass die Sumerer in den Anunnaki keine Außerirdischen sahen. Die Anunnaki litten genauso wie die übrigen Menschen unter der großen Katastrophe. Dann erschienen Lahar und Aschnan, „geschaffen in der Schöpfungskammer der Götter", die sich „in ihrem Haus Dulkug" befindet. Der Dulkug ist also das „Haus" der Götter, wird gleichzeitig aber auch mit den Anunnaki in Verbindung gebracht: „Die Anunnaki vom Dulkug tranken, wurden aber nicht satt."

Im gleichen Zusammenhang wird die Erschaffung des Menschen erwähnt. Hier handelt es sich nicht um die ursprüngliche Erschaffung des Menschen, obwohl der sumerische Schreiber dies vielleicht sogar gemeint hat. Der Mensch wurde „zum Wohl der guten Dinge in ihren reinen Schafherden" geschaffen, was so verstanden werden kann, dass die domestizierten Tiere – nachdem sie von Lahar geschaffen worden waren – den Menschen übergeben wurden, wodurch „die guten Dinge" zur Entfaltung kamen. Dies geht aus den Zeilen hervor, die direkt an das obige Zitat anschließen:

> In jenen Tagen sagte Enki zu Enlil:
> „Vater Enlil, Lahar und Aschnan,
> sie, die im Dulkug geschaffen wurden,
> sollen nun vom Dulkug heruntersteigen."
> Auf das reine Wort von Enki und Enlil
> stiegen Lahar und Aschnan vom Dulkug herunter.
> [...] Die Fülle des Himmels ließen Lahar und Aschnan erscheinen.
> Unter die Völker der Menschen brachten sie Fülle,
> auf das Land brachten sie den Atem des Lebens.
> Sie überbrachten die göttlichen Richtlinien,
> die Inhalte der Lagerräume vervielfachten sie,
> die Vorräte füllten sie auf.[29]

Wenn wir von der im vorliegenden Kapitel beschriebenen Funktion der Göbekli-Tepe-Tempel ausgehen, lässt sich die sumerische Geschichte von Lahar und Aschnan leicht entwirren. Die Anunnaki waren die Schamanen und paranormal begabten Menschen vom Dulkug, dem „Haus der Götter". Sie litten ebenso wie die Menschen unter der nachsintflutlichen Notzeit, waren aber aufgrund ihrer besonderen Fähigkeiten in der Lage, eine „Schöpfungskammer der Götter" zu bauen, wo Lahar und Aschnan erschienen, von denen die Menschen *und* die Anunnaki eine alles verändernde Hilfe bekamen: die domestizierten Tiere und Pflanzen.

War „Dulkug" der alte Name für die besondere Hochebene in Anatolien, für jenen verborgenen Kraftort mit den vier Quellen? Waren die ersten Megalithtempel auf dem Göbekli Tepe „die Schöpfungskammer der Götter"? Falls ja, dann haben wir in der Geschichte von Lahar und Aschnan ein uraltes schriftliches Zeugnis für das Erscheinen von göttlichen Kulturbringern in den dortigen Megalithanlagen. Dass die Menschen über viele Jahrtausende hinweg die Erinnerung an ein solches Ereignis lebendig erhielten, ist nur natürlich. Der Mythos spricht explizit von *zwei* göttlichen Wesen, und im Zentrum der Anlagen von Göbekli Tepe standen immer zwei große T-Pfeiler. Auch dies bestätigt die Vermutung, dass die ältesten Megalithtempel von Göbekli Tepe das waren, was die Sumerer später als „Schöpfungskammer der Götter" bezeichneten. Daraus können wir schließen, dass die mythische Überlieferung, die erst rund 7000 Jahre nach dem Erscheinen von Lahar und Aschnan niedergeschrieben wurde, durchaus einen historischen Kern hat.

Unsere heutige Zivilisation begann mit dem Entwicklungssprung in Anatolien, und dieser Sprung geht zurück auf die „Anunnaki vom

Dulkug". Was dort geschah, war offensichtlich weltbewegend, so wie immer, wenn Lichtwesen in das irdische Geschehen eingreifen.

Die Anunna(ki): Götterboten und PSI-Genies

Die monumentalen Anlagen von Göbekli Tepe zeigen, dass bereits um 10 000 v. Chr. eine lange spirituelle Tradition existierte und dass eine bestimmte Gruppe von Menschen aus dieser Tradition die Arbeiten plante, initiierte und koordinierte. Dies waren nicht einfach gewöhnliche Steinzeitmenschen, sondern „die Anunnaki vom Dulkug", wie wir aus der sumerischen Überlieferung erfahren: Menschen, die geistig mit den höheren Welten in Verbindung standen und diese Verbindung verkörperten.

A-nunna(-ki) bedeutet wörtlich „von königlichem Blut (stammend)".[30] Dies ist jedoch eine moderne Übersetzung, die von der ursprünglichen Bedeutung fast nichts mehr wiedergibt. Wir haben es hier mit „Göttern", d. h. besonderen Menschen zu tun, die derart einflussreich waren, dass sie in den späteren akkadischen und babylonischen Mythen vielfach erwähnt und umgedeutet wurden. Im Gilgamesch-Epos werden sogar die sieben Richter der Unterwelt als Anunnaki bezeichnet. Mit der Spurensuche in Göbekli Tepe und in der sumerischen Überlieferung kommen wir jedoch mit der ursprünglichen Bedeutung dieses Schlüsselbegriffs in Berührung.

Das Wort „königlich" in *a-nunna* bezieht sich nicht einfach auf das normale Konzept „König", sondern auf den Himmelskönig An oder Anu. Als „Anunnaki" werden Menschen bezeichnet, die von diesem Anu abstammen. Sie sind „die Kinder/Nachkommen des Anu". Anu ist, metaphysisch gesprochen, der Begriff für die höherdimensionalen Welten, aus denen die Erde und die Menschen hervorgegangen sind, weshalb das Wort Ki („das, was mit den höheren Energien/höheren Welten verbunden ist") zu einem Namen für die Erde wurde. Ki ist in diesem mythischen Bild die Gemahlin des Himmelsgottes Anu,* weil die Menschen aus ihrer Vereinigung heraus entstehen. Die Anunnaki

* Der Name An/Anu klingt im Namen des griechischen Gottes Uranos (lat. Uranus) nach, der ebenfalls der Himmel ist und sich mit Gaia, der Erde, vereinigt. Anu und Ki werden im Griechischen also zu Uranos und Gaia, deren Kinder die Titanen, die drei Zyklopen und die drei hundertarmigen Riesen waren. Von den Zyklopen wird gesagt, sie hätten die uralten Bauten mit den polygonalen, perfekt zugeschnittenen Steinen errichtet, weshalb diese Art von Bauwerken im Fachjargon heute als *zyklopisch* bezeichnet wird, im Gegensatz zu den als *megalithisch* bezeichneten Anlagen, die durch eine gröbere Steinbearbeitung charakterisiert sind (wie die Tempel von Malta, Stonehenge usw.).

sind demnach die irdischen Abbilder von Anu. Sie sind „von königlichem Blut", weil sie durch Inkarnation direkt aus den hohen Lichtwelten als Menschen auf die Erde kamen, in einzelnen Fällen durch eine Materialisation. Sie verfügten über paranormale Kräfte, weshalb ich sie etwas plakativ als „PSI-Genies der Steinzeit" bezeichne.

Solche Menschen erschienen weltweit und wurden als Kachinas, Wondjinas, Siddhas, Avatare usw. bezeichnet. In Mesopotamien lautete der Name für diese „Elite" *Anunnaki.* Ihre physischen Nachkommen (die Blutlinien der Anunnaki) erhoben durch alle Generationen hindurch den Anspruch, von „königlichem Blut" zu sein, d. h. vom Gott des Himmels abzustammen und ihre Macht direkt von ihm bekommen zu haben. Ebenso sagten alle Stammesfürsten, sie seien Repräsentanten der himmlischen Macht. In Sumer und in Ägypten erscheinen solche Stammesfürsten und Könige um 3000 v. Chr. auch im Blickfeld unserer historischen Wahrnehmung. Wie bereits erwähnt, bedeutet die ägyptische Königstitulatur *mes,* dargestellt durch die Hieroglyphe mit den drei Fuchsfellen, ebenfalls „von königlichem/göttlichem Blut stammend". Die Titel *anunna* und *mes* (grch. *mosis*) sind also Synonyme, weshalb wir den Rückschluss ziehen können, dass auch das Fuchsfell auf dem großen T-Pfeiler im Zentrum der „Schöpfungskammer der Götter" von Göbekli Tepe diese Bedeutung hatte. Die dort dargestellten Wesen waren jedoch nicht Nachkommen und Repräsentanten, sondern die „Originale".

Die Schamanen und PSI-Genies von Göbekli Tepe hinterließen ihre Spuren nicht nur in Form von Bauwerken, sie wurden auch bildlich dargestellt. Berühmt ist die 1,5 m hohe „Statue von Urfa", die einen Menschen von der Mitte der Oberschenkel an darstellt, also mit demselben Körperausschnitt wie die T-Pfeiler und auch mit einer ähnlichen Arm- und Handhaltung – und ebenfalls mit der Insignie des Fuchsfelles als Lendenschurz. Dies zeigt uns, dass wir die Statue eines Anunna-Menschen vor uns haben. Bei dieser Statue und bei Steinskulpturen von Köpfen, die gefunden wurden, sind die Ohren, die Augen und die Nase dargestellt, aber der Mund fehlt. (Dasselbe merkwürdige Charakteristikum finden wir auch bei den australischen Wondjina-Zeichnungen, S. 167f.)

Eine andere berühmte Steinskulptur, gefunden im Mauerwerk des Dorftempels von Nevalı Çori (wo ebenfalls zwei T-Pfeiler im Zentrum standen), ist ein kahler Kopf, auf dem hinten eine Schlange hochkriecht.[31] Diese mit dem Kronenchakra verbundene Schlange erinnert an indische Darstellungen der Kundalini-Energie, die im Wurzelchakra als gewundene Schlange („Uroboros", S. 217) ruht und nach der Aktivierung bis ins Kronenchakra steigt, was zu Hellsichtigkeit und zu anderen paranormalen Fähigkeiten führt. Offensichtlich war die Person,

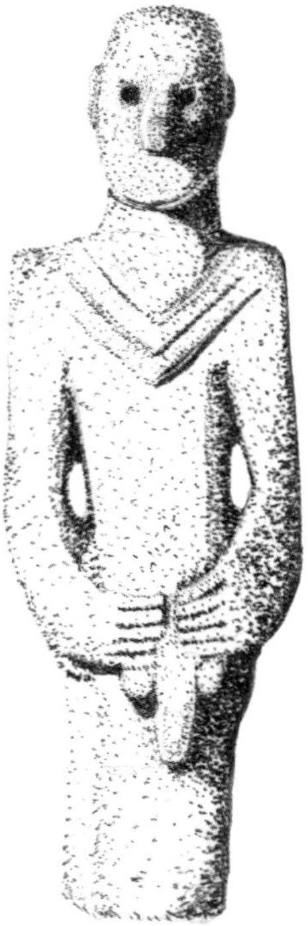

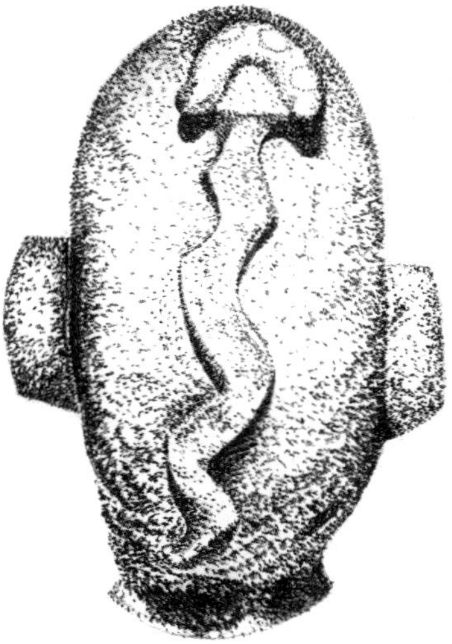

Die zwei berühmtesten archäologischen Fundstücke aus dem kulturellen Umfeld von Göbekli Tepe sind *Menschendarstellungen.* Wer wurde in der frühen Jungsteinzeit, um 8000 v. Chr., von den damaligen Menschen auf diese Weise verewigt?
Die Statue aus Urfa (ca. 1,5 m hoch) zeigt Parallelen zu den T-Pfeilern von Göbekli Tepe: die gleiche Arm- und Handstellung sowie das zeremonielle Fuchsfell als Lendenschurz. Der Kopf ist jedoch deutlich ausgeformt, was zeigt, dass es sich hier um einen Menschen handelt und nicht – wie bei den T-Pfeilern – um ein Wesen der Anderswelt. Dennoch fällt eine gewisse Stilisierung auf (Gesicht ohne Mund).
Ob die in Nevalı Çori gefundene Steinskulptur eines kahlen Kopfes ebenfalls ein Gesicht ohne Mund hatte, lässt sich heute nicht mehr feststellen, da die Vorderseite zerschlagen ist. Die aufsteigende Schlange am Hinterkopf „mündet" in das Kronenchakra. Es ist naheliegend, in dieser Schlange dieselbe Bedeutung zu erkennen wie in der aus Indien bekannten Symbolik: die aktivierte Kuṇḍalinī-Energie und die damit verbundenen PSI-Kräfte wie Materialisation oder Telepathie.
Aus all diesen Merkmalen lässt sich schließen, dass die hier dargestellten Personen zu den PSI-Genies gehörten, die mit ihren besonderen Fähigkeiten die Grundlage für die neue (unsere!) Zivilisation legten. Jahrtausende später wurden diese „Götter" von den Sumerern *Anunnaki* genannt.

die hier in der Jungsteinzeit um 8000 v. Chr. bildhauerisch portraitiert wurde, eine Anunna-Persönlichkeit.

In Nevalı Çori wurden die T-Pfeiler bereits in neolithischer Zeit von Bilderstürmern umgestürzt und zum Teil zerschlagen, weshalb die örtlichen Priester oder Bewohner die für sie wichtigsten Skulpturen unter dem Boden und in der Wand versteckten.[32] Dieser Befund zeigt, dass die Zerstörungen stattfanden, als die Siedlung noch bewohnt war. Irgend jemand trat damals als Feind oder Gegner der alten Religion auf und wollte die Anunna-Pfeiler und -Skulpturen zerstören. Wie hätten diese destruktiven Kräfte bei den legendären Tempelanlagen von Göbekli Tepe reagiert?

Als die „Anunnaki vom Dulkug" die heiligen Bauwerke zuschütten ließen, handelten sie in weiser Voraussicht. Was immer damals die rituellen und historischen Gründe gewesen sein mögen, die Zuschüttung bewirkte, dass die „Schöpfungskammer der Götter" versteckt und dadurch vor Zerstörern geschützt wurde. 8000 Jahre blieb sie unter der Erde und wurde erst in unserer Zeit wieder entdeckt. Hätte man diese megalithischen Meisterwerke vor 1000 Jahren entdeckt, wären sie wahrscheinlich als Teufelswerk zerstört oder als Steinbruch verwendet worden. Unsere Vorfahren sandten eine Flaschenpost durch die Zeit und vertrauten darauf, dass sie bei jenen Menschen ankommen wird, die für diese Botschaft bereit sind. Und nun ist sie angekommen, als weiterer Impuls zur Erinnerung an unsere geistige Herkunft.

Exkurs: Vogelmenschen und Fischgötter

Wie die Anunna-Götter werden in der mesopotamischen Religion auch die Vogelmenschen und die Fischgötter vielfach erwähnt und dargestellt. Sie alle haben in der heutigen Zeit ein ähnliches „Schicksal". Von den einen werden sie als Außerirdische und verkannte Ufonauten gesehen, von den anderen als mythologische Figuren ohne jeglichen historischen Kern. Meiner Einschätzung nach verfehlen beide Interpretationen die ursprüngliche Bedeutung. Menschen mit Flügeln, einige sogar mit Vogelköpfen, finden wir nicht nur in Mesopotamien, sondern weltweit, vor allem im Gebiet von Afrika/Ägypten bis Australien und im pazifischen Raum.

Für die Vogel-Mensch-Symbolik schauen wir am besten nach Ägypten, denn dort existiert sogar eine Hieroglyphe in dieser Form. Der Mensch mit Vogelkörper ist der „Seelenvogel" und steht für den Ba-Körper, den feinstofflichen Körper des Menschen. Der feinstoffliche Körper wird als Vogel dargestellt, weil er beim Tod den physischen Körper verlässt und „fortfliegt". Aber auch während des Lebens ist es möglich, mit dem Ba-Körper aus dem physischen Körper auszutreten, insbesondere bei Astralreisen. *Mit dem Ba-Körper kann der Mensch fliegen,* und diejenigen, die diese Fähigkeit hatten, wurden in vielen Kulturen als „Vogelmenschen“ bezeichnet. Der Vogel sowie die Vogelfeder blieben auch in späteren Zeiten ein besonderes Symbol und Attribut, selbst wenn die Träger nicht mehr über die Fähigkeit des Astralreisens verfügten, ja selbst als die ursprüngliche Bedeutung dieser Insignien nicht mehr bekannt war.

Mythologische Darstellungen von Menschen mit Flügeln stehen für Götter und andere himmlische Wesen oder für Menschen mit der Fähigkeit des Astralreisens, der Telepathie usw. Die wohl bekannteste mesopotamische Darstellung eines Vogel- und Flügelmenschen ist die des assyrischen Gottes Nisroch, der den Menschen die Landwirtschaft brachte. Interessanterweise wird Nisroch vom jüdischen Geschichtsschreiber Josephus Flavius als „Dagon“ bezeichnet, und einige setzen ihn mit dem „Fischgott“ Dagan gleich. Die Assoziation von Nisroch mit den Fischgöttern legt nahe, dass es sich hier um eine Person handelte, die über das Wasser nach Mesopotamien gekommen war.

Ähnliche Eigenschaften hat eine der wichtigsten Figuren der mesopotamischen Mythen, der Kulturbringer Adapa, der auch als Uan oder Uanna bezeichnet wurde (grch. Oannes). Er wird als Halb-Mensch-halb-Fisch dargestellt. Der babylonische Geschichtsschreiber Berossos (4./3. Jh. v. Chr.), der alle damals noch verfügbaren Überlieferungen zusammenfasste, berichtet, dass Oannes am Morgen dem Meer entstieg, um die Menschen zu unterrichten, und am Abend wieder ins Meer zurückkehrte (er brachte die Schrift, die Architektur, den Ackerbau, die Künste). Adapa/Oannes war der erste der sieben vorsintflutlichen Weisen, zu denen wahrscheinlich auch Nisroch gehörte. Das sumerische Wort für „Weiser“, AB.GAL.LU (*ab:* Wasser; *gal:* groß; *lu:* Mensch), geht auf diese sieben ursprünglichen Weisen zurück und bedeutet wörtlich „große Persönlichkeit, die aus dem Wasser bzw. über das Meer kam“.

Wie in den sumerischen werden auch in den altindischen Überlieferungen explizit „sieben Weise“ erwähnt (sanskr. Sapta-Ṛṣi).[33] Der führende oder älteste dieser sieben Ṛṣis heißt Atri, was eine Parallele im Altbabylonischen findet, denn dort lautet der Haupttitel von Adapa *Atra-Hasis,* „der hervorragende Weise“. Die sieben Ṛṣis sind ebenfalls Weise, die über das Meer kamen und das Wasser der Sintflut überlebten:

Der Vogel als Symbol für den feinstofflichen Körper: In Ägypten wurde der Ba-Körper des Menschen sowohl in der Ikonographie als auch in der Bilderschrift als „Seelenvogel“ dargestellt.

> Gott sprach zu Manu: „[...] O König, suche danach alle Arten von Kräutern und Samen zusammen und lade sie in das große Boot. Besteige dann dieses Boot zusammen mit den sieben Ṛṣis und umgeben von allen Arten von Lebewesen. Dann wirst du dich, befreit von jeglicher Betrübnis, zusammen mit deinen Gefährten mühelos über dem Ozean der Überflutung halten können, wobei das einzige Licht die Ausstrahlung der sieben Ṛṣis sein wird." (*Śrīmad-Bhāgavatam* 8.24.35)

Die Vogelmenschen hatten in der Zeit nach der Sintflut eine entscheidende Bedeutung, denn in dieser Notsituation waren Astralreisen eine überlebenswichtige Fähigkeit. Dies gilt insbesondere für jenen Ort, wo beim Anstieg des Meeresspiegels vor 12 000 Jahren das meiste Land verlorenging. Ein ganzer Subkontinent verschwand damals unter dem Wasser, und es blieben nur noch vereinzelte Landflächen übrig: Borneo, Java und viele kleine Inseln. Heute nennen wir diesen ehemaligen fernöstlichen Subkontinent „Sundaland". Diese Landmasse war zusammen mit Indochina und dem damals ebenfalls trockenen südchinesischen Meer (Nanhailand) fast so groß wie ganz Nordamerika.[34]

In Südostasien finden wir die größte Konzentration von Flutlegenden[35] und auch die größte Konzentration von aktiven Vulkanen. Aus diesen Legenden und aus den Erkenntnissen der Geologie lässt sich ableiten, dass es sich bei den beschriebenen Fluten nicht um ein einziges Ereignis handelte, sondern um drei Serien von Katastrophen in einem Zeitraum von rund 6000 Jahren.[36] Diese Zeitangaben und die gesamte Rekonstruktion der Eiszeit sind umstritten, aber auf

Der assyrische Nisroch, mythischer Kulturbringer und „Gott" der Landwirtschaft: In der rechten Hand hält er einen Tannzapfen, der in der exoterischen Interpretation ein Fruchtbarkeitssymbol ist. Im esoterischen Sinn steht der Tannzapfen für die voll aktivierte Zirbeldrüse (engl. *pineal gland*, „Tannzapfendrüse"), durch die eine erweiterte Wahrnehmung und andere übersinnliche Fähigkeiten ermöglicht werden. Der Tannzapfen ist ein weitverbreitetes Symbol der Mysterien und der Götter, im Griechischen z. B. des Dyonisos.[37] Die Fähigkeit zu außerkörperlicher Wahrnehmung und zu astralen Reisen wurde durch die Attribute „Flügel" und/oder „Vogelkopf" dargestellt, und in Nisroch sind all diese Attribute des Paranormalen (Tannzapfen, Flügel, Vogelkopf) in einer einzigen Person vereint.

jeden Fall ging aufgrund der „Sintflut" im südostasiatischen Raum mehr Land verloren als sonstwo auf der Welt.

Genauso wie Isis und Osiris in Ägypten oder Aschnan und Lahar in Mesopotamien waren auch in Sundaland kosmische Gesandte anwesend, die als Kulturbringer wirkten und die Menschen auf die Katastrophen vorbereiteten. Weil in Südostasien große Teile des Kontinents verlorengingen, waren viele Menschen gezwungen, ihre Heimat zu verlassen. Bekanntlich wurden die Inseln des Pazifik vom Osten her bevölkert. Möglicherweise waren sie früher bereits bewohnt gewesen, aber die Flutwellen hatten keine oder nur wenige Überlebende hinterlassen, weshalb die neuen Pioniere weitgehend leere, mittlerweile viel kleinere Inseln vorfanden und neu bevölkerten. Die konventionelle Meinung geht davon aus, dass diese Besiedelung des Pazifik erst um 1500 v. Chr. begann, dafür im „Schnellzugtempo". Wenn das Ausschwärmen auf Booten jedoch mit den letzten Überflutungen vor 10 000 und 8000 Jahren begann, wäre die gesamte Zeitrechnung realistischer.

Wenn wir die Spuren dieser Menschen des Meeres verfolgen, sehen wir, dass gerade in ihrer Tradition das Symbol des Vogelmenschen weit verbreitet war. Die damaligen Menschen paddelten nicht einfach ziellos auf den Pazifik hinaus, wo nirgendwo eine Insel zu sehen war. Sie konnten nicht kreuz und quer über Hunderte von Kilometern über die Meeresfläche irren und hoffen, dass irgendwo zufällig mal Land in Sicht kommt. Nur schon wegen des Trinkwassers mussten sie so schnell wie möglich die nächste Insel erreichen. Und genau dazu waren sie in der Lage – dank der Schamanen, die als „Vogelmenschen" in Aktion traten. Sie begaben sich in Trance und gingen auf eine Astralreise, um die nächste Destination zu finden. So wie Menschen in einer Nahtoderfahrung die physische Umgebung (das Spitalzimmer, die anwesenden Menschen, usw.) wahrnehmen, so konnten auch die Schamanen auf ihrer Astralreise alles Materielle sehen, vor allem *die Sterne am Nachthimmel.* Wenn sie aus ihrer Trance erwachten, beschrieben sie, wo genau – unter welcher Sternenkonstellation – die nächste Insel lag. Dadurch war es ihnen möglich, zielsicher Hunderte von Kilometern über das offene Meer zu reisen. Sie erreichten die nächste Insel und wurden dort zu den neuen Ureinwohnern. Die Träger der schamanischen Tradition unterwiesen die nächsten Generationen, und irgendwann stach eine neue Delegation in See. So besiedelten im Lauf der Jahrtausende verschiedene Zweige von Pionieren unter der Leitung der „Vogelmenschen" den gesamten Pazifikraum. Einige erreichten die Inseln, die wir heute Mikronesien und Polynesien nennen. Verwandte der australischen Ureinwohner entdeckten „Melanesien". Eine bestimmte Linie kam über viele Stationen bis zur Osterinsel,* einige reisten weiter zur Westküste Süd- und Mittelamerikas und zurück.

---

* Der zentrale Mythos der Insel Rapa Nui (Osterinsel) besagt, dass die Vorfahren der jetzigen Ureinwohner über das Meer gekommen seien, angeführt vom Helden Hotu Matua. Diese Navigatoren hatten auf ihrer Heimatinsel „Hiva" eine Entscheidungsschlacht verloren und waren gezwungen, die Insel zu verlassen. Hotu Matua sah „in einem Traum" das neue Ziel, und so reisten er und die Verbliebenen seines Stammes weit über das Meer und fanden ihre neue Insel.[38]

Ebenso ist anzunehmen, dass diese genialen Navigatoren nicht nur nach Osten, sondern auch nach Nordwesten (Indien) und nach Westen (Arabien, afrikanische Ostküste, Ägypten) fuhren.[39] Bevor der Meeresspiegel stieg und Landmassen aufgrund von Katastrophen absanken, waren auch all diese genannten Regionen größer. In Südindien existieren noch Teile der alten tamilischen Sangam-Schriften wie das Epos *Silappadhikaram* (1. Jh. n.Chr.), die beschreiben, dass der indische Subkontinent früher viel weiter in den Süden reichte. Dieses versunkene Land hieß Kumari Kandam, auch Kumari Mandalam. Bei den großen Erdveränderungen, d.h. vor rund 10 000 Jahren, seien von dort die 18 Siddhas (Yoga-Meister mit „Siddhis", paranormalen Kräften) nach Südindien gekommen.[40] Ebenso berichten mehrere Texte, dass zu dieser Zeit das Universalgenie namens Maya – genannt Brahma-Ṛṣi Maya, Mamuni Mayan oder Maya Dānava – aus Kumari Kandam nach Südindien gekommen sei. Er ist der legendäre Begründer der alten südindischen (drawidischen) Wissenschaften, insbesondere der Architektur (Vāstu).[41] In Südindien existieren also Traditionen, die durch all die Jahrtausende hindurch bis heute die Erinnerung an eine vorsintflutliche Hochkultur lebendig erhielten. Vor 2000 Jahren wurden diese mündlichen Überlieferungen niedergeschrieben.

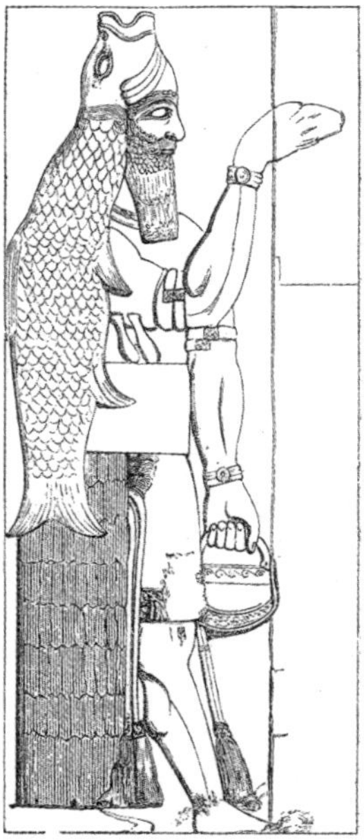

Der akkadische Fischgott Dagan (hebr. Dagon). Sein Name ist abgeleitet von der Wurzel *dgn*, „Getreide". Er war ein Kulturgründer und wurde später zu einem Gott der Fruchtbarkeit. Zusammen mit seiner Gemahlin Belatu wurde er in Ebla im großen Tempel E-Mul („Haus des Sterns") verehrt.

Der sumerische Uanna (grch. Oannes), auch Adapa genannt, war der erste der sieben vorsintflutlichen Weisen. Diese kamen aus dem Wasser bzw. über das Meer nach Mesopotamien. (Darstellung aus einem Tempel in Nimrud.)

Kapitel 12

Die „Götter" und die kosmischen Wurzeln der Menschheit

Das Universum, das wir sehen, ist aus höheren Welten hervorgegangen, die nicht grobstofflich-materiell sind. Sie entziehen sich dem Zugriff unserer Wissenschaft, weshalb es nicht möglich ist, durch direkte empirische Forschung unsere Ursprünge zu ergründen. Das heißt jedoch nicht, dass der Ursprung der Menschheit und der Ursprung des Universums für uns unergründlich sind. Wir können sehr wohl höhere Erkenntnisse erlangen, benötigen dafür aber eine ganzheitliche Wissenschaft, die auch „transwissenschaftliche" Perspektiven mit einbezieht:

1. die Mythen und das metaphysische Wissen der früheren Kulturen,
2. mediale Quellen, mystische Erkenntnisse, göttliche Offenbarungen,
3. parapsychologische Forschung: astrale Welten, Reinkarnation usw.

Aus den Quellen der ersten Kategorie habe ich bereits ergiebig geschöpft, und sie sind auch Thema des vorliegenden Kapitels, hier jedoch in einer kritischen Auseinandersetzung mit gewissen präastronautischen Interpretationen. Zu den alten Mythen kommen heute viele kosmische Szenarien aus medialen Quellen hinzu. So unterschiedlich die auf diesem Weg empfangenen Darstellungen auch sind, sie alle bestätigen die Realität der höheren Welten und die Verbindung der Menschen mit den Lichtwesen.

Die Problematik der Präastronautik besteht darin, dass alte Mythen und Bibeltexte mit moderner, d.h. darwinistischer Phantasie interpretiert und mit Science-Fiction-Elementen vermischt werden. Die „Götter" werden dadurch zu Außerirdischen, die mit Raumschiffen zur Erde kamen und aus primitiven Hominiden den Menschen schufen. Tatsächlich ist der Faktor der außerirdischen bzw. interdimensionalen Wesen auch für die Wissenschaft der Involution eine Realität, ebenso wie für alle Religionen und esoterischen Schulen. Umso wichtiger ist es, dass wir die Mythen und heiligen Schriften in ihrem eigenen Licht und gleichzeitig auch kritisch betrachten. Die Bibel selbst fordert uns auf, nicht blind gläubig, aber auch nicht blind kritisch zu sein: „Verachtet nie die Worte aus dem Geist Gottes: Prüfet alles, und das Gute behaltet! Und von jeder Art des Bösen haltet euch fern!" (1 Thess 5,20-22)

„Ihr seid Götter"

Die Szene, in der Jesus diesen Satz sprach (Joh 10,34), wurde bereits in Kapitel 1 beschrieben. „Ihr seid Götter" ist zwar ein Jesuswort, doch es gründet im Alten Testament, denn es ist ein Zitat aus Psalm 82. Jesus stellt diesen Satz jedoch in einen neuen Zusammenhang, indem er den Begriff *elohim* auf die Menschen bezieht:

> „Steht nicht geschrieben in eurem Gesetz: ‚Ich habe zu euch gesagt: Ihr seid Götter'? Oder wollt ihr etwa anzweifeln, was in den heiligen Schriften steht? Gott nannte also die, an die er sein Wort richtete, Götter."

Psalm 82 ist einer der kürzesten Psalmen und zugleich einer der rätselhaftesten. In ihm wird geschildert, wie Gott in einer Versammlung der Götter aufsteht und den anwesenden *elohim* ihre Schandtaten vorhält. Gott spricht hier also nicht zu Engeln des Lichts, sondern zu ungehorsamen Göttern, und er versucht, sie durch den Appell „Ihr seid *elohim*" an ihre ursprüngliche Lichtnatur zu erinnern. Dieses für die Bibel ungewöhnliche Bild von Gott im Kreis von rebellischen Göttern beruht auf den Mythen Kanaans und Mesopotamiens, was auf das hohe Alter der Tradition hinter Psalm 82 hinweist. Bibelgeschichtlich wird Psalm 82 in jene Zeit eingeordnet, als die frühen Hebräer begannen, ihr polytheistisches Erbe monotheistisch umzuformen.

> (82) *Ein Psalm des Asaf.*
> 1 Gott *(Elohim)* erhebt sich in der Gottesgemeinde („Versammlung des El"),
> in der Mitte der Götter *(elohim)* verkündet er das Urteil:
> 2 „Wie lange wollt ihr mit Unrecht richten
> und euch auf die Seite der Gottlosen stellen?
> 3 Verteidigt die Armen und die Waisen
> und sorgt für das Recht der Wehrlosen und Unterdrückten!
> 4 Befreit die Entrechteten und Schwachen,
> errettet sie aus der Gewalt ihrer Unterdrücker!"
> 5 Aber sie lassen sich nichts sagen und sehen nichts ein,
> sie bleiben auf ihrem Pfad der Finsternis;
> alle Fundamente der Erde geraten ins Wanken.
> 6 „Wohl habe ich gesagt: Ihr seid Götter *(elohim)*
> und allesamt Söhne des Höchsten *(beney el'yôn)*.
> 7 Doch ihr werdet sterben wie die Menschen,
> und wie Tyrannen werdet ihr zu Fall kommen!"
> 8 Greif ein, o Gott, und richte die Erde,
> denn dir gehören alle Völker.

Eine Parallelstelle zu Psalm 82 ist Psalm 58. Auch dort werden Götter angesprochen, die sich sehr ungöttlich verhalten:

> 1*Ein Lied Davids, nach der Melodie „Richte nicht zugrunde“.*
> 2„Sprecht ihr gerechte Urteile, ihr Himmlischen,
> wenn ihr Gericht über die Menschen haltet?
> Oder wollt ihr das Recht zum Verstummen bringen?
> 3Mutwillig tut ihr Unrecht im Lande,
> und eure Hände treiben Frevel.
> 4Die Gottlosen sind abtrünnig vom Mutterschoß an.
> Kaum geboren, beginnen sie zu lügen.
> 5Sie sind voller Gift wie giftige Schlangen [...].“

All diese Worte und Warnungen wurden (und werden) nicht beherzigt, weshalb der Sänger von Psalm 82 kommentiert: „Aber sie lassen sich nichts sagen und sehen nichts ein, sie bleiben auf ihrem Pfad der Finsternis; alle Fundamente der Erde geraten ins Wanken.“ Am Schluss des Psalms wendet er sich deshalb direkt an Gott: „Greif ein, o Gott, und richte die Erde, denn dir gehören alle Völker.“

Wenn wir den Satz „Ihr seid Götter“ in seinem biblischen Zusammenhang betrachten, zeigt sich, wie brisant der Titel des vorliegenden Buches ist. Die Mächtigen, zu denen Gott in Psalm 82 spricht, handeln im direkten Widerspruch zu seinem Willen und sind deshalb „gefallene Engel“, doch Gott erinnert sie an ihre ursprüngliche Identität als göttliche Schöpferwesen *(elohim)* und will sie über diese Erkenntnis zur Besinnung und zum Erwachen bringen.

In Psalm 58 und 82 spricht Gott zu den Schöpfergöttern. „Ihr seid Götter“ bezieht sich dort also nicht auf die Menschen. Als Jesus diesen Satz zitierte, wandte er sich *an die Menschen,* indem er den Begriff „Götter“ *(elohim)* neu – und mit einer universellen Bedeutung – definierte: „diejenigen, an die Gott sein Wort richtet“. Und damit sind auch die Menschen gemeint, denn die Menschen wurden nach dem Abbild Gottes (Elohim) erschaffen, und sie waren die ersten, an die Gott sein Wort richtete (Gen 1,28): „Seid fruchtbar und vermehret euch und füllet die Erde und macht sie euch untertan, und herrschet über die Fische im Meer und die Vögel des Himmels, über das Vieh und alle Tiere, die auf der Erde leben.“ Gott sprach die Menschen als die „Götter“ (Abbilder Gottes) an, die sie sind, und ermächtigte sie, Schöpferwesen zu sein – und in diesem Sinn sprach auch Jesus zu den Menschen: „Ihr seid Götter.“ „Macht euch die Erde untertan“ bedeutet, dass der Mensch sich vor den Naturgewalten schützen und sich entfalten darf, indem er Kultur und auch Technik entwickelt, jedoch nur in einer solchen Form, dass die anderen Geschöpfe darunter nicht zu leiden haben, weder die Fische im Meer noch die Vögel des Himmels noch all die Tiere, die auf dem Land leben.* Im Lauf der Zeit rissen jedoch die dunklen Götter die Herrschaft über die Erde an sich. Ihre Mittel und ihre Mentalität werden in den zitierten Psalmen prägnant beschrieben.

Wir sehen also, dass Jesus den Satz „Ihr seid Götter" aus seinem alttestamentarischen Kontext herauslöste, um auf dessen höhere Bedeutung hinzuweisen. Mit der Übersetzung „Ihr seid Lichtwesen" wird diese Bedeutung nochmals klarer, denn *elohim* bezieht sich nicht nur auf die „Außerirdischen", sondern auch auf die „Irdischen". Als Teile des Ganzen (Elohim) sind wir ebenfalls *elohim* – obwohl die Adressaten der zitierten Bibelstellen alles versuchten, den Menschen gerade diese Selbsterkenntnis zu nehmen, zuerst im Namen von Gott und später immer mehr auch im Namen von „Wissenschaft".

Die Problematik der präastronautischen Thesen

Wer sich für unkonventionelle Geschichtsbilder interessiert, landet früher oder später – und praktisch als einzige Alternative – bei den Büchern von Erich von Däniken und Zecharia Sitchin. 1968 erlebte die Bücherwelt eines der erstaunlichsten Phänomene des 20. Jahrhunderts: Der junge Schweizer Hobby-Schriftsteller Erich von Däniken veröffentlichte sein Erstlingswerk *Erinnerungen an die Zukunft – Ungelöste Rätsel der Vergangenheit* und landete damit einen internationalen Bestseller. Praktisch über Nacht wurde er vom unbekannten Außenseiter zu einer prominenten Persönlichkeit, die ins Rampenlicht (und Kreuzfeuer) der Öffentlichkeit geriet. Seine These war einfach: Die Erde wurde vor vielen Jahrtausenden von außerirdischen Raumfahrern besucht; diese nahmen einen entscheidenden Einfluss auf die Entwicklung der Menschen; Zeugnisse hiervon sind in allen heiligen Schriften der Welt und in alten archäologischen Rätseln zu finden.

Ähnliche Thesen waren von Desmond Leslie (als Co-Autor des Ufo-Botschafters George Adamski) bereits in den 1950er und vom esoterischen Autor Robert Charroux in den frühen 1960er Jahren veröffentlicht worden. Aber es war das „Unikum" Erich von Däniken, der die Diskussion um die außerirdischen Astronauten der Vergangenheit weltweit anheizte und mit immer neuen Argumenten bereicherte, indem er unermüdlich um die Welt reiste und ein Inventar aller historischen Rätsel erstellte.

---

* Dies bezieht sich auch auf die Ernährung, denn gleich anschließend fügt Elohim hinzu (Gen 1,29): „Siehe, ich gebe euch alles samentragende Kraut auf der ganzen Erde und alle Bäume, auf denen samenhaltige Früchte sind – das soll eure Speise sein!"

Präastronautik ist die Hypothese, dass in prähistorischer Zeit „Astronauten“, d.h. Wesen von anderen Sternsystemen, mit Raumschiffen auf die Erde gekommen seien und die Entwicklung des damals (angeblich) primitiven Menschen beeinflussten, sowohl politisch und religiös als auch biologisch: politisch und religiös, indem sie als Götter auftraten oder als Götter missverstanden wurden, und biologisch, indem sie in die Genetik des Menschen eingriffen. Die Präastronautik geht von der Evolutionstheorie aus und besagt, dass das *Missing link* zwischen dem Urmenschen und dem modernen Homo sapiens genmanipulierende Außerirdische gewesen seien; der Mensch sei also nicht nur ein evolviertes, sondern auch ein genmanipuliertes Tier. Dies war eine neue Idee, mit der Erich von Däniken über seine Vorgänger hinausging. In seinen Büchern äußert er sich dahingehend sehr deutlich, zum Beispiel:

> „Ich biete eine Spekulation an [...] Die Verlierer [einer Weltraumschlacht zwischen Außerirdischen] wählen den Planeten Erde aus [...] Auf Grund molekularbiologischer Kenntnisse ‚schafft‘ der Verlierer aus dem (vorhandenen) Affen den Menschen *nach seinem Ebenbilde* [...].“ (*Aussaat und Kosmos – Spuren und Pläne außerirdischer Intelligenzen,* 1972, S. 240f.)

> „Meine Theorie: [...] Die Außerirdischen veredelten die Hominiden ‚nach ihrem Ebenbild‘.“ (*Beweise – Lokaltermin in fünf Kontinenten,*1977, S. 7)

> „Die Außerirdischen schufen die menschliche Intelligenz durch Veränderung des Erbmaterials der noch primitiven Erdbewohner.“ (*Reise nach Kiribati – Abenteuer zwischen Himmel und Erde,* 1981, S. 8)

Auch in seinem ersten Buch, *Erinnerungen an die Zukunft,* S. 84, hatte Erich von Däniken, ausgehend von der Evolutionstheorie, bereits das Szenario eines genetischen Eingriffs durch Außerirdische ausformuliert:

> Freilich war der damalige „Mensch“ noch kein *homo sapiens,* sondern irgend etwas anderes... Die fremden Raumfahrer befruchteten künstlich einige weibliche Exemplare dieser Wesen, versetzten sie – wie alte Legenden berichten – in Tiefschlaf und reisten wieder ab. Jahrtausende später kehrten die Raumfahrer zurück und fanden vereinzelte Exemplare der Gattung *homo sapiens* vor. Sie wiederholten die Veredelung einige Male, bis schließlich ein Wesen von einer Intelligenz entstanden war, dem man Gesellschaftsregeln beibringen konnte. Immer noch waren die Menschen jener Zeit barbarisch. Weil die Gefahr bestand, dass sie sich zurückentwickelten und wieder mit Tieren paaren würden, vernichteten die Raumfahrer die misslungenen Exemplare [...]

In diesem präastronautischen Szenario sind die Menschen Zuchtobjekte der „fremden Raumfahrer“. Es besagt, die frühen Tiermenschen seien derart primitiv gewesen, dass sie sich auch nach mehreren Schritten der genetischen „Veredelung" nicht nur mit ihresgleichen, sondern auch noch mit den Primaten paaren wollten. Die Außerirdischen hätten deshalb grausame züchterische Maßnahmen eingesetzt (Tötung aller „misslungenen Exemplare"), um die Evolution zu steuern und zu beschleunigen. Aus der Angst der Urmenschen vor den fremden Raumfahrern seien viele Mythen entstanden, die letztlich ihren Niederschlag in den Religionsschriften fanden.

Diese Gedanken sind scheinbar revolutionär, aber sie wurzeln immer noch im Glauben, der Mensch stamme von den Tieren ab. Wenn der Mensch früher ein Tier war, mussten viele zufällige Genmutationen stattfinden, damit ein Hominide entstand. Erich von Däniken erkannte die Unmöglichkeit der darwinistischen Annahmen, blieb aber beim Grundkonzept dieser Theorie stehen und führte die Außerirdischen als Vollzieher der Evolution ein. Und diese Außerirdischen hätten den Hominiden unter Todesstrafe verboten, sich mit den Tieren zu paaren, so wie Gott im Paradies dem ersten Menschenpaar verbot, von den Früchten eines bestimmten Baumes zu essen. All diese Gedanken äußerte Erich von Däniken in seinem zweiten Buch *Zurück zu den Sternen – Argumente für das Unmögliche* (1969). Mit dem Untertitel brachte er zum Ausdruck, dass das Unmögliche der Evolutionstheorie gemäß seiner Ansicht nur dann nicht mehr unmöglich sei, wenn man Außerirdische in die Rechnung miteinbeziehe. Und er fügte die Vermutung hinzu, dass die Menschen für eine lange Zeit noch an ihrer verbotenen vormenschlichen Neigung festhielten und diese in heimlichen Kulten auslebten. Diesem Thema widmete er ein ganzes Kapitel. Überschrift: „Von den Perversionen unserer Vorfahren".

> Der geschlechtliche Mensch-Tier-Kult, der im Altertum mit Vehemenz und Genuss geübt wurde, scheint mir wider besseres Wissen zelebriert worden zu sein. Kann das „bessere Wissen" von einer artgerechten Paarung nicht nur und ausschließlich von fremden Intelligenzen gekommen sein?
>
> Wurden die Erdbewohner, nachdem die „Götter" wieder abgereist waren, rückfällig?
>
> Und kam diese Rückfälligkeit einer Sünde, der Erbsünde, gleich?
>
> [...] Für unseren Gedankengang ist es wichtig zu wissen, dass nach sumerischen Aufzeichnungen die ersten Menschen aus Kreuzungen von Göttern und Erdenkindern hervorgegangen sein sollen ...[1]

Wie als Ironie des Schicksals geschah es genau in den Jahren, in denen Erich von Dänikens erste Bücher erschienen, dass die Ufo-Forscher auf einen neuen Aspekt des Ufo-Phänomens aufmerksam wurden: Menschen begannen zu berichten, sie seien von „grauen" Außerirdischen entführt und für genetische Experimente verwendet worden, und gleichzeitig kam es auch zu ersten Entdeckungen von seltsam verstümmelten Tierleichen.[2]

Hatte dies etwas mit „von Dänikens Außerirdischen" zu tun? Verbarg sich hier eine dunkle Paralleldimension? Tatsächlich deutete die vertiefte ufologische Forschung in eine solche Richtung, wodurch das Ufo-Phänomen nur noch rätselhafter wurde.

Sitchin: Verfälschung der sumerischen Quellen

Erich von Däniken hatte bereits 1968 in seinem ersten Buch, *Erinnerungen an die Zukunft,* die sumerischen und babylonischen Mythen erwähnt und argumentiert, die dort beschriebenen Götter seien außerirdische Raumfahrer („Astronautengötter") gewesen. Während er den Gedanken, Außerirdische hätten den Menschen durch Genmanipulation geschaffen, offen als spekulativ bezeichnete und das meiste nur in Frageform formulierte, trat schon bald ein anderer Autor – Zecharia Sitchin – auf, der dieses Szenario zur historischen Tatsache erhob und betonte, dies sei die verborgene, aber ursprüngliche Aussage der biblischen und vor allem der sumerischen Schriften. Zecharia Sitchin (1920–2010) konnte auf die Erfolgswelle von Erich von Däniken aufspringen, erwähnte diesen aber mit keinem Wort, nicht einmal im Literaturverzeichnis. Sein erstes Buch, *The 12th Planet,* erschien 1976 und verkündete im Untertitel: *For the first time, proof that establishes where, when, how, and why astronauts from another planet settled the earth and created Homo sapiens* („Zum ersten Mal Beweise, die zeigen, wo, wann, wie und warum Astronauten von einem anderen Planeten die Erde besiedelten und den Homo sapiens schufen").

In diesem und all seinen weiteren Büchern behauptete Sitchin, die Sumerer hätten „gewusst", dass es in unserem Sonnensystem zehn und nicht nur neun Planeten gebe; diesen – heute noch nicht entdeckten – Großplaneten hätten sie Nibiru genannt und als den „zwölften Planeten" bezeichnet, da sie auch die Sonne und den Mond mitgezählt hätten. Des weiteren sei aus den sumerischen Schriften zu erfahren, dass der Nibiru bewohnt sei, und zwar von fortgeschrittenen menschenähnlichen Wesen, die Raumfahrt betreiben und die Erde in regelmäßigen Abständen aufsuchten: immer dann, wenn der Nibiru in Erdnähe komme. Dieser Planet habe eine elliptische Bahn, die im rechten Winkel zur Bahn der anderen Planeten stehe, und seine Umlaufzeit dauere rund 3600 Jahre. Das sei auch der Grund, so Sitchin, warum die heutigen Astronomen diesen „zwölften Planeten" noch nicht entdeckt hätten.

Vermischung von Mythen und Phantasie: Sitchins zentrale Theorie besagt, die in den sumerischen Schriften erwähnten Anunnaki seien Außerirdische vom „Planeten" Nibiru. Diese seien vor 450 000 Jahren zum ersten Mal auf die Erde gekommen. Der Grund: Sie suchten nach Rohstoffen, insbesondere Gold (für die Aufrechterhaltung der Atmosphäre auf dem Nibiru). Sitchin beschreibt die außerirdischen Anunnaki als sehr menschenähnlich. Sie wurden vom Rohstoffabbau müde und protestierten wegen der harten Arbeit, weshalb Enki, der Anführer der Erdenmission, auf die Idee kam, die bereits existierenden primitiven Urmenschen genetisch zu modifizieren, um sie zu einer Sklavenrasse heranzuzüchten. Dies sei dadurch bewerkstelligt worden, dass Enki die Gene des noch affenähnlichen Vormenschen mit Anunnaki-Genen kreuzte. Enkis Halbbruder Enlil und der Vater der beiden, der Götterchef Anu, wollten die Menschen nur als Sklaven sehen, während Enki Gefallen an seiner Schöpfung fand und „seinen" Menschen günstig gesinnt war. Als Anu sah, dass sich eine große Katastrophe anbahnte, entschied er, die rebellisch gewordenen Menschen als missratenes Experiment der Vernichtung zu überlassen. Enki jedoch warnte einige wenige Menschen vor der Sintflut, und diese überlebten dank seiner Anweisungen (Bau einer geschlossenen Arche).

Enki wurde nach der Sintflut von Anu und Enlil als Verräter beschimpft, aber es gelang ihm, die anderen Götter von den Vorteilen der Weiterexistenz der Menschheit zu überzeugen. In der Folge wurden Menschen aus den direkten Genlinien der Anunnaki als Könige und Priesterfürsten eingesetzt, die im Namen der Götter die anderen Menschen zu Untertanen machten. Dadurch seien das Königtum und die Religionen entstanden.[3]

Auf diese Weise vermischte Sitchin echte Elemente der sumerischen Mythen mit seiner Theorie der Astronautengötter vom Planeten Nibiru, die er als Begründer aller Religionen und Kulturen der Welt darstellte. Dies tat er mit folgender Argumentation: Der Mensch wurde von den Anunnaki geschaffen, und das geschah in Mesopotamien. Deswegen war Mesopotamien das Labor („Garten Eden"), wo die ersten Menschen entstanden, und von dort gingen die Götter in die gesamte Welt und gründeten alle Kulturen: die ägyptische, die indische, die fernöstlichen, die amerikanischen usw. Jede Kultur und jede Religion, so Sitchin, gehe auf die Anunnaki, die genmanipulierenden Außerirdischen, zurück!

In einem weiteren Schritt der Vermischung von Mythos und Phantasie setzte Sitchin einige der mesopotamischen Götter willkürlich mit den Planeten des Sonnensystems gleich und konstruierte daraus eine astronomische Geschichte, die zeigen soll, wie die Sumerer die Entstehung der Erde, des Erdenmondes und des Asteroidengürtels beschrieben. Nachdem sich das Sonnensystem nach mehrfachen Kollisionen einzelner Planeten in der heutigen Form eingependelt hatte, seien die Anunnaki mit Raketen auf die Erde gekommen. Sitchin sagt, das sumerische Wort Shu-Mu bedeute „Rakete“ und sei gleichbedeutend mit dem hebräischen Wort *schem,* das in der Bibel „fälschlicherweise“ mit „Ruhm, Größe“ übersetzt werde.

Sitchin, ein Sumerologe? Sitchin bezeichnete sich selbst als Experten für alte Sprachen und als anerkannten Sumerologen. Fakt jedoch ist, dass er genau das nicht war:

> Zecharia Sitchin (1920-2010) [...] wurde in der damaligen SSR [Sozialistischen Sowjetrepublik] Aserbaidschan geboren und wuchs im Gebiet des Völkerbundmandats für Palästina *(Mandatory Palestine)* auf. Er hat einen Abschluss im Fach Ökonomie von der Universität London und arbeitete als Redaktionsmitglied und Journalist in Israel. 1952 zog er nach New York. Während er als Verwaltungsbeamter für eine Frachtschifffirma arbeitete, lernte er autodidaktisch die sumerische Keilschriftsprache und besuchte mehrere archäologische Stätten.[4]

Kritiker wiesen schon kurz nach dem Erscheinen von Sitchins erstem Buch darauf hin, dass dieser Autor in seiner „Übersetzung“ von sumerischen Wörtern grundlegende Fehler mache. Sehr bald drängte sich der Verdacht auf, dass Sitchin gar nicht wirklich Sumerisch beherrscht, sondern dass er seine angeblichen Übersetzungen durch eine Veränderung und Verdrehung von bereits existierenden Übersetzungen erstellte. Dr. Michael Heiser ist ein Philologe und ein Experte des Sumerischen, der sich die Mühe machte, alle Behauptungen von Sitchin zu prüfen und kritisch zu kommentieren.[5] Sein Fazit:

> Die Fehler, die Sitchin bei seinem Umgang mit den alten Sprachen begeht, sind wahrhaft haarsträubend. Ich habe nachgewiesen, dass Sitchin nicht in der Lage ist, Aramäisch von Hebräisch zu unterscheiden oder einfache grammatikalische Eigenheiten des Hebräischen zu verstehen (z. B. Subjekt-Verb-Übereinstimmung).[6]

Michael Heiser forderte Sitchin öffentlich heraus, seine Sumerischkenntnisse unter Beweis zu stellen, aber Sitchin ging der Möglichkeit, alle kritischen Stimmen zu widerlegen, konsequent aus dem Weg.

Sumerisch ist eine eigene Sprachfamilie und unterscheidet sich von der akkadischen und babylonischen Sprache genauso wie das heutige Finnisch und Ungarisch von den anderen europäischen Sprachen oder die europäischen Sprachen von Chinesisch. Sitchin vermischte diese Sprachen jedoch willkürlich, ähnlich wie wenn jemand sagen würde: „Peking ist die chinesische Königsstadt, weil dort der König *(king)* residiert“ oder „Budapest heißt so, weil dort früher einmal eine Seuche *(Pest)* wütete“.

Die akkadische Sprache, mit ihren beiden Dialekten Babylonisch und Assyrisch, herrscht in gesprochener Form bis ins neunte vorchristliche Jahrhundert, als Schriftsprache sogar bis in hellenistische Zeit vor. Eine Zeit lang wird Sumerisch noch für religiöse und herrschaftliche Texte verwendet, und es finden sich zweisprachige Inschriften, später gibt es Perioden, in denen versucht wird, die tote Sprache Sumerisch wieder künstlich zu beleben. Einige sumerische Wörter finden ihren Weg ins Akkadische, umgekehrt finden sich auch im Sumerischen ein paar akkadische Lehnwörter.

Von Struktur und Grammatik her sind die beiden Sprachen aber völlig verschieden, vergleichbar mit dem Unterschied von Deutsch und Chinesisch. Akkadisch als semitische Sprache und das isoliert stehende Sumerisch als agglutinierende Sprache gehören zwei verschiedenen Sprachfamilien an.[7]

Keine von Sitchins Hauptthesen ist haltbar:

- Nibiru ist kein zwölfter Planet. Es mag vielleicht noch unbekannte Kleinplaneten und Trabanten im Sonnensystem geben oder sogar einen „Planet X“, aber dieser hat nichts mit dem zu tun, was die Sumerer als „Nibiru“ bezeichneten.[8]
- Die Anunnaki sind keine Außerirdischen, sondern zu Göttern hochstilisierte Heroen und Kulturbringer der Vorzeit. Nirgendwo in den sumerischen Schriften werden die Anunnaki mit dem Wort Nibiru in Verbindung gebracht oder als Goldschürfer beschrieben.[9]
- Das astronomische Szenario mit den Kollisionen einzelner Planeten, die zur heutigen Form des Sonnensystems geführt haben sollen, entsprang Sitchins Phantasie und steht nirgendwo in den sumerischen Darstellungen.[10]
- Die angebliche Darstellung der Sonne mit den elf Planeten auf dem Rollsiegel VA 243 (Vorderasiatisches Museum Berlin, Nr. 243) ist Sitchins wichtigster „Beweis“. Doch dieses Zeichen stellt weder die Sonne noch das Sonnensystem dar.[11]
- Das sumerische Wort Shu-Mu bedeutet nicht „Rakete“, genausowenig wie das hebräische Wort *schem.* Wenn Sitchin Bibelstellen mit dem Wort *schem* zitierte, riss er diese aus dem Zusammenhang und ließ die Satzteile, die nicht zur Deutung „Rakete“ passten, einfach weg.[12]

Der Mensch, eine Sklavenrasse der „Götter“?

Sitchin gelang es, seine Darlegungen der sumerischen Mythologie derart zu popularisieren, dass heute die meisten Alternativ-Interessierten meinen, „Sumer“ und „die Sumerer“ seien gleichbedeutend mit Sitchins Nibiru- und Anunnaki-Geschichten. Was Sitchin über die Inhalte der sumerischen Schriften schrieb, ist jedoch in vielen Punkten rundweg falsch. Seine Wiedergabe der alten Mythen ist aber nicht „nur“ verfälscht, sondern auch irreführend und gefährlich. Das von ihm propagierte Szenario besagt, der Urmensch sei durch Evolution aus einer Tierlinie entstanden und sei dann durch genetische Eingriffe von Außerirdischen zum Homo sapiens mutiert worden, und zwar zum Zweck, Sklavenarbeit zu verrichten. Der Mensch ist in dieser Darstellung kein Lichtwesen, sondern ein evolviertes und genmanipuliertes Tierwesen mit der Bestimmung, Sklave einer unsichtbaren Elite zu sein! Und in den Augen dieser Elite erwiesen sich die Menschen als ein missratenes Experiment, weil sie begannen, selbst zu denken und zu rebellieren. Deshalb seien vor rund 10 000 Jahren rund 95% der Menschheit durch die Sintflut eliminiert worden. So weit Sitchin.

In der unausgesprochenen Weiterführung dieses Szenarios ist auch der heutige Mensch ein missratenes Experiment, weshalb die „Intelligenzen“ hinter diesem Szenario glauben, dass erneut 95% der Menschen zu eliminieren seien ...

Die Behauptung, der Mensch sei von „Göttern“ als Sklavenrasse geschaffen worden, passt genau zu solchen Elitevisionen, und Sitchin schuf einen modernen Mythos, der die Herrschaftsansprüche der „Götter“ historisch legitimieren soll. Er präsentiert sie als unsere Schöpfer und auch als unsere künftigen Retter, wie er im letzten Band seiner „Chroniken des Planeten Erde“ ankündigt: *The End of Days – Armageddon and the Prophecies of the Return* (2007), dt. *Apokalypse – Armageddon, die Endzeit und die Prophezeiung von der Wiederkunft* (2007). Im Vorwort dieses Buches fragt Sitchin, „wie es kommt, dass unser gegenwärtiges 21. Jahrhundert nach Christus so sehr dem 21. Jahrhundert vor Christus ähnelt“, und antwortet, dass wir heute wie damals in einer Zeit des großen Umbruchs leben, und zwar genau in Entsprechung mit der „Messianischen Uhr“, den Tierkreiszeichen, von denen jedes rund 2150 Jahre dauert. Im 21. Jahrhundert v. Chr. begann das Zeitalter des Widders, im 1. Jahrhundert v. Chr. das Zeitalter der Fische und im 21. Jahrhundert n. Chr. das Zeitalter des Wassermanns:

> Diese drei für die Menschheit und ihren Planeten so einschneidenden Perioden – zwei in geschichtlicher Zeit (ca. 2100 v. Chr. und um die Zeitenwende), eine in der nahen Zukunft – sind eng miteinander ver-

> bunden; sie können nur in ihrer Wechselbeziehung zueinander verstanden werden. Die Gegenwart stammt von der Vergangenheit ab, die Vergangenheit ist die Zukunft. Alle drei wurden maßgeblich von Messias-Erwartungen bestimmt [...][13]

Gemäß Sitchin weilten die „Götter" im 21. Jahrhundert v. Chr. immer noch auf der Erde und bewirkten einen Atomschlag im Nahen Osten:

> Das unheilvolle 21. Jahrhundert v. Chr. [...] gipfelte in einer unvergleichlichen Katastrophe, die von den Göttern selbst ausgelöst wurde – im Jahr 2024 v. Chr. [...]
>
> Der Einsatz von Atomwaffen gegen Ende des 21. Jahrhunderts v. Chr. ließ – man könnte sagen: „mit einem Knall" – das Zeitalter Marduks [das Widderzeitalter] anbrechen. [...] Die Veränderungen, die dieses Neue Zeitalter mit sich brachte, beeinflussen uns noch heute.[14]

Sitchin vertritt die Ansicht, dass die Anunnaki noch bis ins Jahr 556 v. Chr. auf der Erde blieben. Dies sei der Zeitpunkt gewesen, als der Nibiru zurückkehrte: „Doch als sich die Wiederkunft des Planeten ereignete, erschien weder Anu noch ein anderer der erwarteten Götter. Tatsächlich geschah das Gegenteil: die Götter, die Anunnaki, verließen die Erde."[15]

Wie viel an dieser Vermischung von Fakten, Mythen und Phantasie historisch wahr ist, sei dahingestellt. Wichtig ist hier nicht so sehr die tatsächliche Geschichte an sich, sondern das, was die Vertreter der messianischen Prophezeiungen für die tatsächliche Geschichte halten. Sitchin betont in seinem Endzeitbuch: *„Eine Rückkehr der Anunnaki kann also auch unabhängig von der Rückkehr des Planeten stattfinden* [...] *Allem Anschein nach beabsichtigen sie eine Wiederkunft."*[16] Und er fragt geheimnisvoll:

> Was wird die Wiederkunft für uns bedeuten, was wird sie mit sich bringen? Wird es ein friedliches Kommen, oder wird sie – wie zu Zeiten der Sintflut – das Ende bringen? Welche Prophezeiungen werden wahr? Die von einer messianischen Zeit, einer Wiederkunft, einem Neuanfang – oder vielleicht einer katastrophalen Apokalypse, dem Ende der Welt, Armageddon ...[17]

Sitchin beantwortet diese Fragen nicht offen, aber der Titel seines Buches und all seine Argumentationslinien machen deutlich, dass ihm das Szenario der messianischen Interpretation der Apokalypse vorschwebte. Wie er bereits im Vorwort hervorhob, soll sein Buch „zeigen, wie Vergangenheit, Gegenwart und Zukunft in Jerusalem verschmelzen, dem Ort des ‚Bandes zwischen Himmel und Erde'". Aus Sitchins Sicht werden die Apokalypse, die Endzeit und Armageddon auf die Wiederkunft der Anunnaki hinauslaufen. *„Wir befinden uns noch immer im Zeitalter der Fische. Die Wiederkunft, so deuten die Zeichen an, wird vor dem Ende des gegenwärtigen Zeitalters stattfinden."*[18]

„Ancient Aliens"

Die präastronautische Theorie ist heute weltweit bekannt. Millionen von Anhängern glauben an sie, und noch mehr halten sie zumindest für plausibel. Erich von Dänikens Bücher wurden in 28 Sprachen übersetzt und haben eine weltweite Gesamtauflage von 63 Millionen Exemplaren.[19] Sitchins Bücher wurden in mehr als 25 Sprachen übersetzt, mit einer Gesamtauflage von schätzungsweise 10 Millionen Exemplaren. Obwohl seine Arbeiten in ufologischen und präastronautischen Kreisen sehr wohl auch kritisch betrachtet werden,* sind seine Theorien in diesen Kreisen allgegenwärtig und werden vielfach aufgegriffen. Autoren in aller Welt wiederholen Sitchins Theorien. 2009 lief in den USA im *History Channel* die Doku-Serie *Ancient Aliens* an und wird weltweit in vielen Sprachen ausgestrahlt. Ancient Aliens ist eine Wortprägung, die mittlerweile schon fast zum allgemeinen Wortschatz gehört. In den aufwendig erstellten Folgen werden zahlreiche Rätsel der Vergangenheit präsentiert, und immer wieder wird suggestiv gefragt: „Konnten unsere primitiven Vorfahren so etwas herstellen? Oder bekamen sie Hilfe aus dem Kosmos? Haben Außerirdische Einfluss auf die Entwicklung der Menschheit genommen?" Warum greifen nun auch große TV-Stationen Sitchins Theorien auf und unterstützen ihre Verbreitung?

In all diesen Darstellungen werden manipulierende und kriegerische Götter mit Lichtwesen in einen Topf geworfen. Nur selten, wenn überhaupt, wird eine Unterscheidung zwischen „Engeln" und „gefallenen Engeln" angedeutet. Eine solche Unterscheidung wäre aber durchaus angebracht. Immerhin legitimiert Sitchin durch seine Geschichtsdarstellung die Genmanipulation und erhebt die genmanipulierenden Götter in den Status von Schöpfern. Für ihn sind die sumerischen Götter die Herren der Welt, die den Menschen schufen und von denen alle Weltkulturen abstammen. Damit untermauert und verkündet er den Machtanspruch dieser Wesen und ihrer Vertreter. Manipulatoren werden mit Kreatoren verwechselt und als „Schöpfer der Menschen"

* Erich von Dänikens Verein A. A. S. („Forschungsgesellschaft für Archäologie, Astronautik und SETI"; SETI ist die Abkürzung für „Search for Extraterrestrial Intelligence") hat mehrere Mitglieder, die mit kritischen Veröffentlichungen und Vorträgen auf die Fehler und Fehldarstellungen in Sitchins Büchern hingewiesen haben.

hingestellt. Werden diese Wesen irgendwann wieder sichtbar erscheinen? Falls ja, würde ihnen die jetzt schon vorhandene Medienpräsenz den Boden bereiten.

Neben den genannten Kritikpunkten ist die Präastronautik auch ein weiteres Beispiel, das zeigt, wie sogar kühne Phantasien nicht über die herrschenden Lehrmeinungen, insbesondere den Darwinismus, hinauskommen. Der Weg, der zu wahrhaft neuen Erkenntnissen führt, gründet im Mut, über den Darwinismus hinauszugehen und die naturalistischen Paradigmen zu kippen. Wenn bereits die präastronautische Alternative trotz ihrer Mängel und Schwachpunkte eine vielfältige und breite Unterstützung erfährt, so ist zu hoffen, dass auch die Involution und die „Ancient Angels" (die Lichtwesen, die zu Menschen wurden und die ursprünglichen Kulturen der Welt gründeten) auf prominenter Ebene thematisiert und diskutiert werden, bis hin zum *History Channel* und weiter.

Die geheime Geschichte der Menschheit

Wie Psalm 82 und das Buch Genesis erkennen lassen, enthält das Alte Testament verborgene Informationen über das Programm der Fremdbestimmung und auch darüber, wie der Mensch diese Fremdbestimmung erkennen und überwinden kann.

In der Vorzeit haben sich Dinge ereignet, die bis in unsere heutige Zeit wirken – weltgeschichtlich und auch in unserer persönlichen Biographie. Gerade diese Vergangenheit wird sowohl von der materialistischen als auch von der religiös-fundamentalistischen Seite mit Vehemenz bestritten. So verschieden diese Seiten äußerlich gesehen sind, beide sind sich darin einig, dass es keine prähistorischen Kulturen gegeben hat. Die darwinistische Seite verneint die Sintflut und behauptet, früher seien die Menschen primitiv gewesen. Von der anderen Seite kommend, behaupten die Kreationisten ebenfalls, dass es in der fernen Vergangenheit keine Hochkulturen gegeben habe. „Da war nichts", sagen sie, und zwar *gar nichts,* und aus diesem Nichts *(ex nihilo)* habe Gott vor 7000 Jahren das Universum und die Welt geschaffen.

Die vielfältige Spurensuche, die ich im vorliegenden Buch erst ansatzweise begonnen habe, lässt ein ganz anderes Geschichtsbild erkennen, beruhend auf der ganzheitlichen Wissenschaft des Lebens:[20] Der Mensch entstand ursprünglich durch eine Materialisation von Lichtwesen. Später wurden diese Ureinwohner der Erde von anderen Wesen, die durch Inkarnation und „Invasion" auf die Erde kamen, unterworfen und in die Dualität von Gut und Böse gezerrt. Sowohl die Lichtwesen als auch die Dunkelwesen gründeten Kulturen unter Verwendung von

Technologien, die uns heute weitgehend unbekannt sind. Von diesen Kulturen finden wir heute nichts mehr oder nur noch wenig, weil sich zyklisch große Naturkatastrophen und andere Umwälzungen ereigneten, durch die das Vorherige vernichtet, zugeschüttet oder sonstwie von der Erde entfernt wurde.

Dies trifft auch für die geistigen und kulturellen Umwälzungen zu, die vor 5000 Jahren zum Abschluss kamen und in das dunkle Zeitalter mündeten. Aufgrund des absteigenden Dimensionswechsels war die Realität der höheren Welten nicht mehr direkt wahrnehmbar, und die Menschen hatten – bis auf vereinzelte Ausnahmen – keinen direkten Kontakt mehr mit den Lichtwesen. Die Erde bot nun die Möglichkeit, ein Leben als Mensch zu führen, ohne der Frequenz der höheren Welten entsprechen zu „müssen". Wie die Geschichte der letzten fünf Jahrtausende zeigt, wurde diese Möglichkeit auf Teufel komm raus und mittlerweile fast bis zum Gehtnichtmehr ausgenutzt. Umso dringlicher sind heute die Aufrufe der inkarnierten und nicht-inkarnierten Lichtwesen an die Menschen, die Zeichen der Zeit zu erkennen und den erforderlichen Bewusstseinswandel zu vollziehen.

Darstellungen aus medialen Quellen

Wenn wir davon ausgehen, dass der Kosmos multidimensional und auf allen Ebenen „bevölkert" ist, gehört es durchaus in den Bereich des Möglichen, dass Menschen mit Wesen der höheren Dimensionen in Kontakt stehen oder von ihnen kontaktiert werden. Im Bereich des Channeling geschieht dies durch mediales Schreiben oder durch mediales Sprechen. Channeling ist heute – in unterschiedlichster Qualität – weit verbreitet und wird der Esoterik zugeteilt, ist aber vom Prinzip her ein altes und auch natürliches Phänomen. Die biblische Formulierung „Und das Wort des Herrn erging an mich" (z.B. Jer 1,4; Ez 33,1) besagt nichts anderes, als dass diese Propheten als mediales Sprachrohr wirkten.

Die neuzeitliche Phase von medialen Botschaften begann in den frühen 1950er Jahren, jedoch nicht in religiösen Kreisen, sondern in der damals neu entstandenen Ufo-Szene als Ergebnis von medialen (telepathischen) Kontakten mit außerirdischen Intelligenzen.[21] Der Schwerpunkt dieser frühen Botschaften war die Warnung vor den Gefahren der militärischen Entwicklung, insbesondere vor den Atomwaffen.

Obwohl außerirdische Stimmen genauso wie irdische ein Recht haben sollten, gehört zu werden, sind mediale Quellen keine Garantie für „absolute" Wahrheiten. Jeder mediale Kontakt wird durch den Bewusstseinsfilter des Mediums gefärbt. Auffällig bei der mittlerweile nicht mehr überschaubaren Vielzahl von gechannelten Texten ist, dass sie gerade, was die Entstehung des Menschen betrifft, unterschiedliche Darstellungen geben.

Einige sind mit darwinistischen Elementen vermengt, nicht wenige greifen Sitchins Geschichten auf und sprechen von den Anunnaki und dem Planeten Nibiru, sogar von einem „nibiruanischen Rat von Außerirdischen", usw. Dies alles ist nicht überraschend, denn Channeling ist immer subjektiv. Mediale Texte werden nicht einfach innerlich von Gott oder von Lichtwesen diktiert. Vielmehr ist es so, dass die mediale Person die Information telepathisch als „Gesamtpaket" in sich empfängt und diese dann mit eigenen Worten ausformuliert, selbst wenn sich die Person dessen nicht bewusst ist und meint, das Gesprochene bzw. Geschriebene seien direkte Worte von Gott, von Jesus, den Erzengeln usw. Was medial gesprochen und geschrieben wird, entsteht unter der Inspiration des telepathischen Kontaktes, dennoch wirkt immer der Einfluss der persönlichen, der kulturellen und der sprachlichen Bedingungen des Mediums mit.

Das folgende Zitat stammt aus einem Roman, der mit medial inspirierter Phantasie geschrieben wurde, formuliert als Autobiographie der sumerischen Göttin Inanna. Die Autorin hält Sitchins Bücher für authentische Wiedergaben der sumerischen Mythen und sagt in ihrer Version der Geschichte, der Nibiru sei ein künstlicher Planet, den Außerirdische von den Plejaden als Vorposten für die Kolonisierung der Erde geschaffen hätten. Selbst wenn Sitchins Wiedergabe der sumerischen Keilschrifttexte authentisch wäre, würde sich die Frage stellen, wie glaubwürdig deren Inhalte sind. Hierzu finden wir in diesem Buch einen bemerkenswerten Gedanken:

> „Wir sind nun schon fast eine halbe Million eurer Jahre auf und um Terra. Die Lulus [die durch Genmanipulation geschaffenen Menschen] fingen erst vor rund 5000 Jahren an, auf jenen Tontafeln über uns zu schreiben. [...] In früheren Zeiten konnten die Lulus viel mehr im Gedächtnis bewahren; doch *ihre Wahrnehmung von uns als allwissende ‚Götter' war bloß die von uns vorgegebene.* Sie waren gezüchtet, keine Fragen zu stellen, und die es taten, wurden zum Schweigen gebracht oder getötet. Wir brauchten Arbeiter und wollten die Lulus nicht als Gleichberechtigte; wir wiesen sie in die Schranken. *Die Tontafeln enthielten nur, was wir den Schreibern niederzulegen erlaubten.*"[22]

Diese fiktive Aussage der sumerischen Göttin Inanna ist zweischneidig, weil sie in einer Pauschalisierung so verstanden werden könnte, dass alle heiligen Schriften und medialen Texte durchgehend nur manipulativen Zwecken dienen. Einmal mehr zeigt sich, wie wichtig die auf S. 31 und S. 291f. zitierte Maxime aus dem Thessalonicher-Brief ist. „Prüfet alles, und das Gute behaltet" ist ein Appell an unsere Eigenverantwortung, denn was wir annehmen und ablehnen, ist abhängig von *Kriterien.* Welche Kriterien wir wählen, ist unsere Freiheit und unsere Verantwortung. Welchem Weltbild, welchen Glaubenssätzen, welchen Überzeugungen folge ich?

Was die Entstehung und das Lesen religiöser Schriften und medialer Texte betrifft, so haben alle Beteiligten eine subjektive Wahrnehmung, nicht nur die Menschen, sondern auch die Wesen der Lichtwelten und der Dunkelwelten. Aus beiden Welten melden sich Stimmen bei den Menschen, und beides sind aus der Sicht der Menschen *höherdimensionale Kontakte.* Das Erkennen der wahren Natur einer Quelle („Unterscheidung der Geister“) ist eine der neun göttlichen Geistesgaben, die in der Bibel erwähnt werden.[23] Zu diesen Geistesgaben gehören die „Weisheitsrede“, die „Erkenntnisrede“ und die „Rede aus Eingebung“, also instruktives, inspiriertes und mediales Sprechen. Mit anderen Worten, Channeling kann ebenfalls eine göttliche Gabe sein. Nicht alle Außerirdischen sind negativ, wie religiöse Fundamentalisten meinen, und nicht alle sind nur positiv, wie gewisse Ufologen glauben und verkünden.

Das Weltbild der Involution beinhaltet ebenfalls die Dimension außerirdischer und astraler Einflüsse in der Vergangenheit und Gegenwart, aber setzt sie in einen größeren Zusammenhang. Die Kommunikation mit den Lichtwesen war für die Menschen während einer langen Zeit genauso selbstverständlich und natürlich wie die Kommunikation mit anderen Menschen. Wer in sich selbst ruht und mit der inneren Quelle verbunden ist, wird weder von irdischen noch von außerirdischen Stimmen beirrt. Manipulationen, Ideologien, Machtkämpfe usw. wurden sowieso erst mit den späteren Zeitaltern Teil der Menschheitsgeschichte. Wahrhaft göttliche Botschaften erreichen uns aus irdischen Quellen genauso wie aus überirdischen, und sie alle erinnern uns daran, dass wir Menschen Teil der lichtvollen kosmischen Hierarchie und gleichzeitig gleichwertige Teile des Ganzen, Teile Gottes, sind. Auch die höchsten Lichtwesen sehen sich nicht als „höher“ oder „besser“ und würden sich nie über andere erheben, denn sie wissen, dass die Aussage „Ich und der Vater sind eins“ (Joh 10,30) für alle Menschen gilt. Es ist das Ziel der Lichtwesen, dass sich die Menschen dessen bewusst werden: „Vater, Heiliger, beschütze sie durch deine göttliche Macht, damit sie eins werden, so wie du und ich eins sind.“ (Joh 17,11)

Warum sind wir heute nicht mehr „eins“? Warum ist die Menschheit zerspalten und zersplittert? Wie kam es, dass die Menschen begannen, Gott zu instrumentalisieren und – auf der anderen Seite der Spaltung – zu ignorieren oder zu bekämpfen? Warum kam es, dass Menschen aufgrund von „Religion“, „Rasse“ und „Ideologie“ zu Feinden wurden?

„Das kosmische Erbe"

Es würde den Rahmen des vorliegenden Buches sprengen, auch nur die bekanntesten Channel-Bücher vorzustellen und aufzuzeigen, wo sie bei der Frage nach der Herkunft des Menschen das Gleiche sagen und wo sie voneinander abweichen. Ich möchte hier repräsentativ nur ein Beispiel anführen, eines, mit dem ich mich sehr verbunden fühle: das Buch *Das kosmische Erbe,* das 2001 im Govinda-Verlag veröffentlicht wurde. Die in diesem Buch enthaltenen Texte wurden 1992/93 in den USA vom unbekannten *Tom H. Smith* (1942–1993) medial niedergeschrieben, gelangten aber noch zu Toms Lebzeiten zu mir. Kurz vor seinem Tod sandte er mir sein gesamtes unveröffentlichtes Werk, das für mich dadurch auch im persönlichen Sinn zu einem „kosmischen Erbe" wurde.[24] Obwohl diese Texte in einigen Punkten wie Science-Fiction anmuten und – wie alle Texte, ob „normale" oder mediale – vom Bewusstsein des Autors geprägt sind, vermittelten sie mir wichtige Impulse und Inspirationen, insbesondere zur Erinnerung an die geistige Herkunft des Menschen. Deshalb bezeichnete ich diese Texte im Untertitel als „Einweihung in die Geheimnisse unserer Her- und Zukunft".

In Kapitel 6 habe ich im Zusammenhang mit der mythologischen Geschichte der Menschheit erwähnt, warum die Lichtwesen überhaupt Menschen wurden: um jenen Seelen, die sich vom Licht abgewandt haben und dadurch in eine Trennung fielen, die Möglichkeit zu geben, die Dunkelheit als Illusion zu erkennen und wieder ins Licht zurückzukehren. Der ursprüngliche Bruch und Sturz ereignete sich nicht auf der Erde, sondern in den Engelwelten. Die Erde hat jedoch eine besondere Bedeutung, weil sie sich im Grenzbereich der Lichtwelten und der Dunkelwelten befindet. Seelen aus den Dunkelwelten können – im dritten und vierten Zeitalter – auf der Erde geboren werden und haben als Menschen wieder einen freien Willen und damit die Möglichkeit, zwischen Licht und Dunkelheit zu wählen. Wenn sie sich für das Licht entscheiden, löst sich für sie die Dunkelheit auf, wie wenn sie nie existiert hätte.

Im folgenden Text wird dieser Jahrmillionen überspannende Schöpfungsplan mit ganz anderen Worten und aus einer anderen Perspektive aufgerollt.* Was die Quelle betrifft, so sah und spürte Tom Smith, dass nicht ein einzelnes Lichtwesen, sondern ein Kollektiv von Lichtwesen

* Wie im letzten Unterkapitel erwähnt, sind mediale Texte immer subjektiv gefärbt, weil sie durch den empfangenden Menschen „übersetzt" werden. Dies betonte auch Tom Smith, der seine Texte explizit als *translations* bezeichnete, wobei dieses englische Wort sinnigerweise dieselbe Vorsilbe hat wie „Transkommunikation" und „transzendent".

sprach, und er nannte diese Präsenz *The Blend of Loving Energies,* was „Vereinigung/Bündelung liebender Energien“ bedeutet („Energien“ ist hier ein Synonym für „Wesen, Individuen“). *The Blend of Loving Energies* kann als eine moderne, freie Übersetzung des Begriffs „Elohim“ gesehen werden. Hier sprechen jedoch nicht die Lichtwesen, die zu Menschen wurden, sondern diejenigen, die in den Lichtwelten blieben.

Sie beschreiben aus ihrer Perspektive – durch die übersetzenden Worte von Tom Smith –, wie und vor allem *warum* der Mensch entstand. In den Dunkelwelten existierten die negativen Emotionen, in den Lichtwelten die positiven, aber in der ganzen Schöpfung gab es damals noch kein Wesen, das sowohl zu positiven als auch zu negativen Emotionen fähig war. Eine solche Kulmination des freien Willens war nur in der irdischen Welt möglich, weshalb der Mensch auch kosmisch gesehen einzigartig ist. Die Zusammenführung der Gegensätze war notwendig, damit die negativen Emotionen, vor allem Angst, Mangelgefühl und Gier, transformiert werden konnten. Nur wenn der Mensch auch das Potential zu negativen Emotionen in sich barg, konnten die Seelen aus den Dunkelwelten überhaupt als Menschen inkarnieren, denn wäre der Mensch ausschließlich ein reines Lichtwesen geblieben, hätten sie nicht „Mensch“ werden können. Salopp gesagt, das menschliche Dasein hätte nicht ihrer Wellenlänge entsprochen. Es wäre für sie unerreichbar und auch „nicht auszuhalten“ gewesen.

Die Lichtwesen gingen deshalb – wie in Kapitel 6 beschrieben – tiefer in die Materie hinein, und durch die Reinkarnation kam auch das Vergessen der früheren Leben hinzu. Die Menschen sahen sich immer weniger als überirdische Lichtwesen und immer mehr als *irdische Wesen.* Sie tauchten ein ins Hier und Jetzt der dreidimensionalen Welt und wurden voll Mensch, auch auf das Risiko hin, dass sie dadurch beeinflussbar und angreifbar wurden.

Wenn wir von den Menschen der früheren Zeitalter sprechen, sprechen wir von uns selbst. Die Vergangenheit der Menschheit ist *unsere* Vergangenheit. Die traumatischen Erfahrungen der früheren Menschen haben deshalb auch mit uns zu tun – und wollen in der heutigen Zeit geheilt und aufgelöst werden. Wir lebten einst in den paradiesischen Zeiten der Erde und verfügten über unser volles intuitiv-natürliches Wissen, das wir heute in neuer und ganzheitlicher Form wiederentdecken können und wiederentdecken „müssen“ ...

Der Anfang der Menschheit auf der Erde

(aus: *Das kosmische Erbe,* S. 319f., 327–333)

[Die ersten Menschen und die Entstehung der Dualität auf Erden]

Die ersten Menschen waren in ihrem Denken sehr selbständig. Sie waren sich in jeder Hinsicht des Universums, in dem sie lebten, bewusst, und es war ihr Wunsch, sich aus eigener Verantwortung heraus zu entwickeln und zu entfalten. Ihr einziges Lebensziel war, in Harmonie mit dem Einen Schöpfer zu leben und auf ihre individuelle Weise die göttliche Liebe zu verwirklichen. Sie erkannten, dass sie als Spezies im Universum einzigartig, aber nicht allein waren. Sie wählten einen Entwicklungsweg innerhalb der Schwingung der dritten Dimension, da dies die Frequenz ihrer neuen Heimat, der Mutter Erde, war. Sie lebten in Verbindung mit Gott, der Quelle, mit der Sonne und mit den vielen anderen Energien des Universums, die damals gegenwärtig waren. Sie wussten, dass die Erde einen besonderen Platz im Herzen des Sonnensystems einnehmen sollte, und sie kannten auch den göttlichen Plan, der vorsah, dass die Erde eine Art Bibliothek oder Bewahrungsstätte von Informationen sein sollte – und dass den Menschen die Aufgabe zukam, die Wächter zu sein. Aber die Menschen erkannten auch, dass sie zuerst in eine höhere Dimension [der Erkenntnis] hineinwachsen mussten, bevor sie diese heiligen Pflichten erfüllen konnten. Und dies wollten sie tun. Sie konzentrierten sich deshalb darauf, alles Notwendige über sich selbst und die Erde zu erfahren. Dies waren nicht Menschen, die nach heutigem Ermessen fortgeschritten waren. Sie besaßen keine Technologie, und sie wollten auch keine. Sie verfügten über mehr, viel mehr. Sie konnten sich praktisch mit allen Ebenen und Welten des Universums verbinden. Sie hatten die Möglichkeit, jederzeit von überall Hilfe herbeizurufen, falls sie das wollten. Sie beherrschten das Wetter. Sie lebten in Harmonie mit der Erde und der gesamten Natur. Sie konnten andere Planeten aufsuchen, wenn es für sie nötig war.

Diese Harmonie und Offenheit jedoch zog die Aufmerksamkeit anderer Energien aus dem Universum auf sich. Wir nennen sie Schöpfergötter oder Wesen, die vom Einen Schöpfer gottähnliche Kräfte empfangen hatten, sich dann aber vom Pfad des Lichts ab- und dem Pfad der Dunkelheit zuwandten. Die Energien der dritten Dimension waren für sie sehr attraktiv, da sie eine große Möglichkeit sahen, in dieser Welt ihre eigenen Überzeugungen und Ideen umzusetzen. Sie wussten, dass die Bewohner dieser Dimension viel leichter vereinnahmt und beherrscht werden konnten als die der höheren Dimensionen. Deshalb sandten sie ihre eigenen Vertreter auf die Erde, so wie es auch die Wesen des Lichts vor ihnen getan hatten. [...]

Eure Wissenschaft verwendet nicht die besten Werkzeuge, um die Vergangenheit zu ermessen und zu datieren. Was sie verwendet, entspringt ihrem eigenen begrenzten Begriffsvermögen. Euch wird ein verzerrtes Bild der Vergangenheit vorgesetzt, damit ihr keine Verbindung zu den spirituellen Menschen und Tieren finden könnt, die auf der Erde gegenwärtig sind. Es ist der Wunsch der negativen Schöpfergötter, die Zeit der ersten Menschenexistenz auf Erden zu bestimmen. Sie wollen nicht, dass ihr erfahrt, wie es wirklich war: nämlich dass es schon Menschen gab, bevor sie mit ihren Kriegen die Erde übernahmen und euch als Spezies zu Untertanen machten. Ihr sollt auch nicht erfahren, dass alle Lebensformen auf diesem Planeten spirituell miteinander verbunden sind, einschließlich der Dinosaurier. Deswegen wollen sie euch von den anderen Lebewesen entfremden, auch von den frühen Menschen.

Die frühen Menschen genossen vollständige Freiheit. Sie waren mit ihren Brüdern und Schwestern im Universum spirituell und telepathisch verbunden. Sie hätten um Hilfe bitten können, aber sie wollten selbst lernen und sich entwickeln. Sie hatten keine gesprochene Sprache oder Kommunikation – aber nicht, weil sie „stupide“ und primitiv gewesen wären, sondern weil sie diese Form der Kommunikation nicht brauchten. Sie verständigten sich telepathisch. Sie wussten, dass sie mit ihren Brüdern und Schwestern im Weltraum immer verbunden waren. Sie hatten kein Bedürfnis nach einer verbalen Kommunikation. Ihr Hauptanliegen war es, sich physisch an den Planeten und an diese Dimension anzupassen. Sie besaßen keine Waffen, da sie keine Neigung zum Kämpfen hatten. Sie hatten keine Feinde. Sie lebten direkt von der Erde und aßen von der wunderbaren Üppigkeit, die die Erde großzügig in Form zahlloser Pflanzen und Früchte hervorbrachte.

Die frühen Menschen – und in der Tat auch schon die allerersten Menschen, die auf der Erde erschienen – waren humanoid. Sie waren keine Menschen, so wie ihr sie heute kennt, und sie waren keine Außerirdischen, wie ihr sie euch vorstellt. Diese Individuen hatten freiwillig eine körperliche Gestalt angenommen, um als Menschheit auf dem neuen Planeten namens Erde leben und erblühen zu können. In verschiedener Hinsicht hätte man sie mit euren neugeborenen Kindern vergleichen können. Ein Kind, das auf die Welt kommt, muss ebenfalls lernen, in einer neuen physischen Gestalt zu leben. Dabei erinnert es sich nur allzu gut an sein spirituelles Selbst und hat Schwierigkeiten, sich zurechtzufinden.

Auch die ersten Menschen, die direkt aus anderen Welten kamen, mussten sich an ein neues Umfeld anpassen, wobei sie auch lernen mussten, mit ihren Händen, Füßen und anderen Körperteilen so umzugehen, dass sie ihrer physischen Existenz richtig dienten. Sie wussten, wozu sie vor ihrer Ankunft auf der Erde fähig gewesen waren, genauso wie es auch ein Neugeborenes weiß. Nun mussten sie erkennen, dass sie vieles von dem, was sie vorher zu tun vermochten, nicht mehr tun konnten, da sich alle Bedingungen [die Gegebenheiten ihres Körpers sowie des planetaren Umfeldes] verändert hatten. Ihr seid geneigt, sie als primitiv zu bezeichnen. Wir jedoch würden sie als tapfer bezeichnen, da sie bereit waren, auf dramatische Weise von einer Ebene zu einer anderen überzuwechseln, in gewisser Hinsicht hinab zu einer niedrigeren Ebene. Sie waren freiwillig auf die Erde gegangen, aber dennoch brauchten sie verschiedenste Anpassungen. [...]

Zuerst gab es nur diese Menschen auf der Erde. Aber eintausend Jahre nach ihrer Ankunft kamen Menschenwesen, die nicht positiv waren, und siedelten sich an verschiedenen Orten der Erde an. Diese verhielten sich der Natur gegenüber und auch untereinander sehr aggressiv. Sie erzielten schnell „Fortschritte“, da sie ihre Zivilisation ausbauten und Waffen erfanden, die sie gegeneinander einsetzten. Im Gegensatz zu den ursprünglichen Menschen ernährten sich diese von Fleisch. Deshalb richteten sie ihre aggressive Schwingung auch gegen die Tiere, um sie zu jagen und zu töten. Dieses Verhaltensmuster brachte sie dazu, ihre Waffen und Methoden des Tötens zu verfeinern. Dabei machten sie auch einige andere Erfindungen, da sie eine zweite Verwendung für ihre Waffen entwickelten, nämlich in Form von Werkzeugen für Handwerk und Landbau.

Die einsichtigeren Menschen hingegen lebten in Harmonie mit ihrer Umgebung und ernährten sich von den Gaben, die ihnen die Erde großzügig zur Verfügung stellte. Sie sahen keine Notwendigkeit, ausgeklügelte Werkzeuge herzustellen. Sie brauchten lediglich einige einfache Hilfsmittel und Behälter, um das zu ernten, was die Natur bereits von selbst hervorgebracht hatte. [...]

[Die Entwicklung der Emotionen]

Als die frühen Menschen auf der Erde ansässig wurden und sich entwickelten, begannen sie auch die Vielfalt ihrer menschlichen Emotionen zu erforschen. Das Universum brauchte eine Lebensform, die das volle Spektrum der Emotionen umfasste, und diejenigen, die sich als Menschen inkarnierten, hatten sich bereit erklärt, diese experimentelle Aufgabe zu verwirklichen. Auf anderen Planeten [Dimensionsebenen] waren bereits verschiedenste Emotionen ins Leben gerufen worden, wie Zorn, emotionales Leid, physischer Schmerz, Freude und Heiterkeit, aber nirgendwo waren all die bekannten Emotionen in eine einzige planetare Erfahrung vereint worden. Dies wurde erst möglich, als auf der Erde der Mensch mit seiner Ich-Identität ins Dasein kam.

Die Erde wurde zur emotionellen „Metropole" oder Zentrale des Universums. Ihr denkt vielleicht, dass dies nichts Besonderes sei, da Emotionen für euch seit so langer Zeit, sogar schon seit vielen Leben, etwas Alltägliches sind. Für uns jedoch ist dies von höchster Wichtigkeit, da sich darin zeigt, welche Wirkung dies [die Zusammenführung der verschiedenen Emotionen in derselben planetaren Bevölkerung] auf die Ausrichtung und die Ebene eurer Liebe haben wird. Es ist gut möglich, dass diese Erfahrungen für das Universum einen neuen Impuls darstellen. Emotionen haben unterschiedlichste Ergebnisse hervorgebracht, einige sehr schöne und andere, die sich als negativ herausgestellt haben.

Von Anfang an, seit ihrer Ankunft auf dem Planeten, mussten die frühen Menschen lernen, mit Emotionen umzugehen. Aber sie wurden nicht sogleich mit dem vollen Spektrum konfrontiert. Es vergingen mehr als eintausend Jahre, bis es so weit war. Dies geschah nicht zufällig, denn die ersten Menschen mussten zuerst ihr physisches Dasein kennenlernen und weiterentwickeln, bevor sie in die nächste Phase des Lernens übergehen konnten. Die physischen Anpassungen waren für sie in doppelter Hinsicht wichtig: für ihr Überleben auf der Erde und auch für ihre Fähigkeit, mit dem spirituellen Selbst in Verbindung zu bleiben.

Wir haben bereits erwähnt, dass die Schwierigkeiten der ersten Menschen, sich an die physische Form ihres Körpers und an ihre neue Umgebung zu gewöhnen, vergleichbar waren mit denen eines Neugeborenen. Sie wussten, wer sie in Wirklichkeit waren und wie ihr Leben ausgesehen hatte, bevor sie in die Existenz der dritten Dimension gekommen waren. Es dauerte einige Zeit, bis sie diese Erinnerungen verarbeiten und bis zu einem Grad auch wegschieben konnten.

Die ersten Menschen hatten zwar [bevor sie durch eine Verdichtung ihres Lichtkörpers auf die Erde gingen] ein „Training“ erhalten, aber es konnte sie nicht vollständig auf die physische Existenz und die atmosphärischen Gegebenheiten vorbereiten, die sie dann antrafen, als sie wirklich auf die Erde kamen. Erinnert euch, dass die Erde damals sauber und rein war. Hätten diese Szenen auf einer Erde durchlebt werden müssen, wie sie sich heute präsentiert, wären die ersten Menschen unter dem Einfluss der dichten Schwingung und des Giftes im Wasser und in der Luft alle ums Leben gekommen. Ähnlich schwierig ist es heute für die Neugeborenen, die in eine solche Umwelt hineingeboren werden. Aber zumindest können sie sich während der Zeit der Schwangerschaft bereits bis zu einem gewissen Grad anpassen. Die ersten Menschen hatten keine solche Möglichkeit. Das war ebenfalls Teil ihrer Erfahrung, aber es war nichtsdestoweniger schwierig.

Als diese frühen Menschen begannen, ihre Emotionen zu erforschen, wollten sie auch herausfinden, wie sich die verschiedenen Emotionen auf ihr Wesen auswirken. Sie waren entweder direkt auf die Erde gekommen oder durch den Geburtsvorgang, jedoch ohne ein verschleiertes Bewusstsein. Deshalb waren sie sich vollständig bewusst, wer sie waren. Im großen und ganzen war dies für sie ein enormer Vorteil, da es ihnen dadurch leichter fiel, die Konzentration auf ihren Weg gerichtet zu halten. Zuweilen war diese Bewusstheit auch ein Hindernis, vor allem dann, wenn sie erkannten, dass es ihnen nicht möglich sein würde, sich richtig zu entwickeln und zu entfalten, wenn sie absichtlich die vielen Lehren und Erfahrungen umgehen würden. Sie hatten sich ja bereit erklärt, diese zu durchlaufen und daran teilzunehmen.

Der „Schleier“, den wir erwähnten [im obigen Abschnitt: das verschleierte Bewusstsein, das die frühen Menschen noch nicht hatten], versinnbildlicht das Verbergen oder Unterdrücken des Wissens, wer ihr – spirituell gesehen – wirklich seid und warum ihr auf die Erde gekommen seid. Dieses Wissen gab den frühen Menschen Freiheiten, die ihr heute nicht mehr habt, nämlich seitdem dieser Schleier über die ganze Erde gelegt wurde, nachdem die Kriegsherren und Schöpfergötter der dunklen Seite die Herrschaft über den Planeten erlangt hatten. Dies geschah rund 200 000 Jahre später, vor etwa 300 000 Jahren.[25]

Die Menschen von heute sind dazu gebracht worden zu glauben, dies sei die Zeit, in der sich der Mensch auf der Erde entwickelt habe. In Wirklichkeit jedoch entspricht dies dem Zeitpunkt, als sich die Schöpfergötter daran machten, die DNS der damaligen Menschen zu verändern. Vor dieser Zeit waren die Menschen ganzheitliche Individuen gewesen, die sich ihrer spirituellen Verbindung mit der Erde, mit dem Universum und mit dem Einen bewusst waren. Das bedeutet, dass alle DNS-Stränge intakt waren. Das bedeutet auch, dass die Menschen ein einheitliches Gehirn hatten, das nicht in eine linke und eine rechte Hälfte aufgeteilt war. Dies war der Fall, bevor eure genetischen Strukturen angegriffen wurden, wodurch die Herrschaft, die andere Mächte über die Menschen anstrebten, ausgebaut und vertieft wurde. Als dies geschah, veränderte sich alles. Ihr könnt dies als den „großen Fall der Menschheit“ bezeichnen. Damals wurde ein Schleier über euch ausgebreitet. Jetzt ist die Zeit gekommen, diesen Schleier wieder zu entfernen.

Wir haben euch einen Einblick in die Geschichte der frühen Menschen gegeben. Anhand dessen könnt ihr vielleicht nachempfinden, welchen „Kulturschock" diese Menschen erlitten, als sie ihre Entwicklung im Physischen begannen. Eure Geschichtsbücher wurden geschrieben, um euch glauben zu machen, die ersten Menschen seien primitiv und ungebildet gewesen. Wir aber sagen euch, dass sie wesentlich mehr wussten als die Menschen heute. Sie wussten zwar nicht, wie man ein Automobil baut und lenkt, doch sie konnten mit den Sternen und mit den Wesen, die weit von der Erde entfernt sind, direkt kommunizieren. Sie hatten keine technischen Anlagen und keine Nahrungsmittelindustrie, aber sie wussten, dass es nicht ratsam ist, den eigenen Körper und die Umwelt zu vergiften. Sie hatten keine luxuriösen Häuser mit Klimaanlage, aber sie waren nicht auf kleine, menschenüberfüllte Wohngebiete beschränkt, und sie fühlten sich in allen klimatischen Gegebenheiten wohl.

Im Gegensatz zu dem, was die Wissenschaftler euch weismachen wollen, kannten diese frühen Menschen keine Krankheiten. Sie wussten, dass die Menschen diese Störungen selbst erzeugen, und sie zogen es vor, dies alles nicht zu erzeugen. Wenn für sie die Zeit des Hinübergehens kam, sandten sie einfach ihren Geist hinaus auf seinen Weg. Sie starben nicht an Krankheiten. Ihr Herz hörte einfach auf zu schlagen. Wann immer sie erkannten, dass es Zeit war zu gehen, gingen sie. Und ihr glaubt, ihr seid fortgeschrittener als diese „primitiven" Menschen? Wir sind anderer Meinung.

Wir verabschieden uns nun. Wir lieben euch. Wisst, viele von euch waren diese frühen Menschen – nur, dass ihr es vergessen habt. Wir lieben den Einen Schöpfer von uns allen.

– *The Blend of Loving Energies*
(22. Juni 1993)

Die Ureinwohner der Erde und die Invasoren

Was hier aus medialer Quelle beschrieben wurde, müsste durch weitere parapsychologische Forschungen vertieft und erweitert werden, auch über die Spur der Reinkarnation (S. 111ff.). Das Bild, das sich abzeichnet, entspricht aber in vielen Punkten dem, was sich durch die Mythen der Welt und durch die archäologischen und genetischen Spuren rekonstruieren lässt. Der Mensch ist ein geistiges Wesen, und die vielen Unmenschlichkeiten, die sich in den letzten Jahrhunderten und Jahrtausenden auf der Erde zugetragen haben, waren nicht einfach Zufall und auch nicht grundlos. Wie in Kapitel 6 beschrieben, findet die Scheidung der Geister bereits auf den hohen Ebenen des Kosmos statt, nicht erst auf der Erde. Was auf der Erde geschieht, hat Ursachen in den unsichtbaren Welten und steht immer in höheren Zusammenhängen. Die kosmische „Vorgeschichte" wird von uns Menschen auf der dichtesten und „untersten“ Stufe der materiellen Hierarchie ausgetragen, bis in die letzte Konsequenz und immer mit dem Ziel der Heilung und Versöhnung. „Wie oben, so unten“, lautet das hermetische Prinzip, oder in biblischen Worten: „Wie im Himmel, so auf Erden.“ „Dein Wille geschehe“ bedeutet, dass die göttliche Harmonie des Himmels auch auf der Erde Realität werden soll. Und zu diesem Zweck wurden die Lichtwesen Menschen.

Engel und gefallene Engel – um diese religiösen Begriffe zu verwenden – sind Schöpferwesen und bleiben es, auch wenn sie auf der Erde inkarnieren. Wenn gewisse Lichtwesen in den höheren Welten entdecken, dass sie Schattenwelten erschaffen können, und dies dann auch tun, weil sie die Schattenwelten für höhere Realitäten halten (S. 143), trennen sie sich von der Quelle, so wie Dunkelheit sich vom Licht trennt, und müssen deshalb fremde Energien „jagen“ gehen. Und so kamen sie auf die Erde, wo sich ihnen die Möglichkeit bietet, sich wieder für das Licht zu entscheiden. Das Entscheidende dabei ist die Motivation. Denn Licht ist attraktiv, auch für Wesen der Dunkelheit. Licht kann Dunkelheit auflösen, weshalb die Versuchung besteht, nur aus Machtgründen ins Licht gehen zu wollen. „Wenn Licht mehr Macht gibt als Dunkelheit, dann will ich ebenfalls ein Lichtwesen sein.“ Man will ins Licht gehen, aber nicht wegen der Auflösung der eigenen inneren Schatten, sondern für die eigene Macht und Selbstprofilierung. Dies bedeutet, dass man für sich geistige Kräfte und Hellsichtigkeit erzwingen will, dass man sich selbst – individuell oder kollektiv – als etwas Besonderes sieht, als Retter der Welt oder Richter der Welt, usw. Weil das wahre Licht jedoch nie aus der Dunkelheit heraus entsteht, ist dieses erzwungene Licht kein wirkliches Licht. Dies gilt für die Bereiche der Esoterik und Religion genauso wie für die Treibkräfte hinter der heutigen Politik und Kriegsführung.

Die Psychologie der Lichtwesen

Wenn Menschen aus einem Bewusstsein der Spaltung heraus Gleichgewichte brechen und ungute Kettenreaktionen auslösen, können in der Folge auch lichtvolle Menschen in den Strudel der Ereignisse hineingezogen werden und Teil der Karma-Kettenreaktionen werden (S. 148). Die primären Täter (Asuras) sehen jedoch – solange sie ihre Mentalität beibehalten – in nichts, was sie tun, etwas Falsches. Sie haben für alles eine Rechtfertigung, auch philosophisch, indem sie sagen, Krieg sei notwendig, um Frieden zu schaffen; ohne Krieg und ohne Gegensätze könne es keinen Fortschritt geben, usw. (mehr dazu im Anhang). Sie kennen kein wirkliches Schuldbewusstsein; schuld sind immer die anderen. Mit ihrer Mentalität drehen bzw. verdrehen sie die Dinge so, dass sie immer „im Recht" sind, selbst wenn es darum geht, Kriege zu führen.* Demgegenüber tendieren die Lichtwesen als Menschen zum Gegenteil: Sie haben das Gefühl, allen etwas zu schulden, und können sich deshalb nur schlecht abgrenzen. Ebenso haben sie oft das Gefühl, nicht „gut genug" zu sein und „an allem" schuld sein. Dem zugrunde liegt wiederum das Gefühl, versagt zu haben – was in einem Sinn sogar stimmt, weil sie bei den ursprünglichen Übergriffen nicht neutral geblieben sind, sondern „menschlich" reagierten. Sie waren Opfer und fielen in ein Opferbewusstsein. Sie wurden verletzt und mussten nun lernen, mit diesen Verletzungen – und mit den Tätern – umzugehen.

Die Ureinwohner der Erde und diejenigen, die später kamen und die Übergriffe starteten, unterschieden sich wie Licht und Dunkelheit. Doch die Lichtwesen wurden zu Menschen, um ebenjene Trennung zu überbrücken und aufzulösen. Im Lauf der Jahrtausende vermischten sich die verschiedenen Lebenswege, und heute haben beide viel zu lernen und *voneinander* zu lernen. Die Opfer dürfen lernen, wieder in ihre eigene Kraft zu kommen und sich von den Einimpfungen negativer Programmierungen zu lösen. Die Täter dürfen lernen, ihre inneren Spaltungen und Blockaden zu überwinden und sich dem wahren Licht zu öffnen. Im einen oder anderen Sinn ist für alle ein symbolisches Erwachen angesagt, und die Erinnerung „Ihr seid Lichtwesen" ist hier sowohl Weckruf als auch Inspiration – und ein Schlüssel zum Bewusstsein der neuen Zeit.

* Diese Mentalität wird auch im Ihr-seid-Götter-Psalm mit einer markanten Formulierung erwähnt und beklagt: „Aber sie lassen sich nichts sagen und sehen nichts ein, sie bleiben auf ihrem Pfad der Finsternis." (Psalm 82,5)

Anhang

Theistische Mysterienschulung bedeutet: Zeit für Zeitloses, Zeit für das wirklich Bewegende, Zeit für all die Themen, die aus diesem spirituellen Urgrund heraus für unser Leben – und für die Zukunft der Menschheit – relevant sind.

[Dies] ist die hohe Schule der ganzheitlichen Spiritualität, denn im Labyrinth von Religion und Esoterik haben wir es nicht mehr mit materialistischen Weltbildern zu tun, sondern mit Dualismus, Monismus, Gnosis, Deismus usw.

Wer kein materialistisches („naturalistisches") Weltbild vertritt, geht von der Realität des „Übernatürlichen" aus, vertritt also im weitesten Sinn ein metaphysisches Weltbild. Aber „metaphysisch" ist noch nicht gleichbedeutend mit ganzheitlich. Wie können wir die vielen religiösen und esoterischen Weltbilder unterscheiden, wo sie doch in vielem so ähnlich klingen? Was sind die philosophischen Grundlagen, was die Lehren und was die Geheimlehren dieser unterschiedlichen Richtungen?[1]

Halbe und ganze Wahrheiten

Warum Polarität und Dualität nicht dasselbe sind

Einheit, Polarität, Karma – diese einfachen und doch komplexen Themen können auf unterschiedliche Weise erklärt werden. Grundlegend sind hier zwei Sichtweisen zu unterscheiden, die der atheistischen/monistischen Esoterik und die der theistischen (ganzheitlichen) Spiritualität. Werden die genannten Themen nicht ganzheitlich verstanden, führt dies zu Ansichten wie: Gut und Böse seien voneinander abhängig, alles sei eine notwendige Erfahrung, weshalb es letztlich keine Schuld und kein Unrecht gebe, denn „alles ist eins", „alles ist gut". Intuitiv verstehen wir natürlich, was mit „alles ist eins" gemeint ist, doch in der heutigen Zeit, wo die Intuition vielfach verdrängt oder mental übertönt wird, kann es schnell geschehen, dass die Klarheit des Wissens und Gewissens verwischt wird, nicht zuletzt auch in machtpolitischen Kreisen.

Teil 1: Theistische und atheistische Esoterik

Ganzheit = Nondualität + Individualität

Auch in den atheistischen Formen von Esoterik wird manchmal von „Gott" gesprochen, und das mag verwirrend sein. Wenn ein Weltbild Gott beinhaltet, wie kann es dann atheistisch sein? Die entscheidende Frage lautet hier natürlich: Was versteht man unter „Gott"? Die atheistische Esoterik sagt, Gott sei die „Einheit" und nur die Einheit sei Realität, was bedeutet, dass alles, was nicht „Einheit" ist, Illusion ist. Man glaubt, alles Relative sei Illusion, alles Individuelle sei Illusion, vor allem sei die Unterscheidung von Gut und Böse Illusion!

Dies sind Auszüge aus den Unterlagen zu meinen Seminaren über die Bücher *Einheit im Licht der Ganzheit – Orientierung im Labyrinth von Religion, Erleuchtung und New Age* (2011) und *Der radikale Mittelweg – Überwindung von Atheismus und Monotheismus* (2009).

Demgegenüber betont das theistische Verständnis, dass Gott nicht nur „Einheit", sondern GANZHEIT ist. Ganzheit umfasst sowohl die Einheit als auch die Vielheit, sowohl Nondualität als auch Individualität*.

Nondualität bezieht sich auf die *Einheit aller Energie,* „Einheit" hier im Sinn von Totalität/Gesamtheit aller Energie, und weil die Gesamtheit der Energie unendlich ist, bezieht sich die Nondualität auch auf die Unendlichkeit.

Individualität bezieht sich auf die *Einheit des Bewusstseins,* „Einheit" hier im Sinn von Unteilbarkeit/Verbunden-Sein allen Bewusstseins, und weil Bewusstsein ewig ist, bezieht sich die Individualität auch auf die Ewigkeit, die Realität jenseits von Zeit und Raum. Das Zeitlose und Raumlose ist jedoch keine abstrakte, leere Einheit, sondern die Einheit/Verbindung des absoluten und des relativen Bewusstseins. Geistig sind wir alle verbunden („eins") und dennoch individuell, sonst wäre dies keine Verbundenheit, sondern eine abstrakte, verschmolzene Einheit. Einheit des Bewusstseins bedeutet daher, dass wir nicht nur untereinander (im Relativen) verbunden sind, sondern auch und zuallererst mit dem Ganzen, dem Absoluten, denn wir sind, religiös gesprochen, Teile Gottes.

Monismus bedeutet, dass die Einheit abstrahiert und verabsolutiert wird: „Alles ist eins." Einheit wird mit Ganzheit gleichgesetzt, Nondualität mit Individualität und letztlich auch das Relative mit dem Absoluten.

Wir sollten also unterscheiden zwischen einer ganzheitlichen Spiritualität und den verschiedenen Formen von Einheitslehren (Lehren, die die Einheit verabsolutieren). Wenn man nicht die Ganzheit, sondern nur die Einheit als Realität sieht, führt dies zu einem einseitigen, unvollständigen Verständnis von Dualität, Polarität und Einssein.

Beispiele für monistische Lehren

Wenn man am Anfang einer Rechnung einen Fehler macht, setzt sich der Fehler fort und vergrößert sich, selbst wenn man – nach dem anfänglichen Fehler – richtig weiterrechnet. Der Fehler am Anfang, den der Monismus begeht, ist, dass er nicht zwischen Einheit und Ganzheit unterscheidet, sondern beides gleichsetzt. In der Fortsetzung dieses Fehlers wird dann auch nicht zwischen Polarität und Dualität unterschieden (beide Begriffe werden im Folgenden definiert).

---

* Individualität: „unteilbares Sein und Bewusstsein", von lat. *in-* als Verneinung und *dividere,* „teilen".

Beginnen wir mit vier Zitaten zur Veranschaulichung der Trugschlüsse, die entstehen, wenn man „Einheit" monistisch verabsolutiert. Man meint, Gut und Böse seien eine polare Einheit und seien nicht zu trennen, weil „alles eins" sei.

> Weigere ich mich auszuatmen, so kann ich auch nicht mehr einatmen. Nehme ich den negativen Pol des elektrischen Stroms weg, so verschwindet auch der positive Pol. Genauso bedingt der Friede den Krieg, das Gute erzwingt das Böse, und das Böse ist der Dünger des Guten. [...] Alle Dinge sind an sich völlig wertfrei und neutral. Die Einstellung des Menschen macht aus ihnen erst Gegensätze der Freude und des Leids.[2]

Stimmt das, was hier gesagt wird? Bedingt Friede den Krieg? Erzwingt das Gute das Böse? Ist alles „völlig wertfrei und neutral"? Das würde bedeuten, dass auch jeder Betrug und jede Gewalttat an sich „völlig wertfrei und neutral" wäre.

Solche undifferenzierten Einheitslehren führen zu einer „dialektischen" Argumentation, die besagt, dass Gut und Böse nicht zu trennen seien; ohne Krieg, Revolutionen, Gewalt usw. gäbe es keinen Fortschritt und keine Entwicklung.

> Allein unsere Überlegungen zum Polaritätsgesetz führen zu der Konsequenz, dass Gut und Böse zwei Aspekte ein und derselben Einheit und daher in ihrer Existenz voneinander abhängig sind. Das Gute lebt vom Bösen und das Böse lebt vom Guten – wer absichtlich das Gute nährt, nährt unbewusst das Böse mit.[3]

Natürlich betonen alle, die solche Einheitslehren vertreten, dass damit keinesfalls ein willkürliches Verhalten des Menschen legitimiert werde. Gleichzeitig sagen sie jedoch, dass alles „an sich völlig wertfrei und neutral" sei, also auch Lüge, Mord, Terror, Krieg usw. Dies wiederum bedeutet, dass es letztlich kein Unrecht und auch nichts Böses gibt – und genau das glauben viele Vertreter der Machtelite aufgrund ihres okkulten Hintergrundes.

> „Unrecht ist im Grunde genommen nur ein subjektives Erlebnis. Objektiv gibt es das nicht. [...] weil es das Gute und das Böse, die sich als zwei Prinzipien gegenüberstehen, gar nicht gibt. [...] Es gibt keine Schuld oder Sünde. [...] Das heißt, Sünde hat mit objektiven Handlungen nichts zu tun, nur mit subjektiven. Es geht um das Bewusstsein."[4]

Diese Lehren sind nicht unwahr, sie sind *halbwahr,* und das macht die Verwirrung nur noch größer. Alles sei eins und deshalb „wertfrei". Dass wir das Böse als böse wahrnehmen, sei „nur ein subjektives Erlebnis" – weil es das Gute und das Böse „gar nicht gibt"! Warum? Weil das Absolute nur eine abstrakte Einheit sei. Und wenn diese „Einheit" auch noch als „Liebe" bezeichnet wird, lautet der nächste monistische Trugschluss, alles entstehe aus „Liebe", sogar Kriege:

> Es wird davon gesprochen, Schuld abzutragen. Schuld abzutragen würde voraussetzen, dass diese Schuld wirklich ist. Es gibt nichts abzutragen. [...] Es gibt kein Konzept von Liebe, das der Geist erfassen könnte. Sobald du dir auch nur die geringste Vorstellung von dem machst, was Liebe ist, musst du eine Vorstellung davon haben, was sie nicht ist oder was sie nicht darf. Liebe ist, dass Kriege geführt werden, und Liebe ist, dass Frieden ist. [...] Liebe hat nichts mit irgend etwas in der Persönlichkeit zu tun. Sie hat nichts Individuelles. Sie hat nichts mit Beziehung zu tun. Aus Liebe entsteht alles, was entsteht.[5]

In dieser Art von Philosophie verliert das Wort „Liebe" jede Bedeutung und ist nichts anderes als ein abstraktes intellektuelles Konstrukt, weshalb betont wird, „Liebe" könne nicht beschrieben und nicht definiert werden – und habe „nichts mit Beziehung zu tun"!

Hier sei die Frage erlaubt, wie die Menschen sich für das Gute, für die Wahrheit und die Gerechtigkeit einsetzen können,* wenn sie glauben, es gebe keine Schuld und kein Unrecht? Das Böse sei in „Wahrheit" gar nicht böse, sondern notwendig, weil es das Gute fördere, und sogar Kriege entstünden aus „Liebe" ...

Intuitiv spüren die meisten Menschen, dass bei solchen Ansichten etwas nicht stimmen kann. Das Folgende ist die philosophische Darlegung, warum diese Intuition stimmt.

Wenn Menschen sich als Gott sehen

Wenn in den Geheimlehren der atheistischen Esoterik von „Gott" gesprochen wird, ist damit eine absolute Einheit gemeint: ein abstraktes, neutrales Total von Energie, das weder Bewusstsein noch Willen hat. Dieser „Gott" ist bewusst-los und willen-los. Der Mensch jedoch *hat* Bewusstsein und Willen und kann die Materie nach seinen eigenen Wünschen formen. In diesem Weltbild (Monismus) hat Gott kein Bewusstsein und keinen Willen, aber der Mensch hat Bewusstsein und Willen, also ist der Mensch mehr als Gott. Oder, praktisch gesprochen: *er,* der „erleuchtete" Mensch, ist Gott.[6] Dies ist die atheistische Definition von

* Eine Art, wie sich jeder Mensch für diese Ziele einsetzen kann, ist das „Sicheinstellen" (S. 77f.). Die Kraft für die innere Verbindung mit der göttlichen Quelle kommt aus dem klaren Fokus auf das Gute und das Wahre, und gerade diese Klarheit wird durch die hier beschriebenen Halbwahrheiten zerstört. Halbwahrheiten führen zu Halbherzigkeit, vor allem hinsichtlich der „radikalen" Entscheidung für das Gute und der Abgrenzung vom Gegenteil.

Humanismus: Der Mensch ist Gott, der Mensch ist das Maß aller Dinge. Es gibt keinen Gott, vor dem der Mensch verantwortlich wäre. „Dein Wille geschehe" ist in diesem Weltbild deshalb kein Faktor, zumindest nicht in Bezug auf den Gott, den Jesus meinte (Mt 6,10).

Was bedeutet „Alles ist eins"?

Die Vielheit ist aus der Einheit entstanden und existiert vor dem Hintergrund dieser Einheit. Die Einheit und die Vielheit sind nicht Gegensätze, sondern zwei Aspekte der *Ganzheit.* Aus theistischer Sicht ist Gott nicht einfach das Total aller Energie oder das Total aller Teile, denn das Ganze ist immer mehr als die Summe der Teile. Gott ist die allumfassende Realität (Ganzheit), die sowohl Energie als auch Bewusstsein ist. Wird Gott nur als Energie und Einheit (Nondualität) gesehen, fallen wir in die Einseitigkeit der atheistischen Weltbilder. Wird Gott nur als Bewusstsein, d. h. nur als „Person" gesehen, fallen wir in die Einseitigkeit der religiösen Absolutheits- und Monopolansprüche.

Die Erkenntnis der Nondualität (Einheit) bedeutet aus theistischer Sicht, dass wir uns nicht mit der Dualität identifizieren und dass wir angesichts der materiellen Gegensätze (Freude/Leid, Erfolg/Misserfolg; Gut/Böse usw.) eine innere Neutralität entwickeln. Diese Neutralität ist die Grundlage eines jeden höheren spirituellen Verständnisses. Ganzheitliches Gottesbewusstsein umfasst jedoch nicht nur die Erkenntnis der Nondualität, sondern auch die Erkenntnis der *Individualität.*

Einheit im theistischen Sinn ist das „unteilbare Sein", was die wörtliche Bedeutung von *Individualität* ist. Individualität und Nondualität sind zwei Begriffe für „Einheit" und beschreiben die zwei grundlegenden Aspekte der Ganzheit: Nondualität ist die Einheit aller Energie, Individualität ist die Einheit des Bewusstseins.* Da die Ganzheit sowohl das Relative als auch das Absolute umfasst, ist das unteilbar-bewusste (= individuelle) Sein die ursprüngliche Eigenschaft sowohl des Absoluten als auch des Relativen. Mit anderen Worten: Weil Gott Bewusstsein und Willen hat, finden wir diese Eigenschaften auch in uns, den „Teilen" Gottes.

* Warum ist Ganzheit eine „Einheit von Zweiheit"? Das Gleichgewicht der göttlichen Realität ist die Ganzheit, und Gleichgewicht bedeutet immer eine harmonische, dynamische „Einheit von Zweiheit". Die Ganzheit kann mit einer Kugel verglichen werden. Von einer Kugel sehen wir immer nur eine Seite, wir wissen aber, dass zu ihrer Ganzheit beide Seiten gehören. Die Zweiheit des Schöpfungsgleichwichts kann deshalb als „Polarität" bezeichnet werden (S. 39). Die Kugel als Ganzes symbolisiert die Ganzheit, d. h. die höhere, lebendige Einheit von Materie und Geist, Nondualität und Individualität, Unendlichkeit und Ewigkeit, usw.

„Alles ist eins" bedeutet aus theistischer Sicht: *Alles ist verbunden,* alles ist Teil derselben Ganzheit, alles ist eins *und verschieden,* eins und individuell. Die Einheit allen Seins ist lebendig, differenziert und nicht getrennt; wir sind in Verschiedenheit eins mit Gott. Einheit in der Vielfalt, Vielfalt in der Einheit.

Liebe ist die höchste Realität

Die Weltbilder, die einseitig das „nur identisch" oder das „nur getrennt" sehen, gründen nicht in der Liebe. Im Buch *Einheit im Licht der Ganzheit* zeige ich philosophisch und historisch, wie die Entgleisung auf die eine oder andere Seite des radikalen Mittelwegs zu unmenschlichen Ideologien führt, sei es im Namen von Gott und Erlösung vom Bösen, sei es im Namen von Frieden, Staat und Sicherheit.

In monistischen Weltbildern wird gesagt, Gott sei nur Einheit. Gott als ein Gegenüber („Gott als Du") wird als Illusion bezeichnet. Diese Philosophien verkennen Gott und damit auch die Menschen als Gegenüber und sehen letztlich kein „Du", sondern nur das abstrahierte Ich: „Es gibt keinen Gott außerhalb von mir." Ohne die Wahrnehmung des Du sind Liebe und wirkliches Mitgefühl jedoch nicht möglich.

Wenn Gott nur Einheit ist, warum gibt es dann die Vielheit? Die nihilistische Form des Monismus sagt, die Vielheit und jegliche Individualität seien Illusion – die Welt (und uns!) gebe es „in Wirklichkeit" gar nicht. Gnostische Formen des Monismus vertreten die Ansicht, die Vielheit sei deshalb entstanden, weil die „Einheit" sich selbst erfahren wollte, weshalb „Gott" eine zweite Form von sich geschaffen habe, die ins Vergessen ging, um dadurch die Unendlichkeit der Materie zu erfahren. Diese Ansicht bedeutet, dass alles – auch Kriege, Betrug, Verbrechen – Gottes Willen sind, weil er *alles* erfahren will ...

Im theistischen Verständnis ist Gott die Ganzheit, die in sich selbst vollkommen ist und nichts „braucht", so wie auch Licht keine Dunkelheit braucht, um Licht zu sein. Das bekannte Sanskritwort *ānanda* bedeutet „in sich selbst erfüllt" (= glückselig) und ist eine Eigenschaft, die sowohl Gott als auch die Teile Gottes haben. „Dein Wille geschehe" bedeutet deshalb ganz einfach: Gott will, dass all seine Teile glücklich sind, d. h. in wahrer Liebe leben und diese Liebe teilen.

Liebe ist die höchste Realität, denn Liebe ist das Bewusstsein, in dem wir erkennen, dass wir nie von Gott getrennt sind. Diese Klarheit ermöglicht es uns auch, zu unterscheiden, ohne zu urteilen, denn das einzig wahre Kriterium ist genau diese Liebe. Was führt zu dieser Liebe? Was entspringt dieser Liebe? Und was nicht?[7]

Göttliche Liebe (sanskr. *Bhakti*) bedeutet, dass ich Gott als ein Du erlebe, von dem ich nicht getrennt bin. Im Licht dieses Du erkenne ich mich als Teil der Ganzheit. Gott ist in mir und ich bin in Gott – das ist eine grundlegende Erkenntnis von Mystikerinnen und Mystikern aller Kulturen und Religionen. In der *Bhagavad-Gītā* (6.29–30) sagt Kṛṣṇa:

> „Wer wahre Selbsterkenntnis erlangt hat *(yoga-yuktātmā),* sieht mich als Überseele (Paramātmā) in allen Wesen und sieht jedes Wesen in mir. Ein solcher Mensch sieht überall die göttliche Realität. / Wer mich überall sieht und alles in mir sieht, ist niemals von mir getrennt, und ich bin niemals von ihm getrennt."

Praktisch dasselbe sagt auch der 1. Johannes-Brief (4,16) im Neuen Testament: *„Gott ist Liebe. Wer in der Liebe lebt, der lebt in Gott, und Gott lebt in ihm."*

Teil 2: Der Unterschied zwischen Polarität und Dualität

Was ist Polarität? Was ist Dualität?

Das grundlegende Muster unserer Welt ist die Zweiheit. Raum existiert nicht ohne Zeit, das Oben nicht ohne das Unten, das Neue wird alt, usw. Existiert auch das Gute nicht ohne das Böse, die Wahrheit nicht ohne die Lüge, Gott nicht ohne den Teufel? Bei diesen heiklen Fragen lautet die erste wichtige Erkenntnis, dass es zwei Arten von Zweiheit gibt (S. 37ff.), denn das Prinzip der „Zwei" gilt auch für die Zweiheit. Dementsprechend kennt unsere Sprache zwei unterschiedliche Begriffe für die Zweiheit: Polarität und Dualität.

Polarität und Dualität sollten nicht gleichgesetzt werden, denn sie sind nicht Synonyme. Diese Begriffe lassen sich unterschiedlich definieren. Die Erklärung, die ich hier gebe, geht von der wörtlichen Bedeutung aus. *Polarität* enthält den Begriff „Pol": Elektrizität besteht aus zwei Polen, die nicht zu trennen sind und sich gegenseitig bedingen. Ebenso hat eine Kugel zwei Pole. Bei der polaren Einheit von Nordpol und Südpol einer Kugel oder beim positiven und negativen Pol der Elektrizität ist klar, dass hier gleichwertige Gegenteile gemeint sind, wo es kein Gut und Böse gibt. Polarität hat immer mit einem natürlichen Gleichgewicht und mit Harmonie zu tun. Wenn ein natürliches Gleichgewicht gebrochen wird, entstehen ungleiche Gegensätze (Dualität). Dualität ist ein gebrochenes Gleichgewicht, eine gestörte Harmonie. In der Polarität wirkt das „Sowohl-als-auch", in der Dualität das „Entweder-oder". Hieraus lassen sich folgende Definitionen ableiten:

Polarität: die Zweiheit von gleichwertigen, sich gegenseitig ergänzenden Polen, gründend im natürlichen Gleichgewicht der göttlichen Ordnung. Polarität ist das Grundprinzip der göttlichen Schöpfungsdynamik und ist Ausdruck der ursprünglichen Harmonie der materiellen Welt. Die Grundaspekte der Polarität sind Raum und Zeit, „positiv" und „negativ", Yin und Yang, maskulin und feminin, Schöpfung und Auflösung, Sonne und Mond, Tag und Nacht, usw. Die Polarität als Grundprinzip der Schöpfungsdynamik zeigt sich auch im Ein- und Ausatmen, angefangen mit dem Urschöpfergott Viṣṇu, der die Universen aus- und einatmet.

Dualität: die Zweiheit von gegenteiligen, nicht gleichwertigen Gegensätzen, die sich gegenseitig ausschließen. Dualität wird verursacht durch Spaltung und Einseitigkeit. Sie entsteht, wenn jemand den göttlichen Mittelweg verlässt und das in der Schöpfung angelegte Gleichgewicht bricht, was religiös als Sünde bezeichnet wird. Das spaltende Prinzip macht sich zum Gegenteil der ursprünglichen Harmonie und bewirkt immer ein Zuviel und ein Zuwenig.

Typische Beispiele von Dualität sind: Gut und Böse, gottzugewandt und gottabgewandt, Täter und Opfer, Freund und Feind, Liebe und Hass. Gut und Böse sind nicht gleichwertige Pole der Polarität, sondern gegensätzliche Aspekte der Dualität, und in dieser Gegensätzlichkeit sind sie nicht gleichwertig. Es ist also nicht etwa so, dass „Gut" das Zuviel und „Böse" das Zuwenig wäre und dass beide sich gegenseitig bedingen. (Sonst wären sie eine Polarität, was sie eben gerade nicht sind.)

Das Gute ist das Grundlegende und Ursprüngliche: die Schöpfungsordnung, das Gleichgewicht der inneren Mitte, der Weg der Ganzheit ohne die Einseitigkeiten des Zuviel und Zuwenig. Dualität entsteht, wenn diese Ganzheit gebrochen wird, das heißt, wenn jemand (ein Engel, ein Astralwesen, ein Mensch) in ein Zuviel oder Zuwenig fällt. Wer die Ganzheit verlässt, befindet sich in den Bereichen der Einseitigkeiten und der halben Wahrheiten, und aus dieser Spaltung heraus entsteht das Böse. Wer irgendwo im Zuviel ist, ist woanders automatisch in einem Zuwenig, und dies verursacht Angst, Mangeldenken, Gier, Feindschaft usw.

In der Dualität ist das Böse das Gegenteil des Guten, aber das Gute ist nicht einfach das Gegenteil des Bösen. Das Gute braucht das Böse nicht, um existieren zu können, genauso wie Licht keine Dunkelheit braucht, um Licht zu sein. Dunkelheit entsteht nur, wenn sich jemand vom Licht trennt. In diesem philosophischen Sinn ist Dunkelheit das Gegenteil von Licht, aber Licht ist nicht das Gegenteil von Dunkelheit, denn die Ausgrenzung erfolgte nur von der Seite der Dunkelheit. Nicht das Licht erzeugt die Dunkelheit, sondern die Kräfte, die sich dem Licht entgegenstellen und sich dadurch selbst vom Licht ausgrenzen.

Was ist gut? Was ist böse?

„Gut" und „Böse" sind relativ, aber deswegen sind sie nicht gleichwertig, denn „relativ" bedeutet nicht einfach subjektiv und willkürlich. *Relativ* bedeutet „abhängig von Bedingungen; in Relation stehend". Das Relative definiert sich nicht aus sich selbst heraus, sondern ist abhängig von höheren Kriterien. Philosophisch gesprochen: Das Relative ist abhängig vom Absoluten. Deshalb ist es entscheidend, was wir unter „absolut" verstehen. Im ganzheitlichen Verständnis sehen wir das Absolute als den lebendigen Gott mit Bewusstsein und Willen, weshalb wir hier – und nur hier – einen höheren Maßstab haben, nämlich Gottes Willen (= Liebe, Verbundensein mit der Quelle, Einssein mit Gott und allen Teilen Gottes; siehe S. 324). Das Gute, auch das relative Gute, steht in Resonanz mit Gottes Willen, wohingegen das Böse sich selbst abtrennt und abspaltet so wie die symbolische Dunkelheit vom Licht.

Gut und Böse sind also nicht gleichwertig, weil das Relative nicht unabhängig existiert, sondern immer eingefügt ist in das Ganze und immer einen Bezug zum Absoluten hat. Das Gute ist nicht einfach deswegen gut, weil es das Gegenteil des Bösen ist. **Das Gute ist gut, weil es in Resonanz mit dem göttlichen Willen, der göttlichen Liebe, ist.** Das Böse hingegen definiert sich nur durch die Negation des Guten. Deshalb besteht die negierende („negative") Seite der Dualität immer aus zwei Einseitigkeiten, dem Zuviel und dem Zuwenig.

Mit anderen Worten: Das Böse ist das Gegenteil des Guten, aber das Gute ist nicht das Gegenteil des Bösen. Das Gute definiert sich nicht durch sein Gegenteil, sondern durch seine Entsprechung mit der göttlichen Ordnung. Dies wiederum bedeutet: *Das Gute kann aus sich selbst heraus existieren,* das Böse hingegen ist nichts anderes als eine Verneinung der göttlichen Ordnung und führt als spaltende Kraft in die eine oder die andere Form von Einseitigkeit, bis in die Extreme. Irrtum ist verfehlte Wahrheit, aber Wahrheit ist nicht ein verfehlter Irrtum. Hass ist Mangel an Liebe, aber Liebe ist nicht ein Mangel an Hass. Krieg ist Abwesenheit von Frieden, aber Friede ist nicht einfach Abwesenheit von Krieg.

Die atheistische bzw. monistische Esoterik führt zum Trugschluss, gut und böse seien eine „Einheit" und könnten nur gegenseitig existieren, das heißt: Liebe könne nicht ohne Hass existieren und ohne Hass gäbe es keine Liebe. Ohne Lüge gäbe es keine Wahrheit. Ohne Dunkelheit gäbe es kein Licht! Ohne das Böse gäbe es nichts Gutes – *das ist die*

Durchlichtung der eigenen Schatten

Ein zentraler Begriff in der Psychologie ist die „Integration der Schatten". Unsere Schatten sind all jene Aspekte, wo wir in der Dualität sind: *Wo bin ich im Zuviel? Wo bin ich im Zuwenig?* Wenn wir nicht in unserer Mitte und bei uns selbst sind, wollen wir als Menschen etwas sein, was wir nicht sind, und das ist Illusion/Selbsttäuschung (sanskr. *māyā*).

Wir können unsere Schatten ignorieren, verdrängen, schönreden oder auf andere projizieren, oder wir können sie anschauen, uns mit ihnen auseinandersetzen, ihre Botschaft erkennen und durch dieses Licht die entsprechende Schattenseite (Einseitigkeit) auflösen. In gewissen Punkten mögen wir die erste, scheinbar einfachere Variante wählen wollen, doch das Leben wird uns immer wieder auf unsere noch nicht gemeisterten Lektionen aufmerksam machen, einerseits durch Hinweise, Zeichen und Inspirationen, andererseits auch durch Probleme: solche, die von uns selbst kommen (wie Stress, Burn-Out, innere Leere, Krankheiten), und solche, die von anderen Menschen verursacht werden – vom Partner, vom Nachbarn, vom Chef, vom Staat usw. –, Probleme, die uns plötzlich überfordern, entmutigen, aus der Bahn werfen.

Gemäß der theistischen Psychologie liegen die Ursachen für all diese Probleme und Schwächen in der Spaltung, die auf die Trennung vom Licht zurückzuführen ist, was per Definition „Schatten" und „Dunkelheit" bedeutet. Die richtigen Fragen – *Wo bin ich im Zuviel? Wo im Zuwenig?* – tragen bereits die Lösung in sich. Das „Integrieren" eines Schattens bedeutet die *Auflösung* des Schattens, so wie jeder dunkle Bereich sich auflöst, wenn er wieder ins Licht kommt.

Die Überwindung beider Einseitigkeiten führt zu einer höheren Sicht auf die jeweilige Problemsituation und damit auch auf unser Leben und auf den *Sinn* unseres Lebens. Diese Überwindung schaffen wir nicht alleine und nicht aus eigener Kraft, ebenso wie wir Dunkelheit nicht aus eigener Kraft auflösen können. Selbst wenn wir, bildlich gesprochen, die Tür öffnen, ist es *das Licht,* das die Dunkelheit auflöst. Dass unsere Bemühung – das Öffnen der Tür – zu einem Hereinströmen des Lichts führt, wird religiös „Gottes Gnade" und „Gottes Liebe" genannt, und diese Erfahrungen kommen im Konkreten meist durch andere Menschen, so wie unser Kontakt mit der Sonne hauptsächlich durch die Sonnenstrahlen erfolgt. Jede Seele ist ein einzigartiger Strahl Gottes. „Wo zwei oder drei in meinem Namen zusammenkommen, bin ich in ihrer Mitte." (Mt 18,20) *archetypische „luziferische" Selbstrechtfertigung des Bösen.* Die atheistische Esoterik tendiert dazu, ein Sprachrohr dieser Weltsicht zu sein ...

Ohne Gegensätze keine Entwicklung?

In der Esoterik ist vielfach zu hören, Kriege, Gewalt und Konflikte seien notwendig, denn ohne dieses Negative gäbe es keine Entwicklung; ein Zustand dauerhaften Friedens und dauerhafter Harmonie würde zu Stagnation führen und widerspräche dem „Gesetz der Dialektik".

Dialektik jedoch ist kein Gesetz, sondern eine dialogische und philosophische Methode, in der mit Thesen und Antithesen gearbeitet wird, um durch die Synthese der Gegensätze zu einer höheren Erkenntnis zu gelangen. Auch hier ist die Unterscheidung von Polarität und Dualität entscheidend. Wenn Polarität und Dualität gleichgesetzt werden, führt dies zu monistischen oder materialistischen Halbwahrheiten, und die Synthese von zwei Halbwahrheiten führt zu keiner höheren Wahrheit, sondern nur zu einer weiteren, „synthetischen" Halbwahrheit. Dies zeigte sich z. B. im „dialektischen Materialismus" des Kommunismus, der bewirkte, dass Gewalt und Staatsterror als legitime Mittel der „Revolution" gesehen wurden.

Wird Dialektik hingegen auf die Polarität bezogen, beschreibt sie eine natürliche und offensichtliche Wahrheit: Entwicklung und Schöpfungsdynamik sind nur durch Gegensätze möglich, d. h. durch die gleichwertigen Gegensätze der *Polarität.* Über das Gleichgewicht der Polarität sind wir in unserer Mitte und in Resonanz mit der Ganzheit, dem spirituellen Urgrund. Nur wenn wir mit uns im Frieden sind, ist das Erkennen der eigenen Berufung möglich, was die wirkliche Entwicklung ist, um die es in unserem Leben geht. Demgegenüber bedeutet Dualität, dass wir das Gleichgewicht verlieren und vom „radikalen" Mittelweg in die eine oder andere Einseitigkeit fallen. Die Entwicklung wird dadurch zur *Ver*wicklung. Man verliert sich in Ablenkungen und im Kampf mit den Gegensätzen, was trotz des „gut gemeint" nicht der wirklichen, persönlichen Berufung entspricht. Die Dualität führt nie zu Frieden, und wenn doch, ist es ein trügerischer Friede, genauso wie auch der sogenannte Fortschritt auf diesem Weg nur trügerisch ist, da er die Menschen von ihrem wahren Selbst entfernt und entfremdet. Mit anderen Worten: Harmonie und Friede bedeuten nicht Stillstand und „Ende von Entwicklung", sondern sind der Schlüssel zu Selbst- und Gotteserkenntnis. Das Gute kann aus sich selbst heraus existieren und benötigt keine Zuviel-Zuwenig-Einseitigkeiten. Vielmehr ist das Gute der Weg zur *Überwindung* dieser Spaltung. Dies ist jedoch etwas ganz anderes als bloß eine „Synthese" von zwei Einseitigkeiten.

Teil 3: Das theistische Verständnis von Karma

Missverständnisse bezüglich Reinkarnation und Karma

Die Ansicht, Gut und Böse seien gemäß dem Polaritätsgesetz als „Einheit" miteinander verbunden, führt zu einer Rechtfertigung des Bösen („das Böse fördert das Gute; ohne das Böse gäbe es nichts Gutes"). Bekannt in diesem Zusammenhang sind folgende Zeilen aus Goethes *Faust I* (Zeilen 1335ff.):

> [Ich bin] Ein Teil von jener Kraft,
> Die stets das Böse will und stets das Gute schafft.

Dieser viel zitierte Satz ist jedoch kein Wort Gottes und auch kein geistiges Gesetz, sondern die Selbstrechtfertigung des Mephisto, der gleich im Anschluss an die obigen Zeilen offenbart, wer er ist:

> So ist denn alles, was ihr Sünde,
> Zerstörung, kurz das Böse nennt,
> Mein eigentliches Element.

Goethe durchschaute offensichtlich die Geister, die er beschrieb. Wer den Satz von der „Kraft, die stets das Böse will und stets das Gute schafft" zitiert, sollte ihn nicht aus dem Zusammenhang reißen. Wer jedoch an die monistische (genauer: deistische[8]) Philosophie des Mephisto glaubt, hat als weiteren Fehler in der Rechnung auch ein einseitiges, d. h. halbwahres Verständnis von Karma, welches besagt: „Es gibt keine Zufälle, es gibt keine unschuldigen Opfer, es gibt kein Unrecht. Alles, was geschieht, haben die Opfer selbst in ihr Leben gerufen. Wäre es nicht ihr Karma gewesen, wäre es ihnen nicht zugestoßen. Die Tatsache aber, dass es ihnen zustößt, zeigt, dass es ihr Karma war, d. h. von ihnen selbst verursacht wurde. Denn alle schaffen ihre eigene Realität."

Es stimmt: es gibt keine Zufälle. Das heißt aber nur, dass alles eine Ursache hat. Diese Tatsache wiederum kann theistisch oder atheistisch interpretiert werden. Bei Argumentationen in der Linie der atheistischen Esoterik wird meistens verschwiegen, dass die Annahme, es gebe keine unschuldigen Opfer, auch bedeutet, dass es keine schuldigen Täter gibt – was jedoch nur für die „Erleuchteten" gilt. Für den Rest der Menschheit gilt: „Es gibt kein Unrecht, es gibt keine berechtigte Anklage, sondern nur Selbstanklage. Wenn du in einen Krieg oder in ein Konzentrationslager gerätst, bist du selbst schuld, und du kannst niemand anderem die Schuld geben, denn du hast diese Realität selbst kreiert!"

Solche Halbwahrheiten dienen direkt oder indirekt dem Zweck, Unrecht zu rechtfertigen bzw. verharmlosen. Es ist eine Philosophie der Täter. Es wäre besser, nichts von Karma und Reinkarnation zu wissen, als mit solchem Halbwissen zu argumentieren.

Karma ist nicht gleich Prädestination

Es gibt keinen Zufall. Bedeutet dies auch, dass es keine unschuldigen Opfer gibt? Und keine schuldigen Täter? Keine Schuld, keine Sünde, kein Unrecht? Ist alles, was geschieht, eine ausgleichende Gerechtigkeit? Eine weit verbreitete esoterische Ansicht besagt, wenn z. B. ein Schänder ein Kind misshandle oder ermorde, dann entspreche dies dem „Karma" und der „Resonanz" dieses Kindes. Wer heute Opfer sei, sei im letzten Leben selbst ein Täter gewesen. Das Opfer habe sich den Täter in das eigene Leben gerufen.

Betrachten wir diese Ansicht näher. Wenn Person A der Person B etwas antut, dann bedeutet das gemäß der obigen Logik, dass B im letzten Leben A etwas angetan hat. Aber dort kann's ebenfalls nicht angefangen haben, da es keine unschuldigen Opfer gibt. Also hatte vorher A der Person B etwas angetan, weil B vorher A etwas angetan hatte, weil A vorher B etwas angetan hatte, usw. Wann hat dies begonnen? Bei der Schöpfung? Bei „Adam und Eva"? Was hier vorliegt, ist eine esoterische Version der religiösen Prädestinationslehre.*

Irgend etwas stimmt an dieser Logik nicht. Der Hauptfehler ist, dass Karma mit Prädestination gleichgesetzt wird, was eine Halbwahrheit ist, denn Prädestination ist nur die eine Hälfte des Karmagesetzes. Prädestination ist die eine Seite des Karmas, der freie Wille die andere. Kausalität (Karma) bedeutet die Abfolge von Ursache und Wirkung gemäß dem Prinzip von Aktion und Reaktion. Was immer wir tun (Aktion), erzeugt eine Reaktion. Die Reaktion ist deshalb prädestiniert, aber was wir in der jeweiligen prädestinierten Situation tun, entschei-

* Prädestinationslehre: Glaube, dass alles, was geschieht, durch den Willen Gottes vorausbestimmt („prädestiniert") ist. Die religiöse Prädestinationslehre gründet in der Fehlauffassung, dass der Mensch keinen freien Willen haben könne, weil ein freier Wille im Widerspruch zu Gottes Allmacht und Allwissenheit stehen würde. Demgegenüber betont das theistische Verständnis, dass Gott sowohl Energie (Einheit, Nondualität) als auch Bewusstsein („Person", Individualität) ist. Die religiöse Prädestinationslehre verabsolutiert einseitig Letzteres („Es gibt nur Gottes Willen"), die esoterische Prädestinationslehre Ersteres („Es gibt nur Gottes Gesetze"). Beide verkennen die entscheidende Rolle des freien Willens in der Kausalität (Karma) und vertreten einen pseudoreligiösen bzw. pseudoesoterischen Determinismus.

Karma und das Vergessen der früheren Leben

Entsprechend den Schöpfungsgesetzen beginnen wir mit jeder Geburt ein neues Leben, was nur möglich ist, weil die Erinnerung an die früheren Leben nicht mehr vorhanden ist. Das Vergessen der früheren Leben hat einen tiefen Sinn. Die früheren Leben sind vergangen und vorbei, wir leben im Hier und Jetzt und befinden uns auf einem Weg, der inhaltlich die Fortsetzung der früheren Leben ist.

Ein häufiger Einwand gegen Reinkarnation und Karma besagt, dass es unsinnig wäre, für Taten aus einem früheren Leben Reaktionen zu bekommen. Das wären Reaktionen („Strafen", „Belohnungen") für nichts, vor allem was das „schlechte" Karma betrifft. Wie können wir für etwas Verantwortung übernehmen, wenn wir nicht wissen wofür?

Diese Einwände beruhen auf einer Verkennung der Grundaussage von Karma und Reinkarnation, nämlich dass wir – die Individuen, die durch all diese Leben wandern – ewig sind. Und die Ewigkeit, d. h. unser Leben, findet immer in der Gegenwart statt.

Das Leben stellt uns fast täglich in besondere Situationen, die uns etwas widerspiegeln und uns etwas lehren. Es geht um das Lernen und Erkennen im *Jetzt*. Was wir zu lernen und zu erkennen haben, ist absolut individuell, denn dies ist abhängig von unserem Lebensweg durch die verschiedenen Inkarnationen. Wir müssen nicht für das Vergangene Verantwortung übernehmen, sondern für die aktuelle Situation. In welche Situationen wir geraten und welche Prüfungen wir bekommen, hat mit den Weichenstellungen in unseren früheren Leben zu tun, aber die Verantwortung bezieht sich immer auf das, was wir in der entsprechenden gegenwärtigen Situation tun.

Reinkarnation ist kein automatischer Vervollkommnungsprozess, denn jedes Individuum hat einen freien Willen. Wenn wir die Zeichen unseres Lebens erkennen und das Entsprechende lernen, führt dies zu einer ganz persönlichen, spirituellen Vollkommenheit, und diese ist materiell gesehen meistens nicht spektakulär. Vollkommenheit ist nur im Spirituellen möglich, im Spirituellen aber sehr wohl, und zwar für jeden Menschen, denn Vollkommenheit ist „einfach" das bewusste Verbundensein mit der Quelle und das Schöpfen aus dieser Quelle.

den wir mit unserem freien Willen. Das heißt: **In der Reaktion wirkt die Prädestination, in der Aktion der freie Wille.**

Das Prinzip der Verantwortung

Betrachten wir das obige Beispiel nochmals: Wenn B der Person A etwas angetan hat und A im nächsten Leben gemäß Prädestination in eine Situation kommt, in der es möglich ist, B etwas Ähnliches anzutun, hat A auch den freien Willen und damit *Verantwortung.* (Deswegen gehört es zu unserer Verantwortung, inwieweit wir uns unseren freien Willen bewahren.) B hat A etwas angetan, und so begegnen sich die beiden wieder, und B ist dieses Mal vielleicht ein wehrloses Mädchen und A ein erwachsener Mann. Durch die Resonanz der Kausalität verspürt A den Impuls, dem Mädchen etwas anzutun, aber gleichzeitig spürt A auch das eigene Gewissen und die innere Stimme, die ruft: „Tu das nicht!" Wir wissen, dass Gewalt, Mord, Betrug usw. verboten, kriminell und „nicht gut" sind.

Prädestiniert ist immer nur die Situation. Die Prädestination zwingt uns nie zu einer bestimmten Handlung, weil immer auch der freie Wille vorhanden ist. Karma bedeutet also nicht ein „prädestiniertes Handeln". Karma verursacht nie Handlungen, sondern nur Situationen, und es ist unsere Verantwortung, wie wir in den jeweiligen Situationen handeln. Es gibt sehr wohl Unrecht, auch „objektiv". Nicht alles entspricht dem „Dein Wille geschehe".

Der Mensch ist ein Schöpferwesen

In der theistischen Spiritualität ist „Dein Wille geschehe" das Kriterium für ein Handeln, das „in Ordnung" ist, d. h. der göttlichen Schöpfungsordnung entspricht. Das spaltende Ego rebelliert, wenn es hört, dass Gott einen Willen hat. Gott will gewisse Dinge und gewisse Dinge nicht! Gottes Wille ist das, was in den ersten beiden Teilen dieser Abhandlung beschrieben wurde: wahre Einheit, Liebe, Harmonie. Gott braucht das Böse nicht, genauso wie Licht die Dunkelheit nicht braucht. Dennoch besteht jederzeit die Möglichkeit, sich vom Licht abzuwenden und dadurch Dunkelheit zu erzeugen.

Die Tatsache, dass der Mensch ein Schöpferwesen ist, ist sehr weitreichend. Als Schöpferwesen können wir jederzeit neue Karmaketten erzeugen oder Karmaketten auflösen. Wir können sowohl im Positiven als auch im Negativen als Schöpferwesen tätig sein. Wenn wir etwas Positives tun, ist das nicht einfach prädestiniert, genauso wenig, wie wenn wir etwas Negatives tun – obwohl die atheistische Esoterik genau diesen Punkt bestreitet. Es gibt unschuldige Opfer. Wenn jemand Amok läuft, trifft er nicht nur Menschen, von denen er im letzten Leben ermordet wurde. Mit größter Wahrscheinlichkeit hat keines seiner Opfer ihm jemals etwas angetan. Hier wirkte nicht einfach die Prädestination, sondern der freie Wille des Täters, selbst wenn der freie Wille zu diesem Zeitpunkt nicht mehr wirklich frei war. Die getroffenen Menschen starben nicht zufällig, sondern wegen einer Ursache: wegen der Handlung des Täters, welche Ursachen auch immer diese wieder gehabt haben mag. In diesem Sinn waren die Opfer unschuldig. Hier wurde nicht einfach eine laufende Karmakette weitergeführt, sondern *eine neue Karmakette begonnen.* Der Täter und die Opfer waren sich früher wohl kaum jemals begegnet. Aber jetzt wurde eine Situation geschaffen, die bewirkt, dass sie sich (in späteren Leben) wieder begegnen werden, bis die Karmakette mit jeder einzelnen Person aufgelöst ist.

Um auf das vorherige Beispiel von A und B zurückzukommen: Wenn A als ehemaliges Opfer dem ehemaligen Täter B begegnet und sich entscheidet, B etwas anzutun, wird A zu einem Täter. Die beiden sind dann nicht etwa quitt, sondern die Situation hat sich verkompliziert, weil es jetzt *zwei* Schuldige (zwei Täter) und zwei Opfer gibt. Die Kettenreaktion von Täter und Opfer geht so lange weiter, bis die beteiligten Personen freiwillig aus dem Teufelskreis von Schlagen und Zurückschlagen aussteigen und als Opfer das Geschehene verzeihen und loslassen bzw. als Täter das Geschehene bereuen und wiedergutmachen. Dies meinte Jesus, als er sagte: „Wenn dich einer auf die Wange schlägt, dann halte auch die andere hin“ (Lk 6,29), und „Liebt eure Feinde und betet für sie“ (Mt 5,44).

Die Erde, ein Ort des freien Willens

Zum aktiven Teil des Karmas (Ursache, Aktion) gehört auch die Möglichkeit, neue Karmaketten zu schaffen. Wird eine negative Karmakette gestartet, handelt es sich um einen „Übergriff“. Übergriffe sind Handlungen, bei denen ein Mensch oder eine Menschengruppe anderen etwas antut, ohne dass die Opfer eine Möglichkeit hatten, sich zu entscheiden, ob sie in diese Situation hineingehen wollen oder nicht. Übergriffe geschehen täglich, im Kleinen wie im Großen. Menschen haben jederzeit die Macht, Übergriffe auszuüben, ohne dass das Opfer ihnen gegenüber eine karmische Schuld mitbringt. Das bekannteste Beispiel ist Jesus. Hatte Jesus einfach nur ein schlechtes Karma oder eine schlechte Resonanz, die bewirkte, dass er verleumdet, verfolgt und verraten wurde und dass die Römer ihn kreuzigten?

Bei Übergriffen wirkt in einem bestimmten Sinn tatsächlich der Zufall, engl. *co-incidence:* das Zusammenkommen der Lebenswege verschiedener Personen, die vorher noch nie etwas miteinander zu tun hatten. Ihre einzige Gemeinsamkeit ist, dass sie zur gleichen Zeit auf demselben Planeten leben, und die Erde ist ein ganz besonderer Planet! Wer immer auf die Erde kommt, kommt in eine gefährliche Zone, gefährlich deshalb, weil es hier jederzeit möglich ist, dass jemand seinen freien Willen missbraucht und einen Übergriff ausführt.

Täter, Opfer und Opferhaltung

In der monistischen Esoterik wird oft gesagt, man dürfe nicht von Täter und Opfer oder von Schuld und Sühne sprechen, weil dies Konzepte der Dualität seien. Letzteres stimmt, aber Dualität ist keine Illusion, sondern eine relative Realität. Solange die Menschen in einer Welt der Dualität leben, gibt es Täter und Opfer und dementsprechend Schuld und die Notwendigkeit von Sühne (Karma-Auflösung). „Schuld" ist kein Negativbegriff des Urteilens, sondern ein neutraler Begriff, der – ähnlich wie der Begriff „Schulden" – einen Zustand beschreibt, in dem etwas noch nicht beglichen ist. Innerhalb der Dualität schuldet jeder Täter (Verursacher) Einsicht, Reue und Wiedergutmachung. Ohne Einsicht und Reue können gebrochene Gleichgewichte nicht wieder „ins Lot" und „in Ordnung" kommen.*

Wenn es zu einer Situation mit Tätern und Opfern kommt und wir zu denjenigen gehören, die Unrecht erfahren, sind wir zwar „Opfer", aber wir brauchen deswegen nicht in ein Opfer*bewusstsein* und in eine Opferhaltung zu fallen. Denn jede Situation hat einen höheren Sinn und einen Aspekt, der uns etwas lehren will. Dies können wir jedoch immer nur auf uns selbst anwenden: Was will diese Situation mir zeigen? Was habe ich hier zu lernen?

Wenn wir das Beispiel Jesu betrachten, so wurde er aufgrund von Verrat und Korruption zu einem Opfer, fiel aber nicht in ein Opferbewusstsein. Er sah die Dualität Täter/Opfer, aber identifizierte sich nicht mit ihr und reagierte aus einem Bewusstsein der göttlichen Liebe heraus: „Vater, verzeih ihnen, denn sie wissen nicht, was sie tun."

---

* In der bekannten hawaiianischen Methode des Karma-Auflösens, genannt Ho'oponopono, lautet der erste der vier Auflösungssätze: „Es tut mir leid." Dem folgen die anderen drei: „Bitte verzeihe mir." „Ich liebe dich." „Ich danke dir." Die monistischen Lehren, die sagen, alles sei eins und es gebe kein Unrecht, ersticken die Karma-Auflösung im Keim, weil sie jegliches Unrechtgefühl und damit auch das Empfinden von Einsicht und Reue unterbinden.[9]

Wenn derjenige, der Opfer eines Übergriffs wurde, nicht in eine Opferhaltung geht und alles Geschehene verzeihen und alle Verletzungen heilen kann, dann ist dieser Mensch zwar „Opfer" geworden, aber er ließ sich nicht in die Karmakette hineinziehen. Der Täter hingegen hat *für sich* eine Karmakette geschaffen, und diese wird ihm entsprechende Reaktionen einbringen, bis er seine Schuld einsieht und korrigiert und dadurch auflöst. Das ist die Verantwortung des Täters.

Angesichts der Realität des freien Willens können wir also sagen: „Ich bin nicht – oder nur bedingt – verantwortlich für das, was andere mir antun. Aber ich bin immer voll verantwortlich dafür, was *ich* tue und wie *ich* reagiere."

Das Böse ist keine „notwendige Erfahrung"

Das Böse ist keine notwendige Erfahrung, weder für die Täter noch für die Opfer. Es ist jedoch hier in der Welt der Dualität *eine unvermeidliche Erscheinung.* Jesus drückte dies wie folgt aus:

> „Diese Welt ist eine gefährliche Welt, denn in ihr kann der Mensch verführt werden oder andere verführen. Es ist unvermeidlich, dass das Böse geschieht, aber wehe denen, durch die es geschieht!" (Mt 18,7)

„Wehe denen, durch die es geschieht!" bedeutet, dass diejenigen, die die Möglichkeiten ihres freien Willens missbrauchen, dafür voll verantwortlich sind und dass die Schuld nicht auf andere abgewälzt werden kann, nicht auf Gott („Gott hat es so gewollt") und nicht auf die Opfer („Es war ihre Bestimmung, ihre Resonanz, ihr Karma, ihre eigene Schuld, ihre notwendige Erfahrung"). Das alles wären Urteile, im Gegensatz zum *Unterscheiden* (ohne zu urteilen).

Auch diejenigen, denen Böses oder Ungutes widerfährt, sollten nicht meinen, es sei ihre eigene Schuld. Es geht nicht darum zu fragen: „Was ist meine Schuld? Warum werde ich hier bestraft?", sondern um die wirklich wichtige Frage: „Was ist der höhere Sinn? Wie kann ich aus dieser unguten Situation gestärkt hervorgehen?"

Auflösung von Karmaketten

Es stimmt: Es gibt keine Zufälle. Alles, was geschieht, hat eine Ursache, und die Hauptursache ist immer der freie Wille der beteiligten Personen, die mit ihren Wünschen, Entscheidungen und Handlungen unterschiedlichste Kettenreaktionen auslösen. Wie bereits erwähnt, gehören zur Ganzheit unserer Lebensrealität nicht nur der Faktor „Energie", sondern auch – und vorrangig – der Faktor „Bewusstsein". Zum Bewusstsein gehört der individuelle Wille, und Bewusstsein ist ewig, weshalb auch der freie Wille ewig, d.h. *immer gegenwärtig,* ist. Mit anderen Worten: Wir haben in jeder Situation die Möglichkeit, die Weichen neu zu stellen. Das Leben und der freie Wille finden immer *in der Gegenwart* statt. Wir können jederzeit neue Karmaketten beginnen und alte Karmaketten auflösen.

Wenn *Menschen, die zu Opfern wurden,* ihre Karmaketten auflösen wollen, müssen sie ihre Opferhaltung aufgeben, das Trauma heilen und dem Täter oder den Tätern verzeihen. Wenn sie in eine Opferhaltung fielen oder wenn sie Rachegefühle entwickelten, ist es notwendig, dass sie auch sich selbst verzeihen. Opfer, die diese Schritte nicht tun, werden früher oder später selbst zu Tätern.

Wenn *Menschen, die Täter sind,* ihre Karmaketten auflösen wollen, müssen sie ihre Schuld erkennen, ihre Tat bereuen und das Unrecht wiedergutmachen. Und ebenso ist es auch für sie notwendig, sich selbst zu verzeihen.

Wer immer diese Schritte tut, hat für sich die entsprechende Karmakette aufgelöst, selbst wenn die anderen Beteiligten diese Schritte nicht tun. Die „Verbliebenen" werden gemäß den geistigen Gesetzen in Situationen geraten, in denen sie mit den gleichen Lektionen konfrontiert werden und anderen Personen begegnen, die ihre Schritte zur Auflösung der Karmareaktionen ebenfalls noch nicht getan haben. Dies hat nichts mit einem strafenden Gott zu tun, sondern mit dem Gesetz der Polarität und des Ausgleichs.

„Du sollst nicht urteilen"

In Weiterführung der Erkenntnis, dass Irrtum verfehlte Wahrheit, aber Wahrheit nicht verfehlter Irrtum ist, können wir auch sagen: Jeder ist seines eigenen Glücks Schmied. Aber nicht jeder ist seines eigenen *Unglücks* Schmied! Jede Karmakette von Tätern und Opfern hat einen Anfang, der von einer Person gesetzt wird, die eine entsprechende Tat ausführt und andere Menschen zu Opfern macht. Hier stellt sich die Frage: Entspricht es nicht der Resonanz dieser Menschen, dass gerade sie zu Opfern werden?

Diese Frage ist berechtigt, sollte aber nicht von der Schuld des Täters ablenken, und die Antwort lautet: „Urteilt nicht, damit ihr nicht verurteilt werdet. Denn euer Urteil wird auf euch zurückfallen" (Mt 7,1–2). Niemandem steht es zu, über andere Menschen zu urteilen und zu sagen: „Das ist deine Resonanz, das ist dein Karma, diese Realität hast du dir selbst geschaffen." Denn wir können nie genau wissen, warum jemand Gewalt, Unrecht usw. erfährt. Vielleicht ist es das Ergebnis einer nicht abgeschlossenen Karmakette. Vielleicht ist es deshalb, weil jemand eine neue Karmakette beginnt. Vielleicht ist es deshalb, weil jemand sich zur Verfügung stellte, damit die Täter durch ihre Tat zur Besinnung kommen können.

Das Erkennen des höheren Sinns in jeder Situation

„Alles hat einen höheren Sinn" ist eine zentrale Erkenntnis der ganzheitlichen Spiritualität. Das bedeutet aber nicht „alles ist gut". In der Welt der Dualität, wo es Gut und Böse gibt, ist eben gerade nicht *alles* gut. Aber alles hat einen Sinn. Diesen Sinn können wir immer nur für uns selbst erkennen. Wir können aus allen Situationen lernen, auch aus der Konfrontation mit dem Bösen. Aber das heißt nicht, dass das Böse deshalb nicht mehr böse ist. Der bereits erwähnte Spruch des Mephisto („Ich bin die Kraft, die stets das Böse will und doch das Gute schafft") ist eine luziferische Selbstrechtfertigung *und Selbsttäuschung.* Das Böse hat noch nie etwas Gutes geschaffen, so wie Dunkelheit noch nie Licht hervorgebracht hat. Es sind immer nur einzelne Menschen, die in solchen Situationen für sich das Gute, *den göttlichen Sinn,* erkennen. Dieses Gute wurde aber nicht vom Bösen geschaffen, sondern von jenen Menschen, die sich vom Bösen nicht beeinflussen und nicht brechen ließen. Und das war nur möglich aufgrund ihrer inneren Verbindung mit der göttlichen Quelle, die sowohl Liebe als auch Gnade umfasst.

Mit anderen Worten, das Universum ist nicht einfach eine gottlose Einheit von Energie ohne inhärente Intention, wie in den Weltbildern des Materialismus und Monismus geglaubt wird (siehe Zitate auf S. 35). Hinter allem, im Relativen wie im Absoluten, wirkt Bewusstsein als Hauptfaktor der Kausalität – und deshalb auch in der Polarität und in der Dualität.

Was in all diesen Formulierungen vielleicht etwas „theoretisch" klingen mag, hat in der praktischen Übersetzung äußerst konkrete und aktuelle Bezüge. Denn wie eingangs erwähnt: Der Bewusstseinswandel, der heute auf allen Ebenen notwendig geworden ist, kann nur geschehen, wenn die Menschen die vorherrschenden Spaltungen und Einseitigkeiten als solche erkennen und überwinden.

Anmerkungen

Einleitung

1. Moorjani: *Dying to Be Me* (2012)/*Heilung im Licht* (2012), p. 138, 140, 148 / S. 188f., 191, 203
2. Zur Wiederholung möchte ich kurz die Definitionen aus dem Buch *Der radikale Mittelweg* wiedergeben: Monotheismus ist der Glaube an einen „einzigen Gott" („unser Gott ist der einzig wahre Gott, alle anderen Konfessionen und Religionen verehren einen falschen Gott"), Theismus ist der Glaube an einen absoluten Gott, *absolut* im wörtlichen Sinn: „ungebunden, ursprünglich, allumfassend". Weil Gott allumfassend ist, offenbart er sich zu allen Zeiten, in allen Kulturen und in allen Religionen.
3. Siehe Literaturverzeichnis: Austin/Morris; Brandt; Brown; Gish; Junker; Junker/Scherer; ProGenesis; Strobel; Wilder-Smith; wort-und-wissen.de;* 0095.info (95 Thesen gegen die Evolutionstheorie).

Kapitel 1

1. Michael Schmidt-Salomon: *Manifest des evolutionären Humanismus,* S. 15, 17, 24.
2. aus: Hürter/Rauner: *Die verrückte Welt der Parallelwelten – Wie oft gibt es uns wirklich?,* S. 10, 11, 17. Dieses Zitat geht auf S. 17 wie folgt weiter: „Wenn die kopernikanische Wende eine ‚Kränkung' war, wie Sigmund Freud es formulierte, dann ist das Multiversum ein Affront. Der Physikprofessor Alexander Vilenkin von der Tufts University bei Boston, Massachusetts, formuliert es in aller Nüchternheit: ‚Mit der Herabstufung der Menschheit auf die vollkommene kosmische Bedeutungslosigkeit ist unser Abstieg vom Mittelpunkt des Universums endgültig vollzogen.' [...] Vilenkin ist es gewohnt, ausgetretene Pfade zu verlassen."

   Der Pfad des Materialismus, den Vilenkin vertritt, ist jedoch bereits seit Jahrzehnten ausgetreten und bequem. Er wird weltweit propagiert und mit Universitätsgeldern gefördert, und es erfordert keinen Mut, diesem Pfad zu folgen. Wirklich mutig und bahnbrechend ist es, das materialistische Weltbild zu hinterfragen und zu überwinden.
3. Diese bekannte Antwort von Niels Bohr, die anfänglich nur mündlich weitererzählt wurde, existiert in unterschiedlichen Formulierungen. Eine andere Version lautet: „Ihre Idee ist verrückt. Die Frage ist: Ist sie verrückt genug?", zu finden z.B. in: Tom Schimmeck, „Ein Quäntchen Wahrheit – Die Quantenphysik macht das Universum immer rätselhafter. Willkommen im Multiversum!" (*IP Internationale Politik,* November 2005, S. 125).

   Die früheste mir bekannte Version dieses Zitats findet sich in der Zeitschrift *Scientific American,* September 1958, im Artikel von F.J. Dyson, „Innovation in physics": „Die Frage ist nicht, ob eine Theorie zu verrückt ist, sondern ob sie verrückt genug ist."

---

* Alle Website-Adressen und Links gemäß Stand Ende Oktober 2013.

4. Ausführlich dargelegt in: Risi, *Gott und die Götter* (1995/2007) und *Unsichtbare Welten* (1998/2008).
5. Das Wort „Hierarchie“ hat in der Umgangssprache manchmal einen negativen Beigeschmack. Wörtlich bedeutet es „göttliche Ordnung“, von grch. *hierós*, „heilig, gottgeweiht“, und *árchein*, „herrschen, der Erste sein“. In den Lichtwelten steht *Hierarchie* für den natürlichen Fluss des Zusammenwirkens von unterschiedlichen, aber gleichwertigen Ebenen.
6. Was die Knochen des etwa 1,20 m großen Wesens „Lucy“ wirklich zeigen, wird vom kreationistischen Wissenschaftler Dr. David Menton in seinem Vortrag „Lucy – She's No Lady“ detailliert dargelegt (answersingenesis.org/media/video/ondemand/lucy/lucy-shes-no-lady). Siehe auch: Zillmer, *Die Evolutions-Lüge*, S. 71 – 73 („Der Affe Lucy“).
7. Jesus antwortete sinngemäß: „Was macht ihr mir zum Vorwurf, wenn ich sage, ich sei der Sohn Gottes und eins mit dem Vater, wenn euer eigenes Gesetz sagt: Ihr seid Götter!?“ Indem Jesus den religiösen Fundamentalisten mit diesem Satz aus Psalm 82 antwortet, sagt er zweierlei: Erstens entkräftet er den Vorwurf der Gotteslästerung, indem er sagt, in ihrem eigenen Gesetz stehe, dass wir als Menschen *elohim* seien, und zweitens appelliert er an diese Menschen, die sich als seine Gegner und Feinde sehen, indem er sie an die höhere Identität ihrer selbst erinnert: Wir alle sind *elohim*, sprich „Götter“, d. h. Lichtwesen, Teile Gottes, Strahlen Gottes, wir sind alle „eins mit dem Vater“ und somit Söhne (Kinder) Gottes. „Ihr seid Götter“ (grch. *theoi este*) bedeutet also nicht etwa „ihr seid Poseidon, Athene usw.“, sondern Jesus meint hier die Lichtwesen-Natur des Menschen.
8. Dies ist die vedische Definition von Materie, wie sie in der *Bhagavad-Gītā* (8.4) als kurze Weltformel gegeben wird: *adhibhūtaṁ kṣaro bhāvaḥ.* „Materie ist eine sich unendlich wandelnde Energie.“ Wörtlich: „Die Gesamtheit der materiellen Elemente/Formen *(adhibhūtam)* ist eine Energie/Ursubstanz *(bhāvaḥ)*, die *kṣaro* (sich endlos wandelnd; umwandelnd; hervorbringend) ist“; siehe auch: *Gott und die Götter – Das Mysterienwissen der vedischen Hochkultur*, Kapitel 2, „Vedische Kosmogonie“.
9. Richard Dawkins: *River out of Eden – A Darwinian View of Life* (1995), dt. *Und es entsprang ein Fluß in Eden* (S. 151). Michael Schmidt-Salomon, „Deutschlands Chef-Atheist“ *(Der Spiegel)*, zitiert diese Dawkins-Sätze in seinem *Manifest des evolutionären Humanismus* (2006) als zentrales Glaubensbekenntnis mit voller Zustimmung (S. 25f.).
10. David Hamilton: *It's the Thought That Counts* (2006); dt. *Achte auf Deine Gedanken – Warum der Geist die Materie beherrscht*, S. 9 und 11.
11. ebd. S. 138f., 141. Das Beispiel mit dem Tropfen ist sehr treffend, wird aber von monistischer Seite oftmals so interpretiert, dass der Tropfen unsere Individualität darstelle, die jedoch nur eine Illusion sei. David Hamilton bringt hier dieses Bild in seiner richtigen Bedeutung. Wir sind Teile des Ganzen, aber wenn sich „aus einem Ozean der bewussten Intelligenz“ ein „Tropfen“, ein materieller Körper, bildet und wir uns als Menschen identifizieren, vergessen wir schnell und immer wieder, dass wir ewiglich Teile Gottes sind. Hamilton scheut sich nicht, auch das Wort „Gott“ zu verwenden, und betont, dass es unser höchster Wunsch sein sollte, unsere „Gotteskindschaft zu erfahren“ (S. 201).

12. Einstein: „Naturwissenschaft und Religion" (1941), in: *Aus meinen späten Jahren,* S. 26
13. Risi: *Der radikale Mittelweg* (2009), S. 322

Kapitel 2

1. Unter dem Namen *Henoch* oder *Enoch* existieren vier verschiedene apokryphe Bücher. Das bekannteste ist das äthiopische Enoch-Buch, das als einziges vollständig überliefert ist, weil es in den biblischen Kanon der äthiopischen Kirche aufgenommen wurde. Die ältesten Teile dieser apokryphen Schrift stammen wahrscheinlich aus dem 3. Jahrhundert v. Chr.; siehe z. B. Clare Prophet; Lumpkin. (Viele Literaturangaben auf: de.wikipedia.org/wiki/Äthiopisches_Henochbuch)
2. en.wikipedia.org/wiki/Inch
3. Die Ausführungen über die Herleitung des Urzolls stützen sich auf die Forschungsarbeiten von Dipl.-Ing. Axel Klitzke, veröffentlicht in seinem Buch *Pyramiden: Wissensträger aus Stein – Das Geheimnis der Pyramiden Ägyptens und Mittelamerikas* (Govinda-Verlag 2006).
4. Der arabische Historiker Al-Makrizi (1364–1442) verfasste für sein Buch *Hitat* ein Kapitel, in dem er zusammentrug, was die damals noch vorhandenen Überlieferungen und Schriften seines Kulturkreises zur Geschichte der Pyramiden sagten. Unter den vielen phantasievollen und widersprüchlichen Ausführungen findet sich auch dieser Hinweis: „Das sind die Pyramiden, die der erste Hermes, den die Araber Idrīs nennen, erbaute: Gott hatte ihn nämlich in der Kenntnis der Sterne unterwiesen, und diese taten ihm kund, es werde eine Katastrophe über die Erde kommen [...]. Es gibt Leute, die sagen: Der erste Hermes, welcher in seiner Eigenschaft als Prophet, König und Weiser der ‚Dreifache' genannt wurde – er ist der, den die Hebräer Henoch [...] nennen, und das ist Idrīs –, dieser Mann las in den Sternen, dass die Sintflut kommen werde. Da ließ er die Pyramiden bauen [...]." (aus: Eggers, S. 43, 45f.)
5. Das französische Revolutionsregime entschied 1793 sogar, eine 10-Tage-Woche („Dekade") einzuführen: 1 Monat = 30 Tage = 3 Wochen zu je 10 Tagen. Dadurch sollten alle religiösen Bezüge des Kalenders abgeschafft werden. Der „Revolutionskalender", auch Republikanischer Kalender genannt, enthielt eine neue Stundeneinteilung, die „Dezimalzeit". Der Tag hatte nun 10 Stunden zu je 100 Minuten, jede Minute zu 100 Sekunden. Die neue Sekunde war deshalb etwas kürzer als die bisherige Sekunde. Anfang 1806 brach Napoleon dieses ideologische Experiment ab und kehrte zum alten Zeit- und Kalendersystem zurück.
6. Die sakrale Elle und der Hunab sind ebenfalls über den Poldurchmesser definiert: 20 000 000 sakrale Ellen = 12 000 000 Hunab = 500 500 000 Zoll. Die sakrale Elle und der Hunab stehen deshalb sowohl mit dem Zoll als auch mit dem Meter in einem harmonisch-proportionalen Bezug, was auch die Erklärung dafür ist, warum viele alte Bauwerke in aller Welt geometrisch „verwandt" sind. (siehe Axel Klitzke: *Pyramiden – Wissensträger aus Stein,* Kapitel 4, „Die sakrale, ‚kosmische' Elle", und Kapitel 5, „Das verborgene Maß in den Pyramiden Mittelamerikas").

7. Klitzke, S. 102
8. ebd. S. 104f.

Kapitel 3

1. Bekanntes Zitat aus dem Gedicht *Eine unmögliche Tatsache* von Christian Morgenstern (1871-1914):

   Und er kommt zu dem Ergebnis:
   Nur ein Traum war das Erlebnis.
   Weil, so schließt er messerscharf,
   Nicht sein kann, was nicht sein darf.

2. „Von der Macht des Geistes – Mirin Dajos Botschaft", ein Text, den Mirin Dajo dem Schweizer Journalisten Willy Wagner diktierte; zitiert nach Luc Bürgin: *Das Wunder Mirin Dajo – Der unverletzbare Prophet und seine phänomenalen Kräfte* (2004), S. 141-208, hier S. 204.
3. ebd. S. 156
4. ebd. S. 30
5. ebd. S. 62
6. ebd. S. 82
7. ebd. S. 99
8. Gewisse Personen quittierten Mirin Dajos Tod mit Hohn und Spott. *Der Spiegel* (24/1948) wählte den Titel: „Den Magen zu voll genommen." Im Artikel wird zumindest auch die schnelle Heilung erwähnt und fairerweise sogar als „kleines Wunder" bezeichnet: „Mirin Dajo, der holländische Wundermann in der Schweiz, verrichtet keine Wunder mehr. Mirin Dajo ist tot. [...] Der Mann, dessen Herz man mit Spießen durchstechen konnte, ohne dass er das Bewusstsein verlor, hatte gerade nach längerem Schweigen wieder von sich reden gemacht. Er hatte erneut ein Wunder tun wollen, das dann keines wurde. Mirin hatte einen 35 cm langen Metallspieß verschluckt, sich mit ihm im Magen röntgen und hernach operieren lassen. Vorher hatte er hoffnungsfroh verkündet, dass der Chirurg den Spieß nicht mehr im Körper vorfinden würde. Der Wundermann wollte eine ‚Dematerialisation' vornehmen. Dann sollte eine ‚Rematerialisierung' folgen, d.h. der Spieß würde mit einem Male wieder da sein. / Zwei Tage, nachdem Mirin das Instrument verschluckt hatte, wurde er mit inneren Blutungen ins Spital gebracht. Man narkotisierte ihn und entfernte den Fremdkörper aus dem malträtierten Wundermannsmagen. Am Rande war dann doch ein kleines Wunder geschehen: Die Heilung war wider Erwarten sehr schnell und ohne Komplikationen vor sich gegangen."
9. zitiert nach Bürgin, S. 131
10. ebd. S. 83f.
11. ebd. S. 218
12. ebd. S. 213. Der vierseitige Brief an Albert Einstein ist auf S. 212-215 im Original wiedergegeben. Luc Bürgin fand heraus, dass Mirin Dajos Brief in der *Jewish & National University Library* von Jerusalem aufbewahrt wird (diese Bibliothek verwaltet Albert Einsteins Nachlass). Er kommentiert: „Es ist nicht Dajos Stimme, die aus diesen Zeilen spricht. Auch wenn der

Holländer seinen Namen darunter setzt“ (S. 82). Tatsächlich fallen in diesem Brief einige Stellen auf, in denen Mirin Dajos Fähigkeiten auf eine nicht sehr sensible Weise angepriesen werden. Der Brief war von einem Herrn Lüscher geschrieben worden, der seine Dienste als Sekretär angeboten hatte. Er wollte in die USA auswandern und hoffte, mit Hilfe von Mirin Dajo eine Einladung in die USA zu bekommen. Als Albert Einstein eine Absage sandte, trennte sich „Sekretär“ Lüscher von Mirin Dajo.

13. *Der Spiegel* 24/1948, S. 26
14. zitiert nach Bürgin, S. 185
15. Nachruf von Gottlieb Duttweiler für Mirin Dajo, veröffentlicht in der Migros-Zeitung *Brückenbauer,* zitiert nach Bürgin, S. 103f.
16. zitiert nach Bürgin, S. 146, 179, 204f.
17. ebd. S. 151
18. ebd. S. 60
19. zitiert nach Dr. med. Matthias Kamp: *Revolution in der Medizin – Bruno Gröning: Rehabilitation eines Verkannten. Eine ärztliche Dokumentation der Heilung auf dem geistigen Wege,* S. 16; und Dr. Kurt Trampler: *Die große Umkehr – Fragen um Bruno Gröning,* 1950, S. 101
20. Grete Häusler (1986/ [5]1996), S. 56f.; siehe auch Kamp, S. 31.
21. Helmut Hülsmann, Pressebericht über die Heilung seines Sohnes Dieter, gezeichnet „Herford, den 18.03.1949“; zitiert nach: Egon Arthur Schmidt: *Die Wunderheilungen des Bruno Gröning,* Falken Verlag 1949; Neuausgabe durch Thomas Busse im Grete-Häusler-Verlag 1994, S. 77f.
22. Einer der skrupellosesten Verleumder Bruno Grönings war der Journalist Dr. Michael Graf Soltikow, Spross einer Potsdamer Professorenfamilie. Er versuchte sich zuerst in den Kreis der Mitarbeiter Grönings zu drängen und gab sich gegen außen hin als Pressesprecher und rechtlicher Berater Grönings aus, nur um seinen Publikationen ein zusätzliches Gewicht zu verleihen (z.B. „Extrablatt – Gröning entlarvt“). Im Vorfeld des ersten Prozesses von 1951/52 besorgte er sich von Bruno Grönings Bruder Karl einen „Tatsachenbericht“, der dann zu den Grundlagen des „Sachverständigengutachtens“ wurde. Karl Gröning widerrief eineinhalb Jahre später seinen erlogenen „Tatsachenbericht“, indem er mit einer eidesstattlichen Erklärung (vom 4.11.1952) seinen Bruder um Verzeihung bat. Graf Soltikow hatte ihm 50 000 DM (entsprach 2010 rund 100 000 Euro) bezahlt! Er verwendete Karl Grönings verleumderische Aussagen für seine Pressekampagne gegen Bruno Gröning und sandte diesen „Tatsachenbericht“ auch an das Gericht. Das achtzehnseitige „Sachverständigengutachten“ vom 24.10.1951 wurde dann beim großen Prozess von 1955 als uneingeschränkte Grundlage verwendet und seitenlang zitiert. Karl Grönings Widerruf wurde schlichtweg ignoriert (siehe: Dr. jur. Wolfgang Hausmann, *Der große Prozeß gegen Bruno Gröning 1955–1959,* S. 60; www.brunogroening.org/brunogroening/ichlebe_buch_3.htm).
    Auch heute noch kolportieren Gröning-Gegner aus atheistischen sowie kirchlichen und evangelikalen Kreisen häufig solche längst widerrufenen bzw. widerlegten Verleumdungen.
23. Markides: *Der Magus von Strovolos,* Kap. 12: „Heilungen“, S. 241. Weil das Buch *Der Magus von Strovolos* zu Lebzeiten von Daskalos erschien (1985),

wollte der Autor dessen Privatsphäre schützen und publizierte nicht seinen bürgerlichen Namen, sondern gab ihm den fiktiven Namen Spyros Sathi.

24. ebd. S. 243
25. zitiert nach Bürgin (2004), S. 144
26. zitiert nach Markides, S. 263f.

Kapitel 4

1. Michael Schmidt-Salomon: *Manifest des evolutionären Humanismus,* S. 12
2. in: Moody (1977), S. 102
3. Das in der Anmerkung 2 zitierte Buch ist die deutsche Übersetzung dieses Erstlingswerkes von Dr. Moody.
4. Siehe Auswahl im Literaturverzeichnis: Alexander; Brinkley; Burpo; D'Souza; Eadie; Eersel; Ewald; Ford; Guzman-McMillan; Hardo; Kübler-Ross; Leininger; Lommel; Long/Perry; Mehne; Moorjani; Morse/ Perry; Nahm; Obst; Parnia; Passian; Ring; Sabom; Stevenson; Sudhoff; Wilcock; Woolger.
5. Der Begriff „astral" bezieht sich auf die höherdimensionalen Bereiche eines Planeten oder Sterns. Jeder Himmelskörper (grch. *ástron,* „Gestirn") ist verbunden mit feinstofflichen Parallelebenen, die deshalb auch „Astralebenen" genannt werden. Diese Ebenen unterscheiden sich durch ihre verschiedenen Schwingungsfrequenzen. In den höheren Bereichen vereinigen sich die Astralebenen der verschiedenen zusammengehörigen Planeten, was bedeutet, dass einzelne Sonnensysteme und Galaxien über die höheren Astralebenen miteinander verbunden sind. Diese kosmische Hierarchie geht hin bis zur feinsten Dimension der Materie, durch die das *gesamte Universum* miteinander verbunden ist. (Im Sanskrit wird diese feinste und höchste Dimension des Universums die „Welt Brahmās" genannt.) Auch der menschliche Körper umfasst verschiedene feinstoffliche Parallelkörper und ist über diese mit den kosmischen Astralebenen verbunden. Deshalb hat der Begriff „astral" heute eine allgemeinere Bedeutung erlangt und ist ein Synonym für „feinstofflich materiell".
6. Moody (1977), S. 64
7. Moody (1978), S. 54
8. Moody (1977), S. 68
9. ebd. S. 73
10. ebd. S. 67
11. Moody (1978), S. 55: „Ich muss allerdings hinzufügen, dass ich nie mit jemandem ein Interview geführt habe, der vor seiner Begegnung mit dem Tode ein richtig übler Typ gewesen ist. [...] Es war also gar nicht zu erwarten, dass diese Seelen in den ‚feurigen Pfuhl und Schwefel' geworfen werden würden. Wiederum schließt nichts von dem, was ich erfahren habe, die mögliche Existenz einer Hölle aus."
12. Brinkley/Perry S. 23, 33f., 35f.
13. ebd. S. 63. Dannion Brinkleys Zukunftsvisionen erwähne ich im Buch *Machtwechsel auf der Erde,* Kap. 8, Unterkapitel „Die Tücken des Malzeichens". Die wichtigste Warnung der Lichtwesen bezog sich auf die Gefahr durch diktatorische Gesetze, die jeden Menschen zwingen, sich einen Mikrochip einpflanzen zu lassen (Brinkley/Perry, S. 60f.).

14. Zehn Jahre nach ihrer Rettung, nachdem sie alles innerlich verarbeitet hatte, veröffentlichte Genelle Guzman-McMillan mit dem Co-Autor William Croyle im renommierten Verlag Simon & Schuster (Label „Howard Books") ihre Geschichte in Buchform: *Angel in the Rubble – The miraculous rescue of 9/11's last survivor*, wörtl. „Engel im Schutt / im Trümmerhaufen – Das Wunder der Rettung der letzten 9/11-Überlebenden". 2012 erschien dieses Buch in deutscher Übersetzung mit dem Titel: *Ich war 27 Stunden verschüttet – Engel gibt's wirklich. Eine wahre Geschichte.*
15. Guzman-McMillan / Croyle S. 32
16. ebd. S. 35
17. ebd. S. 41, 43. Genelle äußert keinerlei Zweifel an der offiziellen 9/11-Version. Doch ihr Bericht enthält auch für die kritische 9/11-Forschung einige wichtige Hinweise, wie die hier zitierten, aber auch noch weitere.
18. ebd. S. 78
19. ebd. S. 89
20. Bruhn, S. 167, zitiert in: Nahm, *Wenn die Dunkelheit ein Ende findet* (2012), S. 47
21. Nahm, S. 23, 57-67
22. zitiert nach Nahm, S. 61
23. zitiert nach Nahm, S. 63 (dort auch das Zeugnis von Pfarrer Happich)
24. Nahm, S. 81
25. ebd. S. 90. Das angeführte Zitat stammt aus dem Artikel von U. Eberle, „Einschnitt ins Leben", *Die Welt*, 8. Juli 1999.
26. Nahm S. 121f.
27. Lars Muckli et. al.: „Bilateral visual field maps in a patient with only one hemisphere", *Proceedings of the National Academy of Sciences*, Juni 2009, pnas.org/content/106/31/13034.full
28. *Der Spiegel*, 21. Juli 2009: „Mädchen mit einer Hirnhälfte hat vollständiges Gesichtsfeld"; spiegel.de/wissenschaft/mensch/0,1518,637304,00.html
29. Alexander: *Proof of Heaven*, p. 113; *Blick in die Ewigkeit*, S. 155f. Da ich vom englischen Original ausging und die deutsche Übersetzung nur als sekundäre Quelle konsultierte, sind die hier wiedergegebenen Zitate an einigen Stellen anders übersetzt als in der deutschen Ausgabe.
30. ebd. p. 24 / S. 40f.
31. ebd. p. 31f. / S. 51f.
32. ebd. p. 41 / S. 63
33. ebd. p. 47 / S. 71
34. ebd. p. 47 / S. 72
35. ebd. p. 85f. / S. 124
36. ebd. p. 154, 156 / S. 208f., 210
37. Lilou Mace für CLN (Conscious Life News): Interview mit Dr. Eben Alexander: „The Deepest Realms of Super-Physical Existence" (10. März 2013) consciouslifenews.com/dr-eben-alexander-deepest-realms-super-physical-existence-interview-lilou-mace/1151305/
38. Oliver Sacks: „Seeing God in the Third Millennium", in: *The Atlantic Monthly*, 12. Dezember 2012
39. Alexander: *Proof of Heaven*, p. 44, 89, 91, 149 („there continues to be no medical precedent for my case"); S. 68, 128, 131, 201.

Als *Proof of Heaven* 2013 weiterhin Monat für Monat auf Platz 1 der *New-York-Times*-Bestsellerliste blieb, intensivierten sich die Angriffe von materialistischer Seite. Im *Scientific American,* April 2013, schrieb Michael Shermer, Eben Alexanders Buch sei ein „Beweis für Halluzination, nicht für einen Himmel" („is proof of hallucination, not heaven").

Der aufwendigste Anti-Alexander-Artikel wurde vom Magazin *Esquire* veröffentlicht (August 2013; esquire.com/features/the-prophet), verfasst von Luke Dittrich: „The Prophet: An Investigation of Eben Alexander, Author of the Blockbuster ‚Proof of Heaven'" („Der Prophet: Eine Untersuchung über Eben Alexander, Autor des Kassenschlagers *Proof of Heaven*"). Mit der Erwähnung früherer Gerichtsfälle sollte seine Qualifikation als Neurochirurg in Zweifel gezogen und seine Glaubwürdigkeit als Person in Frage gestellt werden. Dittrich behauptete sogar, Dr. Laura Potter, eine der Ärztinnen auf der Intensivstation, habe ausgesagt, Alexander sei künstlich in ein Koma versetzt worden; er sei „bei Bewusstsein, aber im Delirium" gewesen („conscious but delirious"). Damit wurde suggeriert, Dr. Alexander sei ein Lügner, der diese Geschichte nur schrieb, um Geld zu verdienen; sein Gehirn sei gar nicht ausgeschaltet gewesen, weshalb sein Gehirn all diese Bilder produziert habe, so wie das Bewusstsein auch allgemein ein Produkt des Gehirns sei ...

Kritische Autoren wie Robert Mays und Alex Tsakiris (skeptiko.com) fanden schnell heraus, dass Dr. Laura Potter nicht hinter dem Artikel von Luke Dittrich steht. Sie sagte, Dittrich habe sie mit Fangfragen zu bestimmten Antworten geführt und habe diese Antworten dann in einen suggestiven Kontext gestellt; siehe Alex Tsakiris: „Esquire *Proof of Heaven* Expose Debunked, Dr. Eben Alexander Prevails" („*Esquire*-Kritik an *Proof of Heaven* widerlegt, Dr. Eben Alexander einmal mehr bestätigt"), 27. August 2013: skeptiko.com/220-esquire-proof-of-heaven-expose-debunked/

40. ebd. p. 143 / S. 195
41. ebd. p. 72 / S. 106
42. Burpo / Vincent, p. xx-xxi (Prologue), p. 61
43. ebd. p. 59
44. ebd. p. 72; 100f.
45. ebd. p. 133, 136
46. ebd. p. 130 („For example, how did we know any one religion is different from any other?"). Das hier wiedergegebene Zitat ist die Formulierung in der deutschen Ausgabe, S. 133. Die deutsche Übersetzung erschien im evangelikalen Verlag SCM Hänssler, SCM steht für „Stiftung christliche Medien".
47. Moorjani, p. 43 / S. 67
48. ebd. p. 47 / S. 73
49. ebd. p. 133 / S. 181f.
50. ebd. p. 50 / S. 76f.
51. ebd. p. 51f., 134 / S. 78, 183
52. ebd. p. 90 / S. 129
53. ebd. p. 69f. / S. 100f.
54. ebd. p. 70 / S. 102
55. ebd. p. 141 / S. 193

56. ebd. p. 178 / S. 243
57. ebd. p. 50 / S. 76
58. ebd. p. 138f. / S. 188ff.
59. In den letzten Jahrzehnten wurden zahlreiche Berichte über Kinder veröffentlicht, die sich an ihr früheres Leben erinnerten und genaue Angaben darüber geben konnten, ja sie erkannten sogar die Menschen, mit denen sie in ihrem letzten Leben zusammen gewesen waren, zum Beispiel: Ein Kind sagt zu einer alten Witwe, dass sie seine Frau gewesen sei, und kann Details wiedergeben, von denen nur die Beteiligten wussten.

    Die umfangreichste Dokumentation solcher Fälle verdanken wir dem Amerikaner Dr. Ian Stevenson (1918-2007), der für viele Jahre Professor für Psychiatrie an der Universität von Virginia war. Dr. Stevenson zeigte, dass Reinkarnation sehr wohl Gegenstand einer wissenschaftlichen Untersuchung sein kann. Während mehr als zwanzig Jahren reiste er durch die ganze Welt, um die besten Fälle vor Ort zu untersuchen und die Kinder, wenn möglich, persönlich an den Ort ihrer Erinnerung zu bringen. Aus diesen Forschungen sind viele wissenschaftlich fundierte Bücher entstanden (siehe Literaturverzeichnis).

    Eine Zusammenstellung von über dreißig aussagekräftigen Beispielen aus der weltweiten Reinkarnationsforschung – darunter auch die Arbeit von Dr. Ian Stevenson – findet sich im Buch von Trutz Hardo: *Wiedergeburt – Die Beweise ... und die Bedeutung für ein neues Bewusstsein* (2012).
60. Siehe z. B.: Stevenson, *Xenoglossy: A Review and a Report of a Case* (1974) und: *Unlearned Language – New Studies in Xenoglossy* (1984).

Kapitel 5

1. Trefil: *Fünf Gründe, warum es die Welt nicht geben kann,* S. 51ff.
2. Hoyle: *Das intelligente Universum,* S. 12
3. ebd. S. 13
4. chemie.de/lexikon/Protein.html
5. Junker/Scherer, S. 100-104: „Es zeigt sich, dass dabei Aminosäuren, die Bausteine der Proteine, gebildet werden. In viel größerer Menge entstehen aber andere Reaktionsprodukte, die weitere nachfolgende Reaktionsschritte verhindern [...] Darüber hinaus entstehen aber auch viele andere Aminosäuren, die in Lebewesen nicht vorkommen."
6. Nina G. Jablonski, George Chaplin: „Die Evolution der Hautfarben", in: *Spektrum der Wissenschaft,* Juni 2003, S. 38
7. ebd. S. 38

Kapitel 6

1. Verfasst im Hexameter, einem Versmaß mit sechs rhythmischen Einheiten pro Zeile; geschrieben von Ovid um 12 n. Chr. in der Verbannung nach Rumänien, wo er auch verstarb; Übersetzung von Armin Risi, unter Verwendung der Übersetzungen von Michael von Albrecht (Reclam-Ausgabe Lateinisch/Deutsch) und Egon Gottwein (gottwein.de) sowie der englischen Übersetzungen von A. S. Kline (ovid.lib.virginia.edu) und Mary M. Innes (Ovid: *Metamorphoses,* Penguin Classics, 2006).

2. Die Themen Urspiritualität und neue Harmonie der Geschlechter sind von zentraler Bedeutung für die neue Zeit. Empfehlenswert hierzu sind im deutschsprachigen Raum z.B. die Publikationen und Vorträge von Alexandra Schwarz-Schilling, insbesondere der Artikel: „Die Polarität der Geschlechter – Die Mann-Frau-Beziehung zwischen alten Wunden und neuen Perspektiven“ (*Tattva Viveka* Nr. 50, Februar 2012); siehe auch: Riane Eisler, *Von der Herrschaft zur Partnerschaft – Weibliches und männliches Prinzip in der Geschichte* (1989); Steve Taylor: *Der Fall – Vom Goldenen Zeitalter über 6000 Jahre Niedergang zu einem neuen Bewusstsein* (2009).
3. Die Entstehung der Geschlechter wird hier also nicht als Falle für die Seelen und auch nicht als eine luziferische Einwirkung gesehen, wie dies gewisse gnostische und geisteswissenschaftliche Kreise sagen. Die „Aufteilung“ Mann/Frau war ein Akt der Liebe, der für die Menschen gerade durch das scheinbare Vergessen das Tor zu einer noch höheren Vollkommenheit öffnete. „Und Elohim schuf den Menschen nach seinem Bilde, nach dem Bild Elohims schuf er ihn; als Mann und Frau schuf er sie. Und Elohim segnete sie ...“ (Gen 1,27–28). Das zweifache Ansetzen und die scheinbare Wiederholung, bis dann im dritten Anlauf gesagt wird, dass Elohim den Menschen als „Mann und Frau“ schuf, deutet an, dass das Entstehen des Menschen in zwei Geschlechtern über Vorstufen geschah. Die Polarität männlich/weiblich ist im Absoluten angelegt, was vor allem in der vedischen Theologie zum Ausdruck kommt: Rādhā-Kṛṣṇa, Sītā-Rāma, Śiva-Śakti usw. Gott ist die Einheit der Zweiheit und ist dadurch die Grundlage jeglicher Schöpfungsdynamik.
4. Steinhardt/Turok: *Endless Universe,* p. 169f.; siehe auch: Halper, *The Cyclical Serpent – Prospects for an Ever-Repeating Universe* (1995)
5. Stanley: *Wendemarken des Lebens – Eine Zeitreise durch die Krisen der Evolution* (1998)
6. Die Unterscheidung zwischen Deva- und Erdenjahren wird an vielen Stellen der Sanskritschriften eindeutig und mit Nachdruck hervorgehoben. Zyklen zu 12 000 Jahren haben sicher auch auf der Erde ihre Bedeutung, doch sollten deswegen die Deva-Jahre nicht mit irdischen Jahren gleichgesetzt werden, wie dies einige neohinduistische und esoterische Kreise tun. Sie lehnen die vedische Yuga-Beschreibung ab, indem sie sich auf eine einzige Quelle berufen: das Buch *Die heilige Wissenschaft* von Sri Yukteswar (1855–1936), erschienen 1894. In der Einleitung zu diesem Buch schreibt Sri Yukteswar, die vedischen Yuga-Zahlen gingen auf Textverfälschungen zurück, und er präsentiert als angeblich richtige Erklärung eine astrologische Theorie: Die vier Yugas bezögen sich auf den siderischen Sonnenzyklus von „24 000 Jahren“. Yukteswars Yuga-Theorie ist jedoch nicht haltbar, nur schon, weil ein siderischer Sonnenzyklus nicht 24 000, sondern fast 26 000 Jahre dauert. Im Gegensatz zu Yukteswar akzeptierte sein berühmter Schüler Paramahansa Yogananda auch die langen Yuga-Zyklen, wie er in seinem Buch *Autobiographie eines Yogi* (als lange Fußnote in Kap. XVI) zum Ausdruck bringt. Yukteswar ignoriert mit seiner Theorie auch alle kosmologischen Bezüge der Yugas. Die vedischen Schriften sagen, dass unser Universum so lange existiere wie die Dauer von Brahmās Nacht und Tag (= 2 × 1000 Viererzyklen), wobei wir uns heute in

der Mitte von Brahmās Tag befinden. Würde ein Viererzyklus nur 12 000 Jahre dauern, wie Yukteswar sagt, dann wäre unser Universum erst 18 Millionen Jahre alt. (Eine ausführliche Kritik der Yukteswar-Theorie befindet sich auf meiner Website armin-risi.ch und im Buch *Gott und die Götter – Das Mysterienwissen der vedischen Hochkultur,* Neuausgabe 2007, Anm. 28 in Kap. 4, „Multidimensionale Zeit und Ewigkeit", S. 163, 402ff.)

Kapitel 7

1. Der Name „Melchisedek" setzt sich aus den beiden hebräischen Wörtern *melek,* „König", und *zedek/zadok,* „oberster Priester", zusammen und bezog sich ursprünglich auf jemanden, der sowohl König als auch oberster Priester war. Die Vermutung liegt nahe, dass dieser Begriff als Übersetzung eines ägyptischen Code-Namens entstanden ist (siehe: *Der radikale Mittelweg,* Text 177 und 193). Im Lauf der Jahrhunderte wurde der Titel „Melchisedek" unterschiedlich interpretiert und auch für die erwartete Messiasgestalt der Zukunft verwendet. Dies zeigt sich in Psalm 110,4, wo über den kommenden Messiaskönig aus dem Hause David gesagt wird: „Du bist ein Priester ewiglich nach der Weise Melchisedeks."
2. Wise/Abegg/Cook, S. 472f.
3. Agischewa/Schwarz, S. 173–177
4. Ausführlich geschildert in meinem Buch *Machtwechsel auf der Erde,* zu Beginn von Kapitel 7, „Moneypulation", Unterkapitel „Kalis Angriff auf die vier Stützen des Dharma".
5. Frank Waters: *Das Buch der Hopi,* S. 80
6. sakhomenewa.com/History/brief.html: „A Brief History of the Kachina" („They decided to show themselves and materialized in human-like form to help them with their power to grow food, bring rain and heal the sick through prayers of song and dance.")
7. kachina.us / aholi.com / eototo.com
8. Waters, S. 38, 122
9. ebd. S. 84
10. Es waren insbesondere akademische Ethnologen, die Frank Waters kritisierten. In Antwort auf die zu erwartende Kritik schrieb er deshalb bereits in der Einleitung zum *Buch der Hopi,* die Ethnologen hätten kein authentisches Wissen über die Zeremonien und Mythen der Hopi. „Das lag nicht nur an der traditionellen Verschwiegenheit der Hopi, sondern auch daran, dass die Wissenschaftler den Aspekten, die an Mystik grenzen, keine Gültigkeit zustanden. [...] Der an Dokumenten klebende Gelehrte [...] wird behaupten, dass die Deutung der Mythen, Legenden und Zeremonien zum größten Teil meine eigenen Spekulationen seien. Er wird es sicher abstreiten, dass sich unsichtbare Geister auf die beschriebene Weise offenbarten."
11. Eine gute Übersicht und Zusammenfassung gibt Prof. Rudolf Kaiser (Universität Hildesheim) in seinem Buch *Die Stimme des Großen Geistes – Prophezeiungen und Endzeiterwartungen der Hopi-Indianer* (1989).
12. Kaiser, S. 43; Waters, S. 37f., 44f. (Beschreibung, wie Másaw in der Vierten Welt wieder zu den Menschen kam. „Másaw war die Gottheit des Feuerklans; kurz bevor er sein Gesicht von ihnen abwandte und unsichtbar

wurde, gab er ihnen die Tafel zur Erinnerung an seine Worte.")
13. Aus der Rede von John Lomavaya, einem der Hopi-Vertreter, bei der großen Anhörung durch die Indianerverwaltung der US-Regierung im Jahr 1955 („Hopi Hearings"); zitiert nach Kaiser, S. 51
14. Zitiert nach der Pahána-Geschichte, wie sie von Thomas Banyacya an der Hopi-Konferenz 1982 erzählt wurde. Dies ist heute die bekannteste Version. Im Internet findet sich an mehreren Stellen eine wörtliche Wiedergabe. Siehe auch: Kaiser, S. 25f.; Waters, S. 45, 261, 316, 349
15. Thomas Banyacya (1961), zitiert nach Kaiser, S. 25, 29
16. White Bear, in: Blumrich, *Kásskara und die sieben Welten,* S. 18
17. Blumrich, S. 240f.
18. Waters, S. 38
19. ebd. S. 40. Bei der Überlieferung der Quiché Maya bezieht sich Frank Waters auf das Maya-Geschichtsbuch *Popol Vuh.*
20. ebd. S. 80f.
21. ebd. S. 82f.
22. ebd. S. 121, 175
23. Kira Eghbal-Azar, Ethnologin, in der Sendung des Schweizer Radios DRS 1: „Traumpfade der australischen Ureinwohner", *Doppelpunkt,* 6.10.2011
24. Yogananda: *Autobiographie eines Yogi,* S. 320, 333f.
25. ebd. S. 315f.
26. Radhe Shyam: *Leben aus dem Sein – Ein Buch über Babaji,* S. 60. „Radhe Shyam" ist Charles Swan (1928-2006), ein amerikanischer Geschichts- und Englischlehrer und Dr. der Rechtswissenschaften. Er traf Babaji 1980 und bekam von ihm den Sanskritnamen Radhe Shyam.
27. ebd. S. 73
28. ebd. S. 95
29. ebd. S. 104
30. ebd. S. 114f.
31. ebd. S. 139 (weitere Quellen im Literaturverzeichnis unter „Babaji")
32. *Etz Hayim – Torah and Commentary,* p. 33
33. ebd. p. 33f.
34. ebd. p. 33; siehe auch: en.wikipedia.org/wiki/Sons_of_God
35. sitchiniswrong.com/nephilim/nephilim.htm
36. Kommentar aus: *Die Bibel mit Erklärungen,* Evangelische Haupt-Bibelgesellschaft 1989, 2. Auflage 1990, S. 39
37. Siehe z. B. David Hatcher Childress: *Yetis, Sasquatch and Hairy Giants* (2010), 400 S.; William A. Hinson: *Discovering Ancient Giants – Evidence of the Existence of Ancient Human Giants* (2012), 344 S.; „Giants in the Americas", in: Douglas van Dorn: *Giants – Sons of God* (2013), 380 S.; Stephen Quayle: *Genesis 6: Giants – Master Builders of Prehistoric and Ancient Civilizations* (2002), 472 S.; „Und die Riesen gab es doch – Neue Knochenfunde bestätigen uralte Legenden", in: Klaus Dona / Reinhard Habeck: *Im Labyrinth des Unerklärlichen – Rätselhafte Funde der Menschheitsgeschichte* (2004), S. 173-184
38. Dokumentarfilm *Sirius,* siriusdisclosure.com; zahlreiche Medienberichte (Google „Atacama / Mumie / mummy"), z. B. „Richtigstellung von Falschinformationen zur Mumie des ‚Atacama Humanoiden' in einigen Medien",

25. April 2013 (grenzwissenschaft-aktuell.blogspot.de/2013/04/richtigstellung-von-falschinformationen.html)
39. Detaillierte Informationen auf den Webseiten StarchildProject.com und LloydPye.com (mitsamt Punkt-für-Punkt-Richtigstellungen der Fehldarstellungen durch materialistische Skeptiker); siehe auch Literaturverzeichnis: Pye, Lloyd.
40. Magazin *mysteries* 6/2012, S. 7 („DNA-Spuren einer unbekannten Spezies")
41. Vladimir I. shCherbak, Maxim A. Makukov: „The ‚Wow! signal' of the terrestrial genetic code", in: *Icarus,* May 2013 (Vol. 224, Issue 1) sciencedirect.com/science/article/pii/S0019103513000791
    Website der beiden Autoren: gencodesignal.org
42. Zahlreiche Medienberichte, im Deutschen z. B. „BioSETI: Astrophysiker wollen intelligentes außerirdisches Signal in irdischem Gencode entdeckt haben", 12. April 2013 (grenzwissenschaft-aktuell.blogspot.de/2013/04/bioseti-astrophysiker-wollen.html); „Kontroverse um Studie über angeblich intelligentes ‚Signal' im genetischen Code", 20. April 2013 (grenzwissenschaft-aktuell.blogspot.de/2013/04/kontroverse-um-studie-uber-angeblich.html); Andreas von Rétyi: „Biologische SETI: Außerirdische Botschaft in unserem Genom?", 16. April 2013 (kopp-online.com).
    Siehe auch: Meyer, *Signature in the Cell – DNA and the Evidence for Intelligent Design* (2009)
43. Siehe Literaturverzeichnis, Stichwort „Kornkreise"
44. Richard D. Hall: *Crop Circles: The Hidden Truth* (2009) auf richplanet.net/detail.php?dbindex=207; siehe auch: Chris Everard, *The Crop Circle Conspiracy* (2011), enigmatv.com / ChristopherEverard.com

Kapitel 8

1. „Die Periode des Neogen umspannt ungefähr die letzten 24 Millionen Jahre [...] Obwohl die Aussterbeereignisse im Neogen wenig spektakulär waren, erwecken sie aus zwei Gründen großes Interesse", nämlich weil sie durch Fossilien gut dokumentiert sind und weil sie „Teil unserer jüngsten Geschichte" sind. (Stanley: *Wendemarken des Lebens,* S. 199, 201)
2. en.wikipedia.org/wiki/Population_bottleneck; unter Berufung auf die Studien von Alan Templeton („Templeton tree"); siehe auch Dawkins: *The Ancestor's Tale,* Stichwörter „Bottleneck" und „Templeton".
3. W. Amos and J. I. Hoffman: „Evidence that two main bottleneck events shaped modern human genetic diversity", *Proceedings of the Royal Society B: Biological Sciences* (7 October 2009); rspb.royalsocietypublishing.org/content/early/2009/10/05/rspb.2009.1473.full
4. Gerd von Hassler: *Wenn die Erde kippt* (1981), S. 21f.
5. Froelich Rainey: „Archaeological Investigations in Alaska", *American Antiquity* (1940), vol. 5, pp. 299–308; zitiert im Buch von D. S. Allan und J. B. Delair: *When the Earth Nearly Died – Compelling Evidence of a Catastrophic World Change 9,500 BC* (1995), p. 57f.
6. Frank C. Hibben: *The Lost Americans* (1946), p. 90–92; zitiert nach Allan/Delair, p. 58
7. Hibben: „Evidence of Early Man in Alaska", in: *American Antiquity,* VIII

(1943), p. 256, zitiert nach Velikovsky (1956), dt. 1980, p. 3f. / S. 15f., und Allan/Delair, p. 58

8. Allan/Delair p. 57
9. Diese Aufzählung von fünf typischen Fundorten stützt sich auf die Zusammenfassung im Artikel „Fossil Graveyards" von Dr. Andrew Snelling, answersingenesis.org/articles/am/v3/n2/world-graveyard. Viele weitere Beispiele in Allan/Delair; Velikovsky; siehe auch: Zillmer: *Darwins Irrtum,* S. 68 - 73 („Massengräber").
10. *Science* Nr. 129 (1959), p. 72; Gish, S. 57; Glashouwer, S. 90
11. *Scientific Monthly* Nr. 76 (1953), p. 301; siehe auch: „Fossils and Earth History", parentcompany.com/creation_explanation/cx3f.htm
12. de.wikipedia.org/wiki/Grube_Messel
13. de.wikipedia.org/wiki/Geiseltal
14. de.wikipedia.org/wiki/Ghar_Dalam. „[...] die neolithische Kultur Maltas, der Insel der tausend Geheimnisse, der Prähistorie, von der nur noch Fossilien künden, mit Schwänen, so groß wie Pferde, und Elefanten, so groß wie Schwäne; [...]" (Prof. Sergio Frau: *Atlantika,* S. 24)
15. N. D. Newell: *Journal of Paleontology* Nr. 33 (1959), p. 492; Gish, S. 57
16. Francis S. Holmes: *The Phosphate Rocks of South Carolina and the „Great Carolina Marl Bed",* (1870) p. 17; siehe auch: Watson (2001).
17. Allan/Delair, p. 121, 124 - 129, 191; hanskrause.de; Tollmann, S. 230f., 233 - 237; Velikovsky: *Welten im Zusammenstoß,* S. 39ff., 345; Zillmer: *Darwins Irrtum,* S. 104 - 109 („Das plötzliche Ende der Mammuts")
18. Watkin: *The Discovery and Transportation to St. Petersburg of the Berezovka Mamoth,* The Torquay Natural History Society 1905; Allan/Delair, p. 125; Hitching: „Warum verschwanden die Mammuts?", S. 61. Viele weitere Angaben finden sich in Publikationen konventioneller und kreationistischer Geologen und in Zillmer: *Irrtümer der Erdgeschichte,* S. 150 - 154. creationscience.com/onlinebook/FrozenMammoths.html
19. W. Brown: *In the Beginning* (1980, [6]1995), erwähnt in: Zillmer, *Darwins Irrtum,* S. 106, und *Irrtümer der Erdgeschichte,* S. 153
20. Allan/Delair, Kap. 2: „A lost Euro-American Flora"; Kap. 15: „Evidence from the Arctic"
21. Allan/Delair, p. 60, 63
22. Zillmer: *Darwins Irrtum,* S. 103f.
23. „Evidence for deposition of 10 million tonnes of impact spherules across four continents 12,800 y ago" (17. Mai 2013), pnas.org/content/early/2013/05/17/1301760110; ausführliche Zusammenfassung z. B. auf phys.org/news/2013-05-comprehensive-analysis-impact-spherules-theory.html („Comprehensive analysis of impact spherules supports theory of cosmic impact 12,800 years ago", 21. Mai 2013).
24. Michail I. Petaev et. al: „Large Pt anomaly in the Greenland ice core points to a cataclysm at the onset of Younger Dryas" (17. Juli 2013); pnas.org/content/early/2013/07/17/1303924110
    Simon Redfern: „Ice core data supports ancient space impact idea", *BBC News – Science & Environment,* 1. August 2013; bbc.co.uk/news/science-environment-23536567
25. Eine umfangreiche Arbeit zu dieser Theorie veröffentlichte 1993 der nam-

hafte österreichische Geologe Prof. Alexander Tollmann (1928-2007) im 550-seitigen Buch *Und die Sintflut gab es doch – Vom Mythos zur historischen Wahrheit.* Darin stellt er – als humanistisch denkender Wissenschaftler, also fernab von jedem Kreationismus – die Dogmen der aktualistischen Lehrmeinung in Frage und beschreibt die geologischen Spuren, die auf einen aufgeteilten Einschlag hinweisen. Anhand der vielen Sintflutüberlieferungen aus aller Welt konnte er durch die Auswertung der regionalen und kontinentalen Unterschiede sogar eine hypothetische Rekonstruktion des Katastrophenhergangs erstellen.

26. Der erste Vertreter der Theorie einer Erdkrustenverschiebung war der Amerikaner Prof. Charles Hapgood. Weltweit bekannt wurde diese Theorie durch das 1995 erschienene Buch *Fingerprints of the Gods* des englischen Autors Graham Hancock.
27. Zillmer: *Darwins Irrtum,* S. 96
28. Schoch: *Forgotten Civilisation,* p. 91, und Kap. 11: „Glass Castles, Fire from the Sky, and the Spoils of the Gods".
29. ebd. p. 96f., 182
30. „Putting On Ancient Airs", in: TIME, November 9, 1987 (Vol. 130 No. 19), über die Forschungen von Gary Landis (U. S. Geological Survey) und Robert Berner (Yale), die zeigten, dass die Atmosphäre früher rund 50% mehr Sauerstoff enthielt als heute, wobei „früher" gemäß aktualistischer Einordnung 80 Millionen Jahre bedeutet. Siehe auch: keelynet.com/biology/baugh.htm (über ähnliche Forschungen an der Universität von Illinois); Zillmer: *Darwins Irrtum,* S. 149
31. „Sunflower over Tokyo", *Popular Science,* Mai 1988, p. 75
32. Koichibara Hiroshi: „Tomatomation – Japan's High-Tech Food Factories", *UNESCO Courier,* März 1987
33. *Die Sagen der Juden,* gesammelt und bearbeitet von Micha Josef Bin Gurion, Parkland Verlag, Köln 2000, S. 17
34. creationwiki.org/Baugh
35. creationevidence.org
36. Eine fotografische Dokumentation all dieser geologischen Fakten (schnelle Sedimentation, schnelle Canyon-Bildung, schnelle Versteinerung, schnelle Kohlenbildung) findet sich im Bildband der Geologen Dr. John Morris und Dr. Steve Austin: *Footprints in the Ash – The Explosive Story of Mount St. Helens* (2003). Siehe auch: Zillmer: *Darwins Irrtum,* S. 63f.; *Irrtümer der Erdgeschichte,* S. 196, 280; *Erde im Aufruhr,* S. 61ff., 94-97
37. Austin/Morris, p. 67 („Diese Situation ist kein Ausnahmefall. Fast jedes Mal, wenn ein Stein, dessen Alter bekannt ist, mit der Radioisotopmethode datiert wurde, war das berechnete Alter in der Größenordnung ähnlich verzerrt."); Zillmer: *Die Evolutions-Lüge,* S. 130f.
38. Schoch: *Forgotten Civilization,* p. 221-228 („The nonconstancy of radioactive decay"): „Es ist ein fundamentales Prinzip der modernen Atomphysik, dass die radioaktive Zerfallsrate eines jeden instabilen Isotops konstant ist. [...] Wenn nun die angenommene Konstanz von Konstanten wie der Zerfallsrate in Frage gestellt wird, würde dies nicht nur bedeuten, dass ‚die etablierte Wissenschaft seit Jahrzehnten fehlerhaft ist' (Cartwright 2008), sondern auch, dass der Zeitrahmen der Jahresangaben für unsere

Vorgeschichte, ja für die Erde und die kosmische Geschichte in Zweifel gezogen werden. Wir könnten uns gezwungen sehen, unsere Wissenschaft und auch unsere Geschichte neu zu überdenken." Prof. Schoch bezieht sich hier auf den Artikel „The Mystery of the Varying Nuclear Decay" von Jon Cartwright auf physicsworld.com und führt mehrere aktuelle Forschungsarbeiten zu diesem Thema an, insbesondere von Simon E. Shnoll (1998) und Jere Jenkins und Ephraim Fischbach (2008). Weitere Ausführungen und Quellenangaben z. B. in: ProGenesis, *95 Thesen gegen die Evolution,* S.119; 126-129 („Indizien für einen beschleunigten radioaktiven Zerfall").

39. Die Mängel der radiometrischen Datierung wird in vielen „unkonventionellen" Publikationen thematisiert, siehe z. B. Cremo/Thompson: *Verbotene Archäologie,* S. 437-441, 816-823; ProGenesis: *95 Thesen gegen die Evolution,* S. 117ff. („Abweichungen in der Radiometrie"); Zillmer: *Darwins Irrtum,* S. 79f. („Die fehlerhafte Datierung anorganischer Funde"); *Die Evolutions-Lüge,* S. 121-134 (Kap. 3: „Datierung und Willkür"); alle mit Verweisen auf die wissenschaftliche Fachliteratur.
40. ProGenesis S. 120. Siehe auch: Zillmer, *Darwins Irrtum,* S. 73-79 („Gesicherte Altersbestimmung?", „Manipulierte Chronologien"). Weitere kritische Betrachtungen der C14-Methode z. B. in: Cremo/Thompson, *Verbotene Archäologie,* S. 884-930 (Anhang 1: „Chemische und radiometrische Analysen ungewöhnlicher menschlicher Skelette").
41. „Die einst ganz berühmte ^{14}C-Methode [...] wird bei Datierungen über 10 000 Jahren unzuverlässig." Herbert Liedtke: *Eiszeitforschung,* Wissenschaftliche Buchgesellschaft, Darmstadt 1990, S. 44, zitiert nach Tollmann, S. 235
42. Zillmer (2005), S. 137f.
43. de.wikipedia.org/wiki/Besiedelung_Amerikas
44. en.wikipedia.org/wiki/Clovis_culture
45. Dieser Fall wird im Buch *Verbotene Archäologie* (S. 436-449) ausführlich geschildert, mitsamt einer detaillierten technischen Analyse der Datierungsmethoden und Ausschnitten aus dem frustrierenden Briefverkehr von Virginia Steen-McIntyre mit Redakteuren, die die Fachpublikation um Jahre verschleppten und dann verweigerten.
46. Cremo/Thompson: *Verbotene Archäologie,* S. 449f.
47. Zillmer: *Irrtümer der Erdgeschichte,* S. 50

Kapitel 9

1. Siehe: Risi, *Gott und die Götter,* S. 38 (Kap. 1: „Was ist Veda?", Unterkapitel „Zeugnisse der vedischen Hochkultur", Absatz „Dhanur-Veda: „die Wissenschaft des Kämpfens mit Waffen")
2. zitiert nach en.wikiquote.org/wiki/Robert_Oppenheimer („Well — yes. In modern times, of course.")
3. ebd.: J. Robert Oppenheimer, Interview über den Trinity-Bombentest, in der TV-Dokumentation „The Decision to Drop the Bomb" (1965), produziert von Fred Freed, NBC White Paper.
4. Soddy: *The Interpretation of Radium* (1909), p. 232
5. ebd. p. 223, 230

6. ebd. p. 241
7. ebd. p. 242, 243ff.: „I prefer to believe it may be an echo from one of many previous epochs in the unrecorded history of the world [...] Can we not read into them some justification for the belief that some former forgotten race of men attained not only to the knowledge we have so recently won, but also to the power that is not yet ours?"; Hervorhebung im Deutschen durch A. R.
8. Daniel Garcia-Castellanos et al.: „Catastrophic flood of the Mediterranean after the Messinian salinity crisis", *Nature,* Vol. 462, Issue no. 7274, 10 December 2009; „Mega-flood filled the Med in months", *New Scientist,* 12 December 2009
9. Knörr S. 49f., 68; Zeitlmair, S. 93, 111–116; „Prähistorisches Megalithbauwerk in maltesischen Gewässern entdeckt", erster offizieller Zeitungsbericht in Malta, Schlagzeile auf der Titelseite von *Il Mument,* 31.10.1999.
10. Mit dem Namen „Doggerland" wird das einst trockene und bewohnte Land der südlichen Nordsee bezeichnet, das Kontinentaleuropa (die Niederlande, Deutschland und Dänemark) mit dem britischen Land verband. Aus dem heutigen Meer geborgene Fossilfunde zeigen, dass in diesem Gebiet einst viele Menschen gelebt haben, zusammen mit Mammuts, Rentieren usw. Aufgrund der Ausstellung *Drowned Landscapes* („Versunkene Landschaften") im Juli 2012 in London, veranstaltet von der Royal Society, erschienen weltweit Artikel über Doggerland. Ein Artikel der *Daily Mail Online,* 2./3. Juli 2012, trug die Schlagzeile „‚Britain's Atlantis' found at bottom of North Sea" („‚Britanniens Atlantis' auf dem Grund der Nordsee gefunden"). Gemäß den heutigen Eiszeittheorien „versank Doggerland in der Zeit von 18000 v.Chr. bis 5500 v.Chr. unter dem langsam steigenden Wasser". „Das Gebiet war einst das ‚eigentliche Kernland' Europas und wurde dann ‚von einem verheerenden Tsunami' überflutet, sagen die Forscher. Die Welle war Teil eines größeren Vorgangs, der die tieferliegenden Gebiete im Verlauf von Tausenden von Jahren überflutete." Über den aktuellen Stand der Forschung hieß es in diesem Artikel: „Das Forschungsteam ist gegenwärtig dabei, weitere Spuren der damaligen Menschen zu untersuchen, unter anderem mögliche Grabstätten, auffällige stehende Steine und ein Mammutmassengrab." Wenn heute, nach rund 12000 Jahren, auf dem Meeresgrund immer noch megalithische Steinsetzungen in ihrer ursprünglichen Position zu finden sind, sagt dies einiges über die Größe und die tiefe Verankerung dieser uralten Monumente. Es ist jedoch anzunehmen, dass die meisten dieser Megalithanlagen unter dem Druck des damaligen Tsunamis und der folgenden Meeresströmung umgefallen sind und von Sedimenten bedeckt wurden.

    Der Geophysiker Richard Bates, der Leiter der London-Ausstellung, erklärte in diesem Artikel der *Daily Mail:* „Die Menschen denken anscheinend, dass ein steigender Meeresspiegel etwas Neues ist. Dies gehört jedoch zu den Zyklen der Erdgeschichte und hat schon viele, viele Male stattgefunden. [...] Uns ist es nun gelungen, ein klares Bild von der Flora und der Fauna von Doggerland zu bekommen, ebenso von den Menschen, die damals dort lebten, und wir haben nun erste Erkenntnisse über einige der dramatischen Ereignisse, die das Land veränderten, einschließlich des Ansteigens des Meeresspiegels und des verheerenden Tsunamis."

Bei Tybrind Vig, einige Hundert Meter vor der Küste einer dänischen Insel in der Ostsee, wurden „Spuren einer überraschend fortgeschrittenen mesolithischen Fischerkultur gefunden, darunter fein verzierte Ruder und mehrere lange, schmale Kanus, eines davon über 10 m lang". (Laura Spinney: „Searching for Doggerland", *National Geographic,* December 2012, p. 138)

Die Megalithkulturen waren anscheinend viel weiter verbreitet, als die heutigen Festlandspuren ahnen lassen. Die im Herbst 2011 entdeckte „Ostsee-Anomalie" gehört wahrscheinlich ebenfalls zu dieser untergegangenen Kultur. Es handelt sich um eine kreisrunde Struktur von 60 m Durchmesser, insgesamt mehrere Meter hoch, in 80 bis 90 m Tiefe. In 200 m Entfernung wurde eine zweite, etwas kleinere Struktur entdeckt. Bisher wurde nur das größere Objekt untersucht. Die Oberseite ist strukturiert und wird durch eine Furche oder einen Schnitt in zwei Hälften unterteilt. In einer rechteckigen Vertiefung befindet sich ein rundes Loch von etwa 25 Zentimeter Durchmesser. In der Nähe des Objekts stellten die Filmkameras ihre Funktion ein. Stefan Hogeborn, einer der Taucher beim ersten Tauchgang, kommentiert: „Warum funktionieren da unten keine technischen Geräte? Auch unser GPS setzte aus, als wir direkt über dem Objekt waren. Erst als wir uns etwa 200 m vom Objekt entfernt hatten, gingen unsere Geräte wieder einwandfrei. Fuhren wir dann wieder über das Objekt, setzte alles wieder aus. In meinen 20 Jahren als professioneller Taucher habe ich noch nie etwas Ähnliches erlebt."
grenzwissenschaft-aktuell.blogspot.de/2012/06/neue-information-uber-das-mysteriose.html

Erwiesen ist, dass es sich bei dieser Struktur nicht um eine neuzeitliche Einrichtung handelt (wie ein gesunkenes U-Boot, eine U-Boot-Falle aus dem Zweiten Weltkrieg, usw.). Der Leiter der Forschungen, Dennis Asberg (oceanexplorer.se), sagte im Juli 2013 zum aktuellen Erkenntnisstand: „Unserer Ansicht nach ist der ‚Kreis' vom Untergrund getrennt. Wir waren mehrmals dort unten. Es ist eine Scheibe, die auf einer Anhöhe ruht. [...] Es gibt Wände, und die runde Struktur ist, wie schon gesagt, vom Untergrund getrennt. [...] Ich bin mir da [bei der Frage des Alters] wirklich nicht sicher. Ich vermute aber, dass die Struktur älter ist als die letzte Eiszeit. Der Grund für diese Vermutung sind die Steine, die sich auf dem Objekt befinden. Diese stammen nicht vom Kreis selbst, und wie es aussieht, wurden sie vielleicht von schmelzenden Gletschern oder von der Drift abgelagert. Die Struktur war also schon da, bevor es den Gletscher gab."
grenzwissenschaft-aktuell.blogspot.de/2013/07/schatztaucher-dennis-asberg-ostsee.html

11. J. Horn, S. 107, 363-367; Knörr, S. 64, 69-73; Däniken (2012), S. 35-47, alle mit vielen Fotos.
12. J. Horn, S. 19, 97f.
13. Knörr, S. 26, 217, und persönliche Auskunft von Hartwig Hausdorf, der seit 20 Jahren diese Orte regelmäßig mit Reisegruppen besucht.
14. Hausdorf: „Kompassnadeln in Aufruhr" in: *Begegnungen mit dem Unfassbaren,* S. 159f.
15. de.wikipedia.org/wiki/Ġgantija

16. Die Erklärung, dass die Rillenfelder die verbliebenen Spuren eines Steinabbaus in prähistorischer Zeit darstellen, stammt von Johannes Horn, ausführlich dargelegt in seinem Buch: *Das Rätsel von Malta – Die Cart-Ruts geben ihr Geheimnis preis* (2006). Johannes Horn war bis zu seiner Pensionierung Angehöriger der Technischen Expertengruppe des Bayrischen Landeskriminalamtes. Er kam als Tourist nach Malta und merkte sogleich, dass bei den offiziellen Erklärungen etwas nicht stimmen kann. Die entscheidende Erkenntnis kam ihm, als er ein aufschlussreiches Detail entdeckte: Bei einer Rille sah er den Ansatz eines quer verlaufenden Schnittes von 90°. Das ergab das Bild der Spuren eines Steinbruchs, bei dem die Steinblöcke von oben „herausgeschnitten" wurden. In der Folge fand er mehrere Rillenfelder, wo die Spuren der abgebauten Blöcke auch heute noch gut zu sehen sind (siehe Foto auf S. 229 unten).
17. J. Horn: *Das Rätsel von Malta,* S. 58
18. ebd. S. 119
19. ebd. S. 97, 235
20. Richard Walter: „Wanderers Awheel in Malta", in: *The National Geographic Magazine,* August 1940, p. 267, 272. Richard Walter war ein amerikanischer Journalist, der mit seinem Kollegen Edward Hamilton eine Fahrradtour rund um die Welt machte. Mitten in der Zeit des Zweiten Weltkriegs bekamen die beiden Amerikaner von britischen Fachkräften eine persönliche Führung, und dabei erfuhren sie auch von den prähistorischen Gang- und Höhlensystemen im Untergrund von Malta.
21. ebd. p. 272
22. Zeitlmair, S. 232
23. J. Horn, S. 27–31 („Die Zisternen von Misqa"): „Die Misqa-Anlage, auf den ersten Blick scheinbar nur ein paar primitive Wasserlöcher, entpuppt sich bei näherer Untersuchung als ein raffiniert ineinander greifendes System verschiedener Funktionen: ein Reservoir mit einem sich selbst regulierenden Füll- und Überlaufsystem"; siehe auch: Knörr, S. 195–203.
24. Alexander Knörr: „Tankanlagen auf Malta – Neue Funde und Laboranalysen", in: *Sagenhafte Zeiten,* 1/2013. Dieser bereits zitierte Maltaforscher initiierte Laboruntersuchungen, die von mehreren universitären und privaten Stellen für Materialprüfung durchgeführt wurden.
25. ebd. S. 25
26. ebd. S. 25. „Die lokalen Archäologen wissen von vielen solcher Tanks, die über ganz Malta und Gozo verstreut liegen." Als weiteres Beispiel für Tanks auf einer erhöhten Position nennt Alexander Knörr die bisher kaum bekannte kleinere Gruppe von Tanks auf den Dingli-Klippen.
27. Zeitlmair, S. 233, 228
28. Es bedarf noch einer intensiven interdisziplinären Forschung, bis wir für unsere heutige Zeit wieder entdecken, welches architektonische, geomantische und metaphysische Wissen in die prähistorischen Anlagen eingeflossen ist. Im Hypogäum zeigt sich die Genialität der Erbauer nur schon in der Akustik. In der mittleren Ebene befindet sich in einer der Nebenkammern, dem „Orakelraum", in Kopfhöhe eine ausgehöhlte Vertiefung in der Wand: „Wenn jemand hineinspricht, sind die Worte in jeder Kammer des Tempels zu hören. Die gesamte Anlage scheint von den Klangschwin-

gungen erfüllt zu sein. Am verblüffendsten ist jedoch die Tatsache, dass tiefe Töne überall klar gehört werden können, während hohe Töne sich nur in dieser einen Kammer ausbreiten" (*National Geographic,* August 1940, p. 272). Der Autor fügt hinzu, dass sein Kollege mit Kopfstimme ein hohes „O Sole Mio" in die Aushöhlung hineingesungen habe, während er selbst außerhalb der Kammer geblieben sei, und er habe nicht einen einzigen Ton gehört! (Das Hypogäum war von 1991 bis 2000 für die Öffentlichkeit geschlossen und wurde tiefgreifenden Renovationsarbeiten unterzogen, mitsamt Einbau eines Laufsteges. Wenn das akustische Phänomen heute nicht mehr in der hier beschriebenen Prägnanz zu hören ist, läge der Grund in diesen Veränderungen, was wiederum zeigt, wie sorgfältig die Anlage von den „Steinzeitmenschen" geplant und gebaut wurde.)

29. Vittorio Di Cesare, Adriano Forgione: „Malta: The Skulls of the Mother Goddess" (incl. „The dolichocephalous skulls"), ursprünglich veröffentlicht im Magazin *HERA* (Rom), heute an mehreren Stellen im Internet, z. B. andrewcollins.com/page/articles/maltaskulls.htm
30. Das Standardwerk von David H. Trump, *Malta – Prehistory and Temples* (2002/2004), sagt zu diesen Knochenfunden:

    „Daraus folgt, dass die insgesamt siebentausend Beisetzungen nicht mehr das enorme Problem darstellen, wie einst angenommen wurde. Bei zehn Beisetzungen pro Jahr bedarf es nur einer Gemeinde von nicht mehr als dreihundert Menschen." (p. 117)

    „Sogar im gesamten Bereich des Labyrinths hätte es kaum Platz für 7000 Leichname oder auch nur Skelette gegeben. So können wir fast mit Sicherheit annehmen, dass die Knochen, als die Skelette zerfielen, zusammengeschoben wurden, um Platz für die nächsten, ihre Nachfahren, zu schaffen, Jahrhundert für Jahrhundert. Angesichts der Zeitspanne, in der das Hypogäum für diesen Zweck verwendet wurde, brauchen uns diese großen Zahlen nicht mehr zu verwundern." (p. 13) Die Formulierung „so können wir fast mit Sicherheit annehmen" *(so almost certainly)* verrät, dass die Theorie, die heute als Tatsache präsentiert wird (Verwendung als Begräbnisstätte über 600 Jahre), nur eine Vermutung ist.
31. Malkowski: *Ancient Egypt 39,000 BCE* (2010), Kapitel 4: „A New Rosetta Stone", p. 83-96. „Außergewöhnliche Behauptungen erfordern außergewöhnliche Beweise, wie die Redewendung sagt. In Abu Roasch ist dieser einzelne Granitquader genau ein solcher Beweis. Er beweist auf unbestreitbare Weise die Existenz der Zivilisation X, und seine historische Bedeutung besteht darin, dass er die herrschenden Paradigmen stürzt. Der Quader von Abu Roasch ist ein neuer Rosettastein." (p. 96)
32. Bericht von Sir William Flinders Petrie, erwähnt z. B. in Schüssler: *Die ägyptischen Pyramiden,* S. 207
33. Malkowski, p. 85, nach Berechnungen von Christopher Dunn.
34. Dunn: *Lost Technologies of Ancient Egypt* (2010), p. 278ff.
35. Denys A. Stocks: *Experiments in Egyptian Archaeology – Stoneworking Technology in Ancient Egypt* (2003)
36. Dunn, p. 338
37. ebd. Kap. 1-4; gizapower.com/LoTeAnArticle.htm
38. Soddy, p. 241, 243f. „Hier wiederum ist es interessant und harmlos, sich

in eine kleine Spekulation hineinzuwagen, und ich möchte einen ziemlich verblüffenden Punkt anführen. [...] dass ein heute längst vergessenes Volk nicht nur den Stand unserer erst vor kurzem erworbenen Kenntnisse erreicht hatte, sondern auch über Energieformen verfügte, die wir noch nicht entdeckt haben[.]"
39. Dunn, ebd. p. 156–159, 166

Kapitel 10

1. Ahne (et. al.): *Zoologie – Lehrbuch für Studierende der Veterinärmedizin und Agrarwissenschaften,* S. 308
2. Bonavia (2008/2013), p. 65, 88
3. Ahne (et. al.), S. 308
4. Purugganan, M. D., & D. Q. Fuller: „The nature of selection during plant domestication", *Nature,* 12 February 2009, vol. 457, p. 843–848
5. A. D. Horn, S. 177
6. *National Geographic* (Deutsch), Juni 2007, S. 22
7. „Alte Gene für neue Äpfel", *arte,* 2010
8. Prof. Barrie Juniper, Oxford, in: „Alte Gene für neue Äpfel", *arte,* 2010
9. Jacob, S. 32
10. ebd. S. 28
11. Diamond, Jared: „Evolution, consequences and future of plant and animal domestication", *Nature,* 8 August 2002, vol. 418, p. 700
12. Jacob, S. 28
13. Alexander Grobman (2013), in: Bonavia, p. 389 („Plant domestication is the genetic modification of a wild species to create a new form of a plant altered to meet human needs.")
14. Bonavia (2008/2013), p. 55
15. ebd. p. 93
16. ebd. p. 357
17. ebd. p. 283, 363
18. ebd. p. 465
19. Dong/Raffill: *China's Super Psychics* (1997), dt. *Indigo-Schulen – Trainingsmethoden für medial begabte Kinder* (2001/2004). „China hat aus seiner Tradition die weitreichendste Erfahrung mit dem Thema ‚Mediale Fähigkeiten'. Dazu kommt die politische Situation, in der diese Kinder besonders gefördert werden, um sie für militärische Dienste einzusetzen" (S. 5). Bereits während des Kalten Krieges wurden im Westen Berichte veröffentlicht, die darauf hinwiesen, dass im Ostblock paranormale Fähigkeiten zu Spionagezwecken gefördert werden. Zwei der wichtigsten Bücher, die auch auf Deutsch erschienen, sind: Gris/Dick; Ostrander/Schroeder.
20. Michael Stang: „Als die Pflanzen gebändigt wurden – Domestizierte Gewächse und ihre Anpassung an die Umwelt" (Forschung Aktuell) dradio.de/dlf/sendungen/forschak/1795412/
21. Asturias, S. 2 (Einleitungstext), S. 231f.
22. Interview mit der Indianerforscherin Felícitas Barretto, die über zwanzig Jahre bei den Amazonas-Indianern lebte, Autorin des Buches *Danzas Indígenas del Brasil.* Das Interview führte Erich von Däniken, veröffentlicht

in: *Aussaat und Kosmos* (1972), S. 186-190. Der hier zitierte Mythos wird einem Indianerstamm namens Kayato zugeschrieben, der jedoch nicht existiert. Gemeint sind offensichtlich die Kayapó.

23. traditionscustoms.com/people/kayapo („Das Seil [im Haar der Männer] symbolisiert das Baumwollseil, das die ersten Kayapó verwendeten, als sie vom Himmel kamen.")
24. Gisela Ermel: „Bep-Kororoti – Besucher von den Sternen? Überlieferungen und Strohanzüge weiterer brasilianischer Naturvölker bestätigen Kayapó-Mythe", in: *Sagenhafte Zeiten* 1/2000, und in: Däniken (Hrsg.): *Jäger verlorenen Wissens,* 2003, S. 237-241 (mit Nennung der ethnologischen Fachliteratur).
25. Der brasilianische Ethnologe João Américo Peret (1926-2011) war der erste, der die Legende von Bep-Kororoti niederschrieb und fotografisch dokumentierte (1952). Weltbekannt wurde diese Legende, als Erich von Däniken sie 1972 in seinem Buch *Aussaat und Kosmos* erwähnte. Die hier angeführten Zitate stammen aus der deutschen Übersetzung von Perets Text in *Aussaat und Kosmos,* S. 192-197, und *Der Götter-Schock* (1992), S. 113-118.
26. Weitere Einzelheiten zur Geschichte von Bep-Kororoti gibt Gisela Ermel in ihrem oben erwähnten Artikel: „Während einer Hungerszeit sei diese Himmelsfrau zu Bep-Kororoti in den Himmel geflogen und habe bei der Rückkehr viele Früchte und Pflanzen, unter anderem die in ganz Brasilien so wichtige Grundnahrungspflanze, die Maniok-Knolle, mitgebracht. Die Kayapó-Indianer wissen bis heute, dass es Bep-Kororotis Tochter war, die ihren Vorfahren das Anlegen der ersten Brandrodefläche sowie das Pflanzen und Kultivieren der ersten himmlischen Knollenfrüchte beibrachte."

    War Bep-Kororoti ein Außerirdischer in einem Astronautenanzug, oder war er ein Avatarmensch, ein materialisiertes Lichtwesen? Er konnte eine irdische Frau heiraten, lebte mit ihr zusammen, und sie hatten gemeinsam Kinder. Der Strohanzug ist eine stark stilisierte Darstellung eines Menschen, der nicht von dieser Welt war. Das Kayapó-Wort für den Strohanzug, *Bo,* erinnert an das ägyptische Wort *Ba* für den feinstofflichen Körper (bekannt aus Mer-ka-ba). Ist der Bo also eine einfache Darstellung einer Person mit großer Ausstrahlung? Die Überlieferung spricht von Donner und Blitz mitsamt Knall und Rauch beim Verschwinden von Bep-Kororoti, genauso wie auch beim Verschwinden seiner Tochter. Bedeutet dies, dass sie mit einer Rakete reisten? Wohl kaum. Meiner Einschätzung nach handelt es sich hier um paranormale Vorgänge, beschrieben durch ein Dschungelvolk, das Wörter und Bilder aus der Natur mit vielschichtiger Bedeutung verwendet, was bei uns zu Missverständnissen führen kann, weil uns der Erfahrungshintergrund und das bildliche Sprachverständnis fehlt.
27. Carlos Manes Bandeira: „Der kosmische Ursprung altamerikanischer Kulturen", in: Johannes und Peter Fiebag (Hrsg.): *Aus den Tiefen des Alls – Wissenschaftler auf den Spuren extraterrestrischer Eingriffe,* 1995, S. 238, 242ff.
28. Jeanmaire Molina, Barbara A. Schaal, et.al. (2011): „Molecular evidence for a single evolutionary origin of domesticated rice", *Proceedings of the National Academy of Sciences of the United States of America,* vol. 108, no. 20 (pnas.org/content/108/20/8351)

29. S.C. Ahuja and Uma Ahuja: „Rice in Social and Cultural Life of People“, in: Sharma (ed.): *Rice – Origin, Antiquity and History* (2010), p. 42, 44. Auffällig ist die Vielzahl von phantasievollen, zum Teil primitiv anmutenden Geschichten über die Herkunft des Reises (der Reis sei aus dem Körper eines ermordeten Menschen entstanden; Tiere hätten den Göttern den Reis für die Menschen gestohlen, usw.) Alle Geschichten beschreiben jedoch ein plötzliches Erscheinen des Reises bei den verschiedenen Völkern und Stämmen. Es entsteht der Eindruck, dass der Reis an wenigen oder an einem einzigen Ort entstanden ist und von dort aus verbreitet wurde, dass aber nur die Eingeweihten um das Geheimnis des Reises wussten, weshalb in der animistischen Folklore über den Ursprung des Reises unterschiedlichste Wundergeschichten entstanden, die alle etwas anderes sagen, jedoch zwei Punkte verraten: dass der Reis nicht im herkömmlichen Sinn domestiziert wurde, sondern plötzlich erschien, und dass all diese Stämme selber nicht wussten, wie der Reis entstanden war.
30. übersetzt aus: Diodorus Siculus, *Library of History* (Vol. 1), Books 1-2.34, translated by C.H. Oldfather, Loeb Classical Library Vol. 279, Harvard University Press, First published 1933
31. A.D. Horn, S. 17

Kapitel 11

1. Schmidt: *Sie bauten die ersten Tempel – Das rätselhafte Heiligtum der Steinzeitjäger* (2006), aus dem Rückentext.
2. ebd., Klappentext. 50 t wäre das Gewicht eines 7 m langen, 3 m breiten und 1 m dicken Pfeilers gewesen, der jedoch im Steinbruch liegenblieb.
3. Außer bei dem einen Zentralpfeiler von Tempel D hat noch ein weiterer der bisher freigelegten Pfeiler ein Fuchsfell an einem Gurt, siehe: Schoch, *Forgotten Civilization* (2012), Bildteil Fotos 15 und 16.
4. Charles C. Mann: „Die Geburt der Zivilisation“, in: *National Geographic,* dt. Ausgabe 6/2011, S. 52; im Folgenden zitiert als *NG* 6/2011.
5. Schmidt (2006), S. 82-90, 202ff., 252f.; Eilenstein, S. 9, 270-337 (Kap. 4: Die Tempel im Umkreis von Göbekli Tepe).
6. Schmidt (2006), S. 80, 252
7. ebd. S. 116, 246
8. *NG* 6/2011, S. 61
9. Schlusssätze in: *Cradle of the Gods* (2012), dt. *Die verschwundene Zivilisation,* Doku der „National Geographic Channels“ über Göbekli Tepe.
10. ebd. (min. 16:48/17:25)
11. Ina Mahlstedt: *Rätselhafte Religionen der Vorzeit* (2010), Kap. 1: „Ein Heiligtum für Wasser und Erde – Zur religiösen Symbolik von Göbekli Tepe in Anatolien“, insbesondere S. 33f.: „Der Göbekli Tepe ist also ein Berg mit vier Quellen! [...] Wahrscheinlich war der Göbekli Tepe – so unscheinbar der Ort auf den ersten Blick ist – schon in frühester Zeit ein ‚Weltzentrum‘ gewesen, denn von seinen vier Quellen wird die Welt mit Lebenskraft und Fülle versorgt.“ Dieser Hinweis ist wichtig, denn wahrscheinlich war der Göbekli Tepe der heilige Götterberg Dulkug, den die Sumerer in ihren Mythen erwähnen.

12. Zitat von Heinz Schürch, in: Hengstler, „Schlafende Gene geweckt – Forscher entdecken die Ur-Formen der Natur", *raum&zeit* 152/2008, S. 60
13. ebd. S. 62 (Zitat von Guido Ebner)
14. Klaus Schmidt: „Göbekli Tepe – the Stone Age Sanctuaries", *Documenta Praehistorica* XXXVII (2010), p. 246f., 254 (Conclusion)
15. *NG* 6/2011, S. 52
16. Die Entdeckung der vier Quellen und die Erkenntnis, dass auf der Hochebene des Göbekli Tepe Erde und Wasser rituell zusammengetragen wurden, stammen von Ina Mahlstedt, dargelegt in ihrem bereits erwähnten Buch *Rätselhafte Religionen der Vorzeit.*
17. Mahlstedt: *Rätselhafte Religionen der Vorzeit,* S. 30
18. Robert M. Schoch: „Evidence of Early Civilisation in Anatolia", in: NEXUS, February-March 2013 (Vol. 20, No. 2), p. 39
19. ebd. p. 40; siehe auch: Joseph, *Sonnen-Katastrophe* (2013)
20. Solche unterirdischen Kammer- und Gangsysteme finden sich auf der ganzen Welt. Legendär sind jene in den Anden. Erst vor kurzem bekannt geworden sind diejenigen in der Steiermark (Österreich), dokumentiert von Prof. Heinrich Kusch im 2009 erschienenen Bildband *Tore zur Unterwelt – Das Geheimnis der unterirdischen Gänge aus uralter Zeit:* „Zeugnisse einer uralten unbekannten Kultur [...] Ein derzeit noch ungelöstes Phänomen sind die zahlreichen unterirdischen Anlagen, Gänge und Erdställe, die offensichtlich älter sind, als bisher angenommen worden ist."(aus dem Rückentext)
21. Schoch: NEXUS, February-March 2013 (Vol. 20, No. 2), p. 42f.
22. ebd p. 42; ausführlich beschrieben in: Schoch, *Forgotten Civilization,* p. 50
23. Cotterell: *Die ersten Götter* (1999), S. 15, 160. Maurice Cotterell ist einer der Pioniere der solaren Kataklysmenforschung. Von ihm stammt auch der Begriff „Astrogenetik" (Titel seines ersten Buches, 1988) für die Erforschung der psychologischen und biologischen Einflüsse der Sonne auf den einzelnen Menschen und auf die Menschheit im Rahmen der größeren Sonnenzyklen. (mauricecotterell.com)
24. Samuel Noah Kramer: *Sumerian Mythology – A Study of Spiritual and Literary Achievement in the Third Millennium B.C.,* p. 53ff., 72f.
25. wikipedia: „Anunna" (engl./dt.), mit vielen Quellenangaben, unter anderem „Die Anunna in der sumerischen Überlieferung" von A. Falkenstein (1965). Eilenstein (S. 12) schreibt: „Interessanterweise glauben die Sumerer, dass ihre ältesten Götter, die Anunaki, vor Urzeiten im Norden von ihnen (wo der Göbekli Tepe liegt) auf dem Berg Du-Ku gelebt haben. Von dort sollen sie den Sumerern den Ackerbau, die Viehzucht und die Webkunst gebracht haben. Diese Götter hatten noch keine individuellen Namen. [...] Die Übersetzung für Du-Ku ist recht unsicher, da insbesondere ‚Du' viele Bedeutungen hat. Eine Möglichkeit, die zu Göbekli Tepe passen würde, ist ‚Ort, an den der Thronsockel der Gottheit gestellt wurde'. Diese Übersetzung setzt sich aus ‚du' für ‚setzen, stellen' und ‚ku' für ‚Thronsessel einer Gottheit' zusammen."
26. Schmidt (2006), S. 220
27. Leick: *A Dictionary of Ancient Near Eastern Mythology,* p. 41f.
28. Übersetzung nach: Kramer, p. 72f., und S.H. Hooke: *Middle Eastern Mythology,* p. 26; Leick, p. 108f.

29. Übersetzung nach: Kramer, p. 53f.
30. de.wikipedia.org/wiki/Anunna und en.wikipedia.org/wiki/Anunnaki (mit vielen Verweisen auf die linguistische Fachliteratur).
31. Schmidt (2006), S. 76, 194f.
32. ebd. S. 74, 81
33. Mitchiner: *Traditions of the Seven Ṛṣis* (1982)
34. Ein grundlegendes Buch zum Thema Sundaland stammt von Stephen Oppenheimer: *Eden in the East – The Drowned Continent of Southeast Asia* (1998, „Eden im Osten – Der versunkene Kontinent von Südostasien“).
35. Oppenheimer, S. 62, 80 sowie Kapitel 8-10 („Five Hundred Cataclysms?“ / „Floods in the West“ / „Floods in the East“)
36. ebd. S. 10, 18, 30-33, 228
37. Wilcock: *Die Urfeld-Forschungen* (2012), Kapitel 3: „Die Zirbeldrüse und das dritte Auge“.
38. National Geographic Dokumentarfilm: *Lost Continent of the Pacific* (2011); dt. *Das Geheimnis von Hiva* (2013)
39. Siehe auch Robert Schoch: *Die Weltreisen der Pyramidenbauer* (2002).
40. Govindan: *Babaji – Kriya Yoga und die 18 Siddhas,* S. 75-85; siehe auch: en.wikipedia.org/wiki/Kumari_Kandam
41. aumscience.com / vastuved.com / vastu-architektur.ch

Kapitel 12

1. Däniken: *Zurück zu den Sternen* (1969), S. 252f.
2. Zusammenfassend geschildert in: Armin Risi, *Machtwechsel auf der Erde,* Kapitel 13: „UFOs: eine Realität und warum sie verheimlicht wird“.
3. Einige Autoren in Sitchins Linie sagen, damals sei die „Bruderschaft der Schlange“ entstanden (Enkis Symbol ist die Schlange). Im Lauf der Zeit sei daraus eine Vielfalt von Religionen und Geheimbünden hervorgegangen, von denen einige Anu, andere Enlil und wieder andere Enki als „Gott“ bzw. „Lichtbringer“ (Luzifer, Prometheus) verehren. Gleichzeitig seien aus den direkten Anunnaki-Blutlinien die sumerischen und babylonischen Könige und alle späteren „blaublütigen“ Linien hervorgegangen.
4. en.wikipedia.org/wiki/Sitchin
5. michaelsheiser.com und sitchiniswrong.com (mit einer Punkt-für-Punkt-Auflistung aller zentralen Sitchin-Thesen). Eine gute Übersicht über alle heute noch vorhandenen sumerischen Texte ist ianlawton.com/mes4.htm, „Guide to the Sumerian Texts“.
6. Michael S. Heiser: „Zecharia Sitchin: Why you can safely ignore him“, ufodigest.com/news/0909/ignore-him.php („The ancient language blunders committed by Sitchin are truly startling. I've documented Sitchin's inability to tell Aramaic from Hebrew, to understand simple Hebrew grammatical features (e.g., subject-verb agreement) [...].“)
   In seiner Selbstbeschreibung heißt es jedoch: „Zecharia Sitchin wurde in Russland geboren, wuchs in Palästina auf, wo er Alt- und Neuhebräisch, andere semitische und europäische Sprachen, das Alte Testament und die Geschichte und Archäologie des Nahen Ostens studierte. Nach einem Studium an der London School of Economics war er viele Jahre einer der füh-

renden Journalisten in Israel" (Autorentext in: *Der zwölfte Planet,* 1979). Sitchin zog 1952 als 32-Jähriger nach New York und hatte vorher „viele Jahre" als Journalist gearbeitet und an einer renommierten Wirtschaftshochschule studiert. Parallel dazu und zuvor (als Teenager!) will er in nur wenigen Jahren auch das hier genannte umfangreiche Sprach-, Geschichts- und Archäologiestudium autodidaktisch betrieben haben. Die kritische Betrachtung seiner Biographie und seiner Bücher zeigt, dass er nicht der Sprachexperte war, für den er sich ausgab.

7. Markus Pössel: „Sitchin und die altorientalischen Sprachen" (mit Prof. Hermann Hunger, Institut für Orientalistik an der Universität Wien, und Dr. Joachim Marzahn, Vorderasiatisches Museum Berlin). mysteria3000.de/2001/sitchin-und-die-altorientalischen-sprachen

8. Heute liegen Hunderte von astronomischen Rollsiegeln, Texten und Kalendern aus dem alten Sumer vor, und sie alle sprechen nur von fünf Planeten. Das Wort *nibiru* hat unterschiedliche Bedeutungen, und nur in wenigen Fällen wird es als Name für einen Himmelskörper verwendet. Als Planetenname bezieht sich Nibiru (babylonisch: Marduk) auf Jupiter. Nur an einer einzigen Stelle könnte sich *nibiru* auch auf den Merkur beziehen.
sitchiniswrong.com/nibiru/nibiru.htm
sitchiniswrong.com/nibirunew.pdf

   Unsere Erde benötigt ein Jahr, um einmal die Sonne zu umkreisen. Nibiru soll eine derart lange Umlaufbahn haben, dass ein „Jahr" für ihn 3600 Erdenjahre dauere. In der weitesten Entfernung von der Sonne befände sich Nibiru demnach an einem Punkt, der zwölf Mal weiter entfernt ist als der Pluto. Bei einer solchen Bahn würde die Anziehungskraft der Sonne so schwach, dass der Nibiru nicht auf seiner Bahn bleiben würde. Entweder würde er von der Sonne wegrasen, oder er würde näher an die Sonne herangezogen. 99% seiner Zeit würde sich der Nibiru jenseits der Entfernung des Pluto befinden, in tödlicher Weltraumkälte. Die Anunnaki sind ja gemäß Sitchin physische, menschenähnliche Außerirdische. Zum Problem der Kälte sagte Sitchin, der Nibiru strahle von innen her eine starke Wärme ab und habe eine dichte Atmosphäre, die durch Goldstaub (von der Erde!) stabilisiert werde. Jeder Laie kann hier erkennen, dass diese Argumentation absurd ist. Um es nochmals zu betonen: Das sind alles Sitchins Phantasien, die nichts mit den Aussagen der sumerischen Schriften zu tun haben.

9. „Anunnaki" bedeutet nicht, wie Sitchin sagt, „diejenigen, die vom Himmel auf die Erde kamen". Die Anunna(ki)-Götter galten als Schöpfungen des An (Anu), des Himmelskönigs, der auch als Vater der Götter dargestellt wird. Als Titel bedeutet dieses Wort deshalb: „von königlichem Blut; einer königlichen Linie entstammend" (siehe auch S. 283). An keiner Stelle in den mesopotamischen Schriften werden die Anunnaki mit dem Nibiru in Verbindung gebracht, auch nicht mit der geflügelten Sonnenscheibe, obwohl Sitchin gerne beides zusammenbringt, um zu suggerieren, die Sonnendarstellungen seien die Raumschiffe der Anunnaki.
sitchiniswrong.com/anunnaki/anunnaki.htm
ancientaliensdebunked.com/references-and-transcripts/anunnaki/

10. Es würde den Rahmen des Buches sprengen, Sitchins Theorien über die Entstehung der heutigen Form des Sonnensystems und die Widerlegung

der einzelnen Punkte hier aufzulisten. Im Internet finden sich mehrere Beiträge, in denen dies getan wird, insbesondere: Rob Hafernik, „Sitchin's Twelfth Planet" (Juni 2004); roborant42.appspot.com/show/entry/1041

Das gesamte Szenario entspringt einer willkürlichen Interpretation der sumerischen „Götter" als Planeten. Der junge Gott Marduk, der sich gegen die alte Götterordnung auflehnt und die Erde kultiviert, wird bei Sitchin – als Planet Marduk – mit dem sumerischen Nibiru gleichgesetzt und als „zwölfter Planet" hingestellt. Er behauptet, die Sumerer hätten zwölf Planeten gekannt, und ordnet diesen willkürlich Götter zu. Die mythischen Kämpfe zwischen diesen Göttern interpretiert er als Planetenkollisionen. Für die Babylonier war Ishtar die Göttin der Venus, Nergal der Gott des Mars, Marduk der Gott des Jupiter und Shamash der Gott der Sonne. Dies wissen wir aus zahlreichen mesopotamischen Schriften, und auch die Griechen übernahmen diese Zuordnungen und ersetzten sie mit ihren Götternamen. Sitchin ignoriert dies alles und stellt seine eigene Planeten- und Götterliste auf. Die Sonne bezeichnet er z. B. als Apsu. Apsu jedoch ist der Gott des Süßwassers und ist mythologisch etwas ganz anderes als die Sonne! (Apsu ist auch im Sanskrit der Begriff für Wasser.) Ishtar ist bei Sitchin eine Astronautin, und er ordnet der Venus die Gottheit Lahamu zu. (Peter James, centuries.co.uk, zitiert auf: en.wikipedia.org/wiki/Sitchin)

11. Der auf dem Rollsiegel VA 243 zu sehende Kreis mit sechs dreieckigen Strahlen, der von elf unterschiedlich kleinen Punkten umgeben ist, stellt nicht die Sonne dar, sondern einen Stern mit der symbolischen Bedeutung des Lichtes, das alle Sterne im Himmel leuchten lässt. Die Sumerer hatten für die Sonne ein eigenes Symbol, und dieses steht in vielen Darstellungen direkt neben diesem Sternensymbol. Das Sonnensymbol erscheint in zahlreichen sumerischen Texten und Inschriften, und zwar immer in der gleichen Form. Das Sternensymbol bezieht sich also nicht auf die Sonne. Ein zentrales Motiv in der sumerischen Mythologie ist der Götterrat mit 12 Mitgliedern: der höchste Gott Anu und elf untergeordnete Götter. Wahrscheinlich ist genau dies die Bedeutung der am Himmel stehenden Sterndarstellung auf dem Rollsiegel VA 243.
sitchiniswrong.com/VA243/VA243.htm
sitchiniswrong.com/VA243seal.pdf

Das sumerische Sonnensymbol

Das sumerische Sternensymbol

12. Sitchin behauptet, das hebräische Wort *schem* („Name, Ruhm") gehe auf das sumerische Wort Mu zurück, das er ohne Quellenangabe als Wortkonstruktion Shu-Mu präsentiert, mit der angeblichen Bedeutung „das, was aufrecht steht; das, was vertikal in die Höhe geht". Dann nimmt er das akkadische Wort *schamu*, „Himmel", und sagt, *schamu* komme von Schu-Mu, womit nachgewiesen sei, dass es sich hier um Raketen handle,

die senkrecht in den Himmel starten (sitchiniswrong.com/shumu/shumu.htm). Dies ist ein typisches Beispiel für Sitchins falsche Wortableitungen. Im bereits erwähnten Artikel von Rob Hafernik, „Sitchin's Twelfth Planet", findet sich eine ausführliche Abhandlung mit mehreren Beispielen von Sitchins falschen *schem*-Zitaten aus der Bibel.

13. Sitchin (2007), Kap. 1: „Die Messianische Uhr" (S. 11)
14. ebd. S. 73, 107
15. ebd. S. 225
16. ebd. S. 301, 307, Kursivschrift im Original.
17. ebd. S. 291
18. ebd. S. 308, Schlusssatz des Buches, Kursivschrift im Original.
19. Däniken: *Der Mittelmeerraum und seine mysteriöse Vorzeit* (2012), Angabe im Biographietext.
20. Weitere zusammenfassende Darstellungen dieses Geschichtsbildes gebe ich in meinen Büchern *Machtwechsel auf der Erde* (2006), Kap. 16: „Wendezeit: Machtwechsel im Zyklus der Zeiten", und *Der radikale Mittelweg* (2009), Kap. 17: „Wie der Monotheismus entstand", und Kap. 21: „Die geistige Herkunft des Menschen".
21. Siehe: *Machtwechsel auf der Erde* (2006), Kap. 11: „Die Wiederentdeckung der interdimensionalen Kontakte", und Kap. 15: „Botschaften aus dem Kosmos – wie alles begann".
22. V.S. Ferguson: *Inannas Rückkehr,* S. 36 (Hervorhebungen durch A.R.). Weitere Ausführungen zu dieser Inanna-Geschichte im Buch *Licht wirft keinen Schatten* (S. 200–206, 378).
23. Die neun Geistesgaben, auch „Gnadengaben" genannt, werden im ersten Korintherbrief beschrieben (1 Kor 12,4–11).
24. Die Texte von Tom H. Smith wurden im Englischen bis zum heutigen Tag nicht veröffentlicht. Er war knappe zwei Jahre schreibmedial aktiv und starb mit 51 Jahren. Im Buch *Machtwechsel auf der Erde* (1999, überarbeitete Neuauflage 2006), Kap. 13, „Menschheitsgeschichte aus überirdischer Sicht", veröffentlichte ich neun Seiten aus diesen Texten. 2001 folgte das Buch *Das kosmische Erbe – Einweihung in die Geheimnisse unserer Her- und Zukunft. Mediale Texte von Tom H. Smith, übersetzt und kommentiert von Armin Risi.* Die Seitenangaben in den folgenden Zitaten beziehen sich auf die aktuelle Taschenbuchausgabe von 2007. (Das Buch *Mutter Erde wehrt sich,* das im ersten Teil ebenfalls Texte von Tom Smith enthielt, ist vergriffen. Alle wichtigen Inhalte der dortigen Texte finden sich auch im viel umfangreicheren Buch *Das kosmische Erbe.*)
25. Dies ist die einzige Stelle in allen Texten, wo Tom Smith konkrete Zeitangaben zur historischen Einordnung der hier beschriebenen Vorgänge gibt. Vor 300 000 Jahren begannen die dunklen Mächte, auf der Erde nach Vorherrschaft zu streben. Dies war rund 200 000 Jahre, nachdem die ersten Menschen auf der Erde erschienen waren. Am Anfang des Textes wurde zusätzlich gesagt, dass nach etwas mehr als eintausend Jahren auch aggressive Mächte die Erde entdeckten und sich an mehreren Orten niederließen. Mit anderen Worten, vor etwa 500 000 Jahren erschienen die ersten Menschen auf der Erde, und kurz danach kamen auch die aggressiven Mächte hinzu, die 200 000 Jahre später die ersten Übergriffe auf

die Ureinwohner starteten und diese Schritt für Schritt unterwarfen. Die Angabe, dass dieser Übergriff vor 300 000 Jahren – also in der Mitte des dritten Zeitalters (Dväpara-Yuga) – stattfand, ist durchaus auch mit den Angaben der Sanskritschriften vereinbar. Ein Widerspruch besteht jedoch im Zeitpunkt des ersten Erscheinens der Menschen. Gemäß den Sanskritschriften erschienen die ersten Menschen im Satya-Yuga, d.h. vor 3,7 bis 2 Millionen Jahren. Es könnte sein, dass Tom Smith hier das Erscheinen der ersten Menschen *in der heutigen physischen Verdichtung* meint. Dies würde auch zur mehrfachen Erwähnung passen, dass diese ersten Menschen anfänglich Schwierigkeiten hatten, sich in ihrem Körper und in der dichten Erdenwelt zurechtzufinden.

Die Angabe, vor 300 000 Jahren habe die Manipulation der Menschen begonnen, erinnert an Sitchins Szenario, in dem er sagt, die „Anunnaki" hätten vor rund 300 000 Jahren den Menschen geschaffen. Aus der hier vorliegenden Darstellung der „Blend of Loving Energies" geht hervor, dass dieser Zeitpunkt tatsächlich von einschneidender Bedeutung war, aber nicht etwa deswegen, weil damals der Mensch geschaffen wurde, sondern weil eine lang angelegte Manipulation begann, die bis in die heutige Zeit reicht. Die Elohim sprechen hier deshalb Klartext: „Euch wird ein verzerrtes Bild der Vergangenheit vorgesetzt [...] Es ist der Wunsch der negativen Schöpfergötter, die Zeit der ersten Menschenexistenz auf Erden zu bestimmen. Sie wollen nicht, dass ihr erfahrt, wie es wirklich war: nämlich dass es schon Menschen gab, bevor sie mit ihren Kriegen die Erde übernahmen und euch als Spezies zu Untertanen machten."

Anhang

1. Risi: *Einheit im Licht der Ganzheit* (2011), Klappentext
2. Dethlefsen: *Schicksal als Chance* (1979), S. 73f.
3. Dethlefsen: *Ausgewählte Texte* (1989), S. 62
4. Jan van Helsing: *Geheimgesellschaften 3 – Ein Hochgradfreimaurer packt aus,* AMA DEUS Verlag, Fichtenau 2010, S. 88, 92, 159, 161
5. Om C. Parkin: *Das Erwachen des Löwen – Dialoge der Selbsterforschung,* Lüchow, Freiburg i. Br. 1998, Goldmann-Arkana 2006, S. 82, 163, 340.
6. Siehe Anm. 3: „Es gibt keine Schuld oder Sünde. Warum? Weil wir selbst Gott sind." (Helsing, S. 159)
7. Zum Thema „Unterscheiden, ohne zu urteilen" verfasste ich ein ganzes Buch: *Licht wirft keinen Schatten.* „Sind wir einer philosophischen bzw. ideologischen Willkür ausgesetzt, ohne Kriterien und Maßstäbe für das, was Wahrheit ist? Gibt es überhaupt so etwas wie ‚Wahrheit'? [...] Licht wirft keinen Schatten. Und es ist durchaus möglich, das Licht zu sehen und vom Schatten zu unterscheiden – und überall zu erkennen, *was* den Schatten wirft." (aus dem Rückentext)
   Siehe auch: *Der radikale Mittelweg,* Kap. 25: „Unterscheiden, ohne zu urteilen".
8. Für eine ausführliche Beschreibung des Deismus siehe: *Der radikale Mittelweg,* S. 82f., 94f., und *Einheit im Licht der Ganzheit,* Kap. 9.
9. Eines der bekanntesten Standardwerke zum weiten Themenbereich des Ho'oponopono ist: Vitale/Len, *Zero Limits* (siehe Literaturverzeichnis).

Literaturverzeichnis

Agischewa, Amina, & Ernst Schwarz (Hrsg.): *Die Heilige Büffelfrau – Indianische Schöpfungsmythen,* Kösel Verlag, München 1995; Taschenbuchausgabe im Goldmann Verlag, München 1998

Ahne, Winfried, et. al.: *Zoologie – Lehrbuch für Studierende der Veterinärmedizin und Agrarwissenschaften,* Schattauer Verlag, Stuttgart 2000

Alexander, Eben: *Proof of Heaven – A Neurosurgeon's Journey into the Afterlife,* Simon & Schuster, New York 2012; dt. *Blick in die Ewigkeit – Die faszinierende Nahtoderfahrung eines Neurochirurgen,* Ansata Verlag, München 2013

Allan, D.S., & J.B. Delair: *When the Earth Nearly Died – Compelling Evidence of a Catastrophic World Change 9,500 BC,* Gateway Books, Bath, UK,1995

Ash, David/Hewitt, Peter: *Die Wissenschaft der Götter – Zur Physik des Übernatürlichen,* Zweitausendundeins, Frankfurt a. M. 1991

Austin, Steven A., & John Morris: *Footprints in the Ash – The Explosive Story of Mount St. Helens,* Master Books, Green Forest, AZ, 2003

Babaji (Haidakhan):

Babaji Mahavatar: the descent of Eternity into time, Edited by a group of Babaji's Devotees: Haidakhandi Samaj Foundation, Loenen (Gld) [2]1999

Gora Devi: *Das Abenteuer einer Transformation – 12 Jahre mit Babaji,* G. Reichel Verlag, Weilersbach 1994, [3]2003

Radhe Shyam: *Leben aus dem Sein – Ein Buch über Babaji,* G. Reichel Verlag1990, [2]1995

Wosien, Maria-Gabriele: *Babadschi – Botschaft aus dem Himalaya,* G. Reichel Verlag, Weilersbach 1978, [6]2000

Betz, Werner: *Malta – Spuren der Vergangenheit: Tempel, Technik, Theorien,* R. G. Fischer Verlag, Frankfurt a. M. 1994

Bhagavad-Gītā:

Bhagavad-gītā wie sie ist: Übersetzung und Erläuterung von A.C. Bhaktivedanta Swami Prabhupāda, The Bhaktivedanta Book Trust, Vaduz [11]1995

Śrīmad Bhagavad-Gītā, with commentaries by Śrīla Viśvanātha Cakravartī Ṭhākura and Śrī Śrīmad Bhaktivedānta Nārāyaṇa Mahārāja, Gaudiya Vedanta Samiti, Mathura 2000

Bibel:

Die Bibel in heutigem Deutsch („Einheitsübersetzung"), Deutsche Bibelgesellschaft, Stuttgart 1984 (zweite, durchgesehene Ausgabe)

Die Bibel mit Erklärungen (revidierte Luther-Bibel), Evangelische Haupt-Bibelgesellschaft zu Berlin und Altenburg, 1989, [2]1990

Die Heilige Schrift des Alten und des Neuen Testaments, Verlag der Zürcher Bibel, Zürich 1987

Bin Gurion, Micha Josef: *Die Sagen der Juden,* gesammelt und bearbeitet von Micha Josef Bin Gurion, Parkland Verlag, Köln 2000

Blumrich, Joseph: *Kásskara und die sieben Welten – Weißer Bär erzählt den Erdmythos der Hopi-Indianer,* Econ Verlag, Wien/Düsseldorf 1979; *Kásskara* *und die sieben Welten – Die Geschichte der Menschheit in der Überlieferung der Hopi-Indianer,* vom Autor aktualisierte Taschenbuchausgabe, Knaur, München 1985

Bohm, David: *Die implizite Ordnung – Grundlagen eines dynamischen Holismus,* Dianus-Trikont, München 1985

Bonavia, Duccio: *Maize: Origin, Domestication, and Its Role in the Development of Culture,* Cambridge University Press 2013 (Originalausgabe in Spanisch, 2008)

Braden, Gregg: *Deep Truth – Igniting the Memory of Our Origin, History, Destiny, and Fate,* Hay House 2011; dt. *Tiefe Wahrheiten – Ursprung, Geschichte, Bestimmung und Schicksal der Menschheit,* Koha-Verlag, Burgrain 2011

Brandt, Michael: *Vergessene Archäologie – Steinwerkzeuge fast so alt wie Dinosaurier,* Studiengemeinschaft Wort und Wissen, SCM Hänssler, Holzgerlingen 2011

Brinkley, Dannion, & Paul Perry: *Zurück ins Leben – Die wahre Geschichte des Mannes, der zweimal starb* (Vorwort von Raymond Moody), Knaur, München 1994

Brown, Walt: *In the Beginning – Compelling Evidence for Creation and the Flood,* Center for Scientific Creation, Phönix, AZ, [8]2008; creationscience.com

Bruhn, Jörgen: *Blicke hinter den Horizont: Nahtoderlebnisse: Deutung – Bedeutung,* Alsterverlag, Hamburg 2009

Bürgin, Luc: *Das Wunder Mirin Dajo – Der unverletzbare Prophet und seine phänomenalen Kräfte,* Kopp Verlag, Rottenburg 2004

—: *Der Urzeit-Code – Die ökologische Alternative zur umstrittenen Gen-Technologie,* Herbig, München 2007; 3., erweiterte Neuauflage 2012

Burpo, Todd, & Lynn Vincent: *Heaven is for Real – A Little Boy's Astounding Story of His Trip to Heaven and Back,* Thomas Nelson, Nashville 2010; dt. *Den Himmel gibt's echt – Die erstaunlichen Erlebnisse eines Jungen zwischen Leben und Tod,* SCM Hänssler, Holzgerlingen 2011

Charroux, Robert: *Phantastische Vergangenheit – Die unbekannte Geschichte der Menschheit seit hunderttausend Jahren,* Herbig Verlag, München 1969

—: *Vergessene Welten – Auf den Spuren des Geheimnisvollen,* Econ Verlag, Wien/Düsseldorf 1974

Chorlton, Windsor: *Eiszeiten,* in der Reihe: „Der Planet Erde", Time-Life Bücher, Amsterdam 1983

Clare Prophet, Elizabeth: *Gefallene Engel und der Ursprung des Bösen – Das verbotene Buch Henoch und seine erstaunlichen Offenbarungen* (mit vollständiger Übersetzung von Richard Laurence), Ansata Verlag, München 2008

Collins, Andrew: *Gateway to Atlantis – The Search for the Source of a Lost Civilization,* 2000 (paperback edition 2002); dt.: *Neue Beweise für Atlantis – In Kuba und Mittelamerika verweisen spektakuläre Funde auf eine globale prähistorische Kultur,* Scherz Verlag (S. Fischer) 2001; Weltbild-Verlag 2002

Cremo, Michael A.: *Human Devolution – A Vedic Alternative to Darwin's Theory,* Torchlight Publishing, Badger, CA, 2003

Cremo, Michael A., & Richard L. Thompson: *Forbidden Archaeology – The Hid-*

den History of the Human Race (1993, 1996, 1998); dt. *Verbotene Archäologie – Die verborgene Geschichte der menschlichen Rasse,* Kopp Verlag, Rottenburg 2006 (siehe auch Brandt: *Vergessene Archäologie*).

Cotterell, Maurice: *The Supergods – They came on a mission to save mankind* (1997), dt. *Die ersten Götter – Kulturgründer von jenseits des Himmels,* Heyne Taschenbuch, München 1999

Cotterell, Maurice, & Adrian Gilbert: *Die Prophezeiungen der Maya – Das geheime Wissen einer untergegangenen Zivilisation,* Econ Verlag, München/Düsseldorf 1998

Däniken, Erich von: *Erinnerungen an die Zukunft – Ungelöste Rätsel der Vergangenheit,* Econ-Verlag, Düsseldorf/Wien 1968

—: *Zurück zu den Sternen – Argumente für das Unmögliche,* Econ-Verlag, Düsseldorf/Wien 1969

—: *Aussaat und Kosmos – Spuren und Pläne außerirdischer Intelligenzen,* Econ-Verlag, Düsseldorf/Wien 1972

—: *Beweise – Lokaltermin in fünf Kontinenten,* Econ-Verlag, Düsseldorf/Wien 1977

—: *Reise nach Kiribati – Abenteuer zwischen Himmel und Erde,* Econ-Verlag, Düsseldorf/Wien 1981

—: *Der Mittelmeerraum und seine mysteriöse Vorzeit – Rätselhafte Bauten, unglaubliche Fakten und als falsch entlarvte Lehrmeinungen* (mit 160 Farbbildern), Kopp-Verlag, Rottenburg 2012

Däniken, Erich von (Hrsg.): *Jäger verlorenen Wissens – Auf den Spuren einer verbotenen Archäologie ,* Kopp Verlag, Rottenburg 2003

Darwin, Charles: *Die Entstehung der Arten durch natürliche Zuchtwahl,* Übersetzung von Carl W. Neumann, Nachwort von Gerhard Heberer, Philipp Reclam Verlag, Stuttgar 1963, Sonderausgabe in Nikol Verlag, Hamburg 2004

—: Janet Browne *über Charles Darwin – Die Entstehung der Arten.* Serie „Bücher, die die Welt veränderten", dtv, München 2007

Dawkins, Richard: *River out of Eden – A Darwinian View of Life* (1995), dt. *Und es entsprang ein Fluss in Eden – Das Uhrwerk der Evolution,* C. Bertelsmann, München 1996

—: *Climbing Mount Improbable* (1996), dt. *Gipfel des Unwahrscheinlichen – Wunder der Evolution,* Rowohlt Verlag 1999 (rororo, Reinbek 2008)

—: *The Ancestor's Tale – A Pilgrimage to the Dawn of Life* (2004); dt. *Geschichten vom Ursprung des Lebens – Eine Zeitreise auf Darwins Spuren,* Ullstein 2008

—: *The God Delusion* (2006); dt. *Der Gotteswahn,* Ullstein, Berlin 2007

Dethlefsen, Thorwald: *Schicksal als Chance – Das Urwissen zur Vollkommenheit des Menschen* (1979), Goldmann Taschenbuch, München 1980

—: *Ausgewählte Texte,* Goldmann Taschenbuch, München 1989

Diodorus Siculus: *Library of History* (Vol. 1), Books 1-2.34, translated by C.H. Oldfather, Loeb Classical Library Vol. 279, Harvard University Press, First published 1933

Dona, Klaus, & Reinhard Habeck: *Im Labyrinth des Unerklärlichen – Rätselhafte Funde der Menschheitsgeschichte,* Kopp-Verlag, Rottenburg 2004

Dong, Paul, & Thomas Raffill: *China's Super Psychics,* Marlowe & Company, New York 1997; dt. *Indigo-Schulen – Trainingsmethoden für medial begabte Kinder* (2001), Ullstein Verlag, Berlin 2004

D'Souza, Dinesh: *Life After Death – The Evidence* (2009), dt. *Leben nach dem Tod – Warum es nicht irrational, sondern logisch ist, an das Jenseits zu glauben,* Arkana, München 2011

Dunn, Christopher: *Lost Technologies of Ancient Egypt – Advanced Engineering in the Temples of the Pharaohs,* Bear&Company, Rochester (Vermont) 2010

Eadie, Betty J.: *Licht am Ende des Lebens – Bericht einer außergewöhnlichen Nah-Todeserfahrung,* Knaur, München 1994

Eersel, Patrice van: *Sterben – der Weg in ein neues Leben. Auf der Suche nach der jenseitigen Welt – der umfassende Wissenschaftsreport über den heutigen Stand der Todesforschung.* Scherz Verlag, Bern/München/Wien 1986

Eggers, Stefan (Hrsg.): *Das Pyramidenkapitel in Al-Makrizi's „Hitat" – nach einer Übersetzung von Dr. phil. Erich Graefe (1911),* Eigenverlag, Hamburg 2003 (cheops-pyramide.net)

Eilenstein, Harry: *Göbekli Tepe – Die Bilderwelt des ersten Tempels der Menschen,* Books on Demand GmbH 2011

Einstein, Albert: *Aus meinen späten Jahren,* Deutsche Verlags-Anstalt, Stuttgart 1952

Eisler, Riane: *Von der Herrschaft zur Partnerschaft – Weibliches und männliches Prinzip in der Geschichte,* C. Bertelsmann, München 1989

Ewald, Günter: *„Ich war tot" – Ein Naturwissenschaftler untersucht Nahtod-Erfahrungen,* Pattloch Verlag 2005, Weltbild Verlag 2008

Ferguson, V. S.: *Inannas Rückkehr – Die „Götter" der Plejaden in neuem Licht,* Verlag Neue Erde, Saarbrücken 1997

Fiebag, Johannes, & Peter (Hrsg.): *Aus den Tiefen des Alls – Wissenschaftler auf den Spuren extraterrestrischer Eingriffe,* Hohenrain-Verlag 1985; Taschenbuchausgabe im Ullstein-Verlag, Berlin 1995

Ford, Arthur: *Bericht vom Leben nach dem Tode. Eines der wichtigsten Werke der modernen PSI-Forschung,* Scherz Verlag, Berlin/München 1973; Knaur Verlag, München 1994

Frau, Sergio: *Le Colonne d'Ercole – Un'inchiesta* (2002); dt. *Atlantika – Eine detektivische Untersuchung des antiken Mittelmeerraumes,* Parthas Verlag, Berlin 2008

Friedrich, Horst: *Jahrhundert-Irrtum „Eiszeit"?,* EFODON Dokumentation, Hohenpreißenberg 1997

Gish, Duane T.: *Fossilien – Stumme Zeugen der Vergangenheit,* CLV, Bielefeld 1992

Glashouwer, Willem: *So entstand die Erde,* CLV, Bielefeld 1991

Gris, Henry, & William Dick: *The New Soviet Psychic Discoveries* (1978), dt. *PSI als Staatsgeheimnis – Der Vorsprung der Russen in der psychologischen, medizinischen und strategischen Nutzung bisher ungeklärter Paraphänomene,* Scherz Verlag, Bern/München 1979.

Gröning, Bruno:
Dokumentarfilm über Bruno Gröning: bruno-groening-film.org
Häusler, Grete: *Hier ist die Wahrheit an und um Bruno Gröning,* Mönchengladbach 1986; 5. Auflage 1996
Hausmann, Dr. jur. Wolfgang (unter Mitwirkung von Dr. jur. Rolf Reinhard, Rechtsanwalt Peter Quast und Ass. jur. Martina Reichhart): *Der große Prozess gegen Bruno Gröning 1955-1959,* Bruno Gröning Freundeskreis 2009
Kamp, Dr. med. Matthias: *Revolution in der Medizin – Bruno Gröning: Rehabilitation eines Verkannten. Eine ärztliche Dokumentation der Heilung auf geistigem Wege,* Mönchengladbach 1994 (2. Auflage)
Trampler, Kurt: *Die große Umkehr – Fragen um Bruno Gröning,* Heering-Verlag, Seebruck am Chiemsee 1950
Guzman-McMillan, Genelle, und William Croyle: *Angel in the Rubble – The miraculous rescue of 9/11's last survivor,* Howard Books (a Division of Simon & Schuster), New York, NY, 2011; dt. *Ich war 27 Stunden verschüttet – Engel gibt's wirklich. Eine wahre Geschichte.* Brunnen Verlag, Gießen 2012

Habeck, Reinhard: *Dinge, die es nicht geben dürfte – Mysteriöse Museumsstücke aus aller Welt,* Verlag Carl Ueberreuter, Wien 2008
Halper, Paul: *The Cyclical Serpent – Prospects for an Ever-Repeating Universe,* Plenum Press, New York 1995
Hamilton, David: *Achte auf Deine Gedanken – Warum der Geist die Materie beherrscht* (engl. *It's The Thought That Counts,* 2006), Ullstein/Allegria, Berlin 2011
Hancock, Graham: *Fingerprints of the Gods – The Evidence of Earth's Lost Civilization* (1995); *Fingerprints of the Gods – The Quest Continues,* erweiterte Ausgabe 2001 in Century Books, London; dt. *Die Spur der Götter – Das sensationelle Vermächtnis einer verschollenen Hochkultur,* Gustav Lübbe Verlag, Bergisch Gladbach 1995
Hancock, Graham, mit Santha Faiia (Fotos): *Heaven's Mirror – Quest for the Lost Civilization* (1998); dt. *Spiegel des Himmels – Das Vermächtnis der Götter,* Lichtenberg Verlag, München 1998
—: *10.500 BC – Quest for the Lost Civilization,* Dokumentation in drei Teilen auf Channel 4, 2000; Serie mit 3 DVDs auf deutsch: *10.500 v.Chr. – Der Untergang der ersten Hochkultur,* Kompetent Media GmbH, München/Grünwald
Hardo, Trutz: *Wiedergeburt – Die Beweise ... und die Bedeutung für ein neues Bewusstsein,* Verlag „Die Silberschnur", Güllesheim 2012
Hassler, Gerd von: *Wenn die Erde kippt – Neueste Erkenntnisse und Prognosen von Geophysikern, Klimatologen, Kosmologen und Umweltforschern,* Scherz Verlag, Bern/München 1981
Hausdorf, Hartwig: *Wenn Götter Gott spielen – Unsere Evolution kam aus dem All. Die Schöpfung war programmiert.* Langen Müller, München 1997
—: *Begegnungen mit dem Unfassbaren – Reiseführer zu phantastischen Phänomenen,* Herbig, München 2008
—: *Götterbotschaft in den Genen – Wie wir wurden, wer wir sind,* Herbig, München 2012

Hengstler, Andrea: „Schlafende Gene geweckt – Forscher entdecken Ur-Formen der Natur“, in: *raum&zeit,* 152/2008

Hitching, Francis: *Die letzten Rätsel unserer Welt – Das große Buch der Phänomene,* Umschau-Verlag, Frankfurt am Main 1988

Hölderlin, Friedrich: *Gedichte,* herausgegeben und mit Erläuterungen versehen von Jochen Schmidt, Insel Verlag, Frankfurt am Main 1984

Hooke, S.H.: *Middle Eastern Mythology,* Penguin Books, 1963, 1966

Horn, David Arthur: *Humanity's Extraterrestrial Origins – ET Influences on Biological and Cultural Evolution* (1996); dt. *Götter gaben uns die Gene – Die außerirdischen Ursprünge der Menschheit,* Verlag „Die Silberschnur“, Güllesheim 1997

Horn, Johannes: *Das Rätsel von Malta – Die Cart-Ruts geben ihr Geheimnis preis,* Ancient Mail Verlag, Groß Gerau 2006, ²2007

Hoyle, Fred: *The Intelligent Universe* (1983), dt. *Das intelligente Universum – Eine neue Sicht von Entstehung und Evolution,* Umschau Verlag, Frankfurt am Main 1984

—: *The Origin of the Universe and the Origin of Religion,* 1993; *Kosmische Katastrophen und der Ursprung der Religion,* Insel Verlag, Frankfurt am Main/ Leipzig 1997

Hsü, Kenneth J.: *Das Mittelmeer war eine Wüste – Auf Forschungsreisen mit der Glomar Challenger,* Harnack Verlag, München 1984

Hürter, Tobias, & Max Rauner: *Die verrückte Welt der Parallelwelten – Wie oft gibt es uns wirklich?,* Piper, München 2009

Jacob, Heinrich Eduard: *Sechstausend Jahre Brot,* Rowohlt Verlag, Hamburg 1954

Joseph, Lawrence B.: *Solar Cataclysm: How the Sun Shaped the Past and What We Can Do to Save Our Future,* HarperOne 2012; dt. *Sonnen-Katastrophe – Eine kosmische Schicksalbeziehung,* Scorpio Verlag, München 2013

Junker, Reinhard: *Leben – woher? Das Spannungsfeld Schöpfung / Evolution* (mit einer guten Zusammenfassung aller wichtigen Argumente gegen die angeblichen Beweise für die Evolutionstheorie), Christliche Verlagsgesellschaft, Dillenburg 2002; wort-und-wissen.de

Junker, Reinhard, & Siegfried Scherer: *Evolution – Ein kritisches Lehrbuch,* Weyel Lehrmittelverlag (Biologie), Gießen 1998, 7., überarbeitete Auflage 2012; evolutionslehrbuch.info / eklb.info

Kaiser, Rudolf: *Die Stimme des Großen Geistes – Prophezeiungen und Endzeiterwartungen der Hopi-Indianer,* Kösel Verlag, München 1989

Katchongva, Dan: *From the Beginning of Life to the Day of Purification,* Los Angeles 1977; dt. *Hopi – Eine indianische Botschaft,* herausgegeben von der Agna Incomindios, Kaiseraugst 1984.

Klitzke, Axel: *Pyramiden: Wissensträger aus Stein – Das Geheimnis der Pyramiden Ägyptens und Mittelamerikas,* Govinda-Verlag, Zürich 2006

—: *Wissen in Stein – Das Geheimnis der Pyramiden Ägyptens und Mittelamerikas,* 6 Vorträge auf 2 DVDs, NuoViso Filmproduktion 2011

Knörr, Alexander: *Hagar Qim – Auf den Spuren eines versunkenen Kontinents. Rätsel um die Insel Malta.* Ancient Mail Verlag, Groß Gerau 2007, [3]2009

Kornkreise:

Anderhub, Werner, & Andreas Müller: *Phänomen Kornkreise: Forschung zwischen Volksüberlieferung, Grenz- und Naturwissenschaft,* AT Verlag, Aarau 2005

Haselhoff, Eltjo: *The Deepening Complexity of Crop Circles. Scientific Research and Urban Legends* (2001); dt. *Faszinierende Kornkreise – Wissenschaftliche Forschung und urbane Legendenbildung,* Beust Verlag, München 2001

Müller, Andreas: *Kornkreise – Geometrie, Phänomene, Forschung,* AT Verlag, Aarau 2001

Weber, Eckhard: *Der Kornkreis-Code: Verborgene Botschaften in mysteriösen Zeichen,* Argo Verlag, Marktoberdorf 2005

cropcircleconnector.com

ukcropcircles.co.uk

kornkreise-forschung.de

temporarytemples.co.uk

Kramer, Samuel Noah: *Sumerian Mythology – A Study of Spiritual and Literary Achievement in the Third Millennium B.C.,* Harper Torchbooks (The Academy Library), Revised Edition, Harper & Brothers, New York 1961

Kruparz, Heinrich: *Atlantis und Lemuria: Legenden und Mythen oder versunkene Hochkulturen der Vergangenheit? Neue Beweise – es gibt sie!* Weishaupt Verlag, Gnas 2009

Kübler-Ross, Elisabeth: *Über den Tod und das Leben danach,* Verlag „Die Silberschnur", München 1984

Kusch, Heinrich und Ingrid: *Tore zur Unterwelt – Das Geheimnis der unterirdischen Gänge aus uralter Zeit ...,* V. F. Sammler (Stocker Verlag), Graz 2009

Kutschera, Ulrich: *Tatsache Evolution – Was Darwin nicht wissen konnte,* Deutscher Taschenbuch Verlag (dtv premium), München 2009

Lawlor, Robert: *Am Anfang war der Traum – Die Kulturgeschichte der Aborigines,* Droemer Knaur, München 1993

Leick, Gwendolyn: *A Dictionary of Ancient Near Eastern Mythology,* Routledge, London/New York 1991

Leininger, Bruce, & Andrea/Ken Gross: *Soul Survivor: The Reincarnation of a World War II Fighter Pilot,* Grand Central Publishing, New York 2010

Leslie, Desmond, & George Adamski: *Fliegende Untertassen landen,* Europa-Verlag, Zürich 1954 (Drei Viertel dieses Buches stammen von Desmond Leslie: „Die Vimanas", „Untertassen im Sanskrit", „Untertassen in keltischer Vorzeit", „Die große Pyramide" usw. Dies war die erste Publikation, die den historischen Aspekt des Ufo-Themas behandelte.)

Lommel, Pim van: *Endloses Bewusstsein – Neue medizinische Fakten zur Nahtoderfahrung,* Patmos Verlag 2009, 4., aktualisierte und ergänzte Auflage 2011

Long, Jeffrey, & Paul Perry: *Beweise für ein Leben nach dem Tod – Die umfassende Dokumentation von Nahtoderfahrungen aus der ganzen Welt,* Goldmann Verlag, München 2010

Lull, Richard Swann: *Fossils – What They Tell Us of Plants and Animals of the Past,* The University Society, New York 1935

Lumpkin, Joseph: *The Books of Enoch: The Angels, The Watchers and The Nephilim (With Extensive Commentary on the Three Books of Enoch, the Fallen Angels, the Calendar of Enoch, and Daniel's Prophecy),* Fifth Estate, Incorporated, Blounstville AL, 2011)

Mahabharata, translated by Kisari Mohan Ganguli (12 vols.), Munshiram Manoharlal, Delhi [5]1990

Mahlstedt, Ina: *Rätselhafte Religionen der Vorzeit,* Konrad Theiss Verlag, Stuttgart 2010

Malkowski, Edward F.: *Ancient Egypt 39,000 BCE – The History, Technology, and Philosophy of Civilisation X,* Bear&Company, Rochester (Vermont) 2010

Mann, Charles C.: „Göbekli Tepe – Die Geburt der Zivilisation", in: *National Geographic,* Juni 2011

Markides, Kyriacos C.: *Der Magus von Strovolos – Die faszinierende Welt eines spirituellen Heilers,* Knaur-Verlag, München 1988; Neuauflage Schirner-Verlag 2004

Mehler, Stephen S.: *The Land of Osiris – An Introduction to Khemitology,* Adventures Unlimited Press, 2001

Mehne, Sabine: *Licht ohne Schatten – Leben mit einer Nahtoderfahrung,* Patmos Verlag, Ostfildern 2013

Merriam, John Campbell: *The Fauna of Rancho La Brea,* The University Press of Berkeley, 1911

Meyer, Stephen C.: *Signature in the Cell – DNA and the Evidence for Intelligent Design,* Harper Collins, New York 2009

—: *Darwin's Doubt – The Explosive Origin of Animal Life and the Case for Intelligent Design,* Harper Collins, New York 2013

Mitchiner, John E.: *Traditions of the Seven Ṛṣis,* Motilal Banarsidass, Delhi 1982

Moody, Raymond: *Leben nach dem Tod – Die Erforschung einer unerklärten Erfahrung,* Rowohlt Verlag, Reinbek bei Hamburg 1977

—: *Nachgedanken über das Leben nach dem Tod,* Rowohlt Verlag, Reinbek bei Hamburg 1978

Moorjani, Anita: *Dying To Be Me—My Journey from Cancer, to Near Death, to True Healing,* Hay House, Carlsbad CA, 2012; dt. *Heilung im Licht – Wie ich durch eine Nahtoderfahrung den Krebs besiegte und neu geboren wurde,* Arkana, München 2012

Morse, Melvin, & Paul Perry: *Verwandelt vom Licht – Über die transformierende Wirkung von Nah-Todeserfahrungen,* Droemer Knaur, München 1994

Nagel, Thomas: *Mind and Cosmos – Why the Materialist Neo-Darwinian Conception of Nature is Almost Certainly False,* Oxford University Press 2012; dt. *Geist und Kosmos – Warum die materialistische neodarwinistische Konzeption der Natur so gut wie sicher falsch ist,* Suhrkamp Verlag, Berlin 2013

Nahm, Michael: *Wenn die Dunkelheit ein Ende findet – Terminale Geistesklarheit und andere Phänomene in Todesnähe,* Crotona Verlag, Amerang 2012

Obst, Helmut: *Reinkarnation – Weltgeschichte einer Idee,* Verlag C.H. Beck, München 2009

Oppenheimer, Stephen: *Eden in the East – The Drowned Continent of Southeast Asia,* Weidenfeld&Nicolson 1998, Phoenix (a division of Orion Books), London 1999

Ostrander, Sheila, & Lynn Schroeder: *Psychic Discoveries Behind the Iron Curtain,* (1970), dt. *PSI – Die wissenschaftliche Erforschung und praktische Nutzung übersinnlicher Kräfte des Geistes und der Seele im Ostblock,* Scherz Verlag, Bern/München 1970

Parnia, Sam: *What Happens When We Die – A Ground-Breaking Study into the Nature of Life and Death,* Hay House, London 2005, 2008

—: *Erasing Death: The Science That Is Rewriting the Boundaries Between Life and Death,* HarperOne 2013; dt. *Der Tod muss nicht das Ende sein – Was wir wirklich über Sterben, Nahtoderlebnis und die Rückkehr ins Leben wissen. Erfahrungsberichte eines Reanimationsmediziners.* Scorpio Verlag, München 2013

Passian, Rudolf: *Abschied ohne Wiederkehr? Tod und Jenseits aus parapsychologischer Sicht,* Reichl Verlag, St. Goar 1984, [3]2005

ProGenesis: *95 Thesen gegen die Evolution – Wissenschaftliche Kritik am naturalistischen Weltbild,* CLV, Bielefeld 2009 (www.0095.info)

Pye, Lloyd: *Der Schädel des Sternenkindes – Die DNA-Beweise* (DVD), Kopp-Media, Rottenburg 2011

—: *Starchild Skull Essentials,* e-book 2011 (starchildproject.com; lloydpye.com)

Reggio, Godfrey: *Koyaanisqatsi – Life Out of Balance,* Kinofilm 1982

Ring, Kenneth, & Sharon Cooper: *Wenn Blinde sehen – Mindsight. Nahtoderfahrungen von Blinden,* Santiago Verlag, Goch 2011

Risi, Armin: *Gott und die Götter – Das Mysterienwissen der vedischen Hochkultur,* Govinda-Verlag, Zürich 1995, 2007

—: *Unsichtbare Welten – Kosmische Hierarchien und die Bedeutung des menschlichen Lebens,* Govinda-Verlag, Zürich 1998. 2008

—: *Licht wirft keinen Schatten – Ein spirituell-philosophisches Handbuch,* Govinda-Verlag, Zürich 2004

—: *Der radikale Mittelweg – Überwindung von Atheismus und Monotheismus. Das Buch zum aktuellen Paradigmenwechsel.* Kopp-Verlag, Rottenburg 2009

—: *Evolution – Stammt der Mensch von den Tieren ab?,* in der Reihe „Grundlagenwissen im Govinda-Verlag", Govinda-Verlag, Zürich 2013

—: „Wie lange dauert das Kali-Yuga? – Das gegenwärtige Zeitalter und das Jahr 2012 im Licht der vier Yugas", armin-risi.ch/Artikel/Vedisch/Wie_lange_dauert_das_Kali-Yuga.html

Sabom, Michael: *Erinnerungen an den Tod – eine medizinische Untersuchung,* Knaur, München 1987

Sarre, François de: *Als das Mittelmeer trocken war – Die katastrophische Geschichte des mediterranen Gebietes,* EFODON Dokumentation, Hohenpreißenberg 1999

Schmidt, Klaus: *Sie bauten die ersten Tempel – Das rätselhafte Heiligtum der Steinzeitjäger. Die archäologische Entdeckung am Göbekli Tepe;* C.H. Beck, München 2006

—: „Göbekli Tepe – the Stone Age Sanctuaries. New results of ongoing excavations with a special focus on sculptures and high reliefs", *Documenta Praehistorica* XXXVII (2010)

Schmidt, Klaus, et al.: „The role of cult and feasting in the emergence of Neolithic communities. New evidence from Göbekli Tepe, south-eastern Turkey", ANTIQUITY 86 (2012): p. 674-695; antiquity.ac.uk/ant/086/ant0860674.htm

Schmidt-Salomon, Michael: *Manifest des evolutionären Humanismus – Plädoyer für eine zeitgemäße Leitkultur,* Alibri, Aschaffenburg 2005, 2., korrigierte und erweiterte Auflage 2006

Schoch, Robert, mit Robert A. McNally: *Die Weltreisen der Pyramidenbauer,* Zweitausendundeins, Frankfurt am Main 2002

—: *Forgotten Civilization – The Role of Solar Outbursts in Our Past and Future,* Inner Traditions (Bear&Company), Rochester 2012

—: „Evidence of Early Civilisation in Anatolia", in: NEXUS Vol. 20, Nr. 2, February-March 2013, dt. „Beweise für eine frühe Zivilisation in Anatolien", NEXUS 46, April-Mai 2013

Schüssler, Karlheinz: *Die ägyptischen Pyramiden – Erforschung, Baugeschichte und Bedeutung,* DuMont Buchverlag, Köln 1983, [5]1992

Sheldrake, Rupert: *A New Science of Life* (1981); dt. *Das schöpferische Universum – Die Theorie des morphogenetischen Feldes,* 1983, Ullstein, Berlin/ Frankfurt a. M. 1993; *Das schöpferische Universum – Die Theorie der morphogenetischen Felder und der morphischen Resonanz. Komplett überarbeitete Neuausgabe des internationalen Bestsellers.* nymphenburger (F.A. Herbig), München 2008, [4]2010

—: *The Rebirth of Nature* (1990); dt. *Die Wiedergeburt der Natur – Wissenschaftliche Grundlagen eines neuen Verständnisses der Lebendigkeit und Heiligkeit der Natur,* Scherz Verlag, Bern/München/Wien 1993

—: *The Science Delusion,* London 2012, dt. *Der Wissenschaftswahn – Warum der Materialismus ausgedient hat,* O.W. Barth Verlag, München 2012

Sheldrake, Rupert, & Matthew Fox: *The Physics of Angels – A Realm where Spirit and Science meet,* 1996; dt. *Engel – Die kosmische Intelligenz,* Kösel-Verlag, München 1998

Sitchin, Zecharia: *The 12th Planet – For the first time, proof that establishes where, when, how, and why astronauts from another planet settled the earth and created Homo sapiens* (1976); dt. *Der zwölfte Planet – Wann, wo und wie die Astronauten eines anderen Planeten zur Erde kamen und den Homo sapiens schufen,* Edition Sven Erik Bergh – Europabuch AG, Unterägeri 1979

—: *The End of Days – Armageddon and the Prophecies of the Return* (2007), dt. *Apokalypse – Armageddon, die Endzeit und die Prophezeiung von der Wiederkunft,* Kopp Verlag, Rottenburg 2007

Smith, Tom H.: *Das kosmische Erbe – Einweihung in die Geheimnisse unserer Her- und Zukunft. Mediale Texte von Tom H. Smith, übersetzt und kommentiert von Armin Risi.* Govinda-Verlag, Zürich 1999/2007

Śrīmad-Bhāgavatam, übersetzt und erläutert von A.C. Bhaktivedanta Swami Prabhupāda (12 Bd.), The Bhaktivedanta Book Trust, Vaduz 1977-1983

Stanley, Steven M.: *Wendemarken des Lebens - Eine Zeitreise durch die Krisen der Evolution,* Spektrum Akademischer Verlag, Berlin, Heidelberg 1988/1998

Stevenson, Ian: *Twenty Cases Suggestive of Reincarnation,* Charlottesville ^{2}1974

—: *Xenoglossy: A Review and a Report of a Case.* Charlottesville 1974

—: *Unlearned Language – New Studies in Xenoglossy.* Charlottesville 1984

—: *Children Who Remember Previous Lives – A Question of Reincarnation.* Charlottesville (University Press of Virginia) 1987

—: *Cases of the Reincarnation Type* (University Press of Virginia), ein mehrbändiges Werk, in dem Prof. Stevenson, nach Ländern und Kulturkreis unterteilt, seine bestdokumentierten Erinnerungsfälle aus aller Welt präsentiert.

—: *Reinkarnationsbeweise – Geburtsnarben und Muttermale belegen die wiederholten Erdenleben des Menschen,* Aquamarin Verlag, Grafing 2011

Stocks, Denys A.: *Experiments in Egyptian Archaeology – Stoneworking Technology in Ancient Egypt,* Routledge, London 2003

Strobel, Lee: *Indizien für einen Schöpfer – Ein Journalist im Spannungsfeld von Evolution und Schöpfung,* GerthMedien, Asslar 2005

Sudhoff, Heinke: *Ewiges Bewusstsein – Vierzig Zeitreisen durch Urgeschichte und Unendlichkeit,* Universitas (Herbig Verlag), München 2005; Taschenbuchausgabe im Schirner Verlag, Darmstadt 2008

Tag, Karin: *Die Prophezeiungen des Kristallschädels Corazon de Luz – Ein Licht berührt die Erde,* Amra Verlag, Hanau 2009, ^{3}2012

Talbot, Michael: *Das holographische Universum – Die Welt in neuer Dimension,* Droemer Knaur, München 1992

Taylor, Steve: *Der Fall – Vom Goldenen Zeitalter über 6000 Jahre Niedergang zu einem neuen Bewusstsein,* Sphinx Verlag, München 2009

Tollmann, Alexander und Edith: *Und die Sintflut gab es doch – Vom Mythos zur historischen Wirklichkeit,* Droemer Knaur, München 1993

Torah: *Etz Hayim – Torah and Commentary,* The Rabbinical Assembly/The United Synagogue of Conservative Judaism; Senior Editor: David L. Lieber; published by: The Jewish Publication Society, New York 2001

Trefil, James: *Fünf Gründe, warum es die Welt nicht geben kann – Die Astrophysik der Dunklen Materie,* Rowohlt Verlag, Reinbek bei Hamburg 1990

Trump, David H.: *Malta – Prehistory and Temples* (in der Serie „Malta's Living Heritage"), Midsea Books, La Valetta 2002/2004

Velikovsky, Immanuel: *Worlds in Collision* (1950); dt. *Welten im Zusammenstoß – Als die Sonne still stand,* Europa Verlag, Zürich 1951/1962

—: *Earth in Unheaval* (1956); dt. *Erde im Aufruhr – Die erdgeschichtlichen Zeugnisse zu „Welten im Zusammenstoß",* Umschau Verlag, Frankfurt/Main 1980

Vitale, Joe, & Ihaleakala Hew Len: *Zero Limits – Mit der hawaiianischen Ho'oponopono-Methode zu Gesundheit, Wohlstand, Frieden und mehr,* Wiley-VCH Verlag, Weinheim 2012

Waters, Frank: *Book of the Hopi* (1963), dt. *Das Buch der Hopi – Nach den Berichten der Stammesältesten aufgezeichnet von Kacha Hónaw (Weißer Bär),* Diederichs, München 1980, [9]1996

Watkin, Hugh Robert: *The Discovery and Transportation to St. Petersburg of the Berezovka Mamoth,* The Torquay Natural History Society, Torquay 1905

Watson, John Allen: *Man, dinosaurs and mammals together: Phophate rocks/bone phosphates of South Carolina: an analysis of their occurrence, origin, importance and instruction for the creation/evolution controversy,* Broschüre des Fossilienmuseums Mt. Blanco, Crossbyton, TX, 2001

Weizsäcker, Carl Friedrich von: *Der bedrohte Friede – Politische Aufsätze 1945–1981,* Carl Hanser Verlag, München/Wien 1981

—: *Bewußtseinswandel,* Carl Hanser Verlag, München/Wien 1988

Wilcock, David: *The Source Field Investigations – The Hidden Science of the Lost Civilizations* (2011, 2012); dt: *Die Urfeld-Forschungen – Wissenschaftliche Fakten belegen alte Weisheitslehren,* Kopp Verlag, Rottenburg 2012

Wilder-Smith, A.E.: *Herkunft und Zukunft des Menschen,* Verlag C.M. Fliß, Hamburg 1994/2001

Wise, Michael; Martin Abegg Jr., Edward Cook: *Die Schriftrollen von Qumran – Übersetzung und Kommentar.* Mit bisher unveröffentlichten Texten, herausgegeben von Prof. Dr. Alfred Läpple, Bechtermünz Verlag, Augsburg 1999

Woltersdorf, Hans Werner: *Die Schöpfung war ganz anders – Irrtum und Wende,* Walter-Verlag, Olten/Freiburg im Breisgau 1976

—: *Denn der Geist ist's, der den Körper baut – Die Irrtümer des wissenschaftlichen Materialismus,* Langen Müller, München 1991

Woolger, Roger J.: *Other Lives, Other Selves. A Jungian Psychotherapist Discovers Past Lives.* New York (Bantam) 1988; dt.: *Die vielen Leben der Seele – Wiedererinnerung in der therapeutischen Arbeit,* Hugendubel, München 1992

Yogananda, Paramahansa: *Autobiographie eines Yogi,* engl. Originalausgabe 1946, dt. 1950, 23., neu bearbeitete Auflage 1998, Otto Wilhelm Barth Verlag

Zeitlmair, Hubert: *Die Säulen von Atlantis – Malta,* Ancient Mail Verlag, Groß Gerau 2001

Zillmer, Hans-Joachim: *Darwins Irrtum,* Langen Müller, München 1998

—: *Irrtümer der Erdgeschichte – Die Wüste Mittelmeer, der Urwald Sahara und die Weltherrschaft der Dinosaurier,* Langen Müller, München 2001

—: *Die Evolutions-Lüge – Die Neandertaler und andere Fälschungen der Menschheitsgeschichte. Unterdrückte Fakten, verbotene Beweise, erfundene Dogmen.* Langen Müller, München 2005

—: *Die Erde im Umbruch – Katastrophen form(t)en die Welt. Beweise aus historischer Zeit.* Herbig, München 2011

Zürrer, Ronald: *Reinkarnation – Einführung in die Wissenschaft der Seelenwanderung,* Govinda-Verlag, Zürich 2005

Bildnachweis

Alle Bilder mit Copyright wurden mit der Genehmigung der Rechteinhaber verwendet.

S. 48: © Axel Klitzke (hores.org); aus: Klitzke, *Pyramiden – Wissensträger aus Stein* (2006), S. 23

S. 56, 58(2), 62, 66: © Luc Bürgin (mysteries-magazin.com); aus: Bürgin, *Das Wunder Mirin Dajo – Der unverletzbare Prophet und seine phänomenalen Kräfte* (2004), S. 27, 41 oben, 44 oben, 170, 147

S. 73, 75, 76, 78(3): © Bruno Gröning-Freundeskreis (bruno-groening.org)

S. 81: © Aniko Drozdy (anikodrozdy.ch)

S. 121: Wikipedia Commons – „Quercus robur - sprouting acorn", Urheber: Amphis, 27.6.2012

S. 123: Zeichnung von John Gould (1804 - 1881), in: Charles Darwin, „Journal of researches into the natural history and geology of the countries visited during the voyage of H. M. S. Beagle round the world, under the Command of Capt. Fitz Roy, R. N.", 1845; public domain; Wikipedia Commons – „Darwin's finches"

S. 127: Wikipedia Commons – „Human evolution scheme"; Original von José-Manuel Benitos; Urheber: M. Garde, Mai 2007, bearbeitet von M. Ćućuz (mantrarupa.org) und A. Risi (2013)

S. 134: „Das Goldene Zeitalter" (um 1530) von Lucas Cranach d. Ä. (1472 - 1553), public domain; Wikipedia Commons – „Goldenes-Zeitalter-1530-2", Cranach Digital Archive (lucascranach.org)

S. 160 oben: © Urs Huber Uri (zwelfring.ch), aus: Huber Uri, *Im Namen der Hopi* (zwelfring 2009), S. 125, 173, 331, 490, 838

S. 160 unten: gezeichnet von Urs Huber Uri (*Im Namen der Hopi,* S. 44, 57, 189, 733), nach Vorlage in: Frank Waters, *Das Buch der Hopi* (1963/1980), S. 51.

S. 167: © Jennifer Steele, courtesy of Aboriginal Artists Agency, North Sydney, Australia (aboriginalartists.com.au); aus: Lawlor, *Am Anfang war der Traum* (1993), S. 12

S. 170 (2), 172, 175: *Babaji Mahavatar: the descent of Eternity into time,* front and back cover & p. 15, 81; Gertraud Reichel (reichel-verlag.de)

S. 185 (2): © Steve Alexander, temporarytemples.co.uk

S. 192 oben: © Hans-Joachim Zillmer (zillmer.com), aus: Zillmer, *Die Erde im Umbruch* (2011), S. 54

S. 192 unten: Richard S. Lull, *Fossils – What They Tell Us of Plants and Animals of the Past,* 1935, S. 35

S. 196: Richard S. Lull, *Fossils – What They Tell Us of Plants and Animals of the Past,* 1935, S. 5

S. 197: US National Park Service photo by Arvid Aase; used with permission.

S. 206: © Hans-Joachim Zillmer (zillmer.com), aus: Zillmer, *Die Erde im Umbruch* (2011), S. 63; siehe auch: Zillmer, *Irrtümer der Erdgeschichte* (2001), Bildteil Fotos 64 - 65; *Die Evolutions-Lüge* (2005), S. 114 und Bildteil Fotos 29 - 32

S. 217 links: Wikipedia Commons – „Chrysopoea of Cleopatra 1", Chrysopoea of Cleopatra, aus: *Codex Marcianus graecus* 299 fol. [folio]188v

S. 217 rechts: Wikipedia Commons – „Ouroboros 1", Lucas Jennis (1590 - 1630)

S. 221: © Armin Risi; Grafik von M. Ćućuz (mantrarupa.org) und A. Risi (2013)

S. 222 links: © Helmut Kunkel (texttrimmer.de)

S. 222 rechts: © Johannes Horn, aus: Horn, *Das Rätsel von Malta* (2007), S. 311 (Abb. 1-51)

S. 223 links: © Johannes Horn, aus: Horn, *Das Rätsel von Malta* (2007), S. 404 (Abb. 15-04)

S. 223 rechts: Wikipedia Commons – „CartRutsDwejraPoint2", Urheber: Ramessos, Dezember 2009

S. 225 (3): © Hartwig Hausdorf (hartwighausdorf.de)

S. 227: Wikipedia Commons – „JEWGlob", Urheber: J. E. Walkowitz, 4.8.2006

S. 228: © Johannes Horn, aus: Horn, *Das Rätsel von Malta,* S. 409 (Skizze 05)

S. 229 (2): © Johannes Horn, aus: Horn, *Das Rätsel von Malta* (2007), S. 306 (Abb. 1-40) und S. 299 (Abb. 1-25)

S. 230: © Johannes Horn, aus: Horn, *Das Rätsel von Malta* (2007), S. 408 (Skizze 04) und S. 313 (Abb. 1-55)

S. 237: © Stephen Mehler („The Land of Osiris"; khemitology.com)

S. 238: © Christopher Dunn (gizapower.com), aus: Dunn, *Lost Technologies of the Pharaohs,* p. 259

S. 240 oben: © Armin Risi, Oktober 2005

S. 240 unten: © Christopher Dunn (gizapower.com), aus: Dunn, *Lost Technologies of the Pharaohs,* p. 166

S. 247 links: Wikipedia Commons – „Zea mexicana (Schrad.) Kuntze - Mexican teosinte - ZEME - Hitchcock, A.S. (rev. A. Chase). 1950 - USDA", Urheber: Hitchcock, A. S. (rev. A. Chase), 1950; Quelle: plants.usda.gov/java/largeImage?imageID=eume8_001_avd.tif

S. 247 rechts: Wikipedia Commons – „Maize-teosinte"; Urheber: John Doebley (teosinte.wisc.edu/images.html), bearbeitet von M. Ćućuz (mantrarupa.org)

S. 252: © Erich von Däniken (daniken.com), aus: Däniken, *Die Spuren der Außerirdischen* (1990), S. 170; siehe auch: Däniken, *Beweise – Lokaltermin in fünf Kontinenten,* S. 193

S. 258 oben: Wikipedia Commons – „Trethevy quoit cornwall02", Urheber: Jim-Champion, 6.8.2007

S. 258 unten: Wikipedia Commons – „Dolmen di Mores“, Urheber: Giovanni Seu; Quelle: Foto di Giovanni Seu, Valle dei Nuraghi (10.5.2008)

S. 262 oben: © timeofanewera.com

S. 262 unten, 264: © Armin Risi, Zeichnungen von Karuna Risi (karuna-risi.ch), nach den Fotos in: Schmidt (2010), Fig. 6, 8, 9; Detailansichten in den Filmdokumentationen *Cradle of the Gods,* National Geographic Channels 2012 (dt. *Die verschwundene Zivilisation*) und *Göbeklitepe – The World's First Temple* (2010); Schoch: *Forgotten Civilization* (2012), plate 16.

S. 265 links: Gabriele Wenzel, *Hieroglyphen – Schreiben und lesen wie die Pharaonen,* nymphenburger (Herbig), München 2001, S. 31 (Hieroglyphe MS)

S. 265 rechts: vier Pharaonennamen, graphische Umsetzung von M. Ćućuz (nach allg. verfügbaren Vorlagen)

S. 267 links: drei Felsmalereien, von: latmos-felsbilder.de/0500.php?l=ger

S. 267 rechts: © Armin Risi, Zeichnung von Karuna Risi (karuna-risi.ch), nach Zeichnungen in: Schmidt (2006), S. 71 unten, und Schmidt (2010), Fig. 5.

S. 273 (4): © Armin Risi; Zeichnungen von Karuna Risi (karuna-risi.ch), nach Fotos in: Schmidt (2006), S. 120 (Abb. 44), 121 (Abb. 45), 189 (Abb. 91 und 92); Schmidt et al. (2012), Fig. 10 (4 Fotos), und nach Detailansichten in der Filmdokumentation *Göbeklitepe – The World's First Temple* (2010).

S. 277 oben: Wikipedia Commons – „Derinkuyu Underground City“; Autor: Bjørn Christian Tørrissen (1.8.2009), bjornfree.com/galleries.html

S. 277 Mitte: Wikipedia Commons – „Bar derinkuyu“; miro.fisica.unam.mx/turquia/Cappadocia2/images/capadoccia_3cidade_subterranea_de_400_ac_e_30m_de_profundidade.jpg (Dezember 2004)

S. 277 unten: Wikipedia Commons – „Puerta derinkuyu“; miro.fisica.unam.mx/turquia/Cappadocia2/images/capadoccia__2cidade_subterranea_de_400_ac_e_30m_de_profundidade.jpg (Dezember 2004)

S. 285 links: © Armin Risi; Zeichnung von Karuna Risi (karuna-risi.ch), nach Foto in: Schmidt (2006), S. 199 (Abb. 93), Schoch: *Forgotten Civilization* (2012), plate 14, und Fotos aus dem Internet („Urfa Man“, „Urfa Statue“).

S. 285 rechts: © Armin Risi; Zeichnung von Karuna Risi, nach Foto in: Schmidt (2010), Fig. 15, und Fotos aus dem Internet („Nevali Cori“).

S. 287 links: Wikipedia Commons – „Dendera Deckenrelief 05“ / „Dendera Deckenrelief 05 d1“, Urheber: Olaf Tausch (7.3.2011/19.9.2011)

S. 287 rechts: Zeichnung nach der Vorlage der kolorierten Vignette im *Totenbuch des Schreibers Ani* (ca. 1300 v. Chr.), aus: E. A. Wallis Budge, *The Book of the Dead* (1895), public domain; Wikipedia Commons – „Ba and mum“.

S. 288: „Nisroch, the Orisis of Nineveh“, aus: *People's Cyclopedia of Universal Knowledge,* 1883, public domain; Wikipedia Commons – „Nisroch“.

S. 290 links: *Illustrerad verldshistoria utgifven av E. Wallis.* volume I: The fish-god Dagon (1875); Urheber: Ernst Wallis et al., public domain; Wikipedia Commons – „Illustrerad Verldshistoria band I Ill 032“.

S. 290 rechts: Austen Henry Layard: *Niniveh und seine Überreste,* London 1854, public domain; Wikipedia Commons – „Oannes auf einem Basrelief aus Khorsabad".

S. 365: Computergrafik von M. Ćućuz (nach allg. verfügbaren Vorlagen)

Bildteil 1, S. 1: © Steve Alexander (temporarytemples.co.uk)

Bildteil 1, S. 2: © Silvia Siegenthaler (introvision.ch)

Bildteil 1, S. 3: Wikipedia Commons – „The Hindu deity Shiva revealed in the linga - Indian Art - Asian Art Museum of San Francisco", Urheber: Marshall Astor (25.2.2011); Quelle: Flickr: The Hindu deity Shiva revealed in the linga - Indian Art - Asian Art Museum of San Francisco

Bildteil 1, S. 4(2): © Silvia Siegenthaler (introvision.ch)

Bildteil 1, S. 5: © Armin Risi, Computergrafik-Realisierung durch M. Ćućuz

Bildteil 1, S. 6 oben: Wikipedia Commons – „Velociraptorprotoceratops"; Urheber: Raul Martin; Quelle: Luis M. Chiappe, „A Field Trip to the Mesozoic", *PLOS Biology* Vol. 1, No. 2, e40 (17.11.2003); plosbiology.org/article/info:doi/10.1371/journal.pbio.0000040

Bildteil 1, S. 6 Mitte: Wikipedia Commons – „Velociraptor and Protoceratops - Fighting dinosaurs"; Urheber: cobalt123 (Phoenix, Arizona), 3.2.2007; Quelle: flickr.com/photos/66606673@N00/384414167/ („Not Quite an Embrace...")

Bildteil 1, S. 6 unten: Wikipedia Commons – „Rhamphorhynchus and Aspidorhynchus", Urheber: Eberhard Frey, Helmut Tischlinger (7.3.2012); aus: Frey / Tischlinger, „The Late Jurassic Pterosaur *Rhamphorhynchus,* a Frequent Victim of the Ganoid Fish *Aspidorhynchus?", PLOS ONE* Journal, March 7, 2012: plosone.org/article/info%3Adoi%2F10.1371%2Fjournal.pone.0031945

Bildteil 1, S. 7:
Oben: US National Park Service photo by Arvid Aase; used with permission.
Mitte links – Zweiergruppe oben: US National Park Service photo by Arvid Aase; used with permission.
Mitte links – Zweiergruppe unten: © G. H. Bergér (museum-berger.de)
Mitte rechts – Dreiergruppe oben: US National Park Service photo by Arvid Aase; used with permission.
Mitte rechts – Dreiergruppe Mitte: © Merv Feick (indiana9fossils.com)
Mitte rechts – Dreiergruppe unten: © Neil Brown (dinosaursrock.com) – Private Collection.
Unten: © Peter Rüdel (fossilien.de)

Bildteil 1, S. 8 oben: Wikipedia Commons – „Prachtkäfer aus der Grube Messel"; Foto: Torsten Wappler, Hessisches Landesmuseum Darmstadt; auf Wikipedia veröffentlicht durch „Gerbil", 26.1.2006; Released under the GNU Free Documentation License („Schriftlich erteilt durch Dr. Sybille Wüstemann, Abt. Öffentlichkeitsarbeit des Museums, nach Rücksprache mit der Fachabteilung").

Bildteil 1, S. 8 unten links: Wikipedia Commons – „Paralejurus-1“ (Trilobite – Species: Paralejurus sp., gefunden in Alnif, Marokko, Länge 7 cm); Urheber: Micha L. Rieser, 14.4.2009

Bildteil 1, S. 8 unten rechts: Detailvergrößerung aus „Paralejurus-1“.

Bildteil 2, S. 1: © Hans Georg Leiendecker (leiendecker.com), „Das Tor zu Gott“, 2002

Bildteil 2, S. 2 oben: © Guido von Arx (gita-productions.ch)

Bildteil 2, S. 2 unten: Wikipedia Commons – „01SriRanganathasvamyTemple&Srirangam&Trichy“, Urheber: Melanie-m (12.7.2008); Source: flickr.com/photos/melanie-m/2679047691/sizes/o/in/photostream/

Bildteil 2, S. 3 oben: Wikipedia Commons – „Ajuda-Love 2“ (Love in Interior of Palácio Nacional da Ajuda, Lissabon, Portugal), Urheber: Joseolgon (20.5.2012)

Bildteil 2, S. 3 unten: Wikipedia Commons – „Arjuna statue“ (Arjuna statue at an intersection just outside Ubud, Bali), Urheber: Ilussion, 3.7.2008

Bildteil 2, S. 4 oben: Wikipedia Commons – „Celtic Stone in Draguignan - Provence - France“; Urheber: Hogne, 26.7.2005

Bildteil 2, S. 4 unten: Wikipedia Commons – „LaRocheAuxFees Dolmen 2 20070408“, Urheber: Sémhur, 8.4.2007

Bildteil 2, S. 5 oben links: Wikipedia Commons – „Korea-Gwangju-Gochang Dolmens 5350-06“; Urheber: Steve46814, 19.6.2006

Bildteil 2, S. 5 oben rechts: Wikipedia Commons – „Korea-Ganghwado-Dolmen-02“; Urheber: Hairwizard91, 16.11.2006

Bildteil 2, S. 5 Mitte: Foto: Séraphin-Médéric Mieusement, August 1890; Quelle: Base Mémoire, Ministère français de la Culture; public domain; Wikipedia Commons: „Saumur - Allée couverte de Bagneux - Mieusement 02“

Bildteil 2, S. 5 unten: Wikipedia Commons – „Saumur Dolmen Bagneux 2007a“; Urheber: Manfred Heyde, 18.10.2007

Bildteil 2, S. 6(2): © Tatjana Ingold (tatjana.ingold.ch)

Bildteil 2, S. 7 oben, Mitte und unten links: © Helmut Kunkel (texttrimmer.de)

Bildteil 2, S. 7 unten rechts: © Johannes Horn, aus: Horn, *Das Rätsel von Malta* (2007), S. 303 (Abb. 1-34)

Bildteil 2, S. 8 oben und unten rechts: © Christopher Dunn (gizapower.com), aus: Dunn, *Lost Technologies of the Pharaohs,* Plate 20 & 21F

Bildteil 2, S. 8 unten links: © Stephen Mehler („The Land of Osiris“; khemitology.com)

Stichwortverzeichnis

Bei Stichwörtern mit weiteren Unterteilungen sind die Unterpunkte inhaltlich und nicht alphabetisch geordnet. Ziffern in Klammern bei den Seitenzahlen verweisen auf die dortigen Anmerkungen.

Dank

Das Buch, das ich nun abgeschlossen habe, schwebte mir von Anbeginn meiner schriftstellerischen Betätigung vor Augen und begleitete mich stets als Idee und konkrete Vision: die Urgeschichte der Menschheit neu zu schreiben, ausgehend von unserem geistigen Ursprung hin zu den alten Hochkulturen. Denn in der Frage nach dem Wesen von Mensch und Kosmos entscheidet sich, wie wir uns selbst sehen und definieren. Zu diesen grundlegenden Themen schrieb ich all meine bisherigen Bücher, als Wegbereitung und Weiterführung von *„Ihr seid Lichtwesen"*. Während der Arbeit an diesem Buch entstanden mehrere Kapitel, die eine „Eigendynamik" entwickelten. Einige bilden nun das Begleitbuch *Evolution – Stammt der Mensch von den Tieren ab?,* andere wurden zur Grundlage eines Folgebandes. Aus all diesen Gründen war die Entstehungszeit länger als bei jedem meiner anderen Bücher.

Die wichtigsten Menschen, die mich in dieser langen Arbeit begleiteten und unterstützten, sind Silvia Siegenthaler (Lektorin in allen Phasen des Manuskripts, Gemälde zum Thema Involution) und Mantrarūpa Ćućuz (Hauptlektor, Layout). Immer wenn ich mit Texten und Formulierungen unsicher war oder mich zu früh zufrieden gab, hat das gemeinsame Lesen Klarheit gebracht: streichen, umformulieren, weiter reifen lassen. Ich bin von Herzen dankbar, dass solch wunderbare (inkarnierte ☺) Lichtwesen in mein Leben gekommen sind, so auch Ronald Zürrer. Mit ihm verbindet mich eine langjährige Freundschaft. Seit über 20 Jahren ist er auch mein Verleger.

Als Autor bin ich hauptsächlich „Reporter" und nur in wenigen Bereichen ein Feldforscher, denn es ist nicht möglich, die vielen Themen, über die ich schreibe, alle selbst von Grund auf zu studieren und alle Orte selbst zu besuchen. Meine Reisen führten mich unter anderem nach Indien, Borneo, Malta und Ägypten.

Im Literaturverzeichnis erwähne ich alle Autorinnen und Autoren, deren Veröffentlichungen mir für den Inhalt des vorliegenden Buches gedient haben. Namentlich möchte ich hier all jene erwähnen, die ich persönlich kenne oder mit denen ich schriftlich Kontakt hatte. Wenn ich sie hier namentlich nenne, heißt das natürlich nicht, dass sie alle meine Ansichten und Schlussfolgerungen unterstützen. Was uns jedoch verbindet, ist die intuitive und auch wissenschaftliche Überzeugung, dass die Vergangenheit anders war, als die konventionellen Schul- und Religionsbücher sagen, und hier forschen wir alle aus eigener Initiative. Beim Thema Ägypten, einem meiner Lieblingsthemen, sind dies Axel Klitzke, dessen Arbeit ich in Kapitel 2 ausführlich erwähne und der dieses Kapitel auch abschließend lektorierte, sowie Andreas von Rétyi und Stefan Erdmann, in Übersee Prof. Robert Schoch und auch Stephen Mehler und Christopher Dunn, die mir beide alle gewünschten Fotos zur Verfügung stellten. Im Verlauf der letzten zwanzig Jahre begegnete ich – meistens im Rahmen von Kongressen – Johannes von Buttlar, Klaus Dona, David Hatcher Childress, Graham Hancock, John Anthony West, Robert Bauval, David Wilcock und anderen Pionieren der alternativen Geschichtsforschung, ebenso Alexander Tollmann und Rupert Sheldrake. In meiner vor- und frühschriftstellerischen Zeit waren die Begegnungen mit Michael Cremo und Richard Thompson, den Autoren von *Forbidden Archaeology*, ein großer Ansporn. Ich gehörte wie sie zur Krishna-Bewegung, weshalb wir uns in Europa und in Indien mehrfach trafen. Eine persönliche Freundschaft verbindet mich mit Prof. James Hurtak und seiner Frau Desirée. Seine pionierhafte und interdisziplinäre, ja interdimensionale Arbeit werde ich im nächsten Buch erwähnen.

Alle, die sich für alternative bis phantastische Geschichte interessieren und zu meiner Generation gehören, sind mit „Erich von Däniken" aufgewachsen. Wie aus dem vorliegenden Buch hervorgeht, sehe ich seine präastronautischen Szenarien kritisch, aber im konstruktiven Sinn der weiterführenden Forschung. Wir kennen uns seit 1997, und er stellte mir großzügig Fotos für dieses und mein nächstes Buch zur Verfügung. Wir alle danken ihm für seine phänomenale Arbeit, mit der er die Tore für weitere Forschungen jenseits der konventionellen Schranken öffnete.

Jenseits dieser „Schranken" bewegen sich auch meine Autorenkollegen Luc Bürgin, Hartwig Hausdorf, Johannes Horn und Hans-Joachim Zillmer, die mir alle spontan mehrere Fotos zur Verfügung stellten. Fotos bekam ich auch von Reinhard Habeck, obwohl sie dann dem beschränkten Platz zum Opfer fielen. Immer hilfs- und auskunftsbereit sind auch Cornelia von Däniken, Ronald Engert, Peter Fiebag, Lars A. Fischinger, Robert Fleischer, Grazyna Fosar und Franz Bludorf, Karin Tag sowie Andreas Müller, der Verfasser des täglichen Grenzwissenschaft-Rundbriefes. Von ihm stammen die Kornkreisgrafiken auf dem Umschlag meiner beiden Taschenbücher, die 2011 erschienen.

Für das vorliegende Buch waren auch Illustrationen von großer Wichtigkeit. Einige, die mich hier unterstützten, habe ich bereits erwähnt. Des weiteren möchte ich danken: Arvid Aase und allen anderen Fotografen der Versteinerungen „Fisch frisst Fisch", Steve Alexander für seine Kornkreisfotos, Guido von Arx für das Foto der südindischen Tempelanlage, Urs Huber Uri für seine Fotos und Zeichnungen von Hopi-Kachinas (und für seine mitreißenden Reisebeschreibungen), Tatjana Ingold für die beiden Fotos der Zyklopenmauer in der Türkei, Helmut Kunkel für die Fotos von Malta, Hans Georg Leiendecker für sein Gemälde, Aniko Drozdy für ihr Foto von Daskalos, Dieter Häusler, Jürgen Pflock und Christof Hülsmann für die Zurverfügungstellung der Fotos aus dem Archiv des Bruno Gröning-Freundeskreises, Gregory Poplawski für die Zeichnung der Anlage von Göbekli Tepe, Karuna Risi für die Zeichnungen der archäologischen Objekte, von denen die Fotos nicht erhältlich oder nicht von guter Qualität waren, und Bernadette Baumgartner für die entscheidende Idee zur graphischen und farblichen Gestaltung des Umschlags.

Und so danke ich allen anderen, die mir persönlich nahe sind und das Entstehen dieses Buches mit ihren Gedanken und guten Wünschen begleiteten.

Ebenso danke ich allen Leserinnen und Lesern, die mir durch ihr Interesse, viele auch durch ihre Zuschriften, zeigen, dass die „Flaschenpost" der Bücher ankommt!

„Ihr seid das Licht der Welt. ... Stellt euer Licht nicht unter den Scheffel, sondern auf den Leuchter, damit alle, die hereinkommen, es sehen. Nichts ist verborgen, das nicht ans Licht kommen wird ..." (Mt 5,14/ Lk 8,16f.)

Der Autor

Armin Risi (geb. 1962): Dichter, Philosoph und Sachbuchautor; besuchte das lateinische Gymnasium in Luzern; gehörte im Alter von 18 Jahren zu den führenden Schach-Junioren der Schweiz; 1978–1980: erste Gedichtsammlung und ein Drama in 5 Akten; 1980/81: Reisen und Naturaufenthalte, Austritt aus dem Gymnasium vor der Matura; lebte danach für achtzehn Jahre als Mönch in vedischen Klöstern in Europa und Indien; während dieser Zeit hauptsächlich als Übersetzer tätig; Mitarbeit bei der Übersetzung von 22 Werken der Sanskritliteratur (aus dem Englischen ins Deutsche); Studium der indischen und westlichen Philosophien; seit Ende 1998 freischaffender Schriftsteller und Referent; lebt mit seiner Frau Melanie in Zürich.

Veröffentlichungen:

1988 *Vegetarisch leben – Vorteile einer fleischlosen Ernährung* (mit Ronald Zürrer); ist mit einer Gesamtauflage von fast einer halben Million Exemplaren im deutschen Sprachraum die am weitesten verbreitete Schrift über Vegetarismus; vegetarisch-leben.ch.

1992 *Völkerwanderung – Epische Galerie* sowie *Der Kampf mit dem Wertlosen – Lyrische Meditationen* (700 Gedichte und Epigramme).

1995 *Da ich ein Dichter war – Reinkarnation: Gedanken, Gedichte und eine Begegnung mit Hölderlin.*

1995 „Der multidimensionale Kosmos", Band 1: *Gott und die Götter – Das vedische Weltbild revolutioniert die moderne Wissenschaft, Esoterik und Theologie* (mehrere überarbeitete Auflagen; definitive Version ab 10. Auflage, 2020).

ab 1995: zahlreiche Artikel in grenzwissenschaftlichen und esoterischen Zeitschriften.

1998, 2000, 2002, 2007: Armin Risis Gedichte *Die Karawane, Sehnsuche, Morgengrauen* und *„Friede ist langweilig"* werden in die Anthologien *Ausgewählte Werke,* Band 1, 3, 4 und 10, der Bibliothek deutschsprachiger Gedichte (München) aufgenommen.

1998 „Der multidimensionale Kosmos", Band 2: *Unsichtbare Welten* (mehrere überarbeitete Auflagen; definitive Version ab 9. Auflage, 2021).

1999 „Der multidimensionale Kosmos", Band 3: *Machtwechsel auf der Erde – Die Pläne der Mächtigen, globale Entscheidungen und die Wendezeit.*

2001 *Das kosmische Erbe – Einweihung in die Geheimnisse unserer Her- und Zukunft* (mediale Texte von Tom H. Smith, übersetzt und erläutert von Armin Risi).

2004 *TranscEnding the Global Power Game: Hidden Agendas, Divine Intervention and the New Earth* (gekürzte und inhaltlich bearbeitete englische Übersetzung des Buches *Machtwechsel auf der Erde*).

2004 *Licht wirft keinen Schatten – Ein spirituell-philosophisches Handbuch.*

2006 *Machtwechsel auf der Erde,* 5., vollständig überarbeitete Auflage (Govinda-Verlag); Taschenbuchausgabe im Heyne-Verlag 2007.

2008 „Unterirdische Rätsel in Ägypten – Alles ein Werk der Pharaonen?" und „Monolithe und Göttermythen – Forschungsreise nach Borneo" im Anthologieband *Brisante Archäologie – Geschichte ohne Dogma* (Kopp-Verlag).

2009 *Der radikale Mittelweg – Überwindung von Atheismus und Monotheismus* (Das Buch zum aktuellen Paradigmenwechsel).

2009 *Смена власти на Земле* (russische Übersetzung von *Machtwechsel auf der Erde).*

2011 *Ganzheitliche Spiritualität – Der Schlüssel zur neuen Zeit* sowie *Einheit im Licht der Ganzheit – Orientierung im Labyrinth von Religion, Erleuchtung und New Age.*

2012 *Svjetlost ne stvara sjenu – Duhovno-filozofski priručnik* (kroatische Übersetzung von *Licht wirft keinen Schatten*).

2013 *„Ihr seid Lichtwesen" – Ursprung und Geschichte des Menschen.*

2014 *Evolution – Stammt der Mensch von den Tieren ab?* (Taschenbuch).

2016 *Jesteście istotami światła – Pochodzenie i historia człowieka* (polnische Übersetzung von *„Ihr seid Lichtwesen").*

2017 *Make That Change – Michael Jackson: Botschaft und Schicksal eines spirituellen Revolutionärs* (zusammen mit Sophia Pade); 3. aktualisierte Auflage 2021.

2020 *Involution – L'Homme multidimensionnel, Tome 1* (französische Übersetzung der ersten Hälfte von *„Ihr seid Lichtwesen":* Teil 1 – Ursprung des Menschen).

2020 *Gott und die Götter – Die prophezeite Wiederkehr des vedischen Wissens* (vollständig überarbeitete Neuauflage von „Gott und die Götter", 1995/2007).

2022 *Unsichtbare Welten – Der Kosmos ist multidimensional* (vollständig überarbeitete Neuauflage von „Unsichtbare Welten", 1998/2007).

2023 *Und plötzlich große Klarheit – Positive Prophezeiungen für die heutige Wendezeit.*

Auf den folgenden Seiten:

Weitere Bücher von Armin Risi

sowie

ausgewählte Publikationen des Govinda-Verlages

Website des Verlages:
govinda.ch

Armin Risi

GOTT UND DIE GÖTTER

Die prophezeite Wiederkehr
des vedischen Wissens

ISBN 978-3-905831-81-8
410 Seiten, gebunden
€ 24,00 / Fr. 36.00

Das Veda-Standardwerk von Armin Risi – jetzt in einer vollständig überarbeiteten Neuauflage:

Die Menschen der früheren Zeitalter waren nicht primitiv, sondern schöpften aus geistigen Urquellen und verfügten über ein ganzheitliches Wissen, im Sanskrit «Veda» genannt.

Eines der erstaunlichsten Zeugnisse hierfür sind die Schriften der altindischen (vedischen) Hochkultur. Armin Risi entschlüsselt diese heiligen Texte im Licht der ursprünglichen Offenbarung und formuliert auf einzigartige Weise, was bisher nur Veda-Eingeweihten bekannt war. Diese sahen vor Jahrtausenden das gegenwärtige dunkle Zeitalter voraus, ebenso wie dessen Ende in der heutigen Zeit. Dann, so sagten sie, werde auch das vedische Wissen wieder weltweit zugänglich.

Aus dem Inhalt: Ursprung und Aufbau des Universums • Höherdimensionale Welten • Die geistige Herkunft des Menschen • Die Hochkulturen im Zyklus der Zeiten • Die Lichtwesen und die Dunkelmächte • Prophezeiungen für die heutige Zeit • Prädestination und freier Wille • Ganzheit, Polarität, Dualität.

Gott und die Götter: ein Grundlagenwerk der prophezeiten Wiederkehr des vedischen Wissens. In der heutigen Wendezeit sind die ältesten Erkenntnisse der Menschheit auch die neusten: zeitlos, revolutionär, zukunftweisend.

DVDs von Armin Risi

Armin Risi
PHILOSOPHISCHE BETRACHTUNGEN

ISBN 978-3-905831-13-9
DVD-Laufzeit: 124 Minuten
€ 10,00 / Fr. 15.00 (Doppel-DVD)

«Paradigmenwechsel» und «Der radikale Mittelweg: Zwei Vorträge von Armin Risi als ideale Einführung in sein Gesamtwerk. Mit einfachen Worten beschreibt er die Essenz der theistischen Spiritualität sowie die Unterschiede zu den Weltbildern der atheistischen und «monistischen» Esoterik, die besagen, Wahrheit und Unwahrheit seien letztlich eins.

Beide Vorträge enthalten im ersten Teil eine von Armin Risi gesungene Mantra-Meditation (mit Tanpura-Begleitung).

Armin Risi &
Silvia Siegenthaler
KLANG-REISE

ISBN 978-3-905831-14-6
DVD-Laufzeit: 110 Minuten
€ 20,00 / Fr. 30.00 (inkl. Booklet)

Mantras aus verschiedenen Kulturen und Mysterien-schulen: Ein Abend mit meditativen Klängen und Gesängen als Reise von der fernen Vergangenheit bis in unsere Gegenwart sowie als Begegnung mit verschiedenen Kulturen und Mysterienschulen: Mantras und Psalme aus der Sanskritsprache, aus dem Altägyptischen und Hebräischen sowie deutsche Kurzgebete und «Affirmationen».

Mit Live-Wasserklangbildern von Alexander Lauterwasser.

EIN BUCH, DAS EINEM DIE AUGEN ÖFFNEN WIRD ...

Sophia Pade / Armin Risi
MAKE THAT CHANGE

Michael Jackson: Botschaft und Schicksal eines spirituellen Revolutionärs

ISBN 978-3-905831-46-7
698 Seiten, gebunden,
mit zahlreichen Illustrationen
€ 24,00 / Fr. 36.00

«MAKE THAT CHANGE» ist mehr als nur eine weitere Michael-Jackson-Biografie. Das Buch beschreibt eine der faszinierendsten, triumphalsten und tragischsten Lebensgeschichten der heutigen Zeit.

Das umfangreiche Buch beruht auf einer langjährigen intensiven Recherche über die verborgenen Aspekte von Michael Jacksons Schicksal. Was im Leben des King of Pop geschah, ist ein entlarvender Spiegel unserer Zeit, ebenso wie die Umstände, die zu seinem Tod führten (offiziell durch «fahrlässige Tötung»). Vor dieser dunklen Kulisse wird das Licht umso sichtbarer – als Zeugnis einer friedvollen Revolution des Herzens, die heute notwendiger ist denn je.

- Das Leben des Megastars, seine globale Bedeutung – und die Mächte, die ihn bekämpften
- Seine Krankheiten, seine Schmerzen, seine Operationen (von denen die meisten medizinisch bedingt und notwendig waren)
- Warum es zu den Anschuldigungen kam (warum gerade Kindesmissbrauch»?)
- Wie die Massenmedien der Verleumdung dien(t)en
- Die Hintergründe und Abgründe der Entertainment-Industrie
- Michael Jacksons Pläne für ein eigenes, lichtvolleres Medienimperium
- Der lange und heimtückische Kampf um seine Kapitalanlagen
- Wie es zu seinem erzwungenen(!) Comeback kam – mit tödlichem Ausgang
- Wie es nach seinem Tod weiterging: das dubiose und fehlerhafte Testament, die zwei großen Prozesse, die neuen Anschuldigungen, der «Ausverkauf»
- Der Schlüssel zur Heilung des Planeten («Heal the World»)

Christina von Dreien
DER UNGEHORSAM DER LIEBE

Was wir Positives aus der gegenwärtigen Weltsituation lernen können

ISBN 978-3-905831-87-0
123 Seiten, Taschenbuch
€ 13,50 / Fr. 15.50

Wir leben in seltsamen Zeiten, die scheinbar mit jedem Jahr immer noch seltsamer werden. Viele Menschen fragen sich: Wie konnte all das geschehen, was insbesondere in den vergangenen Jahren hier auf der Erde und mit der Menschheit passiert ist? Warum gibt es überhaupt so viele unschöne Zustände in unserer Welt? Und wie soll das alles noch enden?

«Der Ungehorsam der Liebe» beantwortet diese Fragen mit aufschlussreichen und zuweilen überraschenden Erklärungen zur gegenwärtigen Weltsituation. Das Buch fordert auf zu mehr Mut und Menschlichkeit sowie zum gewaltfreien Widerstand gegen ein gesellschaftliches System, welches derart weit von der Liebe entfernt ist, dass es gewissenlos die Natur zerstört und Lügen, Manipulation, Gewalt und Kriege zur Normalität erklärt.

Doch allen Seltsamkeiten zum Trotz zeichnet Christina ein höchst positives Bild der Zukunft unseres Planeten. In faszinierender Weise legt sie dar, dass der Mensch von Natur aus ein gütiges und liebevolles Wesen ist und dass es daher nur noch eine Frage der Zeit ist, bis das aktuelle System des Negativen in sich zerfällt und abgelöst wird von einer neuen Form des Zusammenlebens auf der Grundlage von Frieden, Freiheit und gegenseitigem Respekt. Denn immer mehr Menschen sind gerade dabei aufzuwachen, sich zusammenzuschließen und einen lichtvollen Impuls der Veränderung zu setzen. Die stille Revolution des Ungehorsams der Liebe ist nicht mehr aufzuhalten.

Das Ermitteln der persönlichen Lebensaufgaben

Daniela Maiwald / Ronald Zürrer
NIMM DEIN LEBEN
IN DIE EIGENE HAND!
Wie wir unseres Glückes Schmied sein können.

Vorwort von Armin Risi
ISBN 978-3-905831-42-9
261 Seiten, gebunden, Leseband
€ 34,00 / Fr. 39.90

Die dreibändige Buchreihe über das weltweit einzigartige System der Psychologischen Handanalyse.

In Band 1 werden unter anderem folgende Themen erörtert: • Eine kurze Geschichte der Handlesekunst • Der Unterschied zwischen Chirologie, Chiromantie und Chirosophie • Das Welt- und Menschenbild der Psychologischen Handanalyse • Das Konzept «Schulungsplanet Erde» • Handanalyse bei Kindern und Jugendlichen • Grundzüge einer spirituellen Psychologie • Der Aufbau des feinstofflichen Körpers • Einführung in das Konzept von Karma («Schicksal») • Einführung in das Konzept von Dharma («Lebensaufgabe») • Das bewusste Schmieden unseres Lebensglücks.

Daniela Maiwald / Ronald Zürrer
FOLGE DEINER
BESTIMMUNG!
Wie wir unsere Lebensaufgaben erkennen und erfüllen können.

Vorwort von Richard Unger
ISBN 978-3-905831-43-6
661 Seiten, gebunden, Leseband
€ 58,00 / Fr. 69.90

Die dreibändige Buchreihe über das weltweit einzigartige System der Psychologischen Handanalyse.

In Band 2 werden unter anderem folgende Themen erörtert: • Wie wir aus den Fingerabdrücken unser psychologisches Grundmuster und unseren persönlichen Lebenszweck ermitteln können • Wie und warum das System zur Decodierung der Fingerabdrücke funktioniert • Die «Vier Lebensschulen» und ihre Kardinaltugenden: Demut, Liebe, Weisheit, innerer Frieden • Die dreizehn Themenbereiche, in denen sich unsere Bestimmung und unsere Herausforderungen offenbaren • Konstruktiver Umgang mit unterschwelligen Ängsten und anderen Basisemotionen.

(Hinweis: Band 3 «LEBE DEINE TALENTE! – Wie wir unsere Potenziale entdecken und entfalten können» ist in Vorbereitung.)

Das Erhöhen der individuellen Frequenz

Der Philosoph und Dichter Ronald Zürrer legt hier ein kleines, feines Büchlein über die Schönheit und Heilkraft von Tugenden vor, ergänzt durch ein Kartenset mit 170 Tugendkarten. Für alle, denen es mit der Veredelung ihres Charakters und dem Erhöhen ihrer individuellen Frequenz tatsächlich ernst ist.

Ronald Zürrer

SCHÖNHEIT DES INNEREN
(Taschenbuch und Kartenset)

65 Seiten, Taschenbuch
ISBN 978-3-905831-39-9
€ 8,00 / Fr. 12.00

170 Kärtchen in Papp-Box
ISBN 978-3-905831-40-5
€ 20,00 / Fr. 30.00

Dieses Buch mit dazugehörigem Tugendkarten-Set richtet sich an Menschen, deren Wunsch es ist, Zeit und Aufmerksamkeit auf das Entfalten von Tugenden zu richten – also von erhebenden Charaktereigenschaften, die beitragen zur Schönheit des Inneren. Hierfür hat der Autor einige der bedeutsamsten und glückverheißendsten Früchte vom Baum der Tugenden gepflückt und sie in Form von kleinen Lebensvorsätzen aus seiner persönlichen Sicht erläutert. So werden in diesem Aufschlagewerk beispielsweise die folgenden Tugenden und ethischen Werte beleuchtet:

Achtsamkeit | Ausgeglichenheit | Authentizität | Begeisterungsfähigkeit | Dankbarkeit | Demut | Eigenverantwortung | Einfachheit | Einzigartigkeit | Entschlossenheit | Erwartungslosigkeit | Frieden | Fürsorge | Gastfreundlichkeit | Geduld | Gelassenheit | Gerechtigkeit | Gewaltlosigkeit | Glaube | Hilfsbereitschaft | Hingabe | Hoffnung | Humor | Individualität | Klarheit | Kreativität | Kritikfähigkeit | Lernfähigkeit | Liebe | Maßhaltung | Mitgefühl | Mut | Naturverbundenheit | Phantasie | Schweigsamkeit | Tiefgründigkeit | Treue | Unbekümmertheit | Unterscheidungskraft | Urvertrauen | Verantwortungsbewusstsein | Vergebung | Weisheit | Zuversicht.

Mit Hilfe des Kartensets kannst du in einer bestimmten Lebenssituation eine Tugendkarte ziehen, um zu erfahren, welcher Engel in diesem Moment zu dir kommen und dir bei deinen aktuellen Fragen oder Entscheidungen beistehen möchte. Oder du kannst regelmäßig eine Karte ziehen und dann die entsprechende Tugend zu deiner persönlichen «Tagestugend» oder «Tugend der Woche» oder «Tugend des Monats» erklären. Lenke alsdann deine Achtsamkeit bewusst auf die Qualität dieser Tugend und beobachte ihr Wirken in deinem Alltag, etwa in deinem Austausch mit anderen Menschen oder mit dir selbst oder auch in der Erfüllung deiner beruflichen, sozialen und familiären Pflichten. Auf diese Weise wirst du die Erfahrung machen, dass sich diese Tugend allmählich in deinem Bewusstsein entfaltet und beginnt, dein Denken und Fühlen, dein Sprechen und Handeln zu durchdringen und zu bereichern. Lass dich überraschen, welch erfreuliche Auswirkungen dies auf dein Leben haben wird.